# 中国口腔医学年鉴

## YEARBOOK OF CHINESE STOMATOLOGY

## 2007 年卷

主　编　周学东

副主编　俞光岩　张志愿　赵铱民

　　　　边　专　凌均棨　王松灵

四川出版集团·四川科学技术出版社

**图书在版编目(CIP)数据**

中国口腔医学年鉴2007年卷/周学东主编．－成都：四川科学技术出版社，2008.9

ISBN 978－7－5364－6554－1

Ⅰ.中…　Ⅱ.周…　Ⅲ.口腔科学－中国－2007－年鉴　Ⅳ.R78－54

中国版本图书馆CIP数据核字(2008)第136649号

## 中国口腔医学年鉴2007年卷

主　　编　周学东
责任编辑　任维丽
责任校对　薛玉萍
责任出版　邓一羽
出版发行　四川出版集团·四川科学技术出版社
　　　　　成都市三洞桥路12号　邮政编码610031
成品尺寸　185 mm×260 mm
　　　　　印张21.25　字数500千　插页2
印　　刷　四川九州交通印务有限公司
版　　次　2008年9月成都第一版
印　　次　2008年9月成都第一次印刷
定　　价　70.00元

ISBN 978－7－5364－6554－1

# 《中国口腔医学年鉴》第11届编辑委员会

# 序　言

《中国口腔医学年鉴》是中国口腔医学发展的一部史记性、综合性、实用性和资料密集型的连续出版物，每年一卷。编辑出版本书的目的是为了全面客观、及时准确地记载，并向国内外读者介绍中国口腔医学在学科建设、人才培养、科学研究、国内外学术交流、医疗技术、医院建设、社会服务等各个领域取得的成就和经验。《中国口腔医学年鉴》自1984年问世以来至2007年卷已连续出版了15卷，既是了解和研究中国口腔医学发展史的珍贵资料，也是中国口腔医学与国际口腔医学广泛交流的重要平台。

《中国口腔医学年鉴》2007年卷选材时限为2007年1－12月，设回顾、论坛、博士后出站报告摘要、优秀博士学位论文摘要、文选·述评、教育、人物、口腔医学组织机构、记事、文献法规和索引等栏目。

回顾栏目对2007年我国在临床根管治疗、口腔正畸学、口腔颌面-头颈肿瘤综合序列治疗、口腔颌面医学影像学、口腔材料、仿生制作与仿真制作等学科领域的基础和临床方面的研究状况及其成果进行了回顾与展望。论坛栏目对骨髓基质细胞可转化为牙上皮细胞、牙再生生物学与牙再生、口腔黏膜癌变的蛋白质组学研究、牙源性角化囊性瘤的临床和基础研究进展、代谢组学及其在口腔医学研究等口腔医学领域一些新颖课题的研究现状和研究成果进行了全面综述和展望性评述，其中"骨髓基质细胞可转化为牙上皮细胞"获国际牙科William J Gies奖2007年度最佳研究论文奖。优秀博士学位论文摘要栏目选自我国口腔医学博士学位授予单位推荐的2007年度毕业的口腔医学博士研究生的优秀学位论文。文选·述评栏目由知名的口腔医学专家精选出2007年度公开发表于中国口腔医学、生物医学以及其他综合医学杂志、高校学报等核心期刊中，能代表中国口腔医学最新研究水平的论著，客观、公正地评述其研究价值和学术水平。教育栏目介绍了2007年度中国口腔医学博士和硕士研究生招生以及获得口腔医学博士学位和硕士学位的研究生简况，2007年度国家精品课程名单和2007年度高等学校特色专业建设点名单。人物栏目介绍了2007年度中国各口腔医学博士学位授予单位新增列博士研究生指导教师和部分对中国口腔医学事业做出了一定贡献且有较高学术造诣的资深专家、学者。口腔医学组织机构栏目介绍了中国医师协会口腔医师分会第2届委员会、中华口腔医学会部分专业委员会及其学组新一届成员名单、新成立的地方口腔医学会等组织机构。记事栏目介绍了2007年度中国口腔医学领域发生的主要的重大事件；在中国召开的国际、国内口腔医学学术会议；荣获国家部委、省（自治区、直辖市）和中国人民解放军军级以上单位授予的口腔医学科技成果奖以及获得的科研基金资助项目等；收录了部分2007年度公开出版发行的口腔医学专著和教材书目。文献法规栏目收录了中华人民共和国教育部、卫生部2007年度发布的有关口腔医学领域的重要文件、公告以及中华口腔医学会口腔医学教育专业委员会、全国高等医学教育学会口腔医学教育分会等制定的中国口腔医学本科教育标准（讨论稿）等。

《中国口腔医学年鉴》在编纂出版过程中得到了全国口腔医学院（系）、口腔医院以及众多口腔医学专家们的鼎力支持和热心帮助及广大读者的厚爱与建议，与出版单位保持着长期友好的合作，在此谨致衷心谢意。为进一步办好《中国口腔医学年鉴》，不断丰富和充实其内容，提高质量，欢迎广大读者提出宝贵的建议和意见。

**《中国口腔医学年鉴》第11届编辑委员会**

**2008年5月**

# 目　次

# 回　顾

## 临床根管治疗研究回顾

上海交通大学医学院附属第九人民医院　梁景平

根管治疗术是目前治疗牙髓病、根尖周病最为有效的方法，其目的就是通过彻底清除根管内的炎性牙髓和感染坏死物质，进而成形根管并严密充填，以去除根管内容物对根尖周围组织的不良刺激，促进根尖周病变愈合。

近 20 多年来，随着根管治疗基础研究不断深入，镍钛合金根管预备器械、超声根管冲洗技术、根尖定位仪、数字化牙片技术在临床上的推广，根管标准预备法、逐步后退法和逐步深入法以及冷侧压与加热垂直加压充填技术的不断完善，手术显微镜的可视化操作，均显著扩大了牙齿保存的范围，使根管治疗的成功率达到 85%左右。现就近年来根管治疗研究方面的动态回顾如下。

### 一、口腔微生物病因学研究

长久以来，众多学者都在试图寻找与根管感染症状密切相关的特异细菌类群。研究表明，卟啉单胞菌、普氏菌、消化链球菌等与根尖部出现疼痛、肿胀、叩痛和疼痛形成有关，其中产黑普氏菌、牙髓卟啉单胞菌和牙龈卟啉单胞菌与急性根尖周炎和根管内恶臭关系最密切，而顽固性根尖周病和窦道经久不愈可能与放线菌感染有关。但由于微生物菌群内部、宿主与微生物之间的复杂关系以及实验设计采样等差异，各项研究工作的结果间也多有不同，目前尚无法全面了解在根尖周炎发病过程中起决定性作用的微生物以及其完整的致病过程。

根管感染是多种微生物共同作用的结果，疼痛等症状的出现绝非单一菌属所致。如卟啉单胞菌属菌株、福赛斯拟杆菌单独感染，不会形成脓肿，但当与其他细菌混合感染时均可形成脓肿，说明细菌间的协同作用可能影响其毒力；而且同一种属细菌或者不同种属细菌之间相互黏附和聚集形成微菌落，使细菌具有更强的致病性。因此众多根管感染可疑致病菌与临床症状发生之间的关系仍需要深入研究。

近年来，细菌在感染根管内的定植与生物膜的形成已得到大量研究证实。同一菌株的生物膜细菌和浮游生长细菌不但具有不同的特性，而且在生物膜状态下，不是某一种属的细菌单独发挥作用，而是各种属的细菌功能的联合作用；另一方面，细菌在生物膜的基质中缓慢生长，基质的低渗透性可阻碍外界物质的进入，这些功能既可维护细菌的生存并增强细菌的防御能力，也可使原来对某些抗生素敏感的细菌成为耐药菌株，并能对抗机体的免疫和液体的冲刷，使其在根管治疗过程中不能被常规化学和机械的根管预备方式所去除，成为许多慢性持续性感染的根源。

有学者进一步研究发现慢性根尖周炎的根尖牙骨质表面和超填的牙胶尖表面也存在着细菌生物膜。有的标本根尖生物膜内仅存在单一细菌，如杆菌或球菌；有的生物膜内则同时存在多种细菌，其中拟杆菌、丝状菌和螺旋体为主的微生物混合形成的生物膜较为多见。在多菌种生物膜中，不同菌种在不同时间和空间发展，存在着菌种的交替演变。

除细菌外，随着研究的不断深入和非培

养技术的应用,念珠菌、古细菌、人巨细胞病毒、EB病毒等微生物在根尖周炎根管感染发生发展的关系作用也得到了认可。

## 二、根管治疗的进展

### (一)橡皮障的应用

根管治疗手术区域和周围均应处于无菌环境中,而口内微生物对根管的二次污染会影响根管治疗的效果,增加根管治疗失败的风险。因此在根管治疗前建议使用橡皮障隔湿,可以有效避免唾液和细菌污染根管,并防止患者误吞器械和冲洗液进入胃肠道。随着临床医师对其的认知度,目前橡皮障的使用在国内许多医院已广泛地开展。

### (二)根尖定位

一般将根管口到根管充填终止点之间的距离称为根管充填的长度。组织学研究发现,当根管充填止点位于根管最狭窄处或稍短于根管最狭窄处时,根尖区的组织愈合较好。由于每个根尖狭窄区至根尖的距离不尽一致,使用X线技术难以准确确定根管长度。根管长度电测法可以提高根管长度测量的准确性。目前临床上常用的是第3代(如Root ZX)和第4代根管长度电测仪(如Propex),两者在根管内有电解质和残髓存在时准确性仍然较高,但当根尖孔直径较大时,第4代的准确性高于第3代。

### (三)根管预备和充填

根管预备的目的是去除根管系统内全部(坏死)牙髓组织、细菌及其代谢产物;使根管系统形成一定的锥度,以利于根管的充填;保持根管系统原有的解剖形态;维持根尖孔的位置不变;根尖狭窄区明显,并有明显的停顿。

ISO标准器械(2%)很难形成良好的锥度,而大锥度镍钛器械的锥度可以达到6%甚至更大,使预备后的根管呈一个明显的漏斗形,而且避免了根尖部台阶、偏移、折裂、裂开以及穿孔等现象的发生,成形后的根管便于加压充填;同时由于镍钛器械材料的特性使许多原来不能治疗的弯曲根管也能顺利完成治疗,但在操作过程当中也要注意保护牙体正常组织,避免过度切割。机动根管预备、超声根管设备等器械在临床上的推广,也大大提高了根管预备的速度和清除根管内感染物质的能力,提高了对钙化、变异和弯曲等根管治疗的成功率。

关于根管的冲洗,目前临床医师均已认识到根管的冲洗对于根管治疗成功与否具有举足轻重的作用。它可以溶解、破坏和杀死滞留于根管内的微生物,同时具有润滑作用,去除玷污层、避免将感染物质推出根尖孔外等优点。在根管冲洗时,既要保证足够的冲洗量,又要有一定的进入深度,一般应为根管的2/3长。

严密的根管系统的三维充填是根管治疗成功的关键。根管充填以牙胶为主,根管封闭剂为辅。目前研究使用较多的根管充填封闭剂包括:树脂类(AH26、AH plus)、Ca制剂类[$Ca(OH)_2$、CaO]和玻璃离子黏固粉等。在良好的根管预备的基础上,目前最常用的根充方法为:侧压法(冷侧压和热侧压)、垂直加压法、热牙胶技术(Obtura Ⅱ、Uitrafil 3D、Thermafil)等。关于根充的位置,大家已获得充分的统一认识,即恰填是良好的根管充填标准,超填和欠填都是不适当的。

### (四)可视化根管技术

由于根管形态的复杂性以及肉眼条件下根管的不可见性,根管清理和充填的质量难以保证,且创伤较大。近年来,手术显微镜和内镜被用于牙髓病与根尖周病的诊断及治疗,显著提高了牙髓病和根尖周病治疗的品质。显微镜有助于寻找遗漏根管,疏通钙化根管,去除折断器械、断桩,修补根管壁穿孔以及检查根尖断面等;根管内镜技术可以使术者容易看清根管系统的细微解剖结构和根管清理的情况,还可以诊断根管壁隐裂、协助移除根管内折断器械、除去根管内的碎屑等阻塞物等。此外,借助显微镜开展的显微根尖外科治疗也正在逐步开展。

## 三、根管治疗期间急症发生机制及其防治

根管治疗期间急症是指在根管治疗过程之后的几个小时至几天，患者出现疼痛、肿胀或两者皆有，且这些症状影响到患者的正常生活而需就医处理。其发生率为 13%～59%。目前认为根管治疗期间急性发作主要是由于根尖周组织在根管治疗过程中受机械性、化学性和（或）微生物损伤，产生血管活性胺、前列腺素、白三烯、细胞活素等炎症因子直接刺激感觉末梢神经引起疼痛；另外一个原因就是由于血管通透性的增加引起的组织液渗出和肿胀，对感觉神经末梢持续性的压力，当压力大于末梢神经的痛阈时，产生疼痛。

其中细菌及其产物引发的感染性炎症反应是根管治疗期间急性发作的主要病因，也是最常见的病因。根管预备过程中根管内感染物质被推出根尖孔，或者不彻底的根管预备使根管内细菌残留，同时根管机械和化学预备后所导致根管内环境的变化，使残留的细菌过度生长繁殖，毒力增强，从而诱发根尖周组织的二次感染，出现急性炎症反应。如普氏菌被认为是感染根管中毒力最强的 $G^-$ 厌氧菌之一，在诱发急性根尖周感染中起决定性的作用。

另一方面，在感染的根管内，多种细菌共存形成一个平衡的微生态，在这个微生态中又有着许多更小的生态，由不同的细菌根据功能的相容性组合在一起。根管治疗时，如果根管预备和消毒不彻底，只清除了一部分细菌，打破了微生态的平衡，使另一些细菌能够得到大量繁殖，如果这部分细菌具有较强的毒力或者达到一定的数量时，就会进一步损伤根尖周组织，形成根管治疗期间的急症。

正确而彻底的根管预备，如冠向下深入法、大量的冲洗，配合橡皮障的使用，避免治疗期间二次污染，以及预约复诊期间根管内封入根管消毒药都会明显降低根管治疗期间急症的发生。

## 四、根管再感染机制与防治

即使是在完善的根管治疗后，仍然存在 20%～30% 的失败率。除了粪肠球菌、白色念珠菌等特异致病菌以生物膜形式存在，导致根管再感染外，冠渗漏和复杂的根管解剖结构是影响根管治疗术质量的关键因素。

### （一）冠渗漏

冠渗漏是指冠部封闭不良时，细菌及其毒素可经冠方进入髓腔，再沿根充材料渗漏进入根尖周组织导致治疗失败。近年来，国内外学者对根管治疗术后的冠渗漏问题进行了大量的研究，发现玷污层的去留是影响根管系统封闭严密性、导致冠部渗漏的主要因素。根管玷污层是指根管预备时压贴在根管壁上的由细菌、坏死组织与扩锉下来的牙本质碎屑组成的混合物。包括 2～5 μm 牙本质表面层和进入牙本质小管可达 40 μm 的牙本质小管层。根管玷污层的存在不仅为细菌生长提供了空间，而且其中的坏死组织也为细菌的生长提供了必需的营养。此外，覆盖在根管壁上的玷污层还会影响根管消毒剂渗透入牙本质小管发挥消毒杀菌作用，影响充填材料与根管壁的密合，导致根管治疗失败。目前去除根管壁玷污层的手段主要有根管机械预备和化学预备。由于根管系统的结构十分复杂，临床上常用的机械根管预备尚无法取得理想的效果。冲洗剂 EDTA 与 NaOCl 在作用机制上具有互补性，EDTA 的脱矿作用可去除玷污层的无机成分，而 NaOCl 可进一步溶解脱矿后遗留在根管壁上的有机纤维，而且 EDTA 在开放牙本质小管后 NaOCl 可以深入到牙本质小管和侧支根管内充分发挥杀菌作用。虽然联合应用可以有效去除颈 1/3 和中 1/3 管壁的玷污层，但对根尖 1/3 的作用稍弱。这可能与根尖 1/3 管腔狭小，冲洗剂不易到达，无法维持有效浓度有关。超

声技术通过声流效应、溶解效应和空穴效应等可以去除根管尖部残留的组织碎屑及细菌，从而达到清理根管的目的。与冲洗药物联合使用，似乎能有效去除玷污层和清洁细小、弯曲的根管及侧副根管。

冠向封闭既包括治疗中的暂时性封闭和永久性充填，也包括治疗完成后进行的全冠修复或桩核冠等各种修复体。临床上经常可以见到牙折、冠部修复体缺损或脱落，使充填根管直接暴露于口腔环境中，口腔中唾液或微生物再次污染根管造成冠向渗漏；另外，桩冠预备时，保留的根尖部分充填材料不够致密或长度不足，细菌与内毒素可沿根充材料快速向根尖方向渗漏，因此有学者建议桩冠在预备时，保存的根尖部分充填材料应至少在 5 mm 以上，对直接暴露于口腔 1～3 个月的充填根管应进行再次根管治疗。若冠部洞口不能马上修复时，亦应采用专用暂封材料封闭并确保至少 3.5 mm 的厚度或用永久性材料封闭。

冷牙胶侧向加压法和热牙胶垂直加压法是两种根管充填技术，其他充填方法包括固核载体热牙胶充填、注射型热塑牙胶充填等均是热牙胶充填的变化类型。国外学者研究认为，侧向加压联合垂直加压充填方法染料渗漏最少，根管封闭效果最强。国内亦有学者对比分析了几种不同根管充填方法对根尖区微渗漏的影响，发现热侧压法和垂直加压法可使主根管及副根管得到较理想的三维充填。但目前国际上对不同充填方法对渗漏的影响尚无定论，需进一步研究。同时，不同根管封闭剂、不同暂封材料，对渗漏均有着不同程度的影响，提示以上各种因素对冠渗漏的影响通常是相互关联的，不能孤立地分析某种因素的作用。

**(二)根管解剖系统**

导致根管治疗失败的原因很多，其中磨牙根管系统复杂的解剖结构是重要因素之一。研究发现，许多上颌磨牙近中颊根存在第二个根管（second mesiobuccal canal, MB2），发生率为 52.3%～90.0%，MB2 根管口的位置大多位于 MB-P 连线的近中与 MB 根管口的舌侧。但 MB2 根管的扩通有很多困难，如根管结构变异（根管口弯曲和Ⅳ型根管）、根管钙化、碎屑、髓石等，因此常需向根方去除部分牙本质后，才可以扩通。

C 形根管是存在于 C 形牙根中的根管，其主要特点是根管横断面呈"C"形，常见于下颌第二磨牙，中国人群中的发生率约 31.5%。C 形根管形态的复杂性对临床治疗提出了挑战，与普通的圆形和扁形根管相比，根管治疗的难度主要体现在以下几个方面：①断面上呈弧形的根管或狭区的清理、成形和充填；②C 形根管靠近纵沟侧的根管壁较薄，如何避免过度切削和穿孔的发生；③C 形根管可能存在 2 个以上的根管弯曲，如何疏通和成形根管。C 形根管治疗最好在根管显微镜下操作，将有助于提高治疗的精确性。仔细探查根管口位置、根管形态与走向，敞开根管上中段，镍钛器械预备根尖下段弯曲部分，根管长度电测法可以提高根管长度测量的准确性，操作过程当中反复使用质量分数高的 NaOCl 溶液（2%～5%）配合超声冲洗可有效去除根管内的牙本质碎屑和残髓组织。热牙胶垂直加压充填可以使牙胶进入根管狭区和不规则区，如果严格遵循生物学原则进行根管预备、充填和修复，C 形根管的治疗预后一般较好。

综上所述，我国近年来在根管治疗基础研究、临床应用研究方面取得了明显的进步，已经达到或者接近国际水平。今后，应加强对牙髓炎、根尖周炎根管感染机制更深层次的探索，同时也要理论与实践结合，进一步提高临床根管治疗、再治疗的成功率。

# 口腔正畸学研究回顾

中华口腔医学会口腔正畸专业委员会　许天民

随着中国对外开放政策的不断深入，中国的口腔正畸技术水平与世界先进水平的差距已越来越小，中国正畸医师已经全方位地在开展国际上各种主流的矫治技术和热门技术，并在国内外专业杂志上发表了大量的临床和基础研究论文。笔者通过对中国正畸学者 2007 年在国内外具有代表性的口腔医学杂志上发表的正畸学术论文的检索以及第 8 届中国口腔正畸年会上发表的学术论文的总结，对 2007 年中国口腔正畸学研究作一简要回顾。

国内发表的口腔正畸学论文，笔者主要检索了中国《口腔正畸学》杂志以及 3 本在国内口腔界影响最大的口腔综合性杂志：《中华口腔医学杂志》、《华西口腔医学杂志》和《实用口腔医学杂志》。检索结果，2007 年中国口腔正畸学者在国内口腔医学专业期刊上发表的学术论文不少于 150 篇；而 2007 年 10 月底在武汉召开的第 8 届口腔正畸年会上交流的论文则多达 830 篇，创历年年会论文数之最。中国学者在国际口腔正畸学领域发表的论文，主要检索了 SCI 收录的三大主要正畸杂志，即美国正畸学杂志（*AJODO*）、*Angle* 正畸学杂志和欧洲正畸学杂志（*EOS*），调查结果显示，2007 年我国学者在国际主要正畸杂志上共发表 SCI 论文 14 篇。这些研究涉猎的范围十分广泛，其中基础研究涉及到骨生物学、肌肉功能的调节和生长发育等方面；应用基础研究涉及到正畸材料的力学性能实验、矫正力作用的有限元分析、摩擦力实验研究、种植钉支抗的动物实验等；而最多的还是正畸临床研究，涉及错殆畸形的诊断学研究、各种矫治器的临床应用与疗效评价、正畸新技术新疗法、中国患者的错殆特点、生长发育规律、审美观点等。主要研究进展如下。

## 一、口腔正畸学基础研究

### （一）骨生物学的研究

该研究涉及与正畸牙移动有关的牙周膜成纤维细胞和功能矫治有关的髁突软骨细胞。在周期性牵张力作用下，用点样数为 96 点的人骨再生基因表达谱芯片检测人牙周膜细胞成骨基因，结果发现有 21 种，包括生长因子、细胞外基质和细胞黏附因子的相关基因表达升高；2 种基因表达明显下降。另外，还有学者就影响正畸牙移动的激素受体、酶的表达水平和某些病理生理因素，如牙周炎、糖尿病、妊娠等进行了广泛探讨。而对于髁突软骨细胞的研究也已经进入了蛋白质组学的初级阶段。被施以周期性单轴压应力的大鼠髁突软骨细胞，蛋白表达谱发生了明显改变，其中已鉴定的 8 个差异蛋白分别为细胞骨架相关蛋白、糖代谢相关蛋白、信号传导相关蛋白等。

### （二）肌肉功能的调节和生长发育

随着口腔正畸科对阻塞性睡眠呼吸暂停低通气综合征治疗的开展，一些有关肌肉功能、上气道稳定性的基础研究也逐渐深入，为解释临床现象、指导临床治疗提供了理论基础。有研究显示，性激素水平影响颏舌肌功能，雌激素使颏舌肌肌电活动明显增强，雌激素受体 α 基因的表达上调；而雄激素减弱颏舌肌的肌电活动，雄激素受体和雌激素受体 β 表达下降。

颅面生长发育的基础研究集中在器官发育、唇腭裂的发生等方面。

## 二、口腔正畸学应用基础研究

### (一)正畸材料的力学性能实验

该方面的研究主要集中在对牙面、瓷表面或脱落托槽不同处理方法，自酸蚀粘接系统对托槽粘接抗剪切强度影响；不同矫治弓丝的载荷形变规律，其力学特性与正畸牵引皮圈、弹力链在不同环境下(体外干态、体外人工唾液、口腔内)随时间推移力值的衰减变化。其中既有定性或定量研究，又有对比分析，为临床应用提供了一定的参考和指导。

### (二)矫治力作用的有限元分析

有学者已开始建立部分牙列或颌骨的三维有限元模型，研究不同矫治技术、矫治器作用的力学机制及其引发的牙齿、牙列、颌骨等的变化。如研究种植体支抗关闭拔牙间隙时前牙牙根的应力分布情况，磁力矫治器治疗早期Ⅲ类错𬌗的下颌骨形态改变，摇椅弓角度和弧形深度对牙齿垂直向受力的影响，镍钛方丝及澳丝摇椅弓打开咬合时下颌牙齿的初始力情况，拔牙矫治时复合矫治弓丝的力学性能，不同牙槽高度下上颌前牙内收时牙周膜初应力的分布情况，多曲方丝弓打开咬合时下颌切牙牙周膜应力分布的情况，T型曲作用下上颌各牙齿的初始位移及牙周支持组织应力分布规律等。

### (三)正畸摩擦力的实验研究

国内关于正畸摩擦力的研究起步较晚，目前仍处于初级阶段，几乎都是借助现有的万能材料试验机进行，研究也大都集中于将弓丝沿托槽滑动并与槽沟保持平行，即在被动状态下进行摩擦力的测量与比较，或者应用Typodont在局部牙弓上通过简单的拉力试验，模拟牙齿排齐阶段的摩擦力情况。其中北京大学口腔医学院开发了具有自主知识产权的摩擦力测试仪，能尽可能模拟牙移动过程的复杂条件，进行不同矫治系统滑动摩擦力的动态测量和分析，并对各种自锁托槽、低摩擦托槽和新型的低摩擦弹力结扎圈在被动状态、主动状态下的滑动摩擦力进行了系统研究。

### (四)种植体支抗及其他技术的动物实验研究

动物实验研究主要集中在不同加载力值、不同愈合时间、不同植入方式和部位等对微螺钉种植体支抗骨整合率与稳定性的影响；也有研究通过动物实验将微型钛板种植体支抗应用于矫形治疗，取得了初步成功。此外，在动物实验方面，国内还有人研究了牙槽外科手术(骨皮质切开术)加速牙齿移动的方法，为这一技术在临床应用作了有益的探索。

## 三、口腔正畸学临床研究

### (一)二维影像诊断学研究

对正畸临床常规影像资料的研究主要有在曲面断层片上研究牙弓后部线距测量的可靠性；在头颅侧位片研究方面，江久汇等用网格分析法对颅面生长发育纵向资料进行了研究，发现男女个体颅面生长网格图特征有显著差别；韩冰等对大样本病例资料进行了模板分析，为数字化诊断模板的建立奠定了基础。而对临床上常用的侧面照片的研究则显示它只有部分项目与头颅侧位片有较高的相关性，但不能替代后者，主要用于面部美学评价。谷岩等对头影测量技术中常用的重叠方法的可靠性进行了研究发现，美国正畸专科医生执业考试(ABO)中上下颌骨重叠方法与种植体重叠法头颅侧位片在颈椎发育的各个阶段标志点移位的差异，结果表明美国正畸专科医生执业考试上颌重叠法低估了上颌标志点垂直向的移位，高估了上颌标志点矢状向向前的移位，而下颌重叠法较为可靠。

### (二)颈椎骨龄与生长发育

谷岩等用美国人带有种植钉的纵向生长发育资料，追踪观察了20例(男7例，女13例)未经正畸治疗的安格尔Ⅰ类年龄为8.5～15.5岁个体拍摄的头颅侧位片。以颈椎分析法确定每个个体头颅侧位片所处生长发育阶段，选取 CS1～CS6 阶段连续的 6 张头颅侧位片以下颌种植体为标记点，重叠系列头颅侧位片，评估其下颌骨的生长与改建。结果发现下颌骨长度(Co-Gn)的生长高峰出现在 CS3～CS4 阶段，平均增长 4.1 mm。髁突点(Co)在 CS3～CS4 阶段骨沉积量最大，平均为 4.2 mm。陈莉莉等选择 83 例中国正常𬌗个体连续 5～6 年每年定期拍摄头颅侧位片和手腕骨片，组成 8～18 岁混合纵向的正常𬌗资料，研究正常𬌗群体颈椎形态变化特征，探讨其颈椎骨龄与颅面生长发育的关系。结果表明，上颌骨长度高度的生长与颈椎骨龄分期无明显相关性，下颌骨长度宽度生长变化趋势与颈椎骨龄分期有明显相关性。张海萍等对 20 例中国正常𬌗青少年样本替牙期和恒牙初期牙𬌗模型进行分析，研究结果表明，从替牙期到恒牙初期，上颌第一恒磨牙逐渐舌向直立，下颌第一恒磨牙逐渐颊向直立。

**(三)三维影像诊断学进展**

三维影像诊断已经成为国际正畸界的热门话题，刘怡等使用国产 DSC-2 型三维成像照相机对面部影像进行测量比较，显示计算机三维测量结果与实测结果相比差异无统计学意义，认为该系统能为评估和预测正畸疗效提供一种可靠的方法。熊耀阳等使用自主研发的三维光学测量系统 TDOS 对 1 名志愿者面部及其面部石膏模型进行扫描，通过 Imageware 和 Geomagic 软件处理获得的点云信息重建三维图像，比较三维重建图像测量和面部实际测量的差异，结果表明结构光三维扫描技术可完整重建面部软组织形态，能较好还原实际情况，为面部缺损的三维重建奠定基础。傅开元等对 48 例临床诊断为 TMJ 骨关节病者拍摄经咽侧位 X 线平片和锥形束 CT(CBCT)，比较两种方法对颞下颌骨关节病的检出率、医师判断的重复性和一致性，结果表明 CBCT 对于病变有很高的检出率，所示病变及部位清晰明确，能显示多层面病变。邓锋等使用 GE 公司的 64 排 lightspeed VCT 对成人头颅标本进行扫描，使用 Mimics 9.0 软件三维重建上颌骨及牙齿，在 Abaqus 6.5 软件中进行三维有限元建模，获得几何相似性优良，可根据需要快速进行组合，含微植体及部分牙的上颌三维有限元生物力学模型。

**(四)种植钉支抗**

种植钉支抗是国际正畸界的热点话题，它为正畸医师提供了一种简单、实用而又可靠的支抗手段。用于支抗的种植体主要有骨膜下种植体和骨内种植体两种，目前使用最广泛的是骨内种植体中的微螺钉种植体。从植入骨内的方法看，又有自攻型和助攻型之分，这两种种植钉目前国内都有自己生产的产品。从 2007 年发表的论文来看，对这两种种植钉进行研究的论文数近乎各占一半，以临床研究为主，约占 80%，其使用范围十分广泛，几乎被用在了各种错𬌗的矫治技术中。如作为应用正畸力移动牙齿的支抗：包括矢状向上作为强支抗回收前牙以及推磨牙向远中；垂直向上压低上前牙矫治露龈微笑，压低过长磨牙配合修复治疗，以及通过压低磨牙对高角病例进行后部垂直向控制。此外还有应用种植体支抗矫治正锁𬌗及牵引埋伏阻生尖牙的报道。而作为应用矫形力改善颌骨关系的支抗包括：应用微钛板进行上颌前方牵引；将种植体支抗与功能矫治器相结合促进下颌发育；将种植体支抗应用于唇腭裂矫治的研究等。

**(五)自锁托槽矫治器**

自锁托槽是目前国内外最热门的正畸矫治器，2007 年国内在这方面的研究几乎涉及国际上所有知名品牌的自锁托槽。研究内容主要涉及以下方面：①椅旁操作时间，自锁托槽在安置和拆卸弓丝时需要的时间比传统托槽短。②患者疼痛不适感评价，使用自锁托槽的患者反映复诊后无明显疼痛或偶有不适。③拥挤解除时间及疗程评价，有研究表明 Damon3 自锁托槽与国产 CB 掀盖式托槽比较，不拔牙矫治拥挤病例所需疗程减少约 3

个月；也有的研究仅分析解除拥挤所需时间，发现 Quick 自锁托槽主弓配合辅弓的矫治方法较 MBT 传统托槽矫治时间缩短约 1.6 个月；但也有研究发现 Smartclip 自锁托槽虽然能明显缩短排齐牙列周期(1.6＋0.3)月，而总的疗程并不比传统托槽显著缩短。④拥挤病例不拔牙矫治后牙列变化，姜若萍等的研究发现，使用 Damon 自锁托槽不拔牙矫治解除拥挤后，上下切牙均发生唇倾，尤以下切牙最明显，下唇凸距也明显增大，与 Damon 医师的观点不同；唐国华等研究了 Damon 矫治技术拔牙和非拔牙的诊断指标，认为 Damon 技术不能使需要拔牙的病例免于拔牙。⑤对减数病例的支抗控制，丁鹏等发现 SPEED 矫治器具有良好的支抗，但对上前牙转矩控制不足；有研究比较 Quick 自锁托槽与传统托槽减数治疗中度拥挤病例，发现拥挤解除后自锁组磨牙位置无明显变化，但传统组上颌第一恒磨牙近中移动约 2.7 mm，下颌第一恒磨牙近中移动约 2.3 mm，认为自锁技术在排齐阶段有利于支抗磨牙的保护。

**(六)隐形矫治技术**

舌侧矫治器和无托槽隐形矫治器为两个主要的类别。①舌侧矫治器，舌侧正畸托槽根据弓丝入槽方向，可以分为两种类型。一种是以 ORMCO-Kurz、Dentaurum 等为代表的水平方向入槽舌侧托槽，另一种则是以 Fujita、Forestadent、Incognito 等为代表的垂直方向入槽舌侧托槽。而近年来国际上出现的舌侧自锁托槽，省去了舌侧托槽结扎的困难，同时大大减小了弓丝与托槽之间的摩擦力，2007 年的正畸年会上已有使用舌侧自锁托槽的报道。舌侧矫治器不适感强，需要技工室复杂操作等不足之处决定了对舌侧矫治器的改进从未停止。个体化舌侧托槽矫治系统的概念最早出现于欧洲，成品化后在欧洲得到了比较广泛的应用，以 Incognito 系统影响较大。该系统主要借助数字化技术，将患者原始模型手工排牙后扫描至计算机，并据此为每一颗牙齿设计并制作个体化的舌侧托槽，使其预置第二、三序列弯曲，使托槽更加小巧，与牙齿更加贴合，国内已有医师在年会上进行了病例报告。②无托槽隐形矫治技术，最早由美国 Invisalign 公司推出，近年我国首都医科大学附属北京口腔医院和清华大学机械工程系等单位合作成功开发了国产无托槽隐形矫治系统。隐形矫治系统能够比较好地完成不拔牙矫治病例，现已能完成拔除下切牙的矫治病例，而临床上具有普遍性的拔除 4 个第一前磨牙病例，则正在尝试中。

**(七)自主创新性矫治器**

2007 年发表的文献中涉及自主创新的矫治器有 6 种，其中低摩擦轻力滑动托槽和 Free Edge 托槽的特点是以六翼托槽的形式，通过选择性地对其中部分翼的结扎达到降低摩擦力的目的；Z2 矫治器强调弓形弧度与直丝弓底板厚度的关系，降低了其前期根据国人正常殆数据设计的直丝弓托槽的厚度；传动直丝弓矫治器结合了 Tip-Edge 矫治器和自锁类矫治器的理念，对于骨性错殆畸形的牙代偿性矫治具有一定优势。另外还有两种功能性矫治器的装置，一种是结合了种植钉和 Herbst 矫治器；另一种是铸造的固定“双殆板”矫治器。

**(八)正畸疗效评价研究**

无论使用何种矫治器或矫治技术，正畸疗效才是正畸医师追求的最终目标。然而在这个正畸临床的主流研究方向上，目前国内的研究水平距国际水准尚存在一定差距。从 2007 年度检索到的国内正畸学者发表的该方面的论文看，疗效评价是临床类研究文章中所占比例最大的，样本数少到一例患者的病例报告，多至一类病例的疗效总结；测量对象有些是模型，绝大多数是 X 线片，特别是头影测量，少数使用了一些特殊的功能检查装置。纵观国内发表的用头影测量为检查手段的疗效评估类文章，最大的特点就是测量者通常是治疗技术的实施者本人，很难克服研究者主观观点对测量结果可能产生的影响;另一个常见的问题是不考虑参照平面的变化,只考虑标志点的变化。正畸治疗疗程通常为2~3年,在这段时间内,大多数参照平面都会发生改变,而殆平面、上颌平面、下颌平面还会受治疗的影响发生变化,如果用这些改变了的平面作为测量参照,则测量出的标志点的变化将不能反映牙齿真实的位移。从国内现阶段发表的论文来看,大多数正畸医师还只是关注报告一种治疗技术和它的逻辑结果,却不十分关注研究方法是否科学、测量技术本身是否准确,所以这类文章在国际主流正畸杂志上发表的极少。

**(九)阻塞性睡眠呼吸暂停低通气综合征**

2007年阻塞性睡眠呼吸暂停低通气综合征的研究在口腔医学领域进一步受到重视。《中华口腔医学杂志》2007年第4期发行了重点号,以专家论坛、述评、临床研究、论著等多种形式集中报道、全面展示该病例。越来越多的医疗单位开展了口腔矫治器治疗阻塞性睡眠呼吸暂停低通气综合征的临床实践。目前,北京、上海、重庆等诸多省市、自治区均有治疗该病的报道。矫治器类型有可调式、磁力、双殆垫、双侧拉杆式、软塑料式、功能性矫治器等。疗效均能满足睡眠呼吸暂停低通气指数降低50%以上。各种影像手段均能显示口腔矫治器对上气道的扩张。对口腔矫治器的长期追踪表明其安全性、稳定性与人们的预期一致。

# 口腔颌面-头颈肿瘤综合序列治疗回顾

中华口腔医学会口腔颌面外科专业委员会口腔颌面-头颈肿瘤内科协作组　郭伟

## 一、口腔颌面-头颈肿瘤内科学建立的意义

1956年我国口腔颌面外科建立,历经半个多世纪,几代口腔医务工作者励精图治,在口腔颌面肿瘤诊断和治疗方面已积累了丰富经验。在国内率先开展了以口腔颌面为主的头颈部良恶性肿瘤的外科治疗、化疗、放疗以及热疗、生物治疗、中医中药治疗等,并将显微外科修复技术引入该领域,明显地提高了患者的生存率和改善了生活质量。

20世纪末,针对临床医学各学科的迅速发展,邱蔚六教授高屋建瓴地提出了晚期口腔颌面-头颈肿瘤应提倡综合序列治疗的理念,应以严谨的科学态度处理好肿瘤的根治与功能修复、生存率与生活质量的关系。并提出"努力建立口腔颌面-头颈肿瘤内科治疗体系,这对今后口腔颌面-头颈肿瘤的综合治疗和学科发展不仅有推动作用,而且也是必不可少的内容。下大力气丰富和发展口腔颌面-头颈肿瘤内科,也是口腔颌面-头颈肿瘤外科医师义不容辞的历史责任。"

鉴于此,上海交通大学医学院附属第九人民医院口腔颌面外科自1999年始在国内较早组建了口腔颌面肿瘤化疗病区,专门开展包括化疗、生物治疗、冷冻、热疗等为主要内容的综合治疗的基础和临床研究,其发展经历了从无到有,从小到大的过程。20世纪70年代中期,只有简单的化疗门诊,90年代末期建立了化疗专科病房,并在口腔颌面肿瘤实验室的配合下,根据肿瘤药物敏感试验选择个体化的化疗方案,使某些肿瘤如头颈部B细胞型淋巴瘤、恶性黑色素瘤和胚胎性横纹肌肉瘤等的疗效都有了明显提高。该院每年诊治新发的头颈癌患者逾3 000人次,并且患者人数在不断地增加,有了固定的患者

服务群体，产生了良好的社会效益。2002 年在首届中国肿瘤内科论坛上，专家们建议肿瘤内科应包括八个方面内容：①肿瘤诊断，②肿瘤随访，③肿瘤药物治疗，④肿瘤关怀治疗，⑤肿瘤生物治疗，⑥肿瘤内科急症和并发症，⑦肿瘤预防，⑧肿瘤微创治疗。使大家对肿瘤内科的内涵、任务更加明了。2004 年 6 月在四川省绵阳市举办了第 1 次口腔颌面肿瘤综合序列治疗及生物治疗研讨会，特别邀请了中国科学院院士魏于全教授、中国工程院院士邱蔚六教授和我国口腔颌面外科著名专家王大章教授等到会演讲。该研讨会的特点是层次高、讨论深入。会议重点讨论了口腔颌面肿瘤各种治疗方法的优缺点和局限性，并达成了共识：口腔颌面晚期肿瘤的治疗需要多学科的共同合作，即综合序列治疗，以求达到治疗的标准化、规范化和个体化。与会代表一致认为，目前我国在口腔颌面肿瘤综合序列治疗基础研究和临床实践方面均取得了长足进步，并培养出一支较稳定的队伍，但与国内外相关学科比较，仍然有较大差距。因此，为缩小这一差距，应以学科组织的形式，进一步加强和促进学术交流，造福于肿瘤患者。

2006 年 4 月，经中华口腔医学会口腔颌面外科专业委员会及全国医学继续教育委员会批准，由上海第九人民医院主办、安徽省口腔医学会承办的第 2 次全国口腔颌面-头颈肿瘤综合治疗研讨会在黄山召开。会议认为，为提升广大专业人员的口腔颌面-头颈肿瘤诊治水平，探索和规范肿瘤诊断与治疗常规，改善患者的生活质量和生存率，促进多中心和多学科协作研究，推动口腔颌面肿瘤诊断和治疗的标准化、规范化、专业化及个性化，需要成立专业的学术组织，同时加强与美国临床肿瘤学会（ASCO）和中国抗癌协会临床肿瘤学协作专业委员会（CSCO）等国际、国内权威学术组织或医疗机构的合作关系，加速学习和借鉴国内外同行的先进经验，力争早日建立具有中国特色的口腔颌面-头颈肿瘤内科学。通过举办专业学术会议和国家级医学继续教育学习班，培养了一批高级专业人员，逐渐形成了专业梯队。目前国内主要的口腔医学院校相继开展了口腔颌面-头颈肿瘤的综合序列治疗的临床工作，具备了开展多学科治疗口腔颌面-头颈肿瘤的临床基础。在中华口腔医学会口腔颌面外科专业委员会的指导关心下，来自国内几所主要口腔医学院志同道合的口腔颌面外科中青年医师，志愿为创立和弘扬具有中国特色的口腔颌面-头颈肿瘤内科学的建立做了大量的准备工作，为推动口腔颌面肿瘤诊断和综合治疗的标准化、规范化、专业化及个体化作了铺垫。

2007 年 4 月，在江苏省徐州市召开了第 3 次全国口腔颌面-头颈肿瘤综合序列治疗学术研讨会暨中华口腔医学会口腔颌面外科专业委员会口腔颌面-头颈肿瘤内科协作组成立大会，王兴会长和温玉明教授分别发来贺信和寄语。协作组的成立不仅是口腔颌面-头颈肿瘤学科和谐健康发展的重要标志，而且是临床医疗的需要。

## 二、口腔颌面-头颈肿瘤化疗和放疗的临床概况

经典教科书中关于 PF、PVP、PVF 等化疗方案在指导临床医师救治晚期口腔颌面-头颈肿瘤综合治疗中起到了重要作用。近年来随着化疗新药的研发，一些不良反应小，给药途径简洁的新药问世。一组采用肿瘤药物敏感试验检测，应用 PTP（奈达铂，VM-26，平阳霉素）方案治疗 64 例晚期口腔颌面-头颈肿瘤患者术前诱导化疗的临床研究，近期疗效较传统的 PVP 方案提高 4%～5%。PTP 方案的远期疗效和多中心随机研究尚需进一步印证。

近 10 年新发展的放疗技术——三维适形放疗和调强放疗，是基于计算机技术在医学领域的应用，包括肿瘤及其周围正常结构

的三维立体虚拟重建，放疗计划计算机系统的发明，放疗计划执行的质量控制和保证等，使放疗的精确性得到很大提高。新的放射源的开发和组织内定位技术的发展，核素$^{125}$I粒子组织间放疗被用于治疗口腔颌面-头颈恶性肿瘤。一组 153 例肿瘤患者$^{125}$I粒子植入治疗的近期随访，发现其局部控制率为 86.3%，其远期疗效有待进一步观察。

国际上推崇的同期放化疗，在国内部分医院业已开展，取得了一定疗效。如何降低放化疗的不良反应和提高疗效是今后的努力方向。

## 三、口腔颌面-头颈肿瘤生物治疗

随着当代系统生物学、分子生物学、细胞生物学和免疫学的飞速发展，生物治疗在肿瘤的综合治疗中的作用日渐重要。具有靶向性的表皮生长因子受体阻断剂，针对某些特定细胞标志物的单克隆抗体，针对某些癌基因和癌的细胞遗传学标志的药物，抗肿瘤血管生成的药物，溶瘤病毒，基因治疗等的共同特点是：非细胞毒性靶向性的药物；具有调节作用和细胞稳定性作用；毒性作用谱和临床表现与细胞毒性药物有很大区别；与常规治疗方法联合应用有更好的疗效。

目前国内开展的自体的树突状细胞-淋巴因子激活的杀伤细胞用于治疗口腔颌面-头颈部恶性黑色素瘤，抗表皮生长因子受体(EGFR)单抗——爱必妥、重组腺病毒 *p*53 基因治疗口腔颌面肿瘤以及具有全球自主知识产权的安柯瑞溶瘤病毒在治疗鼻咽癌等方面都显示了一定疗效。

在细胞因子疗法中干扰素-α(IFN-α)是应用最早、最广、最多且疗效最肯定的生物制剂。它通过多种途径直接和间接发挥抗癌作用，包括增强肿瘤杀伤细胞活性、抑制肿瘤细胞增殖、诱导其分化、调节表面抗原等。多中心研究证实 IFN-α 对头颈部淋巴瘤、恶性黑色素瘤、卡波肉瘤等，能提高治疗缓解率，减少化疗药物用量，延长生存期，改善生活质量。在肿瘤治疗中运用较多的集落刺激因子主要是 G-CSF(粒细胞集落刺激因子)、GM-CSF(粒细胞-巨噬细胞集落刺激因子)，文献报道与化疗药物联合应用白细胞减少发生率明显降低，可以增加 20%～40%的化疗剂量。

## 四、口腔颌面-头颈肿瘤热疗

随着当代局部加热技术的发展，热疗的方法已从传统微波加热发展到超声加热。同时进行了热疗机制、增敏和联合化疗实验及临床研究，热疗与生物治疗的基础和临床研究正成为热点。肿瘤热疗已在国外较为广泛地开展，1985 年美国食品药品监督管理局(FDA)已正式将热疗列为常规的抗肿瘤方法之一。在我国，热疗的基础研究在不断深入的同时，临床应用也在逐步推广，并且一些具有自主知识产权的热疗装置在不断地被推出。相信随着肿瘤综合序列治疗模式的广泛认同和建立，热疗的选择性抗肿瘤作用和对放、化疗的增敏作用，必将确立其在抗肿瘤治疗中的重要地位，尤其是对于无手术指征和放、化疗耐受者带来了新的希望。氩氦刀是近年开展的微创技术，具有创伤小、操作简便和可重复的优点，已开始应用于头颈肿瘤临床。

## 五、口腔颌面-头颈肿瘤的中医中药治疗

中西医结合治疗口腔颌面-头颈肿瘤可以提高疗效和延长生存期。主要表现在中药联合放、化疗的减毒增效作用。晚期肿瘤已经不适合西医治疗，临床证实应用中医中药治疗可以减轻临床症状，稳定瘤体，延长生存期。中医认为肿瘤患者大手术的创伤，接受放、化疗等，或多或少伤害了人体气血、津液和五脏六腑功能。临床应用健脾和胃、补气养血、养阴清热的中药可以减轻和改善不良反应。以邱蔚六教授领衔的一项中医中药治

疗晚期口腔癌的国际合作项目,历经 10 余年,动物实验和临床研究都证明了"参阳"方在辅助治疗晚期口腔癌方面的免疫调节作用和临床疗效。目前该中药已成为临床常用处方。

近年,在中华口腔医学会口腔颌面外科专业委员会直接领导下,口腔颌面肿瘤的临床诊断和防治及基础研究的成果极大地推动了口腔颌面-头颈肿瘤综合序列治疗理念的临床实践和普及,不仅为患者带来了福音,而且形成了具有中国特色并享有国际声望的学科体系,为探索循证医学和规范肿瘤诊治常规,改善患者的生存质量以及提高生存率提供了重要保证。

# 口腔颌面医学影像学发展回顾

首都医科大学口腔医学院 王松灵 孙涛

中国口腔放射学历经了半个多世纪的学科建设和发展,已从单纯的牙科放射学逐步发展成为口腔颌面医学影像学。下面就近年来中国口腔颌面医学影像学的最新研究进展作一概述。

## 一、牙颌面锥形束 CT 在口腔颌面疾病诊断中的应用

牙颌面专用锥形束 CT(cone-beam CT, CBCT)自 2001 年 4 月问世以来,在国际上已逐步用于口腔颌面部硬组织病变的检查,如种植体设计、颌面部骨折、正畸中对颅颌面骨生长发育的判定、埋伏牙定位和颞下颌关节的检查等。

与普通 CT 机的扇形射线束不同,CBCT X 线球管发出的射线束为锥形,非常适合于颅面部的成像。扫描数据可在初次重建获得的轴位图像上进行多向、多层面重建和曲面体层或三维重建。三维重建图像还允许任意角度旋转观察,任意选择重建范围。与传统的 CT 相比,CBCT 具有扫描速度快,精确的几何测量以及清晰的轴向、横向、全景图像等实时成像的优点,同时辐射剂量大大降低,减少伪影形成。

近年来,中国一些医学院校的附属口腔专科医院,如北京大学口腔医院已引进了 CBCT 设备并开展了相关的应用研究。有学者开展了牙颌面专用 CBCT 与普通 X 线检查对颞下颌关节骨关节病诊断价值的比较研究。他们用牙颌面专用 CBCT(NewTom QRDVT9000)进行颞下颌关节检查,得到关节多层面冠状位和矢状位影像,并与曲面体层片、许勒位片、经咽侧位片的检查结果比较,以评价 CBCT 和普通 X 线检查对于颞下颌关节骨质改变的诊断价值。结果发现,CBCT 能较全面地反映颞下颌关节的骨质改变情况,可以在轴位、矢状位和冠状位以及多个层面上准确地反映髁突在关节窝中的位置和骨质改变的情况,可对髁突内外极骨质改变作出诊断,可以清楚地显示关节间隙的大小并进行测量。也有研究表明,牙颌面专用 CBCT 结合关节造影尚可用于关节盘前移位、旋转移位、侧向移位和关节盘穿孔等的准确诊断,且效果明显优于常规关节造影。

还有学者进行了 CBCT 在牙槽外科手术中应用价值的研究,其结果表明,CBCT 全景图像可清晰地显示下颌牙根与下齿槽神经管、上颌牙根与上颌窦的解剖位置关系;能对各解剖标志,颌骨厚度、长度,骨皮质厚度,下颌神经管长度进行精确的测量,譬如牙槽嵴顶到下齿槽神经管顶的长度,下齿槽神经管到舌侧、颊侧骨面的水平距离等;能清楚地显

示颌骨的解剖结构和钙化程度;可帮助临床医师设计手术方案,避免术中引起上颌窦穿孔和下颌牙根对下齿槽神经的损伤等并发症;还可用于正颌外科术前截骨线的预设以及种植体最佳植入部位、深度和方向的确定,选择种植体的大小,提高手术成功率等。

口腔颌面专用CBCT在三维重建图像上通过调节窗位可将部分骨组织去除,只留下密度较高的牙图像。辅以轴位和其他层面图像,可以精确地了解埋伏牙的形态、位置及其与邻牙的关系以及邻牙有无移位或根吸收等。有学者应用CBCT检查分析埋伏上颌中切牙的影像特点,并依据其形态、冠朝向及其与牙列的位置关系将其归纳为后翻型、后钩型、后前水平型和高位型(垂直或倾斜)4种类型。每种类型均有其自身特点,基本代表了埋伏牙的形态和位置关系,为临床医师的进一步治疗设计或手术前入路选择提供准确的信息。

## 二、数字化医学影像学科的建立

随着数字化时代的到来,数字化医学影像设备的使用越来越广泛。建立数字化医学影像学科以逐渐取代传统模式的医学影像学科,是目前临床医学影像学科发展的新趋势。

自20世纪90年代末开始,数字化牙片、数字化曲面体层等数字化X线成像设备逐渐开始在口腔专科医院的放射科应用。而近年来随着计算机技术的飞速发展,利用网络进行数字采集、传递、存储和处理的数字化影像设备已成为医学影像学界关注的热点。医学影像存档与通讯系统(picture archiving and communications systems, PACS)的迅速发展为影像科的数字化建设提供了坚实的平台。

PACS是近年来随着数字成像技术、计算机技术和网络技术的进步而迅速发展起来的旨在全面解决医学图像的获取、显示、存贮、传送和管理的综合系统。它主要分为医学图像获取、大容量数据存储、图像显示和处理、数据库管理和用于传输影像的局域或广域网络等5个单元。

中国PACS系统的应用始于20世纪90年代末。最初,只是在某些大型综合医院进行小规模的PACS建设。由于当时国内的影像检查设备多数不支持数字图像的输出,因此基本上采用视频采集和胶片扫描的方式,分辨率等主要技术性能较低,也没有海量存储系统。近年随着大量新型数字影像设备的推广应用,部分国内厂商逐步掌握了数字影像的采集和后处理技术,同时计算机硬件价格大幅度降低,自此部分大型综合和专科医院开始了较高水平的PACS系统建设。

目前在一些口腔专科医院,PACS系统已经开始应用,譬如济南市口腔医院、中山大学光华口腔医学院、首都医科大学北京口腔医院等。口腔放射科配备了多功能数字化X线机、DR或CR等数字化影像设备,并与院内的PACS进行了联网。患者检查完成后图像经过处理可立即传送到诊断医师工作站,经诊断医师及时阅片并出具诊断报告,打印后可得到图文并茂的诊断报告,相关临床科室可立即在科室内调阅患者的图像和诊断报告等相关资料。该系统的应用使影像学科发生了根本性的变革,主要体现在以下几个方面:①可快速、方便地在临床、急诊科室随时调阅胶片图像进行读片与诊断,提高了工作效率,避免了胶片在传递过程中丢失,成为医院现代化的管理手段;②开展复合影像诊断、多学科会诊,克服了时间和地域上的限制,医护人员能为各类患者提供及时的诊断、治疗和护理;③便于图像传递和交流,实现数据共享,发挥教学医院的教学和支持作用,从而在整体上提高医院的诊断质量、效率以及教学和科研水平;④极大地改变了传统放射科与其他科室的关系,它的大范围运用必将对放射学实践产生极其深刻的影响,促进其更加专业化的发展,迫使行业内出现更为激烈的竞争;⑤节约胶片及其管理费用,从而进入无胶片时代;⑥在医疗服务的社会需求不断增长的今天,上述优越性最终将有利于提高医疗质量,缩短患者在医院的滞留时间,从而为医院和患者带来显著的经济效益与社会效益。

## 三、涎腺内镜的临床应用

早在 20 世纪 90 年代初,国外学者将一种直径为 0.8 mm 可弯曲的微细内镜引入大涎腺导管系统,用于诊断和治疗涎石症。随后又有学者使用硬性微细内镜诊治涎腺阻塞性疾病,包括涎腺的微细解剖和病理生理发现及涎腺阻塞性疾病的治疗。内镜能直接了解涎腺的内在表现,明确慢性阻塞性涎腺炎的发病原因,可同时进行治疗,具有较广阔应用范围和前景。涎腺内镜随着在各国的应用和研究的深入,已经逐渐成为诊治涎腺疾病的一种新方法。

中国涎腺内镜的应用和研究始于 20 世纪 90 年代末期,最早开展涎腺内镜应用和研究的单位有上海交通大学附属第九人民医院、首都医科大学北京口腔医院和武汉大学口腔医院等。1998 年,上海交通大学附属第九人民医院就开始了内镜在慢性阻塞性涎腺炎诊断中的初步研究。他们根据涎腺的解剖特点,与相关厂商合作设计制造相应的涎腺内镜,应用其对 19 例慢性阻塞性涎腺炎进行诊断,了解导管壁和导管内变化,明确发病原因。结果在内镜下可见颌下腺导管阻塞以结石为主,占 9/12;而腮腺导管内以内壁增生为主,占 5/7;少数患者可有分支导管部分阻塞。

首都医科大学北京口腔医院也进行了涎腺内镜诊治慢性阻塞性涎腺炎的临床应用价值的研究。他们应用涎腺内镜对 22 例排除涎石症的不明原因的涎腺反复肿胀患者进行扩张狭窄导管和冲洗治疗,结果发现 22 例患者的涎腺导管内皆有纤维样物质,管壁上有充血点和少数出血点,导管口及其附近 1 cm 左右较后方狭窄。22 例患者的涎腺导管兼有狭窄和扩张,5 侧黏液栓子,1 侧阴性结石。追踪观察 1~8 个月,平均 5 个月,21 例患者术后症状明显缓解(有效率 95%),有 4 例患者复发(复发率 18%),但程度和持续时间较以前明显减低。

首都医科大学北京口腔医院还进行了慢性阻塞性腮腺炎涎腺内镜表现及其冲洗液病理学基础研究。他们对 27 例腮腺反复肿胀的患者进行临床、X 线平片、涎腺造影检查,涎腺内镜观察腮腺导管系统并行扩管冲洗治疗。离心冲洗液并对沉淀物行 H-E 染色,光镜观察,并根据造影表现分类与内镜和冲洗液检查结果进行比较。结果 27 例慢性阻塞性腮腺炎患者的造影表现为:Ⅰ型 9 例、Ⅱ型 5 例、Ⅲ型 9 例、Ⅳ型 3 例、正常 1 例。造影显示,21 例患者腮腺导管阻塞的原因为导管狭窄。涎腺内镜显示,所有患者的腮腺导管内皆有纤维样物质,管壁上有充血点。Ⅰ型和Ⅱ型腮腺导管内纤维样物质量少且细小,Ⅲ型和Ⅳ型腮腺导管内纤维样物质呈条索状或团块状。冲洗液沉淀后的纤维样物质为聚集成团状的大量脱落上皮细胞,其间可见中性粒细胞、淋巴细胞、嗜酸性粒细胞和少许红细胞。据此,研究者认为,涎腺内镜下大量纤维样物质的病理学基础是大量脱落上皮细胞,粘在管壁上的纤维样物质可能是引起腺体反复肿胀的局部原因之一,腮腺导管内纤维样物质的多寡与涎腺造影表现有一定相关性。

上海交通大学附属第九人民医院、武汉大学口腔医院的研究组也相继报道了涎腺内镜诊疗涎腺疾病的应用结果。近来北京大学口腔医院、中山大学光华口腔医学院等也开展了此项工作。

## 四、口腔颌面影像学的临床和病理学著作

口腔颌面影像学诊断与临床和病理密切相关。长期以来,中国口腔颌面影像学学者大多同时从事着临床或病理学的相关工作,积累了大量宝贵的口腔颌面影像及其临床和

病理资料，并在近年内编撰出版了一些各具特点的图文并茂的口腔颌面影像学专著。

上海交通大学口腔医学院编写了《颌面颈部疾病影像学图鉴》。该书是国内第一本以图谱为主，专门介绍颌面颈部疾病的影像学专著。它以颌面颈部疾病的诊断为对象，通过 X 线、CT、磁共振和超声等图像，配以病史和讨论来探讨不同疾病的影像诊断学特点，涵盖了口腔颌面颈部绝大部分疾病的诊断图像。

北京大学口腔医学院编写了《口腔颌面影像医学图谱》。该书收集了上海交通大学、四川大学、武汉大学和北京大学 4 所学校口腔医院放射科所积累的近半个世纪的资料，以图示为主，简明实用，提供了与病例相关的临床和病理学资料。读者通过该书在获得某一病例影像学诊断资料的同时，亦可对其临床表现特征和病理诊断有相应的了解，加深其影像诊断学的认识。

北京大学口腔医学院还编写了《口腔颌面骨疾病临床影像诊断学》。该书参照 WHO 牙源性肿瘤组织学分类和骨肿瘤组织学分型进行编写，着重叙述了口腔颌面骨疾病的临床和影像学的表现，增加了既往口腔颌面疾病影像诊断学未包括的某些内容，如对“软组织钙化和骨化”进行了专门讲述。该书对患者病史、临床表现进行了全面具体的描述，以加强影像学诊断与临床的密切结合，而全面掌握疾病的相关临床信息是作出影像学正确诊断的基础。

影像学表现都有其内在的组织病理学特点和规律。以往由于学科分割，大多分别研究口腔颌面疾病临床或影像学表现或病理学变化，将三者联系起来观察其内在联系和规律的研究及论著相对较少。首都医科大学口腔医学院编写的《口腔颌面疾病临床 X 线表现及其病理学基础》一书，把常见的口腔颌面部疾病的临床表现、X 线表现和病理所见三者结合起来，从最基本的微观病理结构上分析总结出其临床和影像学表现的病理学基础，希望从细微病理结构上解释一些临床和影像学的现象，以求更进一步了解发生这些现象的原因。该书基于编著者数十年积累的临床资料，经口腔颌面外科学、口腔病理学和口腔放射学等专家联合研讨分析反复求证编写。其中，每例病例的影像学表现的病理学基础是本书特色部分。从微细病理出发较系统地解释临床、影像学表现还有很多未知的东西，需要更多研究进一步探讨。

# 我国口腔材料研究两年回顾

上海交通大学口腔医学院　孙皎　谢广平

近两年来，随着科技的发展，各种新技术的应用和新材料的问世对口腔材料学的发展起到积极的推动作用。我国口腔材料研究领域在金属材料的表面改性、金属材料的抗腐蚀性和生物相容性、新型陶瓷材料的研制、陶瓷材料的增韧和表面改性、复合树脂的填料改性和固化收缩性、黏结材料的黏结性能及界面封闭性等方面都取得了一定的成果，现简要回顾如下。

## 一、口腔金属材料

### (一)金属材料的腐蚀和抗腐蚀性研究

口腔唾液是一种含钙、镁、磷酸盐等多种离子的电解质溶液，不同金属修复体之间由于腐蚀电位和钝化电位的不同，容易在唾液中发生电化学腐蚀。有学者研究了镍铬合金、镀金镍铬合金和金合金三种铸造合金在人工唾液中的阳极极化情况，发现镍铬合金和镀金镍铬合金的阳极极化曲线的斜率大于金合金，说明前者较后者在人工唾液中更容易发生电化学腐蚀。也有报道牙科修复用的多种合金与含锌的银汞合金在唾液中可产生较大的电偶电流，银汞合金中因锌元素含量不同，其耐腐蚀性也不同，由此提示在进行口腔修复时应关注患者口腔内原有的银汞合金充填的情况。

金属材料在电解质溶液中的腐蚀性受多种因素的影响，微生物和溶液的 pH 值是两个主要因素。微生物的生命活动可改变口腔环境的 pH 值和口腔局部的氧浓度，从而影响修复体金属所处的环境与金属的腐蚀。有研究报道口腔茸毛链球菌能够增加常用烤瓷合金的腐蚀倾向，使合金更易发生腐蚀，且口腔细菌在液体环境较固体环境中对合金耐蚀性影响更大，口腔镍铬合金的镍离子析出情况受到口腔环境(pH 值)的变化而呈动态改变。

有关如何提高金属材料的抗腐蚀性方面，有文献报道在合金材料中添加一些电化学稳定的金属元素或在合金表面电镀稳定金属元素的方法。如在传统的 Ni-Cr 合金中添加 Ti 后形成 Ni-Cr-Ti 合金，其在人工唾液中析出的金属离子总量明显较不含 Ti 的 Ni-Cr 合金少。另外，用镀金铜基合金桩核修复治疗后 3 个月，金属离子的析出量较无镀金的铜基合金桩核少，镀金表面处理能降低铜基合金桩核 Ni 和 Cu 的析出量，改善铜基合金桩核的抗腐蚀性。

### (二)金属材料的表面改性研究

尽管金属材料在强度、硬度、耐久性和韧性等方面表现出优越的性能，但在临床使用过程中仍会出现一些问题，如腐蚀、细菌黏附、烤瓷熔附等。最近有学者试图通过对金属材料的表面改性力求解决这些应用中的问题。如在传统镍铬合金表面用金泥涂层，经烧结抛光后，可明显提高表面的光洁度和耐磨性；在镍铬合金、钴铬合金表面进行氮化钛膜改性，可使两种合金的机械性能和细菌黏附性得到很大改善；若对烤瓷用镍铬合金表面氧化膜进行阳极钝化处理，则可提高镍铬合金与烤瓷的熔附性。

### (三)金属材料的生物相容性研究

近两年来，牙科金属材料的生物相容性研究主要集中在机体炎症细胞因子分泌和细胞生物学效应等方面。有研究将钴铬合金、镍铬合金和金合金制成全冠进行修复，在修复后 1 个月和 6 个月提取龈沟液，检测龈沟液中的 IL-6 和 TNF-α。结果显示，三种合金材料对 IL-6 分泌的影响无差别；而在 6 个月后，钴铬合金相比镍铬合金和金合金引起 TNF-α 分泌明显增加。又有报道，用镍铬合金和金合金进行烤瓷牙修复 3 个月后，镍铬合金组的龈沟液中 IL-8 含量高于金合金组。

另外，有文献报道在犬口腔内用 58% 金合金、不含 Be 元素的 Ni-Cr 合金和含 Be 元素的 Ni-Cr 合金分别进行铸造全冠修复，检测颊黏膜上皮细胞的损伤情况。结果显示，戴用金合金全冠后未引起颊黏膜上皮细胞 DNA 的损伤，而 Ni-Cr 合金全冠，尤其含 Be 元素者，戴用后可引起颊黏膜上皮细胞 DNA 发生明显损伤，且动物外周血淋巴细胞凋亡明显增加，而金合金者则无明显变化。

## 二、口腔陶瓷材料

### (一)新型陶瓷材料研制

近年来，纳米技术的发展为陶瓷材料的研制提供了新的方向，纳米陶瓷材料已成为目前口腔材料研究领域中的重要内容。以乙醇为溶剂，应用反向沉淀法可以制备出纳米级氧化锆粉体，该粉体分散性好，且粒度均匀。有学者运用微波烧结新技术制备纳米氧化铝-氧化锆全瓷材料，该材料晶粒排列致密细小，分布均匀，颗粒间无明显界限，相互融合。该微波烧结技术升温快，能较大程度上改善陶瓷材料的显微结构和均匀性，是一种新型的纳米陶瓷研制技术。

钛是一种生物相容性很好的金属，但由于钛在高于 800 ℃时极易氧化，热膨胀系数小，与常用的瓷粉无法匹配，所以需要合成与钛匹配的专用瓷粉。有研究将 $SiO_2$、$Al_2O_3$、$TiO_2$ 等为原料，在球磨机上磨成料浆，置料浆于管式电阻炉中，1 500 ℃温度熔制，然后置水中冷淬，将冷淬后的团状物研磨成瓷粉。X 线衍射结果显示未出现尖锐的衍射峰，由此提示，运用此方法可获得一种较理想的硅酸盐玻璃陶瓷。

**(二)陶瓷材料增韧作用研究**

氧化锆陶瓷因其相变增韧作用已成为室温下力学性能最优异的陶瓷材料。将氧化锆相变增韧和纳米粒子增韧机制相结合，是研制新型牙科氧化锆纳米复合陶瓷的新思路。将纳米氧化锆材料加入到传统的陶瓷材料中，制成复相纳米陶瓷材料，是增加传统陶瓷材料韧性的一个重要途径。有报道将纳米氧化锆或纳米氧化锆粉体与传统氧化铝陶瓷材料经湿法球磨制备混合均匀的浆液，加入复合添加剂，制成坯体后在 1 450 ℃下常压空气中烧结 8 h，得到纳米氧化锆增韧氧化铝陶瓷材料。检测结果显示，其抗弯曲强度和断裂韧性均有所提高。加入的添加剂在烧结过程中产生液相，可降低烧结温度，进而诱导生成长柱状氧化铝晶型。当然，加入纳米氧化锆材料的比例对材料性能会产生较大影响。曾有人将不同质量比例的纳米氧化锆与氧化铝粉料混合制成复合陶瓷材料时发现，当纳米氧化锆质量分数为 20%时，其力学性能显著高于 10%与 30%组的陶瓷。另有学者认为，采用氧化锆增韧氧化铝复合陶瓷时，所加氧化锆质量分数不同，所对应复合陶瓷的增韧机制也不同，氧化锆质量分数为 15%～30%时，材料以应力诱导相变增韧为主；氧化锆质量分数大于 30%时，存在微裂纹增韧机制。

**(三)陶瓷材料表面改性研究**

陶瓷材料与牙体的粘接是全瓷修复成功与否的关键因素，粘接效果取决于树脂黏结剂与牙体和黏结剂与陶瓷两个界面。前者的黏结强度基本可以满足临床需要，而陶瓷-树脂间的粘接仍是相对薄弱的环节。硅烷偶联剂能提高硅酸盐基陶瓷-树脂黏结强度，但对于氧化铝等非硅酸盐基陶瓷，考虑采用硅涂层对非硅酸盐基陶瓷进行表面改性可以提高其与树脂的黏结强度。溶胶凝胶法是一种快速发展的表面工程技术，采用溶胶凝胶法可在喷砂的 In-Ceram 氧化铝基片表面制备纳米硅涂层，应用硅烷偶联剂后可以显著提高 In-Ceram 氧化铝基陶瓷的黏结强度。

**(四)陶瓷材料疲劳性能研究**

通过临床应用总结发现，很多陶瓷材料长期使用后的远期效果还不够理想。陶瓷类修复体能否达到预期的使用寿命，并非单纯由材料的强度和韧性决定，陶瓷材料的抗疲劳特性是一个需要重新认识研究的方向。对陶瓷材料的抗疲劳性研究通常选用动态循环疲劳试验。有研究将 EmpressⅡ热压铸造陶瓷和 GI-Ⅱ型氧化铝渗透陶瓷层状复合结构进行循环加载疲劳测试，结果显示经 105 次循环加载后，EmpressⅡ热压铸造陶瓷的临界载荷明显下降；GI-Ⅱ型氧化铝渗透陶瓷的临界载荷则无明显变化，从而提示 GI-Ⅱ型氧化铝渗透陶瓷在循环疲劳试验中表现出较好的耐疲劳特性，这可能与其材料本身的显微结构有关；而 EmpressⅡ热压铸造陶瓷一般是以脆性损伤模式为主。对牙科脆性陶瓷赫兹触压循环疲劳的研究发现，不同最大载荷值下，牙科脆性陶瓷展示不同的触压疲劳模式，低循环载荷周期下为脆性模式，高循环载荷周期下则表现为类塑性模式；即使在相对较小的载荷下，只要达到一定的循环加载周期，牙科脆性陶瓷强度也会显著降低。

## 三、复合树脂

**(一)复合树脂填料改性研究**

填料是复合树脂的一个重要组成部分，

填料的种类、粒度、粒度分布、折光指数、硬度、X线阻射性和在复合树脂中所占质量分数等均会影响复合树脂的性能及临床表现。为了提高填料与聚合物基体的结合力，通常需要将填料预先经过硅烷化处理或使用表面处理技术，以改善填料与基体的结合，提高耐磨耗性能。

近年来，有关复合树脂填料的研究主要是应用纳米技术。纳米材料的优越性能为复合树脂填料的改性提供新的途径。例如采用纳米 $SiO_2$ 包裹单壁碳纳米管(SWNT)作为填料，经硅烷偶联剂改性后，制成纳米复合树脂，透射电镜下显示 SWNT 能均匀分布于复合树脂基质中。纳米级填料对复合树脂性能的改善主要表现在硬度、耐磨性、抗弯曲强度等方面。有研究表明，纳米复合树脂的显微硬度比传统复合树脂高；在复合树脂中添加纳米载银无机抗菌剂填料能显著提高复合树脂的机械性能。当然，添加纳米填料的种类和比例对复合树脂的性能也会产生影响。如果选用不同比例的纳米二氧化锆和纳米金刚石作为填料制成桩核树脂，结果可示两种填料的比例不同对桩核树脂挠曲强度的影响较大。

为增强无机填料与有机基质间的结合，通常需要用硅烷偶联剂对无机填料进行表面处理。在制备过程中，不仅要定性研究硅烷偶联剂是否有效地吸附于无机填料表面，还需要定量确定硅烷偶联剂在无机填料表面的最佳覆盖量，以提高复合树脂的物理机械性能。有学者对常用的硅烷偶联剂 γ-甲基丙烯酰氧丙基三甲氧基硅烷(γ-methacryloxy propyltrimethoxy silane，γ-MPS)在钡玻璃填料表面的单分子层覆盖进行定量研究，结果表明 γ-MPS 在钡玻璃表面单分子层覆盖所占据的面积为每分子 0.21 $nm^2$，该研究为复合树脂生产中硅烷偶联剂 γ-MPS 的最佳添加量提供了科学依据。

**(二)复合树脂固化收缩研究**

复合树脂在固化过程中会发生聚合体积收缩，造成复合树脂与牙体之间出现数微米的边缘裂隙，该间隙容易为细菌、液体分子或离子等提供通道，即微渗漏。复合树脂固化收缩会产生收缩应力，这种收缩应力可因材料和固化时间的不同而有差异。有研究分析了临床常用的三种通用混合型复合树脂的收缩应力大小，结果发现，三种材料在固化后 10 min内收缩应力迅速增加，固化后 48 h 有 79％的样本出现应力释放现象。由此提示复合树脂固化后收缩应力变化速度在不同时段是不相同的。

## 四、黏结材料

**(一)黏结材料的黏结性能研究**

评价黏结材料黏结性能的主要指标是黏结强度，近年来的研究表明，树脂类黏结剂尤其是自酸蚀树脂黏结剂的黏结强度高于非树脂类黏结剂。有学者比较了树脂改良型玻璃离子黏结剂和树脂黏结剂粘接氧化锆陶瓷的剪切强度发现，树脂类黏结剂的剪切强度高于树脂改良型玻璃离子黏结剂。也有研究表明自酸蚀光固化正畸黏结剂的强度高于光固化树脂加强型玻璃离子黏结剂的强度。

被黏结物也是影响黏结强度的重要因素之一。有研究表明，同种黏结材料在粘接不同物质时所表现出来的黏结强度可以不同，比如 Panavia-F 黏结剂对钴铬合金的黏结强度要高于其他合金，这就说明对于临床上因固位型差或无固位型而导致修复体脱落的病例，除了可以通过选择黏结强度较高的黏结剂来增加固位力外，还可以通过选择不同的修复材料来弥补。

黏结面的状况对黏结性能的影响也是目前比较关注的一个方面。黏结面是黏结材料与黏结物发生黏结作用的界面，对黏结面进行不同的处理很大程度上会影响其黏结强度。有报道采用极细粒度车针作牙体预备可以有效增强牙本质与黏结剂间的黏结强度；对黏结面进行机械打磨也能提高釉质黏结剂的黏结强度;对牙本质和金属表面分别使用 ED primer 和 Alloy primer 处理后,Panavia F 黏结剂的黏结强度有显著性提高。

**(二)黏结界面密封性研究**

黏结界面的密封性是影响黏结修复成功与否的重要因素。良好的黏结材料不仅要能提供足够的黏结强度,而且还应具有良好的密封性能。近年来的研究表明,不同的黏结材料,因黏结物不同,其黏结的密封效果存在差异。有人通过比较磷酸锌水门汀、聚羧酸锌水门汀、3M ESPEKetac、3M ESPE RelyXTMluting cement、SHOFU CX-plus-Glass polyalkenoqte 和 3M ESPE Rely-XTMARC 6 种黏结材料粘接铸造金属嵌体后的微渗漏情况发现,各种黏结材料的边缘密封性存在差异,其中磷酸锌水门汀和聚羧酸锌水门汀密封性最差,3M ESPE Rely-XTMARC 树脂黏结剂密封性最好,树脂类黏结材料在边缘密封性方面较传统黏结材料优越。另有研究显示玻璃离子水门汀与树脂黏结剂两者之间的边缘微渗漏情况没有差异性,但它们的边缘密封性优于聚羧酸锌水门汀。

目前对于黏结界面的研究已从观察微渗漏发展到对纳米渗漏的研究。有学者研究了牙本质黏结界面微渗漏与纳米渗漏之间的关系,黏结界面经热循环处理后,采用氨化硝酸银液和电镜检测黏结界面的渗漏情况。结果表明,牙本质黏结界面的微渗漏染色不完全由界面裂缝所致,界面无裂缝的纳米渗漏同样可造成微渗漏染色,这说明不能仅仅以微渗漏作为评价黏结界面密封性的指标。另外,固定修复体在口腔内受到咬合力的长期作用可能也会使牙本质黏结界面的微观结构发生变化。有报道发现牙本质黏结界面经循环加载后,黏结界面的纳米渗漏增加。

**(三)自酸蚀黏结剂黏结强度和封闭效果研究**

自酸蚀黏结剂相比全酸蚀黏结剂,最大的区别是将酸蚀和底胶处理合二为一。自酸蚀黏结剂不但操作简单,而且黏结性能也比较理想。有研究比较了自酸蚀黏结剂与全酸蚀黏结剂微拉伸黏结强度的差别,结果表明,自酸蚀黏结剂对釉质的黏结强度高于全酸蚀黏结剂,而对牙本质的黏结强度两者相近。另有研究表明,一步法自酸蚀黏结剂对硬化牙本质的黏结强度要高于其他全酸蚀黏结剂和两步法自酸蚀黏结剂。由于自酸蚀黏结剂底胶的酸性相对较弱以及玷污层的缓冲作用,使牙本质脱矿较表浅,且更易达到树脂的充分渗透,不留薄弱层,脱矿与渗透同时进行,从未脱矿的牙本质到黏结剂层形成一个连续体,可减少微渗漏的发生。有学者比较了自酸蚀黏结系统和全酸蚀黏结系统粘接树脂修复体的边缘微渗漏情况发现,自酸蚀黏结剂的微渗漏少于全酸蚀黏结剂。

临床上,应用自酸蚀黏结剂的窝沟封闭系统,可缩短临床操作时间,封闭剂保留率高,脱落率较低。采用自酸蚀黏结技术,只溶解玷污层并使其下方的牙体组织部分脱矿,残余的玷污层参与形成混合层,可封闭牙本质小管口,保护牙髓不受刺激,达到降低牙髓敏感性的目的。有资料认为,采用自酸蚀黏结剂治疗牙本质过敏症和牙颈部牙本质敏感症都能取得良好的治疗效果。

# 仿生制作与仿真制作

四川大学华西口腔医学院 于海洋 熊芳 屈依丽 周敏

随着牙科材料、义齿制作加工设备和工艺技术的进步,口腔修复工艺学已进入了一个快速发展的阶段。从国内外该学科现状来看,如今的口腔修复工艺学所面临的难题,已经不单是制作某一类修复体的工艺技术问题,而是从本质上如何将现有口腔修复工艺技术归纳评价,追求今后的发展、超越过去的问题。

对于固定义齿,"以假乱真"、"逼真"一直是口腔修复技师和医师的不懈追求,这个"真"字,就是固定义齿发展的主流方向,即追求在形态、色泽、半透性、光洁度等方面模拟或接近天然牙,即修复体仿真制作(prosthesis simulation manufacture, PSM)的应用问题。而对活动义齿来说,其固位方式决定了在外观上这种义齿无法达到仿真的程度。因而如何进一步改进活动义齿的设计和制作,使其能减少对口腔生理功能的影响,再现各种口腔组织在生理状态下的功能,就成为活动义齿的发展方向,称之为修复体的仿生制作(prosthesis bionic manufacture,PBM)。

因此,笔者提出仿生制作和仿真制作的基本概念,并用来概括口腔修复工艺技术发展的过去、现在与未来,抛砖引玉,请专家们指正。

## 一、口腔修复体的仿生制作

### (一)修复体仿生制作的基本概念

仿生制作的想法来源于仿生学范畴。仿生学是研究生物系统的结构和性质,为工程技术提供新的设计思想与工作原理的科学。仿生学是向生物学习的科学,包括研究生物的结构、形态、行为和习性等。修复体的仿生制作就是指制作能够全部或部分模拟再现天然牙以及口腔的解剖、生理等天然性能的修复体的制作方法。修复体作为天然牙的替代品,如果制作时不考虑口腔各组织的生物学特性,则可能会妨碍口腔组织的功能活动甚至损伤口腔组织。尤其是活动义齿,由于其结构和固位方式,戴入口腔后不可避免地会覆盖一部分口腔组织。如何减小活动义齿对其覆盖的口腔组织的功能影响,使活动义齿融入口腔环境中,在行使功能时两者协调一致,这就是仿生制作技术要解决的问题。比如,过去在评价活动义齿的成败时,主要从固位、稳定和功能三个方面进行评价,重视的是义齿对缺失部分咬合功能的恢复,即殆学的内容,而不太重视义齿的戴入对口腔其他正常生理功能的影响。

从仿生制作的角度评价活动义齿,主要观察义齿的存在是否会妨碍口腔组织的天然性能并进一步模拟这些性能。不同的口腔组织具有不同的性能,如天然牙坚硬,表面致密,形态复杂;牙龈组织性质柔韧,龈缘敏感不耐受压力;口腔黏膜湿润柔软,能分泌唾液,感知冷热;舌体活动度大,触觉敏感,能感受味觉和冷热刺激。具有仿生性能的义齿,在满足常规的固位、稳定和功能的要求的同时,不能影响口腔组织的这些性能,进一步还能模拟这些性能。这就是判断义齿是否采用了仿生制作技术的标准,即义齿是否模仿了天然口腔组织的生理性能。

### (二)几种修复体仿生技术

虽然以往的义齿制作技术中没有明确提出仿生制作的概念,但有一些设计也包含了部分仿生的意义。比如上颌义齿在腭侧基托形成模拟腭皱壁的突起,以协助舌体进行发音,这就是一种仿生设计。但是目前仿生技术在义齿制作中的运用非常少，还有大量领域有待进一步挖掘，以下归纳介绍一些已经或可能在运用的仿生制作技术。

1. 殆学理论的应用　在修复体的咬合设计中大量应用了殆学理论，对修复体咬合功能的模拟和修复提供了理论依据，是仿生制作应用的典范。

2. 181°卡环　在常规的活动义齿制作技术中，主要的侧重点是义齿的固位与稳定，因此通常Ⅰ型卡环会尽量包绕基牙，一般要包绕 3 个面和 4 个轴角，充分发挥其固位与稳定的作用。但如果从天然牙的生理状态考虑，包绕在基牙牙冠上的卡环是不利于基牙的生理功能的，妨碍了食物的排溢和对牙龈的生理刺激，导致基牙的龋坏，同时也会影响美观。因此现在出现了 181°美观卡环的概念，认为Ⅰ型卡环不必包绕基牙过多，只需要超过 180°就不会对基牙产生不良的推力，同时也可减少对美观的影响，是一种符合基牙生理状态的低程度仿生设计。

3. 分裂基托　活动义齿的大连接体，一般都要求采用坚硬的材料，以达到分散殆力的作用。但仔细分析口腔组织的生理性能发现，这样的设计并不是在所有情况下都符合生理要求。天然牙坚硬，受力时动度很小；黏膜组织结构松软，受力时会产生变形。当义齿为牙支持式时，使用坚硬的连接体将殆力分散至各个基牙，这样的设计是合理的。但当义齿为混合支持式，尤其是存在游离端时，按照目前常用的坚硬大连接体设计，由于黏膜的变形下沉，殆力会通过坚硬的大连接体传递到基牙上，造成基牙上的应力集中。从仿生角度出发，采用分裂基托的制作方法，人为加大基牙和游离端基托之间的力臂长度，利用金属的弹性使游离端基托能随着黏膜的变形而下沉，能有效分散黏膜和基牙所受的力。这种设计充分考虑到了天然牙和黏膜的生理性能差异，并据此设计不同的连接体，可以认为是一种低程度仿生设计。

4. 仿生义齿磨光面　活动义齿磨光面的打磨，历来在活动义齿的制作中都相当重视。名目繁多的研磨器械和材料，重复而繁琐的打磨程序，其目的都是为了获得一个高度光滑的表面。但是真的需要如此光滑的表面吗？有不少人是支持光滑表面的，认为可以减少食物残渣和菌斑的附着，可以降低材料的腐蚀和老化。一些资深的老技师，尤其以自己打磨的义齿光滑得连水珠都不能附着而自豪。

但是在自然的口腔环境中，是不存在这样大面积的光滑表面的。牙体是粗糙的，表面有大大小小的牙尖、发育沟、点隙凹陷；黏膜柔弱而粗糙，同时还有结缔组织的附着、大小腺体的起伏和开口；舌体柔软而粗糙，菌状乳头和丝状乳头构成了起伏不定的表面。在这样一个环境中，置入一副表面光滑如镜的义齿，与周围环境显得如此格格不入。口腔组织是非常敏感的，单调而光滑的义齿表面无时无刻不在提醒着舌体和黏膜义齿的存在，这是一种无法忽视的感觉。以往在研究活动义齿的异物感时，考虑最多的是厚度的影响，也许今后该换个思维方式，考虑一下舌体和黏膜的触感。除了触觉外，光滑的表面还会造成另一个常见但同样严重的问题，那就是使用者的口干感觉。当使用大面积基托的活动义齿时，口腔黏膜基本被覆盖住了，与舌体接触的主要是义齿表面，而义齿镜面样的光滑表面，连水珠都无法附着，当然唾液也是一样了。长期处于这样的环境中，舌体的感觉自然不舒服。

现在在整铸支架活动义齿的制作中，已经逐渐意识到这个问题，采用皱纹表面来代替镜面，希望在基托皱纹的凹陷处可以积存一部分唾液，使义齿表面保持湿润状态。

从仿生的角度考虑，过于光滑的义齿表面是不符合口腔的生理情况的。尽管光滑表面可以降低菌斑的附着，但口腔本身就是一个有菌的环境，如果义齿上附着一些有益菌，又何尝不可呢？不光滑的表面，也许会降低义齿材料的强度和使用寿命，但现在材料科学飞速发展，材料的强度和寿命早已不再是阻碍工艺学前进的难题。同时对活动义齿来说，其寿命本身就受到诸多因素的影响，是不可能也没必要长时间使用的。

因此从仿生的角度，对义齿的制作应从关注修复体强度和咬合的设计，转移到其他仿生性能的全面落实上，通过对仿生制作的探索为今后活动义齿的制作拓展一个新的发展空间。

## 二、口腔修复体的仿真制作

### (一)修复体仿真制作的基本概念

1.修复体仿真制作　仿真制作建立在人们对天然牙各种性能全面剖析的基础上，通过采用各种仿真技术，使修复体对天然牙的外形、色彩、质地、纹理等进行模仿，以使修复体达到模拟天然牙的整体效果，当前主要用于固定修复体的制作中。对于技师和医师来说，修复体应具有口腔自然的美学效果和天然性能；而对于患者来说，修复体的外观和性能与自已的或理想的天然牙相像，并且不易被接触到的人识别出是仿真制作的修复体。

2.修复体仿真制作的主要参数标准　要制作好仿真修复体，除了牙体外形，对天然牙颜色质地的模仿，金瓷修复和瓷修复配色与天然牙色是否一致，是否达到自然协调美观的效果，质地纹理是否逼真等，是仿真修复成功与否的主要标准。目前固定修复体主要涉及以下指标：半透明性、荧光性、乳光性、表面质地、光泽度等。活动修复体主要涉及外形、颜色、质感等。

3.修复体仿真标准的认识　医患双方对天然牙整体效果的认识是有区别的。一般来说，医师、技师等对天然牙的认识是专业的和深入的，因此，参数指标较多而分散，概念化；而患者对天然牙的认识是肤浅的，但指标较主观和感性。所以，仿真制作既要在医师和技师间制定和落实仿真标准，也需要在临床上解决医患间仿真标准内容差异的问题。否则，仿真制作的目的也就无从谈起了。

### (二)几种仿真技术

1.选牙色和配色　天然牙牙色信息的传递和再现时，选牙色和配色是关键。颜色的感觉是生理和心理反应共同作用的结果。受视觉适应性、个体眼睛光谱响应的差别、测量时身体状况（疲劳程度）等因数的影响，同时色彩的感知是主观的，不同个体间差异较大，即使在受过训练的观察者之间也存在相当大的区别。

颜色的测量有两种方法，即视觉分析法和仪器测量法。

视觉分析主要是根据孟塞尔颜色表达系统，以色相、明度、彩度为依据制作不同标号的色卡，经目测与修复体选牙色，确定其颜色的三维性。临床上以选牙色板作为颜色分析的依据。这种方法主要是靠有经验的操作者参照标准彩色进行评价，不需配备精细的测量仪器，但受到观测者自身的生理、心理及外界环境的光线、背景等因素的影响，目测法精确程度相对较差。

CIE 标准色度系统的建立和计算机在色度学中的应用，为仪器（色差计，分光光度计）测色奠定了基础。将目测法与仪器测色法相结合，利用数字化摄影技术记录并向技师传递牙的颜色、形态、质地等信息，可以实现医师与技师间牙信息的准确传递。

目前相应的配色技术有内染法、外染法等。内染色：直接在不透明瓷层内上各种特殊的染料，使烤瓷冠颜色逼真。外染色：上釉前调配少许着色剂，涂布在冠表面，上釉烧结即可。

2.分层结构式的金瓷、全瓷修复体　目前，临床上深入研究并广泛应用的全冠、固定桥系统，仍然为强度较高的金瓷修复系统，该系统兼有金属材料的强度和瓷的美观，但由于其金属底层不能透过光线，使修复体无法与天然牙相媲美。同时，修复体长期处于口腔这一理化性质复杂的环境中，由于金属的腐蚀而释放金属离子，往往造成牙龈边缘着色和口腔黏膜的炎症或变态反应。因此，金瓷修复体已不能完全满足牙科医师和患者对修复体的更高要求。而全瓷底冠材料替代金属材料，使得全瓷冠分层上更接近于天然牙，修复体具有良好的透明性和半透明性。但是，目前的三层或多层的金瓷、全瓷修复体与天然牙还有不少差距，有待进一步模拟和突破。

3.弹性义龈　它是活动义齿中仿真制作的例子。牙周病是中老年人口腔常见病。前牙区常因牙槽嵴吸收及牙龈退缩，产生牙根的暴露、邻间隙的增大等现象。这些组织形貌的改变，既影响患者的美观，同时也可以进一步恶化牙周情况，对患者口腔功能产生不利的影响。采用各种基托修复材料制作义龈，并与活动或固定修复方法组合，可以恢复牙龈的解剖外形和一定的生理功能，有效地解决牙龈退缩带来的美观和语言等功能问题，是一种仿真修复方法。

实际上，固定修复除了仿真的概念外，也有仿生的需求。活动义齿修复虽说以仿生为主，也有仿真的概念。因此从广义来讲，在目前各种修复体的设计制作中，仿真与仿生两者很难割裂，只是以谁为主和仿效的程度的区别而已。因此，在口腔修复工艺学学科体系内，揭示和阐明修复体的仿真制作与仿生制作的基本理论，具有重大的理论和应用价值。

论 坛

# 骨髓基质细胞可转化为牙上皮细胞

胡冰[1,2] Fernando Unda[3] Sabine Bopp-Kuchle[1] Liero Jimenez[3]
王学玖[2] Youssef Haïkel[1] 王松灵[2*] Hervé Lesot[1*]
1. Faculty of Dentistry, University of Louis Pasteur, 67085 Strasbourg Cedex, France;
2. 首都医科大学口腔医学院; 3. Department of Cell Biology and Histology, Faculty of Medicine and Dentistry, University of the Basque Country, Leioa 48940, Vizcaya. Spain
*: 通讯作者

釉质是人体最坚硬的组织，其再生非常困难。而釉质可因龋齿、遗传性疾病或外伤导致破坏。成釉细胞在牙萌出后消失，除了培养的成釉器细胞，还没有其他细胞能被用作代替或再生成釉细胞的来源。尽管骨髓细胞已被证明可以转化为牙间充质样细胞，但它们能否转化为成釉细胞样细胞尚不得而知。已被证实，骨髓细胞中的干细胞可以转化为不同种类的上皮细胞。因此，笔者设计了一种特殊的实验方法来观察它们是否也可被利用作为成釉细胞的来源。利用解离、重组牙胚的实验方法，将骨髓细胞或其中的亚群细胞（c-kit$^+$ 或 c-kit$^-$）单独或和牙胚上皮细胞混合再与完整的牙胚间充质重组体外培养。对分化了的骨髓来源细胞的形态、功能和分子生物学特性进行分析，确认骨髓基质细胞在一定环境条件下可转化为成釉细胞和成牙本质细胞。

## 一、材料和方法

实验中的骨髓细胞取自 16～20 周龄的 C57BL/6-EGFP 和 CD1 雌性小鼠，牙组织和细胞取自胚胎 14 d CD1 鼠胚。所有实验流程均符合伦理标准。

1. 细胞和组织准备 自小鼠的胫骨和腓骨中采集骨髓细胞，在 Hank 液中打碎并过 70 μm 尼龙膜以得到单细胞悬液。将其中的低密度细胞和被覆有抗 c-kit 抗体的磁珠孵育后再通过免疫磁珠分选仪分选即可得到 c-kit$^+$ 和 c-kit$^-$ 的亚群细胞。来自于 CD1 小鼠的骨髓细胞被标记上 CM-DiI。细胞悬液被定量为每毫升 $5\times10^4$ 个细胞。每一个实验使用 60 个小鼠胚胎下颌第一磨牙。将它们解离为上皮和间充质。在每一个 Eppendorf 管中，每 0.5 mL 培养液中有 4 个牙胚的牙上皮被打碎成单细胞悬液，共 $(2.56\pm0.80)\times10^4$ 个细胞。将此 0.5 mL 的单细胞悬液和 0.5 mL 骨髓细胞悬液混合，9 000 g 离心 2 min。在单纯骨髓细胞和牙胚间充质细胞重组培养实验中，将 1 mL 骨髓细胞沉淀，细胞团块和牙间充质重组后培养。

2. 细胞增殖分析 采用 5-溴脱氧尿苷（BrdU）标记法分析细胞增殖情况。

3. 免疫荧光实验 实验中使用 5 μm 石蜡切片。一抗包括：抗增强型绿色荧光蛋白（enhanced green fluorescent protein, EGFP），抗细胞角蛋白-14，抗釉质生长素，抗基质金属蛋白酶-20（MMP-20），抗牙本质涎蛋白（dentin sialoprotein, DSP），抗牙本质基质蛋白（dentin matrix protein, DMP）-1。二抗耦合的荧光素有 Alexa594、Alexa488 或 FITC；细胞核用 4,6-二氨基-2-苯基吲哚（DAPI）染料。采用荧光显微镜采集图像，并用 PhotoShop 7.0 进行图像处理。

4. X 和 Y 染色体检测　使用检测小鼠 X 染色体的生物素探针和检测小鼠 Y 染色体的红全染色体染料探针。荧光原位杂交采用常规方法。与极性细胞主轴平行的切片被用来计数，而且每隔一张切片数一次细胞，这样就不会数到相同的细胞。

5. 原位杂交　使用罗氏公司的地高辛标记 RNA 体外转录试剂盒制作地高辛标记单链针对原釉蛋白（amelogenin）、成釉蛋白（ameloblastin）和牙本质涎磷蛋白（Dsp-Dpp）的 RNA 探针，用常规原位杂交方法进行实验。

## 二、结　果

1. 全骨髓细胞很少转化为牙细胞　来自于 C57BL/6-EGFP 小鼠的打碎的骨髓细胞被沉淀后再和胚胎 14 d 的牙间充质细胞重组培养。在 3 个独立的实验中，有结构的重组物只能维持 3 d，然后由于细胞在半固态培养基表面扩散开来而造成结构崩解。如果在骨髓细胞和牙间充质细胞重组前，将其与牙胚上皮细胞按 1∶1 比例混合则可以避免这种现象。在培养 20 d 后，3 个独立实验 45 个样本中的 30 个培养物发育成牙冠。由于 EGFP 细胞在它们植入到牙胚上皮和间充质中不久就会失去自发荧光特性，所以使用抗 EGFP 抗体来观察它们。EGFP 和细胞角蛋白-14 的双重染色免疫组织化学实验显示大部分 EGFP 骨髓细胞在牙间充质中。

2. 重组牙胚中的骨髓细胞多为 c-kit$^+$ 细胞　既然 30 个样本中仅 3 例显示 EGFP 骨髓细胞植入到极性的内釉上皮中，就尝试增加这部分细胞的成分。使用免疫磁珠分选的方法将骨髓细胞分为 c-kit$^+$ 和 c-kit$^-$ 两部分细胞。在 5 个独立的实验中，c-kit$^+$ 或 c-kit$^-$ 的骨髓细胞和牙胚上皮单细胞悬液按 1∶1 的比例混合后再和牙间充质重组培养，6 d 后，c-kit 阳性富集骨髓细胞已经植入到牙胚上皮和间充质中，20 d 后，植入的骨髓细胞可以被 EGFP（C57/BL6-EGFP 鼠）或 CM-DiI（CD1 鼠）标记所观察到。在所有的重组物中（$n$ = 72，52 个 EGFP，20 个 CM-DiI），这些细胞是在内釉上皮的极性细胞和牙胚间充质中查获的。在同样的实验条件下，c-kit$^-$ 富集细胞在内釉上皮中非常少见，而在牙间充质中却正常存在。

3. c-kit$^+$ 富集骨髓细胞能够获得成釉细胞的特性　通过 EGFP 免疫组织化学实验确认在内釉上皮中存在 c-kit$^+$ 骨髓细胞，与成釉细胞在体内表现一样，这些细胞如原位杂交实验所示，既表达原釉蛋白（amelogenin）又表达成釉蛋白（ameloblastin）。对于 EGFP 和原釉蛋白或 MMP-20 的双重免疫荧光染色显示，和牙胚中成釉细胞一样，在重组物内釉上皮中伸长和极性的 c-kit$^+$ 骨髓细胞分泌原釉蛋白及 MMP-20 蛋白。在上皮和间充质结合处的牙基质中也能检测到这两个蛋白的存在。为了检测内釉上皮中 c-kit$^+$ 富集骨髓细胞的细胞增殖能力，做了 BrdU 摄入实验。重组物在培养 6 d 后（此时 c-kit$^+$ 富集骨髓细胞已经出现在内釉上皮中），又在 BrdU 存在的情况下培养 48 h。在第 20 d 培养结束后，c-kit$^+$ 富集骨髓细胞出现的内釉上皮区域中同时存在摄入的 BrdU。然而，如果在培养第 18～20 d 后再和 BrdU 培养，则只是颈环处的细胞显示高增殖活性；在内釉上皮的剩余区域，极性的骨髓细胞来源的造釉样细胞显示 BrdU 阴性。

4. c-kit$^+$ 富集骨髓细胞能够获得成牙本质细胞的特性　在上皮和间充质重组实验中，上皮和间充质结合处在 24 h 后被重建。在培养的最初几个小时，有些 c-kit$^+$ 的骨髓细胞能够迁徙到邻近的牙间充质中，它们在调整后已适应这个新的微环境，在培养 20 d 后该区域仍可发现 EGFP 阳性细胞。在所有的重组物中（$n$ = 72），在成牙本质细胞层可以发现 c-kit$^+$ 的骨髓细胞。在上皮和间充质结合处，这些细胞极化并发育出伸入到牙基质中的细胞突。与此相反，很少在牙间充质中发现 c-kit⁻细胞。笔者做了原位杂交实验以检测牙本质涎磷蛋白的表达。尽管信号较弱，但是正如成牙本质细胞在体内一样，成牙本质细胞层中的 c-kit⁺骨髓细胞表达牙本质涎磷蛋白。免疫组化显示这些细胞能分泌 DSP 和 DMP-1。假如切片位置适中，可以观察到伸长的细胞突伸入到前期牙本质中这一具有成牙本质细胞特点的图像。这些成牙本质样细胞突 EGFP 阳性，它们的周围沉积 DMP-1。在其附近也能发现 DSP 的微弱信号。

5. c-kit⁺骨髓细胞不是通过细胞融合转化为造釉样和成牙本质细胞样细胞　有两个截然不同的机制即细胞融合和直接分化来解释骨髓细胞能够转化为不同的细胞类型。如果是细胞融合，c-kit⁺骨髓细胞来源的造釉和成牙本质样细胞将有两个个体来源：供体成年雌鼠和鼠胚。如果是直接分化，这些细胞中的所有染色体应当只是来源于供体雌鼠的骨髓细胞。为了解决这个问题，通过荧光原位杂交实验，分析已培养了 20 d 的重组物中 X 和 Y 染色体的情况。通过分析发现，成釉细胞层的 1 577 个 c-kit⁺骨髓细胞中，只有 5 个有 Y 染色体。在 X 染色体的分析中，独立分析了 1 469 个细胞，没有一个细胞有两个以上的 X 染色体。对于 3 206 个 c-kit⁺骨髓细胞来源的成牙本质样细胞的分析结果和此相似，没有一个有 Y 染色体（$n=1\ 581$）或多于两个 X 染色体（$n=1\ 625$）。这就排除了细胞融合的可能性。

## 三、讨　论

骨髓主要包含两种干细胞群即造血干细胞和基质干细胞。造血干细胞已被证实具有分化为皮肤、肺、肝和消化道等上皮细胞的能力。那么是否其也可以分化为牙上皮细胞呢，在初期实验中发现骨髓细胞只是很少量出现在内釉上皮中，这样的结果不确切。因此，笔者进一步以 c-kit 这样一个络氨酸激酶受体作为标记物筛选其阳性的骨髓细胞，因为造血前体细胞大量表达 c-kit。结果发现与 c-kit⁻细胞对比，骨髓细胞中的 c-kit 阳性亚群在和牙上皮混合后能够植入到新形成的造釉器中。在缺少牙上皮细胞的情况下，骨髓细胞迅速崩解，提示最初的细胞间粘连太脆弱，但是可以被牙上皮细胞加强。这是骨髓细胞进一步分化的前提，有关其分子生物学证据正在研究之中。

内釉上皮中的 EGFP⁺骨髓细胞具有成釉细胞的特性，它们改变形态、变长且具有极性。这些极化的细胞不再摄入 BrdU。在发育中这两步在成釉细胞功能分化之前。内釉上皮中的 EGFP 阳性细胞表达原釉蛋白和成釉蛋白，分泌原釉蛋白和 MMP-20 蛋白，在生理状态下参与釉质生成。

在培养 6 d 后，牙间充质中也能发现 EGFP 阳性细胞，这提示在基膜重建之前，有一些骨髓细胞迁徙到间充质中。之前的实验证实，基膜在培养 18 h 后重建。以往的研究结果提示，骨髓细胞能够分化成牙间充质样细胞，笔者的研究进一步显示，其中的 c-kit⁺细胞亚群具有这种潜力。当定居到上皮间充质交界处时，EGFP 阳性细胞不再分裂，不再摄入 BrdU，像成牙本质细胞一样，它们也变长并极化。用牙本质涎磷蛋白原位杂交实验，评估这些细胞的功能分化，同时通过免疫组织化学方法检测了 DSP 和 DMP-1 的表达，这两个是牙本质主要的非胶原成分。这仅仅发生在 c-kit⁺细胞和上皮间充质结合处接触后。在生理状态下，上皮和间充质通过基膜的相互作用调节着成牙本质细胞的发育。在使用 c-kit⁻细胞的情况下，牙间充质中只有很少量的 EGFP 阳性细胞，而牙本质细胞层中没有 EGFP 阳性细胞。这证实骨髓细胞中的 c-kit⁺和 c-kit⁻细胞存在很大的差别。因此，c-kit⁺骨髓细胞也许代表了牙间充质中少量的成牙本质细胞的前体细胞的一个亚群。

关于骨髓细胞如何分化为不同的细胞类型，提出了两种不同的机制：细胞融合和直接分化。为了区别这两种机制,研究者分析了 c-kit$^+$骨髓细胞来源的成釉或成牙本质样细胞的性染色体的情况。荧光原位杂交实验结果显示,骨髓细胞来源的成釉或成牙本质样细胞的产生并不包含细胞融合。因此,骨髓细胞也许能被用作成釉和成牙本质细胞再生,笔者的研究将其作为全牙再生策略中一个步骤。

本研究首次证实 c-kit$^+$骨髓细胞能同时重新程式化分化成造釉和成牙本质样细胞。骨髓来源细胞的分化与它们在重组物发育成牙的上皮或间充质的位置有关。它甚至更加准确地被特化,因为骨髓细胞来源的成釉样细胞仅仅在内釉上皮中被发现,骨髓来源的成牙本质样细胞仅仅在和内釉上皮的接触的地方发现。这个系统因此模拟了牙冠的正常发育过程,并且提供了研究一个骨髓细胞亚群同时分化为两种不同的胚胎细胞系的一个新模型。

[该论文在第 85 届国际及美国牙科研究协会(IADR)学术大会上,荣获国际牙科威廉盖茨奖(William J Gies Award)(年度最佳研究论文奖)及国际《牙科研究杂志》(*JDR*)最佳封面论文两项大奖]

# 牙再生生物学与牙再生研究

第四军医大学口腔医学院　金岩

在社会人口老龄化的趋势下,90% 以上的老年人有不同程度的牙缺失,极大地影响了他们的健康和生活质量。现有的义齿修复手段虽已成熟,但由于义齿不具备生物活性,难以与天然牙相媲美,无法实现人类梦想中的“第三副牙”。牙再生与组织工程化牙的研究无疑是近几年来最为活跃的口腔医学研究课题之一,科学家们期待着能够在不久的将来可以利用再生牙修复缺牙服务人类。牙再生生物学、牙发育学和近 10 年来干细胞特别是成体干细胞生物学研究飞速发展,极大地推动了牙再生的研究。在《牙科研究杂志》(美国) 2004 年第 7 期有关牙再生研究的社评中,主编史密斯教授认为牙再生研究的飞速发展为再生修复缺牙描绘出了美好的前景,尽管目前还有许多障碍需要克服,但是这项研究已经成为基础研究向临床应用转化的典范。

尽管如此,牙发生与再生过程中的众多分子生物学以及细胞分化机制尚不清楚,这些方面悬而未决的难题也就成为影响牙再生研究的瓶颈。由此可见,只有不断深入研究牙发育再生的机制才能够奠定和推动牙再生的研究。近年来,也正是因为牙再生生物学研究的迅猛发展,才使实现牙再生的目标越来越近。

## 一、再生生物学与牙再生

研究牙或其他任何组织器官的再生或用工程学的方法制备一种组织或器官,并非简单地将细胞与材料复合,而是需要认识组织或器官的结构与功能,认识其发育与再生的机制及过程,在此基础上寻找出合适的种子细胞或干细胞,研制出接近其细胞外基质(ECM)的生物材料支架,研究细胞与材料复合构建的程序和方法以及建立模拟发育与再生的微环境等。对于牙尚需建立再生牙的牙周关系,这样才能够逐步实现真正的牙再生。这其中,对特定组织器官的再生生物学的研究是重要的基础。

再生生物学(regenerative biology)是一门研究组织再生的科学,是通过对大量动物模型的研究,包括对低等的具有强再生能力的两栖脊椎动物的研究来认识机体组织自然再生过程的科学。再生医学(regenerative medicine)是建立在再生生物学的基础上,主要研究个体乃至机体各种组织器官的正常组织特征与功能、发育与疾病发生机制、创伤修复与再生机制,试图通过这种认识促进机体自我修复与再生,或构建新的组织与器官,以改善或恢复损伤组织和器官的结构与功能,如采用干细胞与组织工程等方法研制开发修复机体各种组织器官缺损与疾患的组织或器官。20 世纪 90 年代以来,随着再生生物学、细胞生物学、分子生物学、免疫学与遗传学等基础学科的迅猛发展以及干细胞和组织工程技术在现代医学基础及临床的应用,现代再生医学已初步显示出良好的发展前景。

在牙再生生物学研究领域,近年来取得了有目共睹的突破和进展,特别是在有关牙发生发育相关的基因调控、牙形态发生中的细胞相互作用与分化、牙发育再生相关干细胞的发现及应用等方面都有了很大的进展,直接推动了牙再生的研究。

## 二、牙发育再生的干细胞研究

### (一)外胚间充质干细胞

起源于颅神经嵴的外胚间充质细胞是胚胎颅颌面多种组织器官发育的关键细胞,可以分化为成骨细胞、成软骨细胞、牙乳头细胞、牙囊细胞、神经膜细胞、听神经节等。由较单一的细胞群体形成这种多谱系细胞的分化,一般是通过干细胞的诱导分化实现的。为了研究在外胚间充质中是否保留了神经嵴来源的干细胞并明确其分化机制,本课题组提出了外胚间充质干细胞(ectomesenchymal stem cell,EMSC)的概念。本课题组采用免疫组化和流式细胞学分析法对 E12.5～E17.5 的 S-D 大鼠颌突外胚间充质组织的分化标志进行了检测。结果发现,外胚间充质细胞表达波形蛋白(vimentin)、低亲和力神经生长因子受体(LNGFR)、巢蛋白(nestin)、Ⅰ型与Ⅱ型胶原蛋白(collagen Type Ⅰ and Ⅱ)、神经生长因子受体(NGFR)、白血病抑制因子受体(LIFR)、CD57 等神经谱系和间充质谱系的分化标志。为了寻找外胚间充质干细胞,首先进行了外胚间充质细胞体外分离、培养方法的研究。采用基于抗体的磁激活细胞分离法,成功地分离出 LNGFR 阳性外胚间充质细胞。采用有限稀释法,对分离的 LNGFR 阳性外胚间充质细胞进行了克隆与亚克隆培养。克隆分析表明:①单个 LNGFR 阳性外胚间充质细胞具有双谱系分化潜力,可分化为神经元、神经胶质细胞和成肌成纤维细胞;②LNGFR 阳性外胚间充质细胞具有自我复制能力。对 E12.5～E17.5 的大鼠胚胎进行了连续观察,观察结果表明:EMSC 是持续存在的,而非一过性的。证明了经诱导 EMSC 可向神经胶质细胞、神经元细胞、平滑肌细胞、成骨细胞、成牙本质细胞等细胞谱系的分化。在此基础上,从胚胎面部发现了鼠腭裂相关基因(*mcpr-1*),且 *mcpr-1* 可能通过凋亡机制影响 EMSC 的增殖和生长。根据在 EMSC以及不同发育时期牙胚中的 *mcpr-1* 的时空表达模式,推测 *mcpr-1* 可能通过细胞凋亡机制参与牙蕾结构的形成以及牙胚形态的正常发育。

进一步的研究显示,EMSC 与牙髓干细胞在细胞表型、生物学行为方面有密切的关系,推测 EMSC 可能是牙髓干细胞的起源细胞。作为颌面部多种组织的前体细胞,EMSC 在颌面部发育和分化研究中占有重要的地位,尤其在研究牙的发生过程及其基因调控等方面意义重大,为牙的再生修复研究奠定了理论基础。

### (二)牙源性间充质干细胞

与牙有关的干细胞主要存在于牙髓和牙周膜等结缔组织中,这些组织都有修复自身缺损和改建周围组织的功能。牙髓干细胞(dental pulp stem cell,DPSC)的概念于 2000

年被提出，是存在于牙髓组织中具有干细胞性质的未分化间充质细胞，在乳牙中称为脱落乳牙干细胞(stem cells from human exfoliated deciduous teeth, SHED)。研究表明，DPSC在经过冻存后还能保持干细胞的性质。许多研究表明，采用单因子诱导牙髓干细胞可形成类牙本质牙髓复合体样结构，但牙的发育微环境十分复杂，涉及多种基质成分、矿物离子和生长因子等，依靠某几种生长因子的诱导作用已不能满足牙再生的要求。本课题组研究发现，采用牙胚细胞条件液模拟牙发育所需的生长因子微环境，经诱导后的 DPSC 在体外可向成牙本质细胞谱系分化，在体内可以形成典型的、具有规则形状的牙本质牙髓复合体结构。这说明来源于外胚间充质的 DPSC 更具成牙潜能，可作为理想的牙再生研究的细胞来源。

牙周膜干细胞(periodontal ligament stem cell, PDLSC)自 2004 年被分离鉴定以来，就被口腔医学界寄予再生牙周组织的众望。研究人员用鉴定乳牙和恒牙牙髓干细胞的方法证明牙周膜中这种未分化间充质细胞的存在，发现 PDLSC 可在体外分化成成牙骨质细胞样细胞和胶原形成细胞，并能被矿化和成脂诱导。将其与特定生物材料植入体内 6～8 周，可形成牙周膜牙骨质复合样结构。这对牙根和牙周组织再生具有非凡的意义。

2006 年，Sonoyama 等从发育中的根部牙乳头组织中分离出根尖区牙乳头干细胞(stem cell from apical papilla, SCAP)，并进行了一系列鉴定和与 DPSC 多个方面的比较发现，SCAP 具有更高的增殖活性和更易形成矿化基质的能力。SCAP 与羟磷灰石(HA)粉末复合裸鼠体内移植后分化为成牙本质细胞，并在 HA 表面形成牙本质样结构。将 SCAP 与 PDLSC 复合于牙根样生物陶瓷后植入猪牙槽窝内形成了具有牙本质、牙骨质和牙周膜的牙根及牙周结构。SCAP 所具有生物活性是目前种植体所模拟的“人工牙根”无法比拟的。

**(三)非牙源性成体干细胞**

成体干细胞由于具有自我更新和多向分化潜能，被广泛应用于组织工程和再生医学领域，尤其在关节软骨、骨、肌腱、肌肉和脂肪等组织的重建和修复研究方面，均取得了喜人的成果。近年来诸多研究表明，成体干细胞可横向分化或跨系分化，即成体干细胞具有可塑性，这已成为当今干细胞研究热点之一。早期的组织重组研究显示，小鼠 E12 前的口腔上皮不仅可与形成第一腮弓的神经嵴细胞重组形成牙样结构，而且还能与形成第二腮弓和颅或躯干的神经嵴细胞得到类似结果。这些发育学的经典实验为非牙源性间充质成牙的设想提供了有利支持。有研究以非牙源性细胞进行构建牙的尝试，分别将小鼠胚胎干细胞、神经干细胞、骨髓细胞与胚胎性口腔上皮复合后体内移植形成了牙样结构。本课题组将骨髓间充质干细胞(BMSC)与牙源性上皮重组后植入大鼠肾被膜下观察到，BMSC 可代替牙源性间充质细胞参与牙的发育。上述研究均证实了骨髓来源的干细胞在适宜的诱导环境下能够转化为牙胚源性细胞，参与牙组织的形成。2007 年本课题组发表了 DPSC 与 BMSC 成牙能力的比较报道，从 S-D 大鼠牙髓和骨髓中分别获取基质细胞抗原阳性的 DPSC 和 BMSC，在根尖蕾细胞的诱导下，DPSC 的成牙能力明显强于 BMSC。同时这也表明，如果用 BMSC 替代 DPSC，在成牙诱导方面还需建立更完善的诱导条件。

由于牙源性上皮成分(包括上皮根鞘)在成体中无法获取，限制了釉质与牙根的再生研究。因而，寻找能够向牙源性上皮方向分化的成体或出生后组织来源的细胞对解决牙再生研究中上皮源性种子细胞来源的瓶颈问题具有重要意义。Hu 等人于 2006 年利用上皮-间充质分离重组技术诱导骨髓细胞中的干细胞因子受体(c-kit/CD117)阳性细胞转化为成釉细胞样细胞，是为跨系分化的证明。

该研究表明,以 BMSC 为代表的非牙源性干细胞具备分化为牙源性间充质甚至上皮细胞的潜能,在适宜微环境的诱导下可参与形成牙样结构。另有研究表明,小鼠胚胎发育12 d后的外胚间充质与鸡的颌上皮、小鼠非牙源性上皮重组均可形成牙。但是,上述研究更多的是使人们认识到细胞的分化或跨系分化的可能性,这些研究结果尚不能直接应用于成体牙再生的研究,其他的可能途径是研究者们需要考虑的问题。皮肤与牙在发育模式上有着高度的相似性,而且从发育学角度上看皮肤的表皮与牙源性上皮具有相同的组织来源。皮肤和口腔黏膜在一生中能够不断地更新,并已证实含有具有多向分化能力的表皮干细胞。据此,本课题组认为,来源于口腔黏膜、皮肤或毛囊的表皮干细胞将有可能替代牙源性上皮细胞,问题的关键是如何诱导或改造这些表皮干细胞使其成为牙源性上皮细胞。

## 三、牙发育再生中形态发生的调控研究

### (一)调控牙发育形态发生的遗传信息

牙胚早期发育的启动、位置以及未来发育的形态都是由上皮与间充质细胞表达的多种信号分子间交互作用决定的。那么,牙发育启动以后,其形态发生是如何调控的呢?尽管已经发现了一些重要的调控基因,但是如何将其应用于牙的再生仍然是一个难题。2002 年,Young 等研究者分离了猪的蕾状期第三磨牙牙胚,将其制备成单细胞悬液后种植到可降解性生物大分子材料上,并植入免疫缺陷大鼠体内,20 周后长出了细小的类牙样结构。2004 年,Yelick 的研究小组从大鼠牙胚细胞体外培养 6 d 后的复合支架材料中培育出完整的牙结构。Yelick 等认为牙胚细胞经过分离培养后,它们所携带的遗传信息似乎并没有过多地丢失,将这些扩增的细胞随机重组后依然可以继续牙的发育。这一发现对于牙的再生研究十分重要。在此基础上,本课题组进一步证实,离散后的牙乳头细胞在无牙源性上皮成分存在的情况下同样可形成牙尖样的牙本质牙髓复合体。本课题组认为,发育后期牙乳头细胞的命运主要由其自身来决定,其形态发生所需的遗传信息(包括位置信息)可能储存于离散后的单个牙乳头细胞中,尽管细胞原有的位置信息由于酶解作用和培养扩增而完全消失,离散后的间充质细胞仍然可以通过程序重现启动牙的发育。这些研究对于认识牙的发育,在牙再生研究中如何利用牙形态发生的调控机制有着重要的指导意义。另外,本课题组发现在组织工程牙胚构建过程中,上皮细胞和间充质细胞的重组比例不同,对牙冠形态发生的影响也不一样。这就为构建具有正常形态的再生牙提供了理论依据。

### (二)牙根发育与再生的调控

相对于牙早期发育调控,对牙根发育的调控机制还了解甚少。在已开展的牙再生研究中,大部分未涉及牙根的形成。最近施松涛教授领导下的课题组用 SCAP、PDLSC 和支架材料共同构建了具有一定牙周关系的生物活性牙根,开辟了牙根牙周重建的先河。但是,牙根牙周发育再生和牙周重建中仍有许多问题有待研究。再生的牙要行使功能还要依赖牙根的形成和牙周关系的建立,因而深入认识牙根的发育与再生的机制至关重要。

本课题组对牙根发育不良疾病致病相关基因进行了研究,筛选出了可能导致该疾病的候选基因碱性磷酸酶(alkaline phosphatase, *AKP*)和外胚层发育不全综合征(ectodermal dysplasia, *EDA*)基因,并发现了 3 种突变类型。本课题组初步认为这些突变是一种与牙根发育不良表型相关的新突变型,这些基因可能在牙根形态发生中发挥重要作用。从先天性牙根发育不良患儿中筛选出解整合素金属蛋白酶 28(a disintegrin and metalloprotease

28,ADAM28),发现 ADAM28 在牙胚的各个发育时期都有表达,ADAM28 可能作为信号分子通过上皮-间充质的相互作用参与牙发育。本课题组进而建立了大鼠牙根发育启动相关差异表达基因文库,发现了 20 余种在牙根发育中起重要作用的基因,如 *SEL*1 (caenorhabditis elegans sel 1 gene)、核因子 C (nuclearfoctor-C, *NFI*-C)、*EDA*、核磷蛋白 B23 以及新基因磨牙牙根模式基因(molar root patterning gene-1, *mrp*1)等。

本课题组进一步的研究发现,牙根发育启动后大鼠的牙胚颈部组织具有独立发育牙根和牙周组织的能力,牙根可以在体内异位环境下继续发育,从而说明牙根发育一旦启动后其继续发育具有独立性。研究还发现,分离培养的上皮根鞘(Hertwig′s epithelial root sheath, HERS)细胞可以诱导牙胚颈部间充质细胞的分化,同时从牙本质分离纯化的牙本质非胶原蛋白(dNCP)可以诱导牙囊细胞的分化。这些研究发现对认识牙根的发育以及为实现工程化牙的牙根及牙周重建提供重要的依据。

哺乳动物牙根发育是一个长期而复杂的过程,从牙根发育启动后至发育完成持续3～5 年,在这一长期的过程中,牙根持续的根向延长并同时建立牙周关系。牙根是如何保证其长期的发育以及正确的牙周关系的建立呢?为此,本课题组提出了发育期牙根的根端组织(apical tissue of developing root, ATDR)的概念,认为在牙根发育启动后这一漫长的时期内,ATDR 可能作为牙根和牙周组织的“生发控制中心”,控制并完成牙根和牙周组织的共同发育。研究显示,ATDR 是一个独特的包含上皮与间充质成分的组织,存在于牙根和牙周组织持续发育的漫长的过程中,其结构和功能均不同于早期的牙乳头或牙囊,而是作为一个功能性的整体参与牙根和牙周组织的共同发育。将其移植入大鼠肾被膜下,ATDR 重现了正确的牙根和牙周组织形态发生,形成了类似体内自然形成的牙根和牙周组织样的组织。这些研究结果提示,ATDR 可能作为一种“干细胞龛”,不仅包含形成牙根和牙周各种组织的前体细胞,也包含由信号分子和细胞外基质所构成的成牙微环境,而这种微环境可能是正确的牙根和牙周形态发生所必需的。

在过去的 20 年中,尤其是近 10 年,牙再生生物学经历了革命性的发展,牙发生过程及其相关基因与细胞分化被逐步探明。如何巧妙地利用牙发育与再生的研究结果与方法,实现对牙形成细胞空间排列、分化和功能的有序调控,如何将先进的工程学技术引入牙再生的研究,也许只有解决这些问题才可能实现真正意义上的牙再生。

# 口腔黏膜癌变的蛋白质组学研究进展

四川大学华西口腔医学院　陈谦明　王智

随着人类基因组计划的完成,功能基因组学研究日益深入,蛋白质组学已成为人们研究的热点。蛋白质组(proteome)在 1995 年被第一次提出,当时被定义为“一种细胞或一个组织基因组在一定条件下所表达的全部蛋白质”。而蛋白质组学(proteomics)是指以蛋白质组为研究对象,从整体的角度,分析细胞内动态变化的蛋白质组成与活动规律的一门学科。经典的蛋白质组学限定为蛋白质的相关研究,随着蛋白质组学研究的深入和人类基因组计划的发展,这一定义显然有其局限性。现代蛋白质组学的研究范围发生了相应的扩展,广义的现代蛋白质组学不仅仅研究所有蛋白,同时也将蛋白质研究与基因水平的研究加以整合,包括 mRNA 分析、基因组分析、酵母双杂交等。不管广义或狭义的定义,蛋白质组学的目的是通过研究细胞表达的所有蛋白以全面系统地解密生命现象。蛋白质组学不是一个封闭的、概念化的、稳定的知识体系,而是一个领域。它旨在阐明生物体全部蛋白质的表达模式和功能模式,其内容包括蛋白质的定性鉴定、定量检测、细胞内定位、相互作用研究等,最终揭示蛋白质功能,是基因组 DNA 序列与基因功能之间的桥梁。

## 一、肿瘤蛋白质组学研究概况

肿瘤蛋白质组学是蛋白质组学的一大部分,对其研究包括两方面的内容:一是肿瘤蛋白质表达模式(或蛋白质组组成)研究,目的是对蛋白质组组成进行分析鉴定,是蛋白质组学中与基因组学相对应的主要内容;对蛋白质组进行表征,即实现所有蛋白质的分离、鉴定及其图谱化。另一部分是对肿瘤蛋白质组功能模式的研究,目前主要集中在蛋白质相互作用网络关系的研究。而差异蛋白质组学是前者的重要部分,它是运用蛋白质组的研究手段,通过对正常状态和病理状态下组织或细胞中蛋白质表达数量、表达位置和修饰状态的差异比较,发现与这种病理状态或疾病相关的特异蛋白质。运用差异蛋白质组学技术,从整体上全面地、动态地、定量地分析比较正常与肿瘤标本中蛋白质种类和数量的改变,阐明肿瘤发生机制,筛选肿瘤特异性标记,这对肿瘤的早期诊断、预后判断与寻找药物靶标都有极大的意义。

## 二、口腔黏膜癌变的蛋白质组学研究特征

口腔黏膜癌变具有明确的癌前损害阶段,位置表浅,反复取材方便,易于观察,并具有早期干预的可能性,成为日益受关注的研究肿瘤发生过程中多分子事件的良好模型。与其他肿瘤的发生一样,口腔黏膜癌变的发生发展是多步骤、多阶段、多分子事件呈网络结构共同作用的结果。在关于口腔黏膜癌变的分子机制研究方面,世界上该领域的研究者们做了大量的工作。寻求口腔黏膜癌变特异的分子细胞标记以实现口腔黏膜癌变的客观诊断与监测,一直是口腔医学临床工作者追求的目标,人类基因组计划的完成和蛋白质组学的兴起为这一目标的实现提供了进一步的可能。

近年来随着蛋白质组学技术的应用,已有学者在口腔鳞癌研究中揭示了一些含量变化明显的肿瘤候选标记蛋白,如热休克蛋白家族、角蛋白、ATP 合成酶 β、鳞状上皮细胞癌抗原、谷胱甘肽转移酶、二氧化锰歧化酶、膜联蛋白等。包括参与物质代谢以及和生物转化有关的酶类,还包括调节细胞运动、细胞信号传导、细胞增殖分化、应激、蛋白溶解等有关的蛋白质,它们广泛参与癌发生发展的病理过程。结合笔者课题组的研究和国外近 5 年来发表的关于口腔鳞癌癌变的蛋白质组学研究,概括其特点如下。

### (一)先进的蛋白质组技术推动口腔癌变研究进展

蛋白质组技术的革新是推动蛋白质组研究前进的源泉和关键点,每一次蛋白质组学的飞跃都与技术的发展密不可分。蛋白质组学技术包括分离技术、鉴定技术和生物信息学分析技术等,分支多种多样。在口腔癌变研究领域,双向凝胶电泳技术作为蛋白质组学中应用最成熟的一种蛋白质分离技术,得到更广泛应用。而质谱技术作为蛋白质组研究中最重要的鉴定技术,其技术革新日新月异。近年来,串联飞行时间质谱分析仪(MALDI-TOF-TOF)发展迅猛,其数据采集方面的自动化程度、检测的敏感性以及效率都大大提高。研究者们大多选择双向凝胶电泳-串联质谱分析-生物信息学分析为核心的

经典蛋白质组学技术路线。

**(二)鉴定蛋白的种类和功能**

应用蛋白质组学策略,已有少数学者成功筛选出一些与口腔肿瘤恶变进程相关的差异蛋白质如多种代谢酶类、信号通路蛋白、癌蛋白等。其中包括细胞转运与分子伴侣蛋白,代表性的即是热休克蛋白(HSP)与热休克蛋白样蛋白 P20。具有调节功能的如肌酸激酶,丙酮酸激酶 M1 型和核苷酸二磷酸激酶,或参与糖基化途径的蛋白如磷酸甘油酸变位酶,或细胞骨架蛋白如原肌球蛋白家族。一些蛋白是高度特异性的如 galectin-7,局限于复层上皮且能诱导凋亡和基质黏附。

其中部分蛋白在口腔癌变蛋白质组学研究中多次检出,且与肿瘤发生密切相关,这些蛋白具有极大的基础机制研究和临床应用的双重价值。

1. 维甲酸结合蛋白　这是一种特殊的载体蛋白,体内外实验均表明它能影响正常上皮到癌前上皮,再到癌上皮转变中的细胞生长与分化。它们能够抑制不同上皮的癌变,包括口腔上皮、皮肤、肺、膀胱、前列腺上皮等。临床研究的实验数据表明,维甲酸的各类异构体处理能够阻止口腔和支气管异常增生上皮进展为浸润癌。Dritan Turhani 等学者发现口腔鳞癌组织中维甲酸蛋白上调,这与体外实验所得的维甲酸能够抑制头颈部肿瘤细胞的增殖与集落形成的结果一致,但其作用的机制仍未完全清楚,可能与其加速细胞生长和调节分化相关,也有学者猜测这与一系列核维甲酸受体的转录调控相关。

2. 应激蛋白　近年来口腔黏膜癌变蛋白质组学研究中,应激反应蛋白的上调稳定检出。包括热休克蛋白系列 HSP (HSP27、HSP60、HSP71 与 HSP90)、钙结合蛋白、calreticulin 和 calnexin。这些蛋白广泛参与重要的生理功能包括细胞周期、分化、凋亡以及肿瘤发生。综合在其他肿瘤中检出情况,这些蛋白同时大量存在于正常上皮与肿瘤上皮中,因此将其作为临床标记物的潜能遭到质疑。在临床治疗应用方面,HSP20 能够帮助肿瘤细胞对抗抗癌药物促进的凋亡。有趣的是肿瘤细胞常常表达高水平的 HSP20,而抗癌药物像顺铂激发 HSP20 的聚集。

3. 膜联蛋白 A　膜联蛋白 A (annexin A, ANXA)家族属于一个钙离子依赖、磷脂结合蛋白家族,参与了分子与细胞广泛的病理生理过程,包括信号转导中的磷脂酶调控和激酶活性的抑制,细胞骨架和细胞外基质完整性的维护,组织生长分化、炎性反应、血凝集。这些蛋白在细胞生长分化调控、中型细胞趋化、中枢神经系统对细胞因子反应和神经内分泌以及介导凋亡中有重要的调控作用。ANXA 家族在广泛的器官与组织中表达,而在癌中的表达上调与下调各亚型在不同研究中均有不同。以 ANXA1 为例,它在包括食管鳞癌在内的系列肿瘤中报道下调,Pedrero 等与 Dritan Turhani 等学者的研究亦发现头颈肿瘤中 ANXA1 的下调,而陈等学者在颊癌中的研究结果却与之相反。本课题组鉴定出 ANXA1、ANXA2、ANXA5 三个亚型,均表现为下调。

4. S-100 家族　S-100 蛋白家族是一个有 21 个成员的钙结合蛋白家族,S-100 蛋白通过对钙离子的调节和与靶蛋白的相互作用,在体内发挥多种生物学功能。研究发现,S-100 家族中有 15 个成员基因定位均位于稳定性差的 1 号染色体长臂 2 区 1 带(1q21),该区易发生各种染色体重排,且有多个 S-100 成员在多种肿瘤中表达异常,并与肿瘤的浸润、转移有关,因此 S-100 家族与肿瘤的发生发展关系密切。报道显示,S-100A4 是一个与细胞分化和肿瘤的发生、转移、预后密切相关的蛋白。S-100B 在黑色素细胞瘤、前列腺肿瘤中表达上调,并与黑色素细胞瘤的预后相关。S-100A6 在乳腺癌、结肠及直肠肿瘤、甲状腺肿瘤、恶性纤维组织瘤、黑色素细胞瘤中高表达,S-100A8、S-100A9 在结肠及直肠肿瘤中高表达，S-100P 在乳腺癌中高表达。而 S-100A2 和 S-100A1 可能为一种肿瘤抑制因子，S-100A7 可能有抑制肿瘤细胞转移的作用，但机制不明。本课题组首次报道了 S-100A7、S-100A8、S-100A9、S-100A14 在口腔鳞癌中表达上调。

5. 肿瘤转移侵袭相关蛋白　蛋白降解成分与肿瘤转移侵袭密切相关。多个蛋白降解激活成分包括 cystatin B 和 cathepsin B 在口腔鳞癌患者的组织样本中被重复检出，且与癌旁组织比较，表达稳定上调。本课题组获得的蛋白酶体激活复合物(proteasome activator complex)在乳腺癌中的研究证实其与肿瘤转移相关，但在口腔鳞癌研究中未见报道。

另一种蛋白降解成分 serpin B5 与 serpin B3 在多个口腔鳞癌研究的报道中被证实，两者均属 serpin 家族成员，可以作为蛋白酶抑制成分，调节宿主对肿瘤细胞的反应。serpin B3 又称鳞状上皮细胞癌抗原(squamous cell carcinoma antigen 1，SCC-Ag1)，是从宫颈鳞状上皮细胞癌的肝脏转移灶中提取分离得到相对分子质量为 $45\times10^3$ 的一种关联抗原，是丝氨酸蛋白酶抑制剂家族的成员，特异地存在于子宫、食管、头颈等鳞状上皮细胞的细胞质中，特别是在非角化型大细胞中含量丰富。SCC-Ag 由鳞癌细胞产生，可排放至体液。已有描述其在鳞癌患者体液和组织中表达的大量报道，提示其可作为临床早期检测子宫颈、肺、食道等部位鳞状上皮癌及判定预后的较好指标。SCC-Ag 有中性和酸性两种形式，目前为止，已鉴别产生 SCC-Ag 的两种基因 *scc*A1 和 *scc*A2，作为鳞癌相关抗原，血清学检测已广泛用于临床宫颈鳞癌辅助诊断。对于其在口腔鳞癌组织、唾液、血清中的表达鲜有报道，还需进一步验证。

6. 鸟苷二磷酸解离抑制蛋白　Rho 鸟苷二磷酸解离抑制蛋白(Rho guanosine diphosphate dissociation inhibition，Rho GDI)家族是 Rho 蛋白的上游活性调节蛋白。现报道有两个亚型 Rho GDI 1 和 Rho GDI 2。Rho 蛋白是一组相对分子质量为 $(20\sim25)\times10^3$ 的单体鸟苷酸结合蛋白，属小 G 蛋白家族，与 Ras 有约 30% 的同源氨基酸序列。作为一种分子开关，小 G 蛋白 Rho 家族能被多种细胞外信号激活，其主要的生物学效应是引起细胞骨架蛋白重构，从而维持细胞形态，促进细胞变形趋化和游走。此外，还参与对细胞周期调控、细胞应激反应的调节。近年来已发现 Rho 蛋白的多种功能与肿瘤发生发展及转移相关。包括参与突变、调节细胞增殖、黏附、细胞间质降解血管形成、抑制凋亡等。Rho GDI 作为 Rho 蛋白调节分子，其与肿瘤的关系亦受到关注。有报道显示其在乳腺癌细胞 MDA-MB-231 中高表达，在良性上皮细胞中未见表达。RNA 干扰技术沉默细胞 Rho GDI 基因可见细胞动度和侵袭性下降，β-integrin 的表达和细胞基质的降解受到抑制。而重新转入 Rho GDI 基因可以恢复 β-integrin 的表达和肿瘤细胞侵袭性。BT549 细胞也能观察到类似的结果，提示此蛋白与肿瘤侵袭相关。Rho GDI 的抗凋亡作用在 MDA-MB-231 细胞中亦有报道，研究结果显示，它的过表达能够增加乳腺癌细胞对化疗药物的凋亡作用，推测机制可能与其抑制 caspase 介导的 Rac1 GTPase 裂解有关。关于 Rho GDI 与口腔鳞状细胞癌(OSCC)，仅有一篇蛋白质组学研究显示 Rho GDI 2 在 OSCC 组织中高表达。Rho GDI 1 与 OSCC 的关系未见报道。本课题组观察到 Rho GDI 1 和 2 在多个 OSCC组织样本中稳定上调，鉴于该家族在肿瘤发生中的作用，后续研究具有极大意义。

**(三)对蛋白质组学研究实验结果的差异**

1. 同一类蛋白表达差异　以蛋白降解成分为例，综合对蛋白降解类成分的报道，对其在口腔肿瘤中的表达上调或下调结论并不一致。如同为激活剂的蛋白酶激活复合体和 cystatin-B，得到的结果前者为下调，后者为上调。仔细分析它们的表达与肿瘤发生发展的关系后并不难理解。作为调节宿主对肿瘤细胞反应的成分，其表达与细胞分化转移程度相关，而双向电泳所用组织其转移潜能是不同的，这可以解释为什么对此类蛋白的表达结果描述不一。所以，对于蛋白质组学筛查所得到的蛋白候选分子，其后续详尽的表达验证和功能分析十分必要。

2.不同课题组筛查出的蛋白群的差异

文献报道的相关研究结果在各地区间难以完全一致，其原因可能是多方面的，其一是标本的来源，包括地域、人种等因素决定口腔鳞癌发生发展基因上的差别而造成筛选结果的差异；其二，蛋白质组方法是一项不断发展、更新和成熟的技术，不断有自动化程度更高，分辨力更高的新仪器或方法推出，故不同实验室得出的结果必定有差别，但可以互为补充；其三，蛋白质组筛选所含的信息量大，笔者实验中只是分析其中部分差异表达的蛋白，还有许多信息有待进一步发掘和研究。

**(四)蛋白质组学研究与临床应用的差距**

与蛋白质组学在其他肿瘤中的研究路线相似，口腔黏膜癌变的蛋白质组学研究，仅对疾病发生的差异蛋白谱进行分析，未对筛查蛋白进行大规模临床样本验证，亦未对筛查出的蛋白在肿瘤发生发展中的分子机制进行深入功能分析，没有形成从基因发现到诊断策略、药物研发到临床应用的系统的“技术链”，这离临床诊断与治疗的实际应用差距仍较大。鉴于这一肿瘤蛋白质组学研究领域的普遍问题，*Nature Review Cancer* 2007 年 7 月特意刊登了一篇题名为“Shaping the future of biomarker research in breast cancer to ensure clinical relevance”的文章，呼吁从研究内容、目的和策略着手，规范分子标记物，尤其是蛋白质组学筛查分子标记物的研究，缩短分子标记物筛查到临床应用的距离，这一改进对口腔黏膜癌变的研究同样大有裨益。

随着人类基因组计划的完成，在整体水平上以高通量分子扫描手段为基础的蛋白质组学与基因组学、计算机药物辅助设计、纳米技术等“新技术链”的形成与应用促进了对肿瘤发生发展和转归、防治新措施的进一步深刻理解，这必将为口腔黏膜癌变的研究提供新的契机，但与其他肿瘤如乳腺癌、结肠癌、肺癌等在蛋白质组学领域取得的丰硕成果相比，口腔黏膜癌变研究尚属起步阶段，研究者们将抓住机遇，迎头赶上，加速口腔黏膜癌变早期诊断与阻断的步伐。

# 牙源性角化囊性瘤的临床和基础研究进展

北京大学口腔医学院　李铁军

牙源性角化囊性瘤(keratocystic odontogenic tumor, KCOT)是一种良性、单囊或多囊、发生于颌骨的牙源性肿瘤。其传统的、已为人熟知的名称为牙源性角化囊肿(odontogenic keratocyst)，由 Philipsen 于 1956 年最先描述。由于其生长方式特殊，术后具有较高的复发倾向，且有时可与痣样基底细胞癌综合征(naevoid basal cell carcinoma syndrome, NBCCS)伴发，多年来，不断有学者提出这型所谓的颌骨囊肿可能代表一种良性囊性肿瘤，有别于其他牙源性囊肿。在 2005 年出版的 WHO 头颈部肿瘤新分类中，已将其归属为良性牙源性肿瘤，并更名为牙源性角化囊性瘤。尽管目前国际上对这一新命名还存在诸多争议，但 KCOT 的命名将会越来越多地被使用。命名上的意见分歧反映了人们对其病变性质的认识不一，但无论是称“瘤”还是称“囊”，这种特殊的颌骨囊性病损在生长特点和临床行为等方面均有别于其他牙源性囊肿，相信学术上的争论将会刺激对 KCOT 新一轮的研究兴趣。下面结合笔者近年来的系列研究和相关文献，对 KCOT 的临床和基础研究进展进行综述。

## 一、KCOT 的临床病理特点及其表现的多样性

KCOT 具有独特的临床病理特点，好发于下颌磨牙和升支部，男性多见，发病高峰年龄在 10～29 岁之间。临床上主要表现为颌骨膨大，X 线表现为单房或多房性透射影像。KCOT 囊壁较薄，衬里上皮为较薄的复层鳞状上皮，常由 5～8 层细胞组成，上皮表层呈波浪状不全角化，棘层细胞多呈细胞内水肿，基底层为柱状或立方状细胞，胞核呈栅栏状排列，纤维性囊壁内有时可见微小的子囊和/或上皮岛。KCOT 具有较高的术后复发倾向，有报道保守性治疗后复发率可高达 50%。一般情况下对 KCOT 的诊断不存在困难，对其治疗和术后处治也已形成常规。

然而，KCOT 之所以引起广泛兴趣还在于其在临床病理表现方面的多样性。①单发与多发：KCOT 多表现为孤立的、单发性囊性病损(90%)，也可多发(10%)，后者可伴发所谓 NBCCS，NBCCS 是一种表现复杂，可累及多种组织器官的常染色体显性遗传病，患者可表现多种发育异常并易患多种类型的肿瘤(如多发性皮肤基底细胞癌，成神经管细胞瘤和卵巢纤维瘤等)，其中颌骨多发性 KCOT 为该综合征最常见的表现之一，见于 65%～90%的患者；②骨内型与外周型：虽然大多数 KCOT 发生于颌骨内，文献中不断有外周型病例的报道。这型肿瘤多位于上下颌牙龈的软组织内，不波及颌骨，因此刮治可以治愈，极少复发；③囊性型与实性型：绝大多数 KCOT 为囊性病损，但近年来有实性型 KCOT 的零星报道，后者由多个大小不一的角化囊肿组成，多数囊腔内充满角质或坏死物质，故病变呈囊实性，边界不清，可侵犯周围骨组织，其囊腔内衬典型的 KCOT 上皮。但实性型 KCOT 与以往报道较多的所谓“角化型成釉细胞瘤”之间的区别还有待鉴别；④不全角化型(典型)与正角化型：典型的 KCOT 衬里上皮呈不全角化，另一类与其相关的颌骨囊肿的衬里上皮以葱皮样正角化为主，这种正角化囊肿术后复发率极低，应与 KCOT 相鉴别(见下二)；⑤KCOT 的癌变：尽管 KCOT 上皮的癌变极为罕见，但文献中有零星报道。这类病例的确诊需要有先存 KCOT 的证据，患者往往有复发性 KCOT 的病史。

## 二、KCOT 与颌骨正角化囊肿的区别

2005 年 WHO 新分类不仅提出了 KCOT 的命名，同时还指出由正角化上皮衬里的颌骨囊肿与 KCOT 不属于同一类疾病。典型的 KCOT 衬里上皮具有排列规则的柱状基底细胞层和呈波浪状的表面不全角化层，但有些颌骨囊肿病例虽可发生角化，其衬里上皮以葱皮样正角化为主。笔者先后报告以正角化为主的颌骨囊肿 35 例，所有病例均为孤立性颌骨囊肿，无多发性囊肿或伴发 NBCCS 的病例。组织学上，正角化囊肿的衬里上皮为较薄的角化复层鳞状上皮，约由 4～8 层细胞构成，上皮表层的正角化常呈葱皮样外观，角化层下方的颗粒层明显，棘层细胞呈多边形或扁平状，胞浆红染，细胞内水肿和细胞拥挤现象不明显，这有别于典型的 KCOT 上皮，基底层细胞多呈矮立方或扁平状，胞核极性排列不明显。正角化囊肿上皮-结缔组织界面较为平坦，其基膜不明显。正角化囊肿上皮中的 Ki67 阳性增殖细胞数目明显少于 KCOT 上皮。除 6 例失访患者外，其余 29 例患者均无复发(随访时间 6 个月至 15 年)。文献中报道的 83 例具有随访资料的病例中，仅有 2 例复发，这一复发率显著低于典型 KCOT。因此，在以往笼统归类为 KCOT 的病例中，区

分这种正角化型的颌骨囊肿具有临床意义。笔者建议采用正角化牙源性囊肿(orthokeratinized odontogenic cyst)来描述这类颌骨囊肿。

## 三、KCOT 上皮的增殖与分化特点

KCOT 与其他牙源性囊肿的重要区别在于其衬里上皮具有较高的增殖活性。早期研究发现 KCOT 上皮中的核分裂较其他囊肿多见,应用$^{3}H$ 胸腺嘧啶核苷标记增殖细胞,发现 KCOT 上皮的平均标记指数显著高于其他非角化型颌骨囊肿。笔者采用增殖细胞的免疫组化标记和计算机图像分析进一步证实 KCOT 上皮内的增殖细胞数显著高于含牙囊肿及根尖囊肿,且 KCOT 上皮内 90%～95%的增殖细胞位于副基底或基底上层,这与含牙囊肿(20%～45%)和根尖囊肿(20%～35%)形成鲜明对比,增殖细胞的这种特征性分布提示 KCOT 上皮的分化和成熟过程与其他囊肿不同。KCOT 上皮的基底细胞呈柱状或立方状,细胞核远离基膜,呈极性排列,从形态学上表现成釉器内釉上皮的某些特点,提示 KCOT 上皮的基底细胞可能在其下方纤维囊壁的诱导作用下,发生了类似内釉上皮的分化过程。Vedtofte 等采用 KCOT 囊壁的裸鼠移植实验,证实上皮-间质的相互诱导作用对于维持 KCOT 上皮的生长和分化特征至关重要。因此,KCOT 上皮的这种有别于其他复层鳞状上皮的增殖和分化特征,可能是决定其在生长和行为方面均具特殊性的重要原因。

## 四、KCOT 的临床复发与处治

在临床上,有关 KCOT 的一个棘手问题是常规手术后的较高复发倾向。文献中所报道的复发率各不相同,这可能反映了各组病例在收集标准(是否包含 NBCCS 患者,是否区分发生正角化的囊肿等)、手术方法以及随访时间等方面的差异。关于复发的原因,目前主导意见还是认为 KCOT 囊壁薄,易破碎,手术难以完整摘除;而残留部分所含上皮具有高度增殖能力,因而引起复发。术前采用 Carnoy 氏固定液或冷冻制剂处理囊肿衬里上皮,使其失活,可有效地降低术后复发率。有报道相当一部分 KCOT 经保守性治疗(如袋形术或减压术)后可以治愈。袋形术是指仅去除部分囊壁,将囊肿创缘与口腔黏膜缝合形成袋口状,使囊腔与口腔相通;减压术的囊肿造口较小,需放置减压管保持引流。这些保守治疗的共同特点是采用手术方法形成囊肿造口,消除囊内压力,通过邻近骨质的自我修复,使囊腔逐渐缩小或完全消失。有研究证实,袋形术可显著降低 KCOT 衬里上皮的增殖活性和骨吸收相关因子的表达水平。

## 五、KCOT 中 *PTCH* 和 *SMO* 基因突变的检测

目前研究已证实,*PTCH* 是 NBCCS 的致病基因,它为果蝇体节极性基因——*PTCH* 的人类同源基因,定位于 9q22.3～31(Genbank:U43148 和 U59464)。*PTCH* 基因含 23 个外显子,其编码蛋白为一种 12 次跨膜蛋白(1 447 个氨基酸),可作为声猬蛋白(sonic hedgehog,SHH)的受体,参与 SHH 信号传导通路的调控,广泛参与调控细胞生长和胚胎成型,在许多组织器官(包括牙齿)的发育中起重要作用。NBCCS 患者常携带生殖细胞水平的 *PTCH* 基因突变,与 NBCCS 相关的散发性肿瘤或疾病中也可发生体细胞水平的 *PTCH* 基因突变。近年来,本课题组先后对 16 例 NBCCS 相关性 KCOT 和 34 例散发性 KCOT 进行了 *PTCH* 基因的突变检测,结果发现:87.5% 的 NBCCS 患者(14 例)携带 *PTCH* 基因突变,同时近 30% 的散发性 KCOT(10 例)也可发生 *PTCH* 突变。笔者还在部分病例中同时检测到两处突变或一处突变伴等位基因缺失,提示 *PTCH* 基因失活的“二次打击”机制至少参与了部分 KCOT 的

发生发展过程。

Smoothened(*SMO*)基因作为 SHH 信号传导通路中的重要调控分子,其激活性突变也可异常激活通路。有趣的是,在散发性基底细胞癌和成神经管细胞瘤中均有 *SMO* 突变的个别报道。本课题组首次对 NBCCS 相关性 KCOT(16 例)和散发性 KCOT(34 例)进行了 *SMO* 突变检测,虽发现 8 处 *SMO* 基因的多态性(其中 3 处:c. 536C＞T、c. IVS537+18C＞T 和 c.582A＞G 为尚未报道的新多态性位点),但未发现 *SMO* 的致病性突变。因此,NBCCS 相关或散发 KCOT 虽可频发 *PTCH* 基因突变,但 KCOT 的发病过程可能不存在 *SMO* 的致病性突变。

### 六、KCOT 未来的研究兴趣

由 WHO 对牙源性肿瘤新分类所引发的有关 KCOT 是"瘤"还是"囊"的争论很可能还会持续很长一段时间,问题的关键在于对 KCOT 的临床和基础研究还有待深入。目前普遍认为 KCOT 发生于颌骨内的牙板上皮剩余,但其发病的始动因素以及分子机制仍不清楚。NBCCS 致病相关基因——*PTCH* 的研究进展为研究 KCOT 的分子发病机制提供了新的契机。进一步研究 SHH 传导通路中的多个信号分子基因(*PTCH*、*SHH*、*SMO* 和 *GLI*),分析 *PTCH* 突变对 SHH 通路下游信号传导的影响,将有助于明确 *SHH/PTCH-SMO* 传导通路组成性激活的多种因素和调控机制及其与 KCOT 发病的联系。

由于 KCOT 发生在颌骨内,其生长具有相当的隐匿性,目前尚缺乏可靠的早期诊断方法。KCOT 患者可频繁发生某些特定位点的 *PTCH* 基因多态性,进一步分析这些基因多态性在患者和正常人群中的发生频率与分布特点,将有助于阐明 *PTCH* 基因的个体表型差异与 KCOT 易感性之间的相关关系。KCOT 的主要危害是导致颌骨吸收、破坏,影响患者口腔颌面部的外形和功能。因此,研究 KCOT 病变微环境中与骨吸收相关的各类分子在颌骨破坏中的作用和调控机制,将有助于筛选有效的骨吸收拮抗剂,以探索新的临床辅助处治手段。

KCOT 行保守性手术后易复发是临床上较为棘手的问题,采用袋形术或减压术治疗 KCOT 的疗效评估和作用机制研究,目前资料还十分有限,这方面的深入研究将对 KCOT 治疗方案的选择、降低复发率和提高患者术后生活质量等方面产生重要影响。

WHO 新分类已将正角化上皮衬里的颌骨囊肿与 KCOT 相区别,更大样本的临床病理分析(特别是长期随访资料分析)将有助于明确区分这两组颌骨囊肿的临床意义。

# 系统生物学研究新方法
# ——代谢组学及其在口腔医学研究中的应用

口腔疾病研究国家重点实验室,四川大学　李伟　周京琳

人类基因组计划的基本完成,表明后基因组时代的到来,怎样在一个系统的层次上理解细胞的代谢行为已经成为后基因组时代的生物学家、生化工程师所要面对的新课题。系统生物学(systems biology)是为解释和预测生物系统内部复杂的细胞行为而对实验方法和计算方法进行综合的学科。正是在基因组学、蛋白质组学等新型大科学深入发展基础上,才孕育了系统生物学。而系统生物学的诞生又进一步提升了后基因组时代生命科

学的研究能力，因此系统生物学将是 21 世纪医学与生物学的核心驱动力。

代谢组学（metabonomics）是研究机体代谢产物谱变化的一种新的系统方法，作为后基因时代的新兴组学是系统生物学研究的重要组成部分。它是以物理学基本原理为基础的分析化学、以数学计算与建模为基础的化学计量学和以生物化学为基础的生命科学等学科交叉的学科。代谢组学概念是英国教授 Nicholson 及其同事用核磁共振（nuclear magnetic resonance，NMR）分析了大鼠的尿液后，意识到这可能是生命科学研究的重大突破，于 1999 年提出。代谢组学是对一个生物系统中所有的低分子量的代谢物质全面的、定性的和定量的分析，通过考察生物体系受到刺激或扰动（如将某一特定的基因变异或环境变化）后，其代谢产物的变化或其随时间的变化来研究生物体系的代谢途径。

## 一、代谢组学定义及其技术平台

Nicholson 研究小组提出的代谢组学的概念，即在新陈代谢的动态进程中，对由于病理生理刺激或基因突变而引起的生命系统多变量代谢产物的动态变化的定量研究的一门科学。它主要利用生物体液和组织的核磁共振谱，提供生物体内全部小分子代谢物的丰富信息，通过模式识别的方法对生物体液和组织进行系统测量、分析，将这些代谢信息与病理生理过程中的生物学事件关联起来，以确定发生这些变化的靶器官和作用位点，进而确定相关的生物标志物。代谢组学在功能基因组学、病理生理学、药理毒理学等方面都有着广泛的应用前景。

代谢组学研究的技术平台包括样品制备、代谢产物检测和分析鉴定、数据分析与模型建立。

1. 样本制备　代谢组学研究常用的检测技术，一般不需要对标本进行特别的处理，但在离体条件下，细胞或组织内的代谢状态可迅速改变，代谢物的质与量亦随之变化，为正确反映机体的真实信息，最常用的是冰冻、液氮降温法和冷冻、干燥的保存技术。整个样品处理和测试分析过程应尽可能保留及体现样品中完整的代谢物组分信息。样品处理方案是代谢组学实验设计中的重要内容。

2. 代谢产物检测和数据采集　进行代谢组学研究的核心挑战首先来自于如何满足对生物样品的无偏测量和整体分析的要求。代谢组学的分析目标可表述为力求尽可能精确地分析生物体系中尽量多的代谢组分，整个分析过程应尽可能保留样品中代谢物的整体信息。代谢组学对样品的检测技术包括核磁共振（NMR）、质谱技术（MS）、气相色谱（GC），高效液相色谱仪（HPLC），高效毛细管电泳（HPCE）技术等。

3. 数据分析与模型建立　利用 NMR 等波谱技术测量生物体液所得到的是包含了丰富的生物标志物的大量的、多维的信息。为了充分抽提所获得的数据中的潜在信息，对数据的后期分析需要应用一系列的化学计量学和多元分析方法。应用最为广泛的就是模式识别技术，它是一种借助大量信息和经验进行推理的方法，一般分为非监督性模式识别和监督性模式识别两类。非监督性模式识别方法用于从原始谱图信息或预处理后的信息中对样本进行归类，并采用相应的可视化技术直观地表达出来。该方法可将得到的分类信息和这些样本的原始信息（如药物的作用位点或疾病的种类等）进行比较，建立代谢产物与这些原始信息的联系，筛选与原始信息相关的标记物，进而考察其中的代谢途径。应用在此领域的方法有主成分分析、非线性映射、聚类分析等。而监督性模式识别则是建立一系列已正确分辨出类别的数据模型，并利用已建立的多参数模型对未知的样本进行预测。应用于该领域的主要有软独立模型的分类分析、偏最小二乘法、神经网络的改进方法。

## 二、代谢组学的应用

代谢组学研究经过几年的发展，方法日趋成熟，在英国帝国理工学院等代表性的研究机构出现了日新月异的快速发展。其应用已经波及生命科学、药物研发、疾病生理、营养与植物药学、环境科学等诸多方面，正日益彰显出其强劲的应用潜力和辐射力。

1.在生命科学研究中的应用 基因的改变常常伴随着性状等宏观水平的表型变化，这些表型变化一般会引起代谢组或者所谓代谢表型的变化。而基因表达的改变有时在宏观性状等表型上可能没有显著的改变，但会引起生物内源性代谢组的变化，或者说其代谢表型可能会有较显著的变化。因此，代谢组变化的分析可以与基因或表达改变的后果联系起来，从而认识相关基因的功能。另外，通过分析基因敲除所引起的代谢组变化就有可能认识未知基因的功能。

2.在药物研发中的应用 代谢组学方法可用于药物筛选、药物毒理、药理和临床评价等诸多方面。在药物毒理代谢组学的研究方面规模最大、投资最多而且最有影响的是国际 COMET（Consortium for Metabonomic Toxicology）计划。该计划由英国帝国理工学院 Nicholson 研究组牵头联合 5 家国际制药公司，用磁共振分析了毒素对啮齿动物模型的尿液、血液和部分组织代谢组的影响。他们对约 150 种标准毒素进行了代谢组学研究后，证明了代谢组学方法对药物毒理研究的可行性、可靠性和稳定性，证明了磁共振方法在不同实验室的高度重现性，发展产生了一批代谢组学研究新方法，而且建成了第一个大鼠肝脏和肾脏毒性的计算机预测的专家系统。近年来，我国在稀土毒性、马兜铃酸毒性、乙烯醇甲酸酯毒性以及氢化可的松对肾脏代谢影响等方面的相关研究中取得了一定的进展。代谢组学在中药毒性等方面的研究也在稳步前进。

3.正常生理代谢机制研究 生物体是一个完整的系统，机体组织及其调控水平是相互关联和依赖的，并受环境等外界因素的影响；生命活动的任何变化均可以引起生物体代谢物的变化。因此，代谢组学通过分析生物体液和组织的代谢产物，研究生化类型体系和整个生物体的调控特点，生物体液中的代谢物与细胞和组织中的代谢物处于动态平衡，生物体中细胞功能异常一定会反映在生物体成分的变化中。建立生理条件下对代谢谱的正确认识，是研究各种病理条件或刺激干预产生的疾病机制的前提。从动物到人类的生理变化的代谢指纹图均有相关报道。

4.病理代谢机制的研究 机体的正常生理活动需要通过内部各系统的平衡协作而得到保证。当这种平衡由于疾病或其他因素的改变而出现扰动时，机体就会出现代谢水平的紊乱，积累到一定程度就是病理的状态，即发生疾病。因此，对体液代谢组进行检测和分析，就有可能对疾病发生和发展过程伴随的生物化学变化进行了解和认识，就有可能发现相关疾病发生的早期代谢组标志物并认识相关的病理发生的分子机制，就有可能对疾病在其早期，甚至发生之前进行诊断，为疾病的预防性诊断建立预测性诊断专家系统。代谢组学方法也已用于包括高血压、多种肿瘤、老年骨质疏松、风湿性关节炎、可传染性脑病、血吸虫病、衰老、肠道综合征、糖尿病和肝炎、艾滋病、先天性代谢疾病、先天性遗传疾病等的研究。

## 三、代谢组学在中国的应用

自 2003 年许国旺（中国科学院大连化学物理研究所国家色谱研究分析中心）的一篇《代谢组学及其研究》综述发表后，代谢组学逐渐进入中国。2006 年 9 月，香山科学第 284 次会议在中国科学院大连化学物理所召开，会议主题为医学代谢组学，将医学代谢组学研究纳入国家和社会可持续发展的战略地位加以考虑,列入国家中长期科学技术发展规划和重大基础研究国家计划,针对我国重大、高发、危害大的疾病开展研究。会议中心议题是重大疾病的代谢组学研究、药物代谢组学、代谢组学技术平台和代谢组学与系统生物学等。国内各研究机构如中国科学院大连化学物理研究所、上海交通大学系统生物医学研究中心、中国科学院武汉物理与数学研究所、四川大学口腔疾病研究国家重点实验室、军事医学科学院国家生物医学分析中心分别以不同方式开展了代谢组学方面的研究。

## 四、代谢组学在口腔疾病研究中的应用

代谢组学在口腔疾病及口腔疾病微生物方面的相关文献国际上现在仍很少,受国际、国内科研大环境的影响,代谢组学在口腔疾病领域必将迅猛发展。现在已开展的研究有如下方面。

### (一)基于氢谱的代谢组学研究

1.先天性唇腭裂遗传与代谢特征　先天性唇腭裂是口腔颌面部常见的一种先天性发育畸形,新生儿的发生率因人种、地区和民族而异,全世界发生率为1/600。我国是唇腭裂高发国家,唇腭裂发生率占其他先天性疾病的首位。它不但造成唇腭裂患儿严重颌面部畸形,还往往影响患儿语言、听力,甚至引起心理障碍,严重影响患者的生活质量,已成为当代迫切需要解决的问题。唇腭裂是一个复杂的、由遗传和环境因素相互作用所致的多基因多因素遗传性疾病,目前倾向于继发的基因-环境的相互作用造成的,其确切机制尚不清楚。四川大学口腔疾病研究国家重点实验室对唇腭裂疾病的代谢组学研究旨在描绘唇腭裂儿童的代谢指纹图的同时模拟建立在外环境致畸作用下胚胎发育的动物模型,初步探讨其可能存在的代谢机制并寻找到具有相对特征性的生物标记物。

2.致龋微生物的代谢特征和鉴别　传统的细菌鉴定方法依靠从临床分离单一的细菌进行形态学、生物化学与血清学鉴定,鉴定过程耗时、耗力且一些细菌只能鉴定到属。此外,一些菌株临床致病性不同却有相似遗传背景,传统的细菌鉴定方法无法进行鉴别。

代谢组学展示的是细胞真实的生理过程,是无针对性的微生物生理的研究方法。代谢组学检测方法操作简单并易获得微生物的生物化学信息,加上快速的自动分析鉴定系统,使其在微生物领域中有很好的应用前景。可普遍应用于细菌和细菌生态学,观察其生理生化特征以区分和鉴定不同功能及生物学特性的菌株或菌种。笔者的课题组通过对变异链球菌、血链球菌和嗜酸乳杆菌的代谢物图谱进行分析比较,探讨采用该方法研究口腔致龋菌特征性代谢物的可能性,旨在寻找一种快速鉴定口腔细菌的方法。结果提示该方法可以区分不同的细菌,并具有良好的可重复性。

3.口腔鳞癌患者和口腔白斑患者血浆的代谢组学分析　口腔鳞癌是头颈部常见的恶性肿瘤,占口腔癌的80%以上,其患病率和死亡率居恶性肿瘤的第6位,近年来,其发病率有增加和发病年轻化的趋势。目前,其治疗的效果尚不能令人满意,原因是现在癌症的治疗都是一种癌后治疗。如能在癌症形成之前就发现细胞形态的某些前驱性变化或癌症的生化标志物并对其进行治疗,将癌变过程阻遏在癌前阶段,定将获得良好的疗效。白斑作为一种口腔黏膜的癌前病变,与口腔鳞癌具有高相关性,其恶变率为0.13%～17.50%。

在口腔鳞癌发生发展过程中,由于肿瘤细胞基因组改变所产生的物质代谢异常以及因其他原因引起的正常物质代谢的异常,导致一些肿瘤相关和/或肿瘤特异的小分子蛋白质或肽释放到体液和排泄物中,利用核磁共振对体液和排泄物进行氢谱检测,从而获

得肿瘤本身或刺激机体产生的代谢变化图谱。描绘口腔鳞癌、口腔白斑血浆代谢的特征性指纹图对研究肿瘤在机体内的代谢与诱发机体产生的相关代谢，两种疾病在代谢方面的关联性等具有重要意义。本课题组采用基于核磁共振的代谢组学方法对口腔鳞癌患者、白斑患者和正常人群的血浆代谢产物进行检测分析，评价该方法的可行性，为进一步寻找口腔鳞癌的特征性代谢产物奠定基础。研究结果显示，该方法可以从正常人群的血浆中较好地区分出口腔鳞癌患者血浆，对口腔鳞癌患者血浆代谢产物中有变化的代谢产物进行了化学位移值的归属，有助于进一步确定口腔鳞癌患者特征性代谢产物。

4.口腔微生态系统的环境变化与代谢改变 口腔疾病如龋齿、牙周病、黏膜疾病甚至口腔肿瘤的发生发展不仅与机体全身状况，如基因、蛋白水平的差异有关，还与口腔这一特殊器官的小环境的变化密切相关。研究口腔微生态系统（唾液、菌斑、温度和酸碱度）的代谢变化与口腔疾病的相关性，记录环境变化引起的代谢变化特征图，从代谢角度区别内源性或外源性致病因素，对口腔疾病的诊断和治疗具有重要意义。笔者的课题组正在开展对唾液、菌斑等口腔微生态系统的代谢变化的研究。

**（二）基于高效液相-质谱分析的代谢组学研究**

上海交通大学医学院附属第九人民医院通过对口腔鳞癌患者、白斑患者和口腔扁平苔藓患者的唾液进行高效液相-质谱（HPLC-MS）代谢组学分析，通过对患者唾液成分的辨识及小分子代谢物的确认来寻找其有效特征性代谢产物，尝试建立临床诊断模型。研究显示基于 HPLC-MS 代谢组学分析可以较好区分三类疾病。但具体代谢物质的确认有待进一步的深入研究。

## 五、展 望

要实现代谢组学对口腔疾病的临床诊断，当然还存在很多技术性问题，代谢组学发展正处于新生事物阶段，还需要结合方法学和应用两方面的发展。从方法学的角度讲，无论是现有的分析仪器和分析技术还是数据处理及挖掘方法都需要进一步发展；从检测分析角度看，生物体系的复杂性决定了生物体液以及生物组织代谢物组成的复杂性，这是对分析方法的分辨率和通量以及物质归属及精确定量的巨大挑战。因此，多学科交叉是代谢组学进一步发展的根本出路。伴随代谢组学的深入发展，可以预计在口腔疾病的研究中必将取得重大技术突破。

博士后出站报告摘要

# 体内诱导舌癌 Tca8113/CBP 细胞系的建立和鉴定

（摘　要）

四川大学博士后研究人员　冯戈[1]　合作导师　陈槐卿[2]　王大章[1]

（1. 四川大学华西口腔医学院，2. 四川大学华西基础医学与法医学院）

## 一、研究目的

世界卫生组织的一篇报告《与慢性病面对面：癌症》中说：2005 年约有 760 万人死于癌症，占全球死亡人数的 13%。如果不采取紧急行动，2005－2015 年将有 8 400 多万人死亡。世界卫生组织警告，到 2020 年，癌症的发病人数将到 1 500 万。目前癌症在中国已位列城市居民死亡原因第一位，在农村占第二位；估计在 85 岁的人群中，发病率可达到 2.5%。据卫生部 2006 年统计，恶性肿瘤已成为我国居民的主要死因。其中头颈部肿瘤约占全身肿瘤发病率的 5%～6%，90% 的病理类型为鳞状上皮细胞癌。

头颈部集中了多种具有重要功能的器官，手术治疗会给患者的容貌、吞咽、发音和呼吸功能等造成损伤而严重影响生活质量。因此，头颈部鳞癌的治疗原则不仅包括提高治愈率、延长生存期、降低局部复发、减少远处转移，还要尽量保存器官功能和容貌，减少治疗对患者心理、生理的影响。正因为放化疗较手术可以更好地保存器官功能和减少容貌毁损，所以对于非转移性病变，无论期别如何，放化疗都是主要治疗手段，是头颈部鳞癌的主要治疗进展之一。作为一种辅助手段，化疗已成为头颈部恶性肿瘤综合治疗中的重要组成部分。由于癌瘤细胞对化疗药物的耐药性，使其在恶性实体瘤治疗中的有效性和应用范围明显受限，并成为导致化疗失败的一个主要原因。多药耐药性（multidrug resistance, MDR）即其耐药性可扩增至对多种结构和机能不同的抗癌化疗药物，探索癌瘤对化疗药物耐药的原因、分子机制以及如何防止和是否可以逆转恶性肿瘤对化疗药物的耐药性，以提高抗癌瘤化疗的效果，扩大其应用范围，降低药物的毒副作用，是当前抗癌治疗领域中亟待解决的难题。

人类口腔癌耐药性的发生发展、逆转和预后的基础研究，需要与人口腔癌耐药性发生相似的细胞系和动物模型。现国内已经建立的人口腔癌耐药细胞系仅有几株，而且都是采用体外诱导方式获得的，还远远不能满足目前多种研究的需要。体外诱导的不足之处是：当停止药物刺激后瘤细胞逐渐恢复到不耐药状态，尤其是细胞被冻存复苏后，很难达到冻存前的耐受能力，往往需要较长时间恢复 MDR；诱导成功后的 MDR 细胞需长期药物维持；而且运用药物浓度梯度诱导法建立任何一个 MDR 细胞株都得从头开始，限制了更多不同种类细胞模型的建立。本研究旨在探讨荷瘤裸鼠的耐药性肿瘤通过外界干预获得的耐药性状是否可以通过鼠间传代稳定下来，用其培养出的 MDR 细胞株是否具有相关的耐药性，细胞株的耐药性又能否较稳定地在体外环境中表达而不是较快地衰退。

## 二、研究方法

本实验用细胞株：人舌癌 Tca8113 细胞

引自上海交通大学，何荣根等建株，四川大学口腔疾病研究国家重点实验室传代培养。实验动物：BALB/c-nu/nu 裸鼠，3～4 周龄，体重 15～20 g(四川大学华西医学院实验动物中心提供)。全部裸鼠严格饲养在无特异性病原菌、恒温(20～26 ℃)、恒湿(45%～50%)的空气洁净的层流架内；笼具、垫料、饲料和饮水均经高压蒸汽灭菌。

研究主要分为三个部分。

1. BALB/c-nu/nu 裸鼠皮下接种人舌癌 Tca8113 细胞株悬液，待裸鼠成瘤后，采用卡铂皮下注射，进行小剂量长期暴露法诱导肿瘤耐药，待其产生耐药性后将肿瘤组织进行组织鼠间传代，连续传递 5 代。利用鼠间连续传代将诱导出的肿瘤耐药性稳定下来。

2. 将诱导成功的荷瘤裸鼠的耐药性肿瘤组织中的耐药细胞筛选提取出来并且建立可以稳定传代的具有相对稳定的耐药性状的 Tca8113/CBP 细胞系，然后进行相关细胞特性的鉴定和检测；实验对照组采用常规体外诱导法得到的细胞株：将 Tca8113 细胞体外培养通过 CBP(卡铂)化疗诱导得到体外诱导耐药细胞株 Tca8113/CBP-R；空白对照组采用 Tca8113 细胞原株。利用 MTT 法、免疫组化法和反转录-聚合酶链反应(RT-PCR)、蛋白印迹检测(Westen-blot)等方法检测耐药性：P-糖蛋白(P-gp)、多药抗药性相关蛋白(MRP)、谷胱苷肽 S 转移酶-π(GST-π)以及拓扑异构酶Ⅱ(TOPⅡ)等耐药相关因子的表达情况和变化规律，以探讨继发性耐药的机制和相关因素。

3. 采用北京博奥生物有限公司(北京国家工程研究中心)提供的 35K 人类基因组寡核苷酸芯片，共 35 035 条 70 mer 长度的 Oligo DNA，基因序列来自于 Operon 公司的人全基因组 Oligo 库，human_ V4.0，共代表了约 25 100个基因。对 Tca8113 和 Tca8113/CBP 细胞的表达基因进行比较，绘制诱导耐药的肿瘤与原种植瘤差异表达基因谱，筛选与舌癌耐药发生有关的基因群。

## 三、研究结果

1. 裸鼠种植点成瘤率为 100%。采用卡铂皮下注射诱导人舌癌细胞株 Tca8113 裸鼠移植瘤，在第 9 周末化疗组和对照组裸鼠存活率均高于 90%，表明用本方法诱导建立的耐药荷瘤裸鼠模型适用于长期研究。免疫组化染色证实 P-gp、MRP、TOPⅡ和 GST-π 在 Tca8113/CBP 组的表达升高。而且经过 5 代的鼠间传代后的肿瘤组织，检测其耐药性状依然明显。证实用本法诱导 Tca8113 裸鼠移植瘤产生耐药性是可靠稳定的。

2. 通过体外组织培养，单细胞克隆法获得并纯化肿瘤组织中的细胞 Tca8113/CBP。本细胞系已在体外培养 11 个月零 22 天，连续传至 70 代。倒置相差显微镜观察到 Tca8113/CBP 细胞株最后呈近似梭形，铺路石样排列；光镜下 Tca8113 和 Tca8113/CBP 细胞形态基本相似，很难区分。检测其耐药性：第 20 代与第 60 代细胞相比，免疫组化检测无差异性，耐药指数检测有一定程度降低，其降低程度无统计学意义，可以认为耐药性相对稳定。而对照组细胞，同期进行体外卡铂小剂量长期诱导获得的细胞株 Tca8113/CBP-R 耐药性与 Tca8113/CBP 株相比要低，其差异有统计学意义。而且 Tca8113/CBP-R 细胞在没有诱导药物的正常培养基中培养，耐药性快速衰减。说明本实验 Tca8113/CBP 细胞株具有相对表达强烈和稳定的耐药性。同时实验结果显示，Tca8113/CBP 细胞比 Tca8113/CBP-R 细胞对甲氨喋呤、卡铂、平阳霉素、长春新碱抗药性明显升高，但都对氟尿嘧啶抗药性增加不明显。在免疫组化法、RT-PCR 和 Westen-blot 检测中，MDR1、GST-π、MRP1 和 TOPⅡ表达 Tca8113/CBP 细胞亦较 Tca8113/CBP-R 细胞的耐药性升高。

3. 基因芯片检测结果显示，Tca8113/CBP 对应于 Tca8113 细胞表达差异基因共

354 条:219 条基因表达上调,135 条基因表达下调。通过对以上的表达差异较大的基因分析发现,这些基因间通过一些特殊的联系方式集中于几条信号通路。例如谷氨酸代谢通路、过氧化物酶体增殖物激活受体(PPAR)信号通路、丝裂原活化蛋白激酶(MAPK)信号通路、TGF-β 信号通路、泛素介导的解蛋白作用等。希望通过对以上一些通路的分析和进一步的细化研究能够为多药耐药的研究提供理论依据。

## 四、研究结论

本研究发现,卡铂化疗改变了一组基因在口腔鳞癌中的表达,该组基因主要涉及细胞代谢、凋亡、损伤修复、周期调节等以及一些功能不明确的新基因。为进一步研究这些不同因素和机制如何相互协调,提供一个分子生物学基础,也为过渡到临床应用提供理论依据,为进一步深入研究其中某些关键基因提供导向性资料。采用卡铂进行荷瘤裸鼠耐药性的体内诱导并成功建立了耐药的舌癌荷瘤动物模型。建立的 Tca8113/CBP 细胞模型是一种较为理想的体外实验模型,具有相对表达强烈和稳定的耐药性。其诱导过程模拟了体内相应肿瘤耐药性的发生和发展,并能再现肿瘤耐药的多种生物学特性,对研究舌癌和耐药性的某些生物学特性是一个非常有价值的可选模型。可作为肿瘤细胞化疗耐药性机制研究及其逆转研究的生物平台。

# $^{18}$F-FDG PET/CT 在头颈鳞癌的基础实验及临床应用研究

(摘　要)

上海交通大学口腔医学院博士后研究人员　李生娇　合作导师　郭伟

## 一、研究目的

旨在对氟代脱氧葡萄糖($^{18}$F-FDG)正电子发射型计算机断层扫描/计算机 X 线断层扫描显像(PET/CT)技术在头颈鳞癌方面的应用进行基础实验和临床应用研究,为更好地将$^{18}$F-FDG PET/CT 应用于头颈鳞癌的诊断和治疗提供实验依据。

## 二、研究方法

1. 建立纯种新西兰大白兔的舌癌模型以及面部炎症模型,以标准摄取值(standard uptake value, SUV)为评价指标,研究$^{18}$F-FDG PET/CT 检测舌癌的效率,同时与炎症显像进行对比研究,进一步明确两者在显像方面的差异。

2. 回顾性分析$^{18}$F-FDG PET/CT 显像的临床头颈鳞癌患者,应用 SUV 半定量 FDG 的摄取,统计分析$^{18}$F-FDG PET/CT 对头颈鳞癌以及转移淋巴结的检测情况,分析 SUV 评价头颈鳞癌化疗反应的可行性。

3. 免疫组织化学方法检测头颈鳞癌患者葡萄糖转运蛋白-1(Glut -1)和葡萄糖转运蛋白 3(Glut-3)的蛋白表达,进一步应用免疫细胞化学技术及 Western blot 方法检测 Tca 8113 和 Tca 8113 M 细胞株中 Glut-1 的表达,实时荧光定量 PCR 检测两株舌癌细胞株 Glut1 mRNA的表达,多方面证实 Glut-1 与肿瘤生物学特性的关系;研究头颈鳞癌 Gluts 的表达与 FDG 摄取的相关性,为深入了解 FDG

的摄取机制并为临床头颈鳞癌的诊断和治疗提供实验依据。

## 三、研究结果

1.成功建立了新西兰大白兔的舌癌移植瘤模型，移植瘤成功率为 63.2%，移植瘤的淋巴结转移率为 75%；$^{18}$F-FDG PET/CT 成功检出所有的原发灶，检测是否淋巴结转移的敏感性和特异性分别为 88.9%及 90.9%；建立了兔颌面部炎症模型；统计结果显示炎性病变 1 h 显像的 SUV 低于肿瘤组织 SUV；而且，与 1 h 显像相比，炎性病变 2、3 h 延迟显像 SUV 呈下降趋势，3 h 延迟显像的 ΔSUV 大于 2 h 的 ΔSUV；肿瘤 2、3 h 延迟显像 SUV 呈升高趋势，3 h 延迟显像的 ΔSUV 也大于 2 h的 ΔSUV。

2.$^{18}$F-PET/CT 显像正确诊断了所有随访的头颈部鳞癌，对于患者是否有淋巴结转移，PET/CT 显像与病理及随访结果完全一致；$^{18}$F-PET/CT 检测转移淋巴结的敏感性为 51.2%；特异性为 97.7%；假阳性率为 2.3%；假阴性率为 48.8%；阳性预测值为 81.5%；阴性预测值为 91.2%；双时相显像提示 2 h 延迟显像的 SUV 增高，且 ΔSUVmax 高于 ΔSUVavg；1 例患者化疗后病理显示为残留病灶，PET/CT 显像提示化疗后的 SUV 下降。

3.免疫组织化学染色提示，随访的头颈部鳞癌均为 Glut-1 和 Glut-3 高表达，Glut-1 在分化较低肿瘤的表达高于分化较高肿瘤，在复发/转移肿瘤的表达高于原发肿瘤；免疫细胞化学技术及 Western blot 方法均检测出 Tca8113 和 Tca8113M 中 Glut-1 的表达，且在 Tca8113M 中表达较高，实时荧光定量 PCR 从基因水平证实 Tca8113M 中 Glut-1 mRNA 的表达水平高于 Tca8113；SUV 在 T 分级较高和分化较低的肿瘤高于 T 分级较低和分化较高的肿瘤，但与 Glut-1/Glut-3 表达的相关性不明显。

## 四、研究结论

1.成功建立了新西兰兔的舌癌移植瘤模型，该模型具有较高的淋巴结转移率。

2.$^{18}$F-FDG PET/CT 的肿瘤和炎症的显像均表现为 FDG 高摄取，但两者 FDG 的代谢特点存在一定差异，可通过延迟显像尤其是 3 h 延迟显像辅助鉴别。

3.$^{18}$F-FDG PET/CT 显像在判断头颈部鳞癌和淋巴结转移方面具有一定的临床价值；SUV 作为评价 FDG 摄取的指标在判断肿瘤良恶性方面具有一定参考意义，但头颈鳞癌淋巴结转移的判断标准有待进一步研究。

4.头颈鳞癌表现为 Glut-1 和 Glut-3 的高表达以及 FDG 的高摄取；Glut-1 可作为预测不良预后(复发/转移)的生物学指标。

5. SUV 是非创伤性地评价肿瘤的指标，用以判断头颈鳞癌的化疗效果甚至化疗药物的敏感性有一定的可行性，需要更深入研究。FDG 的摄取与 Glut-1/ Glut-3 表达的相关性不明显。

（李生娇现在同济大学附属口腔医院工作）

优秀博士学位论文摘要

# 不同 *fim*A 基因型牙龈卟啉单胞菌致病机理的研究

四川大学华西口腔医学院博士研究生　赵蕾　导师　周学东　吴亚菲

## 一、研究背景和目的

全国第 3 次口腔健康流行病学调查显示，牙周病仍然是口腔主要感染性疾病，是导致成人失牙的主要原因。牙周炎不仅严重影响患者生存质量，且与冠心病、糖尿病等全身疾病密切相关。因此，研究牙周炎发病机制及特征，进而制定有针对性的牙周炎生态防治方案，是改善国人口腔卫生状况的重要基础。

致病微生物是牙周炎发生的始动因子。牙龈卟啉单胞菌(*Porphyromonas gingivalis*, *P. gingivalis*)是慢性牙周炎的重要致病菌之一。不同 *P. gingivalis* 菌株的毒力及致病性存在差异，导致携带宿主牙周组织健康状况不同，提示 *P. gingivalis* 可能存在疾病相关性和非相关性菌株。基因遗传多态性可能为其致病力差异的分子基础。近年来，国外研究显示：根据菌毛主要组成成分——菌毛素编码基因 *fim*A 的不同，可对 *P. gingivalis* 进行分型(共 6 型，Ⅰ～Ⅴ和Ⅰb *fim*A 型)。是否能够依据此分型方法，以揭示国人由于携带 *P. gingivalis* 菌株的致病力不同，进而导致宿主牙周组织破坏程度不同的机制，目前国内外尚未见报道。

基于筛选与国人慢性牙周炎发病相关的 *P. gingivalis* 菌株，从分子水平上提高牙周炎生态防治针对性的这一思路，对牙周健康者和慢性牙周炎患者口腔中不同 *fim*A 型 *P. gingivalis* 携带情况进行流行病学调查，探讨 *P. gingivalis fim*A 基因型与国人牙周状况的相关性。在此基础上，分离获得不同 *fim*A 型 *P. gingivalis*，进行体外细胞攻击实验，从基因和蛋白水平探讨 *fim*A 基因型与 *P. gingivalis* 致病力之间的关系。

## 二、研究方法

### (一)国人不同 *fim*A 型 *P. gingivalis* 携带情况的流行病学调查

利用国家统计局公布的 2000 年全国人口普查资料，在全国第 3 次口腔健康流行病学调查的基础上，筛选 136 名牙周健康者；选择四川大学华西口腔医院牙周科就诊的慢性牙周炎患者 115 名。采集受检者口内龈下菌斑样本，常规提取样本 DNA。*P. gingivalis* 16S rRNA 引物 PCR 法初筛受检者中的 *P. gingivalis* 阳性样本；应用 6 种 *fim*A 基因型 *P. gingivalis* 特异性引物，对 *P. gingivalis* 阳性样本进行 *fim*A 型的分型鉴定。同时，由于Ⅰ *fim*A 型与Ⅰb *fim*A 型特异性引物存在交叉反应，即Ⅰ *fim*A 基因型 *P. gingivalis* 阳性样本也能与Ⅰb *fim*A 基因型特异性引物作用，因此对检出Ⅰb *fim*A 基因型的 *P. gingivalis* 阳性标本，扩增产物应用 *Rsa* Ⅰ酶进行酶切，如能酶切为 109 bp 和 162 bp 两个片段，则为Ⅰb *fim*A 阳性，反之，则为Ⅰ *fim*A 阴性。

### (二)不同 *fim*A 型 *P. gingivalis* 的体外细胞攻击实验

收集国人新鲜龈下菌斑样本，常规厌氧培养法培养口腔菌群，筛选 *P. gingivalis* 菌株，分别采用微生物形态学、微量生化反应法、常规 16S rRNA 引物 PCR 法进行 *P. gingivalis* 鉴定，并对阳性株进行各 *fim*A 基因型 *P. gingivalis* 特异性引物 PCR 法鉴定，获得纯化国人Ⅰ、Ⅱ、Ⅲ、

Ⅳ *fim*A 型 *P. gingivalis* 菌株。

复苏人牙龈成纤维细胞(HGF),接种细胞培养板,待细胞单层融合。制备各 *fim*A 型 *P. gingivalis* 菌株菌悬液(菌群数 $1\times10^8$ CFU/mL),体外攻击细胞,使 MOI(感染倍数)=100∶1。于细菌刺激细胞后第 1、3、6、12 h,分别收集细胞 RNA 和细胞培养上清液,采用实时荧光定量 RT-PCR 法和 ELISA 法,检测基因及蛋白两个水平 HGF 组织破坏性酶基质金属蛋白酶(MMP)-1、MMP-2,免疫细胞趋化因子 IL-8、MCP-1 的表达量,评价细菌对 HGF 生理活动的影响。

**(三)统计方法**

应用卡方检验比较牙周健康人群和慢性牙周炎人群各 *fim*A 基因型 *P. gingivalis* 的分布情况;*F* 检验分析各 *fim*A 基因型 *P. gingivalis* 刺激 HGF 表达待测因子水平的差异;应用 SPSS® 11.0 进行统计分析,$P<0.05$ 为有统计学意义。

## 三、研究结果

**(一)国人不同 *fim*A 型 *P. gingivalis* 携带情况的流行病学调查结果**

136 名牙周健康者 *P. gingivalis* 检出率为 22.1%,主要携带Ⅰ *fim*A 型 *P. gingivalis* (66.7%,$P<0.01$)。115 名慢性牙周炎患者 *P. gingivalis* 检出率为 81.7%,主要为Ⅱ *fim*A 型(43.6%,$P<0.05$)和Ⅳ *fim*A 型(30.9%,$P<0.05$);部分受检样本检出 2 种以上 *fim*A 型 *P. gingivalis* 菌株联合存在,且多为Ⅱ *fim*A 型 *P. gingivalis* 与其他型的联合检出。尽管慢性牙周炎人群中,随着受检者年龄的增加,Ⅱ、Ⅳ *fim*A 型的检出率有所增加,但各年龄组间无明显统计学差异。*OR* 值分析显示:Ⅱ、Ⅳ型 *P. gingivalis* 与国人慢性牙周炎发病显著相关(Ⅱ型 $OR=36.62$,Ⅳ型 $OR=22.86$),Ⅰ型则为弱相关($OR=0.97$)。提示不同 *fim*A 基因型 *P. gingivalis* 致病力的差异,可能是导致携带宿主牙周组织健康状况存在差异的重要原因。

**(二)不同 *fim*A 型 *P. gingivalis* 刺激 HGF 表达 MMP 及趋化因子的比较**

*P. gingivalis* 刺激 HGF 1、3、6、12 h 后,可明显促进 HGF 基因和蛋白水平过表达 MMP-1、MMP-2,且表达量与刺激时间呈正相关性。在不同 *fim*A 型 *P. gingivalis* 刺激作用的比较中,Ⅱ *fim*A 型 *P. gingivalis* 诱导细胞基因水平表达 MMP 的作用持续强于其他各 *fim*A 型 *P. gingivalis*;而蛋白水平上,Ⅱ *fim*A 型 *P. gingivalis* 的刺激作用随着刺激时间的延长,逐渐强于其他各 *fim*A 型 *P. gingivalis*。Ⅲ *fim*A 型 *P. gingivalis* 的刺激作用较弱。

*P. gingivalis* 刺激 HGF 后,能够激活 HGF 过表达中性粒细胞趋化因子 IL-8 和单核细胞趋化因子 MCP-1,表达发生在转录和转录后;其中,IL-8 的表达量在刺激后 6 h 达到峰值,随后回落;MCP-1 的表达量则与刺激时间呈正相关性。Ⅱ *fim*A 型 *P. gingivalis* 菌株刺激细胞后,立即引发细胞基因和蛋白水平过表达 IL-8、MCP-1,各检测时间点Ⅱ型 *P. gingivalis* 的刺激作用均明显强于其他 *fim*A 型 *P. gingivalis*;Ⅳ型 *P. gingivalis* 刺激下,细胞过表达趋化因子的能力则在 3～6 h后逐渐明显。

结果提示 *fim*A 基因型的差异可能导致牙周组织细胞在疾病相关性 *P. gingivalis* 菌株(Ⅱ、Ⅳ *fim*A 型 *P. gingivalis*)的刺激作用下,更快速、持久地表达大量组织破坏性酶和免疫细胞趋化因子,这可能是感染宿主局部牙周组织水解破坏严重、自身免疫反应过度的分子基础。

## 四、研究结论

通过对国人各 *fim*A 基因型 *P. gingivalis* 携带情况的流行病学调查,并筛选国人口腔内定植的不同 *fim*A 基因型 *P. gingivalis* 菌株进行体外细胞攻击实验,在国内外首次发现：

1. 与国人慢性牙周炎发病密切相关的 *P. gingivalis* 菌株为Ⅱ、Ⅳ *fim*A 型，非疾病相关性菌株则为Ⅰ *fim*A 型。

2. Ⅰb *fim*A 型 *P. gingivalis* 与国人牙周炎发病无显著相关性，这与目前国外的研究结果有明显差异，提示依据 *fim*A 基因型对 *P. gingivalis* 致病力强弱进行评估，应考虑国人的基因背景。

3. Ⅱ、Ⅳ *fim*A 型 *P. gingivalis* 可诱导牙周组织主要组成细胞 HGF 过表达组织破坏性酶 MMP-1、MMP-2，免疫细胞趋化因子 IL-8、MCP-1。感染部位过度积聚组织破坏性酶，将导致局部胶原代谢失衡，宿主牙周组织破坏程度加重；同时，过表达的趋化因子引发免疫细胞大量聚集，持续释放炎症介质等，造成局部过度的免疫反应。这可能是疾病相关性Ⅱ、Ⅳ *fim*A 型 *P. gingivalis* 菌株致病性强的重要原因。

# 牙髓干细胞形成牙体组织能力及其制备嵌合体牙齿的实验研究

（摘　要）

第四军医大学口腔医学院博士研究生　于金华　导师　史俊南　金岩

## 一、研究目的

牙齿组织工程中局部诱导微环境的建立，主要是通过支架材料或单因子诱导的方式来促进牙髓干细胞的分化。由于牙齿发育的微环境异常复杂，涉及到上皮-间充质相互作用以及多种基质成分、矿物离子、生长因子的参与，单纯依靠支架材料或某几种生长因子等非生理诱导方式局限性较明显，不能满足组织工程化牙齿的形态发生要求。本研究拟通过模拟牙髓干细胞的体内生长发育环境，以重组微环境的方式来调控牙髓干细胞的分化和形态发生，并在此基础上，尝试利用牙髓干细胞研制同种异体“嵌合体牙齿”，以期为组织工程化牙齿最终的临床应用探寻一条新的研究途径。

## 二、研究方法和结果

### （一）组织工程化牙齿异位再生环境的筛选和验证

比较了出生后 4 d 的封闭群 SD 仔鼠磨牙牙胚器官在同种异体宿主体内不同部位的生长发育情况，结果显示肾被膜下的牙胚发育状况接近正常；进一步将相关的牙齿组织块移植至肾被膜下，同样生长发育良好；单独将牙乳头细胞团进行肾被膜下移植，可以形成牙尖样的牙本质-牙髓复合体。另外，还比较了传代前后的牙胚细胞团在肾被膜下构建组织工程化牙齿的可行性。结果发现，原代牙胚细胞团体内可发育成典型的牙胚样结构，而第二代牙胚细胞团仅形成极少量的釉质，覆盖在牙本质-牙髓复合体表面。上述结果证实肾被膜下环境有利于牙胚及其相关组织、细胞的继续生长发育。在肾被膜下的生长环境中，出生后的牙乳头细胞、牙胚细胞可分别再现牙齿间充质和牙胚早期的发育模式，说明牙齿形态发生所需的遗传信息储存在离散后的单个牙源性细胞中。

### （二）牙胚细胞诱导牙髓干细胞分化实验

为了验证牙胚细胞所提供的发育微环境是否适合成体牙髓干细胞的增殖、分化，本实验通过三种不同的培养方式：牙胚细胞条件液、分层培养、混合培养，以观察牙胚细胞对牙髓干细胞生物学活性的影响。结果显示，牙髓干细胞在与牙胚细胞条件液培养、与牙胚细胞分层培养的情况下，可向功能性成牙本质细胞谱系分化，诱导分化后的牙髓干细胞团移植至肾被膜下，形成了规则的牙本质-牙髓复合体结构。而牙胚细胞与牙髓干细胞混合培养方式不能提供良好的促增殖、促分化的诱导环境，以致诱导后的牙髓干细胞不能形成典型的牙本质-牙髓复合体。结果提示，牙胚细胞与牙髓干细胞非接触式培养时，所提供的可溶性信号分子，有利于牙髓干细胞的牙向分化、牙本质形成；而接触式培养条件下牙胚细胞分泌的胞外基质蛋白以及不溶性表面分子，可能对牙髓干细胞的增殖起抑制作用，进而影响了其牙向分化的可持续性。

**(三)牙髓细胞对牙髓干细胞增殖分化的影响**

为验证来自成体牙髓细胞的微环境能否促进牙髓干细胞的增殖、分化，笔者采用酶消化法结合组织块法，获取原代牙髓细胞，与 STRO-1$^+$(间充质干细胞标记物)的牙髓干细胞以三种方式(条件液、分层培养、混合培养)进行共培养。结果表明，缺少上皮信号的成体微环境(牙髓细胞)不能有效地诱导牙髓干细胞的牙向分化和形态发生，但可明显促进其增殖活性。提示成体微环境中缺少促进牙髓干细胞牙向分化的启动信号，但成体微环境中生长因子、细胞外基质以及细胞表面分子等对牙髓干细胞的促增殖效应明显。

**(四)用牙髓干细胞制备嵌合体牙齿**

为进一步验证牙胚细胞的诱导作用是来自其中的上皮还是间充质成分，将取自不同个体的大鼠切牙根尖蕾细胞、牙乳头细胞分别与 STRO-1$^+$ 牙髓干细胞复合形成细胞团重组体，肾被膜下移植。结果显示，根尖蕾细胞-牙髓干细胞嵌合体在体内形成典型的牙冠样结构；牙乳头细胞-牙髓干细胞嵌合体形成的含骨样牙本质和牙本质-牙髓复合体的结构中，红色荧光染料 PKH26 标记的牙髓干细胞并未直接参与成牙本质细胞分化和牙本质形成，说明在牙胚细胞诱导牙髓干细胞牙向分化过程中，是牙源性上皮成分起了决定性作用。在与非牙源性 STRO-1$^+$ 骨髓基质干细胞嵌合成牙的比较研究中，笔者发现，根尖蕾细胞能促进骨髓基质干细胞向成牙本质细胞谱系分化，但根尖蕾细胞-骨髓基质干细胞重组体在肾被膜下，仅发育成不典型的牙本质-牙髓复合体结构，无釉质形成。提示在嵌合体牙齿研究中，牙源性成体干细胞比非牙源性成体干细胞更具有临床应用价值。当牙髓干细胞与根尖蕾细胞按不同比例进行体内重组时，上皮细胞与牙髓干细胞的比例可影响嵌合体牙齿的形态发生，只有在 1:1 细胞比情况下，才会形成典型的牙冠样结构。

## 三、研究结论

尽管不同的重组微环境对牙髓干细胞分化和形态发生的影响各不相同，但其规则的形态发生离不开牙源性上皮信号的诱导，从根本上讲，仍离不开上皮-间充质的相互作用。利用这一发现，本研究成功地用牙髓干细胞构建出嵌合体牙胚样结构。

# 个体来源人牙周膜细胞群雌激素受体亚型的表达及调节

（摘　要）

北京大学口腔医学院博士研究生　唐晓琳　导师　孟焕新

雌激素(estrogen)是调节全身骨代谢的重要激素，具有刺激成骨细胞分化、促进骨形成等生理功能。多项研究表明充足的雌激素有助于维持牙周组织的健康状态。雌激素需要与雌激素受体(estrogen receptor, ER)结合才能发挥其多效性功能。ER是一种核受体，属于转录因子家族成员，能够调节多种下游基因的转录活性。ER存在α和β两种亚型(ERα, ERβ)。本课题组的研究首次发现ERα XbaⅠ多态性位点的XX基因型可以增加慢性牙周炎的患病风险。ERα和ERβ既具有相类似的功能，又具有各自独立的特征和复杂的相互作用。这两种亚型受体通过调节不同的靶基因而发挥组织特异性效应。因此，分析牙周组织中这两种亚型的表达水平将有助于认识雌激素在牙周组织中的生理作用和分子机制。但是目前尚不清楚牙周组织中优势表达的ER亚型及其调节的特点。

人牙周膜细胞(human periodontal ligament cell, hPDLC)是人牙周膜的主要构成细胞，具有成骨细胞的特性，在牙周组织的再生修复过程中具有重要的作用。研究显示雌激素可以促进hPDLC骨钙素、碱性磷酸酶的表达和矿化结节的形成。

## 一、研究目的

本研究旨在检测人牙周膜细胞(hPDLC)中ER亚型的表达水平，比较男性和女性来源的hPDLC ER亚型表达水平的差异，并观察在hPDLC的骨向分化过程中ER亚型表达的变化特点，以期深入了解雌激素和雌激素受体在牙周组织中发挥作用的分子机制。

## 二、研究方法

1. hPDLC原代培养和个体来源细胞群的建立　牙周膜组织来源于因正畸需要而拔除的健康前磨牙或第三磨牙，刮取根中1/3的牙周膜，用组织块法原代培养，建立个体来源细胞群。选择5例男性(12～24岁，平均年龄19.40岁±6.31岁)和5例女性(13～24岁，平均年龄19.20岁±4.66岁)供体来源的牙周膜细胞群用于实验。

2. 骨向诱导　将每一供体来源的第3代细胞以$1.5\times10^4/cM^2$密度接种至6孔板，分为骨向诱导组和对照组。骨向诱导组的细胞培养基中含有10 mmol/L β-甘油磷酸钠，50 mg/L抗坏血酸和$10^{-7}$ mol/L地塞米松，而对照组细胞培养基中不含上述成分。

3. 矿化结节的检测　在骨向诱导第28 d采用von Kossa染色方法检测矿化结节。冷丙酮固定hPDLC，用5% $AgNO_3$处理，紫外线照射2 h；5%硫代硫酸钠定影；H-E染色。

4. hPDLC ER亚型mRNA表达水平的检测　在骨向诱导7、14和21 d提取细胞总RNA，反转录获得cDNA，18S rRNA作为内参照，乳腺癌细胞MCF-7作为检测ER的阳性对照，巢氏PCR扩增ERα和ERβ cDNA片段，反应产物通过琼脂糖凝胶电泳及成像系统获得电泳图像，应用图像分析软件Band Leader分析条带密度，进而比较不同样本ER表达水平的差异。

5. hPDLC ER亚型蛋白表达水平的检测

在骨向诱导 7、14 和 21 d 提取细胞总蛋白，采用 Western blot 方法，β-actin 作为内参照，MCF-7 细胞作为阳性对照，分别应用 ERα 单克隆、多克隆抗体，ERβ 单克隆、多克隆抗体检测样本中 ER 亚型蛋白，LI-COR Infrared Imaging System 系统采集图像，应用 Quantity One 4.31 软件进行蛋白条带丰度的检测和半定量分析。

6. hPDLC ER、波形丝蛋白和角蛋白细胞内定位与表达　hPDLC ER、波形丝蛋白和角蛋白的鉴定采用免疫细胞化学染色法。选取 MCF-7 细胞和来自 1 例男性及 1 例女性供体来源的 hPDLC，制作细胞爬片，分别应用 ERα、ERβ、波形丝蛋白和角蛋白一抗和 PV9000 二抗检测系统检测上述蛋白的定位和表达。波形丝蛋白和角蛋白染色用于鉴别 hPDLC 的组织来源。

7. 统计学分析　应用 SPSS 11.5 软件，Independent-samples $t$ 检验和 Univariate ANOVA 重复测量模型完成统计学分析。

## 三、研究结果

1. 骨向诱导作用下 hPDLC 的生长状态和矿化结节的形成　在骨向诱导作用下，hPDLC 呈现多角形态，细胞内颗粒增加。7 d 后细胞呈复层生长，部分区域形成细胞性结节。在骨向诱导第 28 d，von Kossa 染色可以检出矿化结节。部分结节的细胞成分较多，为不成熟的矿化状态；而部分结节为完全矿化产物。

2. hPDLC 的 ER 亚型的表达　10 例供体来源的 hPDLC 群都表达 ERα 和 ERβ mRNA，男性和女性间差异无统计学意义。ERα 的标准化条带密度，男性为 1.288 ± 0.174，女性为 1.283 ± 0.880（$P = 0.946$）；ERβ 的标准化条带密度，男性为 1.249 ± 0.114，女性为 1.073 ± 0.145（$P = 0.104$）。阳性对照 MCF-7 细胞 ERα 和 ERβ mRNA 的表达水平高于 hPDLC。

在男性和女性来源的 hPDLC 中皆表达 ERβ 蛋白，但单克隆抗体和多克隆抗体均未能检测到 ERα 蛋白。男性和女性来源细胞之间 ERβ 蛋白的表达水平无统计学意义。ERβ 蛋白的相对表达水平，男性为 0.078 ± 0.018，女性为 0.065 ± 0.010（$P = 0.317$）。MCF-7 细胞表达高水平 ERα 和 ERβ 蛋白。

3. hPDLC 内 ER 亚型蛋白、波形丝蛋白和角蛋白的表达及定位　ERβ 蛋白在男性和女性来源的 hPDLC 及 MCF-7 细胞中都有表达，且主要位于细胞核内。在 hPDLC 中未能检测到 ERα 蛋白，而在阳性对照 MCF-7 细胞中，ERα 蛋白的染色为强阳性。hPDLC 波形丝蛋白染色为阳性，位于细胞质内；角蛋白染色为阴性。

4. 骨向诱导作用对 hPDLC ER 亚型表达的影响　在骨向诱导作用下，ERβ mRNA 的表达水平逐渐升高，在诱导后第 7 d(2.34 倍，$P = 0.129$)、第 14 d(5.71 倍，$P = 0.014$)和第 21 d(4.32 倍，$P = 0.006$)均高于各时间点的相应对照细胞。在骨向诱导组，诱导后 21 d ERβ mRNA 的表达水平显著高于第 7 d（$P = 0.042$）和第 14 d($P = 0.034$)。在 21 d 的诱导过程中，ERα mRNA 的表达水平略呈上升趋势，但与对照组差异无统计学意义。对照组 ER mRNA 的表达水平在各时间点间差异无统计学意义。

男性 hPDLC ERβ 蛋白的表达水平在骨向诱导各时间点均显著高于对照组，第 7 d 为对照组的 1.78 倍，$P = 0.004$，第 14 d 为 2.73 倍，$P = 0.002$，第 21 d 为 2.86 倍，$P = 0.026$；与男性相似，女性 hPDLC 在骨向诱导第 7 d(1.66 倍，$P = 0.015$)、第 14 d(1.99 倍，$P = 0.011$)和第 21 d(3.49 倍，$P = 0.024$) ERβ 蛋白的表达水平皆显著高于对照组。在骨向诱导和对照组细胞样品中，应用 ERα 的单克隆和多克隆两种抗体均未能检测到 ERα 蛋白。

## 四、研究结论

1. 在男性和女性来源的 hPDLC 中，ERα 和 ERβ mRNA 和 ERβ 蛋白的表达水平差异无统计学意义，提示雌激素在男性和女性的牙周膜细胞中都可能发挥生理调节作用。

2. 在 hPDLC 中，ERα 蛋白表达水平很低或不表达，ERβ 表达水平较高，主要分布于细胞核中。提示在 hPDLC 中，ERβ 可能是优势表达的受体亚型，是介导雌激素生理功能的主要亚型。

3. hPDLC 经骨向诱导而发生骨向分化的过程中，ERβ 表达水平逐渐升高，显著高于对照组，提示 ERβ 积极参与了男性和女性 hPDLC 的骨向分化过程。本结论尚属首次报告，为 hPDLC 骨向分化的分子机制的研究提供了新的科学数据。

# 人牙髓细胞诱导成牙本质分化的蛋白质组学研究

（摘　要）

中山大学光华口腔医学院博士研究生　韦曦　导师　凌均棨

## 一、研究背景和目的

成人牙髓存在具有高度增殖和多向分化能力的牙髓干细胞，经诱导可形成牙髓-牙本质样结构，是牙髓-牙本质再生的重要种子细胞。由于牙髓干细胞缺乏特异性的分子标记，如何对牙髓干细胞进行有效的分离、富集和大量扩增是亟需解决的重要问题。目前间充质干细胞标记 STRO-1 和 CD146 常被作为分离牙髓干细胞的表面标记。牙髓干细胞向成牙本质细胞的分化涉及复杂的蛋白调控网络，迄今的研究仅揭示出少数蛋白的改变，有关牙髓干细胞分化标记的研究还处于初步阶段。蛋白质组学是 20 世纪 90 年代中期产生的一门新兴学科，它以细胞内全部蛋白质的存在及其活动方式为研究对象，双向电泳和质谱鉴定是其核心技术。蛋白质组学分析具有高通量的特点，有助于从整体水平认识牙髓干细胞向成牙本质细胞分化的蛋白调控机制，并寻找与分化相关的标记蛋白。本研究中，笔者采用酶消化法从人牙髓组织中分离培养牙髓细胞，检测细胞的表型特征和多向分化能力，建立具有干细胞特性并能大量扩增的细胞模型。在此基础上，对牙髓细胞进行矿化诱导，采用双向胶内差异凝胶电泳结合基质辅助激光解吸电离-飞行时间质谱鉴定，对成牙本质细胞分化早期的差异蛋白质组进行研究，以建立牙髓干细胞向成牙本质细胞分化的差异蛋白质表达谱，揭示牙髓干细胞向成牙本质细胞分化的蛋白调控机制，寻找牙髓干细胞的分化标记。

## 二、研究方法和结果

### （一）人牙髓细胞的体外培养和诱导分化

从人牙髓组织中分离培养牙髓细胞，检测 STRO-1 的表达及其多向分化潜能，以探索具有干细胞特性并能大量扩增细胞的模型建立的方法。

采用酶消化法从成人健康阻生第三磨牙或因正畸拔除的前磨牙牙髓组织中分离培养牙髓细胞，检测间充质干细胞标记 STRO-1 的表达。将细胞分别培养于成牙本质/成骨诱导培养基、成脂诱导培养基和成软骨诱导培养基中，检测牙髓细胞的多向分化能力。

结果显示，原代细胞接种后呈克隆样生

长，扩大培养后的牙髓细胞仍可见多个细胞克隆。免疫细胞化学染色显示牙髓细胞表达STRO-1。细胞经矿化诱导21 d，von Kossa染色示褐色矿化结节。诱导前细胞抗牙本质涎蛋白(DSP)染色阴性，诱导10 d后抗DSP染色阳性。成脂诱导后细胞内可见红色的脂滴，脂肪特异性脂蛋白脂酶(LPL)和过氧化物酶体增殖物激活受体-γ2(PPAR-γ2)mRNA水平显著上调($P<0.001$)。细胞经软骨诱导21 d，阿新蓝染色见大量蓝染区，免疫细胞化学染色示诱导细胞抗Ⅱ型胶原阳性。

**(二)人牙髓细胞的生长特性和表型特征**

通过检测不同代牙髓细胞的增殖、细胞周期和表型特征，探讨体外传代对牙髓细胞生长特性和干细胞表型的影响。

取第1、3、5、7和第9代牙髓细胞，描记细胞的生长曲线，流式细胞仪检测细胞周期、STRO-1和CD146的表达。第1代牙髓细胞同时检测CD29、CD34、CD44、CD45、CD106和CD133的表达。

结果显示，不同个体来源的牙髓细胞，细胞增殖、细胞周期、STRO-1和CD146阳性率的差异无统计学意义($P>0.05$)。第1、3和第5代牙髓细胞之间增殖率的差异无统计学意义($P>0.05$)，第7和第9代牙髓细胞与其他各代细胞之间的差异有统计学意义($P<0.05$)。细胞周期检测示绝大多数牙髓细胞处于$G_0/G_1$期，随着细胞传代，S期细胞比例增加，到第7代开始出现显著性差异($P<0.05$)。第1代牙髓细胞表达CD29、CD44、CD146和STRO-1，不表达CD34、CD45、CD106和CD133。牙髓细胞中STRO-1和CD146的阳性率随着细胞传代而显著下降($P<0.05$)，STRO-1的表达在不同代细胞间差异均有统计学意义($P<0.05$)；除第1和第3代牙髓细胞，其余各代牙髓细胞之间CD146阳性率的差异均有统计学意义($P<0.05$)。

**(三)人牙髓细胞矿化标记的表达**

本实验旨在探讨细胞外基质磷酸糖蛋白(matrix extracellular phosphoglycoprotein, MEPE)能否作为牙髓干细胞的分化标记，并为蛋白质组学矿化诱导时间点的选择提供实验依据。取诱导前及矿化诱导7、14和21 d的牙髓细胞，检测碱性磷酸酶(AKP)活性，实时荧光定量RT-PCR检测骨钙素(OCN)、牙本质涎磷蛋白(DSPP)和MEPE mRNA的表达变化。

结果显示，随着矿化诱导的进行，OCN、DSPP和MEPE mRNA的表达呈时间依赖性升高，对照细胞OCN、DSPP和MEPE mRNA水平无显著改变($P>0.05$)，在诱导的第7、14和21 d，诱导细胞与对照组间的差异均有统计学意义($P<0.05$)。

**(四)人牙髓细胞向成牙本质样细胞分化的蛋白质组学研究**

通过成牙本质细胞分化早期的差异蛋白质组学分析，揭示成牙本质分化的调控蛋白和寻找牙髓干细胞的分化标记。

第3代牙髓细胞矿化诱导7 d，提取诱导前后细胞总蛋白，双向胶内差异凝胶电泳分离细胞蛋白质，DeCyder V 6.0软件进行图谱分析，选取平均表达改变大于1.5倍的蛋白质斑点，基质辅助激光解吸电离-飞行时间质谱鉴定差异表达蛋白质，蛋白质印迹技术(Western blot)验证部分鉴定的蛋白质。

结果显示，共确认平均表达变化大于1.5倍的蛋白质斑点46个，其中24个斑点表达上调，22个斑点下调。质谱鉴定22个蛋白斑点，包括细胞骨架蛋白、核蛋白、膜联蛋白、基质合成蛋白、代谢酶、蛋白合成与降解相关蛋白等。上调的蛋白主要有α-心肌肌动蛋白原、核糖核苷酸还原酶和丙酮酸脱氢酶E1-β、组织蛋白酶B(Cathepsin B)和Peroxiredoxin Ⅳ，下调的蛋白有核内不均一核糖核蛋白C、α1(Ⅵ)型胶原、Matrilin-2、真核翻译延长因子1δ和SGT1B。Western blot鉴定结果显示，矿化诱导7 d的牙髓细胞，核内不均一核糖核蛋白C和α1(Ⅵ)型胶原的表达下调，与蛋白质组学分析的结果一致。

## 三、研究结论

1. 酶消化法分离培养的牙髓细胞具有干细胞特性，表达间充质干细胞的表面表型，能多向分化，可作为研究牙髓干细胞向成牙本质细胞分化的细胞模型。

2. 牙髓细胞的表型与骨髓间充质干细胞相似。随着细胞传代，牙髓细胞中间充质干细胞比例下降，提示扩增早期的牙髓细胞较适宜于牙髓干细胞向成牙本质细胞分化的蛋白质组学研究。

3. AKP、OCN、DSPP 和 MEPE 参与成牙本质分化的调节，其中 MEPE 和 DSPP 呈现相似的表达变化，可作为牙髓干细胞向成牙本质细胞分化的标志之一。

4. 获得了牙髓细胞向成牙本质细胞分化的蛋白质差异表达谱，揭示了对细胞分化具有调节作用的功能蛋白，并为寻找牙髓干细胞的分化标记提供了候选蛋白。

# 增强 sIgA 应答抗牙龈卟啉单胞菌 FimA 蛋白 DNA 疫苗实验研究

（摘　要）

山东大学口腔医学院博士研究生　郭红梅　导师　杨丕山

## 一、研究目的

慢性牙周炎是导致成人牙齿功能丧失的主要原因之一，在我国有很高的发病率，其影响国民健康水平。牙周炎还可能是某些系统性疾病或状况的危险因素，由于牙周炎的治疗目前还比较困难，因此探索预防慢性牙周炎的有效途径具有重要意义。

慢性牙周炎是一种细菌感染性疾病，牙龈卟啉单胞菌（*Porphyromonas gingivalis*，*P. gingivalis*）是其主要可疑致病菌，菌毛蛋白（fimbrillin，FimA）是细菌表面主要毒力因子之一，能够介导 *P. gingivalis* 和宿主细胞及 *P. gingivalis* 与口腔内其他细菌的黏附，并且可刺激炎性细胞因子的产生。

本研究旨在构建能够增强黏膜免疫应答的抗牙龈卟啉单胞菌 FimA 蛋白的 DNA 疫苗，并观察其对 *P. gingivalis* 引起的牙槽骨吸收的保护作用。

## 二、研究方法

### （一）牙龈卟啉单胞菌 FimA 蛋白和 IL-15 真核共表达质粒的构建与鉴定

通过基因重组技术将 *fim*A 编码基因插入真核表达载体 pIRES，在抗原基因下游插入 *IL*-15 编码基因，两段基因之间利用载体自身携带的核糖体内部进入位点 IRES 连接，使两个基因的表达互不干扰。构建真核共表达质粒 pIRES-fimA：IL15，同时构建真核表达载体 pIRES-fimA。通过酶切、PCR 及 DNA 序列测定鉴定构建的质粒，用脂质体转染胺（Lipofectamine ）2000 介导转染 CHO 细胞，用 Western blot 和 ELISA 验证了重组质粒在哺乳动物细胞内能正确表达 FimA 和 IL-15。

### （二）牙龈卟啉单胞菌 FimA 蛋白和 IL-15 共表达质粒免疫小鼠的实验研究

为研究其免疫原性，重组质粒 pIRES-fimA：IL15 与 pIRES-fimA 经滴鼻免疫和肌肉注射免疫 BABL/c 小鼠，以间接 ELISA 方法检测血清中 IgG 和唾液中 sIgA 抗体水平。发现重组质粒经滴鼻免疫能够激发机体产生特异性的血清 IgG 和唾液 IgA 抗体反应，并且 pIRES-fimA：IL15 滴鼻免疫产生的唾液 IgA 抗体滴度显著高于 pIRES-fimA 滴鼻免疫产生的唾液 IgA 抗体滴度。pIRES-fimA：IL15 所表达的 IL-15 可以作为一种辅助性的细胞因子，增强 IgA 反应。滴鼻免疫是一种有效的黏膜免疫途径，与 pIRES-fimA：IL15 肌肉注射免疫相比，两种方法产生的血清 IgG 反应水平相当，但唾液 IgA 反应水平显著高于肌肉注射。滴鼻免疫既能产生系统免疫，又能激发黏膜免疫，IL-15 对于 sIgA 反应有正向调节作用。

**（三）DNA 疫苗 pIRES-fimA：IL15 对牙龈卟啉单胞菌引起的大鼠牙槽骨吸收保护作用研究**

本研究以重组质粒 pIRES-fimA：IL15 作为 DNA 疫苗，观察其对 *P. gingivalis* 引起的实验性牙周炎的保护作用。将疫苗经滴鼻免疫 Wistar 大鼠，用 *P. gingivalis* 接种大鼠口腔，PCR 方法检测接种后大鼠口腔中的 *P. gingivalis* 菌。实验结束时，取大鼠颌骨去除软组织后测量釉质牙骨质界到牙槽嵴顶的距离作为牙槽骨吸收情况，并做组织切片观察组织学改变。比较实验前后各组大鼠体重变化，并取大鼠主要脏器做组织切片观察有无明显病理改变。在 *P. gingivalis* 引起的大鼠实验性牙周炎模型上，pIRES-fimA：IL15 经滴鼻免疫牙槽骨吸收量显著小于未免疫组，同时也小于 pIRES-fimA 免疫组。实验结束时，pIRES-fimA：IL15 和 pIRES-fimA 免疫组大鼠唾液中未检测到 *P. gingivalis*。实验后大鼠体重增加，各组之间没有显著差异，大鼠主要脏器也没有明显病理改变。基因疫苗 pIRES-fimA：IL15 能够对 *P. gingivalis* 引起的实验性牙周炎提供安全有效的保护。

## 三、研究结果和结论

本研究成功地构建了 FimA 蛋白与 IL-15 真核共表达质粒，以其作为 DNA 疫苗经滴鼻免疫能够激发机体产生特异性的系统免疫应答，又能激发黏膜免疫应答，滴鼻免疫可以作为抗牙龈卟啉单胞菌 DNA 疫苗有效的黏膜免疫途径。疫苗所表达的 IL-15 可以作为辅助因子增强 sIgA 应答，对 *P. gingivalis* 引起的实验性牙周炎提供有效的保护，为解决增强 sIgA 应答以保护牙周组织提供一条思路。将 *IL*-15 基因加入抗牙周炎 DNA 疫苗中的研究国内外尚未见报道。

滴鼻免疫无痛，易于接受，有利于疫苗的使用和推广。本研究结果可以为研发用于人类防治牙周炎的有效安全的 DNA 疫苗提供依据。

# 牙龈卟啉单胞菌重组菌毛蛋白 A 和胶原酶致炎效应的体内体外研究及其脂多糖对 $PGE_2$ 合成通路的影响

（摘 要）

浙江大学口腔医学院博士研究生 吴燕岷 导师 谷志远

## 一、研究目的

牙龈卟啉单胞菌（*Porphyromonas gingivalis*, *P. gingivalis*）可产生多种逃避宿主免疫防御机制和破坏宿主组织的毒力因子，如脂多糖（lipopolysaccharides, LPS）、菌毛蛋白

A(fimbria protein A, FimA)和胶原酶(proteinase C, PrtC)等,并在牙周炎的发病中发挥重要作用。本研究旨在了解 *P. gingivalis* Ⅰ型 FimA 和 PrtC 蛋白的致炎作用;观察 *P. gingivalis*-LPS 作用下细胞花生四烯酸、$PGE_2$ 释放水平的变化和对 $PGE_2$ 合成通路中关键酶的 mRNA 及蛋白表达水平的影响。

## 二、研究方法和结果

### (一)牙龈卟啉单胞菌 FimA 和 PrtC 在慢性牙周炎患者龈下菌斑中的水平及其诱导 ECV304 内皮细胞炎性细胞因子表达的作用

1. 构建 *pET-32a-fim*A BL21DE3 和 *pET-32a-prt*C BL21DE3 原核表达系统,用镍离子 NTA(Ni-NTA)亲和层析纯化重组蛋白。以纯化的重组蛋白和 *P. gingivalis* 全菌免疫家兔后获得抗血清,并用 Western blot 检测 rFimA 和 rPrtC 的免疫反应性和免疫原性。结果发现,所克隆的 *fim*A 和 *prt*C 基因测序结果与已报道的核苷酸序列比较,其同源性在 98.5% ~ 99.7% 之间。rFimA 和 rPrtC 能与其诱导家兔产生的相应抗体结合,也能与兔抗 *P. gingivalis* 全菌抗血清结合。

2. 建立 ELISA 法对 49 例慢性牙周炎患者和 25 名牙周健康者的共 221 份龈下菌斑标本中的 FimA 和 PrtC 水平进行检测。结果发现:①患者龈下菌斑标本中的 FimA 和 PrtC 水平显著高于牙周健康者($P<0.05$)。②FimA 水平主要与探诊出血有关,而 PrtC 与探诊出血、附着丧失和探诊深度均有关。

3. 用 rFimA 和 rPrtC 蛋白作用于 ECV304 内皮细胞株,用 ELISA 试剂盒检测其诱导 IL-1α、IL-8、TNF-α 和细胞黏附因子-1(ICAM-1)分泌的作用。结果发现:①1、5 和 10 μg 的 rFimA 在作用 48 h 后,才可观察到 IL-1α 水平的增高($P<0.05$);而 3 种浓度的 rFimA 作用 12 h 后 ICAM-1 水平即有明显增高,至 24 h 时达到峰值,48 h 有所下降($P<0.05$)。rFimA 对 IL-8 和 TNF-α 水平无明显影响($P>0.05$)。②1 μg 的 rPrtC 作用 24 h、5 和 10 μg 的 rPrtC 作用 12、24 和 48 h 均可明显促进 ECV304 合成并分泌 IL-1α、IL-8 和 TNF-α($P<0.05$)。rPrtC 对 ICAM-1 的分泌无影响($P>0.05$)。

### (二)牙龈卟啉单胞菌脂多糖对人单核细胞株 $PGE_2$ 合成通路的影响

1. 采用改良的热酚水法从 *P. gingivalis* ATCC 33277 株中提取 *P. gingivalis*-LPS。用鲎试验检测 *P. gingivalis*-LPS 的生物活性表明具有较高的生物活性(≥15.0 ng/mL)。

2. 以人单核细胞株(THP-1)为效应细胞,分别用 *P. gingivalis*-LPS 和商品化大肠杆菌 O111:B4 株的脂多糖刺激后,用酶免疫试剂盒检测 $PGE_2$。结果发现:①1 μg/mL 的 E-LPS 作用 1~48 h 可使 $PGE_2$ 水平持续增高;而相同浓度的 *P. gingivalis*-LPS 作用 6 h 后才出现 $PGE_2$ 的增高,作用 24 h 后达峰值,48 h 略有下降。②相同浓度的 E-LPS 和 *P. gingivalis*-LPS 所诱导产生的 $PGE_2$ 水平不同,E-LPS 的作用明显强于 *P. gingivalis*-LPS($P<0.05$)。

3. 采用氚($^3H$)标记的花生四烯酸掺入的方法,用液闪计数法观察 E-LPS 和 *P. gingivalis*-LPS 作用前后花生四烯酸释放水平的变化。结果发现:①E-LPS 作用 1~6 h 可见 $^3H$ 花生四烯酸的每分钟计数值(CPM)增高,最高为 2 h 时;而 *P. gingivalis*-LPS 作用4~6 h 后有 $^3H$ 花生四烯酸水平增高,最高为 6 h 时。②E-LPS 诱导的 $^3H$ 花生四烯酸 CPM 峰值明显高于 *P. gingivalis*-LPS($P<0.05$)。

4. 用 RT-PCR 和 Western blot 检测 *P. gingivalis*-LPS 及 E-LPS 对胞浆磷脂酶 $A_2$(cytosolic phospholipase $A_2$, $cPLA_2$)、环加氧酶 2(cyclooxygenase-2, COX-2)和膜结合前列腺素 $E_2$ 合成酶 1(membrane-bound form of prostaglandin $E_2$ synthase-1, mPGES-1)的 mRNA 转录和蛋白表达水平的影响。结果发现:① E-LPS 作用 1 h 后 THP-1 细胞的

$cPLA_2$ 的 mRNA 转录和表达开始增高；而 *P. gingivalis*-LPS 作用 4 h 后 $cPLA_2$ 转录和表达才增强。②在 E-LPS 作用 1～16 h 后和 4～16 h 出现 COX-2 转录和表达增强；*P. gingivalis*-LPS 作用 6～16 h 和 8～16 h 后出现 COX-2 转录和表达增强。③mPGES-1 的转录水平增高在 E-LPS 作用4～24 h 或 *P. gingivalis*-LPS 作用 6～24 h 后出现。mPGES-1 蛋白表达增高表现在 E-LPS 作用 4～24 h 后或 *P. gingivalis*-LPS 作用 8～24 h 后。

5.应用多种特异性阻断剂预处理后，再用 *P. gingivalis*-LPS 和 E-LPS 作用于 THP-1 细胞，检测 $PGE_2$、花生四烯酸释放水平、$cPLA_2$、COX-2 和 mPGES-1 表达情况的变化。结果发现：① E-LPS 和 *P. gingivalis*-LPS 诱导的 $PGE_2$ 水平的增高，COX-2 和 mPGES-1 mRNA 转录的增强和蛋白表达水平的增高均可被 PD98059、SB203580、SP600125 和 SN50 部分或完全抑制，而 U73122 和 AACOCF3 作用后则无明显抑制作用。②E-LPS 和 *P. gingivalis*-LPS 诱导的花生四烯酸释放水平增高和 $cPLA_2$ 的mRNA 转录增强和蛋白表达增高可被 PD98059、SB203580、AACOCF3、U73122、LY294002 和 SN50 抑制，而 SP600125 和 NS-398 对其无影响。③NS-398 可有效地抑制 COX-2 的转录和表达。

## 三、研究结论

1.重组Ⅰ型 FimA 蛋白有较强的诱导内皮细胞分泌细胞间黏附因子的作用，可能与 *P. gingivalis* 相关的牙周炎症和某些全身疾病的发生有关。

2.重组 PrtC 蛋白有较强的刺激内皮细胞分泌炎性细胞因子的作用，其在牙周组织破坏中的作用可能是通过对宿主细胞的致炎效应来实现的。

3.与 E-LPS 相比，在 THP-1 细胞中 *P. gingivalis*-LPS 对 $PGE_2$ 合成通路影响的效应时间延后且作用较弱。

4. E-LPS 和 *P. gingivalis*-LPS 作用下 $PGE_2$ 的合成可能主要是由于 LPS 激活多种信号通路而使相偶联的 COX-2 和 mPGES-1 表达增高，但促进了 $PGE_2$ 的生成，而与 $cPLA_2$ 的关系不大。

# 口腔扁平苔藓和白斑骨桥蛋白表达及多态性分析

（摘　要）

上海交通大学口腔医学院博士研究生　魏本娟　导师　周曾同

口腔白斑和口腔扁平苔藓是常见的口腔黏膜病，属癌前损害。鉴于它们与口腔癌症以及机体免疫状态的密切关系，明确其发生发展过程中的细胞分子标志，并运用这些标志进行遗传易感性分析，寻找新的简便、高效的临床诊断方法，具有重要的临床意义。

## 一、研究目的

定位和定量口腔白斑及口腔扁平苔藓患者的骨桥蛋白(OPN)局部组织表达以及其在体液中的分布。确定口腔白斑和口腔扁平苔藓患者唾液及血清中骨桥蛋白与肿瘤坏死因子-α(TNF-α)、转化生长因子-β1(TGF-β1)的含量及其相互关系。检测口腔扁平苔藓患者和健康人群的骨桥蛋白基因启动子区转录起始位点上游约 600 bp 区域的单核苷酸多态性(SNP)位点，并与疾病的发生进行相关性分析。

## 二、研究方法

选择典型的口腔扁平苔藓、口腔白斑患者以及健康个体，年龄 16～70 岁，临床表现典型，并经病理诊断证实者，知情并签署知情同意书。被选个体分别进行以下研究：

1.选择口腔扁平苔藓、口腔白斑患者以及健康个体各 40 例，采用免疫组织化学 SP 法，检测其口腔黏膜组织中骨桥蛋白的分布，结果采用 SPSS 13.0 软件分析，样本率的比较采用 $\chi^2$ 检验；相关性分析采用 Spearman 相关分析，$P<0.05$ 被认为具有统计学意义。

2.选择口腔扁平苔藓、口腔白斑患者以及健康个体各 26 例，采用酶联免疫吸附试验(ELISA)法分别检测其唾液和血清中 OPN，TNF-α，TGF-β1 的含量，对比唾液和血清中这三种抗体含量与疾病的相关关系，结果采用 SPSS 13.0 软件分析，两样本配对 $t$ 检验用来对比疾病组与正常对照组的差异；采用 $\chi^2$ 检验对比唾液和血清中同一种细胞因子的差异；$P<0.05$ 被认为具有统计学意义。

3.分别从 80 例口腔扁平苔藓患者局部口腔病损区域黏膜和 100 例健康人口腔黏膜组织中提取 DNA，经 DNA 纯化及 PCR 扩增，引物设计为上游 5′＞TACTGCATACTCGAAATCAC＜3′，下游 5′＞TGAAGCTGTACCTTGGTC＜3′。产物纯化后采用直接测序法利用下游引物逆向测序，检测骨桥蛋白基因启动子区转录起始位点上游约 600 bp 区域的 SNP 位点，并进行基因型和单体型频率分析，进而分析与疾病的相关关系。利用 SAS 6.12 统计软件包进行数据处理，SNP 基因型和单体型频率分布及口腔扁平苔藓患者与对照组间基因频率对比采用 $\chi^2$ 检验，$P<0.05$ 被认为具有统计学意义。

## 三、研究结果

1.口腔扁平苔藓和口腔白斑患者的黏膜上皮细胞中骨桥蛋白表达明显增高，健康个体无表达($P<0.05$)。口腔扁平苔藓患者口腔黏膜上皮组织中，骨桥蛋白染色主要位于棘层和基底层细胞的细胞质中，伴有轻度上皮异常增生的口腔扁平苔藓患者骨桥蛋白的表达增强，但与无异常增生组相比无统计学意义。糜烂型口腔扁平苔藓患者较网纹型口腔扁平苔藓患者骨桥蛋白表达增强，但也无统计学意义。口腔白斑患者口腔黏膜上皮组织中，骨桥蛋白染色主要位于棘层以上 2/3 细胞的细胞质中，伴有上皮异常增生的口腔白斑患者骨桥蛋白染色增强，并随异常增生程度的增加而增加，与对照组相比差异具有统计学意义($P<0.05$)，但异常增生程度之间的差异无统计学意义。重度异常增生阳性细胞数量增加，并位于细胞全层，同时可见细胞外间质骨桥蛋白染色阳性。

2.ELISA 检测结果显示，口腔扁平苔藓患者唾液和血清 OPN、TNF-α 含量均有升高，差异有统计学意义($P<0.05$)；糜烂型扁平苔藓的 TGF-β1 唾液和血清水平显著高于网纹型扁平苔藓，差异有统计学意义($P<0.05$)，但 OPN 和 TNF-α 的唾液和血清水平在这两种临床类型中没有显著差异。三种抗体在唾液和血清中表现出明显的相关关系。口腔白斑患者唾液和血清中 OPN 水平显著增加且二者具有显著相关关系。

3.对 80 例口腔扁平苔藓患者和 100 例健康人对照组的 OPN 基因启动子区转录起始位点上游长约 600 bp 的基因进行直接测序，结果显示，－443T 基因型在口腔扁平苔藓患者比健康人显著增高($P=0.017$)，该位点的多态性可能导致 OPN 蛋白表达增加。－156GG基因型在口腔扁平苔藓患者也较正常人增高，但差异无统计学意义($P=0.255$)，本实验未检测到－66G 基因型。单体型－66T、－156GG、－443T 频率在口腔扁平苔藓患者明显高于健康人对照组，二者比较具有统计学意义($P=0.04$)，该单体型可能与口腔扁平苔藓发病易感性有关。

4. 骨桥蛋白在口腔扁平苔藓局部病损和唾液、血清中表达增强可能与骨桥蛋白基因启动子区转录起始位点上游 -443T 基因多态性及单体型 -66T、-156GG、-443T 频率有关。

## 四、研究结论

1. 骨桥蛋白在口腔白斑和口腔扁平苔藓患者的口腔黏膜上皮中表达增强，其表达强度与该两种疾病的异常增生程度成正比。骨桥蛋白表达随口腔白斑癌变程度的不同而表达部位略有不同，结果提示骨桥蛋白在口腔白斑癌变发生的不同时期发挥的作用可能有所不同。

2. 骨桥蛋白在口腔白斑和口腔扁平苔藓患者唾液及血清中含量升高，唾液与血清中骨桥蛋白含量具有相关性。糜烂型扁平苔藓的转化生长因子-β1 唾液和血清水平显著高于网纹型。唾液作为无创伤性检测手段有望部分代替血清检测而应用于临床工作。

3. 骨桥蛋白在口腔扁平苔藓局部病损组织标本、唾液标本和血清标本中表达增强可能与该基因启动子区转录起始位点上游 -443T 基因多态性以及单体型 -66T、-156GG、-443T 频率有关，并且这些多态性特点还可能为证实该病的遗传因素增添一份实验依据。

# Axin1 在口腔鳞状细胞癌中作用的初步研究

（摘　要）

北京大学口腔医学院博士研究生　周传香　导师　高岩


## 一、研究目的

*axin*1 基因是 1997 年在对天然突变系小鼠基因克隆分析中发现的一种编码 Axin 蛋白质的基因，其编码产物具有多个功能结构域，可以和多种蛋白相互作用，并作为支架蛋白发挥多种生物学功能。研究表明，Axin1 不仅对胚胎发育过程中体轴的形成起到关键性作用，而且与许多人类肿瘤的发生发展密切相关。本研究旨在检测口腔鳞状细胞癌组织中 *axin*1 基因改变和 Axin1 蛋白水平的异常表达以及 *axin*1 基因转染后对口腔鳞状细胞癌细胞生物学活性的影响。

## 二、研究方法

笔者采用口腔鳞癌患者外科手术中收集的新鲜组织标本，进行基因组 DNA 的提取。根据 PubMed 网站上公布的 *axin*1 基因整个编码区序列，分别设计 14 对引物序列，通过 PCR 扩增 *axin*1 基因的所有外显子序列。将得到的 PCR 产物进行变性高效液相色谱分析(DHPLC)和 DNA 直接测序，以检测 44 例口腔鳞状细胞癌组织中 *axin*1 基因突变情况。同时提取新鲜组织标本的总蛋白，采用蛋白质印迹技术(Western blot)检测口腔鳞状细胞癌组织及其癌旁组织中 Axin1 蛋白表达水平的差异，并且采用免疫组织化学 SP 法在相应的石蜡组织切片上检测 Axin1 蛋白在口腔黏膜上皮和口腔鳞状细胞癌组织中定位表达情况。

将纯化、鉴定过的真核表达质粒 pIRES2-EGFP-axin1 和空载体质粒 pIRES2-EGFP 转染人口腔鳞状细胞癌细胞株 Tca8113 细胞，通过 G418 药物筛选抗性细胞克隆，并经 Western blot 方法鉴定，分别得到 Axin1 蛋白稳定表达和空载体 pIRES2-EGFP 稳定转染的口腔鳞状细胞癌细胞株 Tca8113。通过 Hoechst 染色、DNA 凋亡片段检测和流式细胞仪分析等方法研究 *axin*1 基因转染后对口腔鳞状细胞癌细胞凋亡活动的影响，同时通过四甲基偶氮唑盐比色法（MTT）和克隆形成实验以及动物体内成瘤实验，研究 *axin*1 基因转染后对口腔鳞癌细胞增殖活力的调控，以初步探讨 *axin*1 基因在口腔鳞状细胞癌发生发展过程中的作用及其机制。

## 三、研究结果

1.DHPLC 分析结果显示，其中 26 例口腔鳞癌标本的 PCR 产物出现异常色谱峰形，经 DNA 直接测序鉴定，发现了 *axin*1 基因上 4 处基因突变位点和 5 处频发的基因多态性位点。这些结果提示 *axin*1 基因可能是口腔鳞癌发生发展过程中的一个突变靶点。

2.应用免疫组织化学和 Western blot 方法检测口腔鳞癌组织、上皮异常增生组织和正常口腔黏膜组织中 Axin1 蛋白表达情况。结果发现，与正常口腔黏膜组织和上皮增生组织相比，口腔鳞癌组织中出现 Axin1 蛋白表达明显下调，并且 Axin1 蛋白表达与口腔鳞癌的淋巴结转移（$P=0.036$）和组织学分级（$P=0.049$）呈现显著负相关。这表明 Axin1 可能参与了口腔鳞癌的发生发展和转移等一系列演进过程。

3.利用脂质体（LIPOFECTAMINETM 2000）介导的真核细胞转染法将 *axin*1 基因成功转染人口腔鳞癌细胞株 Tca8113 细胞后，应用 G418 筛选和 Western blot 鉴定，得到了 Axin1 蛋白稳定表达的 Tca8113 细胞和转染空载体的 Tca8113 细胞。在荧光显微镜下可以观察到成功转染质粒的 Tca8113 细胞发出淡绿色荧光。

4.应用 MTT 法和克隆形成实验等方法检测 *axin*1 基因转染后对 Tca8113 细胞增殖能力的影响。结果显示，转染 *axin*1 基因组、转染空载体组和未转染空白对照组相互比较，基因转染组的细胞增殖能力明显减弱，形成细胞克隆的能力明显下降，表现为细胞克隆的数目减少和每个细胞克隆里的细胞数目的减少。实验结果均表明 Axin1 稳定表达能够抑制 Tca8113 细胞的增殖。

5.应用 Hoechst 染色、DNA 凋亡片段检测和 Annexin-V-FITC、PI 双染后流式细胞仪分析等方法检测到转染 *axin*1 基因组 Tca8113 细胞与对照组的 Tca8113 细胞相比，凋亡细胞所占的比例明显升高，凋亡细胞的细胞核由于浓集而呈现亮蓝色，并且只有在转染 *axin*1 基因组的 Tca8113 细胞的 DNA 电泳才能检测到较为明显的 DNA Ladder。结果表明 *axin*1 基因转染后会促进口腔鳞癌细胞株 Tca8113 细胞发生凋亡。

6.转染 *axin*1 基因组 Tca8113 细胞的裸鼠皮下接种和移植瘤生长状况测量结果显示，转染 axin1 基因组 Tca8113 细胞的裸鼠移植瘤生长速度明显低于转染空载体组，肿瘤体积显著小于转染空载体组 Tca8113 细胞的裸鼠移植瘤体积。说明转染 *axin*1 基因的 Tca8113 细胞裸鼠皮下移植瘤生长受到抑制。

## 四、研究结论

本研究在口腔鳞状细胞癌组织中检测到多处 *axin*1 基因序列的改变，表明 *axin*1 基因可能是口腔鳞状细胞癌发生的一个突变靶点。

此外，检测到 Axin1 蛋白表达水平在口腔鳞状细胞癌发生发展过程中呈现明显下调；进一步的体外和体内研究表明，*axin*1 可能通过抑制肿瘤细胞的增殖和促进肿瘤细胞的凋亡等途径在口腔鳞癌发生发展过程中发挥抑癌基因的作用。

研究结果提示 *axin*1 可能作为口腔鳞状细胞癌基因治疗中的一个新靶点。

# 唾液腺腺样囊性癌细胞中酸敏感离子通道的特性和功能研究

（摘　要）

上海交通大学口腔医学院博士研究生　叶金海　导师　张陈平

缺氧和组织酸化是恶性肿瘤较为常见的病理变化之一，但肿瘤细胞如何感受 pH 值的变化以及如何将细胞外的信号转换成细胞内信号，目前还不甚清楚。大量研究结果提示，机体细胞可以通过对膜上蛋白的调节来实现细胞外和细胞内信号的转换，这其中最重要的就是离子通道和膜受体蛋白。对于细胞外 pH 值的变化，机体细胞可以通过直接激活酸敏感离子通道（acid-sensing ion channel, ASIC）而实现对细胞内外 pH 值的调节。

唾液腺腺样囊性癌（salivary adenoid cystic carcinoma，SACC）是最常见的唾液腺恶性肿瘤之一，好发于腮腺、颌下腺、舌下腺及小唾液腺。它具有很强的侵袭转移性，极易侵袭神经并循神经扩散，致使切除范围不足时，术后易复发；而盲目扩大切除，必然给患者造成畸形和功能障碍，并且容易发生远处转移至肺部。因此对腺样囊性癌细胞的这种"嗜神经侵袭性"和"远处转移"生物学特性的研究一直是国内外学者所关注的问题。近来研究表明，腺样囊性癌细胞的以上特性可能与肿瘤细胞向神经细胞分化以及一些营养因子与细胞膜上相应受体的相互作用有关。目前已发现有特异性神经细胞标志物 S-100、胶质纤维酸性蛋白（GFAP）等的表达，但对 SACC 细胞膜受体蛋白的研究甚少。ASIC 就是神经细胞膜上一类可以被酸性溶液直接激活的通道蛋白，并且 ASIC 的表达与神经胶质瘤的恶性度和侵袭性呈正相关。回顾文献报道，目前国内外尚未见唾液腺腺样囊性癌中酸敏感离子通道的特性和功能研究的报道。

## 一、研究目的

笔者采用电生理膜片钳技术结合细胞化学和分子生物学手段以及药理学方法等实验技术，通过对人腺样囊性癌细胞系（ACC-2）和唾液腺腺样囊性癌组织中 ASIC 的特性及功能进行初步研究，拟为药物研发和临床治疗提供新靶点及理论依据。

1. 分别对正常唾液腺组织及腺样囊性癌组织、培养的腺样囊性癌细胞（ACC-2）中的 ASIC 进行分子鉴定，了解其主要构成亚基。

2. 研究唾液腺腺样囊性癌细胞（ACC-2）中 ASIC 的电生理学特性。

3. 观察腺样囊性癌组织及培养的 ACC-2 细胞中 ASIC 蛋白的表达及分布情况。

4. 初步研究培养的 ACC-2 细胞中 ASIC 的功能。

## 二、研究方法与结果

### （一）SACC 中 *ASIC* 基因表达的研究

采用反转录聚合酶链反应（RT-PCR）对 20 例 SACC 病例、6 例正常唾液腺组织及培养的腺样囊性癌细胞（ACC-2）中的 ASIC mRNA 水平进行检测。

结果显示，在腺样囊性癌组织和培养的 ACC-2 细胞中，笔者分别在 649 bp、642 bp 和 335 bp 处发现了 ASIC1a、ASIC2a 及 ASIC3 的条带，提示在 SACC 组织和 ACC-2 细胞中 ASIC1a、ASIC2a 及 ASIC3 是其主要的构成亚基，而在正常唾液腺组织中均未见明显的条带形成。

**(二)ACC-2 细胞中 ASIC 的电生理学特性研究**

应用全细胞膜片钳技术及药理学方法，对 ACC-2 细胞上质子激活电流的一般特性、电流-电压关系、药理学特性、通透性及其在高 $Zn^{2+}$ 溶液中电流幅度的变化进行研究。

结果显示，酸性溶液(pH=3.0)可以浓度依赖性地诱导培养的 ACC-2 细胞产生一内向稳态电流，电流的激活阈值约 pH4.5，其翻转电位大约为 +19.37 $mV$，并且该电流可以被 ASIC 非特异性的阻断剂 amiloride 所阻断，但 ASIC1a 同聚体通道的特异性阻断剂 PcTX1 对该电流则没有影响，同时该通道的离子通透性遵循 $P_{Na^+} > P_{K^+} > P_{Cs^+} > P_{Ca^{2+}}$ 的规律，提示 ACC-2 细胞上有 ASIC 表达；结合细胞外使用高 $Zn^{2+}$ 溶液可以增强该电流幅度的药理学实验结果，提示 ACC-2 细胞上可以介导电流的主要是 ASIC2a。

**(三)SACC 中 ASIC 蛋白水平的测定**

运用蛋白印迹及免疫组织化学的方法，进一步观察腺样囊性癌组织及培养的 ACC-2 细胞中 ASIC 蛋白的表达及分布情况。

结果表明，用细胞和组织化学方法，进一步证实了在 ACC-2 细胞、SACC 组织中确有 ASIC1a、ASIC2a 和 ASIC3 的表达，但在正常组织及多形性腺瘤组织中无表达。在 ACC-2 细胞中所观察到的 ASIC1a 是一接近相对分子质量为 $6.0\times10^4$ 的蛋白条带，而与正常表达在细胞膜上的相对分子质量为 $7.0\times10^4$ 的 ASIC1a 不相符，推测在 ACC-2 细胞中表达的 ASIC1a 可能是一种剪接变异体；ASIC2a 在 ACC-2 细胞中除了在细胞膜上有明显的表达，在细胞核里也有广泛的分布，提示ASIC2a 可能也存在剪接变异体，当然也不能排除 ASIC2a 有被糖基化或磷酸化的可能。

**(四)ACC-2 细胞中 ASIC 功能初步研究**

取出培养在 24 孔板中的 ACC-2 细胞，弃去培养液，用磷酸盐缓冲液(PBS)洗 3 次后，加入相应的酸性溶液(pH 3.0)，或含 1 mmol amiloride 的 pH 3.0 溶液(事先用 1 mmol amiloride 的 pH 7.4 溶液处理 15 min)37 ℃处理 1.5 h 后，再用 PBS 洗 3 次，加入不含酚红的 DMEM(Gibco, USA)37 ℃恒温箱继续培养 21～24 h，并以正常培养液中的 ACC-2 细胞作对照，用乳酸脱氢酶(LDH)试剂盒检测细胞释放的 LDH。

结果显示，酸性溶液对 ACC-2 细胞激活 ASIC 后，与始终处于 pH 7.4 培养液的 ACC-2 细胞相比较，前者 24 h 内 LDH 释放量明显下降($P<0.05$)，当使用 ASIC 非特异性的阻断剂 amiloride 抑制 ASIC 的激活后，观察到 amiloride 可以阻断酸性溶液所诱导的 LDH 释放量下降效应($P<0.05$)。这些结果提示 ACC-2 细胞中 ASIC 的激活与细胞的生长增殖呈正相关。

## 三、研究结论

1. 在腺样囊性癌组织与培养的 ACC-2 细胞中存在 *ASIC1a*、*ASIC2a* 及 *ASIC3* 基因，而正常唾液腺组织中未见明显条带形成；

2. ACC-2 细胞上有 ASIC 表达；结合药理学实验结果，提示 ACC-2 细胞上主要有功能的是 ASIC2a；

3. 在 ACC-2 细胞、SACC 组织中有 ASIC1a、ASIC2a 和 ASIC3 的表达，但在正常组及多形性腺瘤组织中未见明显表达($P<0.05$)；

4. 通过乳酸脱氢酶的释放实验，发现用 amiloride 抑制 ASIC 后 ACC-2 细胞对酸性溶液的耐受性下降($P<0.05$)，提示ASIC在肿瘤细胞的生长增殖过程中起着重要的作用。

(叶金海现在南京医科大学附属口腔医院口腔颌面外科工作)

# NF-κB、iNOS 和 VEGF 在涎腺腺样囊性癌中的表达及与血管发生关系的研究

（摘 要）

武汉大学口腔医学院博士研究生 张佳莉 导师 彭彬

涎腺腺样囊性癌(adenoid cystic carcinoma of salivary gland, ACC)的典型生物学特征是局部侵袭性强、血行性转移率高、长期预后差。虽有大量研究证实,肿瘤微血管发生在肿瘤生长、浸润和转移过程中发挥着重要作用,但有关肿瘤发生相关因子在 ACC 血管发生过程中的作用以及信号调控关系的研究报道目前较少见。回顾国内外文献,大量证据表明核因子-κB(nuclear factor kappa B, NF-κB)、诱导型一氧化氮合酶(inducible nitric synthase, iNOS)和血管内皮生长因子(vascular endothelial growth factor, VEGF)在肿瘤微血管的发生中起着不可忽视的作用。然而三者之间的调控关系十分复杂,尤其是 NO 在肿瘤血管发生中的双向效应目前尚存争议。

## 一、研究目的

为进一步明确 NF-κB、iNOS 和 VEGF 在涎腺腺样囊性癌微血管发生中的作用,笔者以腺样囊性癌组织标本和腺样囊性癌细胞系(ACC-M 和 ACC-2)作为研究对象,将 NF-κB、iNOS和 VEGF 的表达及腺样囊性癌的临床病理与预后相结合,检测 NF-κB、iNOS 和 VEGF 的蛋白表达水平与腺样囊性癌微血管密度、临床病理及预后的关系。并通过体外分子生物学和细胞学实验,比较不同转移能力腺样囊性癌细胞系的血管发生能力,检测腺样囊性癌细胞系中 NF-κB 信号途径并探讨 NF-κB、iNOS 和 VEGF 三者之间相互调控关系,为更深入研究涎腺腺样囊性癌血管发生的机制以及抑制其微血管发生提供理论依据。

## 二、研究方法和结果

**(一)核因子-κB/RelA、iNOS 和 VEGF 与涎腺腺样囊性癌微血管密度、临床病理及预后的关系**

检测 ACC 中核因子-κB 和亚单位 P65 (RelA) (NF-κB/RelA)、iNOS、VEGF 的蛋白表达水平与 ACC 微血管密度(microvessel density, MVD)临床病理及预后的关系。用免疫组化 S-P 法检测 80 例 ACC 中 NF-κB/RelA、iNOS 和 VEGF 的表达,并以正常涎腺组织作对照;用 CD34 标记肿瘤血管内皮细胞,计数肿瘤 MVD。对全部病例进行随访。

结果显示,NF-κB/RelA 仅在 ACC 细胞中有表达,iNOS 和 VEGF 在 ACC 细胞中的表达明显高于正常涎腺组织($P<0.01$),且 NF-κB/RelA、iNOS 和 VEGF 的表达与肿瘤 MVD 呈显著正相关($P<0.01$)。在 ACC 的三种组织学类型中,实性型 ACC 内微血管密度以及 NF-κB/RelA、iNOS 和 VEGF 的阳性程度明显高于腺管型和筛孔型($P<0.01$)。NF-κB/RelA、iNOS 和 VEGF 的表达及肿瘤 MVD 与 ACC 大小、TNM 分期、组织学类型、侵犯血管和神经、复发与远处转移有关($P<0.05$)。同时 NF-κB/RelA、iNOS 和 VEGF 的表达、肿瘤 MVD、肿瘤组织学类型及侵犯神经是影响 ACC 预后的独立因素($P<0.05$)。

**(二)涎腺腺样囊性癌高转移和低转移细胞株中 NF-κB/RelA、iNOS 和 VEGF 的表达及影响体外血管发生的研究**

用电泳迁移率变动分析实验检测 NF-κB 的 DNA 结合活性。应用半定量 RT-PCR 和蛋

白印迹法检测 iNOS、VEGF 的 mRNA 及蛋白表达水平。以共聚焦免疫荧光双染法定位并观测 NF-κB/RelA、iNOS、VEGF 表达部位和表达关系。同时建立体外三维血管发生模型，比较 ACC-M 和 ACC-2 的血管发生能力。

结果显示，ACC-M 细胞中 NF-κB/RelA 的 DNA 结合活性以及胞核染色率均明显高于 ACC-2 细胞（$P<0.01$）。与 ACC-2 细胞相比，ACC-M 细胞显示出较高的 VEGF、iNOS 的 mRNA 和蛋白表达水平（$P<0.01$）。ACC-M 细胞中 VEGF 和 iNOS 的 mRNA 平均表达水平约为 ACC-2 细胞的 2 倍。共聚焦免疫荧光显示 iNOS 和 VEGF 的蛋白荧光表达强度与 NF-κB/RelA 胞核荧光染色率显著相关（$P<0.01$）。此外，ACC-M 细胞的上清培养液能明显促进人脐静脉内皮细胞的迁移、成管和出芽。

**（三）抑制 NF-κB 的活性对腺样囊性癌细胞中 VEGF 和 iNOS 表达水平的影响**

用质量浓度为 100 ng/mL 的脂多糖（LPS）分别刺激 ACC-M 和 ACC-2 细胞 0、6、12、24 和 48 h。取刺激后的上清液，通过检测其中亚硝酸盐（$NO_2^-$）的浓度来评价 ACC 细胞中 NO 含量。运用细胞转染法将重组 PCM-磷酸化缺陷型 IκBα 表达载体（PCMV-IκBαM vector）分别转染入 ACC-M 和 ACC-2 细胞中，并用单克隆筛选法挑选稳定表达磷酸化缺陷型 IκBα 蛋白的细胞。采用电泳迁移率变动分析实验检测 NF-κB 的 DNA 结合活性；半定量 RT-PCR 和蛋白印迹法检测 iNOS和 VEGF 的 mRNA 及蛋白表达水平。

结果显示，LPS 刺激 ACC 细胞具有明显的时间依赖性：随着 LPS 刺激时间的延长，ACC 细胞中 NF-κB 的 DNA 结合活性明显增加，VEGF 和 iNOS 的 mRNA 及蛋白表达水平也显著上调，同时肿瘤细胞上清液中 $NO_2^-$ 浓度升高。LPS 刺激 12 h 后 NF-κB 的活性、iNOS 和 VEGF 的 mRNA 及蛋白表达水平以及 $NO_2^-$ 浓度均达到最大值（$P<0.01$），且在刺激 24、48 h 后逐渐下降。稳定表达磷酸化缺陷型 IκBα 蛋白的 ACC 细胞（ACC-M/IκBαM 和 ACC-2/IκBαM）中，LPS 诱导的 NF-κB 的活性被完全抑制，且 VEGF 和 iNOS 的 mRNA 及蛋白表达水平也随之显著下降（$P<0.01$）。同时 ACC-M/IκBαM 和 ACC-2/IκBαM 细胞中几乎检测不到 $NO_2^-$ 浓度。

**（四）NO 对腺样囊性癌细胞中 NF-κB、VEGF 和 iNOS 表达的双向调控作用**

用浓度为 0、31.25、62.5、125、250 和 500 μmol/L 的亚硝基乙酰青霉胺（S-nitroso-N-acetyl-penicillamine, SNAP）分别刺激 ACC-M 和 ACC-2 细胞 4 h 或 100 ng/mL 的 LPS 预刺激 ACC-M 和 ACC-2 细胞 12 h，然后用浓度为 500 μmol/L 的 SNAP 分别刺激 0、1、2、4 h。采用电泳迁移率变动分析实验检测 NF-κB 的 DNA 结合活性；半定量 RT-PCR 检测 iNOS 和 VEGF 的 mRNA 及蛋白表达水平。共聚焦免疫荧光双染法定位并观测 NF-κB/RelA、iNOS 和 VEGF 表达部位及表达关系。

结果显示，在 31.25 μmol/L 的 SNAP 作用下，RelA/P50 和 P50/P50 的 DNA 结合迁移条带明显增强；在 250 μmol/L 和 500 μmol/L 的 SNAP 作用下仅能检测到极微弱的蛋白-DNA 迁移条带。同时，半定量 RT-PCR 的结果表明，在 31.25 μmol/L 的 SNAP 刺激下 ACC-M 和 ACC-2 细胞中 VEGF 及 iNOS的 mRNA 平均水平显著升高（$P<0.01$）。而随着 SNAP 刺激浓度升高，mRNA 水平逐渐回落：62.5 μmol/L 的 SNAP 作用仍可明显上调 VEGF 的 mRNA 水平（$P<0.01$）；125 μmol/L 和 250 μmol/L 的 SNAP 对 VEGF 和 iNOS mRNA 的影响未见统计学差异；而用 500 μmol/L 的 SNAP 则显著下调 ACC 细胞中 VEGF 的 mRNA 水平（$P<0.01$）。共聚焦免疫荧光结果显示，31.25 μmol/L 的 SNAP 刺激 4 h 后，ACC-M 细胞中 VEGF 和 iNOS 的蛋白表达强度均明显增强；随着 SNAP 刺激浓度的升高，VEGF 阳性程

度逐渐减弱；在 250 μmol/L 和 500 μmol/L 的 SNAP 作用下仅能检测到极弱的 VEGF 的表达。此外，用 500 μmol/L 的 SNAP 分别刺激 100 μg/mL 的 LPS 诱导的 ACC 细胞 0、1、2、4 h 后，NF-κB 的 DNA 结合活性以及 VEGF 和 iNOS 的表达水平随作用时间的延长而显著下降；作用 4 h 后，仅可检测到极弱的 DNA 结合活性以及 VEGF 和 iNOS 的表达。

本研究结果发现，当 SNAP 浓度为 31.25 μmol/L 时，ACC 细胞中 NF-κB 活性明显增强，且 VEGF 和 iNOS 的表达显著增高；当 SNAP 浓度为 500 μmol/L 时，LPS 诱导的 NF-κB 活性以及 VEGF 和 iNOS 的高表达被明显抑制，且具有时间依赖性。

### 三、研究结论

根据笔者对 NF-κB、iNOS 和 VEGF 在涎腺腺样囊性癌微血管发生中的作用机制的研究结果，得出以下结论：

1. ACC 中 NF-κB/RelA、iNOS 和 VEGF 的异常高表达与 MVD 呈显著正相关，且肿瘤 MVD、NF-κB/RelA、iNOS 和 VEGF 可视为影响 ACC 预后的重要因素。

2. 高转移特性的 ACC 细胞具有较高的血管发生相关因子的表达水平和促进微血管发生的潜能。

3. 在 ACC 细胞中，NF-κB 的 DNA 结合活性与 LPS 诱导的 VEGF 和 iNOS 的 mRNA 及蛋白表达水平关系密切。抑制 NF-κB 的活性能显著降低 LPS 诱导的 VEGF 和 iNOS 的 mRNA 及蛋白表达水平。

4. NO 具有促进或抑制 ACC 微血管发生相关因子表达的双向效应，且该效应与其局部浓度密切相关。

# 载辛伐他汀聚合物对剩余牙槽嵴骨修复影响的实验研究

（摘　要）

吉林大学口腔医学院博士研究生　吴哲　导师　孙宏晨

### 一、研究背景和目的

各种原因引起的牙脱落所导致的剩余牙槽嵴骨吸收是口腔医学领域一个重要的问题，它不仅造成义齿修复困难，而且影响患者的咀嚼功能和颜面美观。因此，研究剩余牙槽嵴骨吸收发生的机制与防治技术，不仅对阐明剩余牙槽嵴骨改建与调控有重要的理论价值，而且对于研制新的治疗药物和开发新的治疗手段具有重要意义。目前国内外的研究主要集中在应用自体骨移植、异体骨移植、引导性骨再生、即刻种植等方法防止剩余牙槽嵴的萎缩，而结合药物的治疗报道较少。

辛伐他汀是羟甲基戊二酰辅酶 A 还原酶的抑制剂，是临床上用于降低胆固醇、预防心血管疾病的常用药物。自从 Mundy 等学者发现他汀类药物能诱导成骨细胞和骨髓间充质干细胞 *bmp*-2 基因的表达并促进骨形成的作用后，他汀类药物成为学者们用于防治骨质疏松症、骨折和骨损伤修复的研究热点。但是，他汀类药物应用于全身后，由于代谢等因素影响其局部作用，大量应用还存在副作用。因此，通过局部应用缓慢释放辛伐他汀来促进骨形成，增加骨量的方法具有很好的应用前景。

笔者针对剩余牙槽嵴骨吸收引起剩余牙

槽嵴萎缩这一问题，根据他汀类药物具有促进成骨细胞的分化和高表达骨形成因子等生物学作用，利用聚乳酸聚羟基乙酸(PLGA)的骨传导作用和可降解作用，以 PLGA 为辛伐他汀药物载体、探讨载辛伐他汀 PLGA 对拔牙窝内骨修复的作用及其作用机制，为进一步应用于临床防治剩余牙槽嵴萎缩提供科学理论和实验依据。

## 二、研究方法和结果

### (一)大鼠下颌切牙拔出后剩余牙槽嵴骨吸收模型的建立

选用健康雄性 Wistar 大鼠 30 只，局麻下齐龈缘磨除右下颌切牙牙冠，每 3 天磨除 1 次，共 3 次，最后磨除后 3 d 拔除右下颌切牙，术后 0、1、2、4、8、12 周分别处死大鼠。用软 X 线摄片测量大鼠下颌剩余牙槽嵴的长度和保存率，组织学方法评价大鼠下颌切牙拔牙窝的愈合情况。

结果显示，拔牙后 4、8、12 周拔牙侧与非拔牙侧相比，拔牙侧牙槽嵴的长度明显降低($P<0.05$)；拔牙后 4 周牙槽嵴保存率明显降低。组织学观察发现，拔牙后 2 周，拔牙窝内可见新生骨，残存的血凝块减少；拔牙后 4 周骨改建活跃；拔牙后 8 周，拔牙窝内充满新生骨；拔牙后 12 周，新生骨和周围牙槽骨界限不清。

### (二)聚乳酸聚羟基乙酸共聚物对大鼠拔牙窝愈合的影响

选用健康雄性 Wistar 大鼠 60 只，随机分为实验组($n=30$)和对照组($n=30$)，拔除右下颌中切牙后，实验组即刻植入 PLGA 支架材料，自然愈合拔牙创作为对照组，于术后 1、2、4、8、12 周分别处死大鼠。用软 X 线及组织形态学方法评价大鼠下颌切牙拔牙窝的愈合情况。

结果显示，术后 4、8 周与对照组相比，实验组剩余牙槽嵴长度明显降低($P<0.05$)；术后 2、4、8 周实验组剩余牙槽嵴的相对宽度高于对照组($P<0.05$)。组织学观察发现，术后 8 周，实验组拔牙窝内可见极少量未降解的支架材料，对照组拔牙窝内充满新生骨，但有间隙存在；术后 12 周，支架材料完全降解，实验组和对照组拔牙窝内均可见编织状骨，实验组骨沉积线明显。

### (三)载辛伐他汀 PLGA 的制备及对剩余牙槽嵴骨修复的影响

采用溶剂挥发法合成与制备载辛伐他汀 PLGA，选用 60 只 Wistar 雄性大鼠，随机分为实验组($n=30$)和对照组($n=30$)，参照实验(一)方法拔除右下颌中切牙后，实验组即刻植入 PLGA/辛伐他汀支架材料，对照组植入 PLGA 支架材料。术后 7、14、28、56、84 d 分批处死动物。采用软 X 线分析、骨密度测量和组织学等方法进行药效评价。

结果显示，术后 14、28、56、84 d 对照组与实验组相比，剩余牙槽嵴相对长度明显降低($P<0.05$)；术后 28、56、84 d 实验组与对照组相比，牙槽骨骨密度明显升高($P<0.05$)；组织形态学观察发现，PLGA/辛伐他汀有较强的骨修复作用，实验组成骨速度和质量优于对照组。

### (四)载辛伐他汀 PLGA 植入拔牙窝对 TGF-β 和 BMP-2 及 VEGF 表达的影响

选用 56 只雄性 Wistar 大鼠，参照实验(三)方法处理实验动物，术后 5 d，1、2、4 周分批处死动物。采用免疫组化和原位杂交技术，研究载辛伐他汀 PLGA 对拔牙窝内转化生长因子-β1(TGF-β1)、骨形态发生蛋白-2(BMP-2)和血管内皮生长因子(VEGF)表达的影响。结果发现，术后 1 周和 2 周，实验组 TGF-β1、BMP-2 和 VEGF mRNA 阳性未分化间充质细胞、成骨细胞和血管内皮细胞明显比对照组多，差异有统计学意义。术后 4 周，TGF-β1 和 BMP-2 阳性细胞数实验组多于对照组，差异有统计学意义，而 VEGF 阳性细胞数实验组和对照组相比无统计学意义($P>0.05$)。

**(五)辛伐他汀促进成骨细胞分化机制的研究**

通过体外培养扩增和诱导骨髓未分化间充质干细胞分化为成骨细胞,以二甲基亚砜(dimethyl sulfoxide,DMSO)为对照,以DMSO溶解的不同浓度的辛伐他汀为实验组,采用反转录聚合酶链法(RT-PCR)检测成骨细胞特异基因Osterix(*osx*)、骨保护素(OPG)和浆细胞膜糖蛋白(PC-1)基因的表达;采用蛋白质印迹技术(Western blot)检测OSX蛋白的表达。结果发现0.1、0.2、0.5 μmol/L浓度组辛伐他汀促进成骨细胞的OSX mRNA的表达,与对照组相比差异有统计学意义($P<0.05$)。而1.0 μmol/L浓度组辛伐他汀和对照组相比,OPG和PC-1 mRNA表达水平增加,差异有统计学意义($P<0.05$)。

本实验首次采用Western blot技术研究了辛伐他汀对成骨细胞表达OSX的作用,结果发现,培养液内加入辛伐他汀72 h后,在一定浓度范围(0.1、0.2、0.5 μmol/L)内,OSX表达水平与对照组相比明显提高,其表达作用呈剂量依赖关系。

## 三、研究结论

1.可以采用拔除大鼠下颌切牙的方法建立剩余牙槽嵴骨吸收的动物模型。采用该模型有利于进行组织工程学方面的研究。

2.PLGA生物材料在不影响牙槽窝骨组织愈合过程的同时,能有效地保持剩余牙槽嵴的长度和宽度。此结果为临床上应用生物材料预防拔牙后剩余牙槽嵴萎缩奠定基础。

3.载辛伐他汀PLGA植入拔牙窝后通过缓慢释放药物,既为成骨提供诱导因子,又为骨生长提供支架,兼具骨引导、骨诱导的双重作用,促使新骨形成,拔牙窝内骨量增加。

4.载辛伐他汀PLGA促进拔牙窝内骨形成和增加骨密度,可能同材料缓慢释放辛伐他汀,诱导拔牙窝内残存的牙周韧带细胞和骨髓间充质细胞BMP-2的表达及向成骨细胞的分化而诱导新骨形成;而以成骨细胞、前成骨细胞和血管内皮细胞为主的骨形成细胞通过表达TGF-β1和VEGF又进一步引起间充质细胞到达受损伤的部位,促进血管新生,协助BMP-2促进成骨细胞分化和骨形成。

5.辛伐他汀通过促进成骨细胞OSX、OPG和PC-1 mRNA的表达,促进骨形成,调控骨矿化,不同浓度的辛伐他汀其作用不完全相同。提示临床上局部应用该药促进骨形成时应综合分析生物效应,严格筛选药物的有效剂量。

# 生长期髁突骨折预后的实验研究

(摘 要)

武汉大学口腔医学院博士研究生 李智 导师 李金荣 李祖兵

## 一、研究背景和目的

关于儿童髁突骨折的治疗方法,不少学者认为应该采用保守治疗。临床上大部分儿童髁突骨折保守治疗后的确可以取得满意的效果。然而,一个不容忽视的问题是有少数的儿童患者在保守治疗后出现了功能障碍,不对称性畸形,甚至导致关节强直。髁突的旺盛生长能力在生长期髁突骨折的预后中似乎起着"双刃剑"的作用。颌骨的生长发育对髁突骨折预后的利弊是一个比较复杂的问题,这直接影响到临床上对儿童髁突骨折的处理原则。因此,有必要对生长期髁突骨折中髁突生长潜能所发挥的作用进行研究,尤其应当重视髁突软骨的作用。在许多诱导动物实验性关节强直的实验中,延期固定、关节积血以及髁突的粉碎性骨折均不能导致关节强直的发生，而这些因素如果加上关节盘的切除则可以大大增加关节强直的机会。髁突骨折作为一种严重的急性关节创伤，可能同时伴发有关节盘及其软组织附着的损伤。有关关节盘损伤对儿童髁突骨折预后的影响，目前尚无相关研究报道。

生长期髁突骨折预后所涉及的因素是复杂的，其中的相关机制还不是很明了。笔者拟通过建立一种临床常见的髁突骨折类型的动物模型，探讨发育期髁突骨折各种预后的相关因素与机制。

## 二、研究方法和结果

### (一)关节盘损伤对幼年大鼠髁突骨折预后的影响

幼年雄性 Wistar 大鼠(1 月龄)和成年雄性 Wistar 大鼠(3 月龄)各 20 只，均分成 4 组(每组 10 只)：幼年实验组(髁突骨折伴关节盘损伤组)；幼年对照组(髁突骨折不伴关节盘损伤组)；成年实验组(髁突骨折伴关节盘损伤组)；成年对照组(髁突骨折不伴关节盘损伤组)。每组随机选择 5 只大鼠作骨组织荧光标记(钙黄素和茜素红)。术后 12 周通过大体观察、体重变化、影像学和组织学观察，比较关节盘软组织附着损伤以及年龄因素对骨折预后的影响。

术后 12 周，幼年实验组髁突骨折发生明显的成角愈合，骨折段之间为改建的骨小梁相连接；髁突形态不规则，髁突软骨组织层次不清晰，软骨厚度增加，处于无序增殖状态。幼年对照组髁突骨折已发生正常愈合。关节盘内外侧附着与髁突保持正常附丽关系；髁突形态规则，髁突软骨组织层次清晰。成年实验组髁突骨折发生明显的错位愈合，髁突仍位于下颌骨升支骨折段内侧，两者之间及其周围为大量骨痂，且骨痂内仍有软骨生成以及成骨活动；髁突形态不规则，髁突软骨组织层次不清晰，处于反应性增生状态。成年对照组髁突骨折基本正常愈合。髁突与下颌骨升支相连续，基本成直线，无成角愈合现象，但髁突与下颌骨升支骨折段之间骨痂仍处于改建中；髁突形态规则，髁突软骨组织层次清晰。

### (二)幼年大鼠不伴关节盘软组织附着损伤髁突骨折预后机制的初步探讨

幼年雄性 Wistar 大鼠 70 只，随机分成 3 组：实验组(髁突骨折组，$n=50$)，假手术对照组(仅暴露髁突而不造成髁突骨折，$n=10$)，空白对照组(不施加任何手术干预，$n=10$)。实验组动物术后 24 h，1、2、4、12 周各处死 10 只。假手术对照组 12 周处死。空白对照组动物 24 h，1、2、4、12 周各处死 2 只。通过大体观察、体重变化、影像学和组织学观察幼年大鼠不伴关节盘软组织附着损伤的髁突骨折模型在不同时期的变化。将髁突区域切片进行增殖细胞核抗原(PCNA)、胰岛素样生长因子-1(IGF-1)免疫组化检测，观察髁突软骨细胞层标志性抗原表达的特征，重点探讨其中髁突软骨的特征；进行抗酒石酸酸性磷酸酶(TRAP)染色，观察骨折愈合过程中骨改建情况。

术后 24 h 可见髁突颈部发生骨折，髁突骨折段向内侧移位；关节盘与髁突头仍保持附着关系，关节腔未见明显异常。骨折断端周围软组织出现急性炎症反应。术后 1 周骨折部位可见大量的纤维血管组织增殖以及活跃的骨样组织生成活动，骨痂形成，髁突骨折段仍然向内侧移位，但就整体而言，移位的程度有所减轻。术后 2 周骨折部位可见大量骨痂形成，骨痂变厚，伴随着软骨和骨组织增殖，移位的髁突已经复位，且与下颌骨升支基本成直线。术后 4 周髁突基本恢复正常位置，骨痂改建基本完成，髁突与下颌骨升支基本成一直线。术后 12 周髁突完全恢复正常位置，髁突与下颌骨升支成一直线。髁突形态正常，关节结构正常，与对照组相比较无差异。

**(三)幼年大鼠髁突骨折后继发颞下颌关节强直的病因研究**

12 只幼年雄性 Wistar 大鼠作为实验组,10 只假手术大鼠作为对照组。在实验组中,制备幼年大鼠髁突骨折伴髁突软骨损伤与关节盘软组织附着损伤的模型。对照组仅暴露髁突而不造成髁突骨折。随机选择实验组动物 2 只于术后 24 h 处死,观察其手术后所造成的结果;另 10 只大鼠与对照组大鼠术后 12 周处死。通过大体观察、体重变化、影像学和组织学观察伴髁突软骨损伤与关节盘软组织附着损伤的幼年大鼠髁突骨折预后及其对关节强直形成的影响。

术后 24 h 可见髁突颈移位性骨折,骨折段向内侧显著移位,髁突头部分软骨游离于髁突以外,关节盘与髁突失去联系,关节盘移位并发生皱折,关节上腔内有积血。术后 12 周,实验组动物颞下颌关节均出现不同程度的纤维性强直,髁突残端为致密的纤维软骨样组织团所包绕,关节间隙减小或几近消失,有的动物在残存的关节间隙内隐约可见关节盘皱缩折叠。

## 三、研究结论

关节盘软组织附着结构的正常存在与否可以影响到生长发育期间髁突骨折的预后,而髁突的生长发育潜能在一定程度上可以促进髁突骨折的愈合。生长发育期不伴关节盘软组织附着损伤的髁突骨折可以通过髁突骨折段的自行复位、骨痂形成以及骨改建而愈合,其中髁突软骨的生长潜能与骨改建能力发挥了重要的作用。关节盘软组织附着和髁突软骨损伤在生长期髁突骨折后继发颞下颌关节强直中起重要作用。综合三部分实验的研究结果,可以认为关节盘软组织附着和髁突软骨损伤是影响生长期髁突骨折预后的重要因素。

# 软食喂养对大鼠咬肌神经肌肉接头发育的影响

(摘　要)

中国人民解放军军医进修学院博士研究生　马军利　导师　刘洪臣

## 一、研究目的

咬肌是主要的升颌肌,参与咀嚼、吞咽、语言等多种口腔生理活动,其最小的功能单位为运动单元。一个运动单元由运动神经元及其支配的所有肌纤维组成,而运动神经元与肌纤维间的信息传递依赖于神经肌肉接头,其结构包括突触前成分神经轴突末梢,突触后成分运动终板,以及突触间隙基膜、神经膜细胞。当运动神经元兴奋传递到轴突末梢时,可以引起末梢存储的大量神经递质乙酰胆碱的释放。乙酰胆碱通过突触间隙,与轴突相对应的突触后肌纤维膜(运动终板)上的乙酰胆碱受体结合,引起离子通道的开放与离子内流,肌纤维去极化,形成终板电位。当终板电位的峰值达到肌纤维动作电位的阈值后就可以引起肌纤维的收缩。为了维持机体在各种生理环境下这一突触传递过程的稳定与高效性,神经肌肉接头的突触前后成分在功能、形态上均可以产生多样的适应性改建,具有高度的可塑性。神经肌肉接头结构与功能的异常将直接影响突触传递与肌肉收缩功能。

咀嚼是一种后天形成行为,大多数哺乳动物在出生后均经历了由吮吸到咀嚼,由不成熟咀嚼模式到成熟个体咀嚼模式的转化过程。在此过程中，咀嚼中枢、外周的咀嚼肌、感受器等均经历了一系列结构与功能的变化，适应不断增强的咀嚼功能需求。神经肌肉接头的各组成部分在出生后也经历了逐渐的成熟过程，包括由多神经元支配到单神经元支配、运动终板形态发育、由胚胎型乙酰胆碱受体亚基向成熟型胚胎型乙酰胆碱受体亚基转换、离子通道表达分布变化等，并且神经肌肉接头在不同的功能负荷状态下呈现出高度的功能与结构可塑性，其机制尚不明确。

目前已知，食物性状的差异可以造成咀嚼功能负荷的不同，不同的食物性状可以影响咀嚼系统的发育与个体咀嚼模式的形成，其中关于咀嚼肌在发育中的变化以及食物性状对其影响已有较多研究，例如咀嚼肌在形态、组成、代谢特征等方面，均可表现出高度的可塑性。而目前关于咀嚼肌神经肌肉接头在咀嚼形成过程中的发育特征以及由食物性状差异带来的功能负荷变化对其发育影响的研究仍很缺乏。那么不同食物性状能否影响神经肌肉接头发育，以及这些影响是否参与咀嚼活动的形成，目前仍不清楚。

为此，笔者选择咬肌这一主要的咀嚼肌，通过对离乳后大鼠喂养软食与硬食以造成咀嚼功能负荷的差异，观察了咀嚼形成的不同阶段、不同咀嚼功能负荷下神经肌肉接头形态与组成的变化，包括运动终板形态、乙酰胆碱受体亚基 mRNA、乙酰胆碱酯酶含量；并同时观察了不同咀嚼功能负荷下，不同咬肌肌纤维亚型形态发育与构成比例的变化，探讨发育中咀嚼功能负荷与神经肌肉接头发育与可塑性的关系。另外，由于神经营养因子对神经肌肉接头的发育与功能维持具有重要作用，而对其在咀嚼肌发育中的表达变化以及咀嚼功能负荷对其表达影响的研究少有报道。笔者通过观察脑源性神经营养因子(BDNF)及其受体 TrkB、神经营养素 3(NT3)及其受体 TrkC mRNA 在咀嚼形成中的表达变化，探讨神经营养因子与咀嚼肌神经肌肉接头发育及其可塑性的关系。

## 二、研究方法

1. 动物模型建立　用 40 只雄性乳鼠，出生后 18 d 断乳，分为硬食组、软食组，每组 20 只，分别喂养营养成分相同的标准颗粒状固体鼠粮(直径 12 mm，硬食)与粉状鼠粮(软食)，其余饲养条件相同。在大鼠 3、4、6、9 周龄时称重，处死，取浅层咬肌观察。

2. 运动终板的形态学观察　浅层咬肌纵行冰冻切片，片厚 40 μm。利用罗丹明标记的 α-银环蛇毒素行运动终板染色，荧光显微镜观察，图像采集，用 Image-pro plus 软件对运动终板染色面积与轮廓面积进行测量。

3. RT-PCR 方法检测乙酰胆碱受体亚基 mRNA 的表达　自行设计引物，半定量分析乙酰胆碱 γ、ε、δ 亚单位 mRNA 的表达。

4. 乙酰胆碱酯酶含量的检测　浅层咬肌纵行冰冻切片，片厚 10 μm。采用 Karnovsky-Roots 法行乙酰胆碱酯酶染色，利用 Image-pro plus 软件分析乙酰胆碱酯酶含量的变化。

5. 浅层咬肌肌纤维亚型的形态学观察　浅层咬肌横截面冰冻切片，采用三磷酸腺苷(ATP)酶染色(pH＝10.8)，烟酰胺腺嘌呤二核苷酸四唑氮还原酶(NADH-TR)染色法染色，观察不同食物喂养对咬肌各肌纤维亚型面积与构成比例的影响。

6. RT-PCR 方法检测 BDNF/TrkB、NT3/TrkC mRNA 在大鼠咬肌的表达和不同食物喂养对其影响。

7. 所有数据均采用 SPSS 13.0 软件进行双因素方差分析统计，检验水准 $\alpha=0.05$。

## 三、研究结果

1. 与大鼠出生 3 周时相比，4、6、9 周时两组大鼠体重平均分别增加了 68.4%、28.2%、53.2%，软、硬食两组间无显著差异；大鼠3～9 周龄是咬肌运动终板形态发育成熟时期，其中 3～4 周运动终板面积增加不大，终板形态为幼稚的模糊斑块结构，软、硬食组间无显著差异；6～9 周是咬肌运动终板快速增长期，染色面积平均分别增加了 53.8%、71.9%，终板形态也逐渐出现较为清晰的孔隙与分叉结构，软食组终板形态较硬食组幼稚；9 周龄软食组大鼠咬肌运动终板染色面积、轮廓面积均明显低于硬食组，分别为硬食组的 87.3%、80.3%；4 周龄硬食组大鼠咬肌未检测到乙酰胆碱受体 γ 亚单位 mRNA 表达，而软食组仍有微弱表达；4～9 周龄两组大鼠乙酰胆碱受体 ε 亚单位 mRNA 表达变化不大，两组大鼠间无差异，但表达均明显低于 3 周；两组大鼠咬肌乙酰胆碱受体 δ 亚单位 3～9 周表达均呈下降趋势，软食组下降更为明显，在 9 周明显低于硬食组；咬肌乙酰胆碱酯酶含量检测表明 P3～P6 周两组大鼠均逐渐上升，9 周有所下降，但两组大鼠间无差异。

2. 大鼠浅层咬肌仅含 2a、2b 两种纤维。在出生后 3～9 周，两组大鼠 2a、2b 纤维截面积均迅速增加，与体重呈正相关。3、4、6 周龄软食组大鼠咬肌 2a 纤维平均截面积明显低于硬食组；6、9 周龄 2b 纤维平均截面积明显低于硬食组。出生后 3 周时，软食组 2b 纤维占 46.3%，硬食组占 47.5%。此后 2b 纤维比例逐渐上升，2a 纤维比例逐渐下降；9 周时，软食组 2b 纤维占 62.13%，硬食组占 55.13%。软食组 2b 纤维比例明显高于硬食组。

3. 出生后 3～9 周内，两组大鼠咬肌 NT3 mRNA 表达均明显下降，软食组下降较为明显，在 6 周时显著低于硬食组；两组大鼠咬肌 TrkC mRNA 在 3～9 周内均持续下降，软、硬食两组间无差异；4 周时硬、软食两组大鼠 BDNF mRNA 分别增加了 701.9%、334.1%，硬食组强于软食组，6、9 周时两组表达均下降，9 周时与 3 周时无差异；4 周时硬食组 TrkB mRNA 表达显著增强，软食组略有上升，明显低于硬食组，6～9 周时两组 TrkB mRNA 表达均下降，与 3 周时无显著差异，两组间也无显著差异。

## 四、研究结论

1. 咀嚼形成时期的软食喂养可以影响大鼠咬肌运动终板形态发育成熟，减小终板面积；延缓乙酰胆碱受体 γ/ε 亚单位转换，硬食组在 P3～P4 周完成，而软食组延迟到 4 周后；降低乙酰胆碱受体 δ 亚单位表达，说明咀嚼形成过程中，一定强度的咀嚼功能负荷对于运动终板的形态、组成发育成熟是必需的。

2. P3～P9 周，大鼠咬肌乙酰胆碱酯酶含量不受软、硬食喂养的影响，可能与刺激时间、模式以及咬肌肌纤维组成有关。

3. 软食喂养可以减小大鼠浅层咬肌 2a、2b 肌纤维平均截面积，增加 2b 纤维比例，这些变化可能与运动终板形态变化有关。

4. BDNF/TrkB mRNA 在大鼠咀嚼形成关键时期(P3～P4 周)表达明显增强，软食喂养对 BDNF/TrkB 的影响存在阶段性，仅在 P3～P4 周降低其增强幅度，但在此之后对其表达无显著影响。而 P3～P4 周为神经肌肉接头结构重建与运动终板乙酰胆碱受体亚基转换的关键时期，说明 BDNF/TrkB 可能与神经肌肉接头发育及可塑性有更大的关系，而 NT3/TrkC mRNA 在 P3 周有较高表达，之后表达持续下降，NT3/TrkC 可能与早期神经肌肉接头的发育关系更为密切。

# 牙科磁性附着体模拟静磁场对离子通道电生理特性的影响

（摘　要）

四川大学华西口腔医学院博士研究生　沈颉飞　导师　巢永烈

磁体运用于口腔临床已逾 50 年历史，在覆盖全口义齿、可摘局部义齿、种植义齿、颌面赝复体以及磁力矫治器正畸治疗等诸多方面显示了其独特的作用。牙科磁性附着体是磁体在口腔修复学领域的主要运用形式，为义齿提供了不同于其他方式的固位力来源。其结构经历了从早期开放磁路系统到现今闭合磁路系统的发展历程，但不可避免的情况是，各种设计均存在一定的静磁场（static magnetic fields，SMF）外漏，照射口颌组织结构。所以 SMF 是否具有生物安全性，是影响磁性附着体使用的重要因素。先后有研究报道指出，不同强度的静磁场在器官、组织、细胞内和分子水平等方面均存在生物学效应，但其可能的作用机制并不清楚。在本课题组以往的研究中，先后选取磁场强度为 10 、12.5 、120 、125 和 250 mT 等的牙科磁性附着体模拟 SMF，对人牙龈及牙周膜成纤维细胞、成骨细胞等进行加载发现，以上强度的 SMF 对细胞形态、亚细胞结构、凋亡过程、抗氧化能力、染色体代谢等特性均无影响，提示 SMF 生物学效应的作用机制并非存在于这些方面。由于磁学现象和电学现象具有密不可分的物理本质，因此电生理特性是机体活动的重要功能基础。

## 一、研究目的

旨在通过模拟常用牙科磁性附着体 SMF，在体外对 S-D 鼠三叉神经节神经元（trigeminal ganglion neurons，TRGN）和牛蛙坐骨神经进行 SMF 加载，从神经生物学角度入手，使用膜片钳技术、激光扫描共聚焦显微镜技术以及神经生理记录等方法，从细胞超微结构、离子通道电流、胞内离子浓度、神经兴奋性及传导特性等方面，探讨牙科磁性附着体 SMF 对以离子通道电生理特性为基础的生物学过程的效应，为磁性附着体 SMF 的生物安全性评价和 SMF 生物学效应研究提供新的实验依据。

## 二、研究方法

根据课题组以往对多种常用牙科磁性附着体 SMF 的分析数据，确定采用 125 mT 和 12.5 mT 两种 SMF 加载强度，并将体外静磁场加载装置设计为 U 型结构，由磁极（含磁体和极靴）及磁轭组成。通过使用电磁场三维分析软件包，模拟并调整两套装置的结构和尺寸，以保证其加载区域内的磁场大小和分布均匀度满足实验需要。SMF 加载装置各结构制作完成并组装后，采用数字式特斯拉计对其磁场分布进行检验并分析。

分别选取 TRGN 和牛蛙坐骨神经作为 SMF 体外的加载对象。其中，TRGN 是通过对新生 S-D 乳鼠的三叉神经节进行急性分离后，采用木瓜蛋白酶消化法获得，并通过形态学和特异性染色的方法对细胞的神经元特征进行鉴定。分别使用 125 mT 和 12.5 mT 永磁体式 SMF 加载装置对分离后的细胞进行加载。在加载不同时间后，使用透射电镜对细胞超微结构进行观察，运用激光扫描共聚焦显微镜技术结合荧光探针对细胞内游离 $Ca^{2+}$ 浓度进行检测，以探讨不同强度 SMF 在加载不同时间条件下，对 TRGN 超微结构和细胞内游离 $Ca^{2+}$ 浓度的影响。

同时，采用膜片钳技术中的全细胞记录方法，实时观测 TRGN 在 SMF 加载过程中，其细胞膜上两种主要的电压门控性钾离子通道(voltage-gated potassium channel, VGPC)电流的激活和失活特性变化情况，探讨不同强度静磁场对 TRGN 上 VGPC 激活以及失活特性的影响。由于离子通道是神经兴奋产生和传导等电生理活动的结构及功能基础，故本研究还对牛蛙的坐骨神经进行分离。采用神经电生理记录方法，研究 125 mT 和 12.5 mT SMF 加载前、加载中和加载后，坐骨神经兴奋阈值、兴奋传导速度和不应期的变化情况，探讨 SMF 对神经兴奋性和传导特性的影响，为 SMF 的离子通道相关效应在组织和器官水平的表现情况提供进一步的实验数据。

## 三、研究结果

1. 制作永磁体式体外静磁场加载装置两套，磁体材料为与牙科磁性附着体一致的钕铁硼软磁合金。通过使用磁场有限元分析软件辅助设计，在两磁极间 50.0 mm×60.0 mm×60.0 mm 的气隙内，分别获得了范围较大的 125 mT 和 12.5 mT 均匀 SMF，可以满足后续实验的需要。

2. 通过形态学鉴定和特异性染色，确定实验分离的 TRGN 神经元特性。在本实验条件下，125 mT 和 12.5 mT SMF 加载 1～3 h 对 TRGN 超微结构无明显影响。

3. 在本实验条件下，125 mT SMF 在加载过程中，对 TRGN 两种 VGPC 电流 $I_{K,A}$ 和 $I_{K,V}$ 的激活电流密度-电压关系、激活电流峰值以及电流失活阈值没有明显的影响。但 SMF 加载过程中，$I_{K,A}$ 和 $I_{K,V}$ 的失活与对照组比较均有下降，而 $I_{K,A}$ 加载组的失活速率大于对照组，$I_{K,V}$ 加载组的失活速率则小于对照组。表明 125 mT SMF 对 TRGN 两种 VGPC 激活特性无影响，而对其失活特性存在作用，并对两种电流特性的影响存在差异。

4. 使用 Fluo-3/AM 荧光探针对 TRGN 细胞内游离 $Ca^{2+}$ 进行负载，采用 LSCM 和 Leica 图像分析软件对 $Ca^{2+}$ 浓度进行定量分析。实验结果显示，在时间-效应关系和强度-效应关系上，125 mT 和 12.5 mT SMF 对 TRGN 细胞内 $Ca^{2+}$ 浓度的变化过程均存在延缓作用，其中前者的效应强于后者，而 12.5 mT SMF 的这一效应表现为一过性的改变。

5. 125 mT 和 12.5 mT SMF 加载前、加载中和加载后，牛蛙坐骨神经的强度法则、动作电位的传导速度和不应期时程等指标差异无统计学意义。表明在本实验条件下，牙科磁性附着体模拟 SMF 对坐骨神经的电生理特性没有明显的影响。

## 四、研究结论

笔者设计制作的 SMF 加载装置较为准确地达到了 125 mT 和 12.5 mT 的加载强度设计，且均匀场的范围较大，能够较为准确地模拟牙科磁性附着体静磁场，并满足细胞学、膜片钳和神经电生理实验的要求。

结果提示，牙科磁性附着体模拟 SMF 对 TRGN 的部分离子通道电生理特性存在作用，这一效应可能是一过性的。SMF 这种作用的确切机制尚不明确，可能与磁场的反磁各向异性效应相关。该机制表明，生物膜由于其高度规则排列的磷脂双分子层结构而具有增强的反磁性，在中等强度(1 mT～1 000 mT)SMF 作用下，能够发生一定的变形，从而影响膜上离子通道的构象，对离子通道的动力学特征产生效应。但是，SMF 对膜分子的重排作用是可逆性的，当 SMF 去除或关闭后，该作用仅持续很短的时间，膜磷脂双分子层及其上的离子通道会逐渐恢复到加载前的构象状态。实验中未观察到中等强度 SMF 离子通道相关作用在神经组织水平的表现。

因本研究是考察 SMF 加载早期细胞和组织的变化情况，所以牙科磁性附着体 SMF 对离子通道电生理特性的长期效应还需要进一步的实验研究加以探索。

# 直流电热处理技术对正畸镍钛合金丝性能影响的研究

（摘　要）

首都医科大学博士研究生　王红梅　导师　王邦康

镍钛合金丝因其优越的形状记忆特性和超弹性性能，被广泛应用于正畸临床治疗中的各种固定矫治技术。目前市场上的镍钛合金丝按其性质可分为三类：普通镍钛合金丝、超弹性镍钛合金弓丝、热激活镍钛合金丝，临床常用后两种。然而镍钛合金丝存在着不易弯制、成型等缺点，同时，由于弓丝刚度低，容易使邻近的支抗牙产生移位，因此在一定程度上限制了镍钛丝的临床应用，在矫治中后期不得不更换刚度较大的弓丝，如β-钛丝和不锈钢丝等。

为了提高镍钛合金丝的使用范围，国内外学者进行了大量的实验，研究影响其性能的各种因素，发现通过热处理的方法可有效地改变镍钛合金丝的形状及性能。1988 年 Miura 提出利用直流电热处理（direct electric resistance heat treatment，DERHT）镍钛合金丝的方法。当电流通过镍钛合金丝时产生热量，不同的电流强度和通电时间产生的热量不同，对镍钛合金丝的形状和机械性能的影响不同。利用 DERHT 方法对部分弓丝片段进行热处理，可达到同一根弓丝不同片段具有不同的矫治力。该方法方便、快捷，便于临床应用，但国外在该方面的研究较少。国内曾有学者提出利用该方法对镍钛合金丝进行弯制和加热定型，而有关 DERHT 方法对镍钛合金丝性能影响的研究国内尚处于空白。

## 一、研究目的

本研究旨在探讨用直流电热处理方法对超弹性镍钛合金丝、热激活镍钛合金丝和含铜镍钛合金丝进行处理后对其各种性能的影响，以便将该方法有效地应用于临床，更好地利用镍钛合金丝的超弹性性能，扩大镍钛合金丝的使用范围。

## 二、研究方法

### （一）直流电热处理对镍钛合金丝机械性能的影响

选择 8 种 0.016″×0.022″ 镍钛合金丝，其中 2 种超弹性镍钛合金丝（超弹性镍钛合金丝，圣玛特公司，北京；SENTALLOY 超弹性镍钛合金丝，TOMY 公司，日本）、3 种热激活镍钛合金丝（热激活镍钛合金丝，圣玛特公司，北京；LH 镍钛合金丝，TOMY 公司，日本；记忆型方丝，有研亿金新材料股份有限公司，北京）、3 种含铜镍钛合金丝（27 ℃、35 ℃、40 ℃）（ORMCO 公司，美国），所有弓丝均为上颌，并将其弓形长度截取为 14 cm。将定时装置与 TOMY 公司生产的 BENDER SOARER-Ⅱ型加热仪相连，利用热处理钳将弓型两侧宽度分别加宽 1 cm，在恒定的电流强度下，进行直流电热处理，热处理时间分别为 1 s、1.5 s、2 s、2.5 s，测量弓型宽度的变化，随后截取后部弓丝 50 mm，放置于带有自锁托槽的支柱上，支柱间隔 14 mm。在口腔温度下（37 ℃），利用 MTS Tytron250 微力测试仪进行三点弯曲强度实验，其最大变形为 2 mm。所得数据用 Origin7.1 软件绘制三点弯曲载荷-位移曲线，确定镍钛合金丝在 0.5 mm、1 mm、1.5 mm、2 mm 位移时，加载力和卸载力的力值。

结果显示，镍钛合金丝的形状可以通过直流电热处理重新定型，在恒定的电流下，一定的时间范围内，加热时间越长，定型效果越明显。同时，弓丝表面颜色会发生改变，由原来的颜色逐渐变黄，最后变成蓝色或蓝紫色；DERHT 方法也可以改变镍钛合金丝的力学性能，随着加热时间的增加，产生的热量越多，镍钛合金丝性能改变越明显。其中超弹性镍钛合金丝、热激活镍钛合金丝载荷-位移曲线的平台期呈现逐步升高的现象，而含铜镍钛合金丝平台期呈现显著降低。随着加热时间的增加，所有镍钛合金丝的超弹性性能均逐渐出现不同程度的丧失，表现出塑性变形。当加热时间过长时，超弹性性能完全丧失。

**(二)直流电热处理后镍钛合金丝相变温度的变化**

将 DERHT 处理的 8 种镍钛合金丝，利用电阻法测量在一定温度变化范围内(80 ℃至 −80 ℃)其电阻的变化，从而确定其相变点。所得数据用 Oringin 7.1 软件绘制电阻-温度曲线，确定马氏体开始温度(Ms)、马氏体结束温度(Mf)、奥氏体开始温度(As)、奥氏体结束温度(Af)。

结果表明，随着 DERTH 时间的增加，超弹性镍钛合金丝和热激活镍钛合金丝相变温度 Af 逐渐下降；3 种含铜镍钛丝的相变温度 Af 呈现轻度上升的趋势。说明通过 DERHT 方法处理后，各种镍钛丝的相变温度均发生变化，进一步解释了其力学性能的变化。其中超弹性镍钛丝、热激活镍钛丝相变温度 Af 的降低，导致合金中奥氏体含量增加，其相应的平台期力值增大；而含铜镍钛丝相变温度 Af 呈现上升的趋势，合金中马氏体含量增加，其相应的平台期力值逐渐降低。

**(三)直流电热处理对镍钛合金丝摩擦性能的影响**

旨在了解镍钛合金丝经 DERHT 方法处理后摩擦力的变化。在室温干燥环境下，将热处理前后各种镍钛合金丝放置于 0.022″× 0.025″ 上颌双尖牙的自锁托槽(TOMY 公司)中，利用 MTS Tytron 250 微力测试机测量弓丝与托槽间的摩擦力，测试长度为 4 mm。用 Origin 7.1 软件绘制摩擦力曲线，确定动摩擦、静摩擦力值。

## 三、研究结果

实验结果显示，不同镍钛合金丝的静摩擦力和动摩擦力虽然存在一定差异，但经过不同时间 DERHT 方法处理后，其静摩擦力和动摩擦力均无显著变化。说明 DERHT 方法可能会改变镍钛合金丝表面氧化膜的厚度，但对摩擦力却无显著影响。

## 四、研究结论

本研究结果表明，正畸镍钛合金丝经过直流电热处理后，其形状和性能均可发生改变。在电流强度恒定时，通电时间越长，形状改变越明显，而性能变化却存在一定差异。其中，超弹性镍钛合金丝和热激活型镍钛合金丝载荷-位移曲线平台期力值升高，部分超弹性丧失，其力学性能的变化与相变温度 Af 下降有关，而摩擦力却无明显变化。这些变化有利于部分正畸治疗中在镍钛合金丝上弯制细小弯曲、调节弓形，以及在矫治后期，利用镍钛合金丝关闭间隙，维持牙弓形态等。而含铜镍钛合金丝，载荷-位移曲线平台期力值降低，与相变温度 Af 升高有关，摩擦力同样无明显变化，这些变化有利于部分牙周疾病患者的治疗。

# 新型细胞聚集体的构建及其应用于软骨组织再生的实验研究

（摘　要）

第四军医大学口腔医学院博士研究生　吴炜　导师　毛天球

由于创伤、先天性畸形和手术切除病变等原因造成的软骨缺损，给患者的生存质量带来很大的影响。常用的修复方法如自体、异体软骨移植、人工替代物修复等，都有一定的局限性，所以，软骨缺损的修复和治疗一直是困扰临床医师的一个难题。而软骨组织工程技术的出现和发展，为解决这些问题提供了可能。

传统概念中，软骨组织工程技术研究领域主要包括种子细胞、支架材料、生长因子三方面内容。经过近 20 年的研究，软骨组织工程研究已经取得了长足的进展。人们逐渐认识到模拟组织发育进行组织构建的重要性，以及应该尽量避免使用异体、异种材料，并已在进行积极的研究和探索。

## 一、研究目的

本课题提出了新的软骨细胞构建方法——软骨细胞聚集体（chondrocyte macroaggregate）技术，其主要方法是利用分离的原代细胞和扩增后的软骨细胞按照特定的培养程序在体外构建出的细胞-自分泌基质复合体，扩增的软骨细胞在原代细胞分泌的细胞外基质表面上黏附并实现三维立体生长，它的优势在于：①保持了扩增细胞良好的功能表型，在细胞数量增加的同时兼顾了细胞的分化能力；②良好的生物相容性和低免疫源性；③细胞利用效率高；④通过与天然基质材料结合，可以进行特定形态的组织构建。

本研究旨在进一步提出内支撑体结合细胞聚集体的三维构建策略，研究可吸收性内支撑体的构建方法，探索新的特定形态软骨组织的构建思路。笔者通过实验对构建软骨细胞聚集体的理化性质、组织学结构和生化成分进行了分析；通过体外三维构建和动物实验评估了软骨细胞聚集体体外软骨形成能力和体内形成特定形态软骨的能力。

## 二、研究方法和结果

### （一）软骨细胞聚集体的构建以及组织形态学观察

用两步细胞沉淀法制备软骨细胞聚集体。切取兔耳软骨组织，通过酶消化法制备原代软骨细胞，将原代细胞进行细胞计数并分为三等分，取 1/3 平均接种至 3 个直径 6 cm的培养皿中，构建单层软骨细胞膜片。其他细胞接种至 75 $cm^2$ 培养瓶中，扩增培养 10 d，待细胞长满瓶底，消化，收集细胞。将获取细胞高密度接种至生长有软骨细胞膜片的培养皿上。孵育 14 d后，观察软骨细胞聚集体的形成情况和测试理化性能，并进行组织学染色和电镜观察。

经过体外孵育，软骨细胞聚集体为半透明膜状物质，有弹性，可用金属镊钳夹操作。H-E 染色证实有幼稚的软骨基质形成，并形成类似软骨陷窝样的组织结构。番红-O 染色证实有糖胺聚糖成分在基质中合成。

### （二）软骨细胞聚集体体外构建软骨组织

在静态培养条件下，将软骨细胞聚集体移入圆柱形金属网外支架中，进行体外孵育 4 周后，观察聚集体之间的融合情况，并通过组织学染色观察组织成熟情况。

通过大体观察，发现体外孵育 4 周后，在构建体外周部分的软骨细胞聚集体发生了组织融合，并形成了较成熟的软骨组织，而在构建体的中央部分，软骨聚集体之间的分层非常明显，没有形成成熟的软骨组织。

**（三）软骨细胞聚集体构建气管软骨的实验研究**

利用外支撑技术结合软骨细胞聚集体技术，在动物体内构建出管状软骨，以检测软骨细胞聚集体体内构建特定形态软骨的能力。按实验（一）所述方法构建出软骨细胞聚集体后，以硅胶管为外支撑体，将其均匀缠绕在硅胶管外表面。体外短时间孵育，使软骨细胞聚集体与硅胶管牢靠贴附后，将构建的管状移植体植入细胞供体动物（新西兰兔）背部皮下。体内孵育 8 周后，取出标本。从大体形态、组织学结构、免疫组化以及糖胺聚糖（GAG）含量、生物力学性能等方面评价形成软骨的质量。

结果显示，通过此方法构建的管状软骨具有良好的生物相容性，未见免疫炎症反应产生。形成的软骨保持着良好的管状外形，组织学结构类似于天然软骨，含有丰富的蛋白多糖和胶原纤维。

**（四）仿生细胞外基质的构建及其作为内支撑体的可行性研究**

选择透明质酸酯无纺网样支架和胶原凝胶作为基质材料。分离兔软骨细胞，体外扩增、收获后，以一定的细胞浓度与液态胶原共混，将其接种入透明质酸酯无纺网样支架中，待形成细胞凝胶共聚体后，继续进行体外孵育。观察细胞孵育过程中细胞仿生细胞外基质形态变化、内部细胞增殖和形态变化情况。

结果发现，通过上述方法，可以形成形态稳定的细胞基质共混体，细胞在内部具有良好的表型和均匀的分布。形成的细胞基质共混体可有个体性的形态，有一定的机械性能，可成为可吸收性内支撑体。

**（五）软骨细胞聚集体构建人鼻翼软骨的研究**

运用仿生细胞外基质-软骨细胞聚集体构建方法，在有免疫动物体内构建鼻翼外形软骨。以新西兰兔为动物模型，取自体软骨细胞，体外扩增、收获后，分别构建鼻翼外形的仿生细胞外基质内支撑体和软骨细胞聚集体。然后，将软骨细胞聚集体小心缠绕在内支撑体外周。与此对照，构建鼻翼外形金属网外支架，将细胞聚集体离心于外支架中体外孵育。将两种方法获得的鼻翼软骨移植体分别植入动物体内，12 周后取出标本，进行大体外形、组织学形态、生物化学以及生物力学性能分析，并比较两种方法构建的软骨质量的差别，以筛选出合适的构建方法。

结果发现，通过内支撑体构建的软骨移植体具有稳定的外形，能在动物体内形成外形理想的鼻翼软骨，组织学结构、生物化学以及生物力学指标均显示构建的软骨具有良好的质量，可以满足生理学需要。

## 三、研究结论

1. 将原代软骨细胞和传代的软骨细胞共培养，有利于传代细胞的表型恢复，并可以形成结构均匀的软骨细胞聚集体。形成的聚集体含有大量细胞外基质，且具有一定的机械强度，可以用于组织工程软骨的构建。

2. 在营养交换良好的环境下，软骨细胞聚集体具备继续成熟并发育为软骨组织的能力，外支架策略为软骨细胞聚集体的体外三维构建提供了塑形的方法。

3. 软骨细胞聚集体在体内具有良好的软骨形成能力。形成的组织结构均匀，细胞表型维持良好，并为气管软骨的再造提供了新的方法。

4. 透明质酸酯-胶原凝胶可以构建出软骨细胞移植体，并为细胞聚集体提供形态支撑的技术平台。

5. 仿生细胞外基质-软骨细胞聚集体是构建特定形态软骨的新方法。良好的组织形成能力以及外形稳定性使它为鼻软骨修复提供了新的方法。

# 组织工程化骨修复兔下颌骨缺损同期种植体植入的实验研究

（摘　要）

中国医科大学口腔医学院博士研究生　王程越　导师　艾红军

临床上对各种原因引起的伴有牙缺失的较大范围的颌骨缺损进行快速有效的功能性修复，即在修复颌骨缺损的同时完成种植体的Ⅰ期植入，以缩短患者缺牙时间、减轻患者多次手术的痛苦，尽早完成咬合、咀嚼、吞咽、发音等功能的修复，是口腔颌面外科、口腔种植科和口腔修复科医生所共同面对的一个难题。近年来组织工程学得到了快速的发展，其中以种子细胞、支架材料、生长因子为核心内容的骨组织工程技术，通过体外构建细胞-支架复合体，即组织工程化骨，用于替代患者自身骨、异体骨、异种骨，被认为是最具潜力和发展前途的骨缺损修复材料。

## 一、研究目的

为了提高颌骨缺损修复同期种植体植入的成功率，除需选择理想的骨缺损修复材料之外，种植体表面特性也相当重要。为此，本课题组尝试以骨髓基质细胞（bone marrow stromal cell，BMSC）为种子细胞、纳米羟磷灰石-胶原（nano-hydroxy-apatite-collagen，nHAC）为支架材料，富血小板血浆（platelet-rich plasma，PRP）为生长因子来源，于体外构建组织工程化骨用于修复兔下颌骨缺损，且同期植入表面喷砂酸蚀处理的钛种植体（sandblasted and acid-etched titanium，SLA-Ti）和表面喷砂酸蚀处理后羟磷灰石涂层的钛种植体（hydroxyapatite/sandblasted and acid-etched titanium，HA/SLA-Ti），观察组织工程化骨修复骨缺损的能力及其负载的两种不同表面处理的种植体骨愈合能力的差别。

## 二、研究方法和结果

### （一）富血小板血浆对骨髓基质细胞生物学特性的影响

探讨自身 PRP 对体外培养的兔 BMSC 生物学特性的影响。将体外培养的兔 BMSC 分为实验组和对照组，实验组加入含 10 ml/L PRP 的达尔贝科极限必需培养液（DMEM），对照组加入不含 PRP 的 DMEM。在不同时间点收集两组细胞，对其分别进行形态学观察、细胞周期分布和增殖指数测定、碱性磷酸酶（AKP）染色和活性测定、骨钙蛋白（OC）含量（ng/mL）测定以及骨桥蛋白基因（*opn*）mRNA相对表达量的分析。

结果显示，实验组细胞具有成骨细胞的形态学特征；PRP 作用 7 d 后 S 期细胞比例较对照组明显增加，细胞增殖指数由 22.89 ± 1.24 增至 33.15 ± 1.02，差异具有统计学意义（$P < 0.01$）；实验组 AKP 染色呈阳性，且 AKP 活性、OC 含量均较对照组明显提高，差异具有统计学意义；*opn* mRNA 相对表达量是对照组的 3.48 倍。

### （二）纳米羟磷灰石-胶原对富血小板血浆促进骨髓基质细胞成骨向分化的影响

探讨 nHAC 作为支架材料对 PRP 体外诱导兔 BMSC 向成骨细胞分化能力的影响。将 PRP 分别作用于与 nHAC 联合培养的兔 BMSC 和常规培养的兔 BMSC，利用扫描电镜观察兔 BMSC 在 nHAC 上的生长情况；通过 AKP 活性测定、OC 含量测定和 *opn* mRNA 相对表达量的分析，比较两种培养条件下

PRP 诱导兔 BMSC 向成骨细胞分化能力上的差异。

结果显示，联合培养的兔 BMSC 在 nHAC 上生长良好，其 AKP 活性、OC 含量均较常规培养明显增加，且 *opn* mRNA 相对表达量是常规培养组的 4.78 倍。

**(三)钛种植体喷砂酸蚀表面羟磷灰石涂层对骨髓源成骨细胞生物学特性的影响**

探讨 HA/SLA-Ti 对骨髓源成骨细胞(marrow-origin osteoblast, MOOB)生物学特性的影响。应用离子束辅助沉积(ion beam assisted deposition, IBAD)技术在喷砂酸蚀(sandblasted and acid-etched, SLA)处理的钛种植体表面制备羟磷灰石(hydroxyapatite, HA)涂层，将 MOOB 分别接种于 HA/SLA-Ti 和 SLA-Ti 表面，观察其生长情况，并对两组 MOOB 增殖指数、AKP 活性、OC 含量以及 *opn* mRNA 相对表达量进行比较。结果显示，MOOB 在 HA/SLA-Ti 表面生长良好，其细胞增殖指数、AKP 活性和 OC 含量明显高于 SLA-Ti 组；*opn* mRNA 相对表达量是 SLA-Ti 组的 3.25 倍。

**(四)组织工程化骨修复兔下颌骨缺损的实验研究**

探讨以兔 BMSC 为种子细胞、nHAC 为支架材料、PRP 为生长因子来源，以体外构建的组织工程化骨修复兔下颌骨缺损的能力。分别给予兔下颌骨体部范围为 15 mm×15 mm 的全层骨缺损相应修复：A 组，组织工程化骨修复；B 组，自体髂骨修复；C 组，单纯 nHAC 材料修复；D 组，空白对照组，缺损不做修复。分别于术后 1、3、6 个月取材，进行大体标本观察、放射性核素骨显像、骨密度测定和组织学观察。

结果大体标本观察显示，术后 A、B 两组骨缺损区域逐渐由新生骨组织修复，C 组骨缺损区域仅形成了类软骨样组织，D 组无骨组织形成，骨缺损区域由纤维结缔组织充填；放射性核素骨显像结果显示，术后 1 个月、3 个月时，A、B 两组成骨代谢能力明显优于 C 组、D 组，而 A、B 两组之间无显著差异，术后 6 个月时，各组之间骨代谢能力无明显差异；骨密度测定结果显示，A、B、C 三组骨缺损区域骨密度逐渐增加且明显高于 D 组，手术 3 个月以后，A 组、B 组骨密度较 C 组明显提高，而 A、B 两组之间无显著差异；组织学检查结果显示，A 组在术后 1 个月时可见小片状类骨质出现，nHAC 开始降解，术后 3 个月时新生骨成大片状结构，术后 6 个月时 nHAC 几乎全部降解，缺损由骨组织修复，其成骨量与 B 组无明显差异却明显大于 C 组，D 组仅为纤维组织修复。

**(五)组织工程化骨修复兔下颌骨缺损同期不同表面处理的钛种植体植入的实验研究**

观察组织工程化骨修复兔下颌骨缺损同期进行 HA/SLA-Ti 和 SLA-Ti 种植体植入后，种植体与周围新生骨组织发生骨整合的情况。将兔 BMSC 复合 nHAC 和 PRP 用于修复兔下颌骨颊侧范围为 15 mm×15 mm 的全层骨缺损，同期分别植入 HA/SLA-Ti 种植体(A 组)和 SLA-Ti 种植体(B 组)。术后 1、3、6 个月取材，进行大体标本观察、X 线检查、扫描电镜观察、组织学检查以及种植体的推入实验和拉出实验。结果大体标本观察显示，A 组术区逐渐由新生骨组织修复，种植体周围形成完善的骨结合界面，界面骨成熟；B 组术区骨愈合状态佳，但种植体周围仍存在少量纤维组织。X 线检查结果显示，术后 1 个月，A、B 两组骨缺损区域骨密度较低，种植体周围大部分为 X 线透射影；术后 3 个月，A、B 两组骨缺损区域骨密度增加，与 B 组相比 A 组种植体周围有较多 X 线阻射影；术后 6 个月，A 组种植体周围为与正常骨组织密度相似的 X 线阻射影，B 组种植体周围也为与宿主骨密度接近的 X 线阻射影，但密度并非均匀一致。扫描电镜结果显示，A 组种植体较 B 组种植体与周围新生骨结合得更紧密。组织学检查的结果显示，A 组新生骨与种植体表面直接结合，骨形成较 B 组种植体表面骨形成提前，B 组种植体与新生骨之间存在纤维组织。推入和拉出实验结果显示，术后 1 个月时，A、B 两组种植体的推入应力和拉出负荷无明显差异；术后 3 个月后，A 组种植体的推入应力和拉出负荷明显较 B 组提高，差异具有统计学意义。

## 三、研究结论

通过以上实验，可得出以下结论：

1. 富血小板血浆可促进兔骨髓基质细胞的增殖并可提高兔骨髓基质细胞的体外成骨潜能，使其向成骨细胞转化。

2. nHAC 作为支架材料可明显提高 PRP 诱导兔 BMSC 向成骨细胞分化的能力。

3. 应用 IBAD 技术在钛种植体 SLA 表面制备 HA 涂层，可明显促进 MOOB 的增殖及其成骨表型的表达，是一种有应用前景的种植体表面处理方法。

4. 组织工程化骨修复颌骨缺损能力与自身髂骨相似而强于单独使用 nHAC，且 nHAC 材料于体内可完全降解。因此，BMSC 与 nHAC 和 PRP 复合所构建的组织工程化骨是一种良好的骨缺损替代材料。

5. 修复兔下颌骨缺损的组织工程化骨内同期植入的种植体，可与新生的骨组织形成良好的骨结合。其中，HA/SLA-Ti 种植体的骨结合能力较 SLA-Ti 种植体强，且骨愈合时间也较后者提前。

# 文选·述评

## 口腔解剖生理学与殆学

**功能性矫治器引导大鼠下颌前伸后二腹肌中基质金属蛋白酶的表达研究**[周洪 孙慧玲 邹敏.临床口腔医学杂志,2007,23(2):84～86]

采用实时荧光定量 PCR 和免疫组化染色法观察戴矫治器组矫治前后及不戴矫治器组大鼠 3、7、14、21 d 二腹肌前腹中基质金属蛋白酶(MMP)-2 mRNA 和 MMP-9 mRNA 以及 MMP-2 和 MMP-9 蛋白的表达变化情况。结果显示,MMP-2 mRNA 和 MMP-9 mRNA 表达存在差异:与不戴矫治器组相比,戴矫治器组表达增强;戴矫治器 21 d 组比 14 d、7 d 组表达增强。不戴矫治器组 21 d、14 d 组比 3 d 组表达增强。与不戴矫治器组相比,戴矫治器组 MMP-2 蛋白表达水平在 14 d 和 21 d 组有差异,MMP-9 蛋白表达水平在 7 d、14 d 和 21 d 组均有增强。结果表明功能性矫治器引导大鼠下颌前伸后咀嚼肌中 MMP-2、MMP-9 参与了咀嚼肌的适应性变化。

**述 评**

前伸下颌是一项常用的正畸治疗方法,功能性矫治器引导大鼠下颌前伸后二腹肌中基质金属蛋白酶表达将如何变化,对于认识功能性矫治器矫治过程中咀嚼肌适应性变化的生物学机制具有重要参考价值。作者的研究结果提示,基质金属蛋白酶参与了前导下颌、二腹肌接受被动牵拉的内在变化过程。

(王美青)

**楔状缺损与殆干扰关系的研究**[杨文丽 林雪峰 邹波等.华西口腔医学杂志,2007,25(4):383～385]

从 46 例楔状缺损患者中选取 157 个楔状缺损患牙和毗邻的 157 个未患楔状缺损牙分别作为实验组及对照组,应用 T-Scan Ⅱ 咬合分析仪对患者进行正中、前伸及侧方咬合检查,观察实验组和对照组的干扰及早接触情况。结果发现,实验组存在干扰的牙数所占比例(23.57%)高于对照组(10.19%);实验组患牙工作侧干扰阳性比例高于对照组;实验组中有干扰牙的楔状缺损程度大于无干扰牙。提示楔状缺损的发生和缺损程度与牙齿所受的过大殆力有关。

**述 评**

楔状缺损是常见的咬合病,可能与局部咬合力异常有关。该调查资料显示,明显楔状缺损的患牙有明显的工作侧咬合接触干扰特征,而且有咬合干扰的牙楔状缺损程度较大。但是作者没有提供以下信息:是否采用了盲法,非同名牙作对照在局部受力方面是否具有可比性,早接触、咬合干扰的诊断标准。

(王美青)

**咬合重建对牙齿重度磨耗患者咀嚼运动模式的影响**[周崇阳 杨朝晖 冯海兰.华西口腔医学杂志,2007,25(3):242～245]

选择 29 例牙齿重度磨耗进行咬合重建修复的患者,根据后牙咬合支持状态分成后牙支持完全组(试验Ⅰ组)和后牙支持不全组(试验Ⅱ组),分别测量修复前、过渡修复 1 个月和永久修复 1 个月后咀嚼运动时嚼肌、颞肌前束及颞肌后束的表面肌电图。选择 15 例健康人作为对照组,分析咀嚼周期、咀嚼运动活动期与间歇期比值及肌电积分值的变化。结果发现,修复前试验Ⅰ组和Ⅱ组患者的咀嚼周期与对照组之间无统计学差异;试验Ⅱ组活动期与间歇期比值明显高于对照组,而颞肌前束的肌电积分值低于对照组。

过渡修复与永久修复后试验Ⅰ组和Ⅱ组的咀嚼周期有逐步缩短的趋势。过渡修复时Ⅰ组患者活动期与间歇期比值和肌电积分值较修复前均有下降，Ⅱ组患者活动期与间歇期比值较修复前下降，肌电积分值的变化则不明显。永久修复后Ⅰ组患者活动期与间歇期比值和肌电积分值较过渡修复时的变化均无统计学意义，Ⅱ组患者活动期与间歇期比值较过渡修复时进一步下降，肌电积分值则明显提高。结果表明咬合重建修复能明显改善重度磨耗患者咀嚼运动模式，提高咀嚼肌收缩水平。

**述　评**

咬合重建修复可以明显改善牙齿重度磨耗患者的咀嚼生理特性，是一种有效治疗重度磨耗的方法。

（王美青）

**正畸治疗与颞下颌关节症状的相关研究**［王生　肖进　王光耀等. 上海口腔医学，2007，16(3)：239～242］

采用基于 Helkimo 指数改良设计的调查表，由专职口腔科医师进行专项检查，记录，获得已正畸组(173 例)、错殆未经治疗组(95 例)和正常组(32 例)的 TMD 症状、体征及相关情况结果。正畸组和错殆组在主诉症状指数、临床症状指数和咬合指数的分布上存在显著差异，正畸组和正常组在主诉症状指数及临床症状指数的分布上差异有统计学意义($P<0.001$)，但在咬合指数的分布上差异无统计学意义($P>0.05$)。作者认为正畸治疗后患者在一定时期内易出现颞下颌关节紊乱病的症状和体征。

**述　评**

该调查结果具有重要临床意义，表明正畸治疗后患者颞下颌关节紊乱病主诉症状和临床表现都高于未经正畸治疗者以及正常殆组。这提示临床上有关注正畸治疗对颞下颌关节功能的影响、及时有效预防医源性颞下颌关节紊乱病发生的迫切需求，而目前尚无有关的诊治标准，值得认真探讨。

（王美青）

**咬合重建对大鼠三叉神经节 P 物质表达影响的研究**［李晓光　王青　张林丽等. 口腔医学研究，2007，23(2)：138～140］

采用间断磨除右侧上下颌磨牙牙冠至龈下的方法造成 Wistar 雄性大鼠左侧单侧咀嚼的动物模型，分两个实验组分别于实验开始后第 3、9 周停止磨除牙冠，任其自行萌出，恢复咬合关系，并设空白对照组。对双侧三叉神经节切片行 SP 免疫组化染色，拍片分析。结果发现，单侧咀嚼实验组咀嚼侧和非咀嚼侧三叉神经节内 SP 免疫阳性神经元百分比与对照组相比显著降低，且非咀嚼侧明显低于咀嚼侧。第 3 周停止磨除牙冠组三叉神经节内免疫阳性神经元百分比与对照组比较无差别，其咀嚼侧与非咀嚼侧比较也无差别；第 9 周停止磨除牙冠组三叉神经节内免疫阳性神经元百分比仍明显低于对照组，且其非咀嚼侧明显低于咀嚼侧。作者认为 SP 参与了单侧咀嚼引起的咀嚼功能变化过程。早期恢复咬合关系可恢复三叉神经节内 SP 的表达至正常水平，晚期恢复咬合关系则不能恢复 SP 的表达水平。

**述　评**

磨除一侧后牙，人为造成单侧咀嚼是否可以导致颞下颌关节出现病理性变化尚无定论。但是其可以影响正常咀嚼功能。该研究结果证实了这种影响有三叉神经节中 SP 的参与。

（王美青）

# 口腔组织病理学

**大鼠牙髓干细胞与牙乳头间充质细胞成牙能力的比较研究**［姜明　金岩　郝伟等. 实用口腔医学杂志，2007，23(3)：418～422］

采用细胞生物学技术和分子生物学技术对分离的牙髓干细胞(DPSC)和牙乳头间充质细胞(DPMC)的增殖、矿化能力和分化为成牙本质细胞的能力进行了研究。结果发现，DPSC 的增殖期出现在体外培养的第 3 d，其后细胞维持活跃生长状态，DPMC 的增殖期出现在体外培养的第 2 d 并迅速进入对数生长期；两种细胞体外诱导 4 周时均见明显的矿化结节形成和 von Kossa 染色反应；矿化诱导 7 d 后，RT-PCR 检测均有 *dspp* 基因的表达，体内移植 2 周后均有牙本质样结构形成。表明体外培养的 DPSC 与出生 1 d 的 S-D 仔鼠的 DPMC 均具有较强的增殖、体外矿化和分化为成牙本质细胞的能力。

**述 评**

干细胞生物学理论和组织工程学技术的发展为人工牙的构建开辟了新的研究领域，而组织工程种子细胞、支架材料和细胞因子等的研究是该领域最基本的研究内容。该研究结果表明，牙髓干细胞具有与钟状晚期牙乳头间充质细胞相似的成牙本质细胞分化和形成牙本质的能力，这就为组织工程牙本质研究中种子细胞的选择奠定了基础。由于牙体组织来自不同的胚层，存在矿化和萌出等过程，致使组织工程牙的研究较其他组织更富有挑战性。

（孙宏晨）

**基质金属蛋白酶-9、黏着斑激酶的表达与舌鳞状细胞癌淋巴结转移的关系研究**［黄晓峰　胡勤刚　陈湘华. 口腔医学，2007，27(7)：353～355］

采用免疫组织化学技术检测舌鳞状细胞癌(TSCC)18 例淋巴结转移组和 57 例无淋巴结转移组原发灶中基质金属蛋白酶-9(MMP-9)和黏着斑激酶(FAK)的表达。结果发现，MMP-9 和 FAK 在 TSCC 淋巴结转移组中的阳性表达率分别为 83.3%(15/18)和 72.2%(13/18)，而在无淋巴结转移组中的阳性表达率分别为 42.1%(24/57)和 35.1%(20/57)。MMP-9 和 FAK 在淋巴结转移组中的阳性表达率显著高于无淋巴结转移组($P<0.005$，$P<0.01$)；在 33 例 FAK 阳性表达的 TSCC 中，有 25 例伴有 MMP-9 的阳性表达，MMP-9 和 FAK 在 TSCC 中的表达有明显的相关性($P<0.005$)。表明 MMP-9 和 FAK 二者具有协同作用，共同促进 TSCC 的淋巴结转移。

**述 评**

癌细胞浸润和转移等生物学行为同癌细胞的增殖能力与基膜及细胞外基质成分降解有关。作者以 FAK 和 MMP-9 为评价指标，结合临床分期，研究其表达水平同 TSCC 淋巴结转移的关系，进一步阐明 TSCC 发生与发展规律，对判断肿瘤预后有一定意义。

（孙宏晨）

**口腔鳞状细胞癌巨噬细胞浸润与 VEGF 表达关系的研究**［李宏捷　张玉茹　朱晓虹等. 现代口腔医学杂志，2007，21(5)：499～501］

采用免疫组织化学技术检测 10 例口腔正常黏膜和 40 例口腔鳞状细胞癌组织中 CD68 及血管内皮生长因子(VEGF)的表达。结果发现，口腔鳞状细胞癌 CD68 阳性的巨噬细胞数量与 VEGF 表达明显高于正常口腔黏膜($P<0.01$)，VEGF 表达与肿瘤的 TNM 分期及淋巴结转移显著相关($P<0.05$)，巨噬细胞数量与淋巴结转移显著相关($P<0.05$)，巨噬细胞数量与 VEGF 表达水平之间呈正相关($P<0.01$)。表明口腔鳞状细胞癌中肿瘤相关巨噬细胞数量和 VEGF 表达均与肿瘤的生长和转移有关，且二者之间存在正相关关系。

**述 评**

作者采用免疫组织化学技术并结合统计学分析，证明口腔鳞状细胞癌中肿瘤相关巨噬细胞数量和 VEGF 表达与肿瘤的生长及转移有关。由于正常组织中也含有巨噬细胞，尤其在口腔环境下，多种因素影响口腔鳞状细胞癌组织中巨噬细胞的分布及数量，因此，应注意考虑排除非肿瘤相关巨噬细胞对研究结果的影响。

（孙宏晨）

**涎腺恶性多形性腺瘤 161 例临床病理分析**［胡宇华　李江　李蕾等. 临床与实验病理学

杂志,2007,23(1):43～47]

对经病理复片诊断为涎腺恶性多形性腺瘤(MPA)的161例临床病理材料进行回顾性分析。结果161例MPA中,152例为原发性肿瘤,7例为局部复发性肿瘤,2例为肿瘤颈淋巴结转移灶。152例原发MPA中发生于腮腺85例、腭部39例、颌下腺21例、颊部3例、唇部2例、磨牙后区1例、上颌骨1例;男性95例,女性57例,男女比为1.7:1;发病年龄为27～92岁,平均59岁。恶性成分的组织学类型包括肌上皮癌62例、非特异性腺癌59例、腺样囊性癌8例、黏液表皮样癌7例、导管癌3例、腺鳞癌3例、上皮-肌上皮癌3例、癌肉瘤3例、未分化癌2例、腺泡细胞癌1例、黏液腺癌1例。组织学高、中、低度恶性肿瘤分别为45、69、38例。同一肿瘤中恶性成分小于或等于50%的为21例,大于50%的为131例。侵袭性、微侵袭性、非侵袭性癌分别为106、10、33例。侵袭性癌、组织学分级与肿瘤发生颈淋巴结转移之间有显著相关性($P<0.01$)。表明恶性多形性腺瘤多见于中老年男性,好发于腮腺;临床表现多为无痛渐大性肿块,以近期生长迅速为特征;组织学表现为常同时具有良性多形性腺瘤成分和恶性肿瘤成分,侵袭性癌多见,恶性成分常多于良性成分,恶性成分以肌上皮癌和非特异性腺癌为多见;侵袭性癌、组织学分级高度恶性者易发生颈淋巴结转移。

**述　评**

随着涎腺肿瘤临床病理学研究的进展和新病理学分类的问世,对涎腺恶性多形性腺瘤的组织病理学特征和临床病理学诊断又有了新的认识。作者根据WHO涎腺肿瘤新分类,通过复习病理学切片,讨论了涎腺恶性多形性腺瘤临床病理学特征,对于认识涎腺恶性多形性腺瘤的病理学特征和生物学行为,指导临床病理学诊断与鉴别诊断具有较重要的参考价值。

(孙宏晨)

**涎腺腺样囊性癌中趋化因子4、整合素β1表达的意义**[黄静　陈新明　张佳莉等.现代口腔医学杂志,2007,21(2):122～126]

采用免疫组化技术检测78例涎腺腺样囊性癌(ACC)中趋化因子受体4(CXCR4)和整合素β1(Integrinβ1)的表达,通过与肿瘤周围涎腺组织对照分析,探讨CXCR4和Integrinβ1表达与腺样囊性癌临床病理特征之间的关系。结果发现,CXCR4和Integrinβ1在ACC中的表达率分别为65.4%和70.0%,二者的表达率呈高度正相关($P<0.01$);并且表达率均与腺样囊性癌的临床分期、复发、远处转移和预后关系密切($P<0.05$)。表明CXCR4与Integrinβ1的异常高表达是影响腺样囊性癌预后的重要因素。

**述　评**

涎腺腺样囊性癌生长缓慢,因呈侵袭性生长和易远处转移而备受学者们关注。作者采用免疫组化技术,研究78例涎腺腺样囊性癌中CXCR4和Integrinβ1的表达,并结合临床病理学特点讨论其表达的意义,对于阐述腺样囊性癌浸润和转移机制,正确理解其生物学行为,评价腺样囊性癌的预后具有一定借鉴意义。

(孙宏晨)

**磷酸化JAK和磷酸化ERK及Cyclin D1蛋白表达与舌鳞状细胞癌的关系**[李松英　戴杰　胡济安.浙江大学学报(医学版),2007,36(4):396～400]

采用免疫组织化学技术对30例舌鳞状细胞癌、20例正常舌黏膜组织、10例轻度上皮异常增生、20例中-重度上皮异常增生组织中磷酸化JAK、ERK和Cyclin D1蛋白的表达进行研究。结果与正常舌黏膜相比,pJAK在舌鳞状细胞癌组织和上皮异常增生组织中阳性率明显增高($\chi^2=37.54, P<0.01$)且舌鳞状细胞癌中pJAK的阳性率又明显高于上皮异常增生($\chi^2=12.28, P<0.05$)。中-低分化鳞状细胞癌中pJAK的染色强度较高分化

鳞状细胞癌显著升高($\chi^2=6.83, P<0.05$)。pERK 在正常舌黏膜上皮、舌鳞状细胞癌和上皮异常增生组织中的阳性率差异无统计学意义。在鳞状细胞癌中,pJAK 和 Cyclin D1 的阳性强度呈正相关($rs=0.619, P<0.05$)。表明舌鳞状细胞癌的发生与发展可能与 pJAK 信号传导途径诱导 Cyclin D1 过度表达,进而促使肿瘤细胞维持高增殖状态有关。

**述 评**

信号通路研究是细胞生物学研究的主要内容之一,对于阐明细胞的增殖、分化和肿瘤的恶性转化机制具有重要的意义。作者采用免疫组织化学技术证明舌鳞状细胞癌的发生可能与 pJAK 信号传导途径诱导 Cyclin D1 过度表达有关,对于进一步阐明舌鳞状细胞癌的发生机制有一定意义。

(孙宏晨)

**AdTERT-TRAIL 对腺样囊性癌细胞株 SACC-83 靶向转基因作用的研究**[苏涛 孙宏晨 郑长玉等.华西口腔医学杂志,2007,25(2):202~205]

通过同源重组构建腺病毒载体 AdTERT-TRAIL,进一步体外转染 SACC-83 细胞和端粒酶阴性的人胚肺成纤维细胞(HEL),采用 RT-PCR、MTT 法和流式细胞术检测 *trail* 基因表达及其对细胞增殖和凋亡率的影响。结果发现,转染 AdTERT-TRAIL 后,*trail* 基因在 SACC-83 细胞中明显表达,并对该肿瘤细胞的增殖有明显的抑制作用,而且诱导细胞凋亡比率增加;而在 HEL 细胞中未能诱导 *trail* 基因表达,对该细胞的增殖和凋亡也没有明显影响。表明腺病毒载体 AdTERT-TRAIL 对涎腺肿瘤细胞具有靶向转基因杀伤作用。

**述 评**

*trail* 基因是 TNF 家族成员,它通过激活细胞表面的死亡受体引发细胞凋亡,由于 *trail* 基因在大多数正常细胞中持续表达,它可选择性地诱导肿瘤细胞凋亡,而正常细胞则抵抗 TRAIL 蛋白的凋亡作用,因此 TRAIL 蛋白被认为是一个更为安全且极具潜力的抗肿瘤因子。研究证明,涎腺腺样囊性癌高表达端粒酶,因此以端粒酶和 *trail* 基因为靶点对腺样囊性癌转基因治疗具有较好的方向性。作者通过体外研究表明腺病毒载体 AdTERT-TRAIL 对涎腺肿瘤细胞具有靶向转基因杀伤作用。如能在体内研究进一步证明其杀伤作用和靶向作用,则结果将更有说服力。

(欧阳喈)

# 口腔微生物学

**白假丝酵母菌药物流出泵基因在生物膜中表达的动态研究**[亓庆国 周学东 杨德琴等.华西口腔医学杂志,2007,25(4):327~330]

利用人工口腔恒化器形成白假丝酵母菌生物膜结构,收集生物膜形成不同阶段的生物膜态菌细胞,半定量 RT-PCR 技术分析菌细胞 mRNA 在生物膜成熟过程中的动态变化,96 孔板 XTT 减低法获得生物膜耐药性的变化情况。结果显示,随着生物膜成熟程度的增强,生物膜菌株的药物流出泵基因 *cdr*-1 表达明显增强,而多药耐药基因-1(*mdr*-1)的表达在生物膜的整个成熟过程中基本维持不变。作者认为,生物膜成熟程度与耐药性增强有明显正相关性,药物流出泵基因的表达上调与生物膜耐药性的产生有一定关系但改变并非一致。

**述 评**

生物膜是微生物在自然状态下的生存方式。微生物的生物学性状在生物膜和浮游状态下显著不同,尤其是生物膜微生物的耐药性较浮游状态下强很多,致使临床感染难以控制。目前,有关白假丝酵母菌生物膜的耐药机制还不清楚。该研究从基因表达的水平研究生物膜状态下耐药性相关基因的表达与耐药性产生之间的关系,其结果有助于了解白假丝酵母菌生物膜耐药的分子机制，可为临床控制感染提供新思路。但其确切的耐药机制还需进一步研究。

（肖丽英）

**不同牙周状况龈下菌斑中福赛斯坦纳菌分布**［杨禾　赵蕾　孟姝等.牙体牙髓牙周病学杂志，2007，17(8)：444～447］

收集 111 例牙周健康者、108 例慢性牙周炎患者的病变位点和健康位点共 327 个龈下菌斑，用 16S rRNA PCR 法检测福赛斯坦纳菌的分布。结果显示，牙周炎患者病变位点的福赛斯坦纳菌检出率为 56.5%，显著高于牙周健康者（10.8%，$P<0.001$）；慢性牙周炎患者的健康位点福赛斯坦纳菌检出率为 3.7%，显著低于病变位点（$P<0.001$）；牙周健康者该菌的检出率比牙周炎患者健康位点高（$P<0.05$）。作者认为，龈下菌斑中福赛斯坦纳菌的存在与牙周炎症的发生有密切关系。

**述　评**

菌斑细菌是牙周炎发生的始动因子，牙龈卟啉单胞菌、伴放线嗜血菌、福赛斯坦纳菌是公认的牙周主要致病菌。福赛斯坦纳菌生长缓慢，体外培养十分困难，一般生长周期需要 7～14 d。福赛斯坦纳菌在牙周健康状况下的分布研究相对较少，尤其在国内。该研究采用 16S rRNA PCR 对国内牙周健康人群和慢性牙周炎患者龈下菌斑中的福赛斯坦纳菌进行检测，其结果与国外其他研究结果基本一致。这说明有牙周致病菌存在不一定导致牙周炎的发生，牙周炎的发生与诸多因素有关，值得今后更深入的研究。

（肖丽英）

**五倍子水提物对菌斑生物膜形成过程中表面形态的影响**［王瑞　唐荣银　刘进等.牙体牙髓牙周病学杂志，2007，17(7)：383～386］

在人工口腔环境中，利用变异链球菌、血链球菌、黏性放线菌标准株在羟磷灰石（HA）表面形成的混合菌斑生物膜，采用扫描电镜观察生物膜形成过程中五倍子水提取物（2 mg/mL）对菌斑生物膜表面形态的影响。结果显示各时期菌斑生物膜形态，实验组与对照组（生理盐水）相比有明显差异。随着时间的变化，实验组 HA 表面细菌由散在分布逐渐聚集，形成简单的团块或片状结构，而对照组细菌由疏松逐渐密集并增厚，形成较为典型的生物膜立体结构。作者认为，五倍子水提取物可以改变菌斑生物膜形成过程中的菌斑形态。

**述　评**

控制菌斑生物膜的形成是防治龋病的关键。前期的研究已证实，中药五倍子有收敛、抗菌、抗氧化等多种生物学功效，是具有一定发展前景的防龋药物。该研究采用的多菌种菌斑生物膜更接近口腔生理状态，五倍子水的质量分数低于最低抑菌浓度（MIC）的 50%，以减低抑菌作用对研究对象的影响。结果显示五倍子水提取物具有影响菌斑生物膜形成的作用，但其影响机制值得进一步研究。

（肖丽英）

**天然牙菌斑生物膜中死菌和活菌的空间分布**［姬亚昆　凌均棨.中华口腔医学杂志，2007，42(5)：294～297］

通过釉质磨片从人磨牙表面获得完整的 1、4、8、12、24 h 天然牙菌斑生物膜标本。应用激光共聚焦扫描显微镜以及死菌和活菌荧光染色技术相结合的方法，对各时段的天然菌斑生物膜中死菌和活菌进行原位、实时的动态观察。结果显示，天然牙菌斑中死菌和活菌分布不均匀，顶层和底层主要由死菌组成，中间层主要由活菌组成；死菌是牙菌斑生物膜形成初期的组成部分之一；生物膜中的细菌排列随时间的延长而逐渐密集，形成了丰富的管道系统。

**述　评**

了解天然牙菌斑生物膜的空间结构对菌斑的控制以及龋病、牙周病的防治具有重要意义。该研究的特色之处在于采用了荧光染料对死菌和活菌进行染色，评价标准是细胞膜的完整性，能更客观地反映细菌在生物膜中的存活状态。结合激光共聚焦扫描电镜，保证了在生物膜结构完整的前提下对菌斑中的死菌、活菌进行原位观察和空间定位，其结果准确、可靠。该研究为深入了解生物膜的结构提供了实验依据。

（肖丽英）

**具核梭杆菌黏附和侵入上皮细胞的初步研究**［丁一　费晓露　徐屹等. 牙体牙髓牙周病学杂志，2007，17(4)：200～203］

选择与牙周炎关系密切的牙龈卟啉单胞菌 ATCC33277、具核梭杆菌模式株 ATCC10953 和临床株 WCD05-1 分别配成 $2\times10^7$ CFU/mL 的菌悬液，以细菌细胞100∶1的比例加入 KB 细胞(上皮细胞)中，在 37 ℃、50 mL 二氧化碳条件下培养 2 h，进行黏附和侵入测定。结果显示，具核梭杆菌能黏附和侵入上皮细胞，至少在短时间内能保持一定的黏附和侵入量，在细胞内保持一定的活力。具核梭杆菌在不同菌株之间黏附和侵入能力存在差异，临床株的毒力明显强于标准株。

**述　评**

细菌的黏附和侵入是感染性疾病发生的首要条件。具核梭杆菌是重要的牙周可疑致病菌之一，在牙菌斑的形成过程中可能起着重要作用。探讨其与上皮之间的相互作用，可为控制牙周炎提供新的思路，值得进一步研究。

（肖丽英）

**龈下菌斑中牙龈卟啉单胞菌牙龈素基因片段的检测**［李琛　高玉琴　潘亚萍等. 上海口腔医学，2007，16(2)：123～126］

选择慢性牙周炎患者龈下菌斑 84 个，采用 PCR 方法对牙龈卟啉单胞菌(*P. gingivalis*)阳性的龈下菌斑标本进行牙龈素基因片段 *kgp*-cd 和 *rgp*B-cd 的检测。根据 2 个基因片段的有无，将 *P. gingivalis* 分为 A 型和 B 型。结果显示，A 型 *P. gingivalis* 在慢性牙周炎中的检出率高于 B 型($P<0.05$)，分别为 85.29% 和 14.71%。不同基因型 *P. gingivalis* 引起的牙周袋探诊深度和牙龈出血倾向差异有统计学意义(PD：$t=2.85$，$P<0.05$；BOP：$P<0.05$)。作者认为，*kgp*-cd 和 *rgp*B-cd 基因与 *P. gingivalis* 的致病性有关，A 型 *P. gingivalis* 更容易导致牙龈出血，形成深牙周袋。

**述　评**

牙龈素是 *P. gingivalis* 的重要毒力因子，在致病过程中起着非常重要的作用。研究携带不同牙龈素编码基因的 *P. gingivalis* 与牙周临床指标之间的关系，可以促进对其致病机制的研究。下一步应明确不同基因型 *P. gingivalis* 的牙龈素在牙周组织破坏中所起的作用。

（肖丽英）

**远缘链球菌黏附与游离状态下合成胞外多糖的比较**［蒋丹　宁美芝　葛剑平等. 上海口腔医学，2007，16(1)：77～80］

在不同蔗糖质量浓度条件下，对表兄(远缘)链球菌进行摇动培养和静止培养，以模拟该菌在游离和黏附状态下的生长。采用蒽酮法测定细菌在不同培养时间合成水溶性和水不溶性多糖的质量浓度。结果在生物膜形成发展期，游离菌合成的水溶性多糖随培养时间的延长而增多，黏附菌合成的水溶性多糖则随时间的延长呈下降趋势；在生物膜成熟期，黏附菌合成的水不溶性多糖多于游离菌($P<0.05$)，而两者合成的水溶性多糖量差异无统计学意义($P>0.05$)。细菌合成的水溶性、水不溶性多糖随着蔗糖质量浓度的增加而增加。在各个蔗糖质量浓度条件下，黏附菌合成的水不溶性胞外多糖量显著多于游离菌($P<0.05$)，而水溶性胞外多糖的质量差异不大($P>0.05$)。

**述　评**

水不溶性胞外多糖是致龋菌的重要致龋因子，能促进生物膜中细菌之间的集聚与相互黏附,防止细菌及其子细胞从黏附表面脱落,有利于生物膜的形成。研究致龋相关细菌——表兄链球菌在不同培养时间、不同蔗糖质量浓度条件下在游离状态和生物膜黏附状态下合成的水溶性、水不溶性胞外多糖的差异,对深入了解多糖在生物膜形成过程中的作用具有十分重要的意义,对龋病的防治可提供新的思路。

（肖丽英）

# 口腔生物化学

**变形链球菌 F-ATPase 亚基基因 *unc*EBF 基因多态性的研究**[杨德琴　刘天佳　付春华等.华西口腔医学杂志,2007,25(3):219～222]

以特异引物扩增变形(异)链球菌高耐酸株、低耐酸株 DNA *unc*EBF,行限制性内切酶长度多态性分析(RFLP)和测序比较。结果显示,不同限制性内切酶片段长度多态性产生不同的基因型,测序证实了导致多态出现的基因变异;高耐酸性菌株中 A 型基因 *unc*EBF 的检出高于低耐酸力菌株。作者认为,变异链球菌质子移位膜 ATP 酶(F-ATPase)亚基联合基因 *unc*EBF 具有明显基因多态性,酸性环境下生存力强的菌株可能出现基因的适应性变异,不同基因型 *unc*EBF 分布与耐酸力不同相关。

**述　评**

变异链球菌 F-ATPase 是其耐酸力的主要调节机制之一。对血清 c 型变异链球菌临床分离株 F-ATPase 的亚基基因 *unc*EBF 多态性及其与细菌耐酸力的关系研究,并发现了不同耐酸株基因分布的差异。该研究对从基因水平有针对性控制变异链球菌致龋毒力具有重要意义。

（周学东　李继遥）

**变形链球菌 UA159 上葡聚糖结合蛋白 C 的定位探讨**[胡萍　边专　樊明文等.中华口腔医学杂志,2007,42(6):349～352]

采用 PCR 法扩增变异链球菌 UA159 GbpC C 端的编码基因片段,分析 C 端氨基酸序列组成;提取该菌上清蛋白、胞内蛋白和胞壁蛋白,用 Western blot 法在 UA159 各成分中检测 GbpC;用免疫金标观察 GbpC 的表达位置;应激条件下进行多聚糖依赖黏附变异链球菌实验。结果显示,变异链球菌 UA159 GbpC C 端亮氨酸-脯氨酸-任意氨基酸-苏氨酸-甘氨酸(LPXTG)的结构变异为 LPXAG;免疫印迹法在细菌的壁蛋白中检测到 GbpC;免疫电镜下可观察到金颗粒围绕细菌细胞壁聚集;应激条件下该菌表现为多糖依赖黏附实验阳性。证实了 C 端为 LPXAG 的 GbpC 仍然锚定在该菌的细胞壁上。

**述　评**

研究者从多个角度对变异链球菌 UA159 GbpC 进行了定位,发现具有 LPXAG 结构的 GbpC 仍然锚定在细菌细胞壁上。变异链球菌 UA159 具有促进其黏附和对牙面早期定植的毒力因子 GbpC。该研究结果为控制该菌对牙面的黏附和聚集提供了有效靶点。

（周学东　李继遥）

**变形链球菌耐氟菌株中耐酸相关基因 *ffh* 突变的检测**[张志民　赵洪岩　张家颖.现代口腔医学杂志,2007,21(6):570～572]

为了检测变异链球菌耐氟菌株中耐酸相关基因 *ffh* 是否存在突变,采用体外诱导变异链球菌耐氟菌株,碱裂解法提取细菌基因组。根据 GenBank 数据库上公布的变异链球菌耐酸相关基因 *ffh* 的序列设计引物,进行 PCR 检测,利用 PGEM-T Easy 载体进行 T-A 克隆,构建重组质粒,酶切电泳,测序鉴定。结果显示变异链球菌耐氟菌株中耐酸相关基因 *ffh* 发生了突变,并可能与其耐酸性增强有关。

**述　评**

目前变异链球菌耐氟菌株中耐酸相关基因 *ffh* 受到广泛关注。研究者观察到耐酸相

关基因 *ffh* 存在突变,并检测到突变位点。该结果为探讨耐酸相关基因 *ffh* 与酸耐受反应的关系以及 *ffh* 突变对功能的影响打下了基础。

(周学东　李继遥)

**影响内氏放线菌尿素酶活性相关因素的初步研究**[刘娅玲　胡涛　张静仪等.四川大学学报(医学版),2007,38(4):675~677]

采用生化技术检测氮源物质、糖源物质、酸性环境对内氏放线菌尿素酶活性的影响,发现当细菌生长环境中 pH 值呈弱酸性、氮源物质缺乏或糖源物质丰富时,内氏放线菌尿素酶活性均有不同程度的提高。在 pH 6.0、氮源缺乏而糖源丰富的培养条件下,内氏放线菌尿素酶活性可高达 149.7 nmol/min·mg dry weight。表明多种生态环境因素均能影响内氏放线菌尿素酶的活性。

**述　评**

尿素代谢是口腔中三条产碱代谢中最重要的途径之一,尿素酶的水解产物对调节口腔酸碱平衡起到了重要作用。作者以研究牙菌斑致龋相关的三种生态环境因素(糖源物质、pH 值、氮源物质)对内氏放线菌尿素酶活性的综合影响为先导,为进一步研究内氏放线菌尿素酶介导的产碱代谢以及了解在口腔环境中内氏放线菌尿素酶活性的调控机制奠定了基础。

(周学东　李继遥)

**牙龈卟啉单胞菌的牙龈蛋白酶 K-caspase 样亚基的表达与青春期龈炎的临床相关性**[陈旭　宗志红　潘亚萍.中华口腔医学杂志,2007,42(2):96~99]

检测 36 例 14~17 岁的青春期龈炎患者的牙龈指数、龈沟出血指数及探诊深度,分离培养其龈下菌斑的牙龈卟啉单胞菌(*Porphyromonas gingivalis*,*P. gingivalis*),16S rRNA PCR 法鉴定,获得 10 个 *P. gingivalis* 临床分离株。测定 *P. gingivalis* 临床株分泌蛋白和菌体蛋白中牙龈蛋白酶 K(gingipain K,Kgp)-caspase 样亚基的表达强度及酶活性,并用 Kgp-caspase 样亚基的单克隆抗体进行 Western blot 检测。结果显示,在青春期龈炎 *P. gingivalis* 临床株的分泌蛋白和菌体蛋白中,Kgp-caspase 样亚基的表达强度及酶活性与各牙周指数的大小呈正相关关系。

**述　评**

*P. gingivalis* 分泌的牙龈蛋白酶 Kgp 与持续的 *P. gingivalis* 感染、牙龈炎症及牙周组织破坏等病理过程密切相关。该文研究者也证实 Kgp-caspase 样亚基的表达强度及酶活性与青春期龈炎的各牙周指数大小呈正相关关系。需进一步研究以便深入认识 Kgp-caspase 影响 *P. gingivalis* 和宿主间的相互作用以及 Kgp 对青春期龈炎的致病作用机制。

(周学东　李继遥)

# 口腔疾病分子生物学

**周期性牵张力调节人牙周膜细胞成骨相关基因表达的研究**[李永明　杨磊　丁寅等.中华口腔医学杂志,2007,42(6):368~372]

通过体外细胞加载系统对体外培养的人牙周膜细胞(hPDLC)施加 12%形变率、6 周/min 的周期性牵张力 48 h,使用点样数为 96 点的人骨再生基因表达谱芯片检测周期性牵张力加载组细胞成骨相关基因的表达。结果发现,hPDLC 在周期性牵张力作用下有 21 种成骨相关基因的表达明显升高,包括 10 种生长因子和相关分子,10 种细胞外基质和相关蛋白,1 种细胞黏附分子。有 2 种基因表达明显下降,一种是生长因子和相关分子,另一种是细胞黏附分子。说明周期性牵张力作用于体外培养的 hPDLC,可通过调节部分成骨相关基因的表达,诱导牙周膜细胞的成骨分化。

**述　评**

利用基因芯片检测相关基因表达的变化是研究基因调控机制的一个很好的方法,因为同时将大量探针固定于支持物上,所以可以一次性对样品大量序列进行检测和分析，从而解决了传统核酸印迹杂交技术操作繁杂、自动化程度低、操作序列数量少、检测效率低等不足。此外，通过聚类分析等生物信息学方法，还可以找出可能存在的变化规律。

（边专）

**涎腺腺样囊性癌细胞系中 DNA 甲基化研究**［张春叶　周晓健　张志愿等. 中华口腔医学杂志，2007，42(3)：135～139］

利用甲基化特异性 PCR 法检测 ACC 细胞系 ACC-2、ACC-3、ACC-M 中 E-钙黏着蛋白（*E-cad*）、*p*16、*rass*FlA、*dapk*、*mgmt* 基因启动子区的甲基化状况，并应用 RT-PCR 方法和免疫组织化学方法检测 *E-cad*、*p*16 在 mRNA 和蛋白水平的表达。结果发现 3 个 ACC 细胞系中均检测到 *E-cad*、*p*16 基因的甲基化，而无 *rass*FlA、*dapk*、*mgmt* 基因的甲基化；mRNA 和蛋白水平均未检测到 *E-cad* 的表达，均检测到 *p*16 的表达。说明甲基化可能是 *E-cad* 基因失活的主要机制之一。

**述　评**

DNA 甲基化是最早发现的基因表观修饰方式之一，可能存在于所有高等生物中。甲基化能关闭某些基因的活性，是基因失活的一个重要机制。作者利用该原理，揭示了 *E-cad* 基因失活的可能机制。

（边专）

**肿瘤坏死因子 A-308 位点基因多态性与侵袭性牙周炎的关系**［朱小玲　孟焕新　徐莉等. 中华口腔医学杂志，2007，42(5)：268～271］

对 64 例侵袭性牙周炎（AgP）患者及 78 名健康对照者，提取其外周静脉血基因组 DNA，采用聚合酶链反应-限制性内切酶片段长度多态性的方法检测 TNF A-308 位点的基因多态性。结果显示 TNFA-308 位点的 *GA* 基因型频率在两组间差异无统计学意义；但是在按性别和吸烟分层的条件下，携带基因型 *GA* 和等位基因 *A* 使男性不吸烟者患病的风险明显增加（*OR* 值分别为 22.2 和 16.1）。提示 TNFA-308 基因型 *GA* 和等位基因 *A* 可能与中国人群中男性个体的 AgP 易感性有关。

**述　评**

基因多态性是人体差异的基本因素，这些差异形成了不同的基因型，决定了人们患有疾病的不同风险和对药物的不同反应。对于牙周炎等多基因病来说，找出与疾病相关的基因多态性对于疾病的预防和针对性的治疗有重要意义。

（边专）

**转基因番茄可食用防龋疫苗免疫 BALB/c 鼠的实验初探**［郑雨燕　凌均棨　麦穗等. 口腔医学研究，2007，23(1)：7～9］

将 60 只 60 天龄的雌性 BALB/c 小鼠随机分为 4 组，分别口服或腹膜下注射转基因番茄或对照番茄。35 d 后取小鼠血清样本，用 ELISA 方法检测其血清样本中的抗变异链球菌 PAc 的 IgG 抗体效价。结果显示，口服和腹膜下注射转基因番茄组小鼠的血清中均出现了抗 PAc 的 IgG 抗体，分别与对照组相比，差异具有统计学意义（$P<0.05$），口服转基因番茄组与注射转基因番茄组的小鼠血清抗体水平差异无统计学意义（$P>0.05$）。作者认为转基因番茄可食用疫苗所表达的外源蛋白具有抗原性，能够诱导实验动物产生免疫应答。

**述　评**

转基因植物可食用疫苗是利用基因工程技术，将外源基因引入植物基因组中并得以表达，从而生产可使人体获得特异性抗病能力的医用疫苗。作者在前期研究的基础上将含编码变异链球菌表面蛋白基因唾液黏附区片段的转基因番茄喂养和腹膜下注射 BALB/c 小鼠，在其血清样本中均检测到抗 PAc 的 IgG 抗体，提示口服免疫途径与注射免疫途径均能有效诱导实验动物产生免疫反应。该研究结果为免疫防龋开辟了新的思路。

（边专）

**变形链球菌临床株质子移位膜 ATP 酶 γ 亚基基因 *unc*G 遗传多态性及 mRNA 表达水平的研究**[杨德琴　刘天佳　亓庆国等.华西口腔医学杂志,2007,25(1):1～4]

选取不同龋敏感人群中分离的 18 株高耐酸和 20 株低耐酸变异链球菌为实验株,扩增质子移位膜 ATP 酶(F-ATPase)的 γ 亚基 *unc*G 基因,行限制性内切酶片段长度多态性(RFLP)分析和测序比较,应用 RT-PCR 和凝胶成像系统定量软件对不同基因型和不同耐酸力变异链球菌 *unc*G 基因的 mRNA 表达水平进行评价和比较。结果显示,Alu I-RFLP 和 Bsr I-RFLP 产生 A、B、C、D 四种基因型,四种基因型在不同耐酸力菌株的分布差异无统计学意义($P>0.05$)。不同基因型及不同耐酸力菌株 *unc*G 的 mRNA 表达水平不同,但差异无统计学意义($P>0.05$)。变异链球菌 F-ATPaseγ 亚基基因 *unc*G 的 RFLP 基因型和 mRNA 表达水平具有明显遗传异质性,但对菌株耐酸力没有明显影响。

**述　评**

变异链球菌是龋病的主要致病菌之一,其对酸性环境的耐受是致龋的关键,F-ATPase的生物学作用是调节菌细胞酸适应能力的最主要机制。作者以血清 C 型变异链球菌临床株为对象,对来源于不同龋敏感人群的不同酸耐受力菌株的 γ 亚基基因 *unc*G 进行遗传多态性的分析,证实 *unc*G 的基因型和mRNA表达水平具有明显的遗传异质性。该研究结果是对 γ 亚基在 F-ATPase 功能作用中的中心角色的必要补充,有利于龋病病因的进一步认识,为龋病防治方法的寻找提供了理论依据。

(边专)

**维生素 D 受体基因 FokⅠ位点多态性与汉族人群中重度牙周炎易感性的关系**[李升　杨明华　王玉才等.牙体牙髓牙周病学杂志,2007,17(8):448～451]

搜集汉族人群中重度牙周炎(CP)患者 71 例,并以 50 例牙周健康者作为对照组。采集外周静脉血提取基因组 DNA,采用聚合酶链反应-限制性内切酶片段长度多态性(PCR-RFLP)方法测定 FokⅠ基因型,分析组间基因型和等位基因频率的差异。结果显示,CP 组与对照组间的基因型分布差异有统计学意义($P=0.028$);CP 组与对照组间的等位基因频率的比较差异有统计学意义($P=0.011$);FF 基因型相对于(Ff + ff)的 $OR=2.33$ (95% $CI=0.97\sim5.57$);F 等位基因相对于 f 的 $OR=1.95$ (95% $CI=1.16\sim3.28$)。表明维生素 D 受体基因 FokⅠ位点多态性与汉族人中重度牙周炎易感性可能有一定关系。

**述　评**

遗传因素对牙周炎的发生和发展过程具有重要影响,多个基因序列与牙周炎的易感性和病情严重程度有关。维生素 D 受体基因(*vdr*)是其中之一。该研究采用 PCR-RFLP 方法,发现 *vdr* 基因 FokⅠ位点多态性与汉族人群中重度牙周炎易感性存在一定关系。等位基因 F 将增加中重度牙周炎的易感性,而 ff 纯合子个体发生中重度牙周炎的危险性将降低。研究结果为牙周炎的病因探索提供了新的思路,但进一步阐明 *vdr* 基因多态性与牙周炎易感性的关系,还需进行不同种族、更大样本量的分析。

(边专)

**口腔黏膜下纤维性变发病相关基因的功能分析**[谢辉　凌天牖　郭金陵等.口腔医学研究,2007,23(2):128～131]

切取口腔黏膜下纤维化(OSF)和正常对照颊黏膜组织进行总 RNA 抽提,反转录制备探针,纯化后与含有 21 571 条基因的人类全基因组寡核苷酸芯片杂交,杂交后信号经扫描仪检测和计算机分析筛选 OSF 发病相关差异表达基因,并进行 gene ontology(GO)分析。结果显示 2 372 条差异表达基因涉及细胞组成的基因群主要集中于细胞外基质和细胞骨架,与溶酶体囊胞、细胞小凹等蛋白相关基因多呈上调表达。作者认为细胞外基质、细胞骨架、溶酶体囊胞、细胞小凹等蛋白相关基因群差异表达可能与 OSF 发病有关。

**述　评**

口腔黏膜下纤维化(OSF)是一种慢性隐匿性、具有癌变可能的口腔黏膜病。其发病的分子机制仍不明确。作者应用人类全基因组寡核苷酸芯片,并结合应用生物信息学分析方法,探索导致 OSF 发生的可疑基因群。研究结果提示细胞外基质、细胞骨架、溶酶体囊胞、细胞小凹等蛋白相关基因群的差异表达可能与 OSF 发病有关,为揭示 OSF 发病的分子机制提供了新依据。

(边专)

# 口腔免疫学

**大肠杆菌脂多糖影响 Toll 样受体 4 在人牙髓细胞的表达**[蒋宏伟　凌均棨　任邦鹏. 实用口腔医学杂志,2007,23(1):31～35]

以大肠杆菌脂多糖(LPS)刺激体外培养的人牙髓细胞,运用实时荧光定量 RT-PCR 和免疫荧光技术分别检测牙髓细胞 Toll 样受体 4(TLR4)mRNA 和蛋白的表达,利用抗体阻断和 ELISA 方法观察 TLR4 在 LPS 激活牙髓细胞释放 IF-1β 中的作用。试验结果显示,正常牙髓细胞不表达 TLR4×$10^{-4}$g/L 大肠杆菌。LPS 作用人牙髓细胞 6、12、23 h 后均可见 TLR4 在细胞膜/细胞质的表达。细胞核并不表达 TLR4。结果表明,正常人牙髓细胞不表达 TLR4 大肠杆菌,LPS 能诱导牙髓细胞表达 TLR4 mRNA 和蛋白。TLR4 介导了 LPS 对牙髓细胞的活化,在 LPS 对牙髓细胞激活效应中具有重要的作用。

**述　评**

脂多糖(LPS)是 $G^-$ 细胞壁的重要组成部分,是诱发牙髓根尖周炎症的毒力因子。牙髓细胞还具有免疫细胞活性,能被 LPS 激活,释放炎症介质,对牙髓及根尖周组织损伤的发生和发展起着不可忽视的作用。此试验证明,TLR4 是 LPS 的受体和 LPS 信号向胞内转导的关键分子。通过抑制 TLR4 途径将有可能减少炎症因子的释放,这对牙髓组织的损伤修复将具有重要意义。

(耿卫艳　牛忠英)

**釉蛋白在大鼠牙胚釉质发育中的表达**[吕平　高学军　高岩. 北京大学学报(医学版),2007,39(1):37～40]

采用免疫组织化学方法,检测出生后第 1、3、7、10、14 d S-D 大鼠第一磨牙牙胚中釉蛋白的表达特征。结果显示,大鼠出生后第 1～14 d 釉蛋白在成釉细胞中的表达随细胞的分化、基质分泌而变化。釉蛋白在出生后第 1 d 的成釉器前成釉细胞中表达为阴性,但进入分泌期成釉细胞中表达阳性;在出生后 3 d 的分泌期成釉细胞细胞质中表达阳性,在刚分泌形成的釉质牙本质界呈强阳性表达;在出生后第 7 d 的分泌期成釉细胞细胞质中表达阳性,在未矿化完全的釉质基质中为强阳性表达,且釉蛋白随矿化的程度不同而表达强弱不同。在出生后 10 d 的大鼠牙胚中釉蛋白仅在成熟期成釉细胞中有较弱的阳性表达,在矿化变薄的剩余釉质基质中仍有阳性表达;在出生后第 14 d 的大鼠牙胚中,釉蛋白表达阴性。试验结果提示,釉蛋白由成釉细胞分泌,最初分布于釉质牙本质界,位于发育中的釉质全层,随釉质成熟而逐渐减少,至釉质完全形成后而表达停止。

**述　评**

釉质的形成是在成釉细胞合成和分泌的釉质基质上进行的生物矿化过程。釉蛋白属于非釉原蛋白,是含量少但相对分子质量最大的釉基质蛋白,釉蛋白具有非常复杂的生物学功能,它在釉质形成中的确切机制尚不清楚。该研究提示,釉蛋白位于发育釉质的全层,随釉质成熟过程而逐渐降解,至釉质完全形成后表达停止。结果表明,釉蛋白与釉质形成密切相关,为进一步研究釉蛋白的生物学功能、釉质的生物矿化机制提供坚实的基础。

（耿卫艳　牛忠英）

**成骨蛋白-1 在人牙髓组织中的表达研究**[岳玲　史俊南　张蓉. 牙体牙髓牙周病学杂志，2007，17(4)：204～206]

采用免疫组织化学方法，检测健康人牙髓组织中成骨蛋白-1 表达，探讨成骨蛋白-1在健康人牙髓组织中的免疫定位、分布规律。结果显示，健康人牙髓组织中成牙本质细胞成骨蛋白-1 呈强阳性染色，毛细血管内皮细胞呈阳性表达，邻近成牙本质细胞的少数牙髓细胞可见阳性染色。从而得出成骨蛋白-1参与成牙本质细胞的合成和分泌，在诱导新生牙本质样细胞形成和分化过程中可能起重要作用。

**述　评**

成骨蛋白-1 是转化生长因子 β 超家族成员之一，它对牙齿发育和矿化起重要的调节作用。该试验表明，在健康人牙髓组织中有成骨蛋白-1，它不但参与牙胚的发育和矿化，还可能参与健康人牙髓组织中成牙本质细胞的合成和分泌，调节和诱导新生成牙本质样细胞的形成和分化。该结论为研究成骨蛋白在正常和炎症牙髓组织中的表达规律奠定了基础。

（耿卫艳　牛忠英）

**人牙髓细胞体外培养及向成牙本质细胞诱导分化**[朱李军　冯航　陈仲伟等. 现代医院，2007，17(6)：26～28]

通过组织酶解法进行人牙髓细胞体外培养，免疫组织化学法鉴定细胞组织来源，测定体外复层生长的人牙髓细胞碱性磷酸酶活性，并检测其诱导矿化的能力。结果提示，牙髓细胞在连续培养后具有复层生长的特性，并具有显著的碱性磷酸酶活性，连续培养的牙髓细胞可形成矿化结节。

**述　评**

成牙本质细胞是合成和分泌牙本质基质的唯一细胞，在牙齿发育和损伤修复的过程中发挥重要作用。成牙本质细胞在体外只能短期生存，长期分离培养的细胞将失去表型特征和分泌活性，因此建立适合的体外研究模型是研究牙髓损伤修复和牙本质再生机制的迫切要求。作者通过试验建立的体外成牙本质细胞样细胞的培养模型，为下一步研究成牙本质细胞活化后的功能改变奠定了物质基础。

（耿卫艳　牛忠英）

**血管内皮生长因子在人牙髓中的表达**[林秀娟　王青　林志勇等. 牙体牙髓牙周病学杂志，2007，17(1)：9～12]

采用免疫组化链酶亲和素-生物素-过氧化物酶连结法（SABC），研究血管内皮生长因子（VEGF）在健康、深龋或炎症牙髓中的表达及其意义，对牙髓中的血管内皮生长因子的表达进行组织学定位，并通过 Imagepro-plus 5.1 图像分析软件对成牙本质细胞和牙髓成纤维细胞中 VEGF 染色进行平均光密度值测定。结果显示，人牙髓中，VEGF 主要表达在血管内皮细胞、成牙本质样细胞和牙髓成纤维细胞的细胞质中，健康牙髓组成牙本质细胞的 VEGF 表达比深龋和炎症牙髓中的 VEGF 表达弱；与健康牙髓比，牙髓成纤维细胞中 VEGF 的表达在深龋组明显增强，而在炎症组明显减弱。

**述　评**

牙髓受各种刺激如损伤、牙折、正畸力作用或炎症可产生一系列反应，主要是由细胞因子介导的细胞、蛋白、细胞因子间的级联反应。在牙髓损伤修复过程中，血管生成是牙髓、牙本质成功修复的前提，血管内皮生长因子在其中起重要的作用。目前有关 VEGF 在牙髓组织中表达、分布的研究较少。作者用免疫组化方法观察 VEGF 在正常、深龋或炎症牙髓中的定位和分布情况，为进一步研究牙髓炎的发生、发展提供了坚实的基础。

（耿卫艳　牛忠英）

**母亲唾液变形链球菌水平与幼儿变形链球菌检出关系的研究**[彭楚芳　王嘉德　葛立宏

等. 临床口腔医学杂志,2007,23(8):465～467]

挑选 124 对 1～2 岁幼儿和母亲为研究对象,检测母亲刺激性唾液中变异链球菌及幼儿菌斑中变异链球菌检出情况,探讨母亲唾液中变异链球菌水平与幼儿变异链球菌检出的关系。试验结果显示,幼儿变异链球菌检出阳性组和阴性组的母亲唾液中变异链球菌水平分布的差异有统计学意义;母亲唾液变异链球菌水平较幼儿变异链球菌检出率明显高,表明母亲可能是幼儿变异链球菌的主要传播源。

**述　评**

变异链球菌被公认是龋病的主要致病菌。有研究表明变异链球菌在婴幼儿口腔中的过早定植与龋发生的危险性相关。探索儿童口腔中变异链球菌的传播方式和传染源,将有助于阻断或延迟变异链球菌的传播。而在我国,母亲和幼儿变异链球菌的传播关系尚未见报道。该试验结果为寻找我国儿童变异链球菌传播的特殊规律,开展婴幼儿龋病预防提供基础资料。

（耿卫艳　牛忠英）

**细胞凋亡在小鼠牙釉质形成中的作用**[肖长杰　李纾　于西佼等. 口腔医学,2007,27(4):172～174]

制备出生后 3、5、9 和 15 d 发育阶段的 BALB/c 小鼠牙胚的石蜡标本,采用原位末端标记与 SP 免疫组织化学方法,观察成釉细胞分化各阶段细胞凋亡及 *bcl*-2 的表达情况。结果表明,凋亡在分化各期的成釉细胞中皆有表达。在成熟期表达增强,近颈环处处于分泌前期及分泌期的成釉细胞 *bcl*-2 表达阳性,而在冠方尤其牙尖处的成釉细胞中则表达下降或消失。

**述　评**

细胞凋亡是机体维持细胞群体数量稳定的重要手段,细胞凋亡失调可成为某些疾病的重要发病机制。成釉细胞的增殖与凋亡如果在其分化不同阶段出现基因调节紊乱,尤其在成釉细胞的转变期和成熟早期,会导致一系列釉质形态结构的发育异常。作者通过观察出生后小鼠牙胚成釉细胞的凋亡情况和凋亡相关调控基因 *bcl*-2 的免役组织化学定位,阐述了凋亡在釉基质分泌及釉质形成过程中的作用,对进一步研究阐明牙齿发育机制有一定意义。

（耿卫艳　牛忠英）

# 口腔生物力学

**牙支抗羊下颌骨牵张成骨的组织学观察**[冯雪　陈富林　林珠等. 实用口腔医学杂志,2007,23(2):180～182]

用山羊 9 只(7～9 月龄)为实验对象,实验组随机分为 4 组,每组 2 只;对照组 1 只。在 846 合剂(0.1 ml/kg)麻醉下,于下颌第二和第三前磨牙之间将骨皮质切开后,将自制的颌骨延长装置,用自凝塑料黏固于第二、三前磨牙上。术后 5 d 开始加力,每次 0.25 mm,每日 2 次,在开始加力后分别于 8、16、32、48 d 时,将动物处死,标本进行四环素荧光标记检查,H-E 染色及 Mallory 三色染色观察。四环素荧光标记结果显示,在延长区内有黄绿色荧光标记的新骨形成,H-E 及 Mallory 三色染色结果显示,新骨从牵引区两侧逐渐向中央延伸,融合后的骨小梁逐渐改建成熟,纤维束、新形成的骨小梁以及早期的各种细胞均表现为长轴与牵引力的方向一致。

**述　评**

牵引成骨术自 20 世纪 50 年代 Ilizrov 对这项技术从实验到临床应用进行了系统的研究之后,显示出了广阔的临床应用前景。目前已有不少临床病例报道,但以牙为支抗的牵引成骨术的研究不多。该研究结果对牵引成骨术在颌面部畸形治疗中的进一步应用有一定指导意义。

（朱洪水）

**牵引成骨过程中前列腺素 $E_2$ 的表达及其作用**[骆泉丰　王兴. 现代口腔医学杂志,2007,21(5):459～461]

取 6 个月雄性新西兰大白兔 25 只,随机分为 2 组:①NOR:用 2.5% 戊巴比妥麻醉后,在下颌骨颏孔处,用电动摆锯锯断,固定,逐层缝合组织;②DIS:在下颌骨断开处安放 2 cm 牵引器,逐层缝合,于术后 5 d 开始旋转螺杆,0.25 mm/次,2 次/日,连续牵引 20 d,分别于术后 1、3、5、7、9 周,取骨折愈合部的标本,冻干骨粉,用 $^3H$ 标记前列腺素 $E_2$($PGE_2$)放免试剂盒和 Power visionTM 二步法免疫组化试剂盒,检测 $PGE_2$。结果发现,在骨牵引过程中 $PGE_2$ 的分泌水平明显高于一般截骨后骨愈合,不论是牵引成骨还是一般截骨后骨愈合,术后早期 $PGE_2$ 的分泌水平高于晚期。骨牵引组术后早期 $PGE_2$ 水平较高,除了与手术本身引起的炎症反应有关系外,成骨细胞 $PGE_2$ 分泌的增加也是一个主要原因。

**述　评**

骨牵引过程中 $PGE_2$ 的增加可能主要是由机械张力所引起的,从实验中观察到的现象反映了 $PGE_2$ 在骨代谢过程中的双向调节作用,既可促进骨的合成代谢,增加新骨形成,同时也参加了骨的分解代谢,促进破骨过程的发生。该实验对进一步弄清牵引成骨的机制提供了一定的依据。

(朱洪水)

**周期性单轴压应力下大鼠髁突软骨细胞早期应答机制的蛋白质组学初探**[李煌　李松　吴拓江等. 中华口腔医学杂志,2007,42(9):529～532]

对第 3 代 S-D 大鼠髁突软骨细胞,用四点弯曲加力装置进行周期性单轴压应力加载。分为 2 000 μstrain 和 4 000 μstrain 加力组,频率 0.5 Hz,时间 60 min,每组加力 30 次,各组均设空白对照组。采用双向凝胶电泳技术和质谱鉴定仪分析软骨细胞蛋白质表达的变化。与各自的对照组相比,2 000 μstrain 加力组细胞蛋白质表达变化无统计学意义,4 000 μstrain 加力组细胞蛋白质表达改变,3 个新蛋白点出现,5 个蛋白点消失,22 个蛋白点表达下调,7 个蛋白点表达升高;质谱鉴定其中 8 个差异蛋白点分别为细胞骨架相关蛋白、糖代谢相关蛋白、信号传导相关蛋白以及几种蛋白复合物。

**述　评**

髁突软骨的生物学特性是口腔正畸治疗的基础。在机械力的作用下软骨细胞通过多条调控途径产生应答反应,蛋白质组学为研究力学信号应答机制提供了一种新的模式。该研究结果为进一步研究在力学刺激下软骨细胞的早期应答反应和信号传导机制提供参考依据。

(朱洪水)

**磁性附着体模拟静磁场对成骨细胞增殖活性和周期分布及凋亡率的影响**[赵煜　李冰雁　巢永烈等. 华西口腔医学杂志,2007,25(5):437～440]

设计制作细胞静磁场加载装置,对体外培养的 S-D 大鼠成骨细胞进行 3 种强度(12.5、125、250 mT)、持续不同时间的静磁场加载。检测成骨细胞的增殖活性,流式细胞术分析细胞周期分布和细胞凋亡率。加载后 1、3、5、7 d,未发现静磁场对 $G_0/G$ 期、S 期、$G_2/M$ 期细胞百分比、增殖指数和细胞凋亡率产生明显影响。

**述　评**

磁性附着体义齿修复在临床应用多年,磁性材料对口腔局部组织产生一定强度的静磁场作用是人们担心的问题。该文作者模拟附着体静磁场,未发现对成骨细胞增殖活性和周期分布及凋亡率有明显影响。但长期使用磁性材料,其所产生的静磁场对成骨细胞及牙周其他组织生物活性的影响,值得进一步研究。

(朱洪水)

**下颌骨骨折骨断端生物力学特性的三维模型**

**研究**[刘春丽　吴安平　朴正国等.华西口腔医学杂志,2007,25(4):320～322]

以下颌骨右侧髁突为中心建立空间平行力系:$x$ 轴通过二髁突中心,$x$-$y$ 平面与下颌咬合平面平行,$z$ 轴通过坐标中心且垂直于 $x$-$y$ 平面。分别计算在下颌牙列不同咬合点功能负载时,下颌角、下颌颏孔和下颌正中联合区 3 个骨折好发部位骨折断端截面上的弯矩、扭矩及剪应力。在对 9 个成年男性下颌骨标本进行测量后发现,下颌角区骨折断端截面上有相对较高的正弯矩及剪应力;下颌颏孔区骨折断端截面上正负弯矩作用较大,而且骨折侧下颌骨后牙咬合时扭矩最大;下颌正中联合骨折时,整个牙列不同部位负载骨折截面上均形成负弯矩,扭矩和剪应力作用较小。

**述　评**

作者对下颌骨建立三维力学模型,并对下颌骨体 3 个骨折好发部位骨折断端截面上的弯矩、扭矩、剪应力在不同负载下的变化特性作了分析。这对临床上下颌骨骨折钛板内固定和正确指导患者骨折固定术后的功能性咀嚼运动有一定指导作用。

(朱洪水)

**扩张早期大鼠腭中缝细胞凋亡现象的观察**[巫云霞　王林　张卫兵等.口腔医学,2007,27(4):175～177]

选用 4 周龄清洁级雄性 Wistar 大鼠 25 只,随机分成对照组 0、1、2 d 组和实验加力 1、2 d 组,每组各 5 只。参照 Kobayashi 的方法建立大鼠上颌扩弓模型,对两眼簧扩弓的加扩张力(50 g)于大鼠腭中缝。于加力后 1、2 d 处死大鼠,取材,在用 H-E 染色法和 Tunel 法标记凋亡细胞时发现,加力 1 d 后腭中缝组织明显扩宽,腭中缝边缘的骨细胞凋亡数比对照组明显增多,加力 2 d 后腭中缝边缘细胞大量增殖,凋亡骨细胞数有所减少,但仍多于对照组。

**述　评**

细胞凋亡参与骨折愈合、牵引成骨、正畸牙槽骨改建、上颌腭中缝的扩张等骨组织的改建。该研究结果表明,细胞凋亡在扩张腭中缝组织改建的启动过程中有着重要的生物学作用,为深刻认识细胞凋亡在骨组织改建过程中的作用提供一定依据。

(朱洪水)

**力学刺激对人腺样囊性癌高低转移细胞系增殖的影响**[何海波　唐休发　李龙江等.实用口腔医学杂志,2007,23(1):87～90]

根据 Brighton 等的方法改进自制的双轴力学应变系统,对体外培养腺样囊性癌高低转移细胞系 ACC-2、ACC-M 加不同力的刺激,频率为 3 次/min 的 1 000、4 000 μstrain,每组加载时间为 1、3、6 h,共加载 2 d,于第 3 d 取标本。用流式细胞仪检测增殖情况发现,不同大小的力和力的作用时间均对 ACC 细胞增殖活动有影响,并发现这种影响还具有随时间延续而变化的特性。

**述　评**

该实验研究结果提示,力对癌细胞增殖有影响,且作用力的大小和作用的时间长短均有关系。这对认识口腔肿瘤生长过程中,口腔运动、肿瘤血液动力学、对肿瘤包块不正确触摸等均会促使肿瘤细胞增殖和转移。ACC 是涎腺恶性肿瘤中发病率、转移率和复发率都很高的肿瘤之一,这与该肿瘤细胞对力的刺激敏感性可能有关。该研究对进一步认识力学刺激对细胞和组织的生长、分化调控机制有帮助。

(朱洪水)

**Amira 与 UG 及 ALGOR 软件联合建立下颌磨牙三维有限元模型**[杨萍　张少锋　刘继鹏等.第四军医大学学报,2007,28(9):852～854]

采用薄层 CT 扫描技术、医学影像三维重建软件 Amira 和 Unigraphics NX 造型软件以及有限元分析软件 ALGOR 相结合建立了下颌 D 区 567 三维有限元模型,总节点为

93 260个,六面单元数为 167 111 个。所建模型结构完整,空间结构测量准确度高,单元划分精细,能较精确地模拟实体状态,为进一步的生物力学研究提供了基础。

**述　评**

有限元分析法近年来已被广泛运用于口腔医学领域中,用于各种复杂问题的力学研究。该方法的基础是模型的建立,如何提高模型的相似性是研究的重点。采用 CT 扫描技术与 CAD 软件和有限元分析软件共同建模,所建立的牙齿几何相似性好,有效提高了建模精度和建模速度,单元划分精细,模型可任意旋转观察、切割及调整并可重复使用,从而为进一步的优化修复设计提供了可靠依据。

(*赵士芳*)

# 牙体牙髓病学

**纳米羟磷灰石/聚酰胺 66 作为盖髓材料的体外抗菌作用**[苏勤　叶玲　周学东等. 华西口腔医学杂志,2007,25(1):26～28]

采用变异链球菌、黏性放线菌和干酪乳杆菌的标准株,通过琼脂扩散法比较新型纳米羟磷灰石/聚酰胺 66(nHA-PA66)对 3 种实验菌的抑菌环直径大小。结果显示,nHA-PA66 固化膜片与 nHA-PA66 糊剂对变异链球菌无抗菌作用,对黏性放线菌和干酪乳杆菌有极轻微抗菌作用;nHA-PA66 碘仿糊剂的抗菌能力增强,与氢氧化钙糊剂差异无统计学意义;羟磷灰石糊剂对 3 种实验菌均无抗菌作用。提示 nHA-PA66 作为一种新型纳米生物材料,单独使用时对变异链球菌、黏性放线菌和干酪乳杆菌几乎不具有抗菌性能,但可通过与碘仿的联合应用来提高 nHA-PA66 用作盖髓材料时的抗菌能力。

**述　评**

作者通过研究一种新型盖髓材料纳米羟磷灰石/聚酰胺 66(nHA-PA66)对龋性牙本质中常见致病菌的体外抗菌作用,证实 nHA-PA66 与碘仿的联合应用可达到与氢氧化钙相同的抗菌效果,同时保持了纳米羟磷灰石复合仿生材料的生物相容性和生物活性,为此类纳米仿生材料的临床应用提供了可靠的实验依据,具有良好的应用前景。

(*凌均棨*)

**基质金属蛋白酶 MMP-2 在龋病发展过程中的表达研究**[陈颖　梁景平　李昊妍等. 牙体牙髓牙周病学杂志,2007,17(3):121～124]

利用免疫组化、RT-PCR、实时荧光定量 PCR 和 Western blot 检测基质金属蛋白酶-2(MMP-2)在健康、浅龋和深龋牙齿牙髓组织中的表达差异。组织标本免疫组化显示 MMP-2 在健康组和浅龋组中呈弱阳性表达,在深龋组中则表达强阳性;在健康组中仅表达于成牙本质细胞中,而在龋病组中牙髓细胞亦有表达;实时荧光定量 PCR 和 Western blot 均检测到 MMP-2 在深龋组中表达明显高于其他两组。表明 MMP-2 的表达部位和强度与龋病的进展相关。

**述　评**

基质金属蛋白酶(MMP)是参与降解全身各种细胞外基质的蛋白酶家族,在人类全唾液和菌斑中可检测到 MMP 家族的几乎所有成员。目前的研究集中于 MMP 在牙本质形成和牙本质-牙髓复合体损伤修复中的作用机制,其对龋病发生发展中脱矿牙本质胶原的作用研究则处于起步阶段。作者检测了龋损牙齿的牙髓组织中 MMP-2 的表达差异,证明 MMP-2 的表达部位和强度与龋病的进展相关,为研究龋病发生过程中有机物的降解机制提供了新思路。

(*凌均棨*)

**比较两种锥度牙胶尖侧方加压的充填质量**[夏智敏　彭彬　边专等. 现代口腔医学杂志, 2007,21(1):66～68]

选择 40 个离体单根管的下颌前磨牙,依据根管弯曲度随机分为两组,然后用机用镍钛 ProFile 器械预备根管,使用镍钛侧压器和

0.02 或 0.04 锥度主牙胶尖冷牙胶侧方加压技术充填，距根尖 2、4 mm 处片切，记录图像并分析。结果显示，在距根尖 2 mm 处、弯曲度小于等于 20°时，0.04 主牙胶尖的牙胶面积百分比明显高于 0.02 主牙胶尖。提示选用与根管锥度相近的主牙胶尖进行根管充填，能获得较好的充填质量。

**述　评**

目前临床上广泛采用机动镍钛根管预备器械，预备完成的根管具有连续锥度，可采用大锥度牙胶尖进行根管充填，但不同锥度牙胶尖的根管充填质量是否一致仍存在争议。该研究比较了不同锥度牙胶尖侧方加压充填后的牙胶面积百分比，发现选用与根管锥度一致的牙胶尖进行根管充填，有利于形成较大均质的牙胶团块，根管壁及牙胶之间封闭剂较少，避免了封闭剂收缩而导致的远期根尖微渗漏。该实验为合理应用锥度牙胶尖进行根管充填提供了临床指导。

（凌均棨）

**牙髓干细胞向神经细胞方向的诱导分化实验**［贺慧霞　金岩　史俊南等．华西口腔医学杂志，2007，25(4)：331～334］

克隆化培养人牙髓干细胞，预诱导 24 h 后换含一定浓度二甲基亚砜、丁羟基茴香醚、forskolin、β-巯基乙醇和氢化可的松的联合诱导液连续诱导 4 d，对诱导细胞进行形态学观察，免疫组化染色和 RT-PCR 检测。结果显示，诱导 12 h 时细胞形态开始改变，24 h 时分化为较为典型的神经细胞样细胞；诱导细胞表达神经元细胞特异性标志 NSE 和胶原纤维酸性蛋白（GFAP）；RT-PCR 检测到诱导细胞表达 GFAP mRNA。实验结果表明人牙髓干细胞在一定的诱导条件下可横向分化为神经元样细胞。

**述　评**

成体干细胞具有横向分化潜能，不仅能分化为来源组织的各种细胞类型，并且具有分化为其他胚层来源的成熟细胞的潜能。目前已证实骨髓基质干细胞可横向分化为神经细胞样细胞。牙髓干细胞是间充质来源的前体细胞，与骨髓基质干细胞有相似特性，但是否具有横向分化能力尚不明了。作者参照并改良了骨髓基质干细胞体外成神经分化的诱导条件，为牙髓干细胞向神经元样细胞分化建立了可行的诱导方案，观察到神经元样细胞分化的形态学改变和特异性蛋白的表达，对于揭示牙髓干细胞的多向分化特性具有重要意义。

（凌均棨）

**四种冲洗剂对根管内粪肠球菌清除效果的体外实验**［王冬梅　高学军　沈嵩．中华口腔医学杂志，2007，42(4)：223～224］

建立粪肠球菌根管内感染模型，实验组用 4 种常用的化学冲洗剂、对照组用 0.9% NaCl 溶液冲洗根管，比较根管内粪肠球菌感染的清除效果。冲洗前后计数根管内的细菌量，检测残余细菌并观察 72 h 细菌复苏情况。结果显示，化学冲洗剂的杀菌效果明显优于 0.9% 氯化钠溶液，2.5% 次氯酸钠及 2% 氯己定明显优于 3% 过氧化氢。提示 2% 氯己定、2% 氯胺-T 的杀菌效果与 2.5% 次氯酸钠相似，而 3% 过氧化氢杀菌效果较弱。

**述　评**

粪肠球菌在治疗失败根管内的检出率较高，对抗菌药物有较强的耐药性，是难治性根尖周炎的重要致病因素。寻找能有效清除定植于根管中的粪肠球菌的清理和消毒方法是目前根管治疗中的难点。该实验建立了稳定的粪肠球菌根管感染模型，通过比较研究发现 2.5% 次氯酸钠、2% 氯己定和 2% 氯胺-T 均有较好的杀菌效果，但仍未能达到细菌培养阴性。该现象是否与根管内粪肠球菌生物膜的特性有关，仍待进一步证实。未来的工作重点应明确粪肠球菌生物膜的耐药机制，为建立有效的根管消毒策略提供依据。

（凌均棨）

**肝细胞生长因子在大鼠修复性牙本质形成过程中的表达研究**［叶玲　凌均棨　彭栗等．

四川大学学报(医学版),2007,38(1):126～128]

以窝洞预备形成大鼠修复性牙本质模型,免疫组化染色法和积分光密度值(IOD)法检测窝洞预备后 3 d、15 d 和 30 d 修复性牙本质形成不同阶段,大鼠牙髓组织中肝细胞生长因子(HGF)的表达。结果显示,窝洞预备后 3 d,HGF 在大鼠牙髓细胞及成牙本质细胞胞质中呈强阳性表达;15 d 组 HGF 在两种细胞的表达较 3 d 组减弱,但仍呈阳性;30 d 组和正常对照组中 HGF 均呈弱阳性表达,两者无统计学差异。表明 HGF 参与了牙髓损伤早期的修复与修复性牙本质的形成。

**述　评**

牙髓损伤修复后,成牙本质细胞的分化和修复性牙本质的形成涉及多种信号分子的调控,许多细胞生长因子在此过程中发挥了重要作用。该实验探讨了肝细胞生长因子在大鼠修复性牙本质形成过程中的作用,表明肝细胞生长因子参与了牙髓损伤的早期修复和修复性牙本质的形成过程,为揭示牙髓损伤修复的分子调控机制提供了重要的实验依据。

(凌均棨)

**变形链球菌中 Sec 分泌系统的免疫金标记定位**[胡萍　边专　樊明文. 中华口腔医学杂志,2007,42(12):709～711]

通过定位 SecA 和 SecY 蛋白来定位 Sec 分泌系统在变异链球菌上的分布模式。用蛋白印迹法检测抗 SecA 和抗 SecY 多克隆抗体的特异性;胶体金标记免疫电镜观察 SecA 蛋白和 SecY 蛋白在变异链球菌 GS-5 上的分布模式。蛋白印迹检测结果表明,抗 SecA 蛋白和抗 SecY 蛋白的多克隆抗体可分别特异性地识别相对分子质量为 95 000 和 47 800 的抗原。电镜下可见金标记颗粒不对称地聚集在变异链球菌 GS-5 细胞膜上一微小区域,提示 Sec 分泌系统在变异链球菌细胞膜上呈现单一位点的分布趋势。

**述　评**

蛋白质合成后定向转运机制的研究是分子生物学的重要课题之一。目前的研究发现在不同细菌中 Sec 分泌系统具有不同的分布模式,展现出不同的功能和蛋白质转运策略。变异链球菌是口腔中的主要致病菌,其细菌蛋白分泌系统主要通过 Sec 依赖的分泌通路,明确 Sec 分泌系统在变异链球菌上的分布模式,将为研究其蛋白质定向转运机制提供新思路。作者采用免疫金标记的方法对 Sec 分泌系统的主要构成成分 SecA 蛋白和 SecY 蛋白进行定位研究,该实验结论为进一步证实 Sec 分泌系统的分布类型是否与细菌的形态存在联系提供了实验依据,值得深入探讨。

(凌均棨)

# 牙周病学

**牙周洁治和刮治对牙龈微循环的作用研究**[陈铁楼　蔺世龙　周以钧等. 现代口腔医学杂志,2007,21(1):4～6]

选择慢性牙周炎患者(CP)20 例、侵袭性牙周炎(AgP)和牙龈炎(G)患者各 10 例,健康人 10 例作为对照。用激光多普勒血流仪测定牙周洁刮治前后患者的牙龈血流量(GBF)、血流速度(BCV)和血浓度(BC)及牙龈指数(GI)、菌斑指数(PLI)、牙周探诊深度(PD)、附着丧失(AL)的变化,并与健康组比较。结果表明,治疗后 1 周时 CP 组、AgP 组和 G 组患者 GBF 和 BCV 较治疗前均明显增加,BC 较治疗前明显降低,CP 组患者 GBF、BCV 和 BC 值与 AgP 组差异有统计学意义;治疗后 CP 组、AgP 组和 G 组 GI 和 PLI 明显降低,CP 组和 G 组 PD 和 CP 组的 AL 明显降低,AgP 组 PD 和 AL 轻度降低;治疗后 1 个月时各组 GBF、BCV 和 BC 及牙周临床指标与治疗后 1 周时差异无统计学意义。作者认为,牙周洁治和刮治对牙龈微循环指标有明显改善作用,其临床治疗作用与牙龈微循环改善密切相关。

**述　评**

牙周洁治和刮治是临床治疗各型牙周病的必不可少的基础治疗手段，贯穿于牙周病治疗的始终。研究牙周基础治疗过程中的牙龈微循环，为观察临床牙周洁治与刮治的效果提供了一种新的评价指标，同时也为进一步研究高压氧治疗牙周病以及牙周组织的乏氧代谢等相关研究提供了较为可靠的手段。

（杨丕山　李纾）

**牙龈卟啉单胞菌 FimA 蛋白和白细胞介素-15 共表达质粒免疫小鼠的实验研究**［姜广水　郭红梅　王喜军等．华西口腔医学杂志，2007，25(2)：177～179］

采用重组质粒 pIRES-fim A：IL15 与 pIRES-fim A 经滴鼻免疫和肌肉注射免疫 BABL/c 小鼠，以间接 ELISA 方法检测血清中 IgG 和唾液中 sIgA 抗体水平。结果发现，重组质粒 pIRES-fim A：IL15 与 pIRES-fim A 经滴鼻免疫可诱导产生唾液 sIgA 反应，且该反应明显高于肌肉注射法，血清 IgG 水平与肌肉注射法无明显差别。pIRES-fim A：IL15 经滴鼻免疫产生的唾液 sIgA 滴度显著高于 pIRES-fim A 组。作者认为，滴鼻免疫可作为抗牙龈卟啉单胞菌 DNA 疫苗有效的黏膜免疫途径，诱导循环和口腔局部抗体反应；IL-15 可作为细胞因子佐剂通过滴鼻途径增强该疫苗诱导的 sIgA 反应强度。

**述　评**

牙周病的免疫学研究一直是国内外该领域关注的焦点之一。作者以慢性牙周炎的主要致病菌牙龈卟啉单胞菌为目标，对其表面抗原成分 FimA 及细胞因子 IL15 为免疫佐剂来增强黏膜免疫应答，该研究中免疫佐剂的选择和对免疫途径的探索，为以基因疫苗为手段进行牙周病的防治奠定了良好的基础。

（杨丕山　李纾）

**聚己内酯电纺纤维支架培养人牙周膜细胞的体外研究**［贾骏　段嫄嫄　周建学等．牙体牙髓牙周病学杂志，2007，17(5)：243～246］

采用静电纺丝法制备聚己内酯(PCL)电纺纤维支架。组织块法培养人牙周膜细胞(PDLC)，传代扩增后接种于 PCL 电纺纤维支架上。激光共聚焦显微镜、扫描电镜观察人 PDLC 在支架材料上的黏附、生长情况，MTT 法检测 PCL 电纺纤维支架对 PDLC 增殖的影响。结果显示，PCL 电纺纤维支架呈无纺多孔网状结构，直径范围为 338～424 nm，纤维形态光滑均一。激光共聚焦显微镜、扫描电镜显示 PDLC 在支架上贴附牢固，伸展充分，增殖旺盛并分泌大量的细胞外基质。MTT 法检测表明，PCL 电纺纤维支架材料不影响 PDLC 的生长与增殖。作者认为，PCL 电纺纤维支架具有良好的生物相容性，有望作为一种新型支架材料应用于牙周组织工程。

**述　评**

组织工程技术具有十分广阔的研究与应用前景，理想三维支架材料的缺乏仍是制约该领域发展的瓶颈之一。作者应用静电纺丝技术制备的纤维支架材料比表面积大，孔径小，孔隙率高，纤维均一性好，直径与细胞外基质中胶原纤维相近，从而最大限度地模拟细胞外基质天然结构；制备方法较为简单。结合该材料与人牙周膜细胞的生物相容性方面的研究结果，值得对该材料及其相应制备技术进行深入研究。

（李纾　杨丕山）

**17-β 雌二醇对人牙周膜细胞骨向分化时核因子-κB 受体激动子配体和骨保护因子表达的影响**［唐晓琳　孟焕新　张立等．北京大学学报(医学版)，2007，39(1)：50～53］

原代培养人牙周膜细胞(hPDLC)，采用剂量对照设计，研究 17-β 雌二醇($E_2$)对该细胞骨向分化时核因子-κB 受体激动子配体和骨保护因子表达的影响。分别在含有 0.1% 无水乙醇(对照组)、$10^{-10}$ mol/L 雌二醇(生理剂量组)或 $10^{-7}$ mol/L 雌二醇(高剂量组)的矿化诱导培养基中培养，观测时间点分别为第 24、48 和 72 h，用荧光定量 RT-PCR 法检测核因子-κB 受体激动子配体（RANKL）和骨保护因子（OPG）mRNA 的表达水平。结果显示，高剂量和生理剂量 $E_2$ 均下调 hPDLC 的 RANKL mRNA 的表达。高剂量组随时间增加 RANKL 的表达水平逐渐降低，第 24、48 和 72 h 的表达水平分别为对照组的 31.0%、23.6% 和 15.4%；生理剂量组各时间点分别为对照组的 28.4%、87.3% 和 22.6%。不同剂量 $E_2$ 均上调 hPDLC 的 OPG mRNA 的表达水平，特别以第 72 h 作用明显，生理剂量组表达水平为对照组的 210.1%；高剂量组为对照组的 171.3%。作者认为，17-β 雌二醇通过下调 hPDLC 骨向分化时 RANKL 的表达并上调 OPG 的表达抑制破骨细胞的分化和牙槽骨的吸收，从而发挥对牙周组织的保护作用。

**述 评**

骨组织的生理代谢和修复再生与包括雌激素在内的各种全身性激素的水平有着十分重要的关系。牙周病是以牙槽骨吸收和牙周袋形成为主要特征的慢性破坏疾病，其治疗的理想目标是包括牙槽骨在内的各种牙周组织的再生。作者在细胞学水平上对参与该过程的分子调控机制进行了探索，为进一步研究牙周病与全身系统性因素的关系、牙周病病理改变以及牙周组织的再生奠定了重要的理论基础。

（杨丕山 李纾）

**牙周炎患者非刺激性全唾液中 IL-1β 和 MMP-8 的检测及意义**［武影 束蓉 沈敏华等. 上海口腔医学，2007，16(2)：127～130］

选择 28 例广泛型重度慢性牙周炎和广泛型侵袭性牙周炎患者以及 24 例牙周健康个体，采集非刺激性全唾液，然后用 IL-1β 和基质金属蛋白酶（MMP）-8 的 ELISA 试剂盒分别检测其唾液含量。结果发现，IL-1β 唾液含量在广泛型重度慢性牙周炎组、广泛型侵袭性牙周炎组和牙周健康组之间差异无统计学意义；MMP-8 水平在广泛型重度牙周炎和广泛型侵袭性牙周炎两组中均显著增高，且与对照组比较差异有统计学意义，但两组之间差异无统计学意义；同时，IL-1β、MMP-8 与牙周探诊深度、附着丧失、探诊出血指数和唾液流量之间无显著相关性。作者认为，唾液中的 MMP-8 水平可能成为牙周炎诊断的分子标志物，IL-1β 则需要进一步的研究来证实。

**述 评**

唾液的生化组成及生理功能十分复杂，且随病理变化而发生变化。与龈沟液相比而言，唾液的采样简单且可重复性较好，唾液生化是一个值得深入研究的疾病检测方法。该研究对寻求牙周炎患者特异性分子标记物提供了新的手段，但需注意不同年龄和性别等因素对唾液组分的影响。

（李纾 杨丕山）

**胞内信号转导分子 LIM 矿化蛋白-1 在人牙周膜细胞体外矿化过程中表达的实验研究**［王效英 张旗 王强等. 牙体牙髓牙周病学杂志，2007，17(1)：4～7］

采用组织块法体外培养人牙周膜细胞，实验组培养液中加入矿化诱导剂，对照组不加矿化诱导剂。免疫细胞化学检测骨涎蛋白（BSP）的表达；von Kossa 染色检测矿化结节的形成。采用半定量 RT-PCR 技术检测 LIM 矿化蛋白-1（LMP-1）、碱性磷酸酶（AKP）的表达，SPSS 11.0 软件进行分析。结果发现，培养 14 d，实验组 BSP 免疫细胞化学呈阳性表达，von Kossa 染色阳性，矿化结节形成；对照组 BSP 表达阴性，von Kossa 染色阴性。RT-PCR 结果显示 AKP、LMP-1 在实验组和对照组各时段均表达。培养期间，实验组 LMP-1 的表达显著高于对照组，其中培养第 3、14 d 时表达分别达到两个高峰，约为对照组的 1.4 倍、1.5 倍。培养期间，AKP 的表达显著增高，其中培养 14 d 时约为对照组的 1.5 倍。BSP 表达、AKP 高表达以及矿化结节形成这三者相互印证，均表明实验组人牙周膜细胞已分化。LMP-1 在人牙周膜细胞分化和矿化过程中表达上调，提示它可能在这一过程中发挥一定的调节作用。

**述　评**

尽管调控牙周膜细胞分化与矿化的分子机制已有较多的研究，但由于其在牙周组织再生中的重要作用，目前仍是该领域研究的热点和难点。作者利用 RT-PCR 技术首次检测并提出胞内信号传导分子 LMP-1 可能在人牙周膜细胞的分化和矿化过程中发挥一定的调节作用。对阐述牙周膜细胞的分化和矿化机制是一种创新性探索，但由于信号分子的网络复杂性，宜在信号传导层面作更为深入的研究。

（杨丕山　李纾）

**成人牙周健康状况与 *fim*A 基因型牙龈卟啉单胞菌的相关性**［赵蕾　吴亚菲　杨禾等．华西口腔医学杂志，2007，25(3)：237～241］

收集牙周健康组（136 例）和慢性牙周炎组（115 例）的龈下菌斑样本，采用 16S rRNA PCR 法检测 *P. gingivlis*，并根据各 *fim*A 基因型（Ⅰ～Ⅴ和Ⅰb）的特异性引物检测不同 *fim*A 基因型 *P. gingivalis* 菌株的分布。结果显示，牙周健康组和慢性牙周炎组龈下菌斑样本中 *P. gingivalis* 阳性率分别为 22.1% 和 81.7%，多数样本中只检测到 1 种 *fim* A 基因型。牙周健康组中Ⅰ *fim*A 型的检出率最高（占 66.7%）；慢性牙周炎组中则为Ⅱ *fim*A 基因型（占 43.6%），其次为Ⅳ和Ⅰb *fim*A 基因型。慢性牙周炎的发生与 *P. gingivalis* 的关系密切（$OR = 16.36$），Ⅰ、Ⅰb、Ⅱ、Ⅲ、Ⅳ、Ⅴ *fim*A 基因型 *P. gingivalis* 与慢性牙周炎相关性的 *OR* 值分别为 0.97、13.26、36.62、4.57、22.86、1.19。作者认为，*P. gingivalis* 菌株的 *fim*A 基因型存在差异，特异性 *fim*A 基因型 *P. gingivalis* 可能与成人慢性牙周炎的发生关系密切。

**述　评**

致病菌的遗传多态性及其与宿主基因背景的差异性之间的关系是目前疾病病源学研究的热点之一。牙龈卟啉单胞菌是目前公认的慢性牙周炎的主要致病菌之一。随着现代分子生物学及免疫学领域的不断发展，该研究对于特定人群慢性牙周病的基因诊断与基因疫苗防治等相关领域的深入研究提供了重要的理论依据。

（杨丕山　李纾）

# 口腔黏膜病学

**口腔黏膜癌前病变及鳞癌中 *RASSF*1A 基因甲基化与表达的研究**［万扬　高文信　陈英新等．现代口腔医学杂志，2007，21(1)：30～33］

应用甲基化特异性聚合酶链反应（MSPCR）技术检测 10 例正常口腔黏膜，8 例上皮单纯增生，20 例上皮异常增生，32 例鳞癌组织中 Ras 相关区域家族 1A（*RASSF*1A）基因状况，运用反转录-聚合酶链反应（RT-PCR）方法研究口腔黏膜癌前病变以及癌组织中 *RASSF*1A 基因 mRNA 的表达水平，探讨 *RASSF*1A 基因甲基化状态及其基因异常表达与口腔癌前病变及鳞癌的发生发展关系。结果表明，正常 10 例口腔黏膜无甲基化，*RASSF*1A 基因 mRNA 100% 表达，8 例上皮单纯增生中有 1 例甲基化，1 例 *RASSF*1A mRNA 表达下降，20 例上皮异常增生中有 3 例甲基化，5 例 *RASSF*1A mRNA 表达下降，32 例鳞癌组织中有 13 例甲基化。有 15 例 *RASSF*1A 基因甲基化发生率随着上皮异常增生程度的加剧呈现逐步增强趋势。*RAFSS*1A 基因的表达随着上皮异常增生程度的加剧呈现逐步减弱的趋势，作者认为 *RASSF*1A 基因甲基化与口腔鳞癌的发生发展有关。

**述　评**

口腔鳞癌是多因素参与、多基因作用的常见恶性肿瘤，引起基因表达异常的机制有两种，一种是 DNA 结构改变学说；另一种为甲基化学说。许多研究表明 DNA 甲基化在基因表达调控、细胞增殖分化发育、基因组印记 DNA 突变等方面都起重要作用，与肿瘤发生和演变有密切关系。但是有关 *RASSF*1A 基因甲基化与口腔黏膜癌前病变及口腔鳞癌发生的机制尚不清楚，如果能进一步研究探讨 *RASSF*1A 在口腔黏膜癌前病变和口腔鳞癌的发生机制将会更有意义。

（陈谦明）

**念珠菌与口腔扁平苔藓关系的临床研究**[谢辉　凌天牖　杨保秀. 临床口腔医学杂志，2007,23(3),181～183]

对 40 例糜烂型和非糜烂型口腔扁平苔藓(OLP)患者及 20 例健康者采用含漱液浓缩培养法。结合芽管试验，厚膜孢子形成试验和温度试验常规培养等方法分离鉴定各组中致病念珠菌种。结果发现，糜烂型 OLP 培养阳性率最高，与对照组及非糜烂型 OLP 组培养阳性率比较差异有统计学意义($P<0.01$)。非糜烂型 OLP 组与对照组念珠菌培养阳性率比较差异无统计学意义($P>0.05$)。在分离糜烂型 OLP 患者的 120 株念株菌中白色念珠菌比例最高，达 64%，其次为都柏林念珠菌，达 14.1%。在非糜烂型 OLP 的 50 株念珠菌中白色念珠菌比例最高，占 88%。对照组 30 株念珠菌全为白色念珠菌。在 3 组中，以糜烂型 OLP 组白色念珠菌比例最低，与非糜烂型 OLP 组比较差异有统计学意义($P<0.05$)。但糜烂型 OLP 组中其他非白念珠病菌显著增高，达 21.9%，与非糜烂型 OLP 比较差异有统计学意义($P<0.05$)，其中都柏林念珠菌分离率在糜烂型 OLP 中显著高于其他两组，有显著差异($P<0.01$)。作者认为糜烂型 OLP 所伴念珠菌感染主要为白色念珠菌。同时糜烂型 OLP 所伴念珠菌感染的念珠菌菌种复杂，非白念珠菌，尤其是都柏林念珠菌起着重要作用。

**述　评**

在 OLP 病因学的研究中，有关念珠菌与 OLP 的关系的研究已有较多报道，以往研究多集中在白念珠菌与 OLP 的关系方面，对其与非白念致病念珠菌关系研究较少。该研究结果提示在 OLP 患者口腔中，尽管白念珠菌为主要念珠菌菌种，但也可以检出非白念致病念珠菌菌种，尤其是糜烂型 OLP 中，非白念致病念珠菌的检出率显著高于非糜烂型 OLP 和对照组。还提示白念珠菌在糜烂型 OLP 伴发的念珠菌感染中也起到较重要的作用，白念珠菌与糜烂型 OLP 存在密切的关系。因此在 OLP 的治疗上尤其是糜烂型 OLP 应引起足够重视。

（高文信）

**双向电泳分析口腔扁平苔藓蛋白表达差异**[郑春兰　王文梅　蒋文晖等. 临床口腔医学杂志，2007,23(2):117～119]

采用固相 pH 梯度(IPC)双向凝胶电泳分析口腔扁平苔藓(OLP)蛋白表达差异。结果显示，人口腔扁平苔藓及正常黏膜组织凝胶的平均蛋白质点数分别为(1 576±67)个和(1 608±73)个，凝胶图谱分辨率、重复性较好。在比较 OLP 与正常黏膜组织的双向凝胶电泳图谱发现，差异表达蛋白质点数为 13 个，其中 7 个点在 OLP 中为高表达，6 个点在 OLP 中为低表达。通过研究建立了分辨率高且重复性较好的 OLP 和正常黏膜组织的双向凝胶电泳图谱，并发现存在一些差异表达的蛋白质，为进一步筛选 OLP 特异性的分子标志物奠定了基础。

**述　评**

OLP 是临床上常见的口腔黏膜疾病，其病因和发病机制至今不清楚，缺乏特效疗法。作者采用双向凝胶电泳技术，对 OLP 和正常口腔黏膜组织进行研究，获得了高分辨率、重复性较好的 OLP 组织蛋白图谱，为进一步研究 OLP 的蛋白差异表达和特异性分子标志物的筛选奠定了基础，同时为进一步探讨 OLP 的发病机制提供了实验依据。

（高文信）

**bFGF 基因在复发性阿弗他溃疡中表达的变化及其意义**[孙鹏　张建强　闫颖等. 现代口腔医学杂志,2007,21(6):598～599]

分别提取正常口腔黏膜和复发性阿弗他溃疡(RAU)组织中总 RNA,分离 RNA。应用 RT-PCR 技术检测碱性成纤维细胞生长因子(*bFGF*)基因表达,观察 *bFGF* 在 RAU 组织中表达的规律。结果显示,所有标本均可见到 *bFGF* 基因表达,RAU 组织样本中 *bFGF* 的 mRNA 含量均明显高于正常口腔黏膜组,*bFGF* 在 RAU 中表达水平增加($P>0.05$)。作者认为 RAU 中的 *bFGF* 基因表达水平增强,可能与 RAU 病程中黏膜修复愈合有密切关系。

**述　评**

正常情况下 *bFGF* 来源于间质中的成纤维细胞和内皮细胞,以自分泌的方式维持结缔组织中成纤维细胞和血管的生长,以旁分泌作用方式刺激上皮细胞的增殖,其主要功能是促进平滑肌细胞内皮细胞成纤维细胞的增殖。该研究结果表明 *bFGF* 基因在 RAU 组织中表达水平增加,提示 *bFGF* 可能参与了口腔黏膜的创面愈合,很多动物实验研究也都证实这一点。为揭示 RAU 溃疡愈合机制有一定的意义。

(高文信)

**HIV 感染者口腔念珠菌负荷及生物型研究**[邓华颉　陶人川　黄光武等. 中华口腔医学杂志,2007,42(7):428～429]

应用漱口法对 64 例人类免疫缺陷病毒(HIV)感染者和 42 名健康对照者进行口腔念珠菌的定量分离培养,并利用革兰染色、厚壁孢子生成实验、CHROMagar 显色培养和 API 20C AUX 酵母鉴定系统对分离株进行生物型鉴定。结果 64 例 HIV 感染者中 52 例可分离出念珠菌 74 株,其中 39 例口腔念珠菌病患者均呈念珠菌阳性分离,42 名健康对照者中 7 名为念珠菌阳性分离,两组间差异有统计学意义($P<0.001$)。在口腔念珠菌负荷的分析中表明,HIV 感染组中 32 例口腔念珠菌,负荷大于 $5\times10^5$CFU/L,在临床上均诊断为口腔念珠菌病。健康对照组中所有的口腔念珠菌阳性分离唾液念球菌负荷均小于 $5\times10^5$CFU/L,两组差异有统计学意义($P<0.001$)。生物型鉴定,白色念珠菌 39 株,热带念球菌 15 株及其他 6 个生物型 20 株。

**述　评**

口咽部念珠菌病为 HIV 感染的首发症状之一。目前有关这方面的研究在我国较为少见,作者通过对 64 例 HIV 感染者的分析研究提示,当口腔念珠菌负荷大于 $5\times10^5$CFU/L 时,患者均有口腔念珠菌临床症状,临床类型以急性假膜性念珠菌病为主。口腔念珠菌的负荷增加以及生物分型多样化是 HIV 感染者口腔微生物的特征性改变之一。同时口腔念珠菌病是 HIV 感染者及艾滋病患者口腔的早发症状。该研究对于早期 HIV 和 HIV 感染者以及艾滋病的认识和预防具有一定的指导意义。

(高文信)

**口腔黏膜上皮细胞体外培养的影响因素分析及改进方法**[王翔　高文信　王莉等. 华西口腔医学杂志,2007,25(1):79～82]

应用新洁尔灭和硫酸庆大霉素联合处理口腔黏膜上皮,比较不同浓度的 Dispase 对上皮的分离作用。酶消化法分离细胞,采用无血清培养液进行原代和传代培养,分析人口腔黏膜上皮细胞培养的影响因素。结果表明,在 4 ℃下 0.40% 的 Dispase 对上皮分离效果好,与 0.25% 的 Dispase 相比较,两组完整分离率的差异有统计学意义($P<0.05$)。各例上皮细胞原代培养过程中均未发生微生物污染,作者认为人口腔黏膜上皮细胞的原代培养方法改进后可简化操作程序,提高成功率。

**述　评**

人口腔黏膜上皮细胞的体外培养对于研究口腔黏膜上皮细胞的生理、病理变化,上皮癌变过程以及组织工程化黏膜构建都具有重要意义。由于传统的人口腔黏膜上皮细胞培养方法繁琐并受诸多因素影响，培养的细胞不易成活。多年来许多学者都在致力于获得更为简单的成功率高的上皮细胞培养方法。作者将人口腔黏膜上皮细胞的原代培养方法经过改进，简化了操作程序，建立了稳定的细胞培养体系，对于人口腔黏膜上皮细胞体外培养方法提出了独到的见解，具有重要的指导意义。

（陈谦明）

**佳蓉片治疗灼口综合征的临床疗效观察**[周杰 毛凯平 荣刚. 临床口腔医学杂志，2007,23(9):567～569]

对 60 例灼口综合征(BMS)患者随机分为治疗组和对照组各 30 例，应用疼痛评分法观察佳蓉片治疗灼口综合征的临床疗效，参照《口腔黏膜病学》中灼口综合征诊断标准，治疗组服佳蓉片，对照组采用空心胶囊(安慰剂)口服。采用视觉模拟定级法评定疗效，临床疗效观察表明治疗组总有效率明显优于对照组($P<0.01$)。作者认为佳蓉片治疗灼口综合征具有良好的临床疗效。

**述 评**

BMS 在临床发病率较高，是一种病因不明仅有临床症状，临床表现无明显器质性改变的一种疾病，由于病因不明，治疗尚无特殊方法。作者应用中药佳蓉片治疗灼口综合征，采用随机分为治疗组与对照组进行临床观察，结果表明中药佳蓉片治疗灼口综合征具有良好的疗效。虽然佳蓉片治疗 BMS 效果明显，但其治疗机制尚需进一步讨论。

（高文信）

**舍格伦综合征患者口腔白色念珠菌耐药性与基因型的研究**[闫志敏 徐岩英 华红等. 实用口腔医学杂志，2007,23(2):191～194]

对分离来自舍格伦综合征(SS)患者口腔 30 株白色念珠菌进行微量稀释法药物敏感性试验；应用 RSD10、RSD11 和 RSD12 三种引物对药物敏感性不同的菌株进行随机扩增 DNA 多态性(RAPD)分析。结果表明其中 5 株对氟康唑耐药，3 株为剂量依赖性敏感，22 株为敏感株。三种引物扩增 30 株白色念珠菌均显示出种内多态性。对氟康唑敏感性不同的白色念珠菌之间的 RAPD 常型未见差异。作者认为 SS 患者口腔白色念珠菌耐药现象的产生可能与药物诱导有关。

**述 评**

舍格伦综合征(SS)是一种以侵犯外分泌腺为主的自身免疫性疾病，由于唾液分泌量减少及自身免疫异常等原因，常常引起口腔念珠菌反复感染。临床在治疗时常常采用抗真菌药物，特别对氟康唑的应用使其耐药现象日益严重，给以后的治疗带来极大困难。作者采用微量稀释法药敏试验将 SS 患者分离的 30 株白色念珠菌对氟康唑的敏感性进行了检测，应用随机扩增 DAN 多态性进行了基因分型的方法，在临床治疗上具有较好的指导意义。

（高文信）

**白芍总苷治疗口腔扁平苔藓的疗效评价研究**[尚书 顾晶晶 唐国瑶. 临床口腔医学杂志，2007,23(4):238～240]

随机选取两组初诊口腔扁平苔藓(OLP)患者，应用羟氯喹及羟氯喹与白芍总苷治疗 3 个月，观察羟氯喹和羟氯喹与白芍总苷两者合并治疗 OLP 的疗效。结果表明，白芍总苷和羟氯喹联合用药对 OLP 糜烂型及充血型损害都有效，对于 OLP 斑纹型损害两组都有效，但白芍总苷与羟氯喹联合用药治疗 OLP，可以减少羟氯喹的不良反应。作者认为白芍总苷辅助治疗口腔扁平苔藓有效。

**述 评**

OLP 的发病病因和发病机制至今尚不清楚，因此尚缺乏特别有效的治疗方法。过去对 OLP 的治疗以激素、氯喹等免疫抑制类药物为主，虽有一定疗效，但长期应用有较大副作用。作者应用白芍总苷与羟氯喹联合治疗

OLP 取得了较为满意的临床疗效，不仅对糜烂型和充血型损害有效，而且对斑纹型也有疗效，同时白芍总苷与羟氯喹联合应用治疗 OLP 能减少羟氯喹的不良反应。因此，采用白芍总苷与羟氯喹联合应用治疗 OLP 为临床又提供了一个较好的治疗方法。

（高文信）

# 儿童口腔医学

**根尖诱导成形术后根尖封闭的种类及影响因素分析**［张笋　葛立宏．现代口腔医学杂志，2007，21(4)：369～371］

选择根尖诱导成形术后根尖完全封闭并进行根管治疗的 75 个牙齿，完整记录临床情况、发育程度、根尖周病变等。利用扫描仪保存术前、中、后 X 线牙片，以对侧同名牙齿为对照，观察并记录根尖封闭类型，并以封闭类型为自变量通过多元回归分析影响牙根尖封闭类型的因素。结果发现，根尖诱导成形术后根尖发育与对照牙一致的占 25%。牙根发育短于对照牙的占 36%，牙根未发育根尖硬组织封闭成形占 39%。多元回归分析发现根尖周病变是影响牙根尖成形的主要因素。

**述　评**

未发育成熟的年轻恒牙一旦牙髓感染坏死，临床上常采用根尖诱导成形术的方法，通过彻底控制炎症和药物诱导促使牙根继续发育或硬组织封闭根尖孔，但是根尖孔封闭的类型和影响因素的研究较少。该研究结果发现，根尖孔封闭类型以牙根发育但短于正常牙和牙根未发育根尖硬组织封闭成形的两型为主，根尖孔封闭类型与根尖周病变呈正相关，这对临床预后的评价具有指导价值。

（杨富生）

**儿童牙科畏惧症调查分析**［张耀国　朱玲　梅予峰等．北京口腔医学，2007，15(4)：225～227］

采用临床焦虑和合作行为级别评定量表对 300 例儿童牙病患者进行调查及统计分析。治疗前问卷调查，治疗后由经治医师记录患儿牙科畏惧症发生情况。结果发现，300 例儿童牙病患者中牙科畏惧症患者 245 例，发生率为 81.67%；3～6 岁组儿童牙科畏惧症发生率显著高于 7～14 岁组；其中大多数为可合作型。需采取按压等强制措施才能完成治疗为 18.37%；有牙科经历的和口腔卫生差的牙科畏惧症发生率高。

**述　评**

牙科畏惧症影响患者与牙科医师的合作，常常延误病情，使诊疗质量下降。该文作者发现年龄不同、牙科经历不同、口腔卫生状况不同的儿童牙科畏惧症发生率有统计学差异。儿童牙科医师应根据儿童心理、情感和思维表现的特点，患儿牙科畏惧症的严重程度采取不同的处理方法。如口服药物镇静、笑气镇静、基础麻醉、全身麻醉，尽量少采用强制方法，以免加重牙科恐惧。

（杨富生）

**儿童铸造式与丝圈式间隙保持器恢复咀嚼功能的对比研究**［卢红飞　艾虹　麦志辉等．临床口腔医学杂志，2007，23(7)：433～434］

对 32 例双侧乳磨牙早失的患儿采用自身对照，实验侧使用铸造式间隙保持器，对照侧使用丝圈式间隙保持器。比较戴用保持器前后患者的咀嚼效率，评估铸造式和丝圈式间隙保持器在提高双侧乳磨牙早失儿童咀嚼功能方面的作用。结果表明双侧乳磨牙早失患者戴用铸造式间隙保持器后，咀嚼效率有明显提高；戴用丝圈式间隙保持器后，咀嚼效率无差别。因此，作者推荐使用铸造式间隙保持器，以提高乳磨牙早失儿童的咀嚼功能。

**述　评**

以往有关间隙保持器的研究大多集中在维持缺隙长度方面，对它在恢复患者咀嚼功能方面很少关注。但正常的咀嚼功能除了促进儿童的颌骨发育与维持正常颌间关系外，对全身的生长发育也起着重要的作用。该研究通过比较两种间隙保持器治疗前后的咀嚼效率，证明双侧乳磨牙早失患者戴用铸造式间隙保持器后，能明显提高咀嚼功能，为如何选择合适的间隙保持器提供了参考依据。

（杨富生）

**6 712 名少年儿童恒牙萌出时间和顺序的调查研究**［徐璐　邵金陵　潘峰．实用口腔医学杂志，2007，23(2)：243～245］

采用整群抽样法在西安市 5 所幼儿园、2 所小学和 1 所中学中抽取 6 712 名年龄为3～15 岁的少年儿童，其中男性 3 604 名，女性 3 108名，男女比例 1.16∶1。牙齿萌出程度参照《儿童口腔病防治指南》推荐的标准，将恒牙萌出情况分为 4 级，以 1 级为判定恒牙初萌的指标。收集恒牙萌出横断面调查资料，对各项数据进行统计分析。结果显示，左右两侧同名牙同时萌出；除第一、第二前磨牙外，下颌恒牙萌出早于上颌同名牙；萌出时间为女性早于男性；萌出顺序与以往报道有所不同。

**述　评**

乳、恒牙替换在时间和顺序上有一定的规律，该调查证实恒牙萌出的时间和萌出顺序与以往的报道有所不同。特别是下颌中切牙先于上颌和下颌第一恒磨牙萌出。口腔医师只有掌握了恒牙萌出时间和顺序的变化，才能采取不同的干预措施，防止和阻断口腔疾病的发生发展。该调查结果具有一定理论和实践指导意义。

（杨富生）

**我国窝沟封闭防龋效果的循证医学分析**［李彩　郝玉庆　周学东．口腔医学研究，2007，23(5)：575～577］

收集我国 1980－2005 年窝沟封闭防龋的临床研究文献。根据循证医学方法建立文献纳入和排除标准对文献进一步筛选。采用 Revman 4.2 软件对窝沟封闭防龋的临床研究文献进行统计分析，共检索 196 篇窝沟封闭防龋的临床文献，其中符合纳入和排除标准的文献为 18 篇，文献纳入率为 9.18%。文献中包括7 304名试验对象，平均样本量为 406 名。窝沟封闭预防龋齿研究文献的 Meta 分析结果表明，采用窝沟封闭防龋的牙齿发生龋齿的危险性是未采用窝沟封闭防龋牙齿的 19%。

**述　评**

用循证医学的方法对众多窝沟封闭防龋效果的研究报告进行 Cochrane 系统评价，从而为疾病预防体系提供了客观的参考证据。该研究证实我国窝沟封闭预防龋齿是有效的，同时指出该领域临床研究文献总体质量较低，建议今后在对窝沟封闭防龋进行临床研究时，应注意在研究设计和实施方案等方面加强科学性及客观性，从而提高我国窝沟封闭防龋临床研究的质量和水平。

（杨富生）

**生理测试法评估 3 种去龋方法对儿童牙科畏惧的影响**［汪俊　王慧民．上海口腔医学，2007，16(2)：149～152］

将 90 例患乳磨牙中龋的儿童，分为化学去龋组（第 1 组）、非创伤充填组（第 2 组）和车针去龋组（第 3 组）。分别于治疗前、治疗后 5、10、15 min 和治疗结束时测量患儿血压及脉搏值，记为时间点 $T_0$、$T_1$、$T_2$、$T_3$ 和 $T_E$。发现在时间点 $T_1$，第 3 组各指标与第 1 组差异无统计学意义，与第 2 组差异有统计学意义；在 $T_2$，第 3 组收缩压与第 1 组、第 2 组差异有统计学意义；以后各时间点各指标间差异均无统计学意义。表明化学去龋和非创伤充填较车针去龋法能有效缓解儿童牙科畏惧。

**述　评**

传统的龋病治疗中，使用手机与车针钻磨进行窝洞制备，易刺激牙髓引起疼痛，使许多患儿对牙科治疗产生恐惧。近年来化学去龋、非创伤充填等新的去龋法逐渐应用于临床，评价这些新方法对儿童牙科畏惧症的影响非常必要。作者通过观察比较不同去龋方法对患儿血压和脉搏的影响，提示化学去龋与非创伤性充填较车针去龋法能有效缓解儿童牙科畏惧，为消除患儿的牙科畏惧症提供了依据。

（杨富生）

**成牙本质细胞中上游刺激因子 1 的表达、细胞内定位及转位研究**［吴礼安　文玲英　杨富生等. 中华口腔医学杂志，2007，42（9）：559～560］

体外培养成牙本质细胞 MDPC-23，对照组不给刺激，实验组经不同浓度尼古丁刺激 1 h后分别制备细胞爬片，用抗上游刺激因子 1 抗体检测成牙本质细胞中上游刺激因子 1 蛋白的表达。结果发现，对照组成牙本质细胞质中有较强黄褐色颗粒，但 100 mg/ L 尼古丁作用组细胞核中有较强着色，细胞质着色显著减弱，而阳性对照 Hela 细胞仅核中有较强着色。表明体外培养的成牙本质细胞中有上游刺激因子 1 蛋白表达，定位于细胞质，在尼古丁的刺激下可发生核转位。

**述　评**

以往报道上游刺激因子 1 表达定位于细胞核，可调节 *bmp*4、*tgf*β1 等基因的转录。该研究通过检测成牙本质细胞中上游刺激因子 1 蛋白的表达与细胞内定位，证实其表达、定位于细胞质；并且在 100 mg/ L 尼古丁硫酸盐刺激下大部分发生核转位。提示不同类型细胞中上游刺激因子 1 的功能可能不同，为重新认识上游刺激因子 1 的特性以及探讨上游刺激因子 1 在成牙本质细胞中的作用与转位机制提供了重要实验依据。

（杨富生）

**3 例牙根发育不良患儿牙齿的病理学评估**［轩昆　文玲英　金岩等. 牙体牙髓牙周病学杂志，2007，17（7）：377～382］

收集 3 例不同临床表型的牙根发育不良患儿脱落牙齿，采用 X 线透射和电镜检测以及 H-E 和改良 Mallor′s 三色法染色，观测患儿脱落牙齿标本，对疾病进行病理学诊断，初步筛选致病相关基因。结果发现，3 例牙根发育不良患儿脱落牙齿分别表现不同的病理学变化，其诊断分别为牙根发育不良疾病、牙齿型低碱性膦酸酯酶症疾病和一种新型的综合征，进而初步筛选 *ALPL*、*EDA* 基因为致病候选相关基因。

**述　评**

牙根发育不良是一类先天性发育异常疾病，临床表现为牙根短小、牙根缺如或牙齿过早脱落。国外学者将该类疾病统称为短根症。临床诊断较易，但病理学诊断较难。许多疾病，如牙本质发育缺陷Ⅰ型、低碱性膦酸酯酶症、Singleton-Mertern 综合征、Ehlers-Danlos 综合征Ⅰ型、Down′s 综合征等先天遗传性疾病均可表现为牙根发育不良。该结果为牙根发育不良疾病的病理学诊断提供了新依据。

（杨富生）

# 老年口腔医学

**老年人口腔鳞癌颈淋巴结转移 CT 诊断标准的病理学再评价**［姜军松　赵云富　魏萍等. 中华老年口腔医学杂志，2007，5（2）：84～87］

通过对 42 例老年口颌面鳞癌患者的淋巴结进行病理检测与 CT 诊断结果的比较，对目前使用的 CT 诊断标准进行再评价。所选 42 例患者均未接受过肿瘤综合治疗，采用标准病理学技术对 1 722 个淋巴结进行诊断。结果表明，57％恶性转移淋巴结的直径小于 10 mm，18％的 5.0～10.0 mm 大小淋巴结存在节外扩散。作者认为，现有的影像学诊断标准以颈淋巴结大小判断颈淋巴结转移存在局限性，需要有新的更准确的方法。

**述　评**

淋巴结转移与否对肿瘤的治疗预后有重要影响，影像学检测淋巴结转移情况是重要的检测手段。但是作者的对比研究表明，现有的 CT 诊断标准可信度仍有待大幅度提高，特别是现有 CT 诊断标准中以最大径大于 10.0 mm 作为良、恶性淋巴结的分界线，其敏感度仅有 33.2%，以此标准将造成大量漏诊。加之影像学检测中淋巴结大小与实际大小有较大的差异，以及不同医师间诊断水平的不同，提醒临床医师不能对 CT 诊断阴性的病例掉以轻心，应该结合多种检测手段，努力提高检测的敏感度与准确度。该研究结果有着重要的临床指导意义。

（刘洪臣）

**老年人原发性三叉神经痛得宝松局部注射治疗效果评价**[梁立民　柳春明　郝钢. 中华老年口腔医学杂志，2007，5(3)：153～155]

选择老年原发性三叉神经痛患者 30 例，平均年龄 65 岁。采用得宝松（复方倍他米松）灭菌混悬注射液注射，每 mL 含二丙酸倍他米松 5 mg 与倍他米松磷酸钠 2 mg。根据患者疼痛范围选择注射点，每个注射点注入 0.5 mL。分别于治疗后 1 d，1 周，1、3、6 个月，1、2、3 年，使用视觉模拟评分（VAS）评定患者疼痛程度与治疗效果。1 个月内 VAS 评分疗效优、良、中者分别为 43.3%、46.7% 和 10.0%；治疗后 3 年 VAS 评分疗效优、良、中、差者分别为 33.3%、40.0%、16.7% 和 10.0%；3 年内复发率为 10.0%，平均复发时间分别为 26 个月，患者治疗后未明显感觉降低。作者认为，得宝松局部注射治疗三叉神经痛方法简单，有效率高，复发率低，无明显毒副作用，是一种安全有效的治疗方法。

**述　评**

三叉神经痛的发病机制目前仍不清楚，现有的治疗方法包括外科治疗与药物治疗等。局部药物注射治疗原发性三叉神经痛操作简便、创伤小，很适用于老年患者。作者首次应用得宝松局部注射治疗该病，收到良好效果，较传统药物具有药效起效快、维持时间长、复发率低等优点。但疗效与药物毒副作用仍有待进一步观察、评价。

（刘洪臣）

**老年人牙周炎与胃病发病相关性调查研究及机理探讨**[周明　林松杉　王峰等. 中华老年口腔医学杂志，2007，5(2)：75～76，126]

通过对胃病和牙周炎发病情况的流行病学调查，探讨胃病与牙周病之间的关系。调查了 4 876 例老年人，平均 74.6 岁。采取问卷调查和胃镜检查相结合的方法，分为胃病组 3 683 例（细分为胃炎、胃溃疡、胃癌及其他），非胃病组 1 193 例。牙周病诊断标准：①牙周炎Ⅰ°：牙周袋不超过 4 mm，牙周附着丧失不超过 2 mm，牙槽骨丧失不超过 1/3 根长，牙齿一般不松动；②牙周炎Ⅱ°：牙周袋不超过 6 mm，牙周附着丧失不超过 5 mm，牙槽骨丧失不超过 1/2 根长，根分叉处可能有轻度病变，牙齿略有松动；③牙周炎Ⅲ°：牙周袋超过 6 mm，牙周附着丧失超过 5 mm，牙槽骨丧失超过 1/2 根长，根分叉受累Ⅱ°～Ⅲ°，牙齿一般均有明显松动。结果表明，胃病组牙周炎发病率明显高于非胃病组（80.8% vs 44.6%，$P<0.01$）。随着胃病由胃炎向胃溃疡、胃癌等发展，牙周炎发病率明显上升（$P<0.05$），同时，牙周炎病情的加重也伴随着胃病发病率的增加（$P<0.05$）。作者认为老年人胃病与牙周炎发病密切相关。

**述　评**

全身状况可以影响牙周病的起始、进展、治疗和转归，而牙周病也可以对全身产生广泛的影响。本文结果初步表明，老年人胃病与牙周病的发病有密切关系，进一步证实了口腔疾病与全身健康的联系，文中推测幽门螺杆菌可能是两种疾病的联系环节，为老年患者临床早期胃病的防治提供了借鉴。本文仅是一项初步的调查，文中并未对统计方法进行详细的说明，尚不能直接地证实牙周病与胃病发病之间的联系，仍需要进行一系列的实验研究，证实两种疾病发病机制的异同与联系。

（刘洪臣）

**咪达唑仑在老年高血压患者拔牙术中的应用观察**[万阔　陈曦　赵继志等. 中华老年口腔

医学杂志,2007,5(2):77～80]

对咪达唑仑在老年高血压患者拔牙术中的应用进行了观察。选择血压控制平稳、有效的高血压患者,试验组、对照组各 50 例,平均年龄大于 65 岁,内科诊断无其他各类心脏疾病。拔牙前,试验组利用微量注射泵,泵入咪达唑仑控制血压,对照组则用心理疗法控制血压。拔牙术中,试验组继续泵入咪达唑仑,并根据血压变化情况调节泵速,对照组泵生理盐水,两组均全程心电监护。结果显示,在未采取降压措施前,两组患者拔牙前收缩压、舒张压均较基础值升高,但两组间差异无统计学意义。试验组泵入咪达唑仑后血压明显下降,而对照组未明显下降。在拔牙过程中,试验组的血压均值明显低于对照组,但波动幅度大于对照组。作者认为静脉低流量泵入咪达唑仑可以有效控制老年高血压患者拔牙时血压升高。

**述　评**

老年高血压患者拔牙过程中往往由于紧张等因素造成血压升高,容易诱发心绞痛、心肌梗死等急症。当收缩压大于 180 mmHg,舒张压大于 110 mmHg 时需要慎重选择病例,心电监护可为此类患者的拔牙提供明确的监测指标,而通过微量注射泵则可以方便地给予各种相关药物达到控制血压变化的目的。该研究证明,低流量咪达唑仑静脉泵入控制血压效果明显、方便、副作用小,在有条件开展的诊室值得推广。

(刘洪臣)

**无阻塞性睡眠呼吸暂停低通气综合征的 31 名老年男性上气道及周围组织形态观察**[郭泾　高雪梅　曾祥龙. 中华口腔医学杂志,2007,42(4):206～209]

选择 31 名无阻塞性睡眠呼吸暂停低通气综合征(OSAHS)的老年健康者,平均年龄 74.5 岁,睡眠呼吸暂停低通气指数平均为(2.7±2.5)次/h,睡觉时均无鼾声及 OSAHS 相关症状。通过头颈部 MRI 扫描,对反映上气道和周围组织形态、大小的 93 项指标进行测量。对比分析结果表明,大多数上气道最小横截面积位于腭咽(21/31),其次为喉咽(6/31)、舌咽(4/31),平均横截面积为(190.9±67.1) $mm^2$,最小为(112.1±47.7) $mm^2$。上气道各段前后径与左右径之比在 0.22～0.89 之间,呈扁圆形,腭咽段最小(0.22～0.71)。气道立体形态为漏斗形,腭咽锥度最大。作者认为无 OSAHS 的老年男性上气道腭咽段易塌陷。

**述　评**

作者通过测量分析,提供了无 OSAHS 老年健康者上气道及周围组织解剖形态数据,表明上气道形状不规则,腭咽通气功能不如其他各段。该结果为老年 OSAHS 的病因研究与治疗提供了依据,如果能够对比其他年龄段相同部位的形态研究,将会更好揭示老年 OSAHS 的发病规律。

(刘洪臣)

**𬌗垫式可摘局部义齿修复老年重度磨耗 182 例疗效分析**[马华祥　曹颖光. 临床口腔医学杂志,2007,23(6):369～371]

选择 182 例重度磨耗达 3°或 4°的老年患者进行𬌗垫式可摘局部义齿修复,口腔预备后,制作调位性咬合板。采用息止颌位垂直距离减去 2～3 mm 息止颌间隙的方法确定垂直距离,3 个月后更换为金属𬌗垫或复合𬌗垫可摘局部义齿,间隔半年,1、2、3、4 年随访。结果表明,𬌗垫式可摘局部义齿修复能够明显改善咀嚼肌疼痛、张口受限、关节弹响等颞下颌关节功能紊乱综合征症状,患者满意度较高。作者认为𬌗垫式可摘义齿是重度磨耗修复的一种理想方法。

**述　评**

老年重度磨耗患者的重建对于防治创伤𬌗与颞下颌关节紊乱病,改善口颌系统功能有着重要意义。在适宜的条件下行固定修复重建是较为理想的修复方法,但仍有许多患者不适宜固定修复,这类患者往往伴随牙列缺损、残根、残冠以及颞下颌关节紊乱病等。作者在活动义齿修复前采用调位性咬合板恢复适宜的咬合距离，缓解关节紊乱症状，再采用殆垫式活动义齿修复，起到良好的修复效果。正确恢复咬合关系与完善的修复前处理是修复成功的关键，作者采用的方法可以作为此类患者可摘局部义齿修复的参考。

（刘洪臣）

# 预防口腔医学

**高发龋和无龋儿童口腔健康行为及相关因素分析**[张蓉　林焕彩　支清蕙等.中华口腔医学杂志，2007，42(5)：298～299]

临床检查 401 名 3～4 岁儿童龋病、釉质发育不全和菌斑情况，对这些儿童的家长进行口腔健康行为、知识、态度、文化程度、经济状况等问卷调查。根据检查结果将儿童分为高龋组和无龋组，以是否高龋为因变量，口腔健康的知、信、行为自变量，通过单因素分析和 Logistic 回归分析影响龋病发病的主要因素。结果显示，釉质发育不全、可视菌斑指数、甜食频率、是否到口腔科就诊和家庭收入是其主要因素。

**述　评**

作者运用流行病学和统计学相结合的方法，对儿童龋病的致病因素进行分析。这是目前国内外用得较多的一种病因分析方法，可以从宏观的角度分析病因。但使用这种方法要求样本量大，调查对象的代表性要强，分布的点最好多一些。

（冯希平）

**2 种胶母糖对菌斑 pH 值的影响**[束陈斌　陶丹英　汪隼等.上海口腔医学，2007，16(2)：172～175]

采用临床交叉试验的方法，8 名受试者先后作为空白组、咀嚼空白胶母糖组和咀嚼绿茶多酚胶母糖组，各组之间洗脱期为 1 周。嘱每组受试者含漱 10% 蔗糖水 1 min 吐出，分别在含漱前、吐出蔗糖水 5、10、15、20 min 后测量牙菌斑 pH 值。咀嚼空白胶母糖组和绿茶多酚胶母糖组受试者分别在吐出蔗糖水后，以 30 次/min 的频率咀嚼空白胶母糖和绿茶多酚胶母糖 20 min。采用微电极方法测量牙菌斑 pH 值，分别计算 pH 最小值、pH 值下降最大值、曲线围成面积和产酸能力指数。结果显示，咀嚼胶母糖组与空白组之间上述各指数差异有统计学意义，咀嚼绿茶多酚胶母糖组的指数虽然比咀嚼空白胶母糖组小，但差异无统计学意义。

**述　评**

通过测量 pH 值变化来评价防龋效果是龋病预防研究的常用方法，该试验的特点是采用菌斑微电极的方法来测定菌斑 pH 值，菌斑微电极测量的优点在于，可以在不同时间点连续测量同一个菌斑的 pH 值变化，而不用破坏这个菌斑。由于菌斑中 pH 值的变化较小，难以用菌斑微电极测量，研究者设计用 10% 蔗糖水含漱的方法来扩大菌斑 pH 值的变化，以达到用微电极测量的目的。

（冯希平）

**0.3 %玉洁纯涂膜预防儿童乳牙龋的效果分析**[曹慧珍　汪隼　潘瑛.上海口腔医学，2007，16(1)：8～10]

将 0.3% 玉洁纯、乙酸乙酯和丙二醇制成有机涂膜用于试验。选择上海市 4 所幼儿园 2～5 岁儿童 606 名，随机分成两组，两所幼儿园为试验组，另两所幼儿园作为对照组。在涂布玉洁纯涂膜以前，按照 WHO 第 3 版《口腔健康调查基本方法》检查两组儿童的龋病情况。然后试验组儿童被涂布玉洁纯涂膜，对照组儿童不作处理。1 年中试验组儿童被涂布 2 次，每半年涂布 1 次。1 年后再检查两组儿童龋病情况，计算乳牙龋均、龋面均，并进行统计分析。结果显示，涂膜以前两组儿童乳牙龋均和龋面均差异均无统计学意义，而试验组儿童乳牙经玉洁纯涂膜涂布 2 次以后，龋均和龋面均都比对照组低，而且差异均有统计学意义。

**述　评**

玉洁纯作为一种非离子抗菌剂通常被放在牙膏中用来预防牙龈炎和控制菌斑，将玉洁纯制成涂膜预防龋病在国内外还未见报道。作者采用临床试验的方法，观察含 0.3% 玉洁纯涂膜在每半年涂布 1 次的情况下，预防乳牙龋病的效果，从结果看还是有预防效果的。但该试验只观察了一年时间，如果能继续观察至两年，结果将更加能说明问题。

（冯希平）

**1.23 % 氟化泡沫预防儿童乳牙龋的两年临床观察**［江汉　台保军　杜民权等．中华口腔医学杂志，2007，42(8)：456～459］

应用双盲、群组随机、安慰剂对照的临床试验方法，对来自 15 个班的 392 名 3～4 岁儿童以班为单位按随机数字表法分为 2 组，试验组的学生每半年应用 1 次 1.23% 氟化泡沫，对照组应用安慰剂，观察两年。使用聚类统计分析模式评价研究的主要结果，采用独立样本的 $t$ 检验比较两组间基线和两年后新龋增加值的差异。结果显示，两年后试验组所有牙面新生龋面均是 3.8，对照组是 5.0，龋齿降低率为 24.2%，两组相比差异有统计学意义，表明 1.23% 氟化泡沫有预防乳牙龋病的作用；与对照组相比，试验组邻面龋齿降低率为 37.6%。虽然试验组在颊舌面和咬合面的新生龋面均低于对照组，但两组相比差异无统计学意义。

**述　评**

这是一篇临床试验的典型范文，作者按照双盲、随机、对照的临床试验原则对氟化泡沫的防龋效果进行了两年的观察，并证明含 1.23% 氟化物的泡沫对儿童乳牙有防龋效果。这篇文章无论从设计，还是在统计学处理方面都符合口腔临床流行病学的要求，可作为以后进行口腔临床试验的参考文章。

（冯希平）

**2 种口腔健康教育方式改善中学生口腔卫生状况效果的比较**［罗维　胡德渝　范旭．华西口腔医学杂志，2007，25(3)：266～268］

选择四川省德阳市 3 所中学，各为一组，每所中学随机抽取 103 名 12 岁学生。分别采用教师健康教育模式：即由学校教师对学生上口腔健康教育课，学生在家刷牙；家长健康教育模式：即由家长影响学生的口腔卫生习惯，学生在家刷牙；对照组：即不对学生采取任何干预措施。学校教师和家长事先都接受口腔医师的健康教育培训。每组学生在试验前和刷牙 3 个月后接受软垢指数、牙石指数和牙龈指数检查。结果显示，3 个月后教师模式组学生的软垢指数、牙石指数和牙龈指数均显著下降；家长模式组学生的软垢指数和牙石指数无显著下降，牙龈指数显著上升。教师模式组学生口腔健康教育后软垢指数、牙石指数和牙龈指数改善效果优于家长模式组和对照组。

**述　评**

采取何种方式对中小学生开展口腔健康教育最为有效是口腔预防医学长期研究的内容。该试验比较了学校教师的教育模式和家长的教育模式对学生口腔卫生行为和效果的影响，试图探索更适合中学生的口腔健康教育模式，结果表明学校教师的口腔健康教育模式对中学生的口腔卫生行为的影响较大。

（冯希平）

**辽宁省中年和老年人缺牙及义齿修复情况调查分析**［程睿波　张颖　陶薇等．华西口腔医学杂志，2007，25(6)：576～579］

采用多阶段、分层、等容量、随机抽样的方法在辽宁省抽取 3 个城市和 3 个农村地区，每个地区抽取 6 个调查点，每个调查点抽取两个年龄组，即 35～44 岁和 65～74 岁，每个年龄组调查 22 人，全省共计调查 1 584 人，其中中老年人各调查 792 人，城市和农村各半，男女性别各半。牙列缺损、牙列缺失以及义齿修复的诊断标准根据世界卫生组织《口腔健康调查基本方法》(第 4 版)的内容。4 名检查者的 Kappa 值达到 0.80 以上。数据处理使用 EPIDATA 3.0 软件,SPSS 11.0 对数据进行统计分析。结果显示,在 1 584 名受检者中,牙列缺损 887 人(56.00%),牙列缺失 104 人(6.57%),牙列完整 593 人(37.44%);失牙 6 776 个,平均失牙 4.28 个,上下颌缺牙数分别为 3 550 个和 3 226 个;义齿修复率为 52.77%。

**述 评**

作者采用经典的口腔健康流行病学现况调查方法对辽宁省中老年人缺牙和义齿修复情况做调查,获得了辽宁省 35~44 岁和65~74 岁两个年龄段人群的牙列情况。该调查严格按照口腔健康流行病学现况调查的原则和方法进行,可为今后开展口腔健康流行病学现况调查提供参考。

(冯希平)

# 牙体缺损修复

**前牙美学修复 改善露龈笑**[胡文杰 彭东 张豪. 中华口腔医学杂志,2007,42(11):698~700]

报告了 1 例 35 岁露龈笑女性患者,诊断为慢性牙周炎伴上前牙露龈笑、上颌切牙不良修复体、下颌切牙重度磨耗伴牙龈不协调、深覆𬌗、深覆盖。采用牙体、牙周、修复联合保守治疗方案:先去除树脂贴面,进行完善的根管治疗;进行牙周基础治疗控制炎症,分析上颌龈缘的理想位置,制作模板,确定上下前牙牙龈的切除量,并做上下颌前牙颈部唇侧牙槽骨去骨成形术。根据上下前牙牙冠比例、牙冠长轴倾斜度和改善覆𬌗覆盖的关系,行牙体预备,以树脂暂时冠修复,同时将修复体的邻面触点适当上移,防止出现"黑三角"。通过半年牙周状况检测和暂时冠诱导龈乳突成形,最终完成上下前牙烤瓷全冠修复,中切牙切端内收 5 mm,切端垂直向缩短 3 mm。术后指导患者作好口腔保健,观察一年后,牙周状况良好,露龈笑得以纠正,收到理想效果。

**述 评**

随着社会发展,更高的口腔修复治疗要求口腔医师的视野范围应从局部扩大到口颌系统乃至全身;层次上由简单的、形式美上升到美学理论;临床角度应从过去单一专业扩大到多个相关学科的协同;从患者的角度出发,将诊疗目标定在满足个人的不同要求,并力求在简单处置与采用复杂过程达到终极目标两者间找到最佳选择。随着观念的变化,这种趋势越来越紧迫,也是区分口腔医疗水平高低的界线。作者展示的这个病例背后的思考模式值得倡导。

(马轩祥)

**带金属底冠定制比色板的制作及其颜色特征**[陈玲 刘宪 许力强等. 上海口腔医学,2007,16(3):277~281]

以上颌右侧中切牙为模型,按照金属熔附烤瓷全冠的制作要求,制作与 VITAPAN 选牙色板(原称比色板)颜色相对应的 16 色带金属基底的定制选牙色板标本。采用 PR-650 型光谱扫描色谱仪,对上不同瓷层厚度的选牙色片进行颜色测量。结果证明,从构筑遮色瓷到构筑体瓷过程中,选牙色片的 $L^*$ 值明显下降,而 $a^*$、$b^*$ 值明显增加;随着釉瓷和透明瓷厚度的增加,$L^*$、$a^*$、$b^*$ 值均稍有减小;而且上釉可增加选牙色片的明度。作者强调金属修复体各瓷层对修复体颜色都会产生一定程度的不同影响。

**述 评**

在烤瓷修复的临床上经常见到选牙色与义齿加工结果不一致,从而引发不少问题。究其原因,常与选牙色板与加了金属基底的烤瓷的实际色度学因素有差别。一方面,需要改进选牙色板,另一方面,通过对金属烤瓷过程中的色度学变化规律加以修整。作者提供的参数可供选牙色结果的记录、传递与金属烤瓷修复体的制作时参考,以尽量减少色彩的细微差别。

（马轩祥）

**天然牙与全瓷饰面瓷的磨损特征性研究**［高清平　巢永烈　蓢新春等.华西口腔医学杂志,2007,25(5):426～428］

采用摩擦损耗机对 Vintage AL 和 Vita-alpha 两种饰面瓷及天然釉质的摩擦学行为进行实验观察,通过实验前材料力学性能的测试和耐摩擦性能的摩擦系数、磨斑宽度、磨损表面的动态原子力显微镜观察及能谱分析摩擦实验前后样品元素的变化,证明三种材料显微硬度、两种饰面瓷的三点弯曲强度差异有统计学意义($P<0.05$),断裂韧性差别无统计学意义。DFM 显示天然牙的磨损机制主要是磨粒磨损和组织结构变形,偶见组织断裂片,饰面瓷磨损表面可见大量犁沟和磨粒,偶见微裂。三种材料耐磨性由高到低的顺序为 Vintage AL、Vita-alpha、天然釉质,三者均呈现良好的耐磨性。Vintage AL 饰面瓷以磨粒磨损为主,Vita-alpha 饰面瓷以黏着磨损所占比例较大。

**述　评**

体外实验尽管与临床有差异,但可从一个方面提示材料的磨损特征。随着全瓷修复所占比例的增加,磨损问题经常是医患双方关心的问题。全瓷修复体的耐磨性最好与相邻接的釉质或牙本质的耐磨性接近,否则会出现瓷修复体的边缘问题。研究结果表明三种质材具有良好的耐磨性,全瓷比釉质耐磨性能更好。由此可推想,在做瓷饰面、嵌体修复时,应选择与釉质相似硬度的瓷材料。

（马轩祥）

**饰瓷对不同材料基底冠边缘适合性的影响**［邬烈　骆小平　舒成军.实用口腔医学杂志,2007,23(3):333～336］

用金合金、镍铬合金、纯钛烤瓷合金分别铸造8个金属基底冠,以相应的瓷构筑饰瓷,在工作模上分别于冠边缘的近远中、颊舌侧4个点测量完成线的垂直距离,比较3种合金与冠边缘适合性的关系。结果发现3种金属烤瓷冠4个冠边缘测量点的间隙均较构筑瓷前增大,且各组间差异均有统计学意义,其中,纯钛烤瓷冠4个点的间隙增大值(17.50～19.78 μm)明显小于其他两种合金者(金合金者29.08～30.55 μm,镍铬合金者28.29～30.20 μm)。作者认为饰瓷对纯钛烤瓷冠边缘的适合性影响最小,但3种材料制作的基底冠构筑瓷后冠边缘实际间隙均小于120 μm,在临床可接受的范围内。

**述　评**

烤瓷冠边缘适合性既与牙周健康、继发龋、修复体的固位/稳定、牙龈染色、咬合、牙本质过敏症等许多修复后并发症有关,又是评价修复技术、材料和制作质量的重要指标,它与许多因素有关。研究者通过实验测量,证明筑瓷这个技术环节对烤瓷冠边缘适合性的影响,颊舌侧、近远中各个测量点筑瓷均增加了间隙(17.50～30.55 μm),同时还指出了3种烤瓷金属基底材料中,筑瓷对冠边缘的影响以纯钛最小。另外还提示注意金合金烤瓷基底的厚度、筑瓷技术等环节的把握,减少边缘误差,向世界先进水平看齐。

（马轩祥）

**钛的氧化行为对钛瓷结合力的影响**［任卫红　郭天文.实用口腔医学杂志,2007,23(4):554～557］

铸造24个纯钛试件,统一进行喷砂、清洗,按照不进行预氧化、在烤瓷炉中分别以750 ℃、800 ℃、900 ℃预氧化5 min,以 Noritake TI-22 瓷系统构筑瓷,测试金瓷结合强度的三点弯曲强度,并用薄层X线衍射仪观察钛表面氧化物的种类。结合强度分别为:不预氧化组:10.33 N;750 ℃组:9.98 N;800 ℃组:5.53 N;900 ℃组:3.37 N。纯钛表面的氧化物情况是:不预氧化者氧化物全是 $Ti_6O$,后三组预氧化温度下的氧化膜为 $Ti_6O$ 和 $TiO_2$,而900 ℃组的氧化膜中的 $TiO_2$ 含量明显增加。作者指出,随着纯钛氧化温度的升高,氧化膜中的 $TiO_2$ 含量增加,而结合强度降低。

**述 评**

近年来钛烤瓷在修复临床中的应用逐渐增多,但值得注意的是:解决钛-瓷结合这一敏感技术的基础研究应加强,如各种涉及钛-瓷界面强度的预氧化温度、时间,界面预处理方法,结合剂的应用,钛铸造的质量,铸造钛的专用包埋料,筑瓷技术等等;使用与纯钛相匹配的瓷粉系列;加工制作的质量稳定性等;防止社会上误导纯钛烤瓷和不正规钛合金烤瓷的概念,防止出现偏差,留下历史的遗憾;临床大样本的长期考察。值得欣慰的是作者在致力于基础方面的工作,实验证明钛基底 750 ℃的预氧化温度最佳。

(马轩祥)

**四种修复设计对下颌第一磨牙远中残根应力的影响**[张少锋 张冬梅 王懿等. 中华口腔医学杂志,2007,42(7):395~398]

用有限元和光弹应力分析法研究左侧下颌第一磨牙近中根切除后 4 种修复形式的应力分布状况。结果表明,以远中根支持单冠比正常第一磨牙做单冠的应力增大 3 倍以上,以第一、第二磨牙做联冠应力会增加 2 倍,采用第二前磨牙和第一磨牙做联冠和以第二前磨牙-第一磨牙-第二磨牙做联冠的设计形式,其受到的应力均接近正常。

**述 评**

残根残冠的保存修复既是当前修复水平的标志,又是患者强烈要求的一种修复形式。第一磨牙半切术是临床上常用的保存患牙的方法。如何设计磨牙半切后的修复体,使之受力合理,维持长期的修复效果,作者的这项研究为临床提供了很好的依据。总之,以桥的结构设计是较好的修复形式。

(马轩祥)

**MC CAD/CAM 全瓷冠三维有限元应力分析**[王华蓉 蒋文涛 陈国亮等. 医用生物力学,2007,22(2):137~140]

建立下颌第一磨牙 MC(machinable ceramic)全瓷冠三维有限元模型,分析单层结构和带有基底冠-饰瓷结构的全瓷冠的受力情况,𬌗面垂直加载 600 N。结果显示,两种结构全瓷冠的应力分布基本相同。最大应力均集中在加载点的下方和周围,并向周围递减,牙本质内的应力较低,分布均匀,全冠内的应力较高。作者认为 MC 全瓷冠的𬌗面接触点和边缘的强度对长期的完整性影响较大。

**述 评**

研制用于 CAD/CAM 的全瓷材料逐渐被推广应用,研究其受力状况,有助于指导该类修复体的设计与制作。实验证明以 MC 制作的单层与带基底冠的饰瓷全瓷冠应力分布状况基本一致,全瓷冠的咬合面的受力主要集中在受力点及其周围的瓷层内,并向周围逐渐衰减。这些规律对预防、减少全瓷冠的瓷裂有实际指导作用。

(马轩祥)

**黏固剂对桩核烤瓷全冠修复后抗折强度的影响**[顾新华 毛彩云 王小祥. 现代口腔医学杂志,2007,21(6):633~636]

在新鲜拔除的中切牙上分别做预成钛合金桩和铸造桩粘固,再制作金属烤瓷冠修复,分别用玻璃离子黏固剂、复合树脂黏固剂粘固。试件经过温度循环后测试其断裂强度。测试结果为:钛合金桩以复合树脂粘固者其断裂强度为(499.82 ± 168.90) N,玻璃离子粘固者为(388.98 ± 125.22) N;铸造桩以复合树脂粘固者,断裂强度为(412.55 ± 99.29) N,玻璃离子粘固者为(337.41 ± 121.18) N。牙根折断后的可再修复率分别为 40%、20%、20%和 30%。但作者报告两种黏固剂之间差异无统计学意义。

**述 评**

对于残根的保存修复,有不同的设计形式,如预成金属桩、铸造桩、纤维桩,黏固剂也有复合树脂类、玻璃离子类、聚羧酸锌类等。研究报告的数据和讨论研究结果时也存在不同观点。应针对临床上患者的具体情况、个人习惯、可采用的工艺条件、可使用的黏固剂种类以及工效等因素来综合考虑。从作者提供的数据看,预成钛金属桩加上复合树脂粘固获得的抗力似乎更强些,这也符合当前临床的要求。希望大家更广泛关注后续的相关研究结果。

(马轩祥)

# 牙列缺损修复

**单端固定桥修复下颌游离缺失光弹模型的建立**[吕正辉 张少锋 张晓杰等.临床口腔医学杂志,2007,23(3):164~166]

根据相似性原理,应用聚甲基丙烯酸甲酯、硫化硅橡胶、环氧树脂分别模拟基牙、牙周膜和牙槽骨,制成D区7、8缺失以4、5、6为基牙的单端固定桥修复下颌游离缺失,并建立基牙和牙周支持组织的光弹模型。结果显示,制作的下颌D区的4、5、6牙齿和牙周支持组织的光弹模型呈淡黄色,表面光洁,质地均匀,透明度高。牙周膜宽度为0.251~0.297 mm,光弹模型各材料间的弹性模量比值为1.35:1:0.000 30。该方法获得的牙周膜宽度符合生理要求,各材料间弹性模量也完全模拟了基牙、牙周膜和牙槽骨间的弹性模量关系,可用于单端固定桥修复下颌游离缺失的应力分析。

**述 评**

远中游离缺失是临床常见的牙列缺损,其修复比较困难,对此类修复方式进行生物力学研究有重要的临床意义。三维光弹法具有直观、可进行整体受力观察的特点,特别适合于游离端义齿的受力分析。作者建立的基牙、牙周膜及牙槽骨间弹性模量符合口腔实际比例的三维光弹法模型,为此类修复进行生物力学评价提供了模拟程度较高的模型制作方法。

(高平)

**骨吸收对精密附着体天然牙-种植体联合修复的应力影响**[张兴乐 周延民 宿玉成等.华西口腔医学杂志,2007,25(2):122~124]

应用三维有限元分析法,对支持骨组织有不同程度吸收的精密附着体天然牙-种植体联合修复模型进行应力计算和分析,支持骨量减少对精密附着体天然牙-种植体联合修复的应力影响。结果显示,骨吸收、支持骨量减少后,天然牙根、硬骨板、种植体、种植体周围牙槽骨的应力都相应增加。提示骨吸收与精密附着体天然牙-种植体联合修复的应力分布具有密切相关性。因此临床在选用这种修复方式时应该对天然牙的牙周支持条件进行慎重评估,保证远期修复效果。

**述 评**

由于种植体与天然牙生理动度的差异,天然牙-种植体联合修复一直存在争议,核心问题是天然基牙与种植体周围骨组织应力分布是否均在生理限度内。作者应用三维有限元法,采用两种工况模拟后牙生理运动过程,分析了不同程度骨吸收对附着体-种植体联合修复的应力变化,得出骨吸收与精密附着体天然牙-种植体联合修复的应力分布具有密切相关性的结论,为临床选择此类修复适应证,提高修复的远期效果提供了理论依据。同时向读者提示设计不同的协调两者动度的装置以改变天然牙、种植体应力分布,可扩大此类修复适应证。

(高平)

**可摘局部义齿支架三维CAD方法的初步研究**[王勇 吕培军 吴琳等.实用口腔医学杂志,2007,23(3):321~324]

采用三维数据点及其曲线曲面的混合建模技术,建立KennedyⅡ类2亚类可摘局部义齿的三维模型。按照临床设计原则,在牙列缺损三维重建模型上对卡环、支架、舌杆和加强网等支架部件构建其组织面、磨光面等,完成支架的三维设计。该研究初步探索了可摘局部义齿支架的三维计算机辅助设计方法,并得到了个性化局部义齿支架的三维几何模型。作者认为采用三维数据点、曲线和曲面的混合建模技术可以实现可摘局部义齿支架的三维计算机辅助设计。

**述　评**

近年来随着 CAD/CAM 技术在固定修复中的广泛应用和技术上取得的突破，为其在口腔修复领域进一步深入研究提供了基础。但由于可摘局部义齿几何形状复杂且不规则，高精度的三维模型较难建立。作者采用基于点云及曲线曲面的混合模型技术，初步摸索并建立了可摘局部义齿支架的三维计算机辅助设计方法，并得到个性化的局部义齿支架三维几何模型，为可摘局部义齿 CAD 技术的应用提供了科学可靠的方法。

（高平）

**SD 附着体固位远中游离端可摘局部义齿三维有限元应力分析**[肖艳　曾剑玉　张振庭等. 口腔颌面修复学杂志，2007，8(1)：1～3]

建立下颌第二磨牙游离缺失的附着体义齿三维模型，采用有限元法分析了刚性和弹性两种附着体义齿基牙应力分布情况。结果显示，在垂直载荷下，两种附着体基牙牙槽嵴顶处均有应力集中。弹性附着体基牙牙根主应力下降 26%～58%，剩余牙槽嵴应力峰值减小 50%；斜向载荷时，应力集中更明显，弹性附着体应力峰值仍有一定减小。作者认为，在临床上进行附着体的选择时应详细了解患者口腔条件，更应注意生物力学的基础原则。弹性附着体固位的可摘局部义齿，更有利于保护基牙与支持组织，保护剩余牙槽嵴。

**述　评**

附着体义齿以其美观、固位、咀嚼效率高等特点，在临床应用日趋广泛。刚性附着体和弹性附着体有各自特点，如何选用其影响因素较多，其中缺牙区牙槽嵴状况是重要因素。作者应用三维有限元法分析了游离端缺失垂直和斜向载荷时使用刚性附着体及弹性附着体缺牙区牙槽嵴应力分布情况，指出弹性附着体在缺牙区牙槽嵴顶形成应力集中现象明显低于刚性附着体，且应力分布也较均匀，为此类修复体选择附着体类型提供有益的参考。

（高平）

**钴铬合金铸造三臂卡环固位臂宽度设计与基牙倒凹关系的三维有限元分析**[王淑英　张振庭　白保晶. 中华口腔医学杂志，2007，42(5)：276～279]

以下颌第二磨牙为基牙，建立基牙和 3 种宽度固位臂的三维有限元模型。设定固位臂宽厚比为 3:1，设计卡臂尖和固位臂中部进入基牙的倒凹深度不同，在固位臂中部施加动态位移载荷，计算固位臂从基牙上摘取时的接触受力。结果显示，固位臂的最大应力与卡臂尖进入基牙的倒凹深度呈正相关关系，与固位臂中部 1/3 进入基牙的倒凹深度无明显相关性。当卡臂尖进入基牙的倒凹深度相同时，随固位臂宽度的增大，固位臂最大应力明显增大。1.8 mm、1.6 mm 和 1.4 mm 3 种宽度的钴铬合金固位臂可放入基牙的最大倒凹深度分别为 0.25 mm、0.3 mm、0.35 mm。提示临床有必要根据卡臂尖进入基牙的倒凹深度选择不同宽度的固位臂。

**述　评**

卡环是可摘局部义齿常用的直接固位体。以往研究多集中在倒凹深度与卡环固位力之间的关系，但有关倒凹深度与卡环固位臂宽度关系的研究报道较少见。作者运用三维有限元法分析了卡环臂宽度与倒凹深度的关系，得出为防止固位臂永久变形，应根据卡臂尖进入基牙倒凹深度选择不同宽度固位臂的结论，为临床可摘局部义齿的安全、长期使用，在设计卡环时提供了一定的理论依据。

（高平）

**游离端缺牙患者义齿修复前后咀嚼运动时脑血流的变化研究**[郭亚娟　刘洪臣　宁江海等. 口腔颌面修复学杂志，2007，8(1)：53～55]

从临床选择双侧游离端缺牙患者 16 例，应用经颅多普勒超声探测仪，记录其咀嚼前、咀嚼 5 min 和咀嚼 10 min 三个时段的大脑中动脉脑血流数值，分别为收缩期流速（Vs）、舒张期流速（Vd）、平均峰流速（Vm）。患者可摘局部义齿修复 1 个月后，再分别测量三个时段的脑血流数值，比较修复前后不同时段咀嚼运动的脑血流流速变化。结果发现，修复前后咀嚼 5 min 后的 Vs、Vd、Vm 值及修复前后咀嚼 10 min 的 Vd、Vm 值差异有统计学意义。作者认为，可摘局部义齿修复恢复了游离端缺牙患者的咀嚼功能，脑部供血量有所增加，咀嚼运动具有促使老年人脑血量增加的作用。

**述　评**

双侧游离端缺失是临床常见牙列缺损类型，也是修复难点。该研究探讨了游离端缺牙患者可摘局部义齿修复后咀嚼运动对脑血流的影响，认为恢复咀嚼功能有利于患者脑部供血量增加，并从此角度强调进行双侧游离端缺失修复的必要性，对临床有一定指导意义。

（高平）

**单、双、三螺纹种植体初期稳定性的三维有限元比较研究**［马攀　彭勤建　林升等．口腔颌面修复学杂志，2007，8(4)：281～283］

利用 Pro/E 软件、Hypermesh 软件和 ABAQUS 有限元软件，建立单、双、三螺纹 3 类种植体（螺纹角度逐渐增大）即刻负载的三维有限元模型，比较 3 种类型螺纹种植体分别垂直和水平加载时种植体初期稳定性。结果发现，受力时种植体的位移以垂直向为主。单螺纹种植体垂直相对位移和综合相对位移最小，随着种植体螺纹旋转角度的增加，其对抗垂直载荷的能力减弱。

**述　评**

种植体植入后良好的初期稳定性是种植义齿成功的关键，其中种植体表面螺纹设计是影响其初期稳定性和长期稳定性的重要因素。基于螺纹角度变化，应用三维有限元法对比不同种植体在垂直和水平加载时位移大小，结果表明种植体受力时位移主要以垂直向为主；随着种植体旋转角度的增加，对抗垂直载荷的能力减弱，其结论具有一定的理论意义。但该设计未考虑初始应力因素，与临床实际尚有一定误差。

（高平）

# 牙列缺失修复

**计算机辅助设计与快速成形技术辅助制作全口义齿的探讨**［孙玉春　吕培军　王勇等．中华口腔医学杂志，2007，42(6)：324～329］

用三维自动切层扫描仪获取人工牙外表面三维数据并建立人工牙数据库，然后用三维点激光扫描仪获取无牙颌石膏模型与殆堤表面的三维数据，利用模型关系定位器记录颌位关系数据，以探索全口义齿计算机辅助设计（CAD）的技术路线，开发相关软件平台。作者用快速成形技术制作全口义齿石膏阴模，辅助手工插入人工牙完成全口义齿的制作。最终实现了全口义齿的数字化、智能化和个性化的设计制作流程。

**述　评**

作者用先进的计算机辅助设计和快速成形技术实现了对全口义齿的制作。这是有创新性的工作。说明我国口腔工作者在 CAD/CAM 领域有了原创性的设计思想及技术路线。并用制作全口义齿石膏阴模的反求方法解决了开发该项技术的难点。虽然这只是初步应用的探讨，但是确定了设计制作流程的可行性，值得关注。

（冯海兰）

**12 例重度慢性牙周炎患者全颌种植义齿修复的临床观察**［耿威　宿玉成　张雪净等．中华口腔医学杂志，2007，42(4)：231～234］

重度慢性牙周炎患者 12 例，经牙周治疗控制病情后，拔除剩余牙并同期植入种植体，

5～6 个月后行全颌种植义齿修复。根据临床、X 线检查和患者主诉评价修复效果。结果发现,共 108 枚种植体植入 20 个牙弓，其中 37 枚种植体即刻植入拔牙窝内。种植体平均承载 3 年,所有种植体均无松动。除 2 枚有进行性骨吸收的种植体外,其余种植体周围的骨吸收高度平均为(1.33±0.10) mm。108 枚种植体的存留率为 98.1%,37 枚即刻种植体的存留率为 97.3%。研究结果说明牙周炎患者拔牙后进行种植修复的可行性。

**述　评**

作者探讨了对重度慢性牙周炎患者拔牙后行种植义齿修复的效果。在平均观察期 3 年时间中,108 枚种植体的存留率是 98.1%。这个结果对于选择种植义齿修复的适应证是个有益的参考。

(冯海兰)

**即刻负荷种植覆盖线性𬌗全口义齿的临床初步应用**[吕亚林　刘建彰　余兰等. 中华口腔医学杂志,2007,42(12):705～708]

对 6 例下颌无牙颌患者,在颏孔前区种植 2 枚种植钉后,24 h 内戴入用杆卡固位的覆盖义齿,人工牙选择线性𬌗型。义齿戴入后,1、3、6、12 个月复诊,观察了 9～30 个月的情况。结果发现,种植体无松动,牙龈各项指标正常,X 线 1 年种植体周围骨吸收在 1 mm 内,患者对修复效果满意。

**述　评**

作者对有严重牙槽嵴骨吸收的患者,种植 2 枚种植体,覆盖义齿即刻负重,并用线性𬌗人工牙,这些方法说明对种植义齿的初期稳定性是好的。文章对种植义齿即刻负重及用线性𬌗做种植义齿的方法进行了探讨,方法有新意,结果对读者有帮助。

(冯海兰)

**咬合垂直距离减低的无牙颌 TMD 患者髁状突位置的变化**[曹均凯　章捍东　刘洪臣. 军医进修学院学报,2007,28(4):257～259]

对无牙颌颞下颌关节功能紊乱综合征(TMD)垂直距离减低的 48 例患者恢复垂直距离前后,进行关节间隙变化的测量。结果发现,患者戴旧全口义齿正中咬合位时,髁突前间隙左侧小于右侧,后间隙左侧大于右侧(左前 1.60 mm,右前 2.34 mm;左后 2.80 mm,右后 1.96 mm),差异有统计学意义。新旧全口义齿正中咬合时,关节间隙改变差异有统计学意义(左后 2.32 mm,2.82 mm;右前 1.98 mm,2.34 mm,左前 2.02 mm,1.60 mm;右后 2.34 mm,1.96 mm)。作者认为恢复无牙颌咬合垂直距离后可以使两侧髁突位置对称,从而可以治疗无牙颌 TMD。

**述　评**

作者用客观数据说明旧的全口义齿会使无牙颌 TMD 患者髁突位置发生变化,而重新制作义齿可使关节恢复到双侧对称的位置,说明全口义齿对无牙颌患者的口颌系统健康有重要意义。

(冯海兰)

**哥特氏弓测定无牙颌正中颌位的临床体会**[朱霖. 中国临床医学,2007,14(4):584～586]

对 30 例无牙颌患者分别采用不同的颌位记录方法,比较其义齿制作后颌位关系正确与否的成功率。第 1 组用光固化基托加 Ivoclar 哥特氏弓;第 2 组用光固化基托加 Girrbach 哥特氏弓;第 3 组用光固化基托加蜡堤;第 4 组用蜡基托加蜡堤。结果发现哥特氏弓测定正中颌位的准确性高于另两种方法。Ivoclar 哥特氏弓结构简单小巧,操作方便,使用主要受颌间距离大小的限制,颌间距离小于 6 mm 时无法使用。Girrbach 哥特氏弓结构复杂,经久耐用,对技工要求高,使用也受颌间距离大小和腭穹隆形态的限制。说明并非所有患者都能使用口内哥特氏弓确定无牙颌的正中颌位,但在可使用口内哥特氏弓的病例中,哥特氏弓准确性更高。

**述　评**

作者尝试用哥特氏弓确定正中颌关系,

并与常规方法比较，说明不同的哥特氏弓的特点。该结果对临床提高制作全口义齿质量有一定作用。

（冯海兰）

**ERA 全口覆盖义齿修复保留残根的半口牙列缺失患者的临床评估**［王晓英　马泉生　耿建平．口腔颌面修复学杂志，2007，8(1)，21～23］

对 35 例单颌有 1～4 个残根的牙列缺损、对殆为天然牙或固定修复的患者，进行残根使用 ERA 附着体（太极扣）做覆盖半口义齿修复的方法，观察其在 6 个月至 1 年 3 个月期间的使用情况。结果发现除 1 例其阴性结构老化而更换外，其余病例都感觉义齿固位好，咀嚼效能高，患者舒适。

**述　评**

作者说明了 ERA 附着体的使用方法及注意事项，并提出，由于附着体阴性部分有弹性，建议用于对殆为天然牙或固定修复的情况。虽然观察时间短，但对制作要点讲解比较详细，对读者有帮助。

（冯海兰）

# 口腔正畸学

**犬牙槽骨牵张成骨时牙齿移动速度与移动方式的研究**［刘燕　丁寅　张明等．实用口腔医学杂志，2007，23(1)：78～82］

选取犬 10 只，拔除下颌两侧第二前磨牙，实验侧行牙槽骨牵张成骨术，对照侧行传统正畸。行大体观察、X 线片检查和测量。结果显示，利用牙槽骨牵张成骨技术可以大幅度提高牙齿移动速度，同时牙齿倾斜度相应增大。作者认为，移动牙的移位为倾斜和整体相结合的运动，且以和牙槽骨块整体移动为主。

**述　评**

作者首次采用牙槽骨牵张成骨方法，通过牙支持式牵张器快速移动犬的第一前磨牙，研究牙槽骨牵张成骨时牙齿移动速度与移动方式的变化规律，可为临床应用牙槽骨牵张成骨技术快速移动牙齿提供实验依据。但如何避免牙齿的倾斜移动，仍需要进一步的研究。

（王林）

**不同牵张速率对山羊下颌骨牵张成骨中新骨形成的影响**［龙洁　樊瑜波　田卫东等．实用口腔医学杂志，2007，23(1)：46～50］

将 12 只山羊随机分为 3 组，在动物右下颌骨行骨皮质切开术，分别以不同的速率进行牵张，随机选取实验组 4 只动物未手术侧正常下颌骨作为对照组。将各组新骨组织和对照组下颌骨组织分别进行骨密度检测和三点弯曲强度测试。结果显示，0.8 mm/d 牵张组新骨骨密度值显著高于其余各牵张组，0.8 mm/d 牵张组新生骨三点弯曲强度实验指标均大于另两个牵张组。作者认为，采用 0.8 mm/d 的牵张速率进行牵张能最快促进新骨形成，提高成骨质量。

**述　评**

牵张成骨是目前矫治颌骨发育缺陷的有效手段之一，但其临床操作过程中如何才能最快促进新骨形成，提高成骨质量，持不同意见。该研究结果对临床应用提供了很好的经验，但该结果能否适用于人体，尚需临床验证。

（王林）

**钛板种植体支抗前方牵引治疗骨性前牙反殆的临床分析**［周彦恒　林野　邱立新．中华口腔医学杂志，2007，42(5)：263～267］

选择对 8 例以上颌后缩为主的骨性安格尔Ⅲ类错殆畸形患者，于上颌侧切牙和尖牙间唇侧植入钛板种植体，1 个月后开始前方牵引治疗，对牵引前后头颅侧位 X 线片的 21 项测量项目进行分析，对测量结果进行配对 $t$ 检验。结果显示，SNA 角、ANB 角、Wits 值、NA-PA 角、Max-Lth、A-NP 距在牵引治疗后均增大，与治疗前相比差异有统计学意义（$P<0.01$）；ANS-Me 距、Is-FHp 距、Ms-FHp

距、A-FHp 距均增大，与治疗前相比差异有统计学意义（$P<0.05$）；L1-AP 距、OJ、AB-NP 角在牵引治疗后均减小，与治疗前相比差异有统计学意义（前一项 $P<0.05$，后两项 $P<0.01$）。作者认为，钛板种植体支抗是稳定可靠的骨性支抗。

**述　评**

单纯上颌后缩引起的骨性安格尔Ⅲ类错㲉畸形的治疗方法主要是前方牵引，以往的治疗方法主要作用于上颌牙齿，不可避免地造成上牙槽和上牙列的不良移动。该文作者利用钛板种植体支抗进行前方牵引治疗，直接作用于上颌骨，可以有效地避免上牙列的不良移动，为该类错㲉畸形的矫治拓展了新的思路，值得临床医师借鉴。

（王林）

**种植体支抗压低过长磨牙的临床效果分析**［丁雪芳　周彦恒　高雪梅等. 中华口腔医学杂志，2007，42(2)：80～84］

使用微螺钉种植体支抗配合部分或全口矫治器压低 13 例患者的过长上颌磨牙（共 23 颗）。在头颅侧位片上测量磨牙近、远中边缘嵴至腭平面的垂直距离，配对 $t$ 检验比较治疗前后的差异。结果显示，磨牙压低 0.45～7.00 mm，平均（2.86±1.80）mm；治疗前后磨牙近中和远中边缘嵴至腭平面垂直距离的差异均有统计学意义（$P<0.001$）。X 线片显示牙槽骨高度无改变，根尖无明显吸收。作者认为，以微螺钉种植体作为支抗压低过长上颌磨牙，是一种有效的治疗方法。

**述　评**

单颌磨牙的长期缺失往往会继发对上颌磨牙的伸长，影响缺失牙的修复。以往的方法很少能够提供充分的支抗，有效地压低磨牙。该研究通过根尖区颊、腭侧微螺钉种植体的使用，有效地压低了伸长磨牙，为该类错㲉畸形的矫治拓展了新的思路，值得临床医师借鉴。

（王林）

**不同微型种植体稳定性比较的动物实验**［陈岩　赵文婷　Hee-Moon Kyung. 中华口腔医学杂志，2007，42(10)：605～607］

将自攻型组和助攻型组正畸微型种植体种植于两只犬的上下颌骨颊侧根间区，植入时测量最高植入转矩，即刻负载水平力 1.96 N。持续 9 周后取出种植体，测量最高去除转矩。结果显示，上下颌自攻型组最高植入转矩和最高去除转距均高于助攻型组。作者认为，自攻型种植体有较高的初期稳定性，适宜种植于上颌骨及下颌骨骨皮质较薄的部位。

**述　评**

微型种植体的应用目前已经比较普及，但其操作方式存在自攻和助攻两种方式，自攻法具有简单、便利，易操作等优势，应该是该技术未来发展的趋势之一。但其与助攻法究竟会对微型种植体的稳定性有何影响，目前少有报道。作者从动物实验的角度比较了二者的区别，证实了自攻法较助攻法有利于微型种植体的稳定性，其结果对临床和微型种植体的开发有指导意义。

（王林）

**正常㲉青少年下牙弓后段间隙增龄性变化的观察**［陈莉莉　林久祥　许天民等. 中华口腔医学杂志，2007，42(9)：515～518］

选择 26 名汉族正常㲉青少年，从 13～18 岁连续拍摄其同期头颅侧位 X 线片，进行头影测量纵向分析。结果显示，13～18 岁下牙弓后段间隙的变化男女间差异有统计学意义，女性较早结束下颌骨生长。13～18 岁正常㲉青少年下牙弓后段间隙的增加与第三磨牙萌出前下颌支前缘的吸收及第三磨牙萌出时下牙列的近中移动相关。作者认为，下牙弓后段间隙的增龄性变化有年龄、性别的差异。

**述　评**

间隙分析是正畸诊断的重要组成部分，但对于青少年患者预测牙弓后段间隙较困难。目前临床采用的数据是国外学者的研究结果，不一定适用于国内青少年患者。该研究选择的研究对象是汉族正常殆青少年，其结果显示我国北京地区汉族青少年个体颌骨生长改建结束的年龄均晚于白种人，牙弓后段间隙的生长量也与国外研究结果不一致，该研究对临床有很好的指导意义，但观察对象数量较少，观察地区单一，有待于进一步的深入研究。

（王林）

**磁力 Twin-block 矫治器对骨性Ⅱ类错殆矫治效果的研究**[吴建勇　刘剑　李启顺等. 中华口腔医学杂志，2007，42(9)：519～524]

选择 13 例替牙列晚期或恒牙列早期的安格尔Ⅱ类错殆患者进行磁力 Twin-block 矫治器矫治，比较矫治前后头影测量结果和不同矫治阶段双侧颞下颌关节螺旋 CT 平面图像。结果显示，患者Ⅱ类骨面型改善，髁突后上部有生长改建。作者认为，磁力 Twin-block 矫治器对处于生长发育期的安格尔Ⅱ类错殆患者有显著的矫治作用。

**述　评**

Twin-block 矫治器对Ⅱ类错殆畸形有显著的功能矫形效果，但以往的研究大多局限于头影测量分析，而对髁突生长改良的形态学研究较少涉及。作者采用螺旋 CT 分析矫治过程中髁突的变化，证实髁突后上部有生长改建，从另一侧面证实了磁力 Twin-block 矫治器对处于生长发育期的Ⅱ类错殆患者有显著的矫治作用。

（王林）

**镍钛圆丝弯曲变形后的力学性能分析**[韩向龙　白丁　孟耀等. 中华口腔医学杂志，2007，42(9)：525～527]

采用能进行双端梁弯曲实验的微型正畸弓丝测试仪，对直径为 0.36、0.41、0.46 mm 的镍钛圆丝在 0.56 mm×0.71 mm 的标准方丝弓托槽内进行加载和卸载实验，定量分析载荷形变规律。结果显示，在不同力矩值情况下，不同直径的镍钛圆丝表现出不同的超弹性。作者认为，利用镍钛圆丝排齐牙列时，应根据牙齿倾斜或旋转错位的轻重程度，尽量选择矫治力较持续、衰减较缓慢的弓丝。

**述　评**

以往关于正畸弓丝力学行为的研究大多集中在第一、三序列弯曲和不同形状的曲等方面。该研究采用能进行双端梁弯曲实验的微型正畸弓丝测试仪，专门针对不同直径的镍钛弓丝的第二序列弯曲的力学性能进行分析。其结果对临床有一定的指导作用。

（王林）

**FAS 自锁托槽与传统自锁托槽的摩擦力对比研究**[朱鲲　王春玲　王娟等. 华西口腔医学杂志，2007，25(4)：371～375]

制作尺寸放大 20 倍的 FAS、DamonⅢ和 SPEED 托槽钢制模型，同时制作放大 20 倍的钢制圆丝和方丝，采用拉力传感器测量托槽与弓丝间摩擦力的大小。实验中 FAS 托槽分为两种调节状态：垫片完全收入和与弓丝平面无压力状态相切后旋转 0.5 圈。结果显示，在垫片完全收入的状态下，FAS 托槽与直径8.128 0 mm的不锈钢圆丝之间的动静摩擦力与 DamonⅢ和 SPEED 托槽均差异无统计学意义（$P>0.05$）；在使用 9.144 mm×12.700 0 mm 不锈钢方丝时，FAS 托槽与方丝之间的动静摩擦力与 DamonⅢ托槽差异无统计学意义（$P>0.05$），而低于 SPEED 托槽，且差异有统计学意义（$P<0.05$）。当垫片与弓丝平面无压力状态相切后旋转 0.5 圈时，FAS 托槽与圆丝、方丝的动、静摩擦力均明显高于 DamonⅢ和 SPEED 托槽（$P<0.01$）。结果表明，FAS 托槽可以有效调节摩擦力的大小，在无压力状态下，托槽与弓丝间的摩擦力与 DamonⅢ托槽相似；在有压力状态下，可以有效锁定弓丝，防止弓丝滑动。

**述　评**

自锁托槽诞生以来，以低摩擦力和方便快捷的结扎方式得到了正畸医师的认可。虽然作为被动自锁（如 Damon 托槽）和主动自锁（如 SPEED 托槽）在矫治方式和方法上各有特点,但是仍然没有解决低摩擦力和高牙齿控制能力之间的矛盾。而FAS托槽的槽沟设计了可自行调节的垫片,使得其与弓丝的接触方式既可以实现低摩擦力,又可以完全制动。这种设计理念比较新颖,可进行临床推广应用。

(王林)

# 口腔种植学

**影响上颌中切牙单个种植修复体龈乳头高度的因素分析**[张雪净 宿玉成 沙月琴. 中华口腔医学杂志,2007,42(6):361~364]

对16例上颌中切牙单个种植修复患者(30个龈乳头),通过分析其临床资料、口内照片、X线片和研究模型,得到龈乳头高度和相关因素数据,采用多重线性回归方法进行分析。结果显示,16例患者中切牙种植修复体龈乳头高度为(4.01±1.85) mm,影响龈乳头高度的相关因素按作用由大到小的排列顺序为:种植修复体外冠接触点高度、邻近天然牙邻面牙槽嵴顶高度、邻近天然牙邻面牙槽嵴顶到外冠接触点的垂直距离、种植修复体外冠邻面凸度、种植体基台与邻牙牙根距离、冠根长度比例、种植修复体邻面牙槽嵴顶高度、种植修复体外冠唇面凸度、探诊深度。

**述 评**

前牙种植修复体的龈乳头高度直接影响种植义齿的软组织美学效果。该研究结果对临床上种植美学效果的分析和实践具有一定指导意义。

(王贻宁)

**瓷基台和钛基台用于种植体支持全瓷单冠修复的临床观察**[李智勇 牛薇 方伟等. 中华口腔医学杂志,2007,42(7):391~394]

对19例单颗上颌前牙缺失患者,分别采用瓷基台(8例)和钛基台(11例)行种植体支持全瓷单冠修复,随访观察2年。用改良的美国公共卫生署(USPHS)标准评价两者的美观效果,并在修复后6、12、18和24个月测量种植体周围牙龈出血指数和骨吸收量,所得数据进行秩和检验和方差分析。结果发现,在随访期间内未发现全瓷冠和钛基台折断,1例瓷基台在修复后15个月折断。瓷基台组和钛基台组达到USPHS标准A级的分别为8例和10例,差异无统计学意义。种植体周围牙龈组织颜色正常,无炎性反应,瓷基台和钛基台修复2年后种植体周围骨吸收量分别为0.70 mm的0.77 mm。瓷基台级和钛基台组两组间以及同种基台修复后不同时间的牙龈出血指数和骨吸收量差异均无统计学意义。作者认为,瓷基台和钛基台用于种植体支持全瓷单冠修复可取得理想的美学效果。

**述 评**

全瓷基台和全瓷冠具有良好的光学特性,在种植义齿修复中的应用越来越多。作者分析了全瓷基台的优缺点和注意事项,可为临床上全瓷基台的应用提供指导。如果该研究能严格纳入标准以随机分配病例来分组,其研究结果将更具说服力。

(王贻宁)

**全瓷冠熔附纯钛小基台种植修复体的临床应用**[武斌 巢永烈 隋磊. 中华口腔医学杂志,2007,42(10):622~623]

采用机械加工制作颈环和轴壁薄的纯钛小基台,计算机辅助制作(CAM)与基台匹配的全瓷冠,通过烧结遮色瓷将全瓷冠熔附于小基台上,获得种植修复体。对5例患者的6颗缺失牙进行修复,并对修复体进行临床效果评价。结果成功制作全瓷冠熔附纯钛小基台修复体6个,并经临床评价,修复体在表面、外形、边缘和色泽等方面在修复时与修复1年后均获得满意的效果。作者认为,全瓷冠熔附纯钛小基台修复体可作为种植义齿美学修复的新选择。

**述 评**

如何最大限度地发挥全瓷冠在种植义齿中的修复优势,是很有意义的临床课题。该研究的成功探索，为全瓷冠在种植义齿中的应用开辟了新的思路。不过，全瓷冠熔附烧结于钛基台的高温加工环节，是否会影响钛基台安置后的软组织封闭区的形成以及钛基台与种植体连接的精密性，值得进一步研究。

（王贻宁）

**密度不同的颌骨内单个种植体稳定性的测量观察**［赖红昌　庄龙飞　张志勇．中华口腔医学杂志，2007，42(5)：292～293］

对 50 例牙列缺损患者，共植入 104 枚 ITI 大颗粒酸蚀喷砂表面处理种植体，按种植区骨密度进行分组。在术中、术后 1、4、6、8、12 周进行共振频率分析，记录种植体稳定值。结果发现，骨密度对种植体初期稳定性有显著影响，Ⅰ类骨初期稳定性明显高于Ⅳ类骨，12 周各组稳定性的差异无统计学意义。6 周和 12 周的稳定性相比较，Ⅰ类骨与Ⅱ、Ⅲ类骨比较，其差异无统计学意义，与Ⅳ类骨比较，差异有统计学意义。作者认为，Ⅰ、Ⅱ、Ⅲ类骨种植体早期负载具有可行性。

**述　评**

如何把握种植体早期负载的时机和提高种植体早期负载的安全系数，是牙种植体早期修复的难点。该研究结果对临床上种植体修复时机的选择具有参考价值。实际上，种植体的稳定性受多因素的影响，如果能一并统计分析种植体直径与长度等因素的影响，将更有临床意义。

（王贻宁）

**集中载荷下下颌后牙区种植体直线排列与成角排列的应力分析**［李影　周延民　周振平等．中华口腔医学杂志，2007，42(6)：365～367］

选择一具765牙体缺失的成人离体下颌骨标本，通过 CT 扫描建立二维坐标，根据坐标画点再用曲线连点形成下颌骨轮廓。采用三维有限元的方法研究集中载荷下种植体-骨界面应力分布特点和变化规律。结果发现，垂直载荷下，粗直径种植体直线排列时应力峰值减低（最低为 3.70 MPa），标准直径种植体成角排列时应力峰值略增高（最高为 8.32 MPa）；颊侧向舌侧斜向载荷下，粗直径种植体直线排列时应力峰值减低（最低为 12.29 MPa），标准直径种植体颊侧成角排列时应力峰值减低（最低为 15.48 MPa），舌侧成角排列时应力峰值增高（最高为 23.60 MPa）。作者认为，下颌后牙区牙槽骨嵴颊舌径大时，采用直径大于或等于 4 mm 种植体的直线排列应力值明显减小，有利于应力分布。

**述　评**

多个种植体在选择植入部位和相互排列的位置关系时，应尽量减少或避免不利的生物力学影响。该研究结果对传统的种植体成角排列理论提供了一定的支持，同时从理论力学角度提出了更优的位置设计，尽管这需要实验力学与体内研究的进一步确证，但值得临床设计时根据具体情况参考。

（王贻宁）

**种植义齿修复 10 年临床效果评价**［汤春波　马建民　童昕等．上海口腔医学，2007，16(5)：470～474］

对 1995 年 6 月～2005 年 6 月的 1 121 例患者植入了 1 786 枚种植体并完成上部结构修复。种植体系统分别为 Bränemark 系统 92 枚、ITI 系统 108 枚、Replace 系统 21 枚、Lifecore 系统 79 枚、BLB 系统 1 486 枚。其中，单牙螺丝固定修复 510 例，单牙粘结固定修复 413 例，固定桥修复 175 例，种植体支持的覆盖义齿 23 例。随访 9～122 个月，观察方法为 X 线片、临床观察、患者满意调查。应用寿命表法计算 10 年累计存留率，应用 SAS9 1.3 软件对数据进行配对 $t$ 检验分析。结果显示，1 102 例患者的 1 760 枚种植体形成骨整合，19 例患者的 26 枚种植体松动脱落，10 年累计存留率为 98.1%。510 例烤瓷冠螺丝固定修复患者中，39 例发生螺丝松动，2 例折断；413 例烤瓷冠粘结固定修复患者中，17 例崩瓷，5 例冠脱落。种植体周围骨吸收状况差异无统计学意义。患者对美观、发音满意度和固位、咀嚼能力评定,认为在种植治疗后明显提高,并且差异有统计学意义。

**述 评**

对种植义齿的大病例量 10 年回顾性评价,有助于了解种植义齿在我国开展的长期临床效果和义齿的功能状况以及患者对种植义齿治疗的反馈。

(王贻宁)

**逆行性种植体周围炎与根管治疗后邻牙关系的研究**[宋应亮 周炜 李德华等.实用口腔医学杂志,2007,23(4):482~485]

对邻牙根管治疗后行种植体植入的 32 例患者(39 枚种植体)进行病例回顾性研究,分别对邻牙根管治疗后的时间进行记录,测量 X 线片中种植体与邻牙的距离。结果发现,39 枚种植体中有 10 枚出现逆行性种植体周围炎症状,其中 8 枚(6 枚 ITI 种植体,2 枚 MDIC 种植体)邻牙是根管治疗完成时间不足 3 个月,X 线片显示与邻牙的距离都小于 3 mm。作者认为,邻牙根管治疗后至少观察 3 个月再进行种植体手术,控制好种植体与邻牙的距离是预防逆行性种植体周围炎发生的有效手段。

**述 评**

对逆行性种植体周围炎与邻牙根管治疗关系的探讨,以及对逆行性种植体周围炎病因、预防和治疗的分析,具有较大的临床实际意义。

(王贻宁)

**BLB 种植体的临床应用及近期疗效观察**[廖湘凌 田卫东 隋晶等.中国口腔种植学杂志,2007,12(2):73~76]

对 2003 年 2 月~2005 年 12 月,在北京通州区潞河医院口腔科用 BLB 种植体共 47 枚延期种植近期临床应用效果进行评估。采用一期埋入、二期暴露的潜入式方法,全部为金属烤瓷冠修复,临床随诊观察半年至 3 年。结果显示,随诊期间无一例种植体脱落,4 例因中央螺丝松动致修复体松动,2 例发生种植体周围炎;种植体周围牙槽骨水平吸收小于 0.2 mm/年。BLB 种植体适合于常见牙列缺损的延期种植修复,近期疗效可靠。

**述 评**

BLB 种植体具有良好的生物相容性,骨愈合期短,早期可发生骨结合;粗糙表面增加了与骨的接触面积,加大了负荷能力;释放出该离子和磷酸根离子,促进骨生长。作者通过 BLB 种植体一期埋入、二期暴露的延期植入方法,术后定期复查预后,为临床常见牙列缺损的延期修复种植效果,提供了较可靠的治疗方法。

(王佐林)

**PRP 与骨替代品材料复合对即刻种植牙周围骨再生影响的实验研究**[诸葛春耕 张燎.中国口腔种植学杂志,2007,12(2):55~59]

比较富血小板血浆(PRP)技术复合骨替代品(Bio-oss)与单纯使用骨替代品对即刻种植牙周围骨再生过程的影响。选择 12 只健康杂种犬,在实验动物的双侧上颌骨侧切牙即刻拔除并进行种植窝预备的部位植入 BLB 牙种植体,左侧窝内放置 PRP 与骨替代品生物材料,右侧仅放置骨替代品。于术后 4、8、12 周分别将动物处死获取标本,置于显微镜下观察并进行骨-种植体接触率(BIC)的测量、分析。术后 4、8 周,实验组较对照组 BIC 差异有统计学意义,且实验组 BIC 较对照组明显增高;术后 12 周时,两组 BIC 差异无统计学意义。作者认为,使用 PRP 复合骨替代品比单纯使用骨替代品在术后 4、8 周对即刻种植牙周骨修复、重建有显著促进作用。

**述 评**

PRP 技术在软组织和骨缺损修复方面的应用较多,在种植体骨整合中的应用研究是近几年的热点。PRP 因其取材方便、制备简单、可塑性良好、可吸收、机体排斥反应小、成骨效果肯定、明显缩短骨整合时间进而加快缺牙患者恢复牙齿功能等优点而备受口腔种植研究者的青睐。该研究进一步证实了 PRP 有良好的促进种植牙骨再生作用,PRP 加速了骨替代品的降解,为新骨与种植体尽快实现骨结合打下良好基础。此外,PRP 与 Bio-oss 骨粉复合较单纯使用 Bio-oss 骨粉对即刻种植体周围骨组织形成有明显促进作用。

(王佐林)

**上颌前牙区骨挤压联合骨引导再生同期种植术的应用**[刘文芳　刘宪　黄盛兴等.口腔颌面修复学杂志,2007,8(3):192~194]

对 14 例上前牙缺失、牙槽骨厚度为 3~4 mm 的患者,联合采用骨挤压、骨引导再生技术,植入 Frialit-2 种植体 17 枚,于植入后 6 个月行二期手术,同时测量牙槽嵴顶增宽的厚度,最终完成烤瓷冠修复。结果显示,17 枚种植体术后均无明显并发症发生,牙槽嵴顶增宽的厚度平均为(2.8±0.6) mm,修复完成后观察 12~20 个月,种植体行使功能良好,无一种植体松动或脱落。结果表明,对于上颌前牙区牙槽骨吸收的患者,采用骨挤压联合骨引导再生术后行种植体植入,可改善牙槽骨质量,获得满意的近期临床效果。

**述　评**

上颌前牙区由于特殊的解剖位置,唇侧骨板往往吸收较多,疏松的牙槽嵴骨质使得骨挤压技术具有更大的优越性。作者通过采用骨挤压联合骨引导再生术,对上前牙缺失患者进行种植体的植入,提高了种植窝内壁的牙槽骨密度,增加了骨和种植体的接触面积。预备中不损失骨量,并减少穿孔的可能性,获得了较好的种植体初期稳定性,修复后获得了良好的美学效果。因此,该研究结果对种植体修复上前牙缺失具有重要的意义。

(王佐林)

**在移植骨上延期种植的实验研究**[张国志　张国权.中华口腔医学杂志,2007,42(5):288~291]

对 16 只成年雄性杂种犬制备下颌骨双侧骨缺损,左侧行冷冻自体下颌骨骨块的原位再植,并结合髂骨松质骨移植,即复合移植组;右侧缺损行自体髂骨块移植,即髂骨移植组。术后 3 个月分别在两类骨块上植入 IMZ TPS 种植体,种植体植入后 3、6、9、12 周分别处死 4 只动物取材。采用数字化 X 线片对种植体与颌骨结合界面进行灰度定量分析,组织学观察种植体-骨结合情况。结果显示,各期种植体周围均未见吸收性骨质密度降低影像。骨-种植体界面灰度定量分析显示,种植体植入两类移植骨 3、6 和 9 周时,其界面骨质密度改变差别明显,复合移植组明显优于髂骨移植组;种植体植入 12 周时,两组界面骨质已无明显差别,两类移植骨均与种植体有良好的骨结合,其骨愈合方式基本相同。作者认为,冷冻自体下颌骨复合移植修复下颌骨缺损并延期植入牙种植体后,两者可形成良好的骨结合。

**述　评**

骨密度是影响种植体成功率的一个重要因素,种植体周围的骨密度变化可以很好地反映种植体的骨整合情况。作者通过犬的自体下颌骨冷冻再植复合髂骨移植后延期种植体植入,进行种植体周围骨密度的测量,初步研究了该术式种植体周围的骨密度变化,并与纯髂骨移植延期种植对比,为临床应用提供了重要依据。

(王佐林)

**微创拔牙即刻种植的牙龈美学效果观察**[邱立新　林野　李健慧等.中华口腔医学杂志,2007,42(11):647~650]

对 21 例上前牙单个缺失病例,行不翻瓣微创拔牙同期 23 颗种植体即刻植入,并且同期安装愈合基台直接暴露于口腔,即非埋入式种植术式,种植体愈合 6 个月后进行永久修复。种植永久修复后观察时间平均 27.6 个月(13~51 个月)。根据 Jemt 牙龈乳头指数(PIS)观察种植体永久修复 12 个月后的近远中牙龈乳头状况,根据 Fürhauser 的改良红色美学指数观察种植体永久修复 1 年后与相邻天然牙唇侧龈缘位置的协调性;唇侧软组织与相邻天然牙唇侧牙龈色泽协调性。结果23颗种植体均获得良好的骨结合;种植修复体近远中PIS均为Ⅱ级以上。种植修复体与相邻天然牙唇侧牙位,5个牙位有轻度差异。作者认为,微创拔牙即刻种植术是一项要求较高的技术,多因素影响软组织美学效果,严格掌握适应证,才能获得理想修复效果。

**述　评**

即刻种植与即刻修复技术可缩短人工种植牙的疗程,减少手术次数,有助于保存牙槽嵴的高度和宽度以及牙龈组织的形态。该研究结果对该项技术的发展具有一定临床指导意义。

（王佐林）

# 牙及牙槽外科学

**聚乳酸-聚羟基乙酸植入大鼠拔牙创对骨愈合的影响**[吴哲　刘畅　郭雷等.吉林大学学报(医学版),2007,33(2):234～236]

选用Wistar大鼠拔除右下颌中切牙后,实验组即刻植入聚乳酸-聚羟基乙酸复合物(PLGA)支架材料。软X线显示,术后2、4和8周实验组剩余牙槽嵴的相对宽度高于对照组。组织形态学显示,术后8周,实验组拔牙窝内可见极少量的未降解的支架材料;术后12周,支架材料完全降解,实验组和对照组拔牙窝内均可见编织状骨,实验组骨沉积线明显。结果表明PLGA生物材料在不影响牙槽窝骨组织愈合过程的同时,能有效地保持剩余牙槽嵴的长度和宽度。

**述　评**

牙拔除后,由于牙槽骨吸收萎缩,导致牙槽嵴高度和宽度降低,给临床修复工作带来了诸多美观和功能方面的问题。为了解决义齿修复中的困难,往往采用牵引成骨术、牙槽嵴加高术等方法,但不易被患者接受。作者将具有良好生物相容性和可降解性的PLGA植入拔牙窝内,显示了该材料不但具有良好的生物相容性和稳定性,而且具有骨引导的效应。为PLGA作为骨诱导因子的载体,应用于影响剩余牙槽嵴骨改建方面的研究打下基础。

（赵士芳）

**组织工程骨修复牙槽嵴裂的实验研究**[欧新荣　翦新春　林戈等.中华整形外科杂志,2007,23(1):29～31]

将经股骨骨髓穿刺,分离骨髓基质干细胞,培养、传代扩增诱导后,与蛋白胶原海绵混合培养48 h后,植入牙槽嵴裂动物模型的骨缺损处。12周实验组牙槽骨断端间形成完整的骨连接,切片可见髓腔通畅,新形成的牙槽嵴宽度与松质骨组相似,但高度不足。可见组织工程骨可以较好地修复牙槽嵴裂,有望成为修复牙槽嵴裂的治疗方法。

**述　评**

近年来随着组织工程的快速发展,为牙槽嵴裂的修复带来了新的契机。虽然修复牙槽嵴裂所需要的骨量相对较少,但对面部形态和发育的危害大,因此有必要对组织工程骨修复牙槽嵴裂进行可行性研究。该项研究表明,组织工程骨在修复牙槽嵴裂后,宽度与自体骨植入大致相似,虽然高度仍然不足,所形成的骨量有待增加,其在临床上的应用仍具有一定的可行性。

（赵士芳）

**自体下颌阻生第三磨牙移植于下颌第一磨牙牙槽窝的临床观察**[李洪波　胡伟平　徐旭光等.哈尔滨医科大学学报,2007,41(1):42,45]

将24例无病变第三磨牙移植于下颌第一磨牙牙槽窝受植区,以不锈钢丝加化学固化型复合树脂作夹板固定,辅以牙周塞治剂,3个月后拆除夹板固定。观察其移植牙的临床疗效,结果显示1、2、5年成功率分别为90.0%、86.6%、80.0%。

**述　评**

下颌第一磨牙是人体最常缺失的牙之

一,而下领第三磨牙经常阻生,不能发挥咀嚼功能,常常反复引起炎症。作者选用合适的病例,采用自体第三磨牙移植于第一磨牙牙槽窝,恢复了患者的咀嚼功能,有效地避免了采用固定桥修复对邻牙的损伤,效果肯定,临床上 5 年优良率可达 80.0%。但移植后牙周是否能立即建立血运,新生牙周膜是否能及时附着形成牙周膜连接等方面研究较少,值得进行深入研究。

（赵士芳）

**碧兰麻应用于拔牙患者的效果与不良反应观察**[汪明　吕英. 中华护理杂志,2007,42(3):255～256]

选择门诊常规拔牙患者 180 例,随机分为 2 组,分别使用必兰(原名碧兰麻)注射液和 2% 利多卡因注射液麻醉。观察两组注射中疼痛值、手术中麻醉效果和不良反应发生情况。结果显示必兰用于拔牙术有明显的无痛治疗效果,且不良反应与传统麻醉剂基本无差别。

**述　评**

无痛治疗是现代口腔治疗研究的重要方向之一,而麻醉效果不良是传统口腔治疗中患者恐惧就诊的主要原因之一。必兰是一种新型酰胺类口腔专用局部麻醉药,具有起效快、麻醉力强、持续时间长、纯度高,产生过敏反应的可能性极小等特点。而且专用一次性针头直径较细,可避免穿刺时疼痛,注射过程中患者几无痛感,值得推广。

（赵士芳）

**大鼠下颌切牙拔出后剩余牙槽嵴吸收模型的建立**[吴哲　孙宏晨　车彦海等. 实用口腔医学杂志,2007,23(1):36～39]

将 Wistar 大鼠在局麻下齐龈缘磨除右下颌切牙牙冠,每 3 天磨除 1 次,共 3 次,最后磨除后 3 d 拔除右下颌切牙,术后用软 X 线摄片。测量显示大鼠下颌剩余牙槽嵴长度 4、8、12 周拔牙侧与非拔牙侧相比明显降低,拔牙 4 周后牙槽嵴保存率明显降低。表明有效建立了剩余牙槽嵴吸收的动物模型。

**述　评**

牙齿拔除后牙槽骨发生慢性持续性的骨吸收,引起骨量减少和剩余牙槽嵴形状的改变,给临床修复工作带来了许多困难。为了便于学者们从多角度去研究剩余牙槽嵴吸收的病理生理学机制和防治措施,采用动物模型研究是必须的。作者采用拔除下颌中切牙法建立的动物模型,通过影像学、组织学观察,结果显示此模型较理想地达到了建立剩余牙槽嵴吸收动物模型的目的,可用于剩余牙槽嵴预防等方面的基础研究。

（赵士芳）

# 口腔颌面部感染

**糖尿病合并口腔颌面部感染 66 例**[严翔　贺娟　秦飞. 口腔医学研究,2007,23(2):216～219]

糖尿病合并口腔颌面部感染的治疗应控制血糖与控制感染并重,二者不可偏废。控制血糖以综合治疗为主,根据患者个体差异制定总热量的摄人。在本组病例中,经综合治疗,或者应用胰岛素及达美康,血糖均控制在 7.8 mmol/L 以下(除 1 例持续在 15～20 mmol/L)。作者认为,有手术治疗指征的患者,术前、术后要严格控制血糖水平,并预防性应用抗生素控制感染,除局部对症治疗外,抗生素治疗和手术治疗是控制感染的主要方法。

**述　评**

由于糖尿病患者多为中老年人,口腔卫生状况较差,唾液腺分泌功能减退等原因,其牙体牙髓病、牙周病等牙源性疾病的发生率较高,从而导致颌面部感染。在治疗时要在控制血糖的前提下,合理运用抗生素,避免发生严重并发症。

（宋宇峰）

**老年人口腔颌面部间隙感染 300 例临床分析**[孙卫红　王涛　战金辉. 现代口腔医学杂

志,2007,21(3):321]

对 1993－2004 年就诊的 300 例老年口腔颌面部间隙感染患者的治疗进行分析。本组中 42 例有心血管疾病、糖尿病等疾病,在相关科室协同治疗下,均未发生严重并发症并危及生命。其中 230 例,早期切开减压引流,并用 3%过氧化氢溶液、甲硝唑冲洗创腔,及时清除坏死组织,愈后效果较好。有 70 例在发病初期行开髓引流,亦取得了良好效果。提示加强老年人口腔健康知识宣传,及时治疗并清除病灶牙,可预防颌面部间隙感染的发生,提高老年人的生活质量。

**述　评**

近年来老年人群中患心脑血管疾病、糖尿病的患者比率日趋增多,由于机体抵抗力降低,口内的残根、残冠及严重牙周炎可诱发炎症,若不及时进行有效的治疗,很可能引起颌面部间隙感染。因此对于老年人进行定期口腔检查,及时治疗并清除病灶牙,增强机体抵抗力,对于预防颌面部间隙感染有重要的意义。

（宋宇峰）

**口腔颌面肿瘤术后感染的原因分析与预防**[包荣华　陈杰　喻建军.实用预防医学,2007,14(2):502～504]

对口腔颌面肿瘤术后引起感染的原因、病原菌种类及耐药性进行调查分析。本组 643 例患者中 81 例发生术后感染,感染率为 12.0%。感染与年龄的关系:术后并发感染的病例数分别为:30 岁以下的 7 例,30～45 岁 13 例,46～60 岁 22 例,大于 60 岁 39 例。老年患者感染人数明显高于其他年龄组。感染与侵入性操作、制动和误吸的关系:81 例患者均有侵入性操作(麻醉、气管切开等),易引起感染的发生。另外,感染病例中 65 例行游离组织移植和/或颈动脉重建(80.25%),需制动 5～14 d 不等,造成咳嗽和排痰运动减弱。同时,手术造成吞咽功能丧失引起误吸,其中 6 例患者(7.41%)发生吸入性肺炎。

**述　评**

口腔颌面部肿瘤多好发于中老年人,由于机体抵抗力较低,耐药性的增加,术后感染的发生率也相应增加。减少手术区的细菌数量和加强宿主的防御功能,可显著减少术后感染的发生。如术前严格的术区消毒、规范的手术操作、尽量缩短手术时间和术后的合理运用抗生素等。作者的经验可供临床参考。

（宋宇峰）

**口底蜂窝织炎三例治疗体会**[刘洪建　廖镇.口腔颌面外科杂志,2007,17(1):107]

收治 3 例口底蜂窝织炎患者,男性 2 例,女性 l 例,年龄分别为 28、45、38 岁。开始有患牙的疼痛,自行治疗无效,出现症状 5～7 d 后来院治疗。入院检查:因肿胀、疼痛影响进食,患者精神状态较差,体温均在 38.3～38.8 ℃。颌下区、颏下区及颈上份肿胀,边界欠清楚,皮肤发红,皮温较高,压痛明显。张口受限轻到中度,口内检查均可找到病源牙,相对之前庭沟未见明显丰满。肿胀部位穿刺未抽出明显脓性分泌物。入院后立即查血常规,见白细胞和中性粒细胞升高,肝肾功、电解质等检查未见异常。作者认为联合应用大剂量抗生素抗感染,全身支持治疗,尽早行多部位切开引流,对伤口彻底冲洗换药对疾病的痊愈有促进作用。

**述　评**

由于有效抗生素的合理运用,口底蜂窝织炎近年来已少见。但是一旦发生,病情进展速度非常快,若不及时对症处理,很容易发生中毒性休克和呼吸道梗阻,危及患者生命。因此早期对患者进行充分的检查和准确的诊断,对于治疗口底蜂窝织炎有重要指导意义。

（宋宇峰）

**急性炎症期拔牙致重度感染死亡 1 例分析**[于述伟　于晓军　徐广涛.中国误诊学杂志,2007,7(9):2052～2053]

口腔颌面部存在数量大而彼此连通的疏松结缔组织间隙,炎症时易成为炎症蔓延的通道，而发生面颊部间隙感染。本例系急性炎症期拔牙致面部间隙感染，未及时引起重视而导致多间隙蜂窝组织炎，进而全身脓毒败血症，感染性休克死亡。理论上，急性炎症期拔牙可建立牙槽窝引流、控制感染、减轻痛苦和缩短病程，但急性炎症期拔牙也可使炎症向局部甚至全身扩散。按照医疗常规，急性炎症期拔牙，应根据局部炎症性质和全身状况、拔牙难易及其副损伤程度等综合确定，在颌面部急性炎症伴尚未控制的蜂窝组织炎时，一般不宜拔牙。

**述　评**

拔牙时，在急性炎症期，治疗一般以消炎镇痛为主要方法，有脓肿形成时，要及时进行切开引流。当炎症控制后，再考虑拔牙。若只考虑缩短病程，而忽略了局部与全身因素，在急性炎症期拔牙可能会造成严重并发症。

（宋宇峰）

**12 例儿童重症口底蜂窝织炎分析**［秦满吉.华西口腔医学杂志，2007，25(4)：390～391］

口底蜂窝织炎常波及颈部的筋膜，感染可以是化脓性的，也可以是腐败坏死性的。后者又称路得维希咽峡炎，是口腔颌面部最严重的感染之一。感染多来自下颌牙的根尖周炎、智齿冠周炎、口腔及颌骨感染，也可继发于下颌下、颏下间隙的化脓性淋巴结炎及扁桃体炎，或是经血循环扩散所致。化脓性感染的病原菌以金黄色葡萄球菌和链球菌为主。腐败坏死性感染则常是厌氧性、腐败坏死性细菌的混合感染。重症患者常并发败血症、感染性休克、心肌炎、纵隔炎等。重症口底蜂窝织炎的主要危险是窒息和全身中毒，必须进行全面而及时的抢救。

**述　评**

儿童颌面部组织较成年人疏松，一旦发生间隙感染，通常会波及多个间隙，以口底蜂窝织炎最为严重。在治疗时，一方面要根据细菌培养及药物敏感试验应用大剂量广谱抗菌药物，给予补液、输血等全身支持疗法；另一方面要尽早作广泛的切开引流，以减轻组织压力，排除毒素，必要时行气管切开以缓解呼吸困难。

（宋宇峰）

# 口腔颌面部肿瘤学

**苯丙芘诱导口腔上皮细胞癌变过程的差异基因表达谱分析**［李金忠　潘红芽　张志愿等.中国口腔颌面外科杂志，2007，5(1)：35～41］

通过高通量的 cDNA 芯片技术，检测口腔上皮细胞在苯丙芘诱导后全基因组的表达变化。结果发现 883 条差异基因，其中 497 条基因表达上调，386 条基因表达下调。差异基因涉及的主要生物学过程包括大分子代谢、信号传导、分子定位以及分子转运等，其蛋白产物主要是膜结合蛋白，位于核内或细胞骨架。对部分基因采用实时定量 PCR 技术在细胞系中的验证显示，胰岛素样生长因子结合蛋白 3（IGFBP3）、S100A8、KRT6B、MAP2K1、MET 的表达水平及变化与芯片结果一致，提示芯片检测结果的可靠性。

**述　评**

基因芯片技术的发展，使得同时比较数千条相关基因的表达差异成为可能。苯丙芘是烟草中最重要的致癌原，也是口腔癌发病的高危因素之一。该研究对苯丙芘诱导口腔上皮细胞转化过程中的基因表达模式进行了检测和验证，获得了较全面的差异表达基因，将为进一步研究苯丙芘相关的口腔癌的发生、发展机制提供基础。

（黄洪章）

**人舌鳞癌及正常黏膜中同源异型盒基因表达差异的分析**［黄元丁　黄业翔　李龙江等.华西口腔医学杂志，2007，25(5)：500～503］

设立 7 组舌癌/癌旁组织标本，采用定制的含 232 条人类 Homeobox 基因探针的 Oligo 芯片进行分析，Agilent 扫描仪扫描芯片结果，归纳两组间差异基因信息。结果显示，在舌癌/癌旁组织中共同上调同源异型盒基因为 *nanog* 基因，且同时出现在 5 张芯片中；共同下调的同源异型盒基因中，出现在 7 张芯片中的为 *phtf2* 基因，出现在 5 张芯片中的分别为 *crx*、*pitx1* 和 *otex* 基因。筛选出的共同差异表达基因与人类肿瘤发生及细胞增殖、分化、凋亡密切相关，表明可能与舌黏膜恶变及其恶性进程有密切关系。

**述 评**

肿瘤发生与细胞的增殖和分化失控有着密切关系，同源异型盒基因作为细胞正常增殖和分化的关键基因，控制着细胞的发展方向，与细胞恶性转化及恶性增殖密切相关。该研究通过定制表达谱芯片对舌鳞癌和正常黏膜标本进行基因表达差异的对比研究，发现和认识舌鳞癌组织内同源异型盒基因表达变化规律与疾病本身的相关性。其结果若能采用全基因组芯片对更大规模的样本进行分析研究则更有说服力。

（黄洪章）

**大鼠颊黏膜鳞状细胞癌单克隆细胞系 Rca-B 的建立及其生物学特性研究**［陈万涛 冯元勇 蒋灿华等. 中华口腔医学杂志，2007，42(8)：477～482］

将 4-硝基喹啉-1-氧化物诱发的 SD 大鼠颊黏膜鳞状细胞癌组织标本进行原代培养，采用有限稀释法筛选单克隆肿瘤细胞。通过观察细胞形态变化、细胞计数、增殖能力、染色体分析、细胞周期检测和体内成瘤率、肺转移能力对细胞进行评价鉴定。结果显示，获得的单克隆细胞系 Rca-B 符合鳞癌细胞的基本特征，裸鼠皮下接种成瘤和实验性肺转移率为 100%。

**述 评**

建立肿瘤细胞系对研究人类肿瘤发病机制及其防治提供了极大帮助，以人类癌肿组织标本为材料建立细胞系是目前国内外最常用的方法。但应用这类细胞系作为模型进行动物体内研究存在一个不能解决的问题，即这类细胞系只能在免疫缺陷动物体内形成异种移植瘤。因此，建立动物原性肿瘤细胞系，并筛选建立能在正常免疫功能动物体内形成移植瘤的细胞系是一个研究方向。该研究结果成功建立 S-D 大鼠颊黏膜鳞癌单克隆细胞系 Rca-B，为研究口腔癌分子发生机制和防治策略提供了良好的实验模型。

（黄洪章）

***skp2* 靶向 RNA 干扰质粒的构建及其对人舌鳞癌 Tca8113 细胞的影响**［方亮 胡勤刚 华子春等. 中华口腔医学杂志，2007，42(10)：624～628］

采用真核转录质粒 *pRNAT-U6.1/Neo* 构建针对 *skp2* 基因的 4 个平行重组质粒，将其转染 Tca8113 细胞后，通过 RT-PCR、Western blot 检测 *skp2*、*p27* 表达的变化，用流式细胞仪和 MTT 法检测 Tca8113 细胞的细胞周期和生长速度变化。结果显示，仅有 *skp2shRNA-2* 和 *skp2shRNA-3* 转染后的 Tca8113 细胞内 *skp2* 基因在 mRNA 和蛋白水平均下调表达，而 *p27* 基因只出现蛋白水平上调表达。细胞周期的变化表现为 $G_1$～$G_0$ 期细胞增加 22%，$G_2$～M 期和 S 期细胞减少 10% 和 12%，细胞的生长速度明显变慢。

**述 评**

细胞周期调控因子的异常是恶性肿瘤产生失控性生长的重要因素，如何在基因水平上调控这类因子已成为研究的热点。作者运用近年迅速发展的 RNA 干扰基因沉默技术，证明了 *skp2*、*p27* 基因在口腔鳞癌细胞分化增殖中的重要作用，筛选出了高效 RNA 干扰重组质粒 *skp2shRNA-2* 和 *skp2shRNA-3*，为研究以 *skp2* 基因作为靶点的舌鳞状细胞癌基因治疗奠定了基础。

（黄洪章）

**早期舌癌改良根治术治疗效果分析**［张彬 黄洪章 潘朝斌等. 中华医学杂志，2007，87(36)：2578～2580］

对 6 例早期舌癌患者采用颈部隐蔽性切

口、保留颈外静脉、胸锁乳突肌、副神经、耳大神经的颈淋巴清扫联合口内半侧舌、口底扩大切除并行前臂皮瓣即刻半舌再造。经近远期疗效评价，认为所采用的术式可在保证舌部病灶和颈部淋巴根治效果的前提下，减轻和避免了术后面颈部外形的破坏、肩臂功能损伤、耳部感觉障碍以及言语、吞咽、咀嚼功能障碍，提高了患者的术后生存质量。

**述　评**

根治性外科和功能性外科的有机结合是肿瘤手术治疗的发展趋势，特别在口腔颌面外科领域，如何最大限度地减轻肿瘤根治手术对患者外观和言语、吞咽、咀嚼功能的破坏，最大限度地提高其生存质量，是临床医师面临的挑战。作者采用的兼顾早期舌癌根治效果、术后功能和外形美观的术式就是实现这一治疗目标的有益实践。

（*廖贵清*）

**生存素基因沉默增强人舌鳞状细胞癌 Tca8113 对顺铂敏感性的实验**[许建辉　潘朝斌　黄洪章等. 中华口腔医学杂志，2007，42(5)：280～283]

将脂质体介导的生存素短发夹状 RNA(shRNA)表达载体转染 Tca8113 细胞，以未转染、转染脂质体和错配 shRNA 载体的细胞作为对照；采用 RT-PCR 和 Western blot 分别检测生存素 mRNA 和蛋白的表达，流式细胞仪分析细胞凋亡率，MTT 法测定抗癌药物的敏感性。结果发现，实验组与对照组比较，生存素 mRNA 和蛋白表达水平明显下降，细胞凋亡率上升并呈时间依赖性；生存素 shRNA 能显著增加顺铂的敏感性，但对氟尿嘧啶的作用不明显。

**述　评**

术前诱导化疗和术后辅助化疗已成为中晚期口腔鳞癌的常规治疗方案之一，然而许多经过系统化疗的患者即使完全缓解，随后又发生复发转移，主要原因之一就是肿瘤细胞产生了耐药性。该研究以肿瘤细胞多药耐药性的生存素为靶点，采用 RNA 干扰技术沉默其表达增加了 Tca8113 细胞对顺铂的敏感性。这一研究成果表明，针对凋亡抑制蛋白的 RNA 干扰与其他抗癌药物联合应用有望成为治疗口腔鳞癌的一种新途径。

（*廖贵清*）

# 口腔颌面部损伤学

**口腔内入路行髁突高位骨折复位固定的临床治疗**[张海钟　柳春明　侯敏等. 口腔颌面外科杂志，2007，17(1)：61～64]

对 13 例 14 侧下颌骨髁突颈骨折患者采用口腔内入路，用定量截骨锯将下颌骨升支后缘垂直截骨，取出升支后缘骨块，将骨折的髁突游离后取出；体外直视下将骨折片与升支后缘骨块复位后再从口腔内原切口回植，行颞下颌关节重建。结果显示，术后 6、12、24 月复查全部患者的开口范围为 25～40 mm，平均 37.2 mm。1 例患侧后牙早接触，下切牙中线偏斜 1 mm，1 例张口约 25 mm，轻度受限，其余患者咬合关系良好，无其他并发症。作者认为口腔内入路具有无外部皮肤瘢痕且不损伤面神经的优点。但操作视野较小，增加了操作的难度。

**述　评**

以往对髁颈部或髁颈下骨折(中位或低位髁突骨折)常采用颌下入路或颌后入路进行复位和内固定，其缺点是暴露不够充分，复位和固定操作均较困难，过度牵拉组织有损伤面神经下颌缘支的风险，并留有手术瘢痕。近年来兴起用内镜辅助进行髁突骨折复位固定的报道，一般经口内入路，解决了面颈部不遗留手术瘢痕的问题，也避免了面神经的损伤。但是，由于设备昂贵，花费较高，手术费时，目前仅适合于特定人群，还不适合在基层的创伤首诊医院开展。作者介绍的方法有一定新意，其主要优点同内镜辅助技术一样。但是，将骨折的复位固定变成骨的再植和关节成形，有将问题复杂化之嫌。而且，游离髁突骨段完全破坏了“杵”周结构，如翼外肌、关节囊、韧带和关节盘的附丽，这增加了创伤；将下颌支后缘和髁突骨段都变成游离植骨会延长骨愈合时间，增加植骨并发症的危险；这种方法的远期效果（结局）是髁突改建、缩小和变短，有可能影响功能。这样的代价是否值得需要商榷。对于新鲜髁突骨折的处理，国外文献未见类似报道。

（顾晓明）

**应用 Delphi 法和层次分析法建立颌面部功能损伤严重程度的数学模型**［程洋　何黎升　薄斌等. 口腔颌面外科杂志，17（3）：218～221］

采用层次分析法（AHP）将颌面部的整体功能从面形和功能障碍两个方面分层建立详细的损伤指标，用 Delphi 法对每一层的评价指标分别两两比较。按常用 1～9 阶标度的评价尺度赋值，行分层分析，计算出各项指标的权重并行一致性检验，求出评价指标损伤程度的组合权重。最后求出了各个评价指标在颌面部功能损伤中占比重即权重系数，进而得出判定颌面部功能损伤严重程度的数学模型，颌面部功能损伤严重程度的数学模型是以组合权重 Ci（i＝1，2，……，13）表示各个损伤指标比例关系。结果表明 Delphi 法和层次分析法（AHP）相结合是颌面部功能损伤程度建模的有效方法，使对颌面部功能损伤程度的定性描述定量化。

**述　评**

颌面创伤的处理首要任务是救命治伤，同时要兼顾功能和面形，两者并重。该文基于专家评分法和层次分析法的联合应用，首次建立了评价以功能和外形为目标的颌面部功能损伤严重程度的数学模型，得到 13 个指标的组合权重。初步结果不仅可以提示临床医师在处理颌面部创伤的同时，对伤后结局可依瘢痕、塌陷畸形、通气障碍、面瘫和视力、语言功能等的顺序予以关注，而且为大规模颌面创伤的流行病调研提供了一种合理评价的手段。但是应注意，创伤严重度与创伤的结局是两个不同的概念，前者是就物理的和生理的损伤对生命的威胁程度来界定，用轻、中、重、严重、极严重到死亡来分级；后者评价的则主要是伤后的结果，是残疾的程度。虽然，死亡也是一种创伤的结局，但不能用面部瘢痕的长短、大小，或用张口度的大小来评价受伤当时的严重程度。这两个概念不能混淆。

（顾晓明）

**面中部骨折伴发眶底骨折的临床分析**［肖金刚　刘磊　董海等. 华西口腔医学杂志，2007，25（1）：67～69］

对 136 例面中部骨折伴发眶底骨折患者的治疗进行回顾性研究。136 例患者均采用切开复位内固定术进行治疗，其中 49 例行眶底手术治疗，21 例有眶底骨缺损的患者采用自体骨、钛网或多孔高分子聚乙烯进行眶底重建。结果发现，136 例骨折患者的面部外形和功能显著恢复，术后未发生永久性严重并发症，仅 2 例出现切口局部感染，1 例暂时失明，经及时治疗后痊愈。作者认为面中部骨折伴发眶底骨折的首选诊断方法是 CT；治疗原则是恢复眶底的解剖形态和眶腔容积，还纳疝入上颌窦的眶内容物，植入修复材料重建眶底。

**述　评**

面中部骨折涉及眶区有可能带来一系列眼部的症状和体征，如视力下降乃至失明，眼球运动障碍，眼位改变，眼睑下垂等，常给患者带来身心的重创。近年来，国内学者已经发表了若干篇如何处理眶周骨折和骨缺损的论文。该文作者总结了 136 例处理面中部骨折伴发眶底骨折的经验，是较大的一组病例。文章着重对 49 例行眶底手术患者的治疗方法和效果进行分析，介绍了处理眶底骨折的手术入路，对眶底骨折伴眶内容物疝出应先将疝出组织松解复位再做眶缘的复位固定的方法，对眶底骨缺损采用自体骨和人工代用品植入的方法，以及矫正眼位的经验，都是值得推荐的。

（顾晓明）

**下颌骨骨折固定处理**［Edward Ellis Ⅲ. 中华口腔医学杂志，2007，42(5)：257～262］

该文作者对下颌骨骨折的固定进行了较系统的阐述，包括治疗下颌骨骨折的总体目标、坚强内固定与非坚强内固定的概念、方法及原则、下颌骨骨折治疗方案的选择、下颌骨骨折处理中的注意事项等。作者认为在下颌骨骨折固定中应根据情况选择坚强内固定或功能性固定，以适应下颌骨不同部位的需要。

**自锁板(钉)系统在下颌骨手术中的应用**［Edward Ellis Ⅲ. 中华口腔医学杂志，2007，42(6)：381～384］

该文作者对自锁板固定操作技术及其特点、适应证等进行了概述。作者认为自锁板系统具有不需与骨面完全贴合、不影响皮质骨血液循环、降低并发症、提高内固定稳定性、易于弯制及塑形等优点，在下颌骨骨折治疗中有一定优势。

**述　评**

Edward Ellis Ⅲ教授是国际上非常著名的颅颌面创伤专家。近两年来，他积极参与国际内固定组织在中国举办的颅颌面创伤继续教育训练班的执教，他授课的风格精新简明，逻辑严谨，条理清晰，给中国的同行留下了极为深刻的印象。这是中华口腔医学杂志编辑部特邀 Ellis 教授写的一篇专论和一篇讲演稿，应当成为从事颅颌面骨外科医师们的经典教程。值得说明的是，译文中关于用于下颌骨骨折的内固定系统，由于国际制造商命名的传统，将小型接骨板系统统称为 2.0 mm 小型接骨板，将再造接骨板系统统称为 2.4 mm 再造接骨板系统。实际上前者指的是 0.8 mm 或 1.0 mm 厚的小型接骨板，2.0 mm 指的是螺钉的直径；后者指的是 2.0 mm 或 2.4 mm 厚的再造接骨板，2.4 mm 指的也是螺钉的直径。同样，对主要用于颅骨和面中部的微型接骨板系统统称为 1.5 mm 微型接骨板，实际上这类接骨板的厚度为 0.4 mm 或 0.6 mm，螺钉直径有 1.3 mm 和 1.5 mm 之分。现在又有 1.5 mm 厚的有限接触式接骨板系统，也使用直径 2.0 mm 的螺钉。

（顾晓明）

**上颌骨矢状骨折的处理**［刘静明　祝为桥　陈志远等. 实用口腔医学杂志，2007，23(5)：682～684］

回顾分析了 15 例上颌骨矢状骨折的治疗，10 例术前行模型外科分析制作殆导板，其中 8 例手术中应用 Le Fort Ⅰ型截骨、折断降下技术，其余病例应用了离断翼上颌连接、松解骨折片的操作；所有病例均于上颌骨前部以微型钛合金接骨板内固定。结果 15 例患者术中骨折复位良好；14 例殆关系恢复，1 例术后骨折片移位。作者认为正颌外科技术是治疗上颌骨矢状骨折的有效方法；矢状骨折时，上颌骨前部仅应用 1 枚微型接骨板固定机械抗力可能不足。

**述　评**

作者报道了 15 例上颌骨矢状骨折复位和内固定的经验，主要是采用正颌外科技术来恢复咬合关系，是一种临床可选择的方法，但手术复杂，创伤较大。这类骨折若发生移位，通常存在上颌骨和蝶骨翼突水平方向的骨折，造成腭弓增宽、牙列外翻和咬合紊乱，或者骨折段后移。以往处理这类新鲜骨折曾采用两侧后牙间钢丝牵引复位加颌间弹性牵引固定，现在还可以选择用正畸螺旋扩弓器反向使用来关闭硬腭骨折线，作用原理类似于压缩成骨。其与上颌骨前部安置的微型接骨板联合固定，固定装置的分布较合理和可靠；用正畸的方法恢复和维持咬合关系。

（顾晓明）

**侧向长钛钉皮质固定在髁突骨折中的应用**［陶谦　唐海阔　苏凯等. 中国口腔颌面外科杂志，2007，5(1)：21～23］

将 5 例(7 侧)髁突矢状骨折解剖复位后，

用2根侧向长螺钉进行固定，术后6～12个月进行临床和影像学复查。结果5例(7侧)病例的髁突外形良好，钛钉无松动、脱落，下颌运动和功能满意，开口度3.5～4.0 mm，少数伴有关节区疼痛或弹响。表明侧向长钛钉皮质固定治疗髁突矢状骨折疗效确切，操作简单，并发症少。

**述　评**

作者介绍的手术方法是一种有效而比较简单的固定方法，近年来已有临床应用的报道，该文中所述制作钉帽窝的方法是有特色的。但是，从髁突内外径的长度看，用13 mm的螺钉是不可能进行双皮质骨固定的，在髁颈部固定才有可能。如果没有沿髁突最大径的固定，则髁突关节面的骨折线就不稳定。因此建议，在成人髁突矢状骨折时，采用16～20 mm长的螺钉进行由外髁向内髁方向的固定，是否采用拉力螺钉可根据术者的器材和经验。另外，髁突的矢状骨折，因为髁突主体的阻挡，手术很难暴露，若要保留骨片的翼外肌附丽、达到解剖复位又不损伤骨折片的关节面并非易事，需要合适的器材和技巧。

(顾晓明)

# 口腔颌面畸形整复外科学

**腓骨肌(皮)瓣平行折叠结合人工关节重建下颌骨缺损**[孙坚　沈毅　李军等. 中国口腔颌面外科杂志，2007，5(4)：248～253]

采用腓骨肌(皮)瓣平行折叠方法完成了13例下颌骨节段性缺损的重建。术前在三维模型上设计移植腓骨的位置和高度，对同时有下颌支和髁突缺损者，结合人工关节一并修复。结果显示，腓骨肌(皮)瓣全部成活，供区无并发症。面部外形满意，开口度2.5～3.5 cm，重建下颌骨的高度稍低于健侧，种植义齿与余留牙咬合关系正常、发音清晰。曲面断层X线片和三维CT显示，移植骨段与术前设计一致，髁突或人工关节位于关节窝内。作者认为此法为重建半侧下颌骨大型缺损，以及增加其高度提供了一种效果良好简单可行的修复手段。

**述　评**

腓骨肌(皮)瓣已较多用于下颌骨节段缺损的修复，但由于其宽度不足而使颌间距过大，严重影响种植义齿修复效果。作者在参照国外方法的基础上，在国内首先将腓骨肌(皮)瓣平行折叠方法用于下颌骨修复与重建，并有创新。值得借鉴。

(刘宝林)

**包含颈外静脉的颈阔肌肌皮瓣修复口腔癌切除后缺损**[牙祖蒙　赵运流. 中华整形外科杂志，2007，23(3)：191～192]

利用“静脉皮瓣”原理设计蒂在上、包含颈外静脉的颈阔肌肌皮瓣，经口底隧道引入口腔修复口内缺损。临床应用17例100%存活，肌皮瓣均无血运障碍。结果证实，将颈外静脉包含在颈阔肌肌皮瓣内有助于肌皮瓣血循环的改善和存活率的提高。作者认为，颈外静脉包含在颈阔肌肌蒂内，虽然肌皮瓣的远端颈外静脉的回流通道被阻断，但是由于该静脉缺少或没有静脉瓣，受阻静脉血可通过吻合支迂回流到其他通路。

**述　评**

既往采用颈阔肌肌皮瓣修复口腔内缺损，因静脉淤血常造成表皮坏死。作者采用保留静脉的肌皮瓣的方法，有创意。

(刘宝林)

**游离组织瓣在口腔颌面头颈肿瘤缺损修复中的应用：2 549例临床分析**[胡永杰　曲行舟　郑家伟等. 中国口腔颌面外科杂志，2007，5(5)：335～339]

对近28年上海交通大学医学院附属第九人民医院颌面外科采用游离组织瓣修复口腔颌面头颈肿瘤术后缺损2 549例进行回顾性研究。各类组织瓣共2 684块，包括前臂皮瓣、背阔肌皮瓣、胸大肌皮瓣、股前外侧皮瓣、肩胛皮瓣、腓骨肌皮瓣、髂骨肌皮瓣、肩胛骨肌皮瓣等。总成功率达96.80%。在大范围复合缺损时，常采用多个组织瓣联合修复。作者认为，血管化游离组织瓣移植是肿瘤手术根治的保障，舌、颊、腭等软组织缺损宜首选前臂皮瓣；较大范围的缺损可选胸大肌、背阔肌皮瓣；腓骨、髂骨肌瓣是上下颌骨缺损最常用的修复手段。

**述　评**

作者回顾的这组病例年代跨度大，例数多，所述适应证、手术经验体会、失败原因分析等，为游离组织瓣在肿瘤根治术后缺损的功能重建提供了珍贵、可供借鉴的资料。

（刘宝林）

**真皮-脂肪颗粒混合液注射移植修复面部凹陷性组织缺损**［袁伟　任军　庞星原等. 中华医学美学美容杂志，2007，13(1)：26～28］

采用真皮颗粒和脂肪颗粒混合液局部注射移植修复面部凹陷性组织缺损。报告的 18 例伤口全部Ⅰ期愈合，无感染，外形明显改善。作者认为，此法手术简单易行，术后吸收少，效果较好。

**述　评**

真皮脂肪移植术主要用于填充较小范围的畸形。真皮脂肪易于获取，供区与受区伤口易于愈合，由于移植物带有诱导血管生成作用的真皮成分而易于存活。与移植后易吸收的脂肪移植相比，更具优势，值得推广，但应进行长期效果观察。

（刘宝林）

**快速原型个体化牵引成骨在颌骨畸形治疗中的应用**［张晓虎　沈国芳　张诗雷. 口腔颌面外科杂志，2007，17(3)：267～269］

采用计算机辅助制作的颅颌三维原型分析畸形的类型，进行个性化牵引成骨设计，选择牵引器及模拟牵引过程等以指导手术操作。通过 16 例下颌骨畸形病例的手术证实，可按设计顺利完成骨切开、牵引器固定安置并达到术后牵引的预期目标，平均牵引长度 18.5 mm。作者认为，牵引成骨术采用头颅快速原型技术，具有准确再现颅颌畸形的结构特征，个体化定量设计截骨部位、牵引方向和牵引长度，正确选择牵引器，降低手术操作难度，缩短手术时间，预测可能出现的问题等优点，并便于医患沟通。

**述　评**

采用快速原型个体化牵引成骨技术，在完善个体化设计，提高手术的精确性，降低手术难度等方面提供了一个理想的途径，尤其适用于复杂的颅颌面畸形。今后如何降低制作成本可能是能否推广的瓶颈。

（刘宝林）

**髂深血管蒂髂骨-腹内斜肌同蒂双岛状瓣修复下颌复合组织缺损**［胡永杰　钟来平　徐立群等. 中华整形外科杂志，2007，23(4)：273～276］

采用髂深血管蒂髂骨-腹内斜肌双岛状瓣成功完成了 10 例下颌复合组织缺损的修复，缺损范围包括下颌骨体部、下颌角和下颌骨升支、髁突和周围软组织。随访 3～24 个月，均无肿瘤复发，颌面外形两侧基本对称，咬合关系恢复正常，供区未见明显的并发症。作者认为，同蒂双岛状瓣具有切口隐蔽，对供区功能影响小，软硬组织复合缺损同期修复效果好等特点，是半侧下颌骨合并周围软组织大型缺损功能重建的较好方案。

**述　评**

恶性肿瘤扩大根治手术造成的下颌骨缺损，多为硬软组织同时缺失的复合性缺损，造成畸形和功能丧失，严重影响生存质量，单一的骨-肌瓣或软组织瓣均难以取得理想的重建效果。髂深血管蒂髂骨-腹内斜肌双岛状瓣手术有明显优势，国外已有个别报道，作者在国内首先应用并取得经验，值得参考。

（刘宝林）

## 唇裂与腭裂

**唇腭裂术后语音障碍患者心理行为的临床分析研究**［周海燕　徐旭光　姒壮. 实用口腔医

学杂志,2007,23(3):443～445]

以 65 例唇腭裂术后的患者为研究对象,通过问卷形式进行心理调查并记分,同时采集患者的语音分析结果,对患者术后语音效果进行比较。结果发现,心理状况记分较低的患者,都有比较好的术后语音效果;而心理状况记分较高的患者,术后语音效果的改善均较差。这一结果说明,唇腭裂术后患者语音情况的改善程度,与患者的心理发育密切相关,而患者的心理治疗,又依靠除手术以外的多方面配合和共同参与。

**述 评**

该研究通过问卷分析的方法,深入调查了唇腭裂患者的心理状态,并着重分析了心理状态与语音情况的关系。所采用的问卷调查也偏重语音效果对患者自身印象的影响,研究设计较单纯,研究重点突出,直接反映了语音效果对心理状态的影响,并初步提出了干预和治疗措施:即在社会、家庭和医务人员的共同配合下,在语音治疗的同时,为患者营造平等而没有歧视的环境。

(李盛 石冰)

**腭裂的功能性整复——腭帆提肌重建术**[郑谦 石冰 王巽等. 实用医院临床杂志,2007,4(3):30～32]

在用 sommerlad 腭帆提肌重建术修复腭裂手术过程中,通过精细解剖腭帆提肌,将其后退回至正常解剖位置,并恢复腭帆提肌环的完整性,重建提肌吊带,为软腭正常行使功能提供生理性的解剖结构基础。作者认为,该术式可以将移位的腭帆提肌后退到软腭的后 1/3 处,从而后移膝点,增加了软腭的有效长度;同时,通过对软腭深处骨面和翼钩基部筋膜的仔细解剖,必要时可以在翼钩内侧切断腭帆张肌肌腱的附丽,以此来松解软腭;此外,利用硬腭黏骨膜的倾斜度,经过仔细解剖后转为水平时增加的组织量,协助关闭裂隙。经过如此操作,可以使 10 mm 以内的裂隙顺利关闭而不需再做松弛切口,从而遗留很少的裸露骨面,减少了手术对生长发育的影响。术后的咽腔造影和语音评估结果显示,语音清晰度、高鼻音、鼻漏气都得到改善,腭咽闭合率为 65%。

**述 评**

sommerlad 腭帆提肌重建术是一种生理性的腭裂修复术,通过对软腭主要的功能性肌肉腭帆提肌的精细解剖和复位,实现提肌吊带的重建,为语音的恢复创造解剖生理学条件。这一术式经过改进,不仅可以通过重建腭帆提肌吊带、增加软腭的有效长度来实现理想的腭咽闭合,同时通过仔细的减张解剖,利用一定的几何学原理,将手术操作造成的创伤减少到最低程度,避免了大面积的裸露骨面,为患者长期的面部正常发育创造了必要的条件。

(李盛)

**汉族人转化生长因子-α 基因多态性与环境因素和非综合征性唇腭裂的关系**[袁奎封 来庆国 周晓红等. 华西口腔医学杂志,2007,25(3):285～288]

通过问卷调查获得非综合征性唇腭裂和对照组的母亲孕早期营养及患病情况资料,然后采用 PCR 结合限制性酶切方法,将转化生长因子-α(TGF-α)基因水解后分析其产物,并将基因型与孕早期感染史、孕期服药史及叶酸补充史等因素进行统计分析。结果发现,在非综合征性唇腭裂患者中的 C2 等位基因频率比对照组明显增高并且差异有统计学意义;TGF-α 基因水解产物 C1C2 与孕早期感染史、孕期服药史和叶酸补充史等因素有交互作用,有孕早期感染史、孕期服药史和不补充叶酸的孕妇分娩非综合征性唇腭裂患儿的几率较大。

**述 评**

TGF-α 与唇腭裂发生的关系早有报道,并被认为是唇腭裂的易感基因之一。但是该研究在此基础上进一步深入分析,把 TGF-α 水解后产生的 3 个片段与孕期 3 个主要影响因素进行统计分析,使得对 TGF-α 基因的研究具有新意且更加深入和细化。其结果说明,含有 C2 等位基因的个体对孕期的危险因素更为敏感,有更大的几率分娩唇腭裂后代。尽管结果与国内外其他报道有出入,但是仍然提示以后的研究方向应是多基因组合与多环境因素组合的相互作用。

（李盛　石冰）

**三种评估腭咽功能方法的对比研究**[鲁勇　胡勤刚　石冰等.临床口腔医学杂志,2007,23(5):297～299]

采用主观语音评估、头颅正侧位 X 线咽腔造影和鼻咽纤维镜技术对 16 例腭裂术后患者的语音及腭咽功能进行评估,同时对这三种方法的一致性进行统计学分析。结果发现这三种检查方法在不同检查者之间具有较高的一致性,在评价腭咽闭合情况时也具有较高的一致性;同时发现高鼻音和腭咽间隙之间、腭咽闭合率和腭咽间隙之间、高鼻音和腭咽闭合率之间也有不同程度的相关性。作者认为主观语音评估或头颅侧位 X 线咽腔造影可作为评估腭咽功能较简单精确的方法。

**述　评**

腭裂术后的语音评价结果是指导唇腭裂患者下一步治疗计划的重要依据,但是存在着主观语音评估、头颅正侧位 X 线咽腔造影和鼻咽纤维镜技术之间的差异,三种方法之间是否存在同一性还未见报道。该研究通过一致性和相关性检验,发现这三种检查方法之间存在相当的一致性和相关性。在临床上应用时,可以作为相互的补充和鉴别。较高的相关性说明这三种方法对大多数患者具有相同的结果,而出现结果不一致时可以参照全部三种方法鉴别。该研究具有很强的实际应用意义,可以作为制定腭裂术后治疗计划的指导。

（李盛）

**唇腭裂患者患龋情况的调查**[朱万春　许丽霞　李双飞等.四川大学学报(医学版),2007,38(3):697～700]

调查了 380 名非综合征唇腭裂患者和 339 名非唇腭裂人群的龋坏情况。结果发现,6～12 岁组及 13 岁以上组中,唇腭裂患者比对照组人群有较高的患龋率、龋均(dmfs/DMET)和龋面均(dmfs/DMFS)($P>0.05$);3～5 岁组唇腭裂患者和对照人群的患龋率,龋均和龋面均的差异均无统计学意义($P<0.05$);已行外科手术的唇腭裂患者的龋坏程度好于未行手术的患者($P<0.05$)。作者认为唇腭裂患者的患龋率及严重程度均重于非唇腭裂人群。唇腭裂的类型也导致不同严重程度的龋坏,外科修复手术可以减轻其患龋的严重程度。说明对唇腭裂患者的早期干预和积极治疗对保持患者的良好口腔卫生及功能具有重要意义。

**述　评**

唇腭裂患者的龋坏问题受到了越来越多学者的关注,就总的趋势来看,唇腭裂患者的龋坏率高于正常对照组,且随年龄的增加二者间的差异愈明显。但其受患者所在国家和地区卫生经济及生活状况的影响较大以及唇腭裂序列治疗水平的影响。越早矫正患者的牙颌畸形,恢复正常的口腔咀嚼功能,就越容易保持口腔自洁功能,防止龋坏的发生。该研究相比国外同类研究不仅样本量大,而且按年龄和畸形分组全面,研究指标设计更合理,结论可信,具有较大的临床参考价值。

（石冰　李盛）

**单侧唇裂继发鼻畸形的手术矫正**[陈仁吉　杨增杰　孙勇刚.北京口腔医学,2007,15(3):155～157]

在分析单侧唇裂鼻畸形形成机制的基础上,对不同的患者在不同的年龄阶段采用相应的手术方法予以矫治。包括对患侧鼻翼软骨充分松解后与健侧鼻翼软骨缝合悬吊固定,在同侧鼻前庭黏膜皱褶处采用“Z”成形术,在鼻小柱基部和患侧鼻翼外侧基部的皮下及肌层悬吊固定。矫正鼻翼塌陷、鼻尖过低、鼻小柱偏斜等畸形。在作者调查的 56 例术后患者中,鼻翼塌陷矫正满意者占 80%,基本满意者占 18%;鼻尖高度改善满意占 78%,基本满意者占 18%;鼻孔形态对称性和宽度满意者占 46%,基本满意者占 44%。总体满意度为 94.6%。作者认为,唇裂继发鼻畸形的关键是对患侧鼻翼软骨的充分松解和游离,患侧鼻前庭黏膜皱褶不仅影响鼻部形态甚至还影响通气功能,因此对鼻前庭黏膜皱褶的矫正也是十分重要的,尤其在矫正患侧鼻翼软骨塌陷畸形方面有明显辅助作用。

**述 评**

唇裂继发鼻翼畸形的矫治是唇腭裂外科治疗中技术要求较高的整复手术。因为鼻畸形的形成原因具有多样性,包括了原发和继发,软组织和硬组织等发育不足与错位;鼻的形态精细,组织结构层次变化多,而且与相邻器官结构的协调性。国内外曾设计了多种手术方法,但受施术年龄、技巧和畸形特点不同等因素影响,尚未形成多数学者认可的术式方法,仅形成了一些基本观点和施术原则。该文作者采用的手术方法即是对这些观点和原则的一些初步应用,积累了一些值得同行借鉴的经验。

(石冰 李盛)

# 颞下颌关节疾病

**透明质酸钠与曲安奈得治疗颞下颌关节滑膜炎的对比观察**[罗伟民 杨玉茹 张志红等.实用口腔医学杂志,2007,23(3):426~429]

将符合颞下颌关节滑膜炎诊断标准的 67 例病例随机分为 2 组,分别采用透明质酸钠和曲安奈得进行关节腔注射治疗,对比两种药物的治疗效果。通过治疗后 1 周、1 月、3 月复诊比较,结果表明曲安奈得比透明质酸钠短期效果好,而透明质酸钠比曲安奈得长期疗效好。

**述 评**

该研究结果与临床实践经验是一致的。对于颞下颌关节紊乱病关节疼痛或滑膜炎类疾病的治疗,透明质酸钠是一种安全、有效的关节腔内注射用药物,其可较有效地缓解关节疼痛症状,并对关节软骨细胞有一定保护作用,在临床上可以推广应用。而另一方面,不少医师仅注意到了糖皮质激素类药物关节腔内注射消除关节疼痛的作用,而忽视或未充分认识到糖皮质激素类药物关节腔内注射所可能给患者带来的损害。应慎重使用糖皮质激素类药物进行关节腔内注射,第 2 次注射应在 3 个月之后,而且一般不宜超过 2 次。

(马绪臣)

**渐进性咬合紊乱对大鼠髁突软骨碱性成纤维细胞生长因子表达的影响**[储岚岚 王美青 李晓峰等.华西口腔医学杂志,2007,25(2):103~106]

建立大鼠渐进性咬合紊乱动物模型,应用免疫组织化学 SABC 法检测髁突软骨中碱性成纤维细胞生长因子(bFGF)的表达。结果表明,bFGF 主要在大鼠髁突软骨的增殖层、过渡层及肥大层表达;实验组在 2、6、8 周时 bFGF 的表达均高于各自的对照组;bFGF 参与了大鼠渐进性咬合紊乱所致髁突软骨的改建活动。

**述 评**

颞下颌关节紊乱病的因素问题长期为学者们所关注,但始终存有很大争议。多年来,国内外学者均曾试图在所建立的不同殆紊乱动物模型上进行相关研究。该文责任作者近年来以渐进性咬合紊乱动物模型进行了较多的殆紊乱与颞下颌关节紊乱病关系的研究,有一定创意。渐进性咬合紊乱动物模型相对较接近临床上较常见的一些殆紊乱情况,较适合于进行颞下颌关节紊乱病殆因素的研究,是一个相对比较合理的殆紊乱动物模型。

(马绪臣)

**下颌定位仪指导下颌稳定性殆垫调磨对髁突运动中心位置的影响**[杨晓江 李湲 华美珍等.实用口腔医学杂志,2007,23(2):187~

190]

对从 3 158 例颞下颌关节紊乱病患者中选择出来的 46 例有关节绞锁症状的患者采用下颌后牙有咬合面的稳定㕮垫进行治疗，利用超声三维下颌定位仪进行髁突运动中心电子位置和下颌运动功能分析，观察常规方法调磨后㕮垫治疗对髁突运动中心的影响，并根据髁突运动中心电子位置测试结果对双侧髁突运动中心不均衡位移者的㕮垫进行修整性调磨。结果发现，常规调磨后，67.4%的患者双侧髁突运动中心在矢状位的位移距离明显不均衡；63%的患者双侧髁突运动中心的位移方向不一致；而根据髁突运动中心电子位置测定修正性调磨后，91.3%的患者双侧髁突运动中心位移方向达到了一致。常规调磨与修正性调磨时㕮垫引起髁突运动中心位移时双侧的均衡性与方向一致性上的差异均具有统计学意义。

**述　评**

在颞下颌关节紊乱病的治疗中，㕮垫治疗为一种常用的治疗方法；但目前对㕮垫治疗的机制研究还远远不够。该研究很有意义，其结果提示常规的㕮垫调磨方法即使获得了稳定的咬合接触，也难免造成双侧髁突运动中心的不均衡位移，这可能是临床上㕮垫治疗失败的潜在原因之一，应引起临床医师注意，而对于㕮垫治疗的机制研究亦有待于加强。

（马绪臣）

**颞下颌关节紊乱病症状、体征与患者生活质量的关系**[陈慧敏　傅开元　张震康. 中华口腔医学杂志，2007，42(3)：173～175]

选择 492 例初诊的颞下颌关节紊乱病患者，采用生活质量视觉模似尺评估表计分评价颞下颌关节紊乱病患者生活质量受影响程度。结果发现，颞下颌关节紊乱病患者生活质量受到影响主要表现在咀嚼、日常生活和情绪方面。单纯关节弹响对生活质量的影响最小，关节绞锁对生活质量的影响显著大于单纯关节弹响，重度和中度疼痛及开口受限对生活质量的影响显著大于轻度疼痛和开口受限。作者认为临床治疗应考虑患者主诉症状对生活质量的影响程度。

**述　评**

这是一项很有临床意义的研究工作。临床医师应对颞下颌关节紊乱病患者主诉症状对其生活质量的影响程度予以高度重视，因为这将对医师采用的治疗方案产生重要的影响。对于颞下颌关节紊乱病的治疗，最重要的是恢复或改善关节功能，提高患者的生活质量，而绝非仅将恢复关节的正常解剖关系作为治疗所追求的终极目标，这是值得颞下颌关节病领域的临床工作者所特别注意的。

（马绪臣）

**颞下颌关节骨关节病发展过程中诱导型一氧化氮合酶在其软骨组织内的表达和意义**[高占巍　王大章　刘宝林等. 华西口腔医学杂志，2007，25(3)：216～218]

在实验组 8 只山羊双侧颞下颌关节上腔注入 1%胶原酶溶液 0.8 mL，建立实验性颞下颌关节骨关节病动物模型，并分别于注射胶原酶后 2、4、12、24 周时随机选取 2 只山羊处死，取颞下颌关节标本作 Envision 二步法免疫组化检测。另以 2 只健康山羊饲养 1 周后处死，取双侧颞下颌关节标本作为正常对照。结果表明，正常组颞下颌关节软骨无诱导型一氧化氮合酶(iNOS)表达；而在实验组动物颞下颌关节骨关节病发病过程中，其软骨组织 iNOS 表达明显增加，且随着病变过程的发展与病变组织有一定的相应性。从而认为，iNOS 在颞下颌关节骨关节病发生发展过程中起着重要作用，抑制 iNOS 的生长有可能会阻断颞下颌关节骨关节病的发生和发展。

**述　评**

颞下颌关节骨关节病的发病机制及其发展规律是一个极其复杂的问题，受着多种因素的调控，很有深入研究的必要。iNOS 在颞下颌关节骨关节病的发生、发展过程中的作用已日益引起国内外学者的注意，期待着我国学者在此领域的研究工作取得进一步的创新性成果。

(马绪臣)

# 正颌外科学

**Le Fort Ⅲ型截骨中位牵引成骨治疗成人面中份发育不全**[侯敏　柳春明　张海钟等.口腔颌面外科杂志,2007,17(3):244～247]

选择8例面中部凹陷畸形成人患者,在全麻下行 Le Fort Ⅲ型截骨,在梨状孔底缘置入自制的牵引装置行前牵引,治疗前后拍摄定位头颅侧位片测量分析。结果显示,牵引治疗后,咬合关系与软组织侧貌改变明显,面部上中下各部的前后关系协调,鼻梁挺拔,眼球突出度改进明显。作者认为,经梨状孔中位牵引可有效矫治面中部发育不全,该牵引力点适中,能使面中份骨骼平衡前移;避免对牙齿牵引造成的不利改变。

**述　评**

面中份发育不全及严重骨性Ⅲ类错殆是正颌外科矫治难度较大的畸形之一。该研究采用面中部牵引成骨,有效地矫治了面中部发育不全,获得满意临床效果。其结果为临床上矫治该类畸形积累了丰富的经验和提供了有价值的参考资料。

(林润台　宿玉成)

**大鼠下颌骨牵引成骨过程中骨改建机制的探讨**[祝为桥　王兴　王晓霞等.中华口腔医学杂志,2007,42(12):729～732]

选择42只成年雄性SD大鼠,制作下颌骨牵引成骨模型。分别于不同时间点切取标本,先行X线检查后制片,H-E染色、抗酒石酸酸性磷酸酶染色、骨保护因子(OPG)和细胞核因子κB受体活化因子配基(RANKL)免疫组织化学染色及半定量反转录聚合酶链反应检测,并分析了 OPG mRNA 和 RANKL mRNA 表达及 RANKL/OPG 比值。结果显示,骨断端有新生骨连接,在所有时间点 OPG 和 RANKL 在成骨细胞、髓腔衬里细胞和新形成的骨细胞内共表达;OPG 表达至牵引期结束达到峰值并维持至稳定期2周;RANKL 表达在稳定期1周达峰值,并维持至稳定期3周;RANKL/OPG 比值则持续升高至稳定期3、4周达峰值。作者认为,牵引成骨过程中的骨改建主要由成骨细胞、髓腔衬里细胞和骨细胞通过分泌 OPG 和 RANKL 完成;稳定期第3、4周是骨吸收的活跃期。

**述　评**

近年来发现的 OPG/RANKL 系统在破骨细胞生成中起着至关重要的作用,是骨骼生理研究领域的重大进展。OPG 通过与成骨细胞/基质细胞结合,阻断原始破骨细胞与成骨细胞/基质细胞间的信号传导,从而抑制其分化、成熟与激活,达到抑制骨吸收的目的。RANKL 参与成骨细胞与破骨细胞间的信息传递。该研究探讨了 OPG/RANKL 在大鼠下颌骨牵引成骨过程中的表达及牵引成骨过程中骨改建的规律,其结果对骨改建机制的研究有重要的参考价值。

(林润台　宿玉成)

**高容血液稀释对正颌外科病人血液动力学和凝血功能的影响**[纪志农.现代口腔医学杂志,2007,21(2):153～155]

选择行正颌外科双颌手术的病人40例,随机分为ABCD 4组。A为贺斯实验组;B为贺斯对照组;C为佳乐施实验组;D为佳乐施对照组。4组病例术中均采用控制性降压,平均动脉压(MAP)控制在50～60 mmHg。实验组在插管后稀释前即刻($T_0$),稀释后手术开始前即刻($T_1$),手术结束即刻($T_2$),术后第一天上午8时($T_3$);对照组在手术开始前即刻($T_1$),手术结束即刻($T_2$),术后第一天上午8时($T_3$),记录红细胞(RBC)、血红蛋白(HGB)、血球压积(HCT)和凝血指标的变化以及血液动力学的变化。结果显示,MAP:A、C组 $T_1$ 低于 $T_0$;$T_2$ 高于 $T_1$。心率:A、C组 $T_2$ 高于 $T_0$、$T_1$。RBC、HGB、HCT 和血小板计数(PLT):A、C 组 $T_1$ 低于 $T_0$,$T_3$ 升高超过 $T_1$ 且接近 $T_0$。作者认为术前急性高容量血液稀释对正颌外科患者血液动力学的稳定影响小。贺斯与佳乐施两种胶体液均可引起部分凝血指标的改变,但二者均不影响凝血功能。

**述　评**

作者对正颌外科双颌手术的患者采用术前急性高容量血液稀释,观察其血液动力学及凝血功能的变化,得出了对血液动力学的影响小,可减少血液的丢失,对凝血功能无影响结论。可作为减少正颌外科手术术中血液丢失的一种有效的辅助方法。

(林润台　宿玉成)

**牵张成骨矫治腭裂动物模型新骨 Ca、P 元素能谱分析**[陈刚　王大章　申岱等.现代口腔医学杂志,2007,21(5):462～464]

选择家猫 20 只,其中 18 只为实验组,建立人工腭裂实验模型;3 只为实验对照组,2 只为空白对照组。实验组行牵引成骨(DO)术至裂隙完全关闭,于术后第 2、4、6、8 和 12 周分别取标本,测量 Ca、P 元素能量谱曲线并计算 Ca、P 元素质量比与原子计算比。结果显示,通过对 Ca、P 元素能量谱、Ca、P 元素质量比与原子计算比的分析,可将 DO 后的固定期分为新骨形成早期(2 周)、中期(4～6 周)和后期(8～12 周)。提示牵引推移骨运送盘至健侧裂隙后,裂隙有规律地为新骨组织完全修复,DO 新骨组织显示了不断钙化成熟的趋势,证明 DO 的成骨活动未经过软骨中介体。

**述　评**

牵引成骨已广泛应用于临床,是矫治骨缺损和畸形的新的理论及技术。该研究通过元素能量谱与 Ca、P 元素含量分析测定,观察不同时期新骨的 Ca、P 元素含量的动态变化,揭示了新骨生成与改建的变化规律,为进一步探讨牵引成骨过程中骨的形成与骨改建提供了理论根据。

(林润台　宿玉成)

**下颌升支矢状劈开截骨术后髁突和下颌角横向变化的研究**[陈晓红　周彦恒　梁成.现代口腔医学杂志,2007,21(2):156～158]

选择 42 例行双颌手术加坚固内固定的骨性Ⅲ类错𬌗畸形患者,在术前、术后 1 周和术后 12 个月以上 3 个不同时期,拍摄后前位头颅定位片,进行描述、定点测量与统计学分析。结果显示,下颌角间距及髁突间距在术中分别增加了 4.04 mm($P<0.01$)和 2.11 mm($P<0.01$);在术后观察期,二者分别减少了 1.45 mm($P<0.01$)和 1.80 mm($P<0.01$);下颌角间距术中增宽量越大,观察期减少的幅度越小。表明术后下颌骨近心骨段在横向上发生明显移位,在平均 20 个月的观察期内,有不同程度的回复,但下颌角间距较术前呈明显的净增宽。

**述　评**

下颌升支矢状劈开截骨术术后下颌骨近心骨段位置发生移位的变化早已被广大学者重视,该变化可能致术后复发、影响美观和颞下颌关节疾患。该研究为减少并发症的发生提供了宝贵的临床参考资料。

(林润台　宿玉成)

**下颌升支矢状劈开截骨术后下唇感觉功能障碍对生活质量的影响**[袁灏　沈国芳　王旭东.中国修复重建外科杂志,2007,21(9):957～960]

选择 21 例行下颌升支矢状劈开截骨术(SSRO)治疗的患者,进行问卷调查。于术后 4 周和 24 周随访,据随访结果比较患者术后生活质量恢复情况。结果显示,术后 4 周,19 例患者因 SSRO 术后下唇感觉障碍而导致生活质量下降,其中 7 例生活质量受到严重影响。术后 24 周,因下唇感觉障碍而导致生活质量下降的患者为 12 例。作者认为大部分患者在 SSRO 术后会产生因下唇感觉障碍致生活质量下降,但术后逐渐好转,有 1/3 以上患者术后 24 周恢复术前生活质量。

**述　评**

SSRO 术后出现下唇感觉功能障碍是此类手术常见的并发症,并影响患者的生活质量。作者研究发现大部分患者下唇感觉障碍术后都能逐渐好转,并充分分析了引起下齿槽神经受损的因素。此研究为积累临床经验,减少并发症的发生提供了有价值的参考资料。

(林润台　宿玉成)

# 涎腺疾病

**肿瘤干细胞在腺样囊性癌细胞系增殖和分化中的作用**[刘坤　华成舸　温玉明等. 中华口腔医学杂志,2007,42(5):284～287]

采用单细胞体外培养法、免疫组化染色、免疫磁珠分离技术和动物实验等方法,分析常规培养的和经分离分群的不同细胞表型的 ACC-2 的体外增殖、分化特点及裸鼠体内外成瘤能力的差异。结果显示,体外培养至第 8 h,ACC-2 单细胞仅有 4.5% 分裂、增殖。$CD44^+$-$CD24^-$ 亚群占所有 ACC-2 细胞的 8.1%,其中仅有 25.7% 的细胞长期存活和持续分裂。$CD44^-$ 和 $CD44^+$-$CD24^+$ 细胞在体外培养条件下均无长期存活能力。不同表型的 ACC-2 体外单细胞培养实验结果显示,$CD44^+$ 发生分裂的比例为 8.4%,$CD44^+$-$CD24^-$ 肿瘤细胞发生分裂的比例为 14.7%,$CD44^-$ 和 $CD44^+$-$CD24^-$ 细胞未发生分裂。裸鼠成瘤实验结果显示,$CD44^+$-$CD24^-$ 的成瘤最低接种细胞数为 $1\times10^3$ 个/L,常规 ACC-2 最低成瘤细胞数为 $1\times10^5$ 个/L,$CD44^-$ 和 $CD44^+$-$CD24^+$ 细胞无成瘤能力。免疫组化结果提示,$CD44^+$-$CD24^-$ 肿瘤细胞具有分化成其他表型肿瘤细胞的能力。研究结果提示,细胞表面抗原为 $CD44^+$-$CD24^-$ 的肿瘤细胞仅占 ACC-2 肿瘤细胞的极少部分,这些细胞具有很强的增殖能力和分化为其他表型肿瘤细胞的能力。ACC-2 肿瘤细胞的增殖和成瘤能力源于 $CD44^+$-$CD24^-$ ACC-2 细胞亚群。ACC-2 中存在肿瘤干细胞,而 $CD44^+$-$CD24^-$ 是 ACC-2 肿瘤干细胞必须兼备的表面标志。

**述　评**

干细胞是具有自我更新和多向分化能力并产生特定成熟细胞的永生化细胞。在干细胞增殖、分化为成熟细胞并形成组织器官的过程中,可以见到不同分化程度的细胞,即干细胞的分级分化。该研究结果显示,ACC-2 细胞系中存在少数增殖和成瘤能力很强、兼备 $CD44^+$-$CD24^-$ 表面标志的细胞,可能是 ACC-2 中的干细胞,为深入了解 ACC 的生物学特性提供了重要的实验依据。

(俞光岩)

**人工合成小干扰 RNA 抑制涎腺腺样囊性癌 DNA 甲基转移酶 1 的表达**[田臻　张志愿　叶冬霞等. 中华口腔医学杂志,2007,42(4):225～228]

设计并人工合成 4 对小干扰 RNA (siRNA),用脂质体介导,分别转染 3 株唾液腺腺样囊性癌(ACC)细胞系,即 ACC-2、ACC-3 和 ACC-M 细胞,在转染后 24、48 和 72 h,采用 PCR、RT-PCR 和 Western blot 方法检测各细胞系 DNA 甲基转移酶 1(DNMT-1)的 mRNA 和蛋白的表达,筛选有效的 siRNA 干扰序列,同时设置 siRNA 不同浓度转染组,分析 RNAi 作用的量效关系。以 Gy3 标记甘油醛-3-磷酸脱氢酶 siRNA 作为阳性对照组。结果显示,2 对 siRNA 对 3 株 ACC 细胞系细胞 DNMT-1 的 mRNA 表达产生抑制作用,使 ACC-2、ACC-3 和 ACC-M 的 DNMT-1 表达分别抑制 67%、86%、92% 和 76%、76%、86%,抑制作用出现的时间为转染后 24～48 h,维持 24～48 h,与 siRNA 浓度成正比,Western blot 检测结果与 mRNA 的检测相符。研究结果表明,作者设计合成的 2 对 siRNA 干扰序列,可显著抑制涎腺 ACC 细胞系 DNMT-1 的 mRNA 和蛋白表达,其抑制作用具有时间依赖性和浓度相关性。

**述　评**

在多种肿瘤中,DNMT-1 表达增高,并伴随细胞增殖活性、肿瘤细胞侵袭性的增加。该研究结果显示,有效的 siRNA 使 ACC 细胞系细胞 DNMT-1 表达明显下调,显示 RNA 干扰的高效性,但抑制作用时间仅维持 24～48 h,因此还需探索既有效,又可维持较长时间的 RNA 干扰方法。

（俞光岩）

**靶向转基因抑制涎腺腺样囊性癌增殖的实验研究**[苏涛　孙宏晨　臧光祥等.中华口腔医学杂志,2007,42(3):184～185]

采用脂质体介导 pACTERT-TRAIL 转染唾液腺腺样囊性癌细胞系(SACC-83)和人胚肺成纤维细胞(HEL),通过 RT-PCR 检测肿瘤坏死因子相关凋亡诱导配体(*trail*)基因的表达,甲基噻唑基四唑氮(MTT)法检测细胞的存活率,用流式细胞仪检测细胞的凋亡率。结果显示,人端粒酶逆转录酶(hTERT)启动子调控 *trail* 基因在 SACC-83 中明显表达,抑制 SACC-83 细胞的增殖(存活率为 62.8%),诱导 SACC-83 细胞的凋亡(凋亡细胞比例增加 10.9%)。而在 HEL 细胞中,hTERT 启动子不能诱导 *trail* 基因的表达,也不明显影响其细胞的增殖和凋亡。研究结果提示,hTERT 启动子可诱导 *trail* 基因在 SACC-83 中的特异性表达,并诱导 SACC-83 细胞凋亡。

**述　评**

该研究结果显示 hTERT 启动子可诱导 *trail* 基因在 SACC-83 中的表达和 SACC 细胞的凋亡,从而为靶向转基因抑制 SACC 增殖提供了实验依据。

（俞光岩）

**调宁蛋白和 P63 蛋白在人颌下腺中的表达**[卢玉鹤　高岩.华西口腔医学杂志,2007,25(1):19～21]

选取 14 个人颌下腺标本,用 SP 法进行调宁蛋白和 P63 蛋白的免疫组织化学染色。结果显示,调宁蛋白在所有的腺泡、闰管的外围表达,呈线形或点状包绕腺泡或导管。分泌管中也可见调宁蛋白阳性染色,主要位于近闰管、管径较小的部分。除线状、点状阳性区外,还可见锥形或三角形阳性区位于分泌管导管细胞间。P63 蛋白主要在排泄管的外层细胞表达。分泌管细胞的阳性染色较弱。作者认为,调宁蛋白可较好地标记人颌下腺的肌上皮细胞,P63 蛋白主要标记颌下腺排泄管的基底细胞。

**述　评**

肌上皮细胞是唾液腺组织的主要上皮成分之一,与唾液腺组织的功能和肿瘤的发生密切相关,明确显示肌上皮细胞对于肿瘤的组织病理诊断和深入了解唾液腺功能的组织学基础具有重要意义。

该研究结果表明新的肌上皮细胞抗原标记物调宁蛋白对于唾液腺肌上皮细胞是较稳定的标记物,而 P63 可能主要在唾液腺肿瘤性肌上皮细胞而不是正常唾液腺的肌上皮细胞中表达。

（俞光岩）

**BDNF 对唾液腺腺样囊性癌细胞株抗失巢凋亡能力和转移影响**[苏立新　张陈平　胡永杰等.中国口腔颌面外科杂志,2007,5(3):207～210]

以唾液腺腺样囊性癌(SACC)肺高、低转移细胞系(ACC-2 和 ACC-M)为研究对象,利用 MTT、悬浮培养、流式细胞仪、软琼脂克隆形成实验观察脑源性神经营养因子(BDNF)对 SACC 细胞系体外培养过程中增殖和抗失巢凋亡的影响。结果显示,ACC-2 和 ACC-M 在体外培养过程中均具有一定的抗失巢凋亡的能力,ACC-M 高于 ACC-2。25、50、100 ng/mL BDNF 对 ACC-2 和 ACC-M 增殖无显著影响,但当 BDNF 浓度为 50 ng/mL 时,可以显著提高 ACC-2 的抗失巢凋亡能力和克隆形成。结果提示,SACC 的转移特性与抗失巢凋亡能力相关,适合浓度的 BDNF 可以提高 SACC 的抗失巢凋亡能力。

**述　评**

失巢凋亡是指黏附性生长细胞失去细胞外基质的黏附后所发生的凋亡现象，恶性肿瘤可通过抑癌基因失活、原癌基因激活等机制对抗失巢凋亡的发生，从而使其在侵袭、转移的过程中保持存活。BDNF 是神经生长因子家族成员之一，可能与 SACC 的嗜神经性侵袭有关。该研究结果从神经营养因子的角度提示 SACC 高转移、高侵袭力的可能机制。

（俞光岩）

**组织内放射治疗腮腺恶性肿瘤 95 例临床分析**［韩波　李龙江　温玉明等.中国口腔颌面外科杂志，2007，5(2)：99～103］

分析了 1994－2000 年经手术治疗的 286 例腮腺恶性肿瘤患者，其中 91 例术后配合外照射，95 例术后配合组织内照射，100 例为单纯手术治疗。用 Kaplan-Meier 法计算生存率和局部控制率，以评价疗效。结果显示，手术治疗、术后配合外照射和组织内照射的患者，5 年生存率分别为 55.6%、85.3% 和 92.4%，10 年的生存率分别为 51.2%、80.7% 和 86.7%。3 种治疗方法对肿瘤的 5 年局部控制率分别为 74.6%、90.5% 和 94.6%，10 年的局部控制率分别为 66.9%、85.2% 和 89.3%。术后配合放疗，尤其是组织内照射，可有效控制肿瘤复发及提高患者生存率。UICC 临床分期、病理分级、组织来源对生存率和局部控制率均有重要影响，但只有 UICC 临床分期对生存率和局部控制率具有独立影响意义。口干、口腔黏膜溃疡和放射性骨坏死是术后放疗的主要并发症。研究结果表明，术后配合放疗可有效地控制腮腺恶性肿瘤术后复发，尤以术后配合近距离组织内照射更佳，该治疗方法并发症少且疗效显著。

**述　评**

腮腺恶性肿瘤的治疗以手术为主，术后放射治疗是主要的综合治疗手段之一。放射治疗的方式可分为外照射和组织内照射。放射治疗的作用如何，哪一种照射方式更为优越，是值得研究的问题。该研究通过大样本病例，经长期随诊观察并进行 3 种不同治疗方式的对照研究，结果显示术后配合近距离组织内照射既能提高局部控制率，又能减少放疗并发症。

（俞光岩）

# 口腔颌面部神经疾病

**面神经颊支和下颌缘支的解剖学研究及应用**［刘安堂　江华　赵耀忠等.中华整形外科杂志，2007，23(5)：434～437］

选择 24 例成人新鲜头部标本进行解剖，分别观测颊支和下颌缘支的分支数目、吻合情况、走行中的层次、颊支与腮腺导管以及下颌缘支与下颌下缘、面血管的关系，结合 Sihler′s 肌内神经染色，明确其支配肌肉和在肌内的分布规律；并在 40 例面瘫手术患者受区面神经分支的寻找和选择中进行了验证。观测结果证实，腮腺导管体表投影较恒定，面神经颊支以 2～3 支为主，占 87.5%，多数分布在导管上方 10.7 mm 和下方 9.3 mm 的范围内，支配中面部表情肌。下颌缘支以 1～2 支为主，占 95.9%，多数分布在下颌骨下缘上方 13.4 mm 和下方 4.8 mm 的范围内，跨面动脉浅面，支配下唇诸肌。作者认为，面神经颊支与腮腺导管、下颌缘支与面动脉及下颌下缘有着紧密的关系。

**述　评**

该研究在新鲜头部标本中观测其走行规律，结合 Sihler′s 神经染色明确其在肌内的分布规律，并进一步在临床实践中验证，以对其进行确切的定位，避免临床手术中损伤神经分支引起继发性的功能障碍起到了指导作用，有很好的临床实际应用价值。

（翦新春）

**面神经颧支支配颧肌的显微解剖学研究**［王洁晴　秦宏智　胡刚等.中国美容整形外科杂志，2007，18(5)：383～385］

选取 10 具甲醛固定的成人尸体头颅标本,在解剖显微镜下行头颅双侧解剖,观察面神经颧支的走行与分支情况。以经口角的水平线为 X 轴,经同侧外眦角的垂线为 Y 轴,测量并记录颧支入肌支在坐标轴上的位置并进行体表定位。结果显示,面神经颧支自腮腺前上缘出腮腺,分为 1～3 支型,以 2 支型为主(占 65%,13 侧)。浅支经颧大肌头侧浅面支配眼轮匝肌,深支有 2～6 支为主干支,平均(3.40±1.06)支,从颧大肌上 1/2 深面呈节段"爪"形支配该肌,入肌神经数为 3～8 支,平均(6.00±1.49)支。作者指出,在行中面部手术时,在颧大肌下 2/3 表面进行分离是安全的,尽量避免在颧肌的深面进行分离,尤其是上 1/2 深面,极易损伤面神经颧支;在其下 1/2 深面分离时,应紧贴颧大肌,以免损伤从其深面经过的面神经颧支。

**述　评**

了解面神经颧支的走行及其入肌点,对于临床医师在该部位实施手术具有指导意义,可以减少手术时损伤带来的支配区域的功能障碍,是一项很有实用价值的研究。

（翦新春）

***p*75 NTR 对小鼠面神经损伤轴突再生影响的实验研究**[张风河　杨丕山　魏奉才等.口腔颌面外科杂志,2007,17(1):29～31]

选择 P75 神经营养蛋白受体(*p*75NTR)基因敲除小鼠和野生型小鼠各 12 只,以手术的方法造成面神经总干损伤后第 4 d,在损伤的近中侧注射霍乱毒素 B(CTB)进行示踪,对再生神经纤维进行免疫组化染色,然后计数进行统计学分析,以探讨 *p*75NTR 在面神经损伤再生修复中的作用。研究结果显示,距面神经损伤点远侧缘 2.5 mm 和 5 mm 处检测的野生型小鼠再生的神经纤维数量分别为 50.500±3.937 及 33.00±1.55;而以上 2 个位点 *p*75 基因敲除小鼠再生的神经纤维数量分别为 29.333±3.010 及 14.330±2.580,*p*75NTR 基因敲除小鼠再生的神经纤维,明显较野生型小鼠的短,差异有统计学意义($P<0.01$)。作者认为,*p*75NTR 可以增强面神经的再生。

**述　评**

神经营养蛋白在神经发育和功能维持方面起着重要作用,其功能作用的信号传导主要是通过两种受体来完成,即 TrK 受体和 *p*75 神经营养蛋白受体。体外研究表明,*p*75NTR 与神经再生有密切关系。该研究通过对野生型以及 *p*75 基因敲除小鼠的面神经进行损伤,应用前标记方法观察 *p*75NTR 在活体上提高面神经修复再生的能力,有一定的理论应用价值。

（翦新春）

**三叉神经损伤大鼠延髓内 γ-氨基丁酸 A 受体的变化**[陈志峰　姜虹　徐辉等.上海口腔医学,2007,16(3):303～306]

选择 20 只 S-D 大鼠随机分为 4 组,每组 5 只。A、C 组为手术组,B、D 组为假手术组。手术组用铬线疏松结扎大鼠右侧眶下神经,造成慢性缩窄性损伤,而假手术组只暴露神经,不结扎。观察术前和术后 3、6、9、12、15 d 时大鼠对机械性疼痛刺激的反应阈值。A、B 组术后第9 d,C、D 组术后第 15 d 分别取大鼠延髓组织,实时定量 PCR 法测定大鼠延髓内 γ-氨基丁酸 A($GABA_A$)受体 $\alpha_1$、$\alpha_2$、$\alpha_3$ 的 3 个亚基量的变化,探讨 $GABA_A$ 受体与三叉神经痛发病机制的关系。研究结果显示,术后第 9～15 d,结扎组大鼠较假手术组,右眶下神经支配区域机械性痛觉超敏($P<0.05$)。A 组延髓内 $GABA_A\alpha_1$、$GABA_A\alpha_2$、$GABA_A\alpha_3$ 受体量与 B 组差异无统计学意义,C 组延髓内 $GABA_A\alpha_1$、$GABA_A\alpha_2$、$GABA_A\alpha_3$ 受体量与 D 组差异无统计学意义。作者认为,眶下神经的慢性环扎损伤可导致大鼠三叉神经痛,大鼠疼痛时 $GABA_A$ 受体 $\alpha_1$、$\alpha_2$、$\alpha_3$ 的三个亚基并不参与其中。

**述　评**

$GABA_A$ 受体在内源性痛觉下行抑制系

统中有广泛的分布，在调节下行抑制和易化作用中有重要作用。该研究结果证实 $GABA_A$ 受体 $\alpha_1$、$\alpha_2$、$\alpha_3$ 三者并未参与其中，给予的解释是 $GABA_A$ 受体的其他亚基可能参与三叉神经痛。此结果对 $GABA_A$ 受体在调节下行抑制和易化作用中有重要作用的理论提出了质疑，值得继续深入研究。

（翦新春）

**家兔三叉神经根和半月结的微循环床的研究**［王福　张奎启．口腔医学研究，2007，23(3)：276～278］

选择 20 只家兔血管灌注固定，墨汁灌注血管，显微解剖三叉神经根和半月神经节，通过透明和切片观察神经根内血管的分布形态。结果显示，三叉神经根的微血管分为神经外膜、神经束膜和神经内膜微血管。神经外膜血管沿神经根径向走行，沿途再发侧支斜行或横行入神经束之间，顺神经根束分布，并发侧支进入神经内膜；半月结内微血管围绕神经节细胞分布；三叉神经根内的微血管分布不均，其近侧端微血管数量较少，远侧端微血管数量较多。作者认为，三叉神经根内微循环血量调节主要依赖神经外膜和束膜的微动脉。三叉神经根微循环可能在三叉神经痛中扮演重要作用，神经根在受到压迫后，可造成神经根微循环障碍，进而可能引发神经纤维脱髓鞘。

**述　评**

三叉神经痛是一种三叉神经分布区短暂、阵发性剧烈疼痛的疾病，其病因学说较多，其中血管压迫被认为是三叉神经痛的重要原因。作者对三叉神经根部微血管的形态分布进行了研究，该研究结果为进一步解释三叉神经痛的微循环改变提供了重要的理论依据，具有很好的参考价值。

（翦新春）

# 口腔颌面外科麻醉

**静脉麻醉下儿童埋伏多生牙拔除的临床总结**［孙树平　张乃君　韩荣红．口腔颌面外科杂志，2007，17(2)：163～164］

对 62 例埋伏多生牙患儿（7～12 岁），经 X 线检查术前定位后，在异丙酚和芬太尼静脉麻醉下实施牙拔除术。患儿均采用静脉给药，术中麻醉平稳，处于浅麻醉状态，恐惧感消失，对局部麻醉在拔除术中不足起到良好的辅助作用。在术中可根据手术的刺激强度适当调控麻醉深度，使患儿达到精神分离而无意识丧失的状态，正常保护性反射存在，使患儿能听从医生的指令配合手术治疗。结果 62 例埋伏多生牙均在静脉麻醉下顺利拔除，无不良反应。表明浅静脉麻醉技术适用于儿童埋伏多生牙的拔除术的平稳实施，术后可以很快离院。

**述　评**

浅静脉麻醉是近年来国内兴起的一种全身麻醉方法，对患儿局部麻醉手术的不足起到了良好的辅助作用，使儿童不合作的问题得到了很好的解决，而且具有操作简便、安全可靠、快速清醒的特点，比较适合儿童的短小手术的麻醉。

（朱伟　徐瑞芬　徐礼鲜）

**丙泊酚人脑中枢作用部位的功能磁共振成像分析**［张惠　徐礼鲜　葛雅丽等．临床麻醉学杂志，2007，23(1)：38～40］

选择健康志愿者 10 名，采用丙泊酚静脉麻醉的刺激程序：清醒－镇静－意识消失－苏醒的动态过程，丙泊酚麻醉按 1.5 mg/kg 通过恒速泵静脉注射，注射时间均为 90 s。采用 1.5 T Philips Gyroscan 磁共振系统，运用单次激发平面回波序列（EPI）扫描序列进行脑功能血氧水平依赖（BOLD）法成像并应用 Functool 软件进行功能分析。结果表明，丙泊酚麻醉可抑制下丘脑磁共振信号，$r$ 值为 0.75，信号变化强度为（20.2±11.6）%；可降低额叶信号，$r$ 值为 0.71，信号降低强度为（37.5±16.7）%；颞叶信号也受到抑制，$r$ 值为 0.72，信号变化强度为（33.8±10.4）%。

三个部位信号的抑制呈爆发性,变化过程同步,信号降低强度额叶>颞叶>下丘脑,但三者间差异无统计学意义。丘脑部位信号也明显降低,$r$ 值为 0.60,信号变化强度为(3.9±1.6)%,与额叶、颞叶、下丘脑相比,差异均有统计学意义($P<0.05$)。表明丙泊酚麻醉首先抑制下丘脑、额叶、颞叶区域,随后丘脑区域受到抑制,这些区域可能是丙泊酚麻醉作用的靶位。

**述　评**

功能磁共振成像技术使得在无创伤的情况下能"看到"正常人的脑内部工作的实况,为活体人脑结构和功能之间的复杂关系提供了一种直观有效的研究途径。对进一步研究和阐明全身麻醉作用机制有重要指导作用。

(朱伟　徐瑞芬　徐礼鲜)

**口腔颌面外科术后延迟拔管患者应用盐酸戊乙奎醚的疗效观察**[孙宇　方舒东　康华等.中国口腔颌面外科杂志,2007,5(4):270～272]

选择 45 例美国麻醉医师学会分级Ⅰ～Ⅱ级、术后需要保留气管导管 2 d 的口腔颌面外科手术患者随机分为 3 组,每组 15 例,A 组为对照组,B 组为硫酸阿托品组,C 组为盐酸戊乙奎醚组。于术毕以及术后 24 h 分别肌注生理盐水、硫酸阿托品 0.5 mg 和盐酸戊乙奎醚 0.01 mg/kg。观察术后 0～12 h、12～24 h、24～36 h 和 36～48 h 各时间段内患者平均每小时口腔、气道分泌物量和不良反应,采用 SAS 6.12 统计软件包进行分析。结果发现,从平均每小时口腔分泌物量看,给药后前 12 h 内(0～12 h 和 24～36 h),B 组和 C 组显著少于 A 组,C 组也显著少于 B 组;后 12 h 内(12～24 h 和 36～48 h),C 组显著少于 A 组,而 B 组与 A 组差异不大。从平均每小时气道分泌物量看,各时间段 C 组均显著少于 A 组和 B 组;各组均未发生严重不良反应。结果表明术后肌注盐酸戊乙奎醚能明显抑制保留气管插管的口腔颌面外科患者口腔、气道腺体分泌,安全有效。

**述　评**

口腔颌面外科手术部位与呼吸道毗邻,麻醉结束拔除气管导管后,可因咽喉或颈部肿胀出血、舌后坠而阻塞呼吸道。正颌手术和颅颌面肿瘤切除皮瓣修复术后,患者还需头颈部包扎固定或维持特殊头位,更不利于呼吸道通畅。盐酸戊乙奎醚是新型选择性抗胆碱药,对腺体 M1 和 M3 受体有高度选择性,对心脏的 M2 受体无阻断作用,是较理想的麻醉前用药。

(朱伟　徐瑞芬　徐礼鲜)

**氯胺酮诱导大鼠丘脑基因表达谱的改变**[马加海　张惠　徐礼鲜等.第四军医大学学报,2007,28(7):593～595]

选择 S-D 大鼠 4 只,分为对照组($n=2$)和氯胺酮组($n=2$),两组大鼠分别腹腔注射生理盐水或 100 mg/kg 氯胺酮。1 h 后,取丘脑,抽提 RNA,以 RNA 为模板反转录合成 cDNA,以 cDNA 为模板转录生物素标记的 cRNA,cRNA 经提纯、片段化后与大鼠神经生物学表达芯片 U34 杂交。杂交后的芯片用扫描仪检测信号,收集图像,用 Microarray Suite Version 5.0 软件分析差异表达基因并对其进行功能分析。结果显示,1 323 条待测基因中,氯胺酮麻醉后 237 条基因差异表达,上调表达 132 条,下调表达 105 条,其中差异表达超过两倍的为 59 条。差异性表达的基因功能可分为 NMDA 受体、离子通道、信号转导、转录因子、细胞因子等。提示氯胺酮麻醉可以引起大鼠丘脑基因的差异表达。

**述　评**

基因芯片又称 DNA 微探针阵列,是在固体基片表面上集成已知序列的基因探针(cDNA或寡核苷酸),被测生物细胞或组织中大量标记的核酸序列与上述探针阵列进行杂交,通过检测杂交探针的位置,实现基因信息的快速检测。基因芯片对研究药物中枢神经系统的神经转导通路具有重要意义。

(朱伟　徐瑞芬)

**瑞芬太尼在小儿腭裂手术中的应用**[徐瑞芬 冯旭阳 张惠等. 实用医学杂志,2007,23(14):2265～2266]

选择美国麻醉医师学会分级Ⅰ～Ⅱ级择期行腭裂修补术的患儿 40 例,年龄 2～14 岁,体重 8～30 kg,随机分为瑞芬太尼组(R 组)和芬太尼组(F 组),每组 20 例。麻醉诱导、气管插管成功后接麻醉机行机械通气,R 组持续泵入瑞芬太尼和异丙酚;F 组以异丙酚泵注,每隔 15～20 min 按 1 g/kg 缓慢静注追加芬太尼。分别记录患儿诱导前、诱导后 2 min、气管插管后 2 min、手术开始后 10 min 时的平均动脉压(MAP)、心率(HR)、血氧饱和度($SpO_2$),以及术毕停药后患儿自主呼吸恢复时间、意识恢复时间、苏醒拔管时间。结果发现,诱导后 R 组 MAP、HR 有所下降,但基本保持平稳;而 F 组 MAP、HR 均显著下降,波动明显($P<0.05$ 或 $P<0.01$);两组 $SpO_2$ 无显著差异。麻醉后自主呼吸恢复时间、苏醒拔管时间、意识恢复时间 R 组显著短于 F 组($P<0.01$)。提示瑞芬太尼比芬太尼镇痛作用强,维持术中血流动力学稳定,术后苏醒快,拔管时间短。

**述 评**

小儿腭裂修补术在口腔内进行,需采用全麻气管插管,麻醉诱导和维持期要求麻醉起效快,抑制咽喉反射,下颌松弛。麻醉恢复期因手术封闭上腭及组织充血、水肿等因素都使术后患儿上呼吸道管理难度增大,要求术后苏醒迅速而安全。腭裂手术直接刺激敏感的咽喉部,要求有足够的麻醉深度以消除各种不良反射。腭裂修补术与其他整形手术相比还具有手术后发生低氧血症的高风险性,因此要求麻醉医师使用短效、速效、在体内无蓄积的药物以保证手术结束后麻醉苏醒迅速,各种生理反射尽快恢复。

(朱伟 徐礼鲜)

**硝酸甘油复合七氟醚控制性降压在老年人晚期口腔颌面肿瘤手术中的应用**[陈晓菲 王琼 孙晓雄等. 中华高血压杂志,2007,15(1):74～75]

选择Ⅳ期口腔颌面肿瘤手术的老年患者 30 例随机分为两组:Ⅰ组为硝酸甘油复合七氟醚控制性降压组,Ⅱ组为七氟醚麻醉组。术中持续性监测心率、平均动脉压和心电图,记录口腔颌面肿瘤切除术出血量、手术时间、术者对手术视野满意程度、尿量、心电图 ST 段改变以及术后认知功能障碍发生情况。结果显示,Ⅰ组的出血量、手术时间和尿量比Ⅱ组显著减少($P<0.05$),术中心电图变化和术后认知功能障碍发生率两组比较差异无统计学意义,术者对手术视野满意程度在Ⅰ组和Ⅱ组间差异有统计学意义($P<0.05$)。提示硝酸甘油复合七氟醚控制性降压用于Ⅳ期老年人口腔颌面肿瘤手术,可减少术中出血,改善手术条件,缩短手术时间。

**述 评**

硝酸甘油是一种血管扩张剂,对于老年患者在控制性降压期间可以维持较高的灌注压,有利于保持心肌氧供,扩张冠状动脉,增加心肌缺血区的血流量,改善低血压所致的心肌缺血,对于老年人在低血压状态下减少血栓形成有重要意义。七氟醚在手术麻醉过程中不导致儿茶酚胺的释放,有利于患者的血流动力学的稳定和有效降低心肌耗氧量。

(朱伟 徐瑞芬 徐礼鲜)

**盲探气管插管装置在困难插管病人中的临床应用**[陆群英 黄迅. 实用医学杂志,2007,23(4):499～501]

选择 120 例术前预知经口腔气管插管困难的患者,分为 3 组,每组 40 例。Ⅰ组,在麻醉诱导后直接喉镜下完成插管;Ⅱ组,采用清醒插管加表面麻醉方式,在直接喉镜暴露下完成插管。Ⅲ组,均采用盲探气管插管装置完成插管。结果显示,Ⅰ、Ⅱ组的插管成功率低于Ⅲ组,差异有统计学意义($P<0.05$)。Ⅰ组与Ⅱ组之间差异无统计学意义。在插管时间上,Ⅰ组短于Ⅱ、Ⅲ组,差异有统计学意义

($P<0.05$)，Ⅱ组与Ⅲ组之间差异无统计学意义($P>0.05$)。而两次与两次以上操作的成功例数Ⅰ、Ⅱ组多于Ⅲ组，差异有统计学意义($P<0.05$)。提示盲探气管插管装置可用于多种气管插管困难的患者，具有操作简便、易于掌握、并发症少的优点。

**述　评**

盲探气管插管装置在实施引导插管时，最大的特点是能保证患者的自主呼吸存在，是一种安全、便捷的插管方法。但咽喉部的表面麻醉和环甲膜穿刺麻醉一定要完善，否则，在置入光索引导管时患者会出现不断吞咽和呛咳反射，使光索引导管不易进入声门，并可引起心率加快、血压上升。所以，完善的表面麻醉是插管成功的关键。

(朱伟　徐瑞芬　徐礼鲜)

**咪哒唑仑用于颌面外科手术后留置气管导管患者的临床研究**[周丽华　安永谦　徐礼鲜等.实用口腔医学杂志，2007，23(4)：578～580]

选择 ASAⅠ～Ⅱ级 40 例择期行颌面外科手术的患者，随机分为 2 组实施术后镇痛：舒芬太尼组(S 组)和舒芬太尼-咪哒唑仑组(S-M 组)，每组 20 例。自患者清醒后开始镇痛泵持续静脉输注，背景剂量均为 2 mL/h。当术后患者感觉疼痛或呛咳、躁动时，由患者自控静脉镇痛(PCIA)。观察生命体征的变化、视觉模拟评分(VAS)和 Ramsay 评分、PCIA 按压次数与术后 24 h 的呛咳次数、患者耐受气管导管的满意程度及不良反应的发生率。结果表明，2 组患者在镇痛开始后 1、4、12、24 和 48 h 的 VAS 均较镇痛前显著下降；S-M 组 Ramsay 评分在 1、4、12 h 与镇痛前比较显著增高，与同时间点 S 组比较亦显著增高；S-M 组 PCIA 按压次数显著低于 S 组；S-M 组术后 24 h 的呛咳次数亦显著低于 S 组；S-M 组患者对镇痛镇静的满意度(90%)显著高于 S 组(65%)。作者认为，舒芬太尼对于口腔颌面部术后患者能达到良好的镇痛效果，加用咪哒唑仑能达到更深的镇静程度。二者合用可以减少 PCIA 按压次数及术后 24 h 的呛咳次数，使患者更好地耐受气管导管，同时无恶心呕吐等并发症发生，是一种更有效的镇痛镇静方法。

**述　评**

对于严重的颌面部外伤、舌根部肿瘤、颌颈联合根治与正颌手术后，常因发生阻塞性呼吸困难而采用预防性气管切开。为了减少气管切开的并发症，临床上常采用保留气管导管，一般在术后第 3 d 根据手术部位的肿胀情况决定是否拔除气管导管。然而有部分术后患者耐受性差，需采用一定的镇静技术以减轻气管导管刺激。作者在术后镇痛技术中加用咪哒唑仑，除了与镇痛药有一定协同作用外，还具有抗焦虑、镇静和催眠作用。同时还可产生短暂的顺行性记忆缺失，使患者不能回忆用药期间所发生的事情，对提高气管导管的耐受性，减轻术后不适，提高睡眠质量，缩短恢复时间具有一定的临床应用价值。

(朱伟　徐瑞芬)

# 口腔颌面医学影像诊断学

**口腔颌面部恶性肿瘤单体素氢质子磁共振波谱的初步研究**[余强　王平仲　石慧敏等.中华口腔医学杂志，2007，42(1)：18～20]

回顾分析 42 例经单体素氢质子磁共振波谱检查并为病理学检查证实的口腔颌面部软组织恶性肿瘤，观察胆碱化合物、脂质和肌酸等在各种恶性肿瘤中的分布。检出胆碱化合物 37 例，其中包括鳞状细胞癌、涎腺癌、恶性淋巴瘤和肉瘤。结果表明，单体素氢质子磁共振波谱可为口腔颌面部软组织恶性肿瘤的诊断提供辅助信息，为在分子代谢水平上研究相关疾病提供新的技术手段。

**述　评**

磁共振波谱(MRS)技术是利用化学位移测定活体内微量物质的一种方法，可以反映肿瘤主要代谢物的水平，从而了解肿瘤代谢过程和代谢方式特性，氢质子 MRS 已逐渐开始应用于脑肿瘤等疾病的诊断、鉴别诊断、分级、疗效评估、复发的诊断等研究中。该研究采用单体素氢质子磁共振波谱进行口腔颌面部恶性肿瘤的研究，并取得初步结果，对口腔颌面部肿瘤生化代谢特征的无创性检查具有启示作用。目前口腔颌面部肿瘤的磁共振波谱分析结果尚缺乏特异性，随着磁共振波谱技术的进步，这一检查方法将在疾病诊断中发挥更大的作用。

（张祖燕）

**牙颌面锥形束 CT 与普通 X 线检查对颞下颌关节骨关节病诊断价值的比较研究**［孟娟红　张万林　柳登高等．北京大学学报（医学版），2007，39（1）：26～29］

对 350 例颞下颌关节紊乱病患者采用锥形束 CT 进行检查，并与曲面体层、许勒位、经咽侧位进行比较。结果发现曲面体层和经咽侧位与锥形束 CT 的检查结果差异无统计学意义，锥形束 CT 显示骨关节病表现中骨质硬化比例最高，其次为骨质增生和骨皮质模糊。

**述　评**

影像学检查对于颞下颌关节疾病的诊断、治疗和预后具有重要意义。该研究以锥形束 CT 对颞下颌关节的检查结果为标准，对目前临床常用的颞下颌关节放射学检查方法的诊断价值进行研究。由于锥形束 CT 可以在三维方向上观察髁突位置和关节结构的骨质改变，避免了常规放射学检查的影像重叠、断层拉影等缺点，具有一定的优越性。对于常规检查方法诊断困难、需要观察关节结构骨质改变的患者具有较好的应用价值。

（张祖燕）

**螺旋二维及三维 CT 对颌面骨折的影像学研究**［王铁梅　韩方凯　廖波等．现代口腔医学杂志，2007，21（5）：465～467］

对 185 例颌面骨折患者进行螺旋 CT 扫描，并作二维与三维重组，比较华特位、曲面体层和二维、三维 CT 对颌面骨折的诊断准确率。结果表明三维 CT 可较好地显示颌面部骨折的立体结构关系，二维 CT 可显示细微骨折和深部骨折的影像信息，薄层扫描的重组图像质量好。

**述　评**

随着坚固内固定和骨折解剖复位技术的进步，对于骨折术前影像学诊断水平的要求随之提高。需要对骨折数目、部位、移位、粉碎性骨折、骨质缺损等情况进行准确判断，特别是对骨折的移位情况应从三维方向进行观察，以便准确判定移位方向和程度。CT 检查对于颌面骨折，特别是对于面中部骨折具有重要的诊断价值，三维重建可直观地反映骨折的移位方向以及骨折与周围解剖结构的关系，对实现准确的解剖复位和手术设计具有指导意义。多平面重组可根据临床需要得到任意方向的层面图像，避免影像重叠，显示细小的骨折和线形骨折。该研究通过比较平片、曲面体层和二维、三维 CT 对颌面骨骨折的诊断准确性，说明了 CT 检查的诊断价值。对于面中部骨折，CT 检查应当成为常规检查方法。

（张祖燕）

**基于 CT 影像的牙种植模板相关的颌骨解剖学研究**［孙婷婷　潘瑾　崔明军等．口腔颌面外科杂志，2007，17（3）：252～255］

对 31 例患者的上颌骨和 44 例患者的下颌骨进行螺旋 CT 扫描，并对各个牙位的牙槽骨与牙长轴的夹角进行测量，发现 71.92％的患者上颌骨牙长轴与牙槽突的唇腭向偏移在 20 度以内，98.68％的患者下颌骨牙长轴与牙槽突的唇腭向偏移在 20 度以内。这一研究结果可为种植位点选择和导向模板的制作提供理论依据。

**述　评**

影像学检查对于在牙种植术前准确地判断种植床骨质情况、决定种植体植入位置和方向是非常重要的。在传统的口腔放射学检查方法中，无法得到与颌骨长轴垂直方向的清晰图像，进行牙和牙槽突的唇舌向关系的观察，锥形束CT的出现解决了这一问题。本研究通过种植牙患者的多层螺旋CT扫描和Denta-scan软件的重建，得到各牙位的轴向断面图像，进行牙长轴与牙槽骨长轴角度的CT测量，研究两者间的偏移关系，研究结果对种植位点的选择和隧道示种植手术导板的设计及制作具有一定的指导意义。但螺旋CT的辐射剂量较大，锥形束CT则更适于种植放射学检查。

（张祖燕）

**健康青年人髁突松质骨结构锥形束CT分析**［刘树铭　张祖燕　李居朋等. 中华口腔医学杂志，2007，42(6)：357～360］

对40名健康青年人的髁突进行锥形束CT扫描，获取髁突冠状位正中层面图像，并进行二值化处理后，分区对骨小梁体积分数、骨小梁厚度、骨小梁数目和骨小梁分离度等松质骨结构参数进行分析。研究结果发现髁突上区与中、下区的测量值差异有统计学意义；两侧髁突的测量值差异无统计学意义。作者提出锥形束CT结合图像分析技术可以实现髁突松质骨结构的体内定量分析。

**述　评**

锥形束CT的辐射剂量小，Z轴分辨率高，可获得高质量的髁突冠状位图像，为图像分析技术提供了良好的图像基础。该研究的意义在于采用锥形束CT成像，结合图像分析技术，实现了体内骨小梁结构定量分析，这一研究结果对于骨质疏松症等疾病患者颌骨改变的检测具有很好的启示作用。如能进一步对骨小梁结构分析的结果进行组织形态计量学的验证，则更具有说服力。

（余强）

**应用锥形束CT诊断颞下颌关节骨关节病的探讨**［傅开元　张万林　柳登高等. 中华口腔医学杂志，2007，42(7)：417～420］

对临床诊断为颞下颌关节骨关节病与关节盘前移位伴骨关节病的48例患者进行经咽侧位和锥形束CT检查，并对比两种检查方法的病变检出率。结果发现，除髁突磨平型外，锥形束CT和经咽侧位在颞下颌关节骨关节病的骨质改变的评判上具有高度的一致性，检出率高，病变显示清晰、明确。

**述　评**

锥形束CT纵向分辨率高，在旋转360°采集原始数据后可实时进行任意方向和层面的体层成像，对于显示颞下颌关节骨质病变的细微改变具有优势；而经咽侧位也是目前临床常用的观察髁突骨质细微改变的方法。该研究对锥形束CT和经咽侧位观察颞下颌关节骨关节病骨质改变进行对照，两者对髁突表面皮质骨模糊消失和表面缺损破坏的评判一致性较好，但锥形束CT显示髁突病变更加清晰。研究结果对临床工作具有指导意义。

（张祖燕）

**健康成年人颞下颌关节间隙锥形束计算机体层摄影术测量分析**［王瑞永　马绪臣　张万林等. 北京大学学报(医学版)，2007，39(5)：503～506］

对50名健康成年人100侧颞下颌关节进行锥形束CT扫描，分别采用Madsen法、张震康法、Kamelchuk法、Pullinger法和Rammelsberg法进行关节间隙的线距测量和面积测量。结果发现，三种线距测量显示关节前间隙和后间隙的差异无统计学意义，双侧关节间隙的差异无统计学意义。研究表明，健康成年人的髁突基本位于关节窝中央位置，双侧基本对称。

**述　评**

髁突在关节窝中的位置关系在颞下颌关节疾病诊断、正畸治疗和正颌外科治疗中具有重要意义。目前在临床工作中对关节间隙的观察仍主要采用许勒位，但受解剖形态和投照因素的影响，对于许勒位显示髁突位置的准确性存在争议。如髁突水平角和垂直角的个体差异很大，常规许勒位常不能够准确地显示关节间隙。因此曾有人提出，根据个体的髁突水平角和垂直角调整投照方向，以便准确地显示关节间隙和关节结构。该研究采用锥形束 CT 扫描，由于锥形束 CT 在采集原始数据后，可根据需要进行任意方向和任意层面的重建，实现了过去“矫正”颞下颌关节体层摄影方法所需的角度调整，而且避免了繁琐的技术操作，可获得较准确的髁突横轴中点的矢状面图像。作者采用三种线距测量方法和两种面积测量方法进行关节间隙测量，证明了髁突位置基本中性的结论，对临床工作具有指导意义。但许勒位仍是目前临床上检查颞下颌关节间隙和结构的主要方法，因此，如能够对锥形束 CT 检查与许勒位测量结果进行对照研究，则更有助于临床医师选择适宜的影像学检查方法。

（张祖燕）

# 口腔医学美学美容学

**Artex 殆架系统在口腔正畸与颌面外科联合矫治中的应用**［刘奕　王雪　张文君等. 中国美容整形外科杂志，2007，18(6)：433～434］

对 12 例患者采用 Artex 殆架转移正颌手术患者的殆关系到殆架上，制作手术中间殆板，终末殆板，探讨 Artex 殆架系统在口腔正畸与颌面外科联合矫治中的应用的美学评价。在正颌外科手术中应用 Artex 殆架制作的中间与终末殆板，均能准确按照手术前设计移动上下颌骨，12 例患者均获得良好的咬合关系，正畸正颌外科联合治疗结束后患者正、侧貌均明显改善，上下牙列排列整齐，尖牙和磨牙为Ⅰ类咬合关系，前牙覆殆覆盖正常。进行为期一年的随访，效果良好。作者认为 Artex 殆架系统的应用有利于提高殆关系转移的精确度，从而提高殆板的制作水平。

**述　评**

随着正颌外科手术的发展和患者对面型要求的提高，越来越多的患者需要进行单、双颌手术来改善面形。传统的殆架结构简单，不能完全转移颌关系和模拟颌运动，无法移动上颌骨，不能确定上颌骨移动的距离，只能利用模型与分割制作中间殆板，这不仅大大降低了中间殆板的精确度，同时增加了医师的工作程序。而 Artex 殆架可精确转移个性化的颌位关系，完全模拟下颌运动状态；同时，可以利用颅骨作为参照物，转移上颌骨位置，按照术中需要，精确确定前徙上颌骨距离，提高了中间殆板的精确度，为术后获得稳定的咬合提供保障。而且定位殆板在手术中具有引导和固定上下颌骨关系的作用，是矫治成功与否的重要环节之一。任何正颌外科手术的患者，最终确定手术的切开部位、骨块的移动方向、移动量和移动后的颌关系情况都依赖于此。

（孙少宣　王元银）

**正畸患者对颜面美的感知和期望及正畸治疗的意义**［黄妙琼　冯航. 中华医学美学美容杂志，2007，13(3)：162～165］

将 118 例口腔正畸患者分为 9～16 岁的青少年组和 17 岁以上的成年组，用问卷调查的方法了解患者对面部美学的理解和对治疗结果的期望，问卷调查的内容包括患者的面部外形、牙齿外观和美容美学等。结果发现，改变外貌是患者寻求正畸治疗的首要目的。成年人对美的面部外形的感知与青少年组相比均比较高，两组患者均期望治疗后有整齐的牙列；成年组患者对良好的面部外形和美的笑容的感知及期望值均较高，而青少年组患者对牙列的外观有比较高的感知和期望，对面部外形和笑容美的感知及期望值稍低。很多患者并不了解什么样的面部比例和软组织侧貌才符合美的标准，对治疗结果也没什么特定的要求。因此主治医师应充分了解患者和患者的父母对面部美学的感知及期望，制定合理的治疗方案，才能达到双方满意的治疗效果。

**述　评**

口腔正畸患者大多系错殆畸形影响面部美观而前来就诊，而容貌的审美观具有很大的主观性。正畸治疗产生最理想的咬合关系，但并不一定能使所有患者均满意。大多数人以寻求正畸治疗作为改善面容的首要途径。现代正畸治疗的目标是塑造一个有吸引力的和谐的面容，对面部特征的深入研究与了解对颜面美的认识及期望为评价面型和指导治疗确立了标准。因此正畸医师在制定治疗计划时应结合患者的现有条件和对于治疗结果的期望，制定合理的治疗计划，决定要保留的美的因素和需要改善与提高的不利因素，在达到良好的咬合关系的同时达到和谐的颜面外形，才能取得医患双方均满意的结果。

（孙少宣　王元银）

**非贵金属烤瓷冠两种边缘的临床应用**［何熔　孙少宣　余瑞．中国美容医学，2007，16(12)：1708～1710］

对上颌 34 颗前牙非贵金属烤瓷熔附金属全冠唇侧采用肩台瓷设计的镍铬合金烤瓷修复，138 颗后牙采用羽状边缘 360°金属颈环的非贵金属烤瓷修复。经 4 个月至 3 年的临床随访，肩台瓷设计烤瓷修复牙边缘适合性良好，唇侧牙龈颜色正常，无充血、肿胀、出血等现象，色泽美观，功能正常，无瓷裂、瓷山现象。采用羽状边缘 360°金属颈环的非贵金属烤瓷牙，虽然冠边缘牙龈色泽发暗，但边缘适合性良好，咬合正常，无一例瓷裂、瓷崩，患者感觉舒适、满意。作者认为前牙肩台瓷及后牙羽状边缘金属颈环烤瓷冠是针对非贵金属烤瓷冠边缘不足的一种实用方法。

**述　评**

非贵金属烤瓷冠由于价廉、美观且功能恢复好等优势，目前是我国固定修复临床上最常见的修复体。临床常规实践证明，常规采用金瓷结构形式的非贵金属烤瓷较贵金属烤瓷常伴“龈黑线”出现。为了克服非贵金属烤瓷本身的不足，探讨非贵金属烤瓷冠边缘不同类型的修复具有重要的临床意义。肩台瓷系前牙唇侧及邻面高冠边缘无金属，当光线投照到龈缘时，肩台处因为没有金属阻挡，有部分折射光线，瓷的明理降低，透明度增加，修复效果逼真；同时由于瓷本身致密，光洁度高，菌斑难以附着，有利于牙周组织的健康。作者对非贵金属烤瓷冠每种不同边缘修复的临床应用研究，取得了比较满意的临床效果，值得借鉴和参考。

（孙少宣　王元银）

**烧结次数对两种钛瓷粉颜色的影响**［舒成军　骆小平　邬烈．华西口腔医学杂志，2007，25(4)：354～357］

采用 Ti-22 和 Vita Titankeramik 两种瓷粉，设计制作钛瓷标准试件，包括遮色瓷、体瓷和钛-遮色瓷-体瓷试件。经 1、3、5、7、9 次烧结处理，每次烧结后采用 ShadeEyeNCC 比色仪，根据 CIE1976 $L^*a^*b^*$ 色度系统标准测量各样本的 $L^*a^*b^*$ 值，并计算色差值、彩度和色调角。结果发现，烧结 5 次以内，各组试件的 $L^*a^*b^*$ 值和彩度、明度、色差及色调角均无明显变化，继续烧结后两种瓷粉的 $L^*a^*b^*$ 值均发生变化，且差异有统计学意义。经过 9 次烧结后各组试件的色差变化均小于 1.5。

**述　评**

烤瓷熔附修复体以其良好的美学性能深受广大医师和患者的欢迎，烤瓷颜色也是众多学者关注的热点。烤瓷颜色受金属底层冠瓷种类、瓷层厚度、烧结次数以及操作者经验等诸多因素影响。钛低熔瓷粉作为新兴的瓷粉，目前对其相关性能尚未有系统完整的认识。为了更好地掌握钛瓷粉的相关特点，以有效控制修复体的制作，为临床和技工工艺总结经验，该文作者对两种钛瓷粉多次烧结后的颜色变化进行研究后认为，烧结次数对钛瓷修复体颜色并无明显影响；在临床正常操作下，瓷粉性质相对保持稳定，能有效满足临床制作要求，其颜色和相关色差、彩度、色调角等方面的变化很少，为修复体的制作提供了重要的参考依据，但其内部结构的改变仍需进一步研究。

（孙少宣 王元银）

**前方牵引对早期牙反殆患者软组织侧貌的影响**[丁云 徐宝华. 实用口腔医学杂志，2007，23(5)：656～658]

选择前牙反殆伴有颜面形态异常（审美线明显异常）的儿童 60 例，男 27 例，女 33 例，年龄 8～11 岁。将患者随机分为对照组和前方牵引治疗组，观察与治疗时间为 11～13 个月。治疗前后分别拍摄标准头颅侧位 X 线片，并进行头影测量分析。结果发现，在治疗组中，经前方牵引治疗后反殆儿童的面突角、全面突角、下唇基角以及鼻唇角明显减小，与对照组相比差异有统计学意义；上下唇基角以及上唇突点到审美线距离明显增大，与对照组相比差异有统计学意义；而上唇基角以及下唇突点到审美线距离两组间差异无统计学意义。

**述 评**

该研究旨在对替牙中、晚期前牙反殆并具有Ⅲ类面型特征的儿童进行前方牵引矫治，以探讨前方牵引矫治对早期骨性前牙反殆软组织侧貌的影响。对于骨性前牙反殆应积极进行早期生长改良治疗，从而改善患者日趋严重的凹面型外貌，控制其异常的颌面发育。早期的生长改良矫治，不论最终改善程度如何，都将有利患者颌面部向正常方向发育，并有利于二期的固定矫治器治疗或者外科手术。该研究中，治疗组代表软组织侧貌关系趋于协调，即骨性反殆儿童原有的Ⅲ类面型均有明显的改善甚至达到了正常，原来异常的颜面发育趋势得到了有效的控制，其结果值得临床借鉴和参考。

（孙少宣 王元银）

**修复后前牙美学临床评价与患者满意度关系的初探**[刘峰 杨亚东 丁中等. 中华口腔医学杂志，2007，42(2)：90～93]

选择个别前牙全瓷修复患者 90 例，修复后由患者本人评价满意度。由医师根据修复体的整体轮廓、表面形态质地、整体色调、颜色分布、切端半透明度、表面个体特征与邻牙的相似程度对修复体进行分级。采用独立样本 $t$ 检验或方差分析，分析各美学评价指标不同级别间患者满意度的差异。测量修复体与同名天然牙间的色差，分析其与患者满意度的相关关系。结果发现，除整体色调“良”、“中”两个级别间患者满意度的差异无统计学意义外，其他美学评价指标不同级别间患者满意度的差异均有统计学意义。修复体与同名牙间的总色差、明度差的绝对值及△a 的绝对值与患者满意度相关，Spearman 相关系数分别为 −0.434、−0.371、−0.406。作者认为，修复后前牙各项美学特征的临床评价与患者满意度均相关，其中表面形态质地、颜色分布、表面个体特征与患者满意度的关系更密切。修复体与同名牙的总色差及明度差与患者满意度有一定的相关性。

**述 评**

该研究发现 6 项美学评价指标均与患者满意度相关，但密切程度不同。颜色分布、表面个体特征及表面形态质地这 3 项美学特征指标与患者满意度的关系更密切。因此，临床工作中不仅要使用选牙色板进行准确的选色，还要通过拍摄口内数码影像、制取精确的模型或由口腔工艺技师直接观察记录等多种手段，充分采集和传递患者的牙齿颜色分布、表面个体特征及表面形态质地方面的美学信息，以便口腔工艺技师在制作修复体的过程中能将这些信息进行再现。该项研究结果还提示在选色过程中选择合适的明度，能获得较高的患者满意度，所有这些值得临床借鉴和参考。

（孙少宣 王元银）

**面部轮廓三维彩色成像系统精确度的研究**[刘怡 马俐丽 陈斯等. 中华口腔医学杂志，2007，42(1)：37～40]

使用 DSC-2 型面部三维成像照相机进行

实际拍摄检验,测量规则几何条纹宽度并在石膏头像模型表面确定彩色标志点,定义并测量15项测量项目。对比3名医师两次计算机三维测量结果与两次实物测量结果之间的差异。结果发现,几何条纹宽度的三维测量均值为19.5 mm,与实物测量结果(20 mm)比较,差异无统计学意义($P>0.05$)。石膏头像上15项测量项目的计算机三维测量结果与实物测量结果比较,差异无统计学意义($P>0.05$),不同医师测量结果的差异无统计学意义($P>0.05$)。作者认为,基于位相轮廓术的面部轮廓三维彩色成像系统可为准确评估和预测正畸疗效提供一种可靠的方法。

**述 评**

该研究所采用的相机可真实地反映面部的三维信息,可用于正畸临床的面部分析。三维面部影像可用于评估、审核、预测正畸前后面部美学中与软硬组织相关的正畸结果以及三维软组织的治疗结果。相对二维照片,三维面部影像能提供更完善的软组织信息,对有一定美容性质的正畸治疗有较大的帮助。如何测量分析三维图像应是今后研究的重点,基于二维的距离角度测量远不能体现三维图像的优势,这尚待正畸医师与相关工程师合作解决。

(孙少宣 王元银)

**牙冠延长术改善前牙修复美观效果的临床观察**[樊聪 冯海兰 徐莉.中华口腔医学杂志,2007,42(3):165~168]

对22例患者的148颗过短前牙行牙冠延长术后再行修复治疗,用改良Ryge标准动态评价牙龈、牙周情况,用Kay牙齿美学分类标准评价患牙治疗前后的美观效果。牙冠延长术结合修复治疗后,22例患者牙齿的美观效果均达Kay牙齿美学分类ClassⅡ-Ⅰ(化妆)或ClassⅡ-Ⅰ标准。修复后2周复查时,7.4%患牙的牙龈有较明显的炎症。经治疗与口腔卫生保健指导后,98.6%的患牙在修复6个月以上复查时,牙龈、牙周健康状况良好。2例患者随访4年余,其牙龈、牙周均无炎症表现,牙冠比例保持正常。作者认为通过正确的适应证选择、准确的修复设计、精细的手术操作、术后足够的牙龈恢复期和正规的口腔卫生保健,牙冠延长术结合修复治疗可获得满意的前牙修复美观效果。

**述 评**

牙冠延长术是一种牙周手术,可使断面位于龈下的残根暴露根面或增加临床冠的长度,以提高修复体的固位力。近年随着患者对修复美观效果要求的提高,这种方法也常用于改善前牙修复的美观效果。作者对本组病例尝试用Kay牙齿美学分类法进行评价,完成牙冠延长术及修复治疗后美学表现均有明显改善,患者对其修复后的美观效果均表示满意,其美观效果保持良好。因此,该文作者所采用方法值得在临床推广应用。

(孙少宣 王元银)

# 口腔材料学

**表面镀金技术对镍铬合金电化学腐蚀性能的影响**[陈志红 刘丽 毛英杰.中华口腔医学杂志,2007,42(2):118~121]

通过动电位极化曲线法,测定镀金镍铬合金试件在人工唾液中的自腐蚀电位、自腐蚀电流密度、极化电阻,并与镍铬合金、金合金试件进行比较。应用场发射扫描电子显微镜(FSEM)观察实验前后试件形貌变化,X线能量色散谱仪(EDX)分析镀金镍铬合金试件和镍铬合金试件表面元素变化。FSEM显示镀金镍铬合金试件表面腐蚀较轻微,镍铬合金试件以晶间腐蚀为特点。EDX结果显示,镀金镍铬合金试件实验后镍和铬的减少明显低于镍铬合金试件($P<0.05$),实验结果表明,镍铬合金镀金后耐腐蚀性能明显提高。

**述 评**

镍铬合金等非贵金属合金由于其优良的机械性能和低廉的成本,作为各种修复体常用的一种合金。然而有实验证明,当镍铬合金被腐蚀后,可以释放出镍和铬离子,尤其是含铬 14%~22%的镍铬合金,析出的金属离子能通过免疫反应,降低乳酸脱氢酶的活性,诱导细胞凋亡等,从而损伤牙龈组织,使之变色。应用金沉积基底烤瓷冠或金瓷冠性能稳定,美观效果较好,但价格昂贵。临床上如能将镍铬合金等非贵金属烤瓷冠内壁表面镀金,不仅将保持金的稳定特点,也降低了价格成本。该实验结果对临床上具有科学的指导意义。

(潘可风)

**新型树脂根管充填材料的制备及其稳定性评价**[林正梅　凌均棨　刘芳等.中华口腔医学杂志,2007,42(4):235~239]

以热塑性聚烯烃弹性体和乙烯-醋酸乙烯酯共聚物为基体,辅以活性填料,制备成新型树脂根管充填材料(NRCFM)。通过质量测量、离子浓度分析和表面形貌观察等方法,评价 NRCFM 在双蒸水、酸性和碱性人工唾液中的稳定性。实验结果显示,在不同溶液介质中,NRCFM1 与 NRCFM2 质量变化趋势是吸水溶胀致质量增加,成分溶解后失重均小于 0.5%,与牙胶一致($P>0.05$),优于树脂胶($P<0.001$)。NRCFM1 与 NRCFM2 在水介质中,离子成分稳定,在碱性介质中,硅离子浓度增加。经不同溶液介质处理后,NRCFM1 与 NRCFM2 仅表面皱缩粉体填料外露,未见基体树脂断裂。实验结果表明,制备的 NRCFM1 与 NRCFM2 在不同溶液介质中均呈良好理化稳定性,具备新型树脂根管充填材料的基本临床要求。

**述　评**

根管充填材料是牙体牙髓疾患临床治疗中一个十分重要环节。通过根管充填达到长期严密封闭根管体系,以防止细菌再感染。然而在临床上所应用的充填材料尚未能完全达到这一要求。牙胶因其化学结构惰性导致粘接性差,微渗漏(率)高。树脂胶具有极性基团,通过聚己酸内酯与封闭剂酯基相互作用,形成无结合界面弥散结合,封闭性显著提高。但聚己酸酯属生物可降解材料,在根管微环境中能否长期保持稳定尚有怀疑。

作者通过该实验制备了一种具有粘接性的,新型树脂根管充填材料(NRCFM),通过观察 NRCFM 在不同溶液介质中的溶解性,评价其化学稳定性,为临床选择适宜根管充填材料提供科学依据。但本实验仅在离体、人工唾液环境条件下的实验,如有可能应在动物体内做进一步实验研究,这样获取的结果,对临床应用才有参考价值。

(潘可风)

**一步法自酸蚀黏接剂微拉伸黏接强度的研究**[于玲　王晓燕　田福聪等.中华口腔医学杂志,2007,42(4):240~241]

选择新拔除的人无龋下颌第三磨牙 12 颗,分别用 3 种一步法,1 种两步法的自酸蚀黏接剂进行牙本质粘接。用微拉伸测力仪测试黏接强度,应用体视显微镜和扫描电镜观察样本断裂类型。结果显示,3 种一步法黏接剂的微拉伸黏接强度分别为:材料 A(Adper Prompt)($23.36\pm2.55$) MPa,材料 B(Clearfil $S^3$ Bond)($30.46\pm3.82$) MPa,材料 C(Xeno Ⅲ)($34.59\pm3.46$) MPa;1 种两步法自酸蚀黏接剂材料 D(Clearfil SE Bond)的微拉伸黏接强度为($45.06\pm5.29$) MPa。材料 D 的微拉伸黏接强度最高,与其他 3 组相比,差异具有统计学意义($P<0.01$)。样本断裂均发生于黏接界面,未观察到复合树脂或牙本质内聚破坏。

**述　评**

该实验证实,一步法自酸蚀黏接剂黏接强度虽低于两步法黏接剂,但亦能基本满足临床的要求。3 种一步法自酸蚀黏接剂中,材料 B、C 的黏接强度高于材料 A,可能与材料 B、C 是乙醇基黏接剂有关。该研究样本选择与分析,均经过体视显微镜的高倍观察和筛选,使测试结果比较客观,排除或减少样本在牙缺陷时,对黏接强度测试结果的影响。该实验结果对选择合适的黏接材料,具有一定的临床指导意义,并为进一步改进自酸蚀黏粘接剂提供了实验依据。

(潘可风)

**增强牙体抗折强度的树脂修复研究**[何园　赵守亮　张晓磊等. 中华口腔医学杂志, 2007,42(5):300～303]

选择 60 颗无龋上颌第一前磨牙,制备成特定大小洞形。将样本随机分为 6 组,第 1 组为对照组,进行牙体制备,但不充填;第 2 组用银汞合金充填;第 3 组用树脂 Z250 充填;第 4 组用复合体材料 F2000 充填;第 5 组用 Z250 充填;第 6 组用纳米型树脂 Z350 充填。通过垂直加压铁杆以 1 mm/min 的速度对各组样本加压,检测导致牙体折裂所需最小压力。测得各组牙体折裂平均压力为:第 1 组(245.29 ± 39.49) N,第 2 组(255.09 ± 42.14) N,第 3 组(267.34 ± 31.56) N,第 4 组(293.90 ± 33.42) N,第 5 组(337.81 ± 32.63) N,第 6 组(349.08 ± 32.93) N。经统计学分析,结果表明,树脂充填材料具有增强牙体组织抗折强度的作用,其作用与充填材料和牙体间的黏结力、收缩应力及弹性模量有关。临床上可选用与牙本质弹性模量相近的充填材料。增强充填材料与牙体间的黏结力将有利于增强牙体的抗折强度。

**述　评**

牙体的充填手术是目前治疗牙体硬组织缺损的主要修复方法。牙体因各种疾病导致组织结构的缺损,会明显影响牙体的抗折强度,尤其对残留的牙体薄弱部位,更易在外界力的作用下折断。如何避免薄弱部位或充填体的折断,已成为临床医师十分关注的课题。作者通过生物力学的研究方法,对几种常见的不同修复材料进行了抗折强度的分析比较,结果显示,树脂充填材料具有增强抗折强度的作用,其作用与该材料的黏结力、收缩应力及弹性模量有关。尽管该研究方法不尽全面,对受力的方向与作用选择和体内实际咀嚼力也不完全相同,但其结果对临床上仍具有一定的参考价值。论文提出的多种因素,如与牙体黏结力、收缩应力、弹性模量对抗折强度的影响,也是值得进一步探索与深入研究的课题。

(潘可风)

**纯钛表面微弧氧化膜的耐腐蚀性研究**[孙桂兰　陈建治　王磊等. 中华口腔医学杂志, 2007,42(8):501～504]

应用微弧氧化电源在 4 枚纯钛试件表面制备微弧氧化膜,利用扫描电镜观察试件特点,用 X 线衍射仪测量微弧氧化膜晶相结构,应用电化学方法在模拟体液中,测定两组钛试件的极化曲线和交流阻抗。结果显示,经微弧氧化处理后,纯钛表面生成微孔结构的氧化膜,有晶相二氧化钛和羟磷灰石生成。电化学实验显示,微弧氧化处理前后,钛试件的自腐蚀电位和电流密度,分别为 − 0.358 V、0.55 $\mu A/cm^2$ 和 − 0.255V、0.80 $\mu A/cm^2$。电化学阻抗谱证实拟合与实际测量结果一致。表明经微弧氧化处理后,纯钛的耐腐蚀性明显提高。

**述　评**

钛金属是种植体最常应用的一类金属材料。为了提高种植体与骨结合能力,加快组织细胞的附着,目前对种植体的设计常要求表面有一定的粗糙度和孔隙率。但是这种粗糙多孔的表面却扩大了种植体与体液接触面积,影响了膜层本身的完整性,从而增加了种植体受腐蚀的风险系数。虽然钛金属在大气或水溶液中,表面会自发形成一层纯化膜,使钛具有较好的耐腐蚀性能。但这种自发形成的膜层较薄,且易因机械因素影响而受到破坏。该实验显示,经微弧氧化处理后,实验钛试件其耐腐蚀性能比未处理的对照钛试件耐腐蚀性能有明显改善。研究结果认为,在烧结过程中,膜层形成中的二氧化钛与羟磷灰石都是陶瓷类材料,它不仅改变了钛试件外形,也提高了钛的腐蚀性,是一项较理想的种植体表面改性技术。

(潘可风)

**黏结型和非黏结型根管充填材料临床应用性能的比较研究**[凌均棨 林正梅 Ashroy Jhugroo 等.中华口腔医学杂志,2007,42(7):430~431]

收集成人离体下颌前磨牙 115 颗,按随机数字表分为 6 个实验组和 3 个对照组,分别用树脂胶 Resilon-Epiphany(R1、R2)体系,牙胶-AHplus 封闭性体系(A1、A2),牙胶-氧化锌封闭剂体系(Z1、Z2)和牙胶(C1、阳性对照组)进行热垂直加压充填,C2 和 C3(阴性对照组)不充填任何材料。葡萄糖微渗漏定量模型检测 R1、A1、Z1、C1 和 C2 封闭性,压缩载荷破坏实验检测 R2、A2、Z2 和 C3 牙根抗折性能。结果显示,黏结型根充体系微渗漏最小,非黏结型根充体系微渗漏最大。各实验组间的微渗漏值差异有统计学意义($P<0.01$),各组牙根载荷值差异无统计学意义($P=0.7016$)。

**述 评**

该实验选用 3 种不同类型根充材料,进行根充封闭性和牙根抗折性能的实验比较研究。实验结果显示,全黏结型树脂根管封闭剂优于其他根充体系。而在同一条件下,各实验组抗折性能无明显差异。提示全黏结型根充体系可有效降低根管微渗漏,但对根充后牙根抗折性能无大影响。根管治疗不仅应选用最合适的充填材料,而且应尽可能保留牙体组织。这些结论无疑对临床上具有一定指导意义。

(潘可风)

**弱光引导固化对复合树脂收缩应力影响的研究**[亢彦强 赵守亮 李芳等.中华口腔医学杂志,2007,42(10):633~636]

自制环氧树脂圆盘,在其中心制备直径为 4 mm 的圆孔,使用 A(Charisma)、B(TPH Spectrum)、C(Esthet-X)3 种复合树脂各充填 16 个样本。其中每种树脂 8 个样本使用弱光引导固化,8 个样本使用传统方式固化。固化后测量和计算收缩应力。结果显示,树脂 A、B、C 弱光引导固化组收缩应力变化趋势与传统方式固化组基本相同。而固化后 24 h,收缩应力差异则有统计学意义。表明弱光引导固化能降低复合树脂固化后的收缩应力。

**述 评**

复合树脂已广泛应用在牙体的各种修复治疗中。但复合树脂在其固化后收缩所产生的收缩应力,将对临床修复效果产生一定的不良影响。复合树脂固化后产生收缩应力是受到多种因素影响。目前认为,树脂固化初期,弹性模量较低,具有良好可塑性。这时期可借助可塑性缓解收缩应力。随着固化时间延长,弹性模量升高,可塑性下降,收缩应力也会迅速增加。使用弱光引导技术主要是在固化初期减缓树脂固化速度,缓解应力释放。该实验也证实了弱光引导技术在一定程度上能降低树脂收缩应力,但无法消除树脂固化后收缩应力所产生的不良影响。这方面的问题尚有待进一步研究。

(潘可风)

**硅涂层对牙科氧化铝陶瓷与树脂黏结强度的影响**[王瑜 章非敏 谢海峰.中华口腔医学杂志,2007,42(12):754~757]

将 32 个牙科氧化铝陶瓷试件,根据计算机产生的伪随机数字表分为 4 组,每组 8 个。采用溶胶-凝胶法在试件表面分别进行 20%(A 组)、30%(B 组)、40%(C 组)$SiO_2$ 水溶胶涂层加硅烷偶联剂和硅烷偶联剂(对照组)处理。应用傅里叶红外光谱、扫描电镜、X 线能谱仪进行分析。制成陶瓷-复合树脂黏结体,剪切法测试各组剪切黏结强度。结果显示,热处理后,A、B、C 三组试件 Si-O-Si 反对称伸缩振动吸收峰、对称伸缩振动吸收峰、弯曲振动吸收峰均增强。扫描电镜显示,纳米氧化硅粒子分布较均匀,局部粒子产生团聚。试件表面硅元素含量明显增加。A、B、C 组试件与树脂的剪切黏结强度分别为(3.196±0.171) MPa、(4.852±0.178) MPa、(3.576±0.671) MPa，与对照组[(1.881±0.156) MPa]相比，差异均有统计学意义。B组的剪切黏结强度与A、C组相比，差异有统计学意义。作者认为3种浓度硅溶胶，可在牙科氧化铝陶瓷表面形成纳米硅涂层，从而显著提高剪切黏结强度。其中，30%浓度 $SiO_2$ 水溶胶制备的硅涂层剪切黏结强度提高效果最明显。

**述　评**

通过牙科氧化铝陶瓷表面硅涂层，以提高陶瓷与树脂的化学黏结强度，这是一种常用技术。目前应用较广泛的硅涂层技术是热解法和化学摩擦法，这两种方法在技术上要求均较复杂，设备也较昂贵，难以普及。该实验应用溶胶-凝胶法在氧化铝陶瓷表面制备纳米硅涂层，是一种相对比较简单并经实验证实是行之有效的技术。作者借鉴以往的研究成果制成一系列热处理程序，并将最终温度控制在400 ℃，这温度低于玻璃渗透氧化铝陶瓷初次烧结的温度(1 120 ℃)和二次烧结温度(1 100 ℃)。在氧化铝陶瓷制作完成后再制备纳米硅涂层，其实验方法与结果均具有参考价值，临床上值得借鉴。

(潘可风)

**超韧牙科氟金云母玻璃陶瓷的可加工性能初探**[陈吉华　李娜　马新沛等.中华口腔医学杂志，2007，42(12)：750～753]

用玻璃陶瓷粉制备试件，晶化温度和晶化时间分别为：A组650 ℃(60 min)、B组680 ℃(60 min)、C组710 ℃(60 min)、D组740 ℃(60 min)、E组680 ℃(30 min)、F组680 ℃(120 min)、G组680 ℃(240 min)，每组6个试件；长石质可切削陶瓷试件为对照组。测定8组试件钻孔30 s后的钻孔深度，并进行车床切削实验定性分析。扫描电镜和X线衍射分析观察试件的微观结构。结果显示，A组钻孔深度最大为(7.1±0.8) mm；D组最大为(0.5±0.1) mm；除D组外，其余各实验组钻孔深度均大于对照组[(0.8±0.1) mm]，差异均有统计学意义($P<0.05$)。表明超韧牙科氟金云母玻璃陶瓷具有良好的可加工性。

**述　评**

云母玻璃陶瓷具有良好切削性能，但因云母玻璃陶瓷本身为脆性材料，在切削过程中可发生脆性微裂，从而受到临床应用上的限制。该实验通过不同晶化温度与晶化时间，对这种氟金云母玻璃陶瓷可加工性的影响进行了研究与分析，从而探索其延性切削的机制和用于牙科的最佳热处理方法，为尽早应用临床提供参考依据。

(潘可风)

# 口腔临床药物学

**氢氧化钙碘仿糊剂根管封药的临床观察**[郭丽娟　代艳.口腔医学研究，2007，23(6)：665～667]

比较氢氧化钙碘仿(CHI)糊剂与传统的根管消毒剂甲醛甲酚(FC)、樟脑酚(CP)的临床效果。选择需做根管治疗的患者142例，患牙165颗，随机分为CHI、FC、CP组，常规镍钛根管预备后分别封入上述药物于根管和髓腔中，观察比较根管预备封药后发生根管治疗期间疼痛(EIP)的情况、临床疗效和完成根管治疗的复诊次数。结果显示，CHI组EIP的发生率最低，临床有效率最高，复诊次数最少，与FC组比较差异有统计学意义($P<0.05$)，但与CP组差异无统计学意义($P>0.05$)。作者认为与传统的酚类根管消毒药物(FC、CP)相比较，CHI封药不易导致EIP，临床疗效高、疗程短、操作简便、无细胞毒性和抗原性，是一种较理想的根管消毒剂。

**述　评**

根管内消毒是取得根管成功的重要步骤。理想的根管消毒药物应有持续而强大的杀菌作用,对根尖周组织无刺激,对机体无抗原性,且使用方便。作者通过随机对照试验方法,将氢氧化钙碘仿糊剂与传统根管消毒剂甲醛甲酚、樟脑酚相比较,采用根管内封药48 h的疼痛发生率、7 d后临床疗效(显效、有效和无效三个级别)和完成根管治疗前封药次数等指标评定三种药物对根管消毒的效果,证实氢氧化钙碘仿糊剂显著优于传统根管消毒剂甲醛甲酚。尽管与樟脑酚相比较未达到统计学显著差异的水平,但是考虑到氢氧化钙和碘仿无细胞毒性,无抗原性,且操作方便,因此值得推荐氢氧化钙碘仿糊剂用作根管消毒剂。

(史宗道)

**盐酸二甲胺四环素辅助治疗慢性牙周炎的短期临床疗效观察**[江丽　潘杏兰　吴慕廉等.广东牙病防治,2007,15(9):393～395]

观察盐酸二甲胺四环素(MINO)辅助治疗慢性牙周炎的临床效果。将78例患者200颗患牙采用自身对照随机分为MINO试验组和对照组,观察用药结束后1周、4周MINO组与对照组牙周袋深度(PD)、附着水平(AL)、探诊出血(BOP)的变化。发现用药结束后1周、4周,两组PD、AL和BOP阳性率较基线时都有显著下降;1周时试验组PD、AL和BOP阳性率虽然都低于对照组,但两组比较差异均无统计学意义($P>0.05$);而4周时两组PD、AL和BOP阳性率比较则差异有统计学意义($P<0.05$)。结果表明盐酸二甲胺四环素对慢性牙周炎有明显的辅助治疗效果,是临床上一种值得推广的局部治疗药物。

**盐酸米诺环素软膏治疗慢性牙周炎的临床观察**[周明　林松杉　周炜等.牙体牙髓牙周病学杂志,2007,17(4):225～226]

随机选择慢性牙周炎患者200例共800个患牙,分为两组,每组各100例400个患牙,记录牙龈指数(GI)、牙周袋深度、疼痛不适等临床症状。基础治疗后,试验组牙周袋内置放盐酸米诺环素软膏,每周1次,共3次,对照组放20 g/L碘甘油,隔2 d用药1次,共7次。在第3周末进行观察对比。结果显示,实验组GI、牙周袋深度的改善、临床疗效的综合评定与对照组相比差异均有统计学意义($P<0.05$)。作者认为应用盐酸米诺环素软膏辅助治疗慢性牙周炎疗效显著。

**述　评**

盐酸米诺环素(盐酸二甲胺四环素)是一种新的半合成四环素,抗菌作用比四环素强2～4倍,抗菌谱广,对各类牙周炎致病菌敏感,且长效;能与金属离子螯合,抑制中性粒细胞和胶原酶活性,阻止骨吸收,促进牙周膜细胞在根面的附着与生长。上述两项临床试验所使用的软膏制剂为缓释剂型,在牙周袋内注入该制剂1.3 mg,第7 d牙周袋内的浓度仍能有效抑菌。因此,在龈上、龈下刮治或/和根面平整后于袋内注入药物,可使牙龈指数降低,探针出血指数减少,牙周袋深度减少,是适合慢性牙周炎局部治疗的有效药物。

(史宗道)

**伢典(Carisolv)治疗老年人根面龋的临床研究**[桑金华　张晶　朱晓怡等.中华老年口腔医学杂志,2007,5(2):71～73]

选择老年根面龋患者64例,随机分为伢典(Carrisolv)治疗组和对照组。伢典治疗组30例,采用伢典去腐法治疗患牙,对照组34例,采用传统牙钻去腐法治疗患牙,比较2种方法的治疗效果。去腐前后测量患者血压、心率及了解患者对治疗的心理反应,采用统计学方法进行比较。结果发现2组患者治疗一年后复查,成功率差异无统计学意义($P>0.05$),2组患者去腐治疗前后血压、心率的变化和对治疗的心理反应的差异有统计学意义($P<0.05$)。作者认为,伢典(Carlsolv)对老年人根面龋的治疗安全、有效,可大大降低患者对口腔治疗的紧张和恐惧,有利于维护老年人的牙齿健康。

**述　评**

伢典(Carisolv)凝胶是由次氯酸盐与氨基

酸混合后发生反应生成的凝胶，含氯代氨基酸，可通过电荷吸引，选择性作用于龋坏组织，使之疏松软化，易于被特制的手用器械去除，特别适用于牙本质龋、深龋及儿童龋齿的治疗。作者采用随机对照试验方法，对老年根龋(牙本质浅龋或深龋，无牙髓炎症状)用伢典(Carisolv)去腐与传统牙钻去腐后均玻璃离子充填，一年后充填成功率两组比较差异无统计学意义。然而伢典(Carisolv)去腐组去腐前后血压、心率无明显变化，较大比例的患者无紧张、恐惧感，与传统牙钻去腐后充填比较，其差别均有统计学意义，据此可以预测伢典(Carisolv)凝胶去腐对老年人龋病治疗有良好应用前景。

(史宗道)

**氟保护漆现场控龋效果评价**[黄华　刘敏洁　文学锦等. 临床口腔医学杂志，2007，23(4)：227～228]

评价氟保护漆用于儿童防龋的效果。选择南宁市某幼儿园 4～5 岁儿童 209 人，分实验组和对照组，分别使用氟保护漆和生理盐水，一年 2 次，一年后观察患龋率、龋均和龋齿的发病率。结果显示，实验后，对照组患龋率(80.80%)、龋均(4.45)显著高于实验组(71.81%，0.74)($P<0.05$)。实验组较对照组新增龋均降低了 47.14%。表明使用氟保护漆的儿童较对照组儿童龋病患病明显减少。

**氟保护漆与玻璃离子水门汀窝沟封闭剂的防龋效果比较**[季佩红　许全林　巴勇. 上海口腔医学，2007，16(4)：374～376]

比较氟保护漆与玻璃离子水门汀窝沟封闭剂预防年轻第一恒磨牙窝沟龋的临床效果。将 622 例 6～8 岁儿童随机分为 3 组，试验组 A 207 例、335 颗牙；试验组 B 205 例、327 颗牙和对照组 210 例、354 颗牙。对 A 组儿童第一恒磨牙应用氟保护漆，每半年 1 次，对 B 组儿童第一恒磨牙应用玻璃离子水门汀窝沟封闭剂，对照组为空白对照。试验期 3 年。采用 SPSS 10.0 软件包经 $\chi^2$ 检验比较 3 组的龋病发病率。结果发现，3 年后，A、B 试验组龋病发生率均低于对照组，差异有统计学意义($P<0.01$)，而 A、B 二组龋病发生率差异无统计学意义。表明氟保护漆与玻璃离子水门汀窝沟封闭剂均有良好的防龋效果。

**述　评**

氟保护漆是含 0.1% 双氟硅烷的低浓度含氟涂料，与牙面可稳定黏附，滞留时间长，对变异链球菌可抑制其对葡萄糖的摄入、转化和利用，抑制细菌产酸，减慢釉质溶解的速度，促进釉质再矿化。从上述两个随机对照试验可以看出，氟保护漆不但可预防乳牙患龋，也可预防新萌出恒牙患龋，相对于窝沟封闭剂，应用方便，适用于群体预防龋患，可在幼儿园和学校群体中推广使用。

(史宗道)

**四环素透明质酸凝胶辅助治疗慢性牙周炎的疗效观察**[耿发云　李红文　周利文等. 牙体牙髓牙周病学杂志，2007，17(3)：161～163]

采用口内自身对照的方法，选择 68 例牙周炎患者共 200 个牙周袋，分为四环素透明质酸凝胶实验组和对照组。实验组患牙行洁治、刮治、根面平整后，龈下辅助给予四环素透明质酸凝胶，对照组仅作洁治、刮治、根面平整，观察两组患牙的临床指标(PLI、SBI、PD、AL、MD)和龈下菌斑螺旋体构成比的动态变化。结果显示，两组患牙各临床指标在治疗后均显著改善，治疗后 4 周，对照组 PD、AL、MD 和龈下菌斑螺旋体的构成比与治疗后 1 周相比差异无统计学意义。结果表明慢性牙周炎在基础治疗后，龈下局部应用四环素透明质酸凝胶辅助治疗牙周炎可取得较好的疗效。

**述　评**

四环素透明质酸凝胶有两种对牙周炎治疗有利的药物。透明质酸是结缔组织重要成分，具有抗水肿、抗炎、促进创伤愈合修复的作用。对维持牙周结缔组织健康，促进牙周组织再生修复有重要作用。四环素是抑菌剂,可广谱抗菌,还具有抑制结缔组织破坏、阻断骨吸收的作用。二者合用可以有效减轻牙周炎症,促进牙周组织再生。该研究采用自身对照的方法和空白对照的方法,证明牙周袋内给药,可使牙周炎疗效测量指标显著改善,提示对慢性牙周炎有较好的治疗效果,但长期效果尚待观察。

(史宗道)

**甘美达凝胶治疗轻型复发性口腔溃疡的临床研究**[华红　孙晓平　徐岩英等.现代口腔医学杂志,2007,21(5):506～509]

采用随机双盲平行对照试验,试验组用甘美达凝胶,对照组用安慰剂。擦去溃疡表面唾液后,隔离唾液,将凝胶涂于溃疡表面。每次饭后和睡前各上药 1 次,疗程 6 d。在治疗前、治疗后 3 d 和 6 d 进行观察。试验组入选病例 63 例,完成 6 d 观察 60 例;对照组入选病例 63 例,完成 6 d 观察病例 62 例。采用 VAS 标尺法观察用药前、用药后 3 min、8 min 时的疼痛程度;用药前、用药 3 d、用药 6 d 时溃疡面积、渗出和充血面积及渗出程度。发现用药后 3 min、8 min 时试验组对自发痛的止痛有效率分别为 80.00%、95.00%,而对照组为 43.55% 和 53.23%;试验组止痛疗效明显优于对照组($P<0.005$)。用药后 3 d、6 d 试验组溃疡愈合有效率为 45.00%、88.33%,而对照组是 17.74%、43.55%,试验组溃疡愈合率明显高于对照组($P<0.005$)。临床试验中未发现明显毒副作用与不良反应。作者认为甘美达凝胶对轻型复发性口腔溃疡病损局部,有止痛、促进愈合的作用。

**述　评**

甘美达凝胶主要成分为利多卡因、洋甘菊花酊剂和麝香草酚等。利多卡因为穿透力强的局部麻醉剂,可迅速缓解溃疡疼痛。洋甘菊花提取物具有抗炎抑菌、减少前列腺素生成,清除氧自由基、促进伤口愈合作用。麝香草酚可增进局部血液循环、缓解肿胀、安抚镇痛及抗菌作用。作者采用随机双盲试验设计,用安慰剂作为对照,疗效测量指标包括疼痛的 VAS 评价、溃疡、渗出及充血面积及其缩小率等,其结论是相对可靠的。可以在临床应用甘美达凝胶作为轻型复发性口腔溃疡治疗测试之一。

(史宗道)

**白芍总甙胶囊治疗复发性口疮远期疗效观察**[苏葵　胥红　吴纪楠.临床口腔医学杂志,2007,23(6):377～378]

343 例复发性口疮(RAU)患者分别接受白芍总甙胶囊(治疗组)、昆明山海棠片剂(对照组)治疗,观察其远期疗效,并于治疗前和停药一年后检测患者血清一氧化氮和一氧化氮合酶水平。结果发现治疗组总有效率达 86.71%,停药一年后血清一氧化氮和一氧化氮合酶水平显著降低($P<0.05$);白芍总甙疗效优于昆明山海棠。表明采用白芍总甙胶囊治疗 RAU 是一种较好的治疗方法。

**述　评**

白芍总甙是由中药白芍中提取的成分,具有抗炎作用,可减少纤维素渗出和炎症细胞的浸润。对免疫反应有双向调节作用,对肝脏有保护作用,可改善类风湿性关节炎患者临床症状、体征,此外,白芍总甙尚有抗氧化、镇痛、抗惊厥等药理作用。上述随机对照试验显示,该种药物对复发性口疮的治疗有一定远期效果。但是鉴于复发性口疮临床表现的复杂性,影响因素的多样性如心理、生活习惯、全身健康状态和口腔卫生情况,同时服用其他药物等,要证实该结论的正确性,还需要进行更多的随机对照临床试验,采取更严格的控制选择偏倚、测量偏倚和混杂偏倚的措施,才能进一步验证其疗效。

(史宗道)

**盐酸咪达唑仑镇静药在阻生智齿拔除术中应用的临床观察**[万阔　景泉　刘东阳等.中华口腔医学杂志,2007,42(9):568～569]

观察马来酸咪达唑仑(midasolam HCl)

静脉输注提高下颌阻生智齿拔除时患者舒适度的效果。对 50 例双侧下颌阻生智齿拔除难度基本相同的患者，采用自身对照设计，一侧采用盐酸咪达唑仑低流量(平均流量 0.042 $mg \cdot kg^{-1} \pm 0.010\ mg \cdot kg^{-1}$)静脉输入，另一侧空白对照。结果显示，试验组焦虑视觉模拟量表(VAS)平均得分(21.40 ± 12.20) mm，疼痛 VAS 平均得分(6.92 ± 9.50) mm，与对照组(35.90 ± 18.20) mm、(16.40 ± 12.40) mm 比较，差异有统计学意义($P = 0.000$; $P = 0.000$)。作者认为在拔除阻生智齿时，对轻度恐惧的患者应用盐酸咪达唑仑镇静，可以显著提高患者的舒适度。

**述　评**

咪达唑仑属于强镇静药，具有抗焦虑、镇静、催眠作用，因为能迅速透过血脑屏障，作用迅速。这是下颌阻生智齿拔除时静脉用药使患者舒适度提高的依据。其剂量应根据临床需要、年龄、生理状态、同时应用其他药物情况而定，如与阿片类镇痛剂合用时，可能发生呼吸抑制。口腔外科医师在使用本品时，要全面了解其适应证、禁忌证、不良反应及其处理方法，特别是中毒反应的急救措施，药物的相互作用等，要在有充分的抢救条件下才能使用。使用中注射速度宜缓慢，如果是复杂的阻生牙拔除手术，手术时间长，更要严密观察患者神智和生命体征。术后至少观察 3 h，离开医院时还应有家人或朋友伴随左右，患者在 12 h 内不得从事驾驶或高空作业。

（史宗道）

**阿霉素与无水酒精治疗原发性三叉神经痛 72 例疗效比较**[涂晓宁. 广东牙病防治，2007，15(5):226～227]

观察阿霉素神经干注射治疗原发性三叉神经痛的临床治疗效果。将 72 例原发性三叉神经痛患者，随机分为阿霉素注射组和无水酒精注射组，每组 36 例，比较两组患者治疗后 2 周和 1 年后的疗效。结果发现，阿霉素注射组和无水酒精注射组治疗 2 周后的疗效优良率分别为 94.5% 和 90.2%，两组比较差异无统计学意义($P > 0.05$)；治疗 1 年后的疗效优良率分别为 86.1% 和 70.2%，2 组比较差异有统计学意义($P < 0.05$)。作者认为利用阿霉素神经干注射治疗三叉神经痛具有良好的近期效果。

**述　评**

阿霉素是抗肿瘤抗生素类药物，它能引起 DNA 链的断裂，抑制 RNA 合成，损害存在于细胞膜上的酶。有作者在动物实验中证实对兔的眶下神经干注射阿霉素，1～4 周后同侧三叉神经节的神经细胞可观察到细胞质内出现空泡，细胞膜不清晰等现象，即是外周神经注入的阿霉素能借助轴浆流逆行至神经元胞体，破坏相应的神经节细胞，但不破坏其他邻近的神经节细胞，且治疗三叉神经痛的阿霉素总量一般控制在 10 mg 以内，远远低于抗肿瘤量，提示有一定安全性。使用中多支受累时要逐支注射，就每支而言，最好多点多层注射，使尽可能多的神经束内被注入药液，使神经发生永久变性，这是治疗成功的关键。

（史宗道）

**硝苯地平致药物性牙龈增生的危险指征分析**[李晓　栾庆先　李蓬等. 中华口腔医学杂志，2007，42(11):677～680]

调查北京石景山区人群服用硝苯地平后出现药物性牙龈增生的患病率，并分析其危险指征。将北京石景山区 616 例患高血压或冠心病的个体作为调查对象，其中 205 例患者服用硝苯地平半年或半年以上，411 例未服用钙拮抗剂的患者作为对照组。通过问卷了解每例患者的人口学特征、刷牙出血情况、吸烟、糖尿病及用药情况，临床检查 12 颗前牙的龈沟出血指数(SBI)，同时用照片评价法判断牙龈增生的程度和菌斑指数。以牙龈增生程度大于等于 38.6% 作为判断个体牙龈增生的阈值。结果发现，服用硝苯地平的患者牙龈增生的患病率为 7.3%，显著高于对照组的 1.2%。Logistic 回归分析结果表明，仅有 SBI

是该地区个体出现明显牙龈增生的相关因素（$OR=5.92$，$P=0.001$）。作者认为牙龈炎性反应是药物性牙龈增生的一个重要协同因素。

**述　评**

硝苯地平为二氢吡啶类钙拮抗剂，是治疗心绞痛的常用药物，单独或与其他降压药合用治疗高血压。作者通过人群断面调查的方法分析高血压患者服用与不服用该药相比是否增加了发生牙龈增生的危险。采取多种控制测量偏倚和混杂偏倚的措施，计算硝苯地平服用半年以上可能引起牙龈增生的危险度比值比，对主要影响因素进行了 Logistic 回归分析确定其重要性。科研设计和实施严谨，其所得结论具有较高的临床参考价值。作者还提示口腔临床医师应该关注全身用药对口腔组织和器官产生的影响，在口腔临床接受治疗的牙龈增生患者，应该系统追溯其全身用药历史；保持良好的口腔卫生，减少牙龈炎症可能对预防或减少牙龈增生有益。

（史宗道）

# 口腔护理学

**3%双氧水和0.5%碘伏用于口腔癌术后患者的护理**［张树伟　王丽玲　杜金红．中国实用护理杂志，2007，23(8)：58］

对 22 例围手术期口腔癌患者的口腔进行护理。采用 3%过氧化氢溶液（曾用名双氧水）50 mL 进行口腔冲洗，再用 50 mL 生理盐水冲洗清除过氧化氢溶液异味；然后用 0.5%碘附（曾用名碘伏）涂擦口内切口与皮瓣，每天 3 次。结果口腔清洁，无臭味，术后无一例感染，修复皮瓣成活，切口甲级愈合。

**述　评**

口腔癌根治术是口腔颌面外科的大手术之一，手术的创伤、出血，使机体处于应激状态，病人抵抗力低下；同时术后患者口腔运动减弱或消失，口腔自洁作用丧失；加之抗生素、激素的应用，口腔正常菌群失调，微生态平衡破坏。口内伤口及修复皮瓣极易发生感染，且细菌在口腔内的繁殖、分解、代谢产物可致口臭、溃疡等。作者使用 3%过氧化氢溶液杀菌、除臭、祛血痂，减少创面渗出，促进创口愈合的作用进行口腔冲洗，配合 0.5%碘附涂擦在创面形成杀菌薄膜，缓慢持久地释放有效碘，起到有效的、较强的杀菌作用，以保持术后口腔的清洁，保护口腔创面及皮瓣，促进愈合。该方法不失为一种口腔术后新的口腔护理方法，值得借鉴。

（赵佛容）

**口腔种植手术器械的消毒和维护**［雷逸灵　廖玲玲　袁泉．中国实用护理杂志，2007，23(9)：52～53］

口腔种植手术器械的消毒与维护是口腔种植护理管理工作的一个重要环节。作者针对种植手术器械种类繁多、体积小、精度高，若管理不当，易损坏的护理管理难点，对种植手机、马达和其他手术器械采取了行之有效的消毒与使用维护管理，并介绍了种植手机的特殊保养与维护。通过有效的护理管理，使种植手术器械处于安全、合用、系统良好状态，降低了因温度、化学和机械等因素而造成的损坏，避免了不必要的经济损失。

**述　评**

牙种植手术能否顺利成功，除与医师的技术、医护患的合作程度有关外，种植手术器械的良好、合用状态、消毒灭菌质量也是保证种植成功与否的关键。种植手术器械材料主要由不锈钢或钛金属制成，且种类繁多、体积大小各异、精度高、价格昂贵，这些特点对器械的维护带来了一定困难。作者通过临床工作实践，介绍了种植手术器械的消毒、灭菌与保管，使用中的维护，用后的妥善处理与保养，形成了一套专科特殊器械管理常规，可供借鉴。

（赵佛容）

**组织补片应用在修复腭裂软组织缺损中的围手术期护理**［刘凤伟．中华护理杂志，2007，42(10)：907］

回顾性地分析总结了 7 例腭裂患者采用组织补片植入腭裂修复术的围手术期护理要点，在术中应注意检查组织补片，组织补片应存放在 2～8 ℃冰箱中，使用时现用现取，取出后用生理盐水冲洗 3 次，注意协助医师修整组织补片；术后应加强呼吸道与伤口的管理，注意密切观察，避免组织补片的贴附不良与出血，以确保手术的成功。

**述　评**

腭裂是口腔颌面部常见的先天性畸形之一。腭裂修复术的目的是封闭裂隙，恢复腭咽部解剖形态与功能。作者介绍了采用口腔组织补片修复腭裂软组织缺损手术的围手术期护理。重点介绍了术中对组织补片的存放、检查与协助医师修整补片的要求，强调了手术中医护密切良好配合的重要性。该经验对手术室护理工作有一定的指导意义。

（赵佛容）

**口腔冲洗在经口气管插管病人口腔护理中的应用**［陆永姝．护理研究，2007，21（9）：2424］

针对经口气管插管患者口腔护理的困难点，对 80 例经口气管插管患者分组进行研究，试验组采用口腔冲洗干预法，对照组按传统口腔护理方法。结果试验组口腔溃疡、口腔黏膜出血、口腔炎与呼吸机相关肺炎发生数明显低于对照组。

**述　评**

经口气管插管使用机械通气是各种呼吸衰竭、心肺脑复苏的重要抢救与治疗措施之一，但气管插管破坏了正常的生理功能，增加了口咽部微生物直接接种于下呼吸道的危险。而且插管与使用的牙垫，增加了口腔细菌的定植。插管后患者口腔不能闭合，致口腔黏膜干燥，增加口腔溃疡和细菌感染的机会。作者针对传统口腔护理方法在该病例使用中暴露出的弱点，采用口腔冲洗法来解决经口气管插管患者的口腔护理质量问题。通过两组对比，口腔冲洗法能保持口腔清洁，降低口腔并发症和呼吸机相关性肺炎的发生。该结果对如何保证口腔护理效果提供了实例。

（赵佛容）

**口腔门诊病人交叉感染防护意识的调查与分析**［邓立梅　赵佛容　李灏来．护理管理杂志，2007，7（4）：12～14］

调查口腔门诊 122 名患者对交叉感染的防护意识。采用自设调查问卷，了解口腔门诊患者对医护人员常规戴手套、口罩、护眼罩等的认知情况。结果 96.72％的患者认为医护人员应常规戴手套，86.07％的患者认为应常规戴口罩，49.18％的患者认为应常规戴护眼罩。调查结果表明口腔门诊患者交叉感染自我防护意识较好，但仍有部分患者认识不足，应加强门诊患者自我防护意识的教育。

**述　评**

医院感染问题目前已成为十分突出的一个公共卫生问题，口腔门诊交叉感染的控制问题也十分突出地摆在了口腔医务工作者面前。加强医护人员对患者的保护与防护的报道屡见不鲜，该文作者将护理观察点从医护自身移向患者，了解患者对看牙病的自身防护意识和知识掌握点，以期通过调查结果分析找出护理突破口，从而提高病患的感染防护意识，达到医患共同预防口腔门诊交叉感染的目的。为口腔护理人员今后的护理研究工作提供了不同的视角与研究点。

（赵佛容）

# 教 育

## 2007 年度中国口腔医学博士和硕士研究生招生及培养简况

资料由我国口腔医学博士、硕士学位授予单位提供，共收录口腔医学博士点 16 个、硕士点 43 个；另收录了少数高等学校口腔医学院(系)挂靠本单位其他医学博士点培养的研究生。中国香港、澳门、台湾地区口腔医学研究生招生和毕业人数未统计在内。

**表 1 2007 年度我国口腔医学博士研究生招生简况**

| 博士学位授予单位 | 学科专业 | 指导教师人数 | 招生人数 |
|---|---|---|---|
| 四川大学 | | | |
| | 口腔基础医学 | 1 | 1 |
| | 口腔临床医学 | 22 | 49 |
| | 牙体牙髓病学 | 3 | 6 |
| | 牙周病学 | 1 | 2 |
| | 口腔黏膜病学 | 2 | 2 |
| | 口腔预防医学 | 1 | 2 |
| | 口腔修复学 | 8 | 17 |
| | 口腔正畸学 | 2 | 7 |
| | 口腔颌面外科学 | 5 | 13 |
| 北京大学 | | | |
| | 口腔基础医学 | 1 | 1 |
| | 口腔组织病理学 | 1 | 1 |
| | 口腔临床医学 | 15 | 30 |
| | 牙体牙髓病学 | 1 | 3 |
| | 牙周病学 | 1 | 4 |
| | 口腔修复学 | 4 | 6 |
| | 口腔正畸学 | 3 | 5 |
| | 口腔颌面外科学 | 6 | 12 |
| 上海交通大学 | | | |
| | 口腔基础医学 | 1 | 1 |
| | 口腔临床医学 | 9 | 9 |
| 第四军医大学 | | | |
| | 口腔基础医学 | 12 | 3 |
| | 口腔临床医学 | 22 | 34 |
| 武汉大学 | | | |
| | 口腔临床医学 | 12 | 24 |
| | 牙体牙髓病学 | 5 | 9 |
| | 牙周病学 | 1 | 1 |
| | 口腔修复学 | 2 | 5 |

续表 1

| 博士学位授予单位 | 学科专业 | 指导教师人数 | 招生人数 |
|---|---|---|---|
| | 口腔颌面外科学 | 4 | 9 |
| 吉林大学 | | | |
| | 口腔临床医学 | 3 | 9 |
| | 口腔黏膜病学 | 1 | 3 |
| | 口腔修复种植学 | 1 | 5 |
| | 口腔正畸学 | 1 | 1 |
| 首都医科大学 | | | |
| | 口腔临床医学 | 4 | 7 |
| | 口腔内科学 | 1 | 2 |
| | 口腔修复学 | 1 | 1 |
| | 口腔正畸学 | 1 | 2 |
| | 口腔颌面外科学 | 1 | 2 |
| 中国医科大学 | | | |
| | 口腔临床医学 | 6 | 10 |
| | 临床医学(病理学) | 1 | 3 |
| | 临床医学(外科学) | 1 | 1 |
| 浙江大学 | | | |
| | 口腔临床医学 | 5 | 2 |
| 山东大学 | | | |
| | 口腔临床医学 | 5 | 8 |
| | 口腔内科学 | 2 | 4 |
| | 口腔正畸学 | 1 | 1 |
| | 口腔颌面外科学 | 2 | 3 |
| 中山大学 | | | |
| | 口腔临床医学 | 7 | 16 |
| | 牙体牙髓病学 | 1 | 5 |
| | 口腔黏膜病学 | 1 | 1 |
| | 口腔预防医学 | 1 | 2 |
| | 口腔颌面外科学 | 4 | 8 |
| 同济大学 | | | |
| | 口腔临床医学 | 6 | 5 |
| | 牙体、牙周、黏膜病学 | 1 | 1 |
| | 口腔修复学 | 1 | 1 |
| | 口腔正畸学 | 1 | 1 |
| | 口腔种植学 | 1 | 1 |
| | 口腔颌面外科学 | 1 | 1 |
| 南京医科大学 | | | |
| | 口腔临床医学 | 2 | 3 |
| | 口腔正畸学 | 1 | 2 |
| | 口腔颌面外科学 | 1 | 1 |

续表1

| 博士学位授予单位 | 学科专业 | 指导教师人数 | 招生人数 |
|---|---|---|---|
| 哈尔滨医科大学 | | | |
| | 口腔临床医学 | 4 | 4 |
| 福建医科大学 | | | |
| | 口腔临床医学 | 1 | 2 |
| | 牙周病学 | 1 | 2 |
| 解放军军医进修学院 | | | |
| | 口腔临床医学 | 1 | 2 |
| | 口腔修复学 | 1 | 2 |
| 河北医科大学* | | | |
| | 外科学(口腔颌面整形外科) | 1 | 3 |
| 中南大学* | | | |
| | 耳鼻咽喉科学和内科学(口腔黏膜下纤维性变病因和治疗) | 2 | 1 |
| 华中科技大学* | | | |
| | 外科学(口腔修复学) | 1 | 1 |
| | 外科学(口腔正畸学) | 1 | 2 |
| | 外科学(口腔颌面外科学) | 1 | 3 |
| 第三军医大学* | | | |
| | 外科学(口腔颌面外科学) | 1 | 2 |

*为非口腔医学博士点,口腔医学专业博士生导师挂靠本单位其他医学博士点招生

## 表2　2007年度我国口腔医学硕士研究生招生简况

| 硕士学位授予单位 | 学科专业 | 指导教师人数 | 招生人数 |
|---|---|---|---|
| 四川大学 | | | |
| | 口腔基础医学 | 9 | 14 |
| | 口腔临床医学 | 34 | 37 |
| 北京大学 | | | |
| | 口腔基础医学 | 2 | 3 |
| | 口腔临床医学 | 21 | 22 |
| 上海交通大学 | | | |
| | 口腔基础医学 | 4 | 4 |
| | 口腔临床医学 | 52 | 63 |

续表 2

| 硕士学位授予单位 | 学科专业 | 指导教师人数 | 招生人数 |
|---|---|---|---|
| 第四军医大学 | | | |
| | 口腔基础医学 | 19 | 6 |
| | 口腔临床医学 | 26 | 65 |
| 武汉大学 | | | |
| | 口腔基础医学 | 1 | 1 |
| | 口腔临床医学 | 32 | 50 |
| 首都医科大学 | | | |
| | 口腔基础医学 | 3 | 3 |
| | 口腔临床医学 | 8 | 9 |
| 吉林大学 | | | |
| | 口腔基础医学 | 1 | 1 |
| | 口腔临床医学 | 18 | 18 |
| 中国医科大学 | | | |
| | 口腔基础医学 | 2 | 3 |
| | 口腔临床医学 | 20 | 42 |
| | 临床医学(麻醉学) | 1 | 1 |
| 浙江大学 | | | |
| | 口腔临床医学 | 19 | 14 |
| 山东大学 | | | |
| | 口腔基础医学 | 2 | 1 |
| | 口腔临床医学 | 31 | 28 |
| 中山大学 | | | |
| | 口腔基础医学 | 2 | 2 |
| | 口腔临床医学 | 40 | 40 |
| 同济大学 | | | |
| | 口腔基础医学 | 2 | 2 |
| | 口腔临床医学 | 16 | 19 |
| | 口腔医学(专业学位) | 16 | 4 |
| 哈尔滨医科大学 | | | |
| | 口腔临床医学 | 25 | 62 |
| 南京医科大学 | | | |
| | 口腔基础医学 | 1 | 1 |
| | 口腔临床医学 | 10 | 15 |
| 福建医科大学 | | | |
| | 口腔临床医学 | 18 | 24 |
| 天津医科大学 | | | |
| | 口腔基础医学 | 3 | 2 |
| | 口腔临床医学 | 15 | 11 |
| 重庆医科大学 | | | |
| | 口腔临床医学 | 19 | 26 |

续表 2

| 硕士学位授予单位 | 学科专业 | 指导教师人数 | 招生人数 |
|---|---|---|---|
| 河北医科大学 | | | |
| | 口腔基础医学 | 2 | 2 |
| | 口腔临床医学 | 13 | 21 |
| 大连医科大学 | | | |
| | 口腔基础医学 | 11 | 11 |
| | 口腔临床医学 | 17 | 29 |
| 佳木斯大学 | | | |
| | 口腔临床医学 | 19 | 45 |
| 南京大学 | | | |
| | 口腔临床医学 | 8 | 16 |
| 温州医学院 | | | |
| | 口腔临床医学 | 5 | 5 |
| 安徽医科大学 | | | |
| | 口腔临床医学 | 11 | 15 |
| 南昌大学 | | | |
| | 口腔临床医学 | 23 | 17 |
| 青岛大学 | | | |
| | 口腔基础医学 | 2 | 2 |
| | 口腔临床医学 | 17 | 25 |
| 滨州医学院 | | | |
| | 口腔临床医学 | 5 | 5 |
| 郑州大学 | | | |
| | 口腔临床医学 | 10 | 19 |
| 华中科技大学 | | | |
| | 口腔临床医学 | 6 | 6 |
| 中南大学 | | | |
| | 口腔临床医学 | 18 | 16 |
| 暨南大学 | | | |
| | 口腔临床医学 | 10 | 15 |
| 南方医科大学 | | | |
| | 口腔临床医学 | 6 | 11 |
| 广西医科大学 | | | |
| | 口腔临床医学 | 9 | 14 |
| 泸州医学院 | | | |
| | 口腔临床医学 | 10 | 16 |

续表 2

| 硕士学位授予单位 | 学科专业 | 指导教师人数 | 招生人数 |
| --- | --- | --- | --- |
| 遵义医学院 | | | |
| | 口腔基础医学 | 2 | 2 |
| | 口腔临床医学 | 18 | 24 |
| 贵阳医学院 | | | |
| | 口腔临床医学 | 8 | 13 |
| 昆明医学院 | | | |
| | 口腔基础医学 | 1 | 1 |
| | 口腔临床医学 | 14 | 24 |
| 西安交通大学 | | | |
| | 口腔临床医学 | 15 | 20 |
| 兰州大学 | | | |
| | 口腔临床医学 | 10 | 21 |
| 宁夏医学院 | | | |
| | 口腔临床医学 | 5 | 11 |
| 新疆医科大学 | | | |
| | 口腔临床医学 | 7 | 18 |
| 第三军医大学 | | | |
| | 口腔临床医学 | 2 | 6 |
| 军医进修学院 | | | |
| | 口腔临床医学 | 2 | 2 |

## 表 3　2007 年度我国口腔医学博士研究生毕业人员一览表

| 博士学位授予单位 | 姓名 | 性别 | 出生年月 | 获学位年月 | 学科专业 | 指导教师 | 毕业论文题目 |
| --- | --- | --- | --- | --- | --- | --- | --- |
| 四川大学 | | | | | | | |
| | 王喜军 | 男 | 1978.07 | 2007.06 | 口腔基础医学 | 易新竹 | 雌激素对大鼠咀嚼肌功能状态影响的体外研究 |
| | 李晓箐 | 女 | 1971.06 | 2007.06 | 口腔基础医学 | 易新竹 | 雌激素对大鼠咬肌 ER 和 MHC mRNA 表达的影响 |
| | 耿宁 | 男 | 1973.06 | 2007.06 | 口腔基础医学 | 易新竹 | 牙源性钙化囊肿临床病理和分子病理研究 |
| | 赵蕾 | 女 | 1978.01 | 2007.06 | 口腔临床医学 | 周学东<br>吴亚菲 | 不同 *fim*A 基因型牙龈卟啉单胞菌致病机理的研究 |
| | 杨禾 | 女 | 1969.09 | 2007.06 | 口腔临床医学 | 周学东 | 福赛斯坦纳菌在龈下菌斑中的分布及定量分析 |
| | 郑广宁 | 女 | 1961.04 | 2007.06 | 口腔临床医学 | 周学东 | 上颌第一前磨牙髓腔及根管系统的影像学研究 |
| | 冯瑾 | 女 | 1979.04 | 2007.06 | 口腔临床医学 | 周学东 | 天然药物厚朴防龋作用的药效学研究 |
| | 郭斌 | 女 | 1968.04 | 2007.06 | 口腔临床医学 | 周学东 | 老年人牙髓感觉功能昼夜节律的多因素分析 |

续表 3

| 博士学位授予单位 | 姓　名 | 性别 | 出生年月 | 获学位年月 | 学科专业 | 指导教师 | 毕业论文题目 |
|---|---|---|---|---|---|---|---|
| | 孟　姝 | 女 | 1979.08 | 2007.06 | 口腔临床医学 | 刘天佳<br>吴亚菲 | 伴放线放线杆菌在龈下菌斑中的分布及其细胞膨胀致死毒素的研究 |
| | 姜　颖 | 女 | 1977.01 | 2007.06 | 口腔临床医学 | 刘天佳 | 变形链球菌黏附相关基因表达调控与黏附关系的研究 |
| | 丁　一 | 女 | 1963.06 | 2007.06 | 口腔临床医学 | 刘天佳 | 补肾固齿丸治疗牙周炎疗效和安全性临床评价及其作用机制初探 |
| | 王　智 | 女 | 1978.05 | 2007.06 | 口腔临床医学 | 陈谦明 | 口腔鳞癌癌变相关分子蛋白组学分析及 RACK1 蛋白表达验证和功能研究 |
| | 柏景坪 | 女 | 1979.07 | 2007.06 | 口腔临床医学 | 陈谦明 | Th 细胞因子基因多态性与口腔扁平苔藓的相关性研究 |
| | 张媛媛 | 女 | 1978.06 | 2007.06 | 口腔临床医学 | 陈谦明 | NF-κB 依赖性炎症介质在口腔扁平苔藓中的表达及其相关信息通路的研究 |
| | 申　俊 | 女 | 1979.03 | 2007.06 | 口腔临床医学 | 陈谦明 | 组蛋白去乙酰化酶抑制剂与顺铂联用对口腔鳞癌细胞作用的体外研究 |
| | 冯　岩 | 女 | 1976.06 | 2007.06 | 口腔临床医学 | 胡德渝 | 定量光激发荧光技术在早期光滑面龋损诊断预防中的基础和应用研究 |
| | 沈颉飞 | 男 | 1978.09 | 2007.06 | 口腔临床医学 | 巢永烈 | 牙科磁性附着体模拟静磁场对离子通道电生理特性的影响 |
| | 崔　军 | 男 | 1979.12 | 2007.06 | 口腔临床医学 | 巢永烈 | 高强度牙科陶瓷（A 型）与松风 Vintage AL 饰面瓷匹配性的研究 |
| | 张卫群 | 女 | 1970.01 | 2007.06 | 口腔临床医学 | 巢永烈 | 人甲状旁腺激素与低渗透压联合作用调控人成骨样细胞 MG63 生物学效应的基础研究 |
| | 隋　磊 | 男 | 1978.11 | 2007.06 | 口腔临床医学 | 巢永烈 | 乙烯基聚硅氧烷口腔印模材料制备与性能研究 |
| | 唐　华 | 男 | 1979.01 | 2007.06 | 口腔临床医学 | 宫　苹 | 人骨保护素质粒转染抑制大鼠实验性牙周炎骨吸收的研究 |
| | 王芳芳 | 女 | 1980.06 | 2007.06 | 口腔临床医学 | 宫　苹 | 溶胶-凝胶法钛表面涂层的改性研究 |
| | 满　毅 | 男 | 1979.06 | 2007.06 | 口腔临床医学 | 宫　苹 | 可原位固化磷酸钙生物活性材料的研究 |
| | 屈依丽 | 女 | 1978.02 | 2007.06 | 口腔临床医学 | 陈治清 | 壳聚糖生物复合驻极体骨修复材料的研究 |
| | 田　鲲 | 女 | 1978.12 | 2007.06 | 口腔临床医学 | 陈治清 | 有机高分子模板诱导牙体组织样羟基磷灰石仿生合成的初步研究 |
| | 王　鹏 | 女 | 1976.04 | 2007.06 | 口腔临床医学 | 陈治清 | 铌酸锂钠钾新型生物压电陶瓷的研究 |
| | 牛　林 | 男 | 1978.11 | 2007.06 | 口腔临床医学 | 陈治清 | 仿生合成丝素蛋白/羟基磷灰石类骨质复合生物材料的研究 |

续表 3

| 博士学位授予单位 | 姓名 | 性别 | 出生年月 | 获学位年月 | 学科专业 | 指导教师 | 毕业论文题目 |
|---|---|---|---|---|---|---|---|
| | 付　俊 | 女 | 1975.10 | 2007.06 | 口腔临床医学 | 梁　星 | 铬离子对人成骨样细胞株 MG63 的毒性与其氧化应激关系的实验研究 |
| | 陈　悦 | 女 | 1968.01 | 2007.06 | 口腔临床医学 | 梁　星 | 50 Hz 电磁场对牙乳头间充质细胞增殖、分化以及 c-myc mRNA 表达水平的影响 |
| | 王胜国 | 男 | 1976.03 | 2007.06 | 口腔临床医学 | 陈扬熙 | 静磁场对成骨细胞功能活性的影响及其机制的初步研究 |
| | 任嫒姝 | 女 | 1979.04 | 2007.06 | 口腔临床医学 | 陈扬熙 | 应力刺激下成牙骨质细胞 OPG/RANKL 的表达及其信号转导通路的研究 |
| | 邹　蕊 | 女 | 1979.02 | 2007.06 | 口腔临床医学 | 赵志河 | PLGA-胶原支架上大鼠成肌细胞力学信号转导机制的初步研究 |
| | 唐　甜 | 男 | 1979.08 | 2007.06 | 口腔临床医学 | 赵志河 | 不同愈合时间下正畸微种植体稳定性的研究 |
| | 杨　璞 | 男 | 1975.05 | 2007.06 | 口腔临床医学 | 赵志河 | 牵张力作用下 PLGA 支架上大鼠成肌细胞骨架相关因子及 MGF 表达变化的研究 |
| | 景　捷 | 男 | 1965.11 | 2007.06 | 口腔临床医学 | 李龙江 | TIMPs 对口腔鳞状细胞癌 β-DG 表达特征影响的研究 |
| | 何海波 | 男 | 1972.05 | 2007.06 | 口腔临床医学 | 李龙江 | 力学刺激对人腺样囊性癌高低转移细胞株黏附、侵袭和增殖的影响 |
| | 夏　辉 | 男 | 1978.07 | 2007.06 | 口腔临床医学 | 李龙江 | 同源异型盒基因与人涎腺腺样囊性癌发生发展及诱导分化的研究 |
| | 沈永岱 | 男 | 1966.11 | 2007.06 | 口腔临床医学 | 田卫东 | 小鼠牙发育关键分子信号转导通路中 slimb/β-TrCP 调节作用的实验研究 |
| | 杨　林 | 男 | 1968.12 | 2007.06 | 口腔临床医学 | 田卫东 | 胞膜窖/窖蛋白在小鼠牙发育过程中作用的初步研究 |
| | 鲁大为 | 男 | 1975.08 | 2007.06 | 口腔临床医学 | 石　冰 | 非综合征性唇腭裂患者父母颅面形态学特征的研究 |
| | 黄永清 | 男 | 1965.10 | 2007.06 | 口腔临床医学 | 石　冰 | 中国西部人群 *IRF*6、*MSX*1 基因 SNPs 与非综合征唇腭裂相关性的研究 |
| | 赵　强 | 男 | 1966.05 | 2007.06 | 口腔临床医学 | 胡　静 | 下颌后退术对下齿槽神经及颞下颌关节影响实验研究 |
| 北京大学 | | | | | | | |
| | 周传香 | 女 | 1976.06 | 2007.07 | 口腔基础医学 | 高　岩 | Axin1 在口腔鳞状细胞癌中作用的初步研究 |
| | 侯晓玫 | 女 | 1978.11 | 2007.07 | 口腔临床医学 | 王嘉德<br>张　清 | 牙酸蚀症的流行病学研究 |
| | 张　杰 | 女 | 1973.10 | 2007.07 | 口腔临床医学 | 高学军<br>岳　林 | 寡发酵链球菌在口腔内的分布及与龋病关系的研究 |
| | 彭楚芳 | 女 | 1974.11 | 2007.07 | 口腔临床医学 | 王嘉德<br>葛立宏 | 家庭内主要看护人与幼儿变形链球菌传播的研究 |
| | 杨文东 | 女 | 1970.11 | 2007.07 | 口腔临床医学 | 高学军 | 慢性根尖周病损组织中骨改建相关因子的表达 |

续表 3

| 博士学位授予单位 | 姓名 | 性别 | 出生年月 | 获学位年月 | 学科专业 | 指导教师 | 毕业论文题目 |
|---|---|---|---|---|---|---|---|
| | 于　玲 | 女 | 1972.12 | 2007.07 | 口腔临床医学 | 高学军 | 自酸蚀黏接系统(一步法)牙本质黏接强度影响因素分析 |
| | 孙慧斌 | 男 | 1975.01 | 2008.01 | 口腔临床医学 | 高学军<br>李宁毅 | 头颈部放疗患者口腔微生态系的改变与口腔并发症的关系 |
| | 李　蓬 | 女 | 1979.01 | 2007.07 | 口腔临床医学 | 沙月琴<br>和　璐 | 慢性牙周炎与代谢综合征的相关性研究 |
| | 李　峥 | 男 | 1979.12 | 2007.07 | 口腔临床医学 | 沙月琴<br>张博学 | 社区牙周保健干预对糖尿病患者糖代谢及牙周健康影响的研究 |
| | 唐晓琳 | 女 | 1973.08 | 2008.01 | 口腔临床医学 | 孟焕新 | VDR TaqⅠ基因型,维生素D和雌激素对人牙周膜细胞相应受体、RANKL和骨保护因子表达的影响 |
| | 冯向辉 | 女 | 1979.06 | 2007.07 | 口腔临床医学 | 孟焕新 | 牙周炎可疑致病微生物的检测及抗Aa抗体水平的分析 |
| | 刘建彰 | 男 | 1972.04 | 2007.07 | 口腔临床医学 | 徐　军 | 关于舌侧集中𬌗型在单颌总义齿中应用的研究 |
| | 孟　丹 | 女 | 1979.07 | 2007.07 | 口腔临床医学 | 谢秋菲 | 两种可注射磷酸钙骨水泥的生物学研究 |
| | 王　琳 | 女 | 1978.11 | 2007.07 | 口腔临床医学 | 冯海兰<br>王新知 | 电纺可吸收引导组织/骨再生膜的实验研究 |
| | 刘亦洪 | 女 | 1970.12 | 2007.07 | 口腔临床医学 | 冯海兰 | 双层复合全瓷材料的力学性能和临床研究 |
| | 徐小川 | 男 | 1970.03 | 2007.07 | 口腔临床医学 | 冯海兰 | 增塑淀粉生物安全性评价及在颌骨缺损修复中的实验研究 |
| | 巩　宇 | 男 | 1972.09 | 暂未获 | 口腔临床医学 | 冯海兰<br>赵红珊 | 先天性缺牙的分子遗传学研究 |
| | 刘星纲 | 男 | 1977.05 | 2007.07 | 口腔临床医学 | 吕培军<br>王新知 | 纳米复合人工骨修复兔颌骨缺损的实验研究 |
| | 孙玉春 | 男 | 1977.03 | 2007.07 | 口腔临床医学 | 吕培军<br>王　勇 | 全口义齿CAD/RP辅助制作系统的研究与开发 |
| | 陈莉莉 | 女 | 1974.10 | 2007.07 | 口腔临床医学 | 林久祥<br>许天民 | 正常𬌗青少年颈椎骨龄定量分期法的建立及初步应用 |
| | 韩　冰 | 男 | 1979.02 | 2007.07 | 口腔临床医学 | 林久祥<br>许天民 | 错𬌗畸形数字化诊断模板分类的建立及其初步临床应用研究 |
| | 丁　鹏 | 男 | 1979.08 | 2007.07 | 口腔临床医学 | 林久祥<br>周彦恒 | 两种自锁托槽拔牙矫治的临床研究及摩擦力实验研究 |
| | 方　刚 | 男 | 1973.08 | 2008.01 | 口腔临床医学 | 林久祥<br>许天民 | 正畸治疗结果客观评价指数的临床应用研究 |
| | 李若萱 | 女 | 1965.02 | 2007.07 | 口腔临床医学 | 曾祥龙<br>高雪梅 | 牙弓后段拥挤的定量分析研究及与颅面骨骼的关系 |
| | 白雪芹 | 女 | 1969.10 | 2008.01 | 口腔临床医学 | 曾祥龙 | 自锁托槽摩擦力和牙周组织改建的研究 |
| | 葛　娜 | 女 | 1978.11 | 2008.01 | 口腔临床医学 | 俞光岩<br>郭传瑸 | 胸锁乳突肌-耳大神经瓣重建副神经缺损的研究 |
| | 陈志远 | 男 | 1971.12 | 2007.07 | 口腔临床医学 | 俞光岩 | 家兔鼓室神经切断术后腮腺导管改道治疗角结膜干燥症的实验研究 |

续表3

| 博士学位授予单位 | 姓 名 | 性别 | 出生年月 | 获学位年月 | 学科专业 | 指导教师 | 毕业论文题目 |
|---|---|---|---|---|---|---|---|
| | 杨志诚 | 男 | 1974.06 | 2007.07 | 口腔临床医学 | 王 兴<br>伊 彪 | 半侧颜面发育不全畸形外科矫治的临床研究 |
| | 王 健 | 男 | 1974.02 | 2008.01 | 口腔临床医学 | 林 野 | Bio-oss骨替代品和Bio-oss骨胶原保持牙槽骨量的临床研究 |
| | 庄 飚 | 男 | 1974.09 | 2008.01 | 口腔临床医学 | 马 莲 | 不同年龄髂骨髓质骨中成骨细胞数目和骨形成蛋白表达的研究 |
| | 彭兆伟 | 男 | 1973.02 | 2008.01 | 口腔临床医学 | 马 莲 | 腭裂手术年龄对上颌骨生长发育及腭咽闭合功能相关影响的研究 |
| | 王瑞永 | 男 | 1970.11 | 2007.07 | 口腔临床医学 | 马绪臣 | 颞下颌关节紊乱病关节间隙改变的影像学研究 |
| | 刘树铭 | 男 | 1974.02 | 2007.07 | 口腔临床医学 | 马绪臣<br>张祖燕 | 锥形束CT在体分析下颌骨髁突松质骨结构的研究 |
| 上海交通大学 | | | | | | | |
| | 谢卫红 | 男 | 1973.08 | 2007.07 | 口腔基础医学 | 郭 伟 | 慢病毒载体介导分化抑制因子-1 RNAI对人涎腺腺样囊性癌生物学行为的影响 |
| | 陈 颖 | 女 | 1975.06 | 2007.07 | 口腔临床医学 | 梁景平 | 牙髓牙本质复合体体外培养模型的建立及其应用 |
| | 姜云涛 | 男 | 1974.12 | 2007.07 | 口腔临床医学 | 梁景平 | 不同龋敏感儿童牙菌斑细菌类群组成多样性研究 |
| | 宋忠臣 | 男 | 1976.03 | 2007.07 | 口腔临床医学 | 束 蓉 | 组织工程技术重建牙周缺损的实验研究 |
| | 武 影 | 女 | 1973.10 | 2007.07 | 口腔临床医学 | 束 蓉 | 唾液分析在牙周炎诊断中的作用初探 |
| | 魏本娟 | 女 | 1973.03 | 2007.07 | 口腔临床医学 | 周曾同 | 口腔扁平苔藓、白斑骨桥蛋白表达及多态性分析 |
| | 许 强 | 男 | 1973.02 | 2007.07 | 口腔临床医学 | 石四箴 | 乳牙釉质化学元素分析及氟离子导入对乳牙釉质的影响 |
| | 陈 曦 | 女 | 1979.08 | 2007.07 | 口腔临床医学 | 冯希平 | 幽门螺杆菌与牙周健康人群口臭关系的初步分析 |
| | 仲维广 | 男 | 1973.11 | 2007.07 | 口腔临床医学 | 张富强 | ROS参与牵张应变诱导人牙周膜细胞早期凋亡 |
| | 陈建治 | 男 | 1968.04 | 2007.07 | 口腔临床医学 | 张富强 | 纯钛表面氧化膜微弧氧化改性的实验研究 |
| | 葛起敏 | 女 | 1977.11 | 2007.07 | 口腔临床医学 | 张富强 | 数码相机牙体测色系统的建立及初步应用 |
| | 郁春华 | 男 | 1976.02 | 2007.07 | 口腔临床医学 | 张富强 | 中枢调控区域对早接触激活反应的定位研究 |
| | 郑凌艳 | 女 | 1973.10 | 2007.07 | 口腔临床医学 | 张志愿 | IFN-α及诱导基因在舍格伦综合征发病机制中的作用 |
| | 胡镜宙 | 男 | 1979.05 | 2007.07 | 口腔临床医学 | 张志愿 | *nell*-1基因修饰的组织工程化骨修复颌骨缺损的实验研究 |
| | 赵 文 | 女 | 1975.05 | 2007.07 | 口腔临床医学 | 张志愿 | 新型复合材料神经导管促进周围神经再生的研究 |
| | 杨 辛 | 女 | 1971.03 | 2007.07 | 口腔临床医学 | 张志愿 | 牵引成骨结合组织工程化软骨重建山羊髁突的实验研究 |

续表 3

| 博士学位授予单位 | 姓 名 | 性别 | 出生年月 | 获学位年月 | 学科专业 | 指导教师 | 毕业论文题目 |
|---|---|---|---|---|---|---|---|
| | 吴安迪 Andri Hardianto | 男 | 1973.10 | 2007.07 | 口腔临床医学 | 张志愿 | 影响血管化髂骨瓣修复下颌骨功能结果相关因素的临床研究 |
| | 徐 骎 | 男 | 1975.05 | 2007.07 | 口腔临床医学 | 张志愿 | 反义寡核苷酸联合维甲酸治疗口腔鳞癌研究 |
| | 李金忠 | 男 | 1978.09 | 2007.07 | 口腔临床医学 | 张志愿 | 口腔黏膜上皮细胞癌变过程基因表达变化研究 |
| | 潘晓岗 | 男 | 1970.08 | 2007.07 | 口腔临床医学 | 王国民 | 腭裂术后腭形态检测方法的建立和研究 |
| | 叶金海 | 男 | 1975.11 | 2007.07 | 口腔临床医学 | 张陈平 | 唾液腺腺样囊性癌酸敏感离子通道的特性和功能研究 |
| | 苏立新 | 男 | 1975.04 | 2007.07 | 口腔临床医学 | 张陈平 | 脑源性神经生长因子在唾液腺腺样囊性癌神经侵袭和转移中作用的研究 |
| 第四军医大学 | | | | | | | |
| | 姜 明 | 女 | 1978.08 | 2007.06 | 口腔基础医学 | 金 岩 | 新生鼠皮肤表皮细胞牙源性上皮方向转化的实验研究 |
| | 刘 鹏 | 男 | 1978.05 | 2007.06 | 口腔基础医学 | 金 岩 | 复合骨髓间充质干细胞组织工程皮肤的构建及其促进创伤愈合的研究 |
| | 李玉成 | 男 | 1974.02 | 2007.06 | 口腔基础医学 | 史俊南 | 组织工程化牙根组织的研究 |
| | 于金华 | 男 | 1972.07 | 2007.06 | 口腔基础医学 | 史俊南 | 牙髓干细胞形成牙体组织能力及其制备嵌合体牙齿的实验研究 |
| | 陈 明 | 女 | 1975.11 | 2007.06 | 口腔临床医学 | 倪龙兴 | *nell*-1 基因转染犬骨髓基质干细胞的成骨实验研究 |
| | 马志伟 | 男 | 1972.10 | 2007.06 | 口腔临床医学 | 吴织芬 | 双缓释壹聚糖温敏凝胶的制备及用于牙周组织再生的实验研究 |
| | 陈 栋 | 男 | 1975.05 | 2007.06 | 口腔临床医学 | 吴织芬 | MMP-2，MMP-9 和 TIMP-2 启动子区基因多态性与侵袭性牙周炎相关性的研究 |
| | 刘晓辉 | 男 | 1975.04 | 2007.06 | 口腔临床医学 | 文玲英 | 大鼠磨牙 Hertwig 上皮根鞘在牙根发育中作用的实验研究 |
| | 段媛媛 | 女 | 1979.03 | 2007.06 | 口腔临床医学 | 王忠义 | 静电纺丝技术用于引导组织再生的应用基础研究 |
| | 朱娟芳 | 女 | 1976.08 | 2007.06 | 口腔临床医学 | 王忠义 | 激光快速成形技术制作纯钛植入材料的实验研究 |
| | 李 芸 | 女 | 1975.12 | 2007.06 | 口腔临床医学 | 王忠义 | 齿科 $Al_2O_3$/Ag 复合陶瓷材料的制备及基础研究 |
| | 金 磊 | 女 | 1978.09 | 2007.06 | 口腔临床医学 | 王忠义 | 水基 EPD 技术近形制作口腔全瓷修复体支架的研究 |
| | 吴 江 | 男 | 1977.10 | 2007.06 | 口腔临床医学 | 姚月玲 | 应用激光快速成形技术制作全口义齿钛基托的实验研究 |
| | 孙 延 | 男 | 1978.07 | 2007.06 | 口腔临床医学 | 姚月玲 | 添加纳米载银无机抗菌剂对义齿基托树脂和烤瓷用釉相关性能影响的研究 |
| | 李晓娜 | 女 | 1978.05 | 2007.6 | 口腔临床医学 | 赵铱民 | 硅橡胶与丙烯酸树脂粘接的系列研究 |
| | 韩 影 | 女 | 1978.06 | 2007.06 | 口腔临床医学 | 赵铱民 | ZY 加成型系列赝复硅橡胶的研究 |

续表 3

| 博士学位授予单位 | 姓　名 | 性别 | 出生年月 | 获学位年月 | 学科专业 | 指导教师 | 毕业论文题目 |
|---|---|---|---|---|---|---|---|
| | 刘啸晨 | 女 | 1976.03 | 2007.06 | 口腔临床医学 | 郭天文 | 纯钛烤瓷的基础研究 |
| | 王迎捷 | 男 | 1978.06 | 2007.06 | 口腔临床医学 | 陈吉华 | 化学偶联剂对瓷及纤维桩黏结性能的影响及作用机理研究 |
| | 钱　红 | 女 | 1974.07 | 2007.06 | 口腔临床医学 | 段银钟 | 白细胞介素-10 在人牙囊细胞中的表达及其对牙齿萌出作用的机制研究 |
| | 陈学鹏 | 男 | 1978.09 | 2007.06 | 口腔临床医学 | 段银钟 | 体外培养人牙囊细胞血管内皮生长因子(VEGF)的表达及其分子调控机制的研究 |
| | 王　艳 | 女 | 1978.04 | 2007.06 | 口腔临床医学 | 段银钟 | 机械性牵张力在破骨细胞形成过程中作用的差异蛋白组学研究 |
| | 王　琪 | 男 | 1972.08 | 2007.06 | 口腔临床医学 | 丁　寅 | 雌激素受体-α 在骨髓间充质干细胞中的表达及对成骨分化影响的研究 |
| | 曹　猛 | 男 | 1974.06 | 2007.06 | 口腔临床医学 | 丁　寅 | 牙周膜中成纤维细胞雌激素受体的表达及雌激素对细胞骨分化能力影响的研究 |
| | 孔　亮 | 男 | 1978.04 | 2007.06 | 口腔临床医学 | 刘宝林 | B/2 类骨质下种植体宏观结构的生物力学优化设计和分析 |
| | 仇　敏 | 男 | 1976.04 | 2007.06 | 口腔临床医学 | 刘宝林 | 种植牵张初期的生物力学因素分析 |
| | 王　磊 | 男 | 1978.06 | 2007.06 | 口腔临床医学 | 周树夏 | 神经生长因子应用于下颌骨牵张成骨的实验研究 |
| | 石照辉 | 男 | 1979.06 | 2007.06 | 口腔临床医学 | 周树夏 | 颌面战创伤救治中信息技术和人工智能技术的开发和应用研究 |
| | 吴　炜 | 男 | 1978.03 | 2007.06 | 口腔临床医学 | 毛天球 | 新型细胞聚集体的构建及其运用于软骨组织再生的实验研究 |
| 武汉大学 | | | | | | | |
| | 杨雪超 | 男 | 1976.12 | 2007.06 | 口腔临床医学 | 樊明文 | STRO-1 分选的大鼠牙髓干细胞 |
| | 黄　艳 | 女 | 1972.06 | 2007.06 | 口腔临床医学 | 樊明文 | Metapex 糊剂在临床的应用 |
| | 田其威 | 男 | 1979.03 | 2007.07 | 口腔临床医学 | 樊明文 | 下颌第一磨牙远舌根根管形态和 X 线特征的研究 |
| | 胡　萍 | 女 | 1979.04 | 2007.06 | 口腔临床医学 | 边　专 | 变形链球菌 sortase A 的克隆、表达和亚细胞定位 |
| | 华　芳 | 女 | 1978.01 | 2007.06 | 口腔临床医学 | 陈　智 | 小鼠牙齿萌出延迟分子机制的实验研究 |
| | 王效英 | 女 | 1979.07 | 2007.06 | 口腔临床医学 | 陈　智 | LIM 矿化蛋白 1 在人牙髓牙本质复合体及牙周膜细胞的表达 |
| | 张佳莉 | 女 | 1980.01 | 2007.06 | 口腔临床医学 | 彭　彬 | NF-κB、iNOS 和 VEGF 在 ACCs 中的表达以及与血管发生之间的关系 |
| | 杨　俊 | 男 | 1970.01 | 2007.06 | 口腔临床医学 | 范　兵 | 下颌第一前磨牙 C 形牙根根管系统解剖形态研究 |

续表 3

| 博士学位授予单位 | 姓　名 | 性别 | 出生年月 | 获学位年月 | 学科专业 | 指导教师 | 毕业论文题目 |
|---|---|---|---|---|---|---|---|
| | 蔡　霞 | 女 | 1979.09 | 2007.06 | 口腔临床医学 | 李成章 | 黄芩苷对大鼠实验性牙周炎模型的保护作用研究 |
| | 杜格非 | 男 | 1978.09 | 2007.06 | 口腔临床医学 | 李成章 | 孟加拉红试剂盒的研制及其临床评价 |
| | 王　萍 | 女 | 1971.10 | 2007.08 | 口腔临床医学 | 程祥荣 | 微波等离子体对义齿基托材料表面改性的研究 |
| | 刘　冰 | 男 | 1968.11 | 2007.06 | 口腔临床医学 | 赵怡芳 | 负压吸引术治疗下颌骨囊性病变的临床及免疫组织化学研究 |
| | 雷志敏 | 男 | 1967.04 | 2007.06 | 口腔临床医学 | 赵怡芳 | HGF/c-Met 系统在口腔癌患者组织及血清中的表达 |
| | 邹　浩 | 男 | 1978.05 | 2007.09 | 口腔临床医学 | 赵怡芳 | 口腔癌颈淋巴结转移相关因素以及 *smad* 基因 LOH 的研究 |
| | 李　智 | 男 | 1978.02 | 2007.06 | 口腔临床医学 | 李金荣 | 生长期髁突骨折预后的实验研究 |
| | 柯　金 | 男 | 1980.01 | 2007.06 | 口腔临床医学 | 龙　星 | 颞下颌关节滑膜成纤维细胞与炎性因子分子水平的表达 |
| 首都医科大学 | | | | | | | |
| | 祁森荣 | 男 | 1976.10 | 2007.06 | 口腔基础医学 | 王松灵 | 涎腺细胞分泌水电解质功能重建研究 |
| | 陈　薇 | 女 | 1967.12 | 2007.07 | 口腔临床医学 | 李玉晶 | 提高窝沟封闭防龋效果的基础和临床研究 |
| | 张雪洋 | 女 | 1976.12 | 2007.07 | 口腔临床医学 | 章锦才 | 人釉原蛋白的原核表达及 EMD 作用下牙周膜细胞的差异表达基因 |
| | 李　芳 | 女 | 1971.06 | 2007.07 | 口腔临床医学 | 孙　正 | Zyflamend 对实验性口腔癌抑制作用的研究 |
| | 卢　怡 | 女 | 1971.07 | 2007.07 | 口腔临床医学 | 施生根 | 2 型糖尿病患者缺牙现状及影响因素初步研究 |
| | 安薇薇 | 女 | 1975.04 | 2007.07 | 口腔临床医学 | 王邦康 | 青少年错殆患者殆接触特征的研究 |
| | 仇玲玲 | 女 | 1978.03 | 2007.07 | 口腔临床医学 | 王邦康 | 正畸陶瓷托槽摩擦力性能的研究 |
| | 张晓艳 | 女 | 1972.03 | 2007.07 | 口腔临床医学 | 王邦康 | 微型钛钉支抗种植体即刻负载的动物实验研究 |
| | 王　威 | 女 | 1978.02 | 2007.07 | 口腔临床医学 | 王邦康 | 大鼠正畸移动压力侧牙槽骨中 cathK RANKl 及 OPG mRNA及蛋白表达的研究 |
| | 王红梅 | 女 | 1969.04 | 2007.07 | 口腔临床医学 | 王邦康 | 直流电热处理技术对正畸镍钛合金丝性能影响的研究 |
| | 郑　颖 | 女 | 1976.06 | 2007.07 | 口腔临床医学 | 王松灵 | 小型猪乳牙和恒牙牙髓干细胞生物学特性及其体内成骨的研究 |
| 吉林大学 | | | | | | | |
| | 姜　秋 | 女 | 1964.12 | 2007.07 | 口腔基础医学 | 孙宏晨<br>欧阳红生 | 釉蛋白和 *emsp*1 基因突变同釉质形成缺陷症的关系及 *emsp*1 基因敲除前期研究 |
| | 公柏娟 | 女 | 1974.05 | 2007.07 | 口腔临床医学 | 孙宏晨<br>孙新华 | 新型微种植体钛合金的制备与生物相容性研究 |

续表 3

| 博士学位授予单位 | 姓 名 | 性别 | 出生年月 | 获学位年月 | 学科专业 | 指导教师 | 毕业论文题目 |
|---|---|---|---|---|---|---|---|
| | 郑 明 | 男 | 1970.10 | 2007.07 | 口腔临床医学 | 孙宏晨 | 辛伐他汀影响兔下颌骨牵张成骨效应的实验研究 |
| | 吴 哲 | 女 | 1970.04 | 2007.07 | 口腔临床医学 | 孙宏晨 | 载辛伐他汀聚合物对剩余牙槽嵴骨修复影响的实验研究 |
| | 王晓虹 | 女 | 1971.05 | 2007.07 | 口腔临床医学 | 孙宏晨<br>常江研 | $Ca_3SiO$ 及 $Ca_3SiO_5/CaCl_2$ 复合牙科材料的制备与性能研究 |
| 中国医科大学 | | | | | | | |
| | 张 英 | 女 | 1964.04 | 2007.07 | 口腔临床医学 | 王兆元 | MMP-26 抗体、VEGF、FN 联合作用对人舌鳞癌细胞株 Tca-8113 中 MMP-2 的表达和细胞侵袭力的影响 |
| | 王程越 | 男 | 1975.07 | 2007.07 | 口腔临床医学 | 艾红军 | 组织工程化骨修复兔下颌骨缺损同期种植体植入的实验研究 |
| | 郭永峰 | 男 | 1974.10 | 2007.07 | 外科学（整形外科） | 王玉新 | 人表皮细胞去分化的实验研究 |
| 浙江大学 | | | | | | | |
| | 谢 磊 | 男 | 1970.05 | 2007.06 | 口腔临床医学 | 赵士芳 | 头颈部鳞癌中 Toll 样受体-3 的表达及意义 |
| | 叶学红 | 女 | 1967.01 | 2007.12 | 口腔临床医学 | 赵士芳 | 一氧化氮与舌鳞状细胞癌放化疗敏感性研究 |
| | 吴燕岷 | 女 | 1973.11 | 2007.12 | 口腔临床医学 | 谷志远 | 牙龈卟啉单胞菌重组菌毛蛋白 A 和胶原酶致炎效应的体内体外研究及其脂多糖对 $PGE_2$ 合成通路的影响 |
| | 陈海红 | 女 | 1971.04 | 2007.08 | 口腔临床医学 | 吴求亮<br>汪审清 | 血管生成素 2 在口腔鳞癌形成中的作用及有关机制研究 |
| 山东大学 | | | | | | | |
| | 郭红梅 | 女 | 1978.03 | 2007.06 | 口腔临床医学 | 杨丕山 | 增强 sIgA 应答抗牙龈卟啉单胞菌 FimA 蛋白 DNA 疫苗实验研究 |
| | 刘东旭 | 男 | 1963.10 | 2007.06 | 口腔临床医学 | 王春玲 | 三维 CT 在口腔正畸中的应用研究 |
| | 魏福兰 | 女 | 1976.04 | 2007.06 | 口腔临床医学 | 王春玲 | ATF4 与正畸牙周组织改建相关的实验研究 |
| 中山大学 | | | | | | | |
| | 林正梅 | 女 | 1966.02 | 2007.07 | 口腔临床医学 | 凌均棨 | 新型树脂材料 NRCFM-NRCS 根充体系的研制 |
| | 韦 曦 | 女 | 1971.12 | 2007.07 | 口腔临床医学 | 凌均棨 | 人牙细胞诱导成牙本质分化的蛋白质组学研究 |
| | 吴莉萍 | 女 | 1968.01 | 2007.07 | 口腔临床医学 | 凌均棨 | 人牙周韧带细胞成骨分化的差异表达蛋白质组学研究 |
| | 陈亦阳 | 男 | 1970.06 | 2007.07 | 口腔临床医学 | 黄洪章 | RNA 干扰抑制 *tgfβ*3 基因诱导 Balb/c 小鼠腭裂模型及其发生机理的实验研究 |
| | 李 彦 | 女 | 1963.10 | 2007.07 | 口腔临床医学 | 张志光 | 咬合垂直距离升高对颞下颌关节髁突软骨影响的研究 |
| 军医进修学院 | | | | | | | |
| | 冷 斌 | 男 | 1972.03 | 2007.07 | 口腔临床医学 | 刘洪臣 | 人牙龈成纤维细胞对口腔常用抗生素的跨膜转运 |

续表 3

| 博士学位授予单位 | 姓名 | 性别 | 出生年月 | 获学位年月 | 学科专业 | 指导教师 | 毕业论文题目 |
|---|---|---|---|---|---|---|---|
| | 陈　新 | 男 | 1968.07 | 2007.07 | 口腔临床医学 | 刘洪臣 | 成年大鼠牙槽骨成骨细胞对硝苯地平和卡托普利跨膜转运的实验研究 |
| | 马军利 | 男 | 1977.09 | 2007.07 | 口腔临床医学 | 刘洪臣 | 软食喂养对大鼠咬肌神经肌肉接头发育的影响 |
| | 王冠超 | 女 | 1977.04 | 2007.07 | 口腔临床医学 | 刘洪臣 | 软食喂养对发育期大鼠髁突软骨中细胞增殖和凋亡的影响 |
| | 张文怡 | 女 | 1976.12 | 2007.07 | 口腔临床医学 | 刘洪臣 | 米诺环素对侵入成骨细胞内金黄色葡萄球菌作用的实验研究 |
| | 刘　宇 | 男 | 1976.11 | 2007.07 | 口腔临床医学 | 刘洪臣 | 人牙周膜成纤维细胞对口腔常用抗生素的跨膜转运 |
| | 张　彤 | 女 | 1970.06 | 2007.07 | 口腔临床医学 | 刘洪臣 | 颅面复合体三维有限元模型的建立及上颌前牵引的生物力学研究 |
| | 王　威 | 男 | 1971.08 | 2007.07 | 口腔临床医学 | 刘洪臣 | 大鼠下颌骨成骨细胞对格列本脲和胰岛素的转运 |
| | 顾　玲 | 女 | 1974.06 | 2007.07 | 口腔临床医学 | 步荣发 | 腺样囊性癌嗜神经侵袭的临床病理观察及相关分泌蛋白的初步分离 |
| | 杨　舸 | 男 | 1967.12 | 2007.07 | 口腔临床医学 | 步荣发 | 环氧化酶-2 在涎腺腺样囊性癌中的表达以及 ceiecoxib 体外抑癌作用的研究 |
| | 马　骁 | 男 | 1975.06 | 2007.07 | 口腔临床医学 | 柳春明 | 经缝牵引对颅面骨缝和颅面骨骼形态发育影响的研究 |
| | 牛　宇 | 女 | 1975.12 | 2007.07 | 口腔临床医学 | 胡　敏 | 化学去细胞异体面神经移植修复面神经缺损的实验研究及临床应用 |
| | 肖红喜 | 女 | 1977.11 | 2007.07 | 口腔临床医学 | 胡　敏 | 钛镍记忆合金牵张器增高犬牙槽嵴中膜引导骨再生技术的应用研究 |
| 河北医科大学* | | | | | | | |
| | 葛志华 | 女 | 1956.12 | 2007.09 | 外科学(口腔颌面整形外科) | 董福生 | 何首乌饮对衰老大鼠下颌下腺的影响 |
| 中南大学* | | | | | | | |
| | 高清平 | 女 | 1972.09 | 2007.05 | 外科学 | 翦新春<br>巢永烈** | 天然牙和全瓷饰面瓷摩擦磨损的性能研究 |
| 南方医科大学* | | | | | | | |
| | 李晓峰 | 女 | 1963.05 | 2007.06 | 口腔内科学 | 章锦才 | 一个掌跖角化牙周病变综合征患者家系组织蛋白酶 C 基因突变分析 |
| | 李　毅 | 男 | 1975.06 | 2007.06 | 口腔内科学 | 章锦才 | 一个中国缺触酶血症家系的临床及基因突变研究 |
| 第三军医大学* | | | | | | | |
| | 张　纲 | 男 | 1971.03 | 2007.07 | 外科学 | 谭颖徽 | bFGF、rhBMP-2 聚乳酸纳米微球促进下颌骨骨折愈合的实验研究 |

*为非口腔医学博士点，口腔医学专业博士生导师挂靠本单位其他医学博士点招生；**巢永烈为四川大学博士研究生导师

**表 4　2007 年度我国口腔医学硕士研究生毕业人员一览表**

| 硕士学位授予单位 | 姓　名 | 性别 | 学科专业 | 指导教师 | 毕业论文题目 |
|---|---|---|---|---|---|
| 四川大学 | | | | | |
| | 黄　璟 | 女 | 口腔基础医学 | 易新竹 | Wnt-1 和 β-catenin 在人胚颞下颌关节中的表达和分布特点的初步研究 |
| | 暴冬梅 | 女 | 口腔基础医学 | 陈　宇 | PTEN,survivin,Ki-67 在涎腺嗜酸性腺癌中的表达及意义 |
| | 王　丹 | 女 | 口腔基础医学 | 何志秀 | 涎腺良恶性肌上皮肿瘤中 P53、P73 和 c-erbB-2 的表达及其意义 |
| | 于佳辉 | 女 | 口腔基础医学 | 肖丽英 | 塞克硝唑对牙周致病菌的体外抑菌作用研究 |
| | 李　淼 | 女 | 口腔基础医学 | 肖丽英 | 基于核磁共振的代谢组学在口腔致龋菌鉴定中的初步研究 |
| | 李　彩 | 女 | 口腔临床医学 | 周学东 | 我国 1950－2005 年龋病研究文献分析 |
| | 朱万春 | 女 | 口腔临床医学 | 李继遥 | 唇腭裂患者龋坏情况的调查及其牙菌斑致龋力的研究 |
| | 徐　欣 | 女 | 口腔临床医学 | 李继遥 | 聚维酮碘氟化泡沫对龋易感儿童口腔致龋菌的抑制作用 |
| | 蒋　丹 | 女 | 口腔临床医学 | 胡　涛 | 外源性右旋糖酐酶和氟化钠协同消解变形链球菌单菌种生物膜的研究 |
| | 罗世高 | 男 | 口腔临床医学 | 黄定明 | 牙髓细胞感染 *P. gingivalis* 的胞内类型识别受体及信号转导初步探讨 |
| | 张　岚 | 女 | 口腔临床医学 | 黄定明 | 1 839 颗前磨牙楔状缺损情况的离体调查研究 |
| | 谢思静 | 女 | 口腔临床医学 | 郭　斌 | 老年 2 型糖尿病患者牙菌斑龋相关细菌学研究 |
| | 阙克华 | 男 | 口腔临床医学 | 郭　斌 | 五倍子多酚化合物影响根面龋再矿化的研究 |
| | 王娉婷 | 女 | 口腔临床医学 | 陈新梅 | IL-1β 对人牙髓成纤维细胞中 MMP-2、MMP-9 影响的体外研究 |
| | 郑黎薇 | 女 | 口腔临床医学 | 陈新梅 | 根管充填糊剂的输送方式及分布模式对根尖封闭性影响的研究 |
| | 刘　丹 | 女 | 口腔临床医学 | 杨锦波 | Ⅰ类洞复合树脂充填术后不同基底材料的三维有限元分析 |
| | 甘　宁 | 男 | 口腔临床医学 | 尹仕海 | 氢氧化钙药物根尖周扩散及抑菌作用的体外研究 |
| | 叶　国 | 男 | 口腔临床医学 | 吴亚菲 | 大鼠牙囊细胞体外培养方法的改良及生物学特性的初步研究 |
| | 欧阳玉玲 | 女 | 口腔临床医学 | 吴亚菲 | 不同 *fim*A 基因型牙龈卟啉单胞菌致病力的比较 |
| | 伍雪丽 | 女 | 口腔临床医学 | 黄　萍 | 雌激素受体基因多态性与牙周炎易感性的相关研究 |
| | 邵　培 | 男 | 口腔临床医学 | 黄　萍 | 桂皮醛对成骨细胞的增殖及其碱性磷酸酶活性的影响 |
| | 陈东晖 | 女 | 口腔临床医学 | 丁　一 | 正畸治疗后牙槽骨丧失患者的牙周可疑致病菌的检测与分析 |
| | 安志国 | 男 | 口腔临床医学 | 丁　一 | 补肾固齿丸治疗肾虚火旺型牙周炎疗效及安全性再评估 |
| | 刘　媛 | 女 | 口腔临床医学 | 丁　一 | 臭氧水溶液对牙周可疑致病菌作用的研究 |
| | 孙昌娟 | 女 | 口腔临床医学 | 徐　屹 | 牙周可疑致病菌对胶原包被羟基磷灰石黏附的体外实验研究 |
| | 苗　棣 | 男 | 口腔临床医学 | 徐　屹 | 慢性牙周炎患者龈下菌斑细菌的药物敏感性分析 |

续表 4

| 硕士学位授予单位 | 姓　名 | 性别 | 学科专业 | 指导教师 | 毕业论文题目 |
|---|---|---|---|---|---|
| | 倪晨中 | 男 | 口腔临床医学 | 周红梅 | 激光扫描共聚焦显微镜观测西红花苷对人舌鳞癌细胞核酸含量的影响 |
| | 聂　琳 | 女 | 口腔临床医学 | 胡德渝 | nHA-$CaCO_3$，nFA-$CaCO_3$ 的合成及对釉质再矿化影响的实验研究 |
| | 罗　维 | 女 | 口腔临床医学 | 胡德渝 | 云南白药牙膏对牙龈炎龈沟液 $PGE_2$ 水平的影响及临床效果观察 |
| | 吴妮娅 | 女 | 口腔临床医学 | 万呼春 | 甘草提取物对变异链球菌 F-ATP 酶作用的初步研究 |
| | 胡利杰 | 女 | 口腔临床医学 | 万呼春 | 甘草、毙羹藤提取物对变异链球菌作用的初步研究 |
| | 周　玭 | 女 | 口腔临床医学 | 陈新民 | 激光全息干涉计量术测量触点对单端固定桥位移的影响 |
| | 潘　璐 | 女 | 口腔临床医学 | 陈新民 | APAC Ⅴ型义齿稳固剂(抗黏膜病型)的研制 |
| | 李　萍 | 女 | 口腔临床医学 | 朱智敏 | 循环加载对不同桩核修复后牙体抗折强度影响的对比研究 |
| | 林　苇 | 男 | 口腔临床医学 | 朱智敏 | 循环载荷对牙科陶瓷材料机械性能的影响 |
| | 唐　颖 | 女 | 口腔临床医学 | 王　敏 | 分割式可摘局部义齿与套筒冠义齿的三维有限元分析 |
| | 黄燕飞 | 女 | 口腔临床医学 | 张　敏 | 两种压电陶瓷对人牙龈成纤维细胞增殖影响的实验研究 |
| | 晋容珍 | 女 | 口腔临床医学 | 张　敏 | 种植压电陶瓷与成骨细胞生物相容性的实验研究 |
| | 郁雪松 | 男 | 口腔临床医学 | 张　敏 | 种植义齿修复效果的临床评价 |
| | 杨　柳 | 女 | 口腔临床医学 | 万乾炳 | 瓷修补树脂与饰面瓷颜色匹配性的研究 |
| | 管红雨 | 男 | 口腔临床医学 | 万乾炳 | 牙龈色瓷的半透性及色度学实验研究 |
| | 王婷婷 | 女 | 口腔临床医学 | 鲜苏琴 | 氧化铝-氧化锆纳米复合渗透陶瓷的色度学实验研究 |
| | 方　园 | 女 | 口腔临床医学 | 王少安 | 大鼠骨髓基质干细胞在纳米复合支架上的成骨向分化研究 |
| | 黄　璀 | 女 | 口腔临床医学 | 王少安 | 纳米抗菌复合膜引导骨再生的动物实验研究 |
| | 曹　军 | 男 | 口腔临床医学 | 王少安 | 下颌第二前磨牙三种修复方式的应力分析 |
| | 刘　曼 | 女 | 口腔临床医学 | 王少安 | 纳米抗菌复合膜对成骨样细胞生长的影响 |
| | 钟小君 | 女 | 口腔临床医学 | 杜　莉 | 两种桩核冠修复下颌前磨牙的抗折力研究 |
| | 林　川 | 男 | 口腔临床医学 | 杜　莉 | 三种桩核系统修复下颌第一磨牙的牙本质应力分析 |
| | 张华林 | 男 | 口腔临床医学 | 陈治清 | 羊毛角蛋白羧甲基壳聚糖复合膜的制备及性能研究 |
| | 黄　弘 | 男 | 口腔临床医学 | 高　宁 | $Ni^{2+}$ 对变异链球菌单菌种生物膜影响的研究 |
| | 蔡潇潇 | 女 | 口腔临床医学 | 欧国敏 | 小鼠骨髓基质细胞复合藻酸盐异位成骨与成软骨能力研究 |
| | 吴琴艳 | 女 | 口腔临床医学 | 刘福祥 | 下颌无牙颌后牙区颌骨的三维重建及测量研究 |
| | 贠晓非 | 男 | 口腔临床医学 | 刘福祥 | 新型牙种植体即刻负载的三维有限元研究 |
| | 程　雯 | 女 | 口腔临床医学 | 刘福祥 | 新型种植体骨愈合的组织学观察 |
| | 唐晓东 | 男 | 口腔临床医学 | 刘福祥 | 康复新修复骨缺损的动物实验研究 |
| | 孙　珍 | 女 | 口腔临床医学 | 于海洋 | 牙科陶瓷在应用 BIT 时的界面应力分析 |
| | 权慧欣 | 女 | 口腔临床医学 | 于海洋 | 人皮质骨径向微动损伤行为的研究 |

续表 4

| 硕士学位授予单位 | 姓　名 | 性别 | 学科专业 | 指导教师 | 毕业论文题目 |
|---|---|---|---|---|---|
| | 高姗姗 | 女 | 口腔临床医学 | 于海洋 | 两种牙科合金的微动磨损机理研究 |
| | 刘　洋 | 男 | 口腔临床医学 | 于海洋 | 微小尺寸的成型空间对磷酸锌水门汀体积变化规律的影响 |
| | 程　伟 | 男 | 口腔临床医学 | 汪永跃 | 人下颌松质骨压缩的生物力学性质及骨小梁结构变化 |
| | 左艳萍 | 女 | 口腔临床医学 | 汪永跃 | 犬松质骨挤压后愈合过程的形态学观察 |
| | 孙兰英 | 女 | 口腔临床医学 | 包崇云 | 体内组织工程骨骨相关基因的表达 |
| | 孟　波 | 男 | 口腔临床医学 | 刘小青 | Biss-GMA 树脂单体的合成与聚合 |
| | 潘领战 | 男 | 口腔临床医学 | 刘小青 | 含砜的新型复合树脂的研制 |
| | 黄　兰 | 女 | 口腔临床医学 | 白　丁 | 成牙骨质细胞对人重组骨形成蛋白-2 应答反应的初步研究 |
| | 包丽娜 | 女 | 口腔临床医学 | 白　丁 | 机械应力刺激对成牙骨质细胞 BSP/OPN mRNA 表达影响的体外研究 |
| | 罗　薇 | 女 | 口腔临床医学 | 赖文莉 | 大鼠实验性牙移动中 $P_2X_3$ 受体在三叉神经脊束核尾侧亚核(Vc)的表达变化研究 |
| | 王　艳 | 女 | 口腔临床医学 | 赖文莉 | 垂直向不调对中国人侧貌美观的影响 |
| | 任小华 | 女 | 口腔临床医学 | 周　力 | 功能矫形治疗安氏Ⅱ[1]错𬌗下颌旋转与髁突生长的头影测量初步分析 |
| | 彭明慧 | 女 | 口腔临床医学 | 李小兵 | 垂直生长型安氏Ⅱ[1]错𬌗畸形矫治前后软硬组织改变的比较研究 |
| | 李佳岭 | 男 | 口腔临床医学 | 李小兵 | 内收下前牙对下前牙槽改建的研究 |
| | 孟秋菊 | 女 | 口腔临床医学 | 杜　熹 | 经 FRⅢ矫治器矫治后的软硬组织变化及其相关性 |
| | 黄　菊 | 女 | 口腔临床医学 | 李龙江 | 颌骨中心性腺源性肿瘤的临床分析 |
| | 王斯华 | 男 | 口腔临床医学 | 唐休发 | 舌癌原发灶对颈部转移灶血管生成的影响 |
| | 姚　瑶 | 女 | 口腔临床医学 | 唐休发 | 动脉蒂植入非血管化自体骨再血管化的实验研究 |
| | 龚仁国 | 男 | 口腔临床医学 | 王晓毅 | Id-1 和 TSP-1 在唾液腺腺样囊性癌中的表达及意义 |
| | 郝晓鸣 | 男 | 口腔临床医学 | 王晓毅 | Id-1 在口腔鳞状细胞癌和口腔黏膜白斑中的表达及意义 |
| | 罗　云 | 男 | 口腔临床医学 | 王晓毅 | KiSS-1 在腮腺癌中的表达及意义 |
| | 肖金刚 | 男 | 口腔临床医学 | 刘　磊 | *pcp*4 基因在骨髓间充质干细胞体外骨向分化过程中的表达 |
| | 董　海 | 男 | 口腔临床医学 | 刘　磊 | 骨髓间充质干细胞骨向分化过程中 *cx*3*cl*1 基因表达分析 |
| | 杨　亮 | 男 | 口腔临床医学 | 刘　磊 | 颌面部骨折患者心理状况分析 |
| | 李　蓓 | 女 | 口腔临床医学 | 石　冰 | 腭裂畸形程度对腭裂语音影响的研究 |
| | 钟　奕 | 男 | 口腔临床医学 | 郑　谦 | 青少年唇腭裂患者社会心理的初步研究 |
| | 王雪梅 | 女 | 口腔临床医学 | 胡　静 | 翻转静脉复合骨髓间充质细胞移植修复面神经缺损的实验研究 |
| | 胡　蕾 | 女 | 口腔临床医学 | 梁新华 | 颞下颌关节紊乱病关节液中尿激酶型纤溶酶原激活物及其受体的表达及意义 |
| 北京大学 | | | | | |
| | 李雪芬 | 女 | 口腔基础医学 | 李铁军 | 牙源性角化囊性瘤中 *PTCH* 和 *SMO* 的突变检测 |
| | 黄经纬 | 男 | 口腔基础医学 | 李铁军 | 原发性骨内鳞状细胞癌的临床病理学研究 |

续表 4

| 硕士学位授予单位 | 姓　名 | 性别 | 学科专业 | 指导教师 | 毕业论文题目 |
|---|---|---|---|---|---|
| | 段　劲 | 男 | 口腔基础医学 | 郭丽宏 | 变形链球菌 UA159 磷糖变位酶基因的功能 |
| | 颜沁子 | 女 | 口腔基础医学 | 郭丽宏 | 重型早期婴幼儿龋儿童牙菌斑微生物组成的初步研究 |
| | 韩　怡 | 女 | 口腔临床医学 | 岳　林 | 第一恒磨牙根管系统的解剖学及锥线束 CT 影像学研究 |
| | 邹晓英 | 女 | 口腔临床医学 | 岳　林 | 常用根管冲洗剂的细胞毒性比较研究 |
| | 姜蕾萌 | 女 | 口腔临床医学 | 张　清 | 根尖手术倒充填材料封闭性的实验研究 |
| | 杨　超 | 女 | 口腔临床医学 | 张　清 | 上切牙根尖区根管解剖形态的观察 |
| | 胡健英 | 女 | 口腔临床医学 | 王嘉德 | 牙髓和根尖周疾病根管治疗后 2 年的疗效分析 |
| | 王倩倩 | 女 | 口腔临床医学 | 张成飞 | 根管治疗失败病例的微生物学研究 |
| | 周秀娟 | 女 | 口腔临床医学 | 董艳梅 | 体外评价 GuttaFlow 系统的根管充填效果 |
| | 伍小臻 | 男 | 口腔临床医学 | 陈霄迟 | 变形链球菌特异性单克隆抗体的临床初步应用 |
| | 田　雨 | 女 | 口腔临床医学 | 徐　莉 | 慢性牙周炎患者牙槽骨吸收与牙根解剖因素关系的研究 |
| | 周于翔 | 男 | 口腔临床医学 | 欧阳翔英 | 牙周基础治疗对血清 C 反应蛋白水平的影响 |
| | 李　婧 | 女 | 口腔临床医学 | 葛立宏 | 低磷酸酯酶症致病基因及细胞增殖、矿化能力研究 |
| | 钟　洁 | 女 | 口腔临床医学 | 葛立宏 | 一个遗传性釉质发育不全家系的临床表现及 *ENAM* 基因突变分析 |
| | 管　悦 | 女 | 口腔临床医学 | 秦　满 | 1 696 例牙齿外伤的回顾性研究 |
| | 祝　欣 | 女 | 口腔临床医学 | 郑树国 | 乳牙列及混合牙列儿童磨牙症相关因素的分析 |
| | 金建秋 | 男 | 口腔临床医学 | 刘宏伟 | 糖尿病患者伴口腔黏膜情况调查分析 |
| | 黄晨辉 | 男 | 口腔临床医学 | 王伟健 | 异麦芽酮糖醇对变形链球菌影响的实验室研究 |
| | 刘宝盈 | 女 | 口腔临床医学 | 王伟健 | 孕妇口腔健康促进项目结果分析 |
| | 张　晗 | 女 | 口腔临床医学 | 朱　凌 | 同伴教育在社区健康教育中应用效果的研究 |
| | 刘　鹏 | 男 | 口腔临床医学 | 谢秋菲 | 根管缺损与树脂水门汀对预成纤维桩修复残根的影响 |
| | 孔宁华 | 男 | 口腔临床医学 | 姜　婷 | 树脂基水门汀对人牙髓细胞毒性的研究 |
| | 彭娟红 | 女 | 口腔临床医学 | 王新知 | 纳米金刚石改性核树脂的微拉伸黏结强度研究 |
| | 姜　慧 | 女 | 口腔临床医学 | 王新知 | 长跨度翼板黏结桥的疲劳实验和临床观察 |
| | 吕亚林 | 女 | 口腔临床医学 | 徐　军 | 线性𬌗总义齿下颌黏膜应力分布的有限元分析及种植覆盖后的三维建模 |
| | 朱　敏 | 女 | 口腔临床医学 | 徐　军 | 牙尖交错位时上下颌应力应变分布的区别——三维有限元分析 |
| | 章　峥 | 男 | 口腔临床医学 | 徐　军 | 不同强度和形态的电刀龈切术后的牙龈愈合 |
| | 刘　冰 | 男 | 口腔临床医学 | 郑　刚 | 牙科树脂类粘接剂与人牙釉质剪切粘接强度的方向性 |
| | 郝　南 | 男 | 口腔临床医学 | 郑　刚 | 复合树脂和粘接剂配伍使用对牛牙本质剪切粘接强度的影响 |
| | 刘　晶 | 女 | 口腔临床医学 | 吕培军 | 激光快速成形纯钛试件材料性能的初步研究 |

续表 4

| 硕士学位授予单位 | 姓　名 | 性别 | 学科专业 | 指导教师 | 毕业论文题目 |
|---|---|---|---|---|---|
| | 徐明明 | 女 | 口腔临床医学 | 胡晓阳 | 氧化锆口腔全瓷修复材料二次烧结收缩率稳定性的研究 |
| | 刘　峰 | 男 | 口腔临床医学 | 杨亚东 | 贴面修复前漂白治疗对树脂粘接影响的研究 |
| | 王　研 | 女 | 口腔临床医学 | 杨亚东 | 针道固位形对镍铬合金与牙釉质的粘接强度的影响 |
| | 黄晋杰 | 男 | 口腔临床医学 | 谭建国 | 修复效果图像设计在前牙美学修复中的应用 |
| | 邓　昕 | 女 | 口腔临床医学 | 谭建国 | 玻璃纤维桩与根管壁牙本质粘结的研究 |
| | 李韵仪 | 女 | 口腔临床医学 | 林久祥 | 微螺钉种植体支抗压低前牙治疗露龈微笑的临床研究 |
| | 柳大为 | 男 | 口腔临床医学 | 张　丁 | 三种镍钛合金弓丝载荷-形变率检测模型的比较研究及应用 |
| | 弓　煦 | 女 | 口腔临床医学 | 高雪梅 | 口腔矫治器治疗 OSAHS 的追踪研究 |
| | 高　巍 | 男 | 口腔临床医学 | 郭传瑸 | 口腔鳞状细胞癌患者诊断延迟相关因素的分析 |
| | 余　画 | 男 | 口腔临床医学 | 郭传瑸 | 颊黏膜鳞状细胞癌治疗的 Meta 分析 |
| | 朱姗姗 | 女 | 口腔临床医学 | 周永胜 | 低钙和高钙饮食对小鼠切牙 Wnt 及 Shh 表达的影响 |
| | 吴　苗 | 女 | 口腔临床医学 | 林　野 | 富血小板纤维蛋白超微结构的观察 |
| | 李　浩 | 男 | 口腔临床医学 | 伊　彪 | 内置式牵引器牵引成骨治疗唇腭裂继发上颌骨发育不全畸形术后稳定性的初步研究 |
| | 张　凯 | 男 | 口腔临床医学 | 伊　彪 | 外置式牵引成骨矫治上颌后缩术后稳定性的研究 |
| | 徐训敏 | 男 | 口腔临床医学 | 罗　奕 | 586 例语音障碍患者临床资料分析 |
| | 吕正伟 | 男 | 口腔临床医学 | 罗　奕 | 腭裂婴儿早期语言发育的初步研究 |
| | 曹　喆 | 女 | 口腔临床医学 | 贾绮林 | 唇腭裂患者颈椎异常的发育调查 |
| | 黄建荣 | 男 | 口腔临床医学 | 华　红 | 原发性舍格伦综合征唾液自身抗体检测及意义 |
| | 卢旭光 | 男 | 口腔临床医学 | 蔡志刚 | 三种面神经功能评价方法的相关性研究 |
| | 陈　全 | 男 | 口腔临床医学 | 马绪臣<br>张　刚 | 曲面体层片对下颌阻生第三磨牙与下颌管位置关系的诊断价值研究 |
| | 贺　洋 | 男 | 口腔临床医学 | 张　益 | 眼眶形态 CT 测量及眼眶骨折标准 CT 层面的确定 |
| | 周颖达 | 男 | 口腔临床医学 | 张祖燕 | 腮腺肿瘤的 $T_2$ 和重 $T_2$ 加权磁共振成像研究 |
| | 张　鹏 | 男 | 口腔临床医学 | 张建国 | 放射性粒子治疗头颈部肿瘤的辐射防护研究 |
| 上海交通大学 | | | | | |
| | 严　明 | 女 | 口腔基础医学 | 陈万涛 | NF-κB 信号通路与口腔鳞癌转移关系的研究 |
| | 贺　捷 | 男 | 口腔基础医学 | 陈万涛 | 材料表面纳米修饰对细胞生物学行为影响的研究 |
| | 徐东菁 | 男 | 口腔基础医学 | 孙　皎 | 纳米陶瓷颗粒引起巨噬细胞凋亡及其相关机制的研究 |
| | 姜　葳 | 女 | 口腔临床医学 | 梁景平 | 远缘链球菌 6715 耐氧菌株与亲代菌株的基因表达差异比较 |
| | 项美娟 | 女 | 口腔临床医学 | 梁景平 | 楔状缺损充填前后三维有限元模型建立与分析 |
| | 陈　晖 | 女 | 口腔临床医学 | 汪　俊 | 化学-机械微创去龋及常规钻磨去龋的体外研究 |
| | 陶　岚 | 女 | 口腔临床医学 | 翁雨来 | 后牙隧道洞型所受应力的三维有限元分析 |

续表 4

| 硕士学位授予单位 | 姓　名 | 性别 | 学科专业 | 指导教师 | 毕业论文题目 |
|---|---|---|---|---|---|
| | 花　菲 | 女 | 口腔临床医学 | 翁雨来 | 根管重塑增强薄弱根管抗折性能影响的实验研究 |
| | 余姗姗 | 女 | 口腔临床医学 | 翁雨来 | aFGF、TGFβ1 对猪牙乳头细胞体外增殖分化的实验研究 |
| | 周春飞 | 女 | 口腔临床医学 | 翁雨来 | 恒前牙牙根及根管形态的研究分析 |
| | 金鸿莱 | 男 | 口腔临床医学 | 束　蓉 | 多西环素纳米脂质体缓释凝胶的应用基础研究 |
| | 沈敏华 | 女 | 口腔临床医学 | 束　蓉 | 牙周基础治疗对龈沟液中炎症因子含量的影响 |
| | 柯建国 | 男 | 口腔临床医学 | 徐　晓 | 应用三维有限元法研究牙齿楔状缺损的病因 |
| | 沈弛晶 | 女 | 口腔临床医学 | 尹元正 | 牙周基础治疗对Ⅱ型糖尿病人牙周及糖脂影响 |
| | 章金鹤 | 女 | 口腔临床医学 | 周曾同 | 口腔扁平苔藓的回顾性研究 |
| | 张　晴 | 女 | 口腔临床医学 | 冯希平 | 上海市公立医疗单位口腔卫生人力资源调查 |
| | 王　凤 | 女 | 口腔临床医学 | 赖红昌 | 上颌前牙区单牙种植修复后软组织变化的研究 |
| | 王　申 | 男 | 口腔临床医学 | 张保卫 | 牙科可切削氧化锆/磷酸镧复相陶瓷实验研究 |
| | 解路杨 | 女 | 口腔临床医学 | 张保卫 | 两种不同光源光固化灯对复合树脂性能影响的实验研究 |
| | 洪凌斐 | 女 | 口腔临床医学 | 张保卫 | 单侧上颌骨缺损修复的生物力学研究 |
| | 于卫强 | 男 | 口腔临床医学 | 张修银 | 纳米氧化锆粉体制备及其对 PMMA 改性的初步研究 |
| | 边益明 | 女 | 口腔临床医学 | 张修银 | 表面修饰影响纳米氧化锆改性聚甲基丙烯甲酯的初步研究 |
| | 阮丹平 | 女 | 口腔临床医学 | 张修银 | 树脂黏结剂对 IPS-Empress2 全瓷微裂纹影响的初步研究 |
| | 闵　敏 | 女 | 口腔临床医学 | 张修银 | Relyx 试色糊剂与其树脂黏结剂颜色匹配性的临床研究 |
| | 周师毅 | 男 | 口腔临床医学 | 张建中 | 重衬术对全口义齿修复效果的影响 |
| | 郁　利 | 女 | 口腔临床医学 | 张建中 | 不同前牙桩核的抗折强度比较 |
| | 阙珍妮 | 女 | 口腔临床医学 | 柴　枫 | 两种树脂黏固剂对纤维桩黏结强度的对比实验 |
| | 尹吾琛 | 女 | 口腔临床医学 | 郑元俐 | 上下颌前牙区与面部结构间比例关系的初探 |
| | 徐佳瑛 | 女 | 口腔临床医学 | 蔡　中 | 标准舌侧弓形的研究 |
| | 赵炳澳 | 男 | 口腔临床医学 | 沈　刚 | 种植支抗与传统支抗内收前牙头影测量的对比研究 |
| | 唐　燕 | 女 | 口腔临床医学 | 钱玉芬 | 功能矫治器治疗安氏Ⅱ类 1 分类错𬌗软组织侧貌分析 |
| | 李　文 | | 口腔临床医学 | 陈丹鹏 王晓丽 潘劲松 | Ⅱ类 1 分类错𬌗患者 CO-CR 差异的测量研究 |
| | 杨臣杰 | 男 | 口腔临床医学 | 钱玉芬 | UCLP 患者植骨术后上颌快速扩弓的临床研究 |
| | 王保利 | 女 | 口腔临床医学 | 杨　驰 | 颞下颌关节镜下盘复位固定术后错𬌗的发生及治疗 |
| | 王育新 | 男 | 口腔临床医学 | 唐友盛 | 颧眶骨折后眼球内陷的原因分析及实验研究 |
| | 周恒敏 | 男 | 口腔临床医学 | 唐友盛 | 双侧下颌骨失状劈开截骨后退对上气道的影响 |

续表 4

| 硕士学位授予单位 | 姓　名 | 性别 | 学科专业 | 指导教师 | 毕业论文题目 |
|---|---|---|---|---|---|
| | 张　桦 | 女 | 口腔临床医学 | 唐友盛 | 早期骨性安氏Ⅲ类治疗预后预测的临床研究 |
| | 黄　跃 | 男 | 口腔临床医学 | 沈国芳 | 骨髓基质细胞诱导分化修复髁突软骨面缺失的实验研究 |
| | 陈潇卿 | 男 | 口腔临床医学 | 俞创奇 | 感染腮腺导管分泌物厌氧菌的初步研究 |
| | 石荣华 | 男 | 口腔临床医学 | 蔡以理 | 次高剂量放疗对术后伤口愈合的影响 |
| | 石慧敏 | 女 | 口腔临床医学 | 蔡以理 | CT 灌注在腮腺病变中的诊断价值 |
| | 刘　浏 | 男 | 口腔基础医学 | 蔡以理 | 表皮生长因子受体单克隆抗体联合放射抗腺样囊性癌的研究 |
| | 梁　赟 | 男 | 口腔临床医学 | 杨育生 | 应用螺旋 CT 重建外鼻形态并进行初步测量分析 |
| 第四军医大学 | | | | | |
| | 李晓峰 | 男 | 口腔基础医学 | 王美青 | 双侧单磨牙渐进性咬合紊乱对大鼠髁突软骨厚度及软骨中 PCNA、OCN、BMP-2 表达的影响 |
| | 黎腾聪 | 男 | 口腔基础医学 | 王美青 | 调𬌗对颞下颌关节病慢性疼痛疗效的临床研究 |
| | 储岚岚 | 女 | 口腔基础医学 | 王美青 | 双侧单磨牙渐进性咬合紊乱对大鼠髁突软骨中 FGF2、IL-1β 表达变化的初步研究 |
| | 薛　飞 | 男 | 口腔基础医学 | 王美青 | 颞下颌关节紊乱病病因学研究——缺牙、错𬌗流行病学调查 |
| | 吴高义 | 男 | 口腔基础医学 | 陈永进 | 心理应激对大鼠颞下颌关节结构与代谢影响的实验研究 |
| | 张华利 | 男 | 口腔基础医学 | 金　岩 | RNAi 沉默 *mcpr*1 基因对小鼠腭突间充质细胞生物学行为的影响 |
| | 李吉国 | 男 | 口腔临床医学 | 倪龙兴 | 上颌磨牙根管预备后有限元模型的建立及加压充填的受力分析 |
| | 陈喜华 | 女 | 口腔临床医学 | 倪龙兴 | 3M Filtek Supreme XT 的临床应用及实验研究 |
| | 朱晓茹 | 女 | 口腔临床医学 | 赵守亮 | 阻断人成牙本质细胞 L 型 Ca 离子通道 $\alpha_1$ 亚基对牙本质矿化的影响研究 |
| | 张　娜 | 女 | 口腔临床医学 | 赵守亮 | 三种根管预备方法和不同固位钉修复对牙体组织应力分布影响的三维有限元分析 |
| | 恰　力 | 男 | 口腔临床医学 | 赵守亮 | 洞形和修复方式对牙齿应力影响的三维有限元分析 |
| | 翁西里 | 男 | 口腔临床医学 | 赵守亮 | 关中地区汉族人群恒牙形态学研究 |
| | 周　静 | 女 | 口腔临床医学 | 文玲英 | 大鼠磨牙成釉器与牙乳头相互作用的研究 |
| | 孙　华 | 女 | 口腔临床医学 | 杨富生 | 犬乳恒牙替换期血管内皮生长因子的表达及意义 |
| | 李　堃 | 女 | 口腔临床医学 | 王勤涛 | 牙周探诊重复性比较及牙周松动前牙夹板固定的临床疗效分析 |
| | 刘　勇 | 男 | 口腔临床医学 | 王勤涛 | 西藏地区干燥脱屑性唇炎的临床流行病学初步研究 |
| | 兰雪松 | 男 | 口腔临床医学 | 唐荣银 | 五倍子水提取物拮抗内毒素对人牙髓细胞毒性作用的实验研究 |
| | 李适廷 | 男 | 口腔临床医学 | 唐荣银 | 五倍子水提取物用作糊剂类根管充填的初步实验研究 |
| | 王　瑞 | 女 | 口腔临床医学 | 唐荣银 | 五倍子水提取物对人工菌斑生物膜形成抑制作用的研究 |

续表 4

| 硕士学位授予单位 | 姓 名 | 性别 | 学科专业 | 指导教师 | 毕业论文题目 |
|---|---|---|---|---|---|
| | 卢 婧 | 女 | 口腔临床医学 | 唐荣银 | 五倍子水提取物对体外培养人牙髓细胞生物学特性影响的实验研究 |
| | 李 萌 | 男 | 口腔临床医学 | 张玉梅 | 套筒冠修复下颌前牙缺失的有限元分析 |
| | 马千淇 | 女 | 口腔临床医学 | 赵铱民 | 添加抗菌剂后赝复硅橡胶抗菌效果初步研究 |
| | 董 岩 | 男 | 口腔临床医学 | 赵铱民 | 新型口腔领域专用激光烧结成型蜡的初步研究 |
| | 李 娜 | 女 | 口腔临床医学 | 陈吉华 | 一种氟金云母微晶玻璃用于可切削牙科陶瓷的基础研究 |
| | 王竞博 | 男 | 口腔临床医学 | 陈吉华 | 牙科镍铬合金表面镀金层机械性能的实验研究 |
| | 郭 恒 | 女 | 口腔临床医学 | 陈吉华 | 溶胶-凝胶/微弧氧化复合制备 $HA/TiO_2$ 复合涂层的研究 |
| | 成 炜 | 男 | 口腔临床医学 | 陈吉华 | 纯钛种植体表面不同化学组成的 $TiO_2$ 涂层生物学特性研究 |
| | 武 鹏 | 男 | 口腔临床医学 | 陈吉华 | 镀金对改善镍铬合金表面性能的实验研究 |
| | 林 玲 | 女 | 口腔临床医学 | 陈吉华 | 浸泡消毒液 IMPRESEPT 对口腔印模材料相关性能影响的研究 |
| | 赵 鑫 | 男 | 口腔临床医学 | 陈吉华 | 牙科陶瓷磨抛后表面性状的实验研究 |
| | 于 凡 | 女 | 口腔临床医学 | 陈吉华 | 复合树脂抛光性能的研究 |
| | 冯 洁 | 女 | 口腔临床医学 | 陈吉华 | 微笑正面像正畸美学特征计算机测评系统的研发及临床应用研究 |
| | 王 冉 | 男 | 口腔临床医学 | 高 勃 | 新型钛铌锆锡合金生物学性能研究 |
| | 高 阳 | 男 | 口腔临床医学 | 高 勃 | 阳极氧化钛铌锆锡合金的生物学性能研究 |
| | 韩彦峰 | 男 | 口腔临床医学 | 高 勃 | 激光快速成形技术制作纯钛基底冠的可行性实验研究 |
| | 胡 江 | 男 | 口腔临床医学 | 高 勃 | 激光快速成形技术制作镍铬合金基底冠的可行性实验研究 |
| | 高 婧 | 女 | 口腔临床医学 | 张少锋 | 自制氧化铝、氧化锆陶瓷基底与饰瓷结合强度的相关研究 |
| | 孟庆岩 | 男 | 口腔临床医学 | 张少锋 | 下前牙不同长度残根桩核冠修复的有限元研究 |
| | 吕正辉 | 男 | 口腔临床医学 | 张少锋 | 单端固定桥修复下颌游离端缺失的光弹分析 |
| | 杨 萍 | 女 | 口腔临床医学 | 张少锋 | 单端固定桥修复下颌游离端缺失的三维有限元分析 |
| | 颜玲玲 | 女 | 口腔临床医学 | 张少锋 | 临床常用非贵烤瓷合金金-瓷结合强度的研究 |
| | 李健学 | 男 | 口腔临床医学 | 张玉梅 | 微弧氧化能量参数对钛瓷结合强度影响的研究 |
| | 魏艳萍 | 女 | 口腔临床医学 | 张玉梅 | 两种新型钛合金及其表面处理的细胞相容性研究 |
| | 张琳琳 | 女 | 口腔临床医学 | 郭天文 | 自凝硅橡胶软衬材料对全口义齿影响的临床观察 |
| | 张卫华 | 男 | 口腔临床医学 | 郭天文 | Ti-6Al-7Nb 合金铸造后性能及临床应用研究 |
| | 曹 磊 | 男 | 口腔临床医学 | 郭天文 | 锆系铸钛冠桥专用包埋材料的改进及其性状的研究 |
| | 周 炜 | 男 | 口腔临床医学 | 宋应亮 | 种植体稳定性的共振频率测量和即刻负载的临床研究 |
| | 王俊成 | 男 | 口腔临床医学 | 何惠明 | 循环加载及人工唾液浸泡对牙本质粘接耐久性影响的实验研究 |

续表4

| 硕士学位授予单位 | 姓　名 | 性别 | 学科专业 | 指导教师 | 毕业论文题目 |
|---|---|---|---|---|---|
| | 王苏豫 | 女 | 口腔临床医学 | 何惠明 | 缩合型硅橡胶印模材料的合成与分析 |
| | 刘　芳 | 女 | 口腔临床医学 | 何惠明 | 非龋性硬化牙本质黏接强度的实验研究 |
| | 夜文敏 | 女 | 口腔临床医学 | 段银钟 | 低表达 *cbf*-αl 基因的人牙周膜细胞模型的建立及鉴定 |
| | 陈　磊 | 女 | 口腔临床医学 | 段银钟 | Perlecan在大鼠牙囊发育过程中的表达及意义 |
| | 高　原 | 女 | 口腔临床医学 | 段银钟 | 安氏Ⅰ类下颌前牙区融合牙的矫治设计 |
| | 沈　焕 | 男 | 口腔临床医学 | 段银钟 | 微小种植体支抗辅助螺旋扩弓器上颌快速扩弓效果的动物实验研究 |
| | 唐小磊 | 男 | 口腔临床医学 | 段银钟 | 新型可调 Twin-Block 矫治器矫治儿童安氏Ⅱ$^1$下颌后缩的临床研究 |
| | 徐　迈 | 女 | 口腔临床医学 | 段银钟 | 功能矫形前伸大鼠下颌后髁突软骨的改建及VEGF表达变化的研究 |
| | 王　蕾 | 女 | 口腔临床医学 | 段银钟 | 口外弓推磨牙远移与牙根吸收相关性研究 |
| | 刘　茜 | 女 | 口腔临床医学 | 段银钟 | 拔除上颌第二磨牙远移第一磨牙矫治Ⅱ类错𬌗的疗效研究 |
| | 姚　薇 | 女 | 口腔临床医学 | 段银钟 | 改型MARA矫治器治疗安氏Ⅱ类1分类下颌后缩患者的临床研究 |
| | 曾　光 | 男 | 口腔临床医学 | 段银钟 | 反𬌗儿童上颌前方牵引后鼻部外形变化的研究 |
| | 吴　丹 | 男 | 口腔临床医学 | 丁　寅 | 流体剪切力对大鼠成骨样细胞生物学特性的影响 |
| | 张红梅 | 女 | 口腔临床医学 | 丁　寅 | 咬合升高对青春期大鼠髁突软骨组织学形态及PCNA、BMP-2表达影响的实验研究 |
| | 郭向红 | 女 | 口腔临床医学 | 丁　寅 | 不同骨面型患者颞下颌关节窝位置的测量研究 |
| | 刘　燕 | 女 | 口腔临床医学 | 丁　寅 | 牙槽骨牵张成骨技术辅助正畸快速移动牙齿的实验研究 |
| | 李宝勇 | 男 | 口腔临床医学 | 丁　寅 | 实验性牙周炎大鼠正畸牙齿移动牙周组织改建及iNOS和RANKL表达的研究 |
| | 郭　莉 | 女 | 口腔临床医学 | 丁　寅 | 纳米 $TiO_2$ 陶瓷涂层托槽对菌斑附着的分析研究 |
| | 李建军 | 男 | 口腔临床医学 | 丁　寅 | 替牙期儿童牙弓应有长度预测新方法的研究及预测系统的建立 |
| | 姜　琳 | 女 | 口腔临床医学 | 邵金陵 | 陕西陇县出土两千年前人牙颌状况的研究 |
| | 徐　璐 | 女 | 口腔临床医学 | 邵金陵 | 恒牙萌出时间和顺序的研究 |
| | 马江敏 | 女 | 口腔临床医学 | 邵金陵 | 第三磨牙萌出年龄及缺失、阻生情况的研究 |
| | 刘冬秀 | 女 | 口腔临床医学 | 邵金陵 | 当代人牙齿平均磨耗程序的调查研究 |
| | 丁永林 | 男 | 口腔临床医学 | 邵金陵 | 上颌前方牵引治疗安氏Ⅲ类骨性反𬌗矫治时机的相关研究 |
| | 周　芳 | 女 | 口腔临床医学 | 李　东 | 成人下颌偏斜患者颞下颌关节形态学特点的研究 |
| | 张　钧 | 女 | 口腔临床医学 | 李　东 | 不同骨面型错𬌗Beta角测量分析研究 |
| | 姜茂庆 | 男 | 口腔临床医学 | 李德华 | 外形设计对即刻负载牙种植体初期稳定性影响的三维有限元研究 |
| | 谭爱兴 | 男 | 口腔临床医学 | 孙沫逸 | 人涎腺腺样囊性癌嗜神经动物模型的建立及相关研究 |

续表 4

| 硕士学位授予单位 | 姓 名 | 性别 | 学科专业 | 指导教师 | 毕业论文题目 |
|---|---|---|---|---|---|
| | 邵小钧 | 男 | 口腔临床医学 | 孙洙逸 | 口腔癌缺失基因 *DOC*-1 的克隆、原核表达及抗体制备 |
| | 李 凯 | 男 | 口腔临床医学 | 刘彦普 | Ti-6Al-7Nb 合金生物相容性及膨胀芯体型坚固内固定器械生物力学性能的研究 |
| | 徐金科 | 男 | 口腔临床医学 | 刘彦普 | 颌面部创伤患者临床病例回顾性研究 |
| | 程 洋 | 男 | 口腔临床医学 | 何黎升 | 颌面部损伤严重度评分方法的研究 |
| | 闫志伟 | 男 | 口腔临床医学 | 雷德林 | 应用组织工程技术治疗静脉畸形的基础研究 |
| | 赵恒辉 | 男 | 口腔临床医学 | 封兴华 | 硬腭两维牵张器的研制及相关实验研究 |
| | 李 浩 | 男 | 口腔临床医学 | 封兴华 | 唇裂畸形计算机仿真模型建立的研究 |
| | 李云鹏 | 男 | 口腔临床医学 | 封兴华 | 牙科陶瓷磨抛后表面性状的实验研究 |
| | 刘昌奎 | 男 | 口腔临床医学 | 胡开进 | 髁突骨折后 TMJ 形态与功能相关性研究 |
| | 韶 波 | 男 | 口腔临床医学 | 胡开进 | 下颌骨受力对颞下颌关节影响的有限元分析 |
| | 范莹盈 | 女 | 口腔临床医学 | 徐礼鲜 | 经颈内动脉单次注射异丙酚药效学的实验研究 |
| | 每晓鹏 | 男 | 口腔临床医学 | 徐礼鲜 | 氯胺酮对大鼠脊髓背角神经元突触前神经递质释放的影响 |
| 武汉大学 | | | | | |
| | 杨邵东 | 男 | 口腔基础医学 | 陈新明 | 涎腺黏液表皮样癌中 HER4 的检测及其透明细胞变异型的研究 |
| | 李进红 | 女 | 口腔临床医学 | 樊明文 | 稳定表达靶向重组质粒 pGJGLU/GFP 的 CHO 细胞株的建立 |
| | 赵 丹 | 女 | 口腔临床医学 | 樊明文 | HPV 感染与口腔鳞癌预后关系的实验研究 |
| | 鲍萍萍 | 女 | 口腔临床医学 | 樊明文 | 根管治疗约诊间痛发生机制的研究进展——根管治疗病例报告 |
| | 杨 菁 | 女 | 口腔临床医学 | 彭 彬 | 大鼠实验性根尖周炎中 c-Fos 和 RANKL 的免疫组化研究 |
| | 张 军 | 男 | 口腔临床医学 | 彭 彬 | 玻璃离子黏固剂及复合体体外氟离子释放的比较 |
| | 尹 伟 | 男 | 口腔临床医学 | 边 专 | EEC 综合征 *p*63 基因的突变检测 |
| | 张海峰 | 男 | 口腔临床医学 | 范 兵 | 一种离体牙三维重建装置的构建 |
| | 李 骏 | 男 | 口腔临床医学 | 范 兵 | 上颌第一恒磨牙近中颊根根管形态的研究 |
| | 周丽珍 | 女 | 口腔临床医学 | 张 旗 | LMP-1 ASODN 抑制体外培养人牙髓细胞分化和矿化结节形成的研究 |
| | 李 玲 | 女 | 口腔临床医学 | 王 茜 | 利用体外牙周创伤模型评价根尖倒充填材料对牙周韧带细胞的影响 |
| | 路万峡 | 女 | 口腔临床医学 | 王 茜 | 牙胶的热机械性能和临床根管治疗病例报告 |
| | 潘明慧 | 女 | 口腔临床医学 | 陈 智 | Shh 信号通路在成人正常牙髓和大鼠炎症牙髓中的免疫组化研究 |
| | 郑宝玉 | 女 | 口腔临床医学 | 陈 智 | 隐性 TGF-β 结合蛋白-3 在小鼠下颌第一磨牙牙囊中的基因表达 |
| | 袁亚娣 | 女 | 口腔临床医学 | 谢 昊 | 转录因子 Scleraxis 对牙周韧带细胞分化调控的体外研究 |
| | 谢惠兰 | 女 | 口腔临床医学 | 杜民权 | 孕妇牙周疾病与早产低体重儿关系的研究 |
| | 张亦炫 | 女 | 口腔临床医学 | 杜民权 | 小鼠器官中 NO/cGMP 通路的免疫组织化学分析 |
| | 夏 鹍 | 女 | 口腔临床医学 | 周 刚 | 口腔扁平苔藓病损组织 TNF-α 及 NF-κB 表达的免疫组化研究 |

续表 4

| 硕士学位授予单位 | 姓　名 | 性别 | 学科专业 | 指导教师 | 毕业论文题目 |
|---|---|---|---|---|---|
| | 王利娜 | 女 | 口腔临床医学 | 王贻宁 | 破骨细胞对电化学沉积钙磷涂层及钙磷/壳聚糖复合涂层的体外降解 |
| | 钱明波 | 女 | 口腔临床医学 | 王贻宁 | 共振频率分析法用于评价种植体不同表面的实验研究 |
| | 陈其超 | 男 | 口腔临床医学 | 王贻宁 | 修复科临床病例报告 |
| | 江助子 | 女 | 口腔临床医学 | 程祥荣 | 纤维桩的生物力学性能 |
| | 方　伟 | 男 | 口腔临床医学 | 程祥荣 | Er：YAG 激光在口腔种植术中的应用 |
| | 杨云东 | 男 | 口腔临床医学 | 黄　翠 | 不同脱敏剂对牙本质黏接系统黏接强度的影响 |
| | 段银玲 | 女 | 口腔临床医学 | 王　革 | 两种脱敏剂临床疗效的比较研究 |
| | 鲍　琰 | 女 | 口腔临床医学 | 夏海斌 | 非埋植型种植体植入后稳定性变化的临床动态观察 |
| | 肖立群 | 女 | 口腔临床医学 | 施　斌 | 种植体骨感应的研究进展 |
| | 肖慧娟 | 女 | 口腔临床医学 | 施　斌 | 种植体即刻负重/早期负重与延期负重对种植体成功率影响的 Meta 分析 |
| | 牛　薇 | 女 | 口腔临床医学 | 施　斌 | 临床病例研究报告；种植体-基台连接面的研究进展 |
| | 吕吉训 | 男 | 口腔临床医学 | 贺　红 | 托槽去粘结后牙面残余黏结剂去除方法的比较研究 |
| | 缪晓琳 | 女 | 口腔临床医学 | 贺　红 | 计算机辅助下颌运动轨迹系统在正畸科的应用 |
| | 谭忠荣 | 男 | 口腔临床医学 | 叶翁三杰 | 自锁托槽和传统直丝弓托槽弓丝结扎时间的对比研究 |
| | 丁少华 | 男 | 口腔临床医学 | 蔡　萍 | 自锁托槽和传统托槽摩擦力的实验研究 |
| | 梁德凤 | 女 | 口腔临床医学 | 尚政军 | β2 肾上腺素受体在口腔鳞癌中的表达研究 |
| | 万启龙 | 男 | 口腔临床医学 | 何三纲 | 颌面部侵袭性纤维瘤病临床病例分析 |
| | 黄　伟 | 男 | 口腔临床医学 | 李祖兵 | 正颌外科手术——面型与微笑的美学设计 |
| 吉林大学 | | | | | |
| | 苗雷英 | 女 | 口腔基础医学 | 孙宏晨<br>杨　柏 | 重组腺病毒对涎腺细胞的影响及磁性 $Fe_3O_4$ 纳米基因载体的制备 |
| | 阿波拉 | 男 | 口腔临床医学 | 黄　洋 | 基质金属蛋白酶-8 在龋病发展过程中的表达及意义 |
| | 崔　岩 | 女 | 口腔临床医学 | 黄　洋 | 变形链球菌延伸因子(EF-Tu) *tuf* 基因的克隆及序列分析 |
| | 陈建芳 | 女 | 口腔临床医学 | 胡晓春 | 基质金属蛋白酶-8 mRNA 在根尖肉芽肿和根尖囊肿的表达及意义 |
| | 姜新朋 | 男 | 口腔临床医学 | 张颖丽 | 变形链球菌介导牙髓细胞基质金属蛋白酶-8 mRNA 的表达及意义 |
| | 刘　璐 | 女 | 口腔临床医学 | 王万成 | 变形链球菌对牙龈卟啉单胞菌生长影响的体外实验 |
| | 徐　然 | 女 | 口腔临床医学 | 王万成 | 变形链球菌对伴放线放线杆菌生物拮抗作用的体外研究 |
| | 朱来宽 | 男 | 口腔临床医学 | 张志民 | 变形链球菌耐氟菌株耐酸相关基因 *fhs* 突变的检测 |
| | 董海英 | 女 | 口腔临床医学 | 陈英新 | *p*33 ING1 在口腔黏膜癌前病变及口腔鳞癌中表达的研究 |
| | 张　娟 | 女 | 口腔临床医学 | 高文信 | 灵芝三萜对口腔黏膜癌的抑制作用的研究 |
| | 王思聪 | 女 | 口腔临床医学 | 林崇韬 | bFGF 对牙周膜细胞内 *decorin* 基因表达的影响 |

续表 4

| 硕士学位授予单位 | 姓名 | 性别 | 学科专业 | 指导教师 | 毕业论文题目 |
|---|---|---|---|---|---|
| | 高扬 | 女 | 口腔临床医学 | 王景云 | 拔牙窝内填塞 ADM 对牙槽嵴吸收影响的实验研究 |
| | 张春生 | 男 | 口腔临床医学 | 王景云 | 固定桥-固位体、桥体间的形态改变对牙周组织影响的临床研究 |
| | 冷卓 | 女 | 口腔临床医学 | 周延民 | 上半口杆卡式种植覆盖义齿的三维有限元应力分析 |
| | 任利秀 | 女 | 口腔临床医学 | 周延民 | 复合式螺纹种植体的生物力学研究 |
| | 张兴乐 | 男 | 口腔临床医学 | 周延民 | 骨质、骨量对精密附着体天然牙-种植体联合修复影响的生物力学研究 |
| | 白晶 | 女 | 口腔临床医学 | 孙新华 | 微种植体界面及其稳定性的实验研究 |
| | 侯旭 | 女 | 口腔临床医学 | 孙新华 | 实验性牙移动牙周组织中环氧化酶-2 的表达及弱激光照射的影响 |
| | 孙伟 | 男 | 口腔临床医学 | 孙新华 | 恒牙初期安氏Ⅱ[1]分类错殆不同垂直骨面型颅面特征的 X 线头影测量分析 |
| | 侯建华 | 男 | 口腔临床医学 | 陈远萍 | “摆”式矫治器远中移动上颌磨牙的疗效分析及上颌第二磨牙萌出对疗效的影响 |
| | 张丽雯 | 女 | 口腔临床医学 | 胡敏 | 多曲方丝弓及“摇椅形”弓丝配合前牙区垂直牵引矫治开殆的光弹性研究及应用 |
| | 刘麒麟 | 男 | 口腔临床医学 | 张伟 | 下牙槽神经调节下颌骨骨折愈合的实验研究 |
| | 刘炜炜 | 男 | 口腔临床医学 | 张茹慧 | 白介素-18 与口腔鳞状细胞癌的相关性研究 |
| | 麻鹏 | 男 | 口腔临床医学 | 刘春丽 | 外源性血管内皮生长因子对随意皮瓣放射损伤影响的实验研究 |
| 首都医科大学 | | | | | |
| | 禹雪梅 | 女 | 口腔基础医学 | 刘晓勇 | 血清标记物检测水平与口腔癌临床病理特征及淋巴转移的关系 |
| | 林梅 | 女 | 口腔基础医学 | 杨圣辉 | 牙龈卟啉单胞菌凝血素 2 基因缺陷菌株的构建 |
| | 韩静 | 女 | 口腔临床医学 | 杨圣辉 | 口臭细菌诊断学研究 |
| | 吕绳漪 | 女 | 口腔临床医学 | 时清 | 青少年龈炎患者龈下菌斑菌群分析 |
| | 刘琨 | 女 | 口腔临床医学 | 侯本祥 | 牙髓卟啉单胞菌在慢性根尖周炎中的致病作用研究 |
| | 曹佳 | 女 | 口腔临床医学 | 侯本祥 | 牙髓和根尖周组织中 CD14, TLR4 的分布和表达研究 |
| | 刘晓斌 | 女 | 口腔临床医学 | 侯本祥 | 不同根尖倒充填材料根尖封闭性及生物相容性研究 |
| | 刘利霞 | 女 | 口腔临床医学 | 郑东翔 | 印模材料对不同聚合度铸造桩适合性的影响 |
| | 李静 | 男 | 口腔临床医学 | 郑东翔 | 铸造金属卡环作用与人造冠上的固位力衰减及对冠表面磨损的研究 |
| | 邵东升 | 男 | 口腔临床医学 | 张振庭 | 牙科焦虑与特质焦虑的相关研究 |
| | 袁冬 | 女 | 口腔临床医学 | 张振庭 | 氧化锆桩核树脂材料对热铸压全瓷材料颜色的影响 |
| | 杨芸 | 女 | 口腔临床医学 | 白玉兴 | 上颌埋伏牙的三维诊断与治疗设计研究 |
| | 杨斌 | 男 | 口腔临床医学 | 白玉兴 | 牙周病患者无托槽隐形矫治的研究 |
| | 盛敏 | 女 | 口腔临床医学 | 白玉兴 | 含氟正畸托槽的氟释放及防脱矿性能的体外研究 |
| | 朱耿辉 | 男 | 口腔临床医学 | 高晓辉 | 含金属镧正畸黏接剂的抗菌防脱矿性能的实验研究 |

续表 4

| 硕士学位授予单位 | 姓　名 | 性别 | 学科专业 | 指导教师 | 毕业论文题目 |
|---|---|---|---|---|---|
| | 许　妍 | 女 | 口腔临床医学 | 高晓辉 | 利用下颌三维超声定位技术进行成人骨性Ⅲ类错𬌗患者髁突运动特点的初步研究 |
| | 冯培明 | 男 | 口腔临床医学 | 李　钧 | 区域性切除术在腮腺多形性腺瘤中的临床应用研究 |
| | 任小红 | 女 | 口腔临床医学 | 李　钧 | 测定动态唾液流率不同方法的分析与比较 |
| | 王海涛 | 女 | 口腔临床医学 | 潘巨利 | 增龄变化对钛种植体骨结合的影响 |
| 天津医科大学 | | | | | |
| | 张建运 | 男 | 口腔基础医学 | 张玉茹 | β-连环蛋白及其相关因子在口腔鳞状细胞癌中的表达 |
| | 沈静燕 | 女 | 口腔临床医学 | 刘士有 | CD14、TLR4 在 LPS 诱导的大鼠实验性牙髓炎中的表达 |
| | 吴陈炫 | 男 | 口腔临床医学 | 刘士有 | 糖尿病大鼠牙槽骨 *rankl*、*opg* 基因表达的实验研究 |
| | 赵　彤 | 女 | 口腔临床医学 | 高　平 | 不同合金的金属烤瓷冠对龈沟液中 IL-1β、AST 及 ALP 水平的影响 |
| | 贾　黎 | 女 | 口腔临床医学 | 李长福 | 纳米二氧化硅表面接枝聚甲基丙烯酸甲酯对义齿材料性能改进的研究 |
| | 郭波涛 | 男 | 口腔临床医学 | 李长义 | 球帽附着体在远中游离缺失义齿修复中的应用 |
| | 李小囡 | 女 | 口腔临床医学 | 张春生 | 骨质疏松对大鼠下颌骨骨缺损愈合与血管内皮细胞生长因子表达水平相关性研究 |
| | 张婷婷 | 女 | 口腔临床医学 | 张春生<br>陈　刚 | 卡铂体外抑制 Tca8113 最佳化疗浓度及其诱导凋亡作用的初步研究 |
| | 李　蕊 | 女 | 口腔临床医学 | 张春生<br>陈　刚 | 紫杉醇体外作用 Tca8113 最佳治疗浓度和诱导其凋亡作用的初步研究 |
| 重庆医科大学 | | | | | |
| | 邓　媛 | 女 | 口腔临床医学 | 林居红 | 蜂胶牙膏防龋的实验和临床研究 |
| | 杨　刚 | 男 | 口腔临床医学 | 林居红 | 氟保护漆预防乳牙龋齿的实验和临床研究 |
| | 夏　熹 | 女 | 口腔临床医学 | 王　璐 | 牙科常用冠修复材料磨耗性能的研究 |
| | 黎　萍 | 女 | 口腔临床医学 | 王　璐 | 热处理对牙用钴铬合金腐蚀性能的电化学研究 |
| | 陈建维 | 男 | 口腔临床医学 | 王　璐 | 热处理对牙科钴铬合金疲劳性能影响的研究 |
| | 王胜林 | 女 | 口腔临床医学 | 戴红卫 | 重庆地区女性安氏Ⅱ类错𬌗不同面部生长型颅颌面生长发育特征的研究 |
| | 余兴华 | 男 | 口腔临床医学 | 戴红卫 | 生长激素受体基因单核苷酸多态性在下颌前突与正常下颌人群中的分布比较 |
| | 张　翼 | 男 | 口腔临床医学 | 邓　锋 | 上颌前牙内收力系的三维有限元研究 |
| | 胡　辉 | 男 | 口腔临床医学 | 邓　锋 | 心理干预和布洛芬治疗牙科焦虑症患者正畸疼痛的对比研究 |
| | 李建霞 | 女 | 口腔临床医学 | 邓　锋 | 下颌后缩型安氏Ⅱ类 1 分类错𬌗功能矫治前后髁突运动轨迹的研究 |
| | 刘珉懿 | 女 | 口腔临床医学 | 宋锦璘 | LIPUS 对 Beagle 犬牙周炎组织生物学改建效应的初步研究 |
| | 宁义志 | 男 | 口腔临床医学 | 明志强 | 重庆女性安氏Ⅰ、Ⅱ、Ⅲ类错𬌗软组织侧貌对比研究 |
| | 陈定根 | 男 | 口腔临床医学 | 明志强<br>宋锦璘 | 网络化口腔正畸电子病历的设计与实现 |

续表 4

| 硕士学位授予单位 | 姓 名 | 性别 | 学科专业 | 指导教师 | 毕业论文题目 |
|---|---|---|---|---|---|
| | 蒋立辉 | 男 | 口腔临床医学 | 陈芳育 | 血管抑制素对口腔鳞癌组织中 VEGF-R 影响研究 |
| | 青 松 | 男 | 口腔临床医学 | 王 涛 | 1.54 μm 铒激光辅助活体软骨重塑形初步研究 |
| | 杨光银 | | 口腔临床医学 | 李晓智 | 微种植体与颌骨三维有限元模型的建立及生物力学研究 |
| | 何 艳 | 女 | 口腔临床医学 | 李晓智 | 不同角度磨牙后倾曲对上颌前牙段牙齿及其牙周膜初始应力分布的研究 |
| | 张劲松 | 男 | 口腔临床医学 | 季 平 | 动脉化疗前后 P53、MMP-9、TIMP-1 在口腔鳞癌组织中表达的生物学意义 |
| | 陈 睿 | | 口腔临床医学 | 杨 凯 | 半导体量子点对舌鳞癌细胞 Tca8113 生物学行为的影响 |
| | 尹 东 | | 口腔临床医学 | 高 志 | 趋化因子受体(CXCR4/CCR7)与口腔鳞状细胞癌的关系研究 |
| 河北医科大学 | | | | | |
| | 刘春秀 | 女 | 口腔临床医学 | 杨冬茹 | 牙周夹板固定对不同牙周支持条件下的下颌前牙受力的三维有限元应力分析 |
| | 刘 茜 | 女 | 口腔临床医学 | 陈树国 | 不同金属烤瓷全冠对龈沟液中 TNF 和 MMP-8 水平的影响 |
| | 曾翠敏 | 女 | 口腔临床医学 | 郭长军 | 烧结次数对纳米陶瓷与普通陶瓷金瓷修复体颜色影响的对比研究 |
| | 宋 静 | 女 | 口腔临床医学 | 郭长军 | 漏斗状根管治疗牙重塑后不同桩核系统修复的抗折性研究 |
| | 齐艳云 | 女 | 口腔临床医学 | 李雅娟 | 漂白方法及树脂黏结时间对牙本质与树脂黏结强度及牙本质化学成分的影响 |
| | 王 璞 | 女 | 口腔临床医学 | 李雅娟 | 不同牙龈周边色对金属烤瓷修复体颜色的影响 |
| | 侯 彦 | 女 | 口腔临床医学 | 左艳萍 | 正畸矫治过程中龈沟液骨胶原代谢的研究及相关牙齿移动的三维向量分析 |
| | 尉 静 | 女 | 口腔临床医学 | 左艳萍 | 石家庄地区恒牙初期正常𬌗人群分类模板图的研究 |
| | 王玉芳 | 女 | 口腔临床医学 | 董福生 | 成釉细胞瘤细胞增殖活性的研究 |
| | 常 瑾 | 男 | 口腔临床医学 | 董福生 | 不同皮肤扩张方式对皮瓣组织结构及回缩率的影响 |
| | 王首军 | 男 | 口腔临床医学 | 董福生 | 反复快速皮肤扩张对皮瓣 EGF、PCNA 表达的影响 |
| | 刘红英 | 女 | 口腔临床医学 | 董福生 | 不同窝沟封闭方法对封闭剂渗透能力及微渗漏的影响 |
| | 施文斌 | 男 | 口腔临床医学 | 董玉英 | 不同扩张方式对扩张皮肤中胶原纤维和肌动蛋白的影响 |
| | 刘国林 | 男 | 口腔临床医学 | 石培凯 | 不同皮肤扩张方式对皮瓣微血管的影响 |
| 中国医科大学 | | | | | |
| | 李 乐 | 男 | 口腔基础医学 | 钟 鸣 | 人成釉细胞瘤中环氧化合酶-2 的表达和意义 |
| | 李锦程 | 男 | 口腔基础医学 | 钟 鸣 | 人乳头瘤病毒 18E6 在成釉细胞瘤中检测意义的初探 |
| | 张允凯 | 男 | 口腔基础医学 | 钟 鸣 | PP2A/PR65 在成釉细胞瘤中的病毒研究 |
| | 朱琳琳 | 女 | 口腔临床医学 | 仇丽鸿 | 静磁场对鼠成骨细胞内钙离子浓度的影响 |
| | 王宏岩 | 女 | 口腔临床医学 | 潘亚萍 | 牙周炎易感基因的筛查 |

续表 4

| 硕士学位授予单位 | 姓　名 | 性别 | 学科专业 | 指导教师 | 毕业论文题目 |
|---|---|---|---|---|---|
| | 赵　雪 | 女 | 口腔临床医学 | 潘亚萍 | 牙周炎危险因素及牙周基础治疗影响因素的研究 |
| | 孙尚敏 | 女 | 口腔临床医学 | 潘亚萍 | 全身骨密度及血清钙素、钙、磷含量与牙周病关系研究 |
| | 程睿波 | 男 | 口腔临床医学 | 陈　旭 | 白屈菜红碱对变形链球菌抑制作用的体外实验研究 |
| | 陈　玉 | 女 | 口腔临床医学 | 朱剑东 | 白炭水煎剂对变形链球菌影响的体外研究 |
| | 周彩滨 | 女 | 口腔临床医学 | 艾红军 | MK-1 精密附着体修复磨牙及前磨牙游离缺失的临床效果观察 |
| | 蒋聪敏 | 女 | 口腔临床医学 | 杨晓东 | 戊二醛和健之素对藻酸盐印模消毒效果及印模尺寸变化的实验研究 |
| | 韩　冰 | 女 | 口腔临床医学 | 杨晓东 | 甲壳素纤维增强骨组织工程支架材料对血管内皮细胞生物活性的影响 |
| | 王彦红 | 女 | 口腔临床医学 | 杨晓东 | 不同加热聚合方法对聚甲基丙烯酸甲酯义齿基托材料的表面粗糙度和吸水性影响的实验研究 |
| | 谭　弘 | 男 | 口腔临床医学 | 杨晓东 | 局部缓冲对磁性附着体义齿固位改善的实验研究 |
| | 卫　芳 | 女 | 口腔临床医学 | 战德松 | 镍铬钛烤瓷合金剪切结合强度的试验研究 |
| | 韩　东 | 男 | 口腔临床医学 | 战德松 | 6 种金属合金对于 L929 细胞细胞周期、细胞凋亡及 Bcl-2 和 BaxmRNA 表达的影响 |
| | 赵　奇 | 女 | 口腔临床医学 | 战德松 | 用三点弯曲法测试新型含钛镍铬烤瓷合金的金瓷结合性能 |
| | 康晓燕 | 女 | 口腔临床医学 | 战德松 | 三种自制镍铬烤瓷合金的生物相容性评价——体外细胞毒性实验研究 |
| | 刘文伟 | 男 | 口腔临床医学 | 战德松 | SiC 种植材料生物相容性评价 |
| | 张　竹 | 女 | 口腔临床医学 | 战德松 | 微核实验评价自制无铍镍铬烤瓷合金的生物相容性 |
| | 王　彧 | 女 | 口腔临床医学 | 侯志明 | 三种正畸黏结剂粘接不同充填体的离体牙抗剪切强度的研究 |
| | 李　宁 | 女 | 口腔临床医学 | 刘　奕 | 头影测量早期预测前方牵引器治疗疗效的初步探讨 |
| | 刘欢叶 | 女 | 口腔临床医学 | 张　扬 | 安氏Ⅲ类错殆畸形固定矫治效果的评价 |
| | 彭　朋 | 女 | 口腔临床医学 | 张　扬 | 微小种植体支抗在成人双牙弓前突矫治中的应用 |
| | 邴宇庆 | 男 | 口腔临床医学 | 张　扬 | 安氏Ⅱ类 1 分类错殆畸形固定矫治效果评价 |
| | 戚　琳 | 女 | 口腔临床医学 | 张　扬 | 固定矫正技术治疗前牙开殆的疗效分析 |
| | 张恩礁 | 女 | 口腔临床医学 | 卢　利 | 应用流式细胞术检测口腔鳞癌颈淋巴结隐匿性转移 |
| | 孙宁宁 | 女 | 口腔临床医学 | 王绪凯 | NHACP/CF 材料与成骨细胞体外复合培养的实验研究 |
| | 张　斌 | 男 | 口腔临床医学 | 周　青 | 颞下颌关节盘前移位后关节盘组织变化的实验研究 |
| 大连医科大学 | | | | | |
| | 任　翔 | 男 | 口腔基础医学 | 朱恩新 | MMP-7 和 c-myc 在口腔鳞状细胞癌中的表达及意义 |
| | 苏颖颖 | 女 | 口腔基础医学 | 朱恩新 | c-fos 及 MMP-13 在人口腔鳞状细胞癌发生中的表达及病理意义 |

续表 4

| 硕士学位授予单位 | 姓　名 | 性别 | 学科专业 | 指导教师 | 毕业论文题目 |
|---|---|---|---|---|---|
| | 柴松岭 | 男 | 口腔基础医学 | 张福胤 | P2Y2 受体在涎腺腺样囊性癌细胞中的表达及其激动剂作用的研究 |
| | 贾祝强 | 男 | 口腔基础医学 | 张福胤 | cyclin D3 与 Ki-67 在涎腺腺泡细胞癌中的表达及意义 |
| | 罗妍彦 | 女 | 口腔基础医学 | 庄广慧 | 半导体激光照射时间对牙髓及牙本质的影响研究 |
| | 于　旸 | 女 | 口腔基础医学 | 王　如 | 应用激光扫描共聚焦显微镜对硬化牙本质黏结界面的研究 |
| | 白　桦 | 女 | 口腔临床医学 | 牛卫东 | System B 与 ObturaⅡ联合根管充填的实验研究 |
| | 史　春 | 男 | 口腔临床医学 | 牛卫东 | 不同根管预备器械对磨牙弯曲根管预备效果的 CT 研究 |
| | 高洪岩 | 女 | 口腔临床医学 | 李文颜 | 桂皮醛应用于鼠牙活髓切断术的盖髓剂及去髓术的根管消毒剂的组织病理学研究 |
| | 刘红英 | 女 | 口腔临床医学 | 李文颜 | 桂皮醛对大鼠根尖周炎根管中内毒素水平及根尖周炎症的影响 |
| | 郑童娇 | 女 | 口腔临床医学 | 张　虹 | 四种中药体外抗口腔念珠菌的敏感性研究 |
| | 宋晓晶 | 女 | 口腔临床医学 | 张　虹 | 四种药物单位及部分联用体外抗口腔念球菌的敏感性研究 |
| | 蒋　琳 | 女 | 口腔临床医学 | 顾　杨 | 镍铬合金修复体患者牙龈组织中 HSP60，HSP-70 和 COX-2 的表达 |
| | 陈爱和 | 男 | 口腔临床医学 | 顾　杨 | 镍铬合金修复体患者牙龈组织中 HLA-DR 和 Svivin 的表达 |
| | 尚　巍 | 男 | 口腔临床医学 | 顾　杨 | 实时定量 PCR 检测复发性阿弗他溃疡患者中人类疱疹病毒 5 型和 8 型的潜伏 |
| | 李铭汉 | 男 | 口腔临床医学 | 顾　杨 | 用实时定量 PCR 研究人类疱疹病毒 5 型和 6 型与口腔扁平苔藓发病的关系 |
| | 刘南佑 | 男 | 口腔临床医学 | 牛卫东 | 上腭第一恒磨牙 MBⅡ根管的临床探讨 |
| | 刘忠奇 | 男 | 口腔临床医学 | 牛卫东 | 上腭第一恒磨牙根管的临床探讨 |
| | 吴海燕 | 女 | 口腔临床医学 | 刘红彦 | 氟剂对托槽黏接力的影响及牙釉质表面的改变 |
| | 贾冰冰 | 女 | 口腔临床医学 | 孙　燕 | 大连地区 Bolton 指数与𬌗的相关研究 |
| | 林　琳 | 男 | 口腔临床医学 | 孙　燕 | 拔牙指数 EI 对正畸临床拔牙指导性的分析研究 |
| | 唐婉玲 | 女 | 口腔临床医学 | 孙　燕 | 大连地区正常𬌗青少年牙颌模型测量研究 |
| | 吴大雷 | 男 | 口腔临床医学 | 孙　燕 | 应用逆向工程法建立下颌牙列及方丝弓矫治器的三维有限元模型 |
| | 汪　崇 | 男 | 口腔临床医学 | 曲　虹 | 微型种植体支抗压低牙齿有效性的基础研究 |
| | 许颖华 | 男 | 口腔临床医学 | 曲　虹 | 加载水平力的微型种植体对幼犬下颌骨生长发育的影响 |
| | 闫莉朒 | 女 | 口腔临床医学 | 曲　虹 | 乳杆菌 DM9811 代谢产物对固定正畸治疗患者口腔内主要致龋菌的影响 |
| | 吕宏莲 | 女 | 口腔临床医学 | 曲　虹 | 三种正畸釉质黏接剂在不同黏接条件下的抗剪切强度比较 |
| | 周必泰 | 男 | 口腔临床医学 | 曲　虹 | 肌激动器在安氏Ⅱ类错𬌗治疗中的应用 |
| | 牟建仁 | 男 | 口腔临床医学 | 曲　虹 | 自合式矫正装置戴蒙式系统之探讨及其临床应用 |

续表 4

| 硕士学位授予单位 | 姓　名 | 性别 | 学科专业 | 指导教师 | 毕业论文题目 |
| --- | --- | --- | --- | --- | --- |
| | 英晓霞 | 女 | 口腔临床医学 | 马国武 | Bio-Gide 胶原膜与钛膜在犬类模型上引导成骨能力的比较性研究 |
| | 孟　实 | 男 | 口腔临床医学 | 马国武 | Bio-Oss 人工骨与不同比例自体骨联合植入修复骨质缺损的实验室研究 |
| | 刘　玉 | 女 | 口腔临床医学 | 马国武 | 骨皮质厚度对种植体-骨界面的应力分布的影响 |
| | 洪宏德 | 男 | 口腔临床医学 | 马国武 | 牙科临床赝复物金属之含金量与血链球菌附着能力之探讨 |
| | 王　博 | 女 | 口腔临床医学 | 王　如 | 维甲酸诱导腭裂形成时空变化中细胞增殖与凋亡的作用研究 |
| | Subhash Kumar Ghimire | 男 | 口腔临床医学 | 王　如 | Clinical analysis of non-Hodgkin′s lymphoma presenting in oral & maxillofacial region |
| | 高　璐 | 女 | 口腔临床医学 | 张福胤 | 嘌呤受体 P2Y2 在人涎腺腺样囊性癌中的表达及意义 |
| 哈尔滨医科大学 | 刘会梅 | 女 | 口腔临床医学 | 牛玉梅 | 根管锥度和循环疲劳对牙根力学性能的影响 |
| | 徐俊杰 | 女 | 口腔临床医学 | 牛玉梅 | 氟离子导入对犬牙本质 HA 晶体结构及氟含量的影响 |
| | 张晓丹 | 女 | 口腔临床医学 | 袁　杰 | 影响窝沟封闭材料渗透性及边缘密合性的多因素分析 |
| | 王　玮 | 女 | 口腔临床医学 | 袁　杰 | 根管治疗期间急症发生的多因素分析 |
| | 高月华 | 女 | 口腔临床医学 | 周　静 | 根管治疗器械即时消毒仪消毒效果研究 |
| | 祝莹颖 | 女 | 口腔临床医学 | 刘英群 | 人乳牙根生理性吸收过程中 RANKL 的 mRNA表达 |
| | 李永恒 | 女 | 口腔临床医学 | 马　肃 | 实验性牙周炎基础治疗前后层粘连蛋白在牙龈组织中的表达及意义 |
| | 马　巍 | 女 | 口腔临床医学 | 毕良佳 | 朔化液加牙胶尖根尖封闭的效果实验研究 |
| | 汪婷婷 | 女 | 口腔临床医学 | 毕良佳 | 羟磷灰石微粒子液根管封闭性能的初步研究 |
| | 王伦海 | 男 | 口腔临床医学 | 毕良佳 | 瑞邦注射型骨泰在牙周病中的治疗 |
| | 李长城 | 男 | 口腔临床医学 | 谢伟丽 | 桩核修复方法对梭形根管牙断裂强度影响的研究 |
| | 张　爽 | 女 | 口腔临床医学 | 李天侠 | 干燥粘结和湿粘结对钛合金嵌体微渗漏的影响 |
| | 李　颖 | 女 | 口腔临床医学 | 李天侠 | 嵌体修复体的微渗漏分析 |
| | 闫伟军 | 男 | 口腔临床医学 | 邵　玶 | 多曲方丝弓打开咬合下颌切牙压入力分布的有限元分析 |
| | 曹宇皎 | 女 | 口腔临床医学 | 邵　玶 | 轻中度骨性Ⅲ类错殆矫治结果的 PAR 指数评价 |
| | 朱吉坤 | 女 | 口腔临床医学 | 张苗苗 | 安氏Ⅱ¹错殆治疗前后牙弓形态的分析与比较——应用β函数模拟牙弓形态 |
| | 赵春光 | 男 | 口腔临床医学 | 张苗苗 | 露龈微笑青少年患者的 X 线头影测量研究 |
| | 崔玲玲 | 女 | 口腔临床医学 | 王培军 | 哈尔滨地区 120 名正常殆人群 X 线头影测量 Coben 分析 |
| | 张令波 | 女 | 口腔临床医学 | 侯　录 | 后牙段不同托槽-弓丝-结扎丝结扎方式组合对摩擦力影响的实验研究 |

续表4

| 硕士学位授予单位 | 姓 名 | 性别 | 学科专业 | 指导教师 | 毕业论文题目 |
|---|---|---|---|---|---|
| | 徐东阳 | 男 | 口腔临床医学 | 王晓峰 | 人涎腺腺样囊性癌 *p*53,*p*16 基因 mRNA 与蛋白表达研究 |
| | 宋大立 | 男 | 口腔临床医学 | 李春明 | 种植体加组织工程骨移植修复颌骨缺损的实验研究 |
| | 赵忱光 | 男 | 口腔临床医学 | 徐旭光 | 腭裂牵张成骨实验中镍钛牵张器弹性回复力的研究 |
| | 朴松林 | 男 | 口腔临床医学 | 张 斌 | 三氧化二砷诱导口腔腺样囊性癌细胞系凋亡机制的初步研究 |
| | 王德明 | 男 | 口腔临床医学 | 吴衍昌 | Fascin在口腔鳞癌中的表达及临床意义 |
| | 丁丽春 | 女 | 口腔临床医学 | 赵尔飏 | 口腔鳞状细胞癌的基因表达谱分析 |
| | 王屹博 | 女 | 口腔临床医学 | 李晓刚 | 血小板血浆与磷酸钙骨水泥应用于拔牙后牙槽窝骨再生的实验研究 |
| 佳木斯大学 | | | | | |
| | 刘 帆 | 女 | 口腔临床医学 | 王健平 | 纳米羟基磷灰石糊剂临床根管充填的近期观察 |
| | 王 萌 | 女 | 口腔临床医学 | 王健平 | 乳磨牙的窝沟龋流行病学研究及预防方法 |
| | 王英博 | 女 | 口腔临床医学 | 刘继光 | 不同根充材料对根充效果的影响 |
| | 宋嘉鑫 | 女 | 口腔临床医学 | 刘继光 | ALN与RLX对骨质疏松大鼠牙槽骨吸收的影响 |
| | 宋 楠 | 男 | 口腔临床医学 | 孙庆顺<br>李慕勤<br>朱建华 | 纳米金银花对复发性口疮大鼠外周血T细胞亚群的影响 |
| | 马 赫 | 女 | 口腔临床医学 | 孙庆顺<br>朱建华 | 茶多酚对辐射损伤大鼠涎腺机能影响的研究 |
| | 左恩俊 | 男 | 口腔临床医学 | 段蔚泓 | 三种不同形状附着体固位性能对比研究 |
| | 李 红 | 女 | 口腔临床医学 | 段蔚泓 | 不同义齿软衬材料及厚度对黏结强度的影响 |
| | 曹婷婷 | 女 | 口腔临床医学 | 杨清岭 | 不同牙本质黏接剂对窝洞充填效果影响的实验研究 |
| | 熊丽辉 | 男 | 口腔临床医学 | 陈湘涛 | 不同浓度纳米载银树脂基托抗菌效果及其冲击韧性的研究 |
| | 王发生 | 男 | 口腔临床医学 | 陈湘涛 | 不同深冷处理工艺对钴铬合金修复体韧性及硬度的影响 |
| | 张海洋 | 男 | 口腔临床医学 | 商维荣 | 不同FRC加强树脂基托机械性能的实验研究 |
| | 李 丽 | 女 | 口腔临床医学 | 吴立鹏 | 正畸力作用下大鼠牙周组织中PDGF-AA的表达 |
| | 原工杰 | 男 | 口腔临床医学 | 吴立鹏 | 正畸孕鼠血清孕酮水平与牙槽骨改变的相关性 |
| | 王艳秋 | 女 | 口腔临床医学 | 苗 波 | 三种内固定方式对狗下颌骨骨折愈合的超微结构观察和比较 |
| | 李凌志 | 男 | 口腔临床医学 | 于 江<br>关 键 | 淫羊藿水提液对去势家兔颌骨缺损愈合的影响 |
| | 王 石 | 男 | 口腔临床医学 | 刘树发 | P16蛋白在人血管瘤不同时期的表达及意义 |
| | 王 迪 | 女 | 口腔临床医学 | 杜晓岩<br>李德超 | 颧骨缩小术相关骨性解剖学观测 |
| | 宋红丽 | 女 | 口腔临床医学 | 柳宏志 | 不同浓度酒精对家兔种植体骨整合影响的实验研究 |

续表 4

| 硕士学位授予单位 | 姓　名 | 性别 | 学科专业 | 指导教师 | 毕业论文题目 |
|---|---|---|---|---|---|
| | 阚　娜 | 女 | 口腔临床医学 | 关　键 | 缺氧对鼠下颌骨成骨细胞 VEGF 及 TGF-$\beta_1$ 表达影响的实验研究 |
| | 孔祥盼 | 男 | 口腔临床医学 | 李善昌 | 纳米羟基磷灰石修复即刻种植牙骨缺损的实验研究 |
| | 解用江 | 男 | 口腔临床医学 | 刘继光<br>董　波 | 磁感应热疗对 Walker-256 肿瘤的影响 |
| | 白　雪 | 女 | 口腔临床医学 | 许　颖 | 磁感应肿瘤热疗用镍铜热籽生物相容性的研究 |
| | 杜春艳 | 女 | 口腔临床医学 | 王健平<br>李德超 | 热疗的治疗温度与机体的免疫关系 |
| | 魏　巍 | 女 | 口腔临床医学 | 魏良富<br>李德超 | 中频交变磁场生物相容性的实验研究 |
| | 刘玉凤 | 女 | 口腔临床医学 | 刘继光 | 恶性黑色素瘤热疗中热休克蛋白 70 的表达及与免疫的相关作用 |
| | 杜永秀 | 女 | 口腔临床医学 | 许　颖 | 粪肠球菌生物膜动态观察及对药物敏感性研究 |
| | 徐　明 | 男 | 口腔临床医学 | 王健平<br>李慕勤<br>段蔚泓 | 羟基磷灰石复合涂层对体外培养成骨细胞影响的实验研究 |
| | 郑　军 | 男 | 口腔临床医学 | 刘继光<br>孟祥才 | 低强度超声对大鼠牙槽骨改建速度的相关性 |
| | 杨红岩 | 男 | 口腔临床医学 | 刘继光 | 咬合创伤兔颞下颌关节组织学变化及 MMP-3 表达的实验研究 |
| 同济大学 | | | | | |
| | 钱　进 | 男 | 口腔临床医学 | 钟　滨 | 新型脱敏剂 MS-COAT 实验室研究及临床疗效观察 |
| | 刘　辉 | 女 | 口腔临床医学 | 王　强 | 过量氟对大鼠切牙 bFGF 及 Shh 表达影响的试验研究 |
| | 罗平平 | 男 | 口腔临床医学 | 王　强 | 过量氟对大鼠切牙 TGF-β3 及 Smad3 表达的影响 |
| | 胡林凤 | 女 | 口腔临床医学 | 王小平 | 臭氧对口腔诊室消毒及常见细菌与真菌灭活效果的试验研究 |
| | 王胜华 | 男 | 口腔临床医学 | 王小平 | 冷热循环对三种光固化充填材料修复效果的影响 |
| | 耿　黎 | 女 | 口腔临床医学 | 韩栋伟 | 数字图像相关技术在烤瓷熔附金属冠破坏形式研究中的应用 |
| | 谢俞霁 | 男 | 口腔临床医学 | 韩栋伟 | 镍铬合金及钴铬合金表面氮化钛涂层的微生物学研究 |
| | 万书健 | 男 | 口腔临床医学 | 苏俭生 | 三种铸造金属全冠戴用后对外周静脉血淋巴细胞凋亡及牙龈组织 IL-6、Ki-67、Bcl-2 表达的影响 |
| | 张志升 | 男 | 口腔临床医学 | 苏俭生 | IPS-Empress 2 热压铸造陶瓷断裂强度及表面增韧处理的研究 |
| | 翟建博 | 男 | 口腔临床医学 | 苏俭生 | SC-1 型高强度玻璃粒子水门汀的试验研究 |
| | 邓章悦 | 女 | 口腔临床医学 | 苏俭生 | 三种铸造金属全冠戴用后颊黏膜上皮细胞 DNA 损伤以及牙龈与部分脏器组织 PCNA、p53 表达的研究 |
| | 陈　捷 | 男 | 口腔临床医学 | 华咏梅 | 可溶性白细胞介素 1 和肿瘤坏死因子受体对大鼠正畸牙齿移动影响的研究 |

续表 4

| 硕士学位授予单位 | 姓名 | 性别 | 学科专业 | 指导教师 | 毕业论文题目 |
| --- | --- | --- | --- | --- | --- |
| | 张志菲 | 女 | 口腔临床医学 | 刘月华 | 多西环素对大鼠正畸移动牙根面骨型胶原酶表达影响的研究 |
| | 石　丹 | 女 | 口腔临床医学 | 刘月华 | 外源性雌激素对大鼠颏舌肌肌球蛋白重链表达影响的试验研究 |
| | 林有籁 | 女 | 口腔临床医学 | 刘月华 | 单侧部分后牙反𬌗对颞下颌关节应力影响的三维有限元分析 |
| | 曾韶华 | 男 | 口腔临床医学 | 刘月华 | 口腔矫治器治疗阻塞性睡眠呼吸暂停低通气综合征的下颌定位研究 |
| | 孙婷婷 | 女 | 口腔临床医学 | 黄远亮 | 基于 CT 的 CAD/CAM 牙种植外科导向模板准确度和精确度的研究 |
| | 崔明军 | 男 | 口腔临床医学 | 黄远亮 | 牙槽突骨量不足牵引成骨的试验研究 |
| | 许项杰 | 男 | 口腔临床医学 | 吴丽萍 | 一氧化氮供体和一氧化氮合酶抑制剂对大鼠正畸牙移动的影响 |
| | 吕凯歌 | 女 | 口腔临床医学 | 潘可风 | 生物活性复合支架材料 RGD-PLGA/HA 的骨组织工程试验研究 |
| | 张丽红 | 女 | 口腔临床医学 | 潘可风 | 新型生物活性复合骨组织工程支架材料 PGD-PLGA/HA 细胞相容性的试验研究 |
| | 李建斌 | 男 | 口腔临床医学 | 王　艺 | 新型骨替代材料——介孔生物玻璃(MBG)生物相容性的试验研究 |
| | 金　啸 | 男 | 口腔临床医学 | 王佐林 | HSP47 在糖尿病大鼠皮肤创口愈合过程中的表达及相关研究 |
| | 程　杰 | 男 | 口腔临床医学 | 王佐林 | 热休克蛋白 47 质粒载体对糖尿病大鼠皮肤创口愈合影响的试验研究 |
| | 李　琳 | 女 | 口腔临床医学 | 王佐林 | 小干扰 RNA 抑制热休克蛋白 47 基因表达的试验研究 |
| | 李晋芳 | 女 | 口腔临床医学 | 廖建兴 | 岩黄连小分子提取物对人舌鳞癌细胞增殖抑制和端粒酶活性影响的研究 |
| 南京医科大学 | | | | | |
| | 赵晓花 | 女 | 口腔临床医学 | 朱庆萍 | 热休克蛋白 70 在成牙本质细胞表达的增龄变化研究 |
| | 毛慧忠 | 男 | 口腔临床医学 | 梅予锋 | 大鼠实验性根尖周病变的 X 线片观察 |
| | 贡艳宏 | 女 | 口腔临床医学 | 刘卫红 | 连续波热牙胶根管充填技术的应用研究 |
| | 何美英 | 女 | 口腔临床医学 | 朱　玲 | 激光龋齿探测仪探测𬌗面龋的研究 |
| | 胡　明 | 男 | 口腔临床医学 | 吴友农 | Carisolv 化学机械去龋对粘接修复的影响及临床应用的评价 |
| | 梁睿贞 | 女 | 口腔临床医学 | 吴友农 | 恒磨牙显微根管治疗术中有关问题的初步研究 |
| | 许隽永 | 女 | 口腔临床医学 | 范　媛 | 口腔扁平苔藓唾液 EGF 水平和组织中 EGFR 表达意义的初步研究 |
| | 王一均 | 男 | 口腔临床医学 | 沈家平 | 江苏省 5 岁儿童乳牙龋病流行病学及相关影响因素的调查研究 |
| | 王琰玲 | 女 | 口腔临床医学 | 殷新民 | 自然牙列下颌侧方咬合运动中𬌗接触特征的研究 |
| | 张建华 | 男 | 口腔临床医学 | 殷新民 | 正常人牙尖交错位紧咬牙时颞下颌关节无单元－有限元耦合法二维生物力学分析 |
| | 金　伶 | 女 | 口腔临床医学 | 殷新民 | 下颌前伸和小开口运动时颞下颌关节应力分布的三维有限元研究 |
| | 黄丽娟 | 女 | 口腔临床医学 | 李　建 | 两种表面改性方法对支架用钴-铬合金理化性能的影响 |

续表 4

| 硕士学位授予单位 | 姓　名 | 性别 | 学科专业 | 指导教师 | 毕业论文题目 |
|---|---|---|---|---|---|
| | 邱丽芳 | 女 | 口腔临床医学 | 蔡玉惠 | 三种因素对金瓷修复体颜色影响的研究 |
| | 徐　晶 | 女 | 口腔临床医学 | 吴凤鸣 | 微束等离子氩弧焊及激光焊用于牙科纯钛焊接的实验研究 |
| | 谢海峰 | 男 | 口腔临床医学 | 章非敏 | 溶胶凝胶法硅涂层对陶瓷黏结强度影响的基础研究 |
| | 马　红 | 女 | 口腔临床医学 | 章非敏 | 几种修复材料对人牙龈成纤维细胞的影响 |
| | 夏　阳 | 女 | 口腔临床医学 | 章非敏 | 纳米材料改良牙科复合树脂的研究 |
| | 王婧婧 | 女 | 口腔临床医学 | 陈亚明 | 几种预成桩固位影响因素的剪切黏结实验研究 |
| | 孟庆飞 | 男 | 口腔临床医学 | 陈亚明 | 不同桩核和箍结构与残根抗力的实验研究 |
| | 陈丽娟 | 女 | 口腔临床医学 | 陈亚明 | 氟离子导入对牙本质表面影响的实验研究 |
| | 袁秀祥 | 男 | 口腔临床医学 | 吴凤鸣 | 金沉积基底不同表面处理对金瓷结合性能的影响 |
| | 庞　敏 | 女 | 口腔临床医学 | 吴凤鸣 | 热固化基托树脂外源性着色和机械清洁的体外研究 |
| | 陈渊华 | 男 | 口腔临床医学 | 蔡玉惠 | 天然牙、比色板与金瓷修复体色度差的研究 |
| | 朱　政 | 男 | 口腔临床医学 | 李　建 | 烤瓷镍-铬合金烧结后抛光处理对龈缘染色及合金耐腐蚀性的影响 |
| | 符苏杰 | 女 | 口腔临床医学 | 王国平 | 种植体周围龈沟液白介素-8 水平的研究 |
| | 陈慧霞 | 女 | 口腔临床医学 | 陈文静 | 透明保持器对颞下颌关节髁突位置及相关肌肉肌电图的影响 |
| | 李　媛 | 女 | 口腔临床医学 | 陈文静 | 彩色不锈钢弓丝和托槽生物安全性的实验研究 |
| | 倪　密 | 男 | 口腔临床医学 | 陈文静 | 两种功能矫治器治疗安氏Ⅱ类 1 分类错䶮作用机理的比较研究 |
| | 巫云霞 | 女 | 口腔临床医学 | 王　林 | 应力介导的细胞凋亡在扩张鼠腭中缝组织改建过程中的作用研究 |
| | 吴蓉宁 | 女 | 口腔临床医学 | 王　林 | 绝对骨支持式上颌快速扩大动物实验研究 |
| | 张文健 | 男 | 口腔临床医学 | 王　林 | 个体化直丝弓托槽及新型定位托盘的计算机辅助设计与制造 |
| | 王　珊 | 女 | 口腔临床医学 | 王　林 | 萌出中的上颌第三磨牙对上颌第一磨牙近中移动的影响 |
| | 王陈飞 | 男 | 口腔临床医学 | 吴煜农 | 口腔癌患者手术前后生存质量状况的初步研究 |
| | 胡　永 | 男 | 口腔临床医学 | 吴煜农 | Survivin 在成釉细胞瘤和牙源性角化囊肿中的表达及意义 |
| | 姚卫萍 | 女 | 口腔临床医学 | 施星辉 | 舌癌患者术后语音功能的声学分析评价 |
| | 郭吉来 | 男 | 口腔临床医学 | 陈　宁 | 钛网成型自体颗粒骨移植即刻种植重建下颌骨缺损的实验研究 |
| | 周建华 | 男 | 口腔临床医学 | 陶震江 | 大鼠颌骨及胫骨缺损再生修复中 *hoxa*2 基因表达的比较研究 |
| | 周静艳 | 女 | 口腔临床医学 | 孙卫斌 | 壳聚糖对转染人骨形成蛋白 2 基因的 NIH3T3 细胞相容性研究 |
| | 孙凯莹 | 女 | 口腔临床医学 | 孙卫斌 | 纳米羟基磷灰石-壳聚糖复合材料对细胞黏附行为的初步观察 |
| | 江强麟 | 男 | 口腔临床医学 | 孙卫斌 | 腭侧翻瓣刮治术 |

续表 4

| 硕士学位授予单位 | 姓　名 | 性别 | 学科专业 | 指导教师 | 毕业论文题目 |
|---|---|---|---|---|---|
| 南京大学 | | | | | |
| | 李　姮 | 女 | 口腔临床医学 | 王文梅 | 化学机械去龋技术的实验研究和临床应用 |
| | 朱雅男 | 女 | 口腔临床医学 | 王文梅 | 口外粘接再植法治疗纵折后牙的实验研究 |
| | 郑春兰 | 女 | 口腔临床医学 | 王文梅 | 口腔扁平苔藓蛋白质组学研究 |
| | 林梓桐 | 女 | 口腔临床医学 | 王铁梅 | 全身骨代谢与颌骨骨代谢的相关性研究 |
| | 李　升 | 男 | 口腔临床医学 | 杨明华 | 维生素 D 受体多态性与牙周炎易感性关系的研究 |
| | 张　蕾 | 女 | 口腔临床医学 | 骆小平 | 全瓷修复体颜色和透光性的研究 |
| | 邬　烈 | 男 | 口腔临床医学 | 骆小平 | 铸钛基底烤瓷冠适合性的实验研究 |
| | 舒成军 | 女 | 口腔临床医学 | 骆小平 | 牙科钛烤瓷修复的实验研究 |
| | 张翼飞 | 男 | 口腔临床医学 | 骆小平 | 华东地区年轻成人牙型和面型的相关匹配性研究 |
| | 季　骏 | 男 | 口腔临床医学 | 骆小平 | 牙折至龈下正畸轴向快速牵引后根周组织的反应 |
| | 计　艳 | 女 | 口腔临床医学 | 胡勤刚 | 新型种植体涂层材料 rhBMP-2/PDLLA 诱导成骨作用的实验研究 |
| | 施佩花 | 女 | 口腔临床医学 | 胡勤刚 | 口腔鳞癌血管内皮生长因子对树突状细胞影响的研究 |
| | 方　亮 | 男 | 口腔临床医学 | 胡勤刚 | Skp2、$P27^{kip1}$ 在口腔鳞癌中的表达及 Skp2-siRNA体内外抑瘤作用的研究 |
| | 蒲玉梅 | 女 | 口腔临床医学 | 唐恩溢 | 颈丛深支及副神经对斜方肌的支配作用及功能影响 |
| 浙江大学 | | | | | |
| | 查光玉 | 男 | 口腔临床医学 | 张加理 | 根管充填密合度检测方法评价 |
| | 朱海华 | 女 | 口腔临床医学 | 陈　晖 | 悬液芯片仪检测牙周炎和冠心病人的细胞因子水平 |
| | 赵姗姗 | 女 | 口腔临床医学 | 盛祖立 | 纤维桩的临床应用与进展 |
| | 任艳云 | 女 | 口腔临床医学 | 陈　晖 | 载银纳米二氧化钛粉在口腔修复体中抗菌活性的初步研究 |
| | 沈燕青 | 女 | 口腔临床医学 | 傅柏平 | 含磷酸酯的自酸蚀预处理剂与牙釉质间的化学粘结研究 |
| | 许黎莉 | 女 | 口腔临床医学 | 吴素光 | 上颌骨缺损纯钛支架式赝复体修复的临床应用研究 |
| | 陈　瑶 | 女 | 口腔临床医学 | 赵士芳 | $H_2O_2$/HCl 混合液和热处理改性纯钛表面对成骨细胞的黏附、增殖和分化的影响 |
| | 张晓聪 | 男 | 口腔临床医学 | 刘　丽 | 机械应力影响鼠骨髓基质细胞 RANKL 及 OPG 表达变化的影响 |
| | 吴世莲 | 女 | 口腔临床医学 | 刘　丽 | 超声波洁治后不同抛光方法对牙体表面影响的扫描电镜观察 |
| | 宋　杭 | 女 | 口腔临床医学 | 陈关福 | E-钙黏蛋白在口腔鳞癌中的表达与局部浸润，转移和预后相关性研究 |
| | 胡振宇 | 男 | 口腔临床医学 | 谢志坚 | ABCG2、MCM2 在涎腺发育及肿瘤发生干细胞表达中的关系 |
| | 周建国 | 男 | 口腔临床医学 | 谷志远 | 老年人颌面部骨折的手术风险评估和控制 |
| | 林　轶 | 男 | 口腔临床医学 | 王慧明 | 头颈癌瘤术后下颌骨缺损修复现状及方案选择 |

续表 4

| 硕士学位授予单位 | 姓　名 | 性别 | 学科专业 | 指导教师 | 毕业论文题目 |
| --- | --- | --- | --- | --- | --- |
| | 褚群峰 | 男 | 口腔临床医学 | 刘建华 | 溶瘤腺病毒 ZD55-IL24 杀伤 Tca8113 的体外实验研究 |
| | 陈　虹 | 女 | 口腔临床医学 | 林　军 | MTT 法分析培养成骨细胞的存活和增殖能力 |
| | 王国云 | 男 | 口腔临床医学 | 平飞云 | 蛋白质组学在口腔医学中的研究进展 |
| | 蒋娟雯 | 女 | 口腔临床医学 | 黄剑奇 | 唇腭裂胎儿手术研究进展 |
| 温州医学院 | | | | | |
| | 操亚波 | 男 | 口腔临床医学 | 林新平 | 利用功能矫治器建立促 Beagle 犬下颌前伸的实验动物模型 |
| | 陈伟挺 | 男 | 口腔临床医学 | 林新平 | 种植体型功能矫治器矫治机制的动物实验研究 |
| | 孙旭容 | 女 | 口腔临床医学 | 林新平 | 种植体型功能矫治器的矫治机理初探 |
| | 邓　勇 | 男 | 口腔临床医学 | 方一鸣 | 磁共振成像在间接性颞下颌关节损伤中的应用研究 |
| | 孙福财 | 男 | 口腔临床医学 | 张秀华 | 阻鼾器治疗阻塞性睡眠呼吸暂停综合征前后上气道 CT 研究 |
| | 张瑞智 | 男 | 口腔临床医学 | 张　林 | 内置式三焦点牵引器修复重建下颌颏部骨缺损的实验研究 |
| 安徽医科大学 | | | | | |
| | 操小马 | 男 | 口腔临床医学 | 梅陵宜 | 重组质粒 pSecTag2/B-OPG 在 Beagle 犬骨髓基质细胞中表达与鉴定 |
| | 刘思逸 | 男 | 口腔临床医学 | 梅陵宜 | 电子根尖定位仪的临床精确性及其影响因素分析 |
| | 胡晓燕 | 女 | 口腔临床医学 | 梅陵宜 | 儿童口腔中变形链球菌的基因型与传播来源分析 |
| | 阎　旭 | 男 | 口腔临床医学 | 周　健 | 富含血小板血浆(PRP)在口腔种植体结合中的应用 |
| | 邹多宏 | 男 | 口腔临床医学 | 周　健 | 鳞癌(Tca8113)细胞的 *B7-H3* 基因转染及检测 |
| | 王世霞 | 女 | 口腔临床医学 | 周　健 | 缺氧诱导因子-1α 在口腔鳞癌中的表达及其与血管新生的相关性研究 |
| | 范　蓬 | 女 | 口腔临床医学 | 周　健 | 增龄因素对鼠正畸牙牙周组织骨保护素及其配体表达的影响 |
| | 刘彩霞 | 女 | 口腔临床医学 | 周　健 | 不同时期注射富血小板血浆对牵张成骨的影响 |
| 福建医科大学 | | | | | |
| | 张怡洁 | 女 | 口腔临床医学 | 卢友光 | 两种探针对人工早期龋釉质的影响及其在龋病流行病学调查中的差异 |
| | 黄晓刚 | 男 | 口腔临床医学 | 卢友光 | 福建省老年人牙周健康状况及其对口腔健康生活质量影响的研究 |
| | 王文瑜 | 女 | 口腔临床医学 | 闫福华 | 牙龈炎症对环孢素 A 诱发牙龈增生的影响的研究 |
| | 高升辉 | 女 | 口腔临床医学 | 闫福华 | 福建省政和县儿童牙冠、牙弓和腭弓生长发育的测量研究 |
| | 邓冠红 | 女 | 口腔临床医学 | 陈作良<br>梁甲兴 | 免疫反应和细胞凋亡在口腔扁平苔藓发病中的作用 |
| | 陈　熙 | 男 | 口腔临床医学 | 程　辉 | 不同冠边缘形式非贵金属金瓷冠边缘适合性及其强度的研究 |

续表 4

| 硕士学位授予单位 | 姓　名 | 性别 | 学科专业 | 指导教师 | 毕业论文题目 |
|---|---|---|---|---|---|
| | 陈素凤 | 女 | 口腔临床医学 | 程　辉 | 极固宁TM对金属烤瓷全冠牙体预备后活髓基牙牙髓组织影响的研究 |
| | 徐敏锐 | 男 | 口腔临床医学 | 程　辉 | 钴铬合金铸造卡环弹性形变限度和循环疲劳的研究 |
| | 李水根 | 男 | 口腔临床医学 | 姚江武<br>陈　江 | 乳光瓷光学特性的研究 |
| | 林金莹 | 女 | 口腔临床医学 | 姚江武<br>卢友光 | 加速老化和刷牙对光固化复合树脂色度稳定性的影响 |
| | 苏杰华 | 男 | 口腔临床医学 | 张端强 | 上颌前牙整体内收的有限元研究 |
| | 林　焱 | 女 | 口腔临床医学 | 张端强 | 安氏Ⅱ类人群下颌三种基本运动中的𬌗接触情况分析 |
| | 郑　玲 | 女 | 口腔临床医学 | 张端强 | 摇椅形唇弓作用对牙弓三维变化趋势的影响 |
| | 林　斌 | 女 | 口腔临床医学 | 梁甲兴 | 偏侧咀嚼对正畸牙移动影响的实验研究 |
| | 傅燕龙 | 男 | 口腔临床医学 | 林　珊 | 成人Ⅱ类1分类及Ⅲ类错𬌗颅面结构垂直特征的头影测量分析 |
| | 陈念梅 | 女 | 口腔临床医学 | 林　珊 | 自锁托槽滑动阻力测试模型的建立及相关研究 |
| | 吴纪程 | 男 | 口腔临床医学 | 兰泽栋 | rhVEGF和rhBMP-7联合作用对大鼠成骨细胞增殖及分化能力的影响 |
| | 万贤凤 | 女 | 口腔临床医学 | 兰泽栋 | rhBMP-4与rhIGF-Ⅰ联合应用对人牙周膜成纤维细胞增殖及分化能力的影响 |
| | 简小冲 | 男 | 口腔临床医学 | 陈　江 | 辛伐他汀对去卵巢骨质疏松大鼠骨组织生物力学和BMP-2及信号传导蛋白Smad1/5的影响 |
| | 杜志斌 | 男 | 口腔临床医学 | 陈　江 | 辛伐他汀对骨质疏松大鼠种植体骨愈合的影响 |
| | 刘炳煌 | 男 | 口腔临床医学 | 史建陆 | 微植体支抗对幼犬下颌骨生长发育的影响和牙齿移动研究 |
| | 连晓妹 | 女 | 口腔临床医学 | 林李嵩 | 同种异体半侧颜面复合组织移植再血管化的研究 |
| | 郭海啸 | 男 | 口腔临床医学 | 林李嵩 | 兔颜面部同种异体复合组织移植后面神经再生及皮肤附属器的近期观察 |
| | 郑　直 | 男 | 口腔临床医学 | 曲延征 | 奥沙利铂诱导人舌鳞癌细胞株-8113凋亡 |
| 南昌大学 | | | | | |
| | 陈　伟 | 女 | 口腔临床医学 | 杨　健 | 上颌前磨牙根管峡部的研究 |
| | 范华南 | 男 | 口腔临床医学 | 矢小萍 | 四种后牙充填材料边缘微渗漏的体外实验研究 |
| | 彭　冲 | 男 | 口腔临床医学 | 王予江 | 胫骨干骺端松质骨游离植骨对其生长发育影响的实验研究 |
| | 黎秋兰 | 女 | 口腔临床医学 | 卓夏阳 | 利用数字成像曲面断层技术对18～28岁成人下颌孔位置的研究 |
| | 郑治国 | 男 | 口腔临床医学 | 杨　健 | 四种粘接系统对龋坏影响牙本质的粘接效果的比较 |
| | 叶　芳 | 女 | 口腔临床医学 | 杨　健 | 四种喷砂砂粒对牙体表面粗糙度影响的对比研究 |
| | 许凌云 | 女 | 口腔临床医学 | 曾利伟 | 不同黏结剂对全瓷颈缘微渗漏影响的对比研究 |
| | 史晓峰 | 女 | 口腔临床医学 | 曾利伟 | 套筒冠固位力不同调节方式的体外对比研究 |

续表4

| 硕士学位授予单位 | 姓 名 | 性别 | 学科专业 | 指导教师 | 毕业论文题目 |
|---|---|---|---|---|---|
| | 杨 骏 | 男 | 口腔临床医学 | 朱洪水 | 可摘局部义齿基托树脂加氟防龋的临床研究 |
| | 何予敏 | 男 | 口腔临床医学 | 汪建中 | 大鼠单侧后牙缺失髁突软骨 $PGE_2$ 水平的研究 |
| | 张学锋 | 女 | 口腔临床医学 | 汪建中 | 大鼠单侧后牙缺失咬肌 $PGE_2$ 水平的研究 |
| | 田 野 | 男 | 口腔临床医学 | 吴建勇 | 不同高度牙槽骨的上颌前牙内收时牙周膜初应力的三维有限元分析 |
| | 王立凯 | 男 | 口腔临床医学 | 石连水 | 新型复合树脂耐磨性及硬度的体外研究 |
| | 都吉秀 | 男 | 口腔临床医学 | 叶 平 | 双根单冠种植修复下颌第一磨牙的三维有限元分析 |
| | 桑 婷 | 女 | 口腔临床医学 | 伍 军 | 弹力链拉伸性能及力值衰减的体外实验研究 |
| | 曲丰江 | 男 | 口腔临床医学 | 宋 莉 | 人骨髓间充质干细胞体外成骨分化及与Bio-gide胶原膜复合培养的实验研究 |
| 山东大学 | 肖长杰 | 女 | 口腔基础医学 | 李 纾 | 中间层在成釉细胞分化及分泌期的形态学观察及矿化相关蛋白的表达研究 |
| | 于西佼 | 男 | 口腔临床医学 | 李 纾 | 上皮根鞘和上皮剩余在牙齿发育过程中的生物学性状和作用研究 |
| | 薛兰德 | 男 | 口腔临床医学 | 李 纾 | 吸烟对人牙龈组织的影响研究 |
| | 于美娇 | 女 | 口腔临床医学 | 杨丕山 | 苯妥英钠对体外培养的人牙周韧带细胞生物学活性的影响 |
| | 熊纪敏 | 女 | 口腔临床医学 | 杨丕山 | 苯妥英钠-盐酸米诺环素复合药物促进大鼠磨牙区牙周缺损愈合的研究 |
| | 姜 波 | 男 | 口腔临床医学 | 杨丕山 | BMP-2及bFGF在出生后小鼠牙体牙周组织发育中表达的研究 |
| | 杜 毅 | 男 | 口腔临床医学 | 杨丕山 | 联合应用Bio-gide及Bio-oss治疗牙周组织缺损的临床研究 |
| | 侯秀娟 | 女 | 口腔临床医学 | 杨丕山<br>高 旭 | 冠延长术及牙本质肩领的应用对不同桩核修复后牙根抗折性能的影响 |
| | 刘桂香 | 女 | 口腔临床医学 | 王 青 | 超声治疗对于感染根管内毒素的灭活及清除作用研究 |
| | 王伶俐 | 女 | 口腔临床医学 | 戚向敏 | 角质细胞生长因子(KGF)及其受体(KGFR)在口腔扁平苔藓中的表达 |
| | 李亚男 | 女 | 口腔临床医学 | 姜广水 | 面团型根充材料的基础和临床研究 |
| | 马晓妮 | 女 | 口腔临床医学 | 姜广水<br>高 旭 | 黏固表面的处理对桩核冠修复后牙根抗折强度影响的实验研究 |
| | 姜萍萍 | 女 | 口腔临床医学 | 姜广水 | 经涎腺接种变链菌SBR和经胃灌注减毒沙门氏菌后涎腺CCL28的表达 |
| | 张 强 | 男 | 口腔临床医学 | 汲 平 | 不同桩核修复系统对喇叭口状残根修复后牙齿抗折性能的影响 |
| | 解建立 | 男 | 口腔临床医学 | 汲 平 | 𬌗力对楔状缺损的发生及疗效的影响 |
| | 侯 潇 | 女 | 口腔临床医学 | 汲 平 | 颞下颌关节紊乱病患者利用咬合力计进行调𬌗治疗的临床效果分析 |
| | 张 娜 | 女 | 口腔临床医学 | 牟月照 | 糖尿病患者可摘局部义齿修复后龈下菌斑及牙周指数的变化 |
| | 陈岱韵 | 女 | 口腔临床医学 | 张 君 | 牙槽骨缺损不同材料修复后对正畸牙移动的实验研究 |
| | 步 捷 | 男 | 口腔临床医学 | 张 君 | 常用正畸镍钛弓丝机械性能的研究 |

续表 4

| 硕士学位授予单位 | 姓 名 | 性别 | 学科专业 | 指导教师 | 毕业论文题目 |
|---|---|---|---|---|---|
| | 孙新国 | 男 | 口腔临床医学 | 张 君 | 青少年中学生固定正畸治疗的心理时机的临床研究 |
| | 史洪涛 | 男 | 口腔临床医学 | 张 君 | 正畸-正颌联合治疗骨性安氏Ⅲ类错殆软硬组织角度改变的稳定性研究 |
| | 陈 磊 | 男 | 口腔临床医学 | 张 君 | 标准镍钛摇椅形唇弓打开咬合前后上颌牙齿三维变化的研究 |
| | 刘 玉 | 女 | 口腔临床医学 | 孙钦峰 | 超声介导微泡破裂法促进骨形成蛋白-2 基因在体外 NIH3T3 细胞中的表达 |
| | 贾姗姗 | 女 | 口腔临床医学 | 潘淑勤 | 后牵力作用下鼻上颌骨复合体内部应力分布与位移的三维有限元分析 |
| | 史留巍 | 男 | 口腔临床医学 | 马 跃 | 拔牙后植骨对拔牙创愈合速度的影响的研究 |
| | 邢达源 | 男 | 口腔临床医学 | 王旭霞 | 腺病毒介导的骨形态发生蛋白 2 基因治疗促进大鼠同种异体牙移植愈合的实验研究 |
| | 王乐秀 | 女 | 口腔临床医学 | 王旭霞 | 黑色素瘤细胞黏附分子、基质金属蛋白酶-2 及肿瘤抑制基因 *p*53 在腮腺混合瘤中的表达及其意义 |
| | 黄圣运 | 男 | 口腔临床医学 | 张东升 | 重组质粒 pIRES-CD 构建及其对腺样囊性癌细胞杀伤作用的初步实验研究 |
| | 齐立东 | 男 | 口腔临床医学 | 魏奉才 | 上颌窦癌的临床治疗回顾与探讨 |
| | 马 锋 | 男 | 口腔临床医学 | 魏奉才 | 牵张成骨与骨膜牵张成骨过程中干细胞生长因子 mRNA 表达的实验研究 |
| | 周晓清 | 男 | 口腔临床医学 | 孙树征 | 颧蝶缝在颧骨骨折中的意义研究 |
| | 郑秀梅 | 女 | 口腔临床医学 | 徐 欣<br>胡以俊 | 膜引导骨再生基础上富血小板血浆复合 β-磷酸三钙修复骨缺损的动物实验研究 |
| | 唐洪霞 | 女 | 口腔临床医学 | 徐 欣 | 不同表面形态种植体周围炎动物实验的对比研究 |
| | 梁 晋 | 男 | 口腔临床医学 | 徐 欣 | 牙种植术中应用自固化磷酸钙和硫酸钙骨水泥垂直增高牙槽嵴的实验研究 |
| | 柯华峰 | 男 | 口腔临床医学 | 王春玲 | 指导微螺钉种植体植入的牙槽骨安全区域研究 |
| | 叶 静 | 女 | 口腔临床医学 | 王春玲 | 低强度脉冲超声(LIPUS)对兔髁突软骨生长改建影响的初步研究 |
| | 董莉莉 | 女 | 口腔临床医学 | 宋代辉 | 颞颌关节盘前移位的磁共振检查及诊断 |
| | 刘 莉 | 女 | 口腔临床医学 | 刘东旭 | 数字化曲面体层与螺旋 CT 测量牙根间齿槽骨宽度的比较 |
| 青岛大学 | | | | | |
| | 于江波 | 男 | 口腔临床医学 | 张广耘 | 慢性牙周炎合并冠心病患者牙周基础治疗对细胞因子水平的影响 |
| | 王仲杰 | 男 | 口腔临床医学 | 张广耘 | 环磷酰胺促牙周炎发病作用的实验研究 |
| | 谢彩虹 | 女 | 口腔临床医学 | 刘新强 | 光固化树脂加强型玻璃离子正畸黏结剂预防釉质脱矿的实验研究 |
| | 贾兆群 | 男 | 口腔临床医学 | 刘新强 | 微螺钉种植体支抗在成人双颌前突矫治中的应用研究 |
| | 刘 虹 | 女 | 口腔临床医学 | 王 雪 | 不同印模材料对铸造桩的精度及固位力的影响研究 |
| | 李金华 | 女 | 口腔临床医学 | 王 雪 | 固定修复中基牙脱敏方法的基础研究 |
| | 陈 宇 | 女 | 口腔临床医学 | 王 雪 | 包埋材料不同的配比和不同升温方法对铸造冠精密度影响的研究 |

续表 4

| 硕士学位授予单位 | 姓　名 | 性别 | 学科专业 | 指导教师 | 毕业论文题目 |
|---|---|---|---|---|---|
| | 王　磊 | 男 | 口腔临床医学 | 孙桂兰 | 纯钛表面微弧氧化膜的结构特性和耐腐蚀性研究 |
| | 常忠福 | 男 | 口腔临床医学 | 陈　杰 | 安氏Ⅲ类错 畸形伴颞下颌关节功能紊乱病患者髁突运动研究 |
| | 石东晓 | 男 | 口腔临床医学 | 陈　杰 | 正畸托槽间接粘结的实验及临床研究 |
| | 张圣军 | 男 | 口腔临床医学 | 陈　杰 | Angle Ⅱ类错 伴颞颌关节紊乱病的髁突运动研究 |
| | 陈永忻 | 女 | 口腔临床医学 | 陈　杰 | 恒牙期安氏Ⅰ类与安氏Ⅱ类 1 分类错 患者颅、颌、面关系的对比研究 |
| | 陈　涛 | 男 | 口腔临床医学 | 李宁毅 | 富血小板血浆在组织工程骨血管化中作用研究及组织影像学观察 |
| | 周福亭 | 男 | 口腔临床医学 | 李宁毅 | 中国北方人下颌骨骨密度的测量研究 |
| | 郑　军 | 男 | 口腔临床医学 | 李宁毅 | 犬即刻种植软组织设计和处理的实验研究 |
| | 刘德宽 | 男 | 口腔临床医学 | 尚　伟 | N,O-羧甲基壳聚糖复合磷酸三钙的理化性能及修复兔下颌骨骨缺损的实验研究 |
| | 宫大连 | 男 | 口腔临床医学 | 赵保东 | 犬上颌窦提升同期种植体植入术的实验研究 |
| | 刘斌云 | 男 | 口腔临床医学 | 樊功为 | PRP 在大鼠口腔颌面部骨组织工程中作用的研究 |
| | 吕云松 | 男 | 口腔临床医学 | 王升志 | Caveolin-1 在口腔鳞癌中的表达及其临床意义的研究 |
| | 王香爱 | 女 | 口腔临床医学 | 王升志 | 流动复合树脂用于后牙Ⅱ类洞龋损树脂修复的基底层的研究 |
| | 段青云 | 男 | 口腔临床医学 | 贾暮云 | SPECT 和 SPECT/CT 在口腔恶性肿瘤侵犯下颌骨检查中应用价值的研究 |
| 滨州医学院 | | | | | |
| | 郝鹏杰 | 女 | 口腔临床医学 | 张晓明 | 不同浓度的 1,25-二羟基维生素 D3 对大鼠正畸牙移动速度的影响 |
| | 宋　冰 | 男 | 口腔临床医学 | 杨佑成 | 同种异体脱细胞真皮基质移植于硬腭黏骨膜下后组织学转归的实验研究 |
| 郑州大学 | | | | | |
| | 何艳丽 | 女 | 口腔临床医学 | 刘学军 | 牙周基础治疗前后根面致龋微生物分析 |
| | 杜远宽 | 男 | 口腔临床医学 | 管泽民 | 牙齿漂白胶治疗氟斑牙的实验与临床研究 |
| | 康　娟 | 女 | 口腔临床医学 | 张秋霞 | 预成桩修复后固位力与牙齿抗折力的实验研究 |
| | 王北京 | 男 | 口腔临床医学 | 张秋霞 | 石膏表面硬化剂对超硬石膏模型机械性能影响的研究 |
| | 赵　华 | 女 | 口腔临床医学 | 赵红宇 | Emdogain 辛伐他汀及两者联合应用对人牙周膜细胞增殖和分化能力的影响 |
| | 程　涛 | 男 | 口腔临床医学 | 莫三心 | 纯钛嵌体和复合树脂嵌体微渗漏的对比研究 |
| | 周　琳 | 女 | 口腔临床医学 | 莫三心 | 轴壁聚合度对金属全冠固位力影响的实验研究 |
| | 严　枭 | 女 | 口腔临床医学 | 刘进忠 | 郑州市区恒牙期安氏Ⅰ类错 女性颅面形态的研究 |
| | 郑艳利 | 女 | 口腔临床医学 | 刘进忠 | Wistar 大鼠口腔黏膜癌变过程的实验研究 |
| | 谷爱玲 | 女 | 口腔临床医学 | 何　巍 | 脱落酸、玉米素对人 SACC-2 细胞诱导分化作用的实验研究 |
| | 王树斌 | 男 | 口腔临床医学 | 曹选平 | 维生素 E 琥珀酸酯对人舌癌 Tca8113 细胞生长抑制的实验研究 |

续表 4

| 硕士学位授予单位 | 姓名 | 性别 | 学科专业 | 指导教师 | 毕业论文题目 |
|---|---|---|---|---|---|
| | 杨彩玲 | 女 | 口腔临床医学 | 韩新光 | 盐酸埃克替尼对人舌鳞癌 Tca8113 细胞抑制作用的研究 |
| | 赵德强 | 男 | 口腔临床医学 | 李新明 | 姜黄素对人舌鳞癌 Tca8113 细胞抑制作用的实验研究 |
| | 姜　倩 | 女 | 口腔临床医学 | 石爱梅 | 人口腔白斑及鳞状细胞癌中 NF-κB/p65、cyclin D1 及 CD105 表达的研究 |
| 华中科技大学 | | | | | |
| | 马净植 | 女 | 口腔临床医学 | 陈卫民 | 两种漂白方法对釉质表面粗糙度及细菌黏附力的影响 |
| | 逢爱慧 | 女 | 口腔临床医学 | 陈卫民 | 内源性雌激素及其受体与牙龈瘤的关系 |
| | 萨伊德 | 男 | 口腔临床医学 | 毛　靖 | Butolinum toxin type A in the treatment of excessive gingival display |
| | 杜建明 | 男 | 口腔临床医学 | 曹颖光 | 载 BMP-7 腺相关病毒促种植体周骨缺损修复的实验研究 |
| | 向国林 | 男 | 口腔临床医学 | 朱声荣 | COX-2、CD105 和 CyclinD1 在腮腺多形性腺瘤及瘤旁腺泡的表达及意义 |
| | 蔡传宝 | 男 | 口腔临床医学 | 陶学金 | TGF-β1，Smad 4 和 Endoglin 在口腔鳞癌中的表达和意义 |
| 中南大学 | | | | | |
| | 蒋校文 | 男 | 口腔临床医学 | 蓢新春 | bFGF 在口腔黏膜下纤维性变和白斑组织中表达差异的研究 |
| | 米克 | 男 | 口腔临床医学 | 蓢新春 | Evalution of loss of the vestibular sulcus after repairing bilateral alveolar clefts with bone graft in different soft tissue closure |
| | 易雷鸣 | 女 | 口腔临床医学 | 凌天牖 | 血管紧张素Ⅱ及血管紧张素Ⅱ-Ⅰ Ⅰ型受体在口腔黏膜下纤维性变中的表达研究 |
| | 黄　琰 | 女 | 口腔临床医学 | 高义军 | 口腔黏膜下纤维性变及其癌变组织中 Survivin、C-myc 的表达研究 |
| | 李辉莉 | 女 | 口腔临床医学 | 方厂云 | 槟榔碱对口腔黏膜成纤维细胞微丝骨架及胶原吞噬作用的影响 |
| | 苏　征 | 女 | 口腔临床医学 | 方厂云 | 牙龈卟啉单胞菌脂多糖对牙周膜成纤维细胞胶原吞噬作用的影响 |
| | 王压冲 | 女 | 口腔临床医学 | 冯云枝 | 不同桩核材料及牙本质肩领高度和形态对前牙抗撕裂强度的影响 |
| | 曲彬彬 | 男 | 口腔临床医学 | 唐瞻贵 | OPN 在口腔疣状癌中表达的研究 |
| | 游　弋 | 女 | 口腔临床医学 | 吴汉江 | 单侧颞下颌关节强直三种治疗术式对双侧髁突生物力学影响的三维有限元研究 |
| | 邝亦元 | 男 | 口腔临床医学 | 吴汉江 | 抓钩式内支撑颧弓骨折固定器的研制 |
| | 王明朗 | 男 | 口腔临床医学 | 黄生高 | 持续静压力对成骨样细胞整合素 α5 和整合素 β1 mRNA 表达的影响 |
| | 钟孝欢 | 男 | 口腔临床医学 | 黄生高 | 静态牵张应变作用下 PPHrP 对人成骨样细胞增殖及其 C-fos mRNA 表达的影响 |
| | 米阳 | 男 | 口腔临床医学 | 陈　蕾 | Preparation of novel bulk carbon nanotubes dental materials for implants |
| | 努尔 | 男 | 口腔临床医学 | 谢晓莉 | Comparision of apical microleakage of lateral compaction technique and vertical compaction technique |

续表 4

| 硕士学位授予单位 | 姓　名 | 性别 | 学科专业 | 指导教师 | 毕业论文题目 |
|---|---|---|---|---|---|
| 暨南大学 | | | | | |
| | 卢新春 | 女 | 口腔临床医学 | 唐　亮 | 前牙即刻种植修复近期临床疗效的研究 |
| | 张　武 | 男 | 口腔临床医学 | 孔卫东 | rhBMP-2/SH 复合物对微种植体支抗稳定性影响的实验研究 |
| | 徐建敏 | 女 | 口腔临床医学 | 赖仁发 | 牙周可疑致病微生物与种植体周病变的相关性研究 |
| | 王海云 | 女 | 口腔临床医学 | 赖仁发 | 脉冲 Nd:YAG 激光辅助去除正畸金属托槽的实验研究 |
| | 叶　斌 | 男 | 口腔临床医学 | 张国志 | 成人腭裂患者颌、殆形态测量的比较性研究 |
| 中山大学 | | | | | |
| | 古丽莎 | 女 | 口腔临床医学 | 凌均棨 | 下颌第一磨牙管间峡区的显微 CT 观察及清理技术的建立 |
| | 黄湘雅 | 女 | 口腔临床医学 | 凌均棨 | 下颌第一前磨牙多根管系统的显微 CT 观察及诊断方法学研究 |
| | 张静兰 | 女 | 口腔临床医学 | 凌均棨 | 粪肠球菌生物膜形成及药物控制的实验研究 |
| | 戈　林 | 女 | 口腔临床医学 | 凌均棨 | 广州市牙髓根尖周病的流行病学研究 |
| | 欧美珍 | 女 | 口腔临床医学 | 凌均棨 | 可动性Ⅱ类内含子构建变形链球菌 *com*C 基因 *lux*S 基因失活菌株的研究 |
| | 黄航敏 | 女 | 口腔临床医学 | 凌均棨 | 11～14 岁儿童口腔健康相关生存质量量表(COHRQoL11-14 中文版)的验证及应用研究 |
| | 杨柳青 | 女 | 口腔临床医学 | 林正梅 | BMP/Smads 信号通路调控人牙髓细胞碱性磷酸酶活性的实验研究 |
| | 张　伦 | 男 | 口腔临床医学 | 林正梅 | Internal and external morphology of the maxillary first molars in a Maur |
| | 乔永刚 | 女 | 口腔临床医学 | 李　彦 | 咬合升高和咬合创伤对牙体牙髓组织的影响 |
| | 吴淑仪 | 女 | 口腔临床医学 | 李　彦 | 咬合垂直距离升高对大鼠牙周组织的影响 |
| | 周　燕 | 女 | 口腔临床医学 | 付　云 | 17-β 雌二醇影响人牙周韧带细胞增殖及表达 OPG/RANKL 的实验研究 |
| | 齐刘英 | 女 | 口腔临床医学 | 付　云 | AGES 对人牙龈成纤维细胞增殖和Ⅰ型胶原合成的影响 |
| | 李希庭 | 女 | 口腔临床医学 | 阮　毅 | 血清及牙龈硒水平与牙周炎症关系的初步研究 |
| | 刘　墨 | 女 | 口腔临床医学 | 阮　毅 | Nd:YAG 激光对人牙周膜成纤维细胞增殖力及碱性磷酸酶活性和胶原蛋白合成的影响 |
| | 律　娜 | 女 | 口腔临床医学 | 程　斌 | 4NQO 诱发大鼠舌黏膜癌变中 FAK 表达及其与细胞增殖、凋亡关系的研究 |
| | 郝高峰 | 男 | 口腔临床医学 | 林焕彩 | 不同龋易感性儿童唾液蛋白的实验研究 |
| | 赵　莉 | 女 | 口腔临床医学 | 林焕彩 | 口腔健康临床指数与口腔健康相关生活质量的关系研究 |
| | 张　骏 | 男 | 口腔临床医学 | 赵　克 | 磨牙 EMAX 全冠断裂和失效行为的实验研究 |
| | 沈　韵 | 男 | 口腔临床医学 | 付　强 | LIMK2 在流体剪切力介导的成骨细胞细胞骨架改建中的作用研究 |
| | 刘艳辉 | 男 | 口腔临床医学 | 付　强 | 流体剪切力及 cofilin 磷酸化对成骨细胞细胞骨架改建的研究 |
| | 康成容 | 女 | 口腔临床医学 | 魏素华 | 纤维桩对上颌中切牙应力影响的三维有限元研究 |

续表 4

| 硕士学位授予单位 | 姓　名 | 性别 | 学科专业 | 指导教师 | 毕业论文题目 |
|---|---|---|---|---|---|
| | 周美娟 | 女 | 口腔临床医学 | 黄　芳 | 上颌第一前磨牙牙根解剖特点及根管壁厚度增龄性变化的研究 |
| | 黄南楠 | 女 | 口腔临床医学 | 梁焕友 | SGBG/PHBV 构建牙周组织工程支架的细胞学实验研究 |
| | 聂二民 | | 口腔临床医学 | 张春元 | 残根牙体剩余量对纤维桩核全冠修复体侧向加载力学性能的影响 |
| | 张盛炎 | | 口腔临床医学 | 杨军英 | 弱光启动固化模式对三种后牙树脂聚合收缩与表面硬度的作用机制 |
| | 马建元 | 男 | 口腔临床医学 | 邓飞龙 | 微弧氧化膜层钛种植体骨内植入实验研究 |
| | 冯志才 | 男 | 口腔临床医学 | 王大为 | 瓷表面处理对金属托槽与瓷面粘接性能影响的实验研究 |
| | 马　迅 | 男 | 口腔临床医学 | 王大为 | Twin-block 矫治器治疗下颌后缩安氏Ⅱ类错殆儿童口颌肌肉变化的研究 |
| | 麦理想 | 男 | 口腔临床医学 | 王大为 | 正畸力作用下小型猪牙根吸收的初步研究 |
| | 麦志辉 | 男 | 口腔临床医学 | 艾　虹 | 牙周膜牵张成骨术快速移动牙齿的动物实验及临床研究 |
| | 刘向臻 | 男 | 口腔临床医学 | 冉　炜 | 三维重建及快速原型技术辅助口腔颌面部外科手术导航设计系统的应用研究 |
| | 李　金 | 男 | 口腔临床医学 | 廖贵清 | 舌癌 Tca8113 来源的 exosomes 诱导 CTL 抗肿瘤作用的初步研究 |
| | 李雪玲 | 女 | 口腔临床医学 | 林雪峰 | 磨牙症患者口颌系统运动功能特征的临床研究 |
| | 杨屹强 | 男 | 口腔临床医学 | 顶学强 | hTERT-shRNA 慢病毒载体构建及其抑制人舌鳞癌 Tca8113 细胞株的体外实验研究 |
| | 白植宝 | 男 | 口腔临床医学 | 陈伟良 | 应用 RNA 干扰技术沉默转化生长因子-β1 基因对舌鳞癌细胞增殖活性及 iNOS 表达 |
| | 王永洁 | 女 | 口腔临床医学 | 陈伟良 | RNA 干扰技术沉默 *iNOS* 基因对舌鳞癌细胞增殖活性和 COX-2 表达的影响 |
| | 金芮竹 | 女 | 口腔临床医学 | 蒋立坚 | 口腔鳞癌 3p24EAβMD 位点杂合缺失的研究及序列测定 |
| 南方医科大学 | | | | | |
| | 黄建生 | 男 | 口腔临床医学 | 章锦才 | 种植体周围炎骨缺损重建的动物实验研究 |
| | 张爱华 | | 口腔临床医学 | 章锦才<br>黄建生 | 不同种植体表面对种植体周围炎骨缺损重建的影响 |
| | 周会喜 | 男 | 口腔临床医学 | 周　磊 | 偏殆畸形的疗效研究 |
| | 龙宝军 | 男 | 口腔临床医学 | 陈　柯<br>殷　操 | 复发性口腔溃疡与胃肠道疾病相关性的临床研究 |
| | 孙　晰 | | 口腔临床医学 | 陈　柯 | 纤维桩对上颌中切牙牙根应力分布影响的三维有限元分析 |
| | 邢　静 | | 口腔临床医学 | 陈　柯<br>段建民 | 纤维桩粘接固位影响因素的实验研究 |
| 广西医科大学 | | | | | |
| | 李雅灵 | 女 | 口腔临床医学 | 陶人川 | 龈沟液 HBD-2 及 IL-1β 的水平与牙周炎关系初步研究 |
| | 雷月娟 | 女 | 口腔临床医学 | 何克新 | ROOT ZX 根管长度测定器测量根管工作长度的准确度及临床因素影响分析 |
| | 徐勤业 | 男 | 口腔临床医学 | 何克新 | 重型和疱疹样复发性口腔溃疡的 T 淋巴细胞亚群检测及 α-甘露糖聚肽临床治疗评价 |

续表 4

| 硕士学位授予单位 | 姓　名 | 性别 | 学科专业 | 指导教师 | 毕业论文题目 |
|---|---|---|---|---|---|
| | 曾　强 | 男 | 口腔临床医学 | 李玉玲 | 五种烤瓷铸造合金在人工唾液中的腐蚀性能研究 |
| | 黄旋平 | 男 | 口腔临床医学 | 周　诺 | hBMP-2 真核表达载体的构建及转染兔骨髓间充质干细胞的研究 |
| | 陈　洪 | 女 | 口腔临床医学 | 农晓琳 | 瘢痕抑制剂抗皮肤瘢痕的实验研究 |
| | 陈　琦 | 男 | 口腔临床医学 | 农晓琳 | 腺样囊性癌复发、侵袭、转移特性的研究 |
| | 黄　辉 | 男 | 口腔临床医学 | 罗　莉 | 碱性成纤维细胞生长因子(bFGF)在婴幼儿血管瘤及血管畸形中的表达及意义 |
| 泸州医学院 | | | | | |
| | 李　伟 | 男 | 口腔临床医学 | 刘兴容 | 儿童龋病中变形链球菌的基因型分析 |
| | 李燕萍 | 女 | 口腔临床医学 | 刘兴容 | 酪蛋白磷酸肽钙磷复合体对放线菌影响的实验研究 |
| | 冯　燕 | 女 | 口腔临床医学 | 聂敏海 | CK19mRNA 在口腔鳞状细胞癌中的表达研究 |
| | 毛良军 | 女 | 口腔临床医学 | 聂敏海 | 细胞角蛋白在口腔扁平苔藓中的表达研究 |
| | 丁农乐 | 女 | 口腔临床医学 | 刘　敏 | 上颌前牙烤瓷反 3/4 冠修复的固位力的实验研究 |
| | 罗　玲 | 女 | 口腔临床医学 | 杨四维 | IL-1β 在大鼠正畸性牙根吸收过程中的表达 |
| | 徐晓梅 | 女 | 口腔临床医学 | 杨四维 | 异常咬合对颞下颌关节的影响 |
| | 马晨博 | 男 | 口腔临床医学 | 杨四维 | 不同垂直面型Ⅱ类错殆畸形的髁突和颞下颌关节前斜面对称性及特点 |
| | 马敬斋 | 男 | 口腔临床医学 | 梁尚争 | 中国人群非综合征唇腭裂 *TGFA* 基因 TaqⅠ多态性研究 |
| | 税桦桦 | 男 | 口腔临床医学 | 梁尚争 | 口腔颌面部鳞癌组织中肿瘤抑制基因 *maspin* 的表达 |
| | 黄　历 | 男 | 口腔临床医学 | 郑光勇 | 超声骨刀对神经影响的病理学观察 |
| 贵阳医学院 | | | | | |
| | 卢　虹 | 女 | 口腔临床医学 | 蔡　扬 | 口腔黏膜癌变过程中 STK15 和 P53 的表达和意义 |
| | 廖　健 | 男 | 口腔临床医学 | 王　永 | 贵州地区氟中毒人群中氟斑牙的色度值研究 |
| | 魏宏琳 | 女 | 口腔临床医学 | 宋宇峰 | 组织因子在口腔鳞癌中的表达及功能 |
| | 戴泰鸣 | 男 | 口腔临床医学 | 马　洪 | 口腔鳞癌中 MIF、MMP-9 的表达及与血管生成的关系 |
| 遵义医学院 | | | | | |
| | 岳朝晖 | 女 | 口腔临床医学 | 刘建国 | 变形链球菌防龋基因疫苗 pcDNA3-pac 免疫 BALB/c 小鼠的实验研究 |
| | 赵　秀 | 女 | 口腔临床医学 | 刘建国 | 变形链球菌 pacA 和 gtfB-cat 与 ctxB 嵌合表达质粒的构建及其原核表达 |
| | 曲云鹏 | 男 | 口腔临床医学 | 刘建国 | 嵌合真核表达质粒 pVAX1-SA、pVAX1-GC 和 pVAX1-SG 的构建及真核表达 |
| | 柴巧学 | 女 | 口腔临床医学 | 刘建国 | 嵌合体真核表达质粒 pVAX1-SSG 的构建以及在真核细胞中的表达 |
| | 梁　颖 | 女 | 口腔临床医学 | 刘建国 | IGF-1 对大鼠正畸牙牙周组织改建的影响 |
| | 苗　松 | 男 | 口腔临床医学 | 刘建国 | 冠边缘密合性与牙周组织相关性研究 |
| | 夏长普 | 男 | 口腔临床医学 | 刘建国 | 茶多酚治疗慢性牙周炎的临床研究 |

续表 4

| 硕士学位授予单位 | 姓 名 | 性别 | 学科专业 | 指导教师 | 毕业论文题目 |
| --- | --- | --- | --- | --- | --- |
| | 唐 旭 | 女 | 口腔临床医学 | 刘 琪 | 牙周膜成纤维细胞-富血小板胶的合成及其成骨活性表达的研究 |
| | 钟雯怡 | 女 | 口腔临床医学 | 刘 琪 | 羊富血小板胶细胞基质促牙周组织再生的动物实验研究 |
| | 王春风 | 女 | 口腔临床医学 | 张绍伟<br>刘建国 | 茶多酚对复发性口腔溃疡的初步应用研究 |
| | 彭彩刚 | 男 | 口腔临床医学 | 徐宇红<br>刘建国 | VEGF 对大鼠正畸牙牙周膜细胞整合素 αV、β3 表达的影响 |
| | 官爱忠 | 男 | 口腔临床医学 | 朱国威 | 重度着色前牙列金属烤瓷修复后美容效果的临床观察 |
| | 罗 祎 | 女 | 口腔临床医学 | 朱国威 | 氧化锌水门汀对牙本质黏结力的影响 |
| | 丛龙凤 | 男 | 口腔临床医学 | 宋 琦 | 两种不同烤瓷冠对牙周组织的影响 |
| | 陈 芳 | 女 | 口腔临床医学 | 宋 琦 | 涎腺腺样囊性癌肿瘤干细胞生物学特性初探 |
| | 柴松宏 | 男 | 口腔临床医学 | 陈黎明 | 氟对成釉细胞增殖与凋亡的作用及分子机制的实验研究 |
| | 尹鑫海 | 男 | 口腔临床医学 | 董 平 | 镍钛记忆合金牵引器骨膜牵张成骨在犬腭裂整复中的应用研究 |
| | 王 晶 | 女 | 口腔临床医学 | 黄桂林<br>刘建国 | 变形链球菌基因疫苗 pcDNA3/pac、pcDNA3/gtfB 鼻腔黏膜免疫日本长耳大白兔的实验研究 |
| | 姜 群 | 女 | 口腔临床医学 | 黄桂林 | 鼠导管结扎诱导的下颌下腺干、祖细胞分离培养及生物学行为研究 |
| | 田 锟 | 男 | 口腔临床医学 | 余小明 | BMP 在修复贵州型猪腭裂骨缺损中的实验研究 |
| 昆明医学院 | | | | | |
| | 陈建中 | 男 | 口腔基础医学 | 李 松 | GDF5 在 SD 大鼠颞下颌关节发育早期髁突中作用的研究 |
| | 吴剑花 | 女 | 口腔临床医学 | 欧炯光 | 弱激光辐照对变形链球菌生长和产酸影响的研究 |
| | 王 璐 | 女 | 口腔临床医学 | 欧炯光 | 慢性根尖周手术治疗后一年临床疗效观察 |
| | 付永伟 | 男 | 口腔临床医学 | 欧炯光 | 实验性糖尿病牙周炎诱导骨细胞凋亡的初步研究 |
| | 孟丽蕊 | 女 | 口腔临床医学 | 张 杰 | 侵袭性牙周炎患者外周血白细胞中 CD8 B1 的表达 |
| | 郑 旭 | 男 | 口腔临床医学 | 张 杰 | 侵袭性牙周炎患者外周血白细胞 DNA JC11 的表达研究 |
| | 王 婉 | 女 | 口腔临床医学 | 张 杰 | 丙酮醛对 VMP1、ZNF510 在人牙周膜成纤维细胞中的影响 |
| | 乌玉红 | 女 | 口腔临床医学 | 雷雅燕 | 云南武定县非创伤性充填治疗儿童恒牙龋坏的观察 |
| | 杨雪连 | 女 | 口腔临床医学 | 丁仲鹃 | 纤维蛋白胶复合生长因子对成骨细胞影响的研究 |
| | 温 娟 | 女 | 口腔临床医学 | 丁仲鹃 | 辛伐他汀对骨质疏松大鼠种植体周围骨生成影响的实验研究 |
| | 季娟娟 | 女 | 口腔临床医学 | 丁仲鹃 | 壳聚糖缓释膜的制备及其对成骨细胞的毒性研究 |
| | 王玉善 | 女 | 口腔临床医学 | 张文云 | 烤瓷修复患者满意度的调查研究 |
| | 吴雨耘 | 女 | 口腔临床医学 | 张文云 | 黏结条件对纤维桩固位力影响的实验研究 |

续表 4

| 硕士学位授予单位 | 姓　名 | 性别 | 学科专业 | 指导教师 | 毕业论文题目 |
|---|---|---|---|---|---|
| | 王晓惠 | 女 | 口腔临床医学 | 张文云 | 树脂基质和固化体系对复合树脂性能影响的实验研究 |
| | 廖先旻 | 女 | 口腔临床医学 | 贾安琦 | 金泥应用耐磨性及对冠粘接力影响的实验研究 |
| | 王宝梁 | 男 | 口腔临床医学 | 徐　芸 | 正畸、正颌外科联合治疗成年人骨性Ⅲ类错殆 |
| | 刘　波 | 男 | 口腔临床医学 | 徐　芸 | 安氏Ⅱ类Ⅰ分类错殆拔牙矫治唇部软组织变化的研究 |
| | 张　黎 | 女 | 口腔临床医学 | 徐　芸 | 错殆畸形对成年人人格倾向影响的多因素研究 |
| | 殷忠平 | 男 | 口腔临床医学 | 徐　芸 | 磁场对大鼠面颌肌细胞生物学特性影响的体外研究 |
| | 周　婷 | 女 | 口腔临床医学 | 李　松 | 模型复印法在正畸诊断设计中的综合应用 |
| | 徐会勇 | 男 | 口腔临床医学 | 李　松 | TGF-$\beta_1$ 与 BMP-2 对髁突软骨细胞Ⅱ型胶原及蛋白多糖合成的影响 |
| | 曹　雪 | 女 | 口腔临床医学 | 李　松 | iNOS 及 cNOS 在 SD 大鼠软骨细胞分化过程中作用的研究 |
| | 杨晓辉 | 男 | 口腔临床医学 | 许　彪 | PGF-$\beta_1$、VEGF 在兔下颌骨缺损修复表达中的实验研究 |
| | 王丹丹 | 女 | 口腔临床医学 | 李永生 | Nd:YAG 激光联合平阳霉素对兔耳静脉作用的实验研究 |
| | 罗光明 | 男 | 口腔临床医学 | 杨　湛 | Ad-nm23-H1 的构建与鉴定及其对 A375 细胞增殖的影响 |
| | 吴　剑 | 男 | 口腔临床医学 | 杨　湛 | 重组腺病毒 Ad-GFP-nm23-H1 的体外表达及对肿瘤细胞增殖能力的影响 |
| | 刘桂林 | 男 | 口腔临床医学 | 刘　流 | 舌鳞状细胞癌耐药细胞的建立和对比研究 |
| | 张　丽 | 女 | 口腔临床医学 | 刘　流 | 滇丹参对瘢痕成纤维细胞影响的实验研究 |
| 西安交通大学 | | | | | |
| | 康雅琳 | 女 | 口腔临床医学 | 王宝彦 | 不同浓度苯妥英钠对人骨髓基质干细胞增殖的影响 |
| | 邓晓红 | 女 | 口腔临床医学 | 郭青玉 | gtfB 寡核苷酸探针检测儿童龋易感人群 |
| | 孙俊毅 | 男 | 口腔临床医学 | 苟建重 | 运用 SELDI-TOF MS 技术筛选牙周炎疫苗候选 Pg 外膜蛋白抗原的初步研究 |
| | 孙媛媛 | 女 | 口腔临床医学 | 苟建重 | 采用 Shotgun 方法筛选牙周炎疫苗候选 Pg 外膜蛋白抗原的初步研究 |
| | 丁　岩 | 女 | 口腔临床医学 | 张　兰 | 龈沟液中 IL-1β、TNF-α 与 2 型糖尿病和牙周病相关性的研究 |
| | 李　峥 | 女 | 口腔临床医学 | 苗群爱 | 陕西省口腔黏膜病流行现状与部分危险因素的相关分析 |
| | 郭海燕 | 女 | 口腔临床医学 | 侯铁舟 | 微量元素添加剂预防氟牙症的研究——碘、钼、硼、镁、硒对小鼠氟牙症的预防 |
| | 王　琳 | 女 | 口腔临床医学 | 侯铁舟 | 氟对小鼠釉原蛋白和釉鞘蛋白基因表达的影响 |
| | 胡亚军 | 女 | 口腔临床医学 | 李晓红 | 重组人生长激素与雌激素联合应用对去势大鼠颌骨代谢的影响 |
| | 李大旭 | 男 | 口腔临床医学 | 李晓红 | 三种牙周可疑致病菌的鉴定和在种植体周围的早期定植研究 |
| | 刘晓晨 | 女 | 口腔临床医学 | 李晓红 | 一种生物医用近 β 钛合金的腐蚀性实验研究 |

续表 4

| 硕士学位授予单位 | 姓 名 | 性别 | 学科专业 | 指导教师 | 毕业论文题目 |
|---|---|---|---|---|---|
| | 安源远 | 女 | 口腔临床医学 | 周 洪 | 静压力对人牙周膜成纤维细胞蛋白表达影响的质谱分析 |
| | 代 泉 | 男 | 口腔临床医学 | 周 洪 | 微种植体支抗的三维有限元研究 |
| | 宋剑玮 | 女 | 口腔临床医学 | 周 洪 | 西安地区青年骨性Ⅱ类、Ⅲ类面型与正常𬌗面型颅面形态的三维测量比较研究 |
| | 许海燕 | 女 | 口腔临床医学 | 周 洪 | 压应力和人牙周膜细胞对人破骨细胞影响的体外研究 |
| | 杜 斌 | 男 | 口腔临床医学 | 白乐康 | 上颌天然牙和人工牙排列位置的测量与研究 |
| | 吴茫茫 | 女 | 口腔临床医学 | 白乐康 | 磨牙症大鼠纹状体儿茶酚胺类神经递质变化的实验研究 |
| | 张先琴 | 女 | 口腔临床医学 | 白乐康 | 磨牙症大鼠额皮质中儿茶酚胺类神经递质变化的实验研究 |
| | 杜良智 | 男 | 口腔临床医学 | 常晓峰 | 上颌窦底提升及人工骨粉植入的动物实验研究 |
| | 马建明 | 男 | 口腔临床医学 | 杨壮群 | 脂质体鱼肝油酸钠作用于人血管瘤内皮细胞的实验研究 |
| | 汤晓雨 | 男 | 口腔临床医学 | 杨壮群 | 人脐血干细胞体外培养及诱导成软骨细胞的初步研究 |
| | 杨 勇 | 男 | 口腔临床医学 | 张引成 | 不同方法制备抗原致敏的树突状细胞介导CTL对Tca8113细胞杀伤作用的体外实验研究 |
| | 郭 建 | 男 | 口腔临床医学 | 张引成 | Survivin反义寡核苷酸诱导人黏膜表皮样癌细胞凋亡的实验研究 |
| | 毕国星 | 男 | 口腔临床医学 | 文抑西 | 唇腭裂专科病案信息数据库建立与应用的初步探索 |
| | 马思维 | 女 | 口腔临床医学 | 文抑西 | 不同腭裂类型儿童汉语单元音发音特点与语言理解度的分析研究 |
| 兰州大学 | | | | | |
| | 李冬梅 | 女 | 口腔临床医学 | 包广洁 | 高温注射式热牙胶根管充填的基础研究 |
| | 董 华 | 女 | 口腔临床医学 | 练维娟 | 中国东乡族、保安族、裕固族龋病流行病学调查 |
| | 张小恒 | 男 | 口腔临床医学 | 余占海 | 盐酸小檗碱对人牙周膜细胞生物学活性及大鼠牙周组织中IL-1β、TNF-α表达的影响 |
| | 郭 莉 | 女 | 口腔临床医学 | 刘 斌 | 种植体周围骨缺损膜引导修复的动物实验研究 |
| | 颉伟博 | 男 | 口腔临床医学 | 刘 斌 | 烤瓷牙金瓷结合及抗菌釉面的研究 |
| | 秦 琨 | 女 | 口腔临床医学 | 康 宏 | 亚微米氧化锆增韧氧化铝口腔复合陶瓷光学性能的研究 |
| | 张 洁 | 女 | 口腔临床医学 | 王丽京 | RGD序列肽在口腔癌中的作用机理研究 |
| 宁夏医学院 | | | | | |
| | 张 敬 | 女 | 口腔临床医学 | 漆 明 | P73、T14^ARF、COX-2和KI67在口腔扁平苔藓组织中的表达和临床意义 |
| 新疆医科大学 | | | | | |
| | 聂 晶 | 男 | 口腔临床医学 | 钟良军 | 大鼠正畸牙移动中TLR-4在牙周组织中的表达与分布变化规律的研究 |
| | 王 璇 | 女 | 口腔临床医学 | 钟良军 | 臭氧联合再矿化技术对离体乳牙脱矿牙本质显微硬度的影响 |

续表 4

| 硕士学位授予单位 | 姓　名 | 性别 | 学科专业 | 指导教师 | 毕业论文题目 |
|---|---|---|---|---|---|
| | 刘海霞 | 女 | 口腔临床医学 | 阿达莱提 | 乌鲁木齐市 7～15 岁儿童少年错殆畸形现况调查 |
| | 古丽努尔.阿吾提 | 女 | 口腔临床医学 | 阿达莱提 | 即刻种植义齿修复种植体牙周龈下菌群的动态分析 |
| | 徐国强 | 男 | 口腔临床医学 | 阿达莱提 | 前牙烤瓷修复中临床医生与患者目视比色的差异对比 |
| | 贺　瑞 | 女 | 口腔临床医学 | 阿达莱提 | 圆锥型套筒冠义齿修复牙周病伴牙列缺损的远期疗效回访 |
| | 邓红燕 | 女 | 口腔临床医学 | 王金玉 | 金属烤瓷修复体的临床疗效观察 |
| | 孙　睿 | 女 | 口腔临床医学 | 王金玉 | 瓷表面粗化技术处理对烤瓷修复体崩瓷修补的影响 |
| | 王建青 | 女 | 口腔临床医学 | 王金玉 | 镍铬合金与钛合金烤瓷全冠的临床对比研究 |
| | 赵晓静 | 女 | 口腔临床医学 | 李良忠 | Ⅱ类骨面型前牙深覆殆的相关因素及牙与牙槽特征分析 |
| | 郑雪飞 | 女 | 口腔临床医学 | 吴佩玲 | 安氏Ⅱ$^1$ 错殆拔牙矫治前后的软硬组织投影测量分析 |
| | 多力昆.吾甫尔 | 男 | 口腔临床医学 | 阿地力 | 自制穿颊软管在下颌骨角和升支骨折切开内固定中的应用 |
| | 刁晓洁 | 女 | 口腔临床医学 | 阿地力 | $^{18}$F-FDG 标准摄取值诊断口腔颌面部鳞癌及颈转移癌的研究 |
| | 乔　源 | 男 | 口腔临床医学 | 林兆全 | 影响颌骨良性病损术后感染的因素分析 |
| | 刘利军 | 男 | 口腔临床医学 | 林兆全 | 螺旋 CT 三维重建在髁状突骨折诊治中的临床运用 |
| | 王　玲 | 女 | 口腔临床医学 | 林兆全 | 口腔颌面外科 519 例老年住院患者疾病谱分析 |
| 军医进修学院 | | | | | |
| | 汪　林 | 女 | 口腔临床医学 | 储冰峰 | 变形链球菌葡糖基转移酶催化活性区基因的分子克隆、表达及活性测定 |
| | 郭　芮 | 女 | 口腔临床医学 | 胡　敏 | 模拟失重对下颌骨的影响 |
| 第二军医大学 | | | | | |
| | 姜　蕾 | 女 | 口腔临床医学 | 姜晓钟 | 骨桥蛋白及其受体 CD44v6 在口腔鳞癌中的表达及意义的研究 |
| | 田　刚 | 男 | 口腔临床医学 | 周中华 | Bio-oss 复合纤维蛋白胶、BMP 及 GBR 膜对犬下颌骨缺损成骨修复的实验研究 |
| | 贾晓妍 | 女 | 口腔临床医学 | 汪大林<br>唐卫忠<br>李笑梅 | 上颌全牙列种植固定桥悬臂长度、种植体位置与应力分布的关系 |
| 第三军医大学 | | | | | |
| | 陈小红 | 女 | 口腔临床医学 | 刘鲁川 | 大鼠脂肪干细胞(rADSCs)的分离鉴定及向成牙本质细胞分化的实验研究 |
| | 苏　军 | 男 | 口腔临床医学 | 刘鲁川 | 奥硝唑甲磺酸培氟沙星缓释牙栓的体内外释放度的测定 |
| | 毛永利 | 男 | 口腔临床医学 | 刘鲁川 | 复方奥硝唑甲磺酸培氟沙星缓释牙栓毒理学安全性实验研究 |
| | 李　楠 | 男 | 口腔临床医学 | 刘鲁川 | 复方奥硝唑甲磺酸培氟沙星缓释牙栓的药效学实验研究 |
| | 郑加军 | 男 | 口腔临床医学 | 谭颖徽 | 血管活性肠肽在下颌骨骨折愈合中的作用研究 |
| | 肖　胤 | 男 | 口腔临床医学 | 杨　军 | Survivin 在人涎腺腺样囊性癌中的表达及意义 |

# 2007 年度国家精品课程名单

资料来源于教育部教高函[2007]20 号“教育部 财政部关于批准 2007 年度国家精品课程建设项目的通知”附件。

**表 5 2007 年度国家精品课程(口腔医学本科)名单(以学科为序)**

| 序号 | 一级学科 | 二级学科 | 课程名称 | 课程学校 | 负责人 |
|---|---|---|---|---|---|
| 382 | 医学 | 口腔医学类 | 口腔颌面外科学 | 四川大学 | 石 冰 |
| 383 | 医学 | 口腔医学类 | 口腔黏膜病学 | 四川大学 | 陈谦明 |
| 384 | 医学 | 口腔医学类 | 口腔修复学 | 中国人民解放军第四军医大学 | 赵铱民 |

# 2007 年度高等学校特色专业建设点名单

资料来源于教育部网站教高函[2007]25 号文“教育部 财政部关于批准 2007 年度第一批高等学校特色专业建设点的通知”和教高函[2007]31 号文“教育部 财政部关于批准 2007 年度第二批高等学校特色专业建设点的通知”。

**表 6 2007 年度第一批高等学校特色专业建设点名单**

| 项目编号 | 学校名称 | 专业名称 | 所属领域方向 |
|---|---|---|---|
| TS2017 | 北京大学 | 口腔医学 | 口腔医学类 |
| TS2066 | 首都医科大学 | 口腔医学 | 口腔医学类 |
| TS2183 | 上海交通大学 | 口腔医学 | 口腔医学类 |
| TS2299 | 武汉大学 | 口腔医学 | 口腔医学类 |
| TS2361 | 四川大学 | 口腔医学 | 口腔医学类 |

**表 7 2007 年度第二批高等学校特色专业建设点名单**

| 学校名称 | 专业名称 |
|---|---|
| 佳木斯大学 | 口腔医学 |
| 滨州医学院 | 口腔医学 |
| 遵义医学院 | 口腔医学 |

(薛玉萍)

# 人　物

## 2007 年新增列博士研究生导师和口腔医学专家简介

（按姓氏笔画排序）

### 万乾炳

万乾炳，男，1967 年 1 月生，四川简阳人。1990 年毕业于华西医科大学口腔医学院，同年开始在该校攻读硕士、博士学位，于 1995年获华西医科大学医学博士学位。1995 年至上海第二医科大学口腔医学院从事博士后研究，1997 年完成博士后研究出站。1999－2001 年在日本齿科大学固定修复学教研室任客座副教授。历任四川大学华西口腔医学院副教授、教授，硕士研究生导师。现任四川大学华西口腔医学院口腔修复科副主任，教授，博士研究生导师。

擅长口腔固定修复，科研方向为口腔固定修复技术、口腔全瓷修复材料和技术及口腔生物医学工程等。在国内首先开发出渗透陶瓷材料，并应用于临床。自编《口腔技工质量管理》教材，并开设了该课程。在国内外杂志上发表文章 50 余篇，参与编写专著 6 部。获部省级科研课题 5 项，获省级科技进步三等奖 1 项，四川大学优秀教学奖 1 项；被评为四川大学青年骨干教师，四川大学“214”重点人才计划人选，四川大学教学名师培养计划人选。指导硕士研究生 21 名，协助指导博士生 8 名。

（四川大学华西口腔医学院供稿）

### 王　航

王航，男，1971 年 2 月生，浙江绍兴人。1994 年毕业于华西医科大学口腔医学院，同年在该校攻读口腔修复学硕士学位，1999 年获该校医学博士学位并留校工作。2003 年赴荷兰阿姆斯特丹牙科学术中心做访问学者，通过联合培养已获得阿姆斯特丹大学牙科学博士学位。历任四川大学华西口腔医学院讲师、副教授，硕士研究生导师。现任该校副教授，博士研究生导师。

主要从事口腔修复学教学、医疗和科研工作，擅长固定修复，美齿。科研方面主要从事生物材料的应用基础和骨组织细胞的生物力学研究。已发表学术论文 20 余篇，其中 SCI 收录 9 篇。作为主要研究人员参加了国家级和部省级科研课题 3 项，作为负责人获得校科研基金和国家自然科学基金各一项，并获得省市级科技进步二等奖和三等奖 3 项，获国家专利 1 项。作为主要完成人员之一，参加了口腔修复学精品课程和课件的制作，该课程获得四川大学、四川省教育厅和教育部的精品课程称号。

（四川大学华西口腔医学院供稿）

### 王　敏

王敏，女，1956 年 1 月生，山西临汾人。1982 年毕业于四川医学院口腔医学系，至泸

州医学院任教。1988年华西医科大学口腔修复学专业毕业，获医学硕士学位，留校工作至今。2007年四川大学口腔基础医学专业毕业，获医学博士学位。历任泸州医学院助教，四川大学华西口腔医学院讲师、副教授，硕士研究生导师，教学办公室主任、医院办公室主任，口腔修复学教研室及口腔医院修复科副主任。现任四川大学华西口腔医学院主任医师、教授，博士研究生导师，院长助理。兼任成都市医学会医疗事故鉴定专家，《华西口腔医学杂志》审稿专家。

长期从事口腔修复学教学、医疗及科研工作。研究方向主要涉及口腔活动修复基础及临床，在无牙颌牙槽骨吸收、固定修复中瓷材料混色规律方面有较高的造诣。已发表专业学术论文30余篇，主编、参编专著4部。获四川省科学技术厅科研资助项目4项、四川省教育厅资助项目1项，获国家发明专利1项。已培养硕士研究生18名。

（四川大学华西口腔医学院供稿）

## 王新知

王新知，女，1955年10月生，北京人。1983年毕业于北京第二医学院第一分院口腔医学系，至北京医学院工作。1989年获北京医科大学医学博士学位。1994－1996年和2001年在美国得克萨斯大学休斯顿医学中心做访问学者并进行博士后研究工作，1999年在日本爱知学院大学做高级访问学者。现任北京大学口腔医（学）院口腔修复科副主任，教授、主任医师，硕士、博士研究生导师。为国际牙科研究会（IADR）、中华口腔医学会、日本齿科色彩学会会员。兼任中华口腔医学会口腔修复学专业委员会委员，中国电子学会生命电子学分会口腔医疗用品专业委员会常务理事。《中华口腔医学杂志》、《口腔颌面修复学杂志》、《北京口腔医学》杂志审稿人以及中华医学会、中华口腔医学会、解放军总后勤部等医疗事故技术鉴定专家库成员。

从事口腔修复学专业医疗、教学、科研工作，研究方向为口腔色彩、口腔仿生材料、修复体设计和美学修复。在SCI收录期刊、国内期刊上发表论著40余篇，参编口腔修复学教材、参考书和译著6部，主译译著3部，副主译1部。曾参加国家自然科学基金、“863”计划项目共5项，为“口腔修复学数据集的构建”课题负责人，担任国家科技支撑计划“新型牙种植体及桩核修复材料及产品”项目组副组长，获中国实用新型专利1项。指导和培养硕士研究生12名，博士研究生8名。

（北京大学口腔医学院供稿）

## 邓春富

邓春富，男，1960年4月生，辽宁铁岭人。1984年毕业于中国医科大学口腔医学系，留校工作至今。1992和2004年分别获中国医科大学医学硕士学位和口腔医学博士学位。历任中国医科大学口腔医（学）院口腔颌面外科住院医师、讲师、副教授、教授，1994－1996年在也门医疗队工作。现任中国医科大学口腔医学院口腔种植中心主任，教授，硕士研究生导师。兼任中华口腔医学会口腔种植专业委员会委员，辽宁省口腔医学会常务理事，辽宁省口腔医学会口腔种植专业委员会主任委员，《中国实用口腔科杂志》编委。

从事口腔颌面外科学教学、医疗和科研工作 20 余年，专业特长为口腔种植修复。发表学术论文 20 余篇，参编著作 4 部。主持省科研课题 1 项，参与完成省科研课题 4 项，获辽宁省科技进步三等奖 1 项。

（中国医科大学口腔医学院供稿）

## 包崇云

包崇云，男，1967 年 8 月生，云南建水人。1991 年毕业于华西医科大学口腔医学院，至云南红河州医院工作。1999 年和 2001 年分别获华西医科大学医学硕士、博士学位。2001 年 7 月－2003 年 7 月在四川大学国家生物材料中心博士后科研流动站进行博士后研究。2007 年至今在荷兰 Twente 大学生物医学技术学院组织再生课题组做访问学者。历任红河州医院住院医师、主治医师，四川大学华西口腔医学院副教授，硕士研究生导师。现任四川大学口腔疾病研究国家重点实验室、华西口腔医学院口腔颌面外科学副教授，博士研究生导师。

近十多年来，以颌骨缺损修复重建及牙咬合恢复为目标，提出体内骨组织工程与颌骨修复重建，并开展了体内组织工程骨支持牙种植体重建咬合的基础与临床前探索，对实现牙种植体等经皮穿龈器件软组织生物密封的机制进行了较深入研究。已发表论文 40 多篇，SCI 收录 13 篇，EI 收录 12 篇，参编中英文专著各一部。主持国家自然科学基金及部省级基金 3 项，作为主研人员参加“973”计划 1 项，“863”计划 2 项；获部级科技进步奖 2 项，发明专利授权 4 项。已培养硕士研究生 4 名，正指导博士生 2 名，硕士生 3 名。2006 年入选教育部新世纪优秀人才及四川省卫生厅学术技术带头人后备人选。

（四川大学华西口腔医学院供稿）

## 叶　玲

叶玲，女，1975 年 1 月生，重庆荣昌人。2000 年毕业于华西医科大学口腔医学院（7 年制），获口腔医学硕士学位，2003 年获该校口腔医学博士学位，同年留校任教。2004－2005 年赴美国加州大学旧金山分校牙学院研修，2005 年 12 月中山大学光华口腔医学院博士后研究出站。历任四川大学华西口腔医学院副教授，硕士研究生导师。现任四川大学华西口腔医学院牙髓病学教研室主任，副教授，博士研究生导师。

主要从事牙体牙髓病学临床医疗、教学和科研工作，擅长牙髓根尖周病的现代诊治及疑难病例的治疗。担任本科生、研究生等教学工作。致力于牙髓病病因和防治及牙髓生物学的研究，以牙齿发育中的信号通路研究和牙再生为主研方向。发表论文 20 余篇，其中 SCI 收录 7 篇，参编专著 3 部。先后参与国家自然科学基金、国际合作项目等重大科研课题 10 余项；现负责国家自然科学基金项目 1 项和省科技厅重点项目 1 项，作为主研人员参加部省级课题 3 项。参研课题“口腔感染性疾病病因及防治研究”获教育部高等学校科技进步奖一等奖；“牙髓根尖周病的基础和临床研究”获四川省科技进步奖二等奖。两次获四川大学青年骨干教师奖励计划资助，并获四川省杰出青年科研基金资助。

（四川大学华西口腔医学院供稿）

## 白 丁

白丁，男，1965年11月生，浙江绍兴人。1988年毕业于华西医科大学口腔医学院，同年开始在华西医科大学攻读学位，1993年获该校医学博士学位并留校任教。历任华西医科大学助教、讲师、副教授，硕士研究生导师。现任四川大学华西口腔医学院正畸科副主任，教授，博士研究生导师。兼任中华口腔医学会口腔正畸专业委员会常委，中华口腔医学会口腔颌面外科专业委员会正颌外科学组成员，中华医学会医学美学专业委员会青年委员，中华医学会医学美学专业委员会四川省医学会医学美学分委会副主任委员，四川省医学会和成都市医学会医疗事故技术鉴定专家库成员，四川省医疗美容主诊医师执业资格认定专家委员会委员。

从事口腔正畸学教学、科研和临床工作。以口腔正畸生物学与生物力学为主要研究方向，有较丰富的正畸临床经验，在正畸-正颌外科联合矫治、成人正畸、正畸与颜面审美、各类固定矫治术、功能矫治术方面有较多研究。发表科研论文70余篇，被SCI、EI收录4篇，参编、副主编出版专著、译著5部。承担国家级、部省级科研课题5项，目前在研国家自然科学基金项目1项；获部省级奖励3项，四川大学教学成果一等奖1项。荣获四川大学优秀青年骨干教师称号。已培养硕士研究生10余名，并协助指导博士研究生5名，目前正指导博士、硕士研究生10余名。

（四川大学华西口腔医学院供稿）

## 刘 磊

刘磊，男，1973年9月生，河南舞阳人。1995年毕业于华西医科大学，2000年获该校医学博士学位并留校任教。历任华西医科大学讲师、主治医师，硕士研究生导师。现任四川大学华西口腔医(学)院副教授、副主任医师，博士研究生导师。兼任中华口腔医学会口腔颌面外科专业委员会创伤学组成员，四川省医疗美容主诊医师答辩专家委员会委员及答辩专家，国家自然科学基金同行评议专家，四川省科技厅及卫生厅科技项目评审专家，成都市、重庆市科技项目评审专家；*BMC Molecular Biology Reviewer*，《现代生物医学进展》常务编委，《中国组织工程研究与临床康复》执行编委、《华西口腔医学杂志》、《国际口腔医学杂志》审稿专家。

从事口腔颌面外科学临床、教学和科研工作，主研方向为口腔颌面部创伤诊治、口腔颌面部畸形缺损整复、口腔颌面部组织与器官再生医学。在国内外期刊上发表论文120余篇，副主编、参编专著8部和译著1部。作为负责人先后承担国家自然科学基金项目3项、教育部新世纪优秀人才支持计划1项、省市科研项目4项；作为主研人员参加“973”计划前期研究专项课题2项、国家自然科学基金项目3项和部省级项目10项。获教育部提名国家科学技术进步奖一等奖1项、中华医学科技奖三等奖1项、省科技进步二等奖和三等奖各1项、省高校自然科学优秀科研成果三等奖1项、校优秀教学成果奖1项，已获国家专利5项。入选四川省杰出青年学科带头人培养计划及四川省卫生厅学术技术带头人后备人选，被评为教育部新世纪优秀人才。

（四川大学华西口腔医学院供稿）

## 张 伟

张伟，男，1961年11月生，吉林省吉林市

人。1984 年毕业于白求恩医科大学口腔医学系并留校任教。1991－1995 年留学日本东北大学医学部，1995 年获该校医学博士学位。历任白求恩医科大学口腔医学院口腔颌面外科学教研室主任，口腔医院口腔颌面外科副主任、主任，住院医师、主治医师、副主任医师、主任医师。现任吉林大学口腔医(学)院口腔颌面外科学教研室主任和口腔颌面外科主任，硕士研究生导师。兼任吉林省急救复苏学会常委，吉林省整形美容学会常委，吉林省医学会口腔医学分会委员，第 3 届中华口腔医学会口腔颌面放射专业委员会委员，《口腔医学研究》杂志编委。

从事口腔颌面外科学教学、临床、科研工作 20 余年，主要研究方向为口腔颌面部肿瘤、损伤和唾液腺疾病的基础、临床研究，完成了诸多疑难病症的诊断与治疗。主持参与吉林省科研课题 5 项，获吉林省科技进步三等奖 1 项，吉林大学医疗成果奖 5 项。在专业期刊上发表学术论文 30 余篇，其中 2 篇为 SCI 收录论文，主编著作 1 部。培养硕士研究生 20 余名。

（吉林大学口腔医学院供稿）

## 张　益

张益，男，1962 年 9 月生，江苏宜兴人。1984 年毕业于北京医学院口腔医学系，1990 年北京医科大学口腔医学院研究生毕业，获医学博士学位。1990、1994 和 2004 年分别在瑞士伯尔尼大学、日本朝日大学、英国伦敦大学学院进修学习。历任北京大学口腔医(学)院口腔颌面外科住院医师、主治医师、副主任医师、副教授、主任医师、教授。现任北京大学口腔医(学)院口腔颌面创伤中心主任，口

腔颌面外科副主任，主任医师、教授，博士研究生导师。兼任中华口腔医学会颞下颌关节病学与殆学专业委员会委员，中华口腔医学会口腔颌面外科专业委员会创伤学组组长，中国康复医学会修复重建外科专业委员会颅颌面外科学组副组长，北京医学会创伤学专业委员会委员，国际内固定学会(AO)、颅颌面外科亚洲地区教育委员会委员，解放军总后勤部和中华医学会医疗事故技术鉴定专家库成员，*Int J Oral & Maxillofac Trauma* 编委，《北京口腔医学》、《上海口腔医学》、《中国口腔颌面外科杂志》编委。

主要从事口腔颌面创伤和肿瘤的临床治疗与研究，擅长于颅颌面骨折治疗，颅颌面创伤畸形的整复和骨缺损重建。先后在国际和国内学术刊物上发表论文 84 篇，主编专著 2 部，主审 1 部，参编专著 15 部。先后承担国家和部省级科研项目 7 项，以课题负责人承担的项目获北京市科技进步二等奖。指导和培养博士研究生 6 名，硕士研究生 6 名。

（北京大学口腔医学院供稿）

## 张　旗

张旗，女，1971 年 3 月生，湖北武汉人。1994 年毕业于湖北医科大学口腔医学院，同年于该校攻读研究生学位(硕博连读)，1999 年获武汉大学口腔医学院医学博士学位并留校任教。工作后分别赴日本大学松户牙学院和荷兰奈梅京大学牙学院研修、留学。

2006 年获荷兰奈梅京大学牙学院医学博士学位。历任武汉大学口腔医学院助教、讲师、副教授，硕士研究生导师。现任武汉大学口腔医学院口腔生物医学工程教育部重点实验室常务副主任，教授、主任医师，博士研究生导师。兼任湖北省口腔医学会理事，《口腔医学研究》杂志编委。

以牙体牙髓疾病的病因及其防治为主研方向，在牙髓生物学和龋病的预防方面取得一定成就。近 5 年来发表学术论文 10 余篇，其中 SCI 期刊收录 8 篇，参编专著 3 部。主持国家自然科学基金项目 1 项，部省级基金项目 1 项，获部省级科技进步奖一等奖 1 项。指导和培养硕士研究生 8 名，协助指导博士研究生 1 名。

（武汉大学口腔医学院供稿）

## 李 江

李江，女，1964 年 5 月生，上海人。1987 年毕业于上海第二医科大学口腔医学院，同年在该校攻读口腔病理学硕士学位，1990 年获医学硕士学位并留校任教。2001 年获上海第二医科大学医学博士学位。2002 - 2004 年分别在日本新潟大学齿学部、美国纽约西奈山医学中心学习口腔、头颈肿瘤病理学，美国德州大学学习头颈肿瘤分子生物学。历任上海第二医科大学附属第九人民医院口腔病理科副主任、主任，讲师、副教授、副主任医师、教授、主任医师，硕士生导师。现任上海第九人民医院口腔病理科主任，主任医师、教授，博士研究生导师。兼任中华口腔医学会口腔病理学专业委员会副主任委员，《上海口腔医学》、《中国口腔颌面外科杂志》、《口腔颌面外科杂志》、《诊断学理论与实践杂志》和卫生部规划教材《口腔组织病理学》编委。

长期从事口腔病理学教学、医疗、科研工作，积累了丰富的临床病理诊断经验，科研方向为口腔颌面部肿瘤的基础研究。以第一负责人承担国家自然科学基金、上海市科委基础研究重点项目、上海市教委科研项目等 11 项。发表论文 30 余篇，其中 SCI 收录论文数篇，参编专著 7 部。先后入选上海第九人民医院、上海第二医科大学优秀青年骨干培养计划，并荣获上海市“三八”红旗手荣誉称号，获上海市明治乳业科学奖等。

（上海交通大学附属第九人民医院供稿）

## 李继遥

李继遥，女，1965 年 10 月生，四川自贡人。1990 年毕业于华西医科大学口腔医学院并留校任教。1998 年获华西医科大学医学硕士学位，2005 年获四川大学医学博士学位。历任华西医科大学口腔医学院口腔内科学助教、讲师，四川大学华西口腔医学院口腔内科学副教授、教授，硕士研究生导师。现任华西口腔医学院口腔内科学系副主任，教授，博士研究生导师。兼任中华口腔医学会牙体牙髓病学专业委员会委员、秘书，《华西口腔医学杂志》审稿专家。

以龋病病因和防治为主研方向，在天然药物防龋方面做出了较大成绩。发表学术论文 30 余篇，SCI 收录 5 篇，参编专著 4 部，主译专著 1 部。先后负责参与了国家自然科学基金项目、国家“十五”、“十一五”科技攻关项目、卫生部临床重点建设项目等 9 项。作为主要完成人之一获教育部提名国家科技进步一等奖 2 项，中华医学科技奖 1 项，四川省科技进步二等奖 2 项，国家实用新型专利 2 项，国家发明专利 1 项。先后指导硕士研究生 10 余名。

（四川大学华西口腔医学院供稿）

## 邹淑娟

邹淑娟，女，1964 年 8 月生，广东兴宁人。1987 年毕业于华西医科大学口腔医学院，至贵阳医学院任教。1989 年始在华西医科大学攻读学位，1992 年获该校医学硕士学位并留校任教。2005 年获四川大学口腔医学博士学位。2000－2001 年获国家留学基金资助赴荷兰自由大学牙科中心研修，并在口腔正畸和口腔生物学教研室从事细胞力学信号传递及牙胚组织工程方面的研究工作。历任贵阳医学院助教，华西医科大学口腔医学院讲师、副主任医师，硕士研究生导师。现任四川大学华西口腔医学院教授，博士研究生导师。

一直从事唇腭裂患者的术前术后正畸和牙面矫形治疗及相关基础研究。在国内外专业期刊发表论文 30 余篇，其中 7 篇被 SCI 收录，2 篇被 EI 收录，参编专著 2 部。主持国家自然科学基金项目 2 项和部省级科研课题 2 项，参加国家自然科学基金项目 2 项和部省级科研课题研究 3 项。获教育部高等学校科学技术进步奖一等奖 1 项，四川省科技进步三等奖 2 项，成都市科技进步奖二等奖 1 项。已培养硕士研究生 5 名，指导在读博士生 2 名，硕士生 8 名。

（四川大学华西口腔医学院供稿）

## 陈　宇

陈宇，女，1963 年 12 月生，四川成都人。1984年毕业于华西医科大学口腔医学院，1987 年华西医科大学口腔医学院研究生毕业，获医学硕士学位，1999 年 4 月毕业于日本东京医科齿科大学大学院，获口腔医学博士学位。历任华西医科大学口腔医学院口腔病理学副教授，硕士研究生导师。现任四川大学华西口腔医学院口腔病理学教研室和口腔医院病理科主任，教授，博士研究生导师。兼任中华口腔医学会口腔病理学专业委员会常委，日本口腔病理学会会员，成都市医学会病理专业委员会常委。

从事口腔组织病理学教学和科研工作，在口腔组织病理学和肿瘤分子生物学方面，尤其是在基质金属蛋白酶和口腔颌面部肿瘤的浸润转移方面进行了大量的研究和探索。已发表论文近 30 篇，SCI 收录 4 篇，参编论著 3 部。作为课题负责人承担部省级、学校及学院课题 4 项。已培养和正指导硕士研究生 10 名，指导博士研究生 1 名。

（四川大学华西口腔医学院供稿）

## 陈永进

陈永进，男，1960 年 11 月生，陕西汉中人。1983 年毕业于第四军医大学口腔医学系，1986 和 1993 年分别获第四军医大学医学硕士和医学博士学位。1997－1998 年在日本大阪大学齿学部口腔修复科做访问研究员，2002 年在美国华盛顿大学牙科学院国际高级牙科医师进修班学习，2007 年在荷兰阿姆斯特丹大学牙科研究中心做访问学者。历任空军西安医院主治医师，第四军医大学口腔医学院讲师、主治医师、副教授、副主任医师、教授、主任医师。现任第四军医大学口腔医(学)院急诊与综合临床科主任，教授、主任医师，博士研究生导师。兼任中华口腔医学会颞下颌关节病学与殆学专业委员会委员，陕西省口腔医学会秘书长，陕西省医疗事故鉴定委员会专家，《实用口腔医学杂志》编委。

擅长颞下颌关节紊乱病、磨牙症、牙科疑难病症的综合诊治。科研方向为临床咬合学、紧张-咀嚼肌功能-颌骨构建的相互关系、口腔医学心理学。提出了口内取咬合关系、制作肌位咬合板的新理论和方法。在国内外杂志上发表学术论文 44 篇，主编或参编专著和全国统编教材 6 部。获国家自然科学基金项目 2 项，军队课题 1 项，部省级课题 3 项和校级课题 2 项，获军队科技进步二等奖 2 项、三等奖 1 项。指导硕士研究生 10 名，博士研究生 1 名。

（第四军医大学口腔医学院供稿）

## 欧阳翔英

欧阳翔英，女，1962 年 10 月生，江西人。1983 年毕业于北京医学院分院，分配至北京医学院口腔医院工作。1990 年获北京医科大学口腔医学院医学硕士学位，2003 年获该校医学博士学位。1996 年 10 月－1997 年 1 月在香港大学牙学院做访问学者，随后赴瑞士伯尔尼大学牙医学院做访问学者一年。2003 年赴日本九州大学齿学部任客座教授，进行合作研究。历任北京医科大学口腔医(学)院牙周科医师、主治医师、副教授、副主任医师、主任医师、教授，硕士研究生导师。现任北京大学口腔医(学)院牙周科副主任，博士研究生导师。兼任中华口腔医学会牙周病学专业委员会常委，为亚太牙周病学协会(APSP)会员和国际牙科研究会(IADR)会员。

长期工作于牙周病学医疗、教学、科研第一线，主要科研方向为牙周疾病治疗学、牙周疾病与全身疾病的关系、牙周疾病的流行病学、牙周疾病的体液免疫学以及其在诊断中的作用等。在上述方面有深入的研究并积累了丰富的临床经验，在我国开展了牙冠延长术、引导性组织再生术等牙周组织再生治疗、治疗局限性牙龈退缩的结缔组织移植术等多项新技术。发表论文 40 余篇，参编并出版教材和著作 9 部。主持国家自然科学基金项目、首都医学发展科研基金项目、“十一五”国家科技支撑计划项目子课题等项目的研究。获卫生部科技进步三等奖 1 项。指导和培养研究生 16 名。

（北京大学口腔医学院供稿）

## 郑家伟

郑家伟，男，1964 年 5 月生，山东淄博人。1985 年毕业于山东医科大学口腔医学系，1988 年获山东医科大学医学硕士学位，1996 年始在上海第二医科大学口腔颌面外科攻读学位，1999 年获该校医学博士学位，并留校工作。历任山东医科大学口腔医学系助教、讲师、副教授，上海第二医科大学口腔医学院副研究员、研究员，硕士研究生导师。现任上海交通大学口腔医学院院长助理，研究员，博士研究生导师。兼任中华口腔医学会口腔颌面外科专业委员会委员，中华口腔医学会口腔医学教育专业委员会委员，中华口腔医学会口腔颌面外科专业委员会脉管性疾病学组成员兼秘书，为国际口腔颌面外科医师协会会员，国际脉管性疾病研究学会资深会员，*Asian Journal of Oral and Maxillofacial Surgery* 编委，《中国口腔颌面外科杂志》、《上海口腔医学》常务副主编，《口腔颌面外科杂志》编委，国家执业医师和主治医师资格考试命审题委员会委员，国家自然科学基金项目评议人。

从事口腔颌面外科临床、教学与科研工作，主要研究方向为口腔颌面部血管瘤、脉管畸形的治疗与发病机制。擅长口腔颌面部血管瘤、脉管畸形的诊断与治疗。在国内外专业杂志上发表论文(第一作者)104 篇，被 SCI 收录 11 篇，主编专著 2 部，副主编专著 1 部，参编著作 8 部。承担国家自然科学基金项目 2 项，上海市科研项目 2 项，获国家和省市级科技进步奖 4 项，其中上海医学科技奖一等奖 1 项，国家科技进步奖二等奖 1 项。

(上海交通大学口腔医学院供稿)

## 胡　雁

胡雁，男，1960 年 1 月生，重庆人。1983 年毕业于湖北医学院口腔医学系。1987 年获湖北医科大学医学硕士学位。1994 - 1996 年在澳大利亚昆士兰大学牙学院做访问学者，2001 年获澳大利亚政府全额奖学金赴澳大利亚昆士兰大学牙学院攻读博士学位，2005 年获该校口腔医学博士学位。历任湖北医科大学口腔医(学)院口腔内科主治医师、讲师，广东省口腔医院主治医师、副主任医师，儿童牙病和黏膜病科主任、临床实验室主任。为 2006 年中山大学“百人计划”引进人才。现任中山大学光华口腔医学院·附属口腔医院特诊科副主任，口腔生物学教研室主任，主任医师、教授，博士研究生导师。兼任第 1 届中华口腔医学会老年口腔医学专业委员会委员，现任广东省口腔医学会理事，为国际牙科研究学会(IADR)会员。

从事口腔黏膜病、牙体牙髓病和牙周病的诊治。研究方向为口腔黏膜病的病因与发病机制，尤其对口腔念珠菌感染、复发性口腔溃疡等疾病进行了较深入研究。担任口腔生物学、口腔黏膜病学教学工作和培养硕士、博士研究生。在国内外专业杂志发表学术论文 30 余篇，其中被 SCI 期刊收录 6 篇，主编出版专著 1 部。

(中山大学光华口腔医学院供稿)

## 唐瞻贵

唐瞻贵，男，1964 年 2 月生，湖南道县人。1987 年毕业于湖南医科大学医疗系并留校任教。1986 年 2 月 - 1988 年 6 月在北京医科大学口腔医学院学习，1993 年获湖南医科大学医学硕士学位，2004 年获中南大学医学博士学位，2005 年在中南大学科研流动站从事博士后研究工作。2006 - 2007 年获国家留学基金资助赴美国耶鲁大学医学院研修一年。历任湖南医科大学口腔医学系讲师、副教授，硕士研究生导师，口腔颌面外科副主任。现任中南大学口腔医学院副院长，口腔医学研究所口腔癌变机理研究室主任，湘雅医院口腔科副主任，教授，博士研究生导师。兼任中华口腔医学会理事，中华口腔医学会口腔颌面外科专业委员会口腔颌面肿瘤学组成员、口腔颌面头颈肿瘤-内科协作组成员，湖南省制冷学会冷冻医疗低温生物专业委员会主任委员，第 4 届全国青年科技工作者协会会员，《口腔医学研究》杂志常务编委。

长期从事口腔颌面外科医疗、教学和科

研工作。主攻方向为口腔颌面部肿瘤防治、恶性高热的临床与基础研究,特别在口腔疣状癌及恶性高热方面有较高造诣。发表学术论文 100 余篇,主编著作 2 部,参编著作 10 部。主持部省级课题研究 10 余项,参加国家自然科学基金课题研究。获湖南省医药卫生科技进步二等奖 1 项,湖南医学科技二等奖 1 项,湖南省科技进步三等奖 2 项,完成教育部教学成果 1 项。入选湖南省新世纪“121”人才工程。指导研究生 20 名。

(中南大学口腔医学院供稿)

## 黄 翠

黄翠,女,1968 年 10 月生,湖北武汉人。1991 年毕业于湖北医科大学口腔医学院,1994 年获该校医学硕士学位并留校任教。1999 至 2001 年获登士柏中国奖学金资助,赴香港大学牙学院学习并获保存齿科牙医学硕士学位(MDS),2001 年回国。2005 年获武汉大学口腔医学博士学位。历任湖北医科大学口腔医院主治医师,武汉大学口腔医(学)院副教授、副主任医师,硕士研究生导师。现任武汉大学口腔医(学)院修复科教授、主任医师,博士研究生导师。兼任中华口腔医学会口腔修复学专业委员会委员,中华口腔医学会口腔医学教育专业委员会青年委员,湖北省口腔医学会理事。为国际牙科研究会(IADR)会员。

主要研究方向为口腔高分子树脂修复材料和牙本质黏结材料等,在临床上对牙色美容修复和全口咬合重建的序列治疗有一定经验。在国内外期刊上发表学术论文 20 篇,主编卫生部医学视听教材 1 部,参编专著 2 部。主持国家自然科学基金和部省级科研项目 3 项,参加课题研究多项。

(武汉大学口腔医学院供稿)

## 黄定明

黄定明,男,1966 年 1 月生,四川岳池人。1990 年毕业于华西医科大学口腔医学院,1993 年获华西医科大学医学硕士学位,2003 年获四川大学口腔医学博士学位,2005 年 12 月于中山大学光华口腔医学院博士后科研流动站出站。2000 年 4 月 – 2001 年 3 月、2007 年先后 2 次以研究员身份赴日本大阪大学大学院齿学研究科从事口腔微生物致病机制的研究。历任华西医科大学口腔医学院助教、讲师、副教授,硕士研究生导师。现任四川大学华西口腔医(学)院牙体牙髓科副主任,主任医师、教授,博士研究生导师。兼任中华口腔医学会牙体牙髓病学专业委员会委员,《中华口腔医学杂志》和《华西口腔医学杂志》审稿专家。

主要从事牙体牙髓病学临床、教学和科研工作。主研方向为牙髓根尖周疾病的病因及其防治的研究。发表学术论文 60 余篇,SCI 期刊收录 6 篇,参编专著 6 部。先后主持国家自然科学基金项目 1 项、省级科研基金项目 1 项,参加国家“十五”科技攻关课题 1 项;获得教育部提名国家科技进步一等奖 3 项,四川省科学技术进步二等奖 1 项。3 次获得四川大学青年骨干教师荣誉称号,入选四川省卫生厅学术和技术带头人后备人选。已培养硕士研究生 10 余名。

(四川大学华西口腔医学院供稿)

## 储冰峰

储冰峰,男,1965 年 3 月生,安徽岳西人。

1987 年毕业于第四军医大学口腔医学院，1989 - 1995 年，在第四军医大学口腔医学院攻读研究生，先后获该校医学硕士和医学博士学位。1998 年在军医进修学院科研流动站完成博士后研究工作。历任北京军区总医院口腔科主治医师，解放军总医院口腔医学研究所副所长，口腔科副主任，副主任医师、副教授。现任解放军总医院口腔医学中心副主任兼口腔内科主任，主任医师、副教授，博士研究生导师。兼任中华口腔医学会理事，中华口腔医学会老年口腔医学专业委员会委员，中华口腔医学会牙体牙髓病学专业委员会委员，全军卫生技术资格考试命题委员会委员，《中华老年口腔医学杂志》和《牙体牙髓牙周病学杂志》编委，《中华口腔医学杂志》在京审稿小组成员。

擅长口腔内科常见病多发病诊治。主要研究方向是老年根龋的防治，儿童龋病预防，口腔特异致龋菌致龋因子的分子生物学研究，口腔健康状况的流行病学研究，微创化学机械去龋法防治龋病。已发表学术论文 60 余篇，主编和参编专著 6 部。先后获全军“十五”、“十一五”课题各一项，解放军总医院科技创新基金 1 项；获军队医疗成果二等奖 1 项，军队科技进步三等奖及医疗成果三等奖 4 项，院校教学成果二等奖 1 项。指导和培养硕士研究生 7 名。

（解放军军医进修学院供稿）

## 葛立宏

葛立宏，男，1952 年 9 月生，河北宣化人。

1977 年毕业于北京医学院口腔医学系并留校任教。1988 年赴日本九州大学参加国际牙医培训班培训学习，1992 - 1996 年公派赴日本九州齿科大学留学并获博士学位。回国后在北京大学口腔医学院儿童口腔科工作。现任北京大学口腔医（学）院党委副书记，儿童口腔科主任，主任医师、教授，博士研究生导师。兼任中华口腔医学会理事，中华口腔医学会儿童口腔医学专业委员会主任委员，国际儿童牙科学会理事，亚洲儿童口腔医学会理事，亚洲牙齿外伤学会副会长，中华医学会、北京市和解放军总后勤部医疗事故技术鉴定专家库成员，国家“863”计划专家库专家，卫生部、北京市医疗卫生专业评审专家，《国际儿童牙科杂志》、《现代口腔医学杂志》和《中国实用口腔科杂志》编委。

长期从事儿童口腔医学教学、医疗及其基础和临床科研工作。在学术上和临床治疗方面有较高的学术造诣。近年来在国内外杂志发表论文 60 余篇，国际国内学术会议发表论文 20 篇，主编著作 2 部，参加编写著作 8 部。主持国家自然科学基金项目 2 项，国家教委留学回国人员启动基金项目 1 项，首都医学发展科研基金项目 1 项，国际合作交流基金项目 3 项。曾获教育部科技发展中心优秀学者称号，第 2 届 MTA 医疗新技术成果奖一等奖，北京大学优秀德育奖。指导和培养硕士研究生 16 名，博士研究生 4 名。

（北京大学口腔医学院供稿）

# 逝世人物

## 周树夏(1923－2007)

我国著名口腔颌面外科专家,一代名师周树夏教授,因病于 2007 年 7 月 11 日在西安逝世,享年 84 岁。

周树夏教授 1923 年 8 月生于浙江省诸暨市,1946 年毕业于国立中央大学医学院。历任第四军医大学口腔医学院一级教授、主任医师,博士研究生导师,校专家组成员,全军科学委员会委员,全军口腔颌面外科专业组副组长,国家科技进步奖军事医学评委,中华医学会创伤学会、中国抗癌协会头颈肿瘤外科专业委员会常委,中华口腔医学会、中华口腔医学会口腔颌面外科专业委员会、口腔颌面创伤学组、口腔种植学组顾问,国际牙科研究协会会员,国际口腔颌面外科医师协会会员;《军医大学学报·英文版》、《实用口腔医学杂志》主编,《华西口腔医学杂志》、《中国口腔医学年鉴》等十余种刊物编委或特邀编委。

周树夏教授长期致力于口腔颌面外科临床、教学和科研工作,具有渊博的专业知识、精湛的操作技能和高深的学术造诣,对颌面部火器伤、颌面部肿瘤广泛切除遗留的大面积缺损应用局部皮瓣快速修复居国内领先地位。先后发表学术论文 260 篇,主编《口腔颌面损伤治疗学》、《手术学全集——口腔颌面外科手术卷》等专著 3 部,参编专著 30 部。曾获国家科学技术进步奖三等奖 1 项,中国人民解放军总后勤部卫生部科学技术进步奖一等奖 1 项,全军科学技术进步奖二等奖 5 项,军队医疗成果二等奖 4 项,曾荣立三等功 4 次。被陕西省学位委员会、陕西省教委评为优秀博士研究生指导教师,并获中国人民解放军总后勤部优秀科技人才建设伯乐奖,总后勤部科学技术一代名师称号。培养博士研究生 25 名,硕士研究生 16 名。1991 年起享受国务院政府特殊津贴。

周树夏教授治学严谨,甘为人梯,谦虚至善,执著事业,淡泊名利,无私奉献,为我国、我军的口腔医学事业的发展做出了重大贡献。

(第四军医大学口腔医学院供稿)

## 王光华(1922－2007)

我国优秀的口腔医学教育家,第四军医大学口腔医学院口腔内科学教授王光华,因病于 2007 年 8 月 2 日在西安逝世,享年 85 岁。

王光华教授,1922 年 1 月 10 日生,江苏南京人。1949 年毕业于国立中央大学医学院牙本科,留校任教。历任第三军医学院、第五军医大学、第四军医大学讲师、主治医师、副教授、副主任医师、教授、主任医师。

王光华教授热爱口腔医学事业,刻苦钻研,在国内率先探索、研究化学法去除牙结石,激光治疗口腔溃疡和牙体大面积缺损的钉固位修复等技术。主编《牙体修复学》第 3 版。曾先后获得国家、军队教学和科技奖励 12 项,荣立三等功 4 次。1985 年,荣获中国人民解放军总参谋部、总政治部、总后勤部联合颁发的“从事国防教育事业二十年荣誉证书”,1990 年获国家教委颁发的“高等院校从教四十年荣誉证书”,1993 年始享受国务院政府特殊津贴。

王光华教授严谨治学,淡泊名利,一生忠诚于党的教育事业,培养了一大批口腔医学优秀人才,为我国口腔医学事业的发展做出了很大贡献。

(第四军医大学口腔医学院供稿)

## 周复兴(1925－2007)

我国著名口腔医学专家,《临床口腔医学杂志》创始人之一,原武汉市第五医院口腔科主任周复兴主任医师,于 2007 年 8 月 12 日因病在武汉逝世,享年 82 岁。

周复兴主任医师,1925 年 9 月 26 日生于哈尔滨。1955 年毕业于四川医学院口腔医学系,至武汉市第一医院口腔科工作,1957 年调至武汉市第五医院参与该院口腔科的筹建工作。曾任武汉市卫生系统科学研究学术委员会委员,武汉市卫生技术高级职称评审委员会委员,中华医学会湖北分会口腔科学会委员、常委,中华医学会武汉分会口腔科学会委员、常委、秘书长,中华医学会医学美学与美容学会第一届委员会教育组组员等。

他先后开展了煮沸异体下颌骨移植术、唇、腭裂修补术和各种口腔颌面部良、恶性肿瘤的外科手术,多次到基层医院讲学和做示范手术。发表多篇学术论文。多次被评为先进工作者。担任全国卫生系统口腔专业岗位培训班湖北辅导站站长,为武汉市基层口腔医学人才的培养起到了积极的推动作用。1985 年在口腔医学界专家及同仁的支持下,创办了《临床口腔医学杂志》,担任常务副主编、编辑部主任。

周复兴医师兢兢业业,严谨治学,恪尽职守,为我国口腔医学事业的发展做出了很大贡献。

(摘自《临床口腔医学杂志》2007 年第 9 期)

# 口腔医学组织机构

## 一、中国医师协会口腔医师分会

2003 年 12 月 4 日，中国医师协会口腔医师分会成立大会在北京召开，会议选举产生了口腔医师分会第 1 届委员会。2007 年 4 月 2～3 日，中国医师协会口腔医师分会第 2 次全国会员代表大会暨换届选举会议在广州召开，全体代表民主推选出中国医师协会口腔医师分会第 2 届委员会。第 2 届委员会组成人员名单如下。

**▲中国医师协会口腔医师分会第 2 届委员会委员名单**

会　长　栾文民

（以下按姓氏笔画为序）

副会长　边　专　张志愿　周学东　林　野　俞光岩　赵士芳　赵铱民　章锦才

常务委员　马卫东　王　林　王佐林　王建国　王晓毅　邓　锋　边　专　刘泓虎　刘洪臣　孙　正　闫福华　张　斌　张志愿　李　东　杨丕山　沈曙铭　周　洪　周　健　周　诺　周学东　林　野　俞光岩　胡勤刚　赵士芳　赵怡芳　赵铱民　凌均棨　栾文民　郭　莲　顾晓明　高　平　高文信　高东华　曹新明　章锦才　黄洪章　董福生　路振富　魏奉才

委　员　丁仲鹃　马卫东　马国武　王　林　王万春　王占义　王佐林　王建国　王健平　王晓毅　邓　锋　卢海平　叶茂昌　叶钟泰　甘宝霞　边　专　刘月华　刘建国　刘泓虎　刘洪臣　孙　正　朱洪水　闫福华　何建民　佘小明　余占海　吴正一　吴亚菲　吴新建　吴燕平　宋代辉　张　佐　张　勇　张　斌　张东升　张并生　张志愿　张国志　张幸来　张英怀　张洪杰　张桂荣　李　东　李子坤　李建英　杨小民　杨丕山　杨四维　杨学文　杨建荣　沈曙铭　陈卫民　陈小华　周　洪　周　健　周　诺　周　磊　周先略　周学东　屈志国　林　野　林李嵩　俞光岩　段亚光　段瑞平　胡勤刚　赵士芳　赵怡芳　赵铱民　钟红阳　凌均棨　徐　娟　徐宝华　栾文民　贾暮云　郭　莲　郭平川　郭传瑸　顾晓明　高　平　高　军　高文信　高东华　高承志　曹红旗　曹志毅　曹选平　曹新明　盛祖立　章锦才　麻健丰　黄远亮　黄洪章　傅其宏　塔　娜　焦晓辉　董福生　谢　奇　谢志坚　路振富　鲍　莉　廖天安　管泽民　谭颖徽　蒴新春　颜培德　冀新江　魏奉才　西藏自治区第一人民医院 1 名

总干事　林　野

副总干事　沈曙铭

## 二、教育部高等学校口腔医学专业教学指导委员会

资料来源于国家教育部 2007 年 3 月 1 日发布的教高函[2007]2 号文“教育部关于成立 2007－2010 年教育部高等学校医药学科(专业)教学指导委员会的通知”附件:2007－2010 年教育部高等学校医药学科(专业)教学指导委员会名单。

**▲2007－2010 年教育部高等学校口腔医学专业教学指导委员会名单**

主任委员　周学东(四川大学)

副主任委员　王松灵(首都医科大学)
张志愿(上海交通大学)
赵铱民(第四军医大学)
郭传瑸(北京大学)

秘 书 长　石　冰(四川大学)

委　　员　毛立民(哈尔滨医科大学)
牛卫东(大连医科大学)
王　林(南京医科大学)
王佐林(同济大学)
台保军(武汉大学)
买买提·牙森(新疆医科大学)
安　峰(河北北方学院)
闫福华(福建医科大学)
余占海(兰州大学)
宋宇峰(贵阳医学院)
张连云(天津医科大学)
谷志远(浙江大学)
周　洪(西安交通大学)
周　健(安徽医科大学)
周延民(吉林大学)
俞立英(复旦大学)
胡勤刚(南京大学)
凌均棨(中山大学)
唐　亮(暨南大学)
徐　欣(山东大学)
贾暮云(青岛大学)
章锦才(南方医科大学)
焦艳军(山西医科大学)
阙国鹰(中南大学)

## 三、中华口腔医学会口腔医学专业委员会及其专业学组(协作组)

2007 年,中华口腔医学会牙体牙髓病学专业委员会、牙周病学专业委员会、预防口腔医学专业委员会、口腔正畸专业委员会、口腔修复工艺学专业委员会、口腔材料专业委员会、口腔颌面放射专业委员会、口腔医学教育专业委员会、口腔颌面外科专业委员会正颌外科学组、口腔医学计算机学组分别召开了全国性学术会议,会上进行了换届选举;中华口腔医学会口腔颌面外科专业委员会口腔颌面-头颈肿瘤内科协作组于 2007 年 4 月 21 日成立。

以上各专业委员会及专业学组换届人员名单、新成立的协作组名单如下。

**▲中华口腔医学会第 3 届牙体牙髓病学专业委员会委员名单**

顾　　问　史俊南　岳松龄　王满恩
刘　正　王晓仪　王嘉德
罗宗莲　肖明振　李玉晶

名誉主任委员　樊明文

主任委员　梁景平

副主任委员　高学军　倪龙兴　凌均棨
边　专　周学东

(以下按姓氏笔画为序)

常务委员　亓庆国　牛玉梅　牛忠英
王　强　边　专　刘天佳
朱亚琴　余　擎　吴补领
张志民　周学东　岳　林
侯本祥　倪龙兴　凌均棨
高学军　梁景平　彭　彬

委　　员　卫书盛　马　敏　亓庆国
方厂云　牛玉梅　牛忠英

王　强　邓　婧　韦　曦
卢兆杰　边　专　刘士有
刘天佳　刘国勤　刘学军
刘建国　刘鲁川　孙克勤
孙　喆　朱亚琴　何文喜
余　擎　吴友农　吴补领
张　武　张　清　张加理
张亚庆　张成飞　张志民
李继遥　陈　智　陈文霞
陈　晖　陈惠珍　周汝俊
周学东　岳　林　范　兵
侯本祥　胡昌蓉　赵　今
赵　蕾　赵望泓　倪龙兴
凌均棨　夏文薇　郭青玉
高学军　梁景平　梅陵宜
黄定明　储冰峰　彭　彬
葛久禹　董艳梅　韩建国
詹福良　雷雅燕

秘　　书　孙　喆　董艳梅　李继遥

**▲中华口腔医学会第3届牙体牙髓病学专业委员会学组成员名单**

**牙髓生物学学组**

组　　长　周学东
副 组 长　吴补领　岳　林　陈　智
朱亚琴

**龋病学学组**

组　　长　高学军
副 组 长　李继遥　梁景平　凌均棨
彭　彬

**临床牙髓病学学组**

组　　长　边　专
副 组 长　张　清　倪龙兴　黄定明
夏文薇

**▲中华口腔医学会第3届牙周病学专业委员会委员名单**

顾　　问　沙月琴
名誉主任委员　曹采方　吴织芬
主任委员　孟焕新
副主任委员　章锦才　束　蓉　吴亚菲
王勤涛　李成章
（以下按姓氏笔画为序）
常务委员　万　玲　王勤涛　刘宏伟
闫福华　陈莉丽　陈铁楼
李成章　束　蓉　吴亚菲
杨丕山　孟焕新　欧阳翔英
章锦才　谢　昊　潘亚萍
委　　员　丁　一　丁晓红　万　玲
王永兰　王者玲　王勤涛
付　云　刘　琪　刘宏伟
刘晓峰　孙　江　毕良佳
闫福华　吴亚菲　宋　莉
张广耘　张延琳　张贤华
张韶君　李子坤　李成章
李德懿　束　蓉　杨丕山
杨冬茹　杨明华　陈发明
陈宏柏　陈莉丽　陈铁楼
孟焕新　林崇韬　欧阳翔英
欧炯光　苟建重　胡文杰
赵红宇　郝　梅　钟良军
唐　明　徐　屹　徐　艳
徐　莉　栾庆先　郭留云
章锦才　曾启新　谢　昊
潘亚萍
秘　　书　徐　莉(兼)

**▲中华口腔医学会第2届预防口腔医学专业委员会委员名单**

顾　　问　樊明文　杨　是　刘　正
王鸿颖
名誉主任委员　卞金有
主任委员　胡德渝
副主任委员　王伟健　冯希平　台保军
李　刚
（以下按姓氏笔画为序）
常务委员　丁笑乙　王伟健　冯希平
卢友光　台保军　朱　凌
李　刚　李存荣　林焕彩
胡德渝　黄少宏　程　敏
委　　员　丁笑乙　王伟健　冯希平

冯昭飞　卢友光　台保军
叶　玮　平雅坤　刘　英
刘　娟　朱　凌　江　汉
张　颖　张向宇　张绍伟
李　刚　李　雪　李　瑛
李存荣　李洪涛　杜民权
束陈斌　杨　兰　沈家平
陈霄迟　林居红　林焕彩
欧晓艳　范　旭　胡德渝
荣文笙　赵玉梅　袁　杰
黄　华　黄少宏　黄瑞哲
彭春梅　程　敏　蒋　勇
韩永成　韩晓兰　阙国鹰

秘　书　荣文笙(兼)　李　雪(兼)

**▲中华口腔医学会第 4 届口腔正畸专业委员会委员名单**

顾　问　傅民魁　王邦康　陈扬熙
曾祥龙　徐　芸　沈　刚

前任主任委员　林久祥

主任委员　许天民

候任主任委员　赵志河

副主任委员　赵志河　段银钟　白玉兴
王　林　周彦恒　钱玉芬

(以下按姓氏笔画为序)

常务委员　丁　寅　王大为　王　林
王建国　邓　锋　毛　靖
厉　松　白　丁　白玉兴
刘月华　刘泓虎　许天民
李巍然　周　洪　周彦恒
林久祥　林新平　段银钟
贺　红　赵志河　徐宝华
钱玉芬

委　员　丁　寅　王大为　王　云
王　林　王建国　王春玲
牛百平　邓　锋　毛　靖
冯云霞　包柏成　卢海平
厉　松　左艳萍　甘宝霞
白　丁　白玉兴　关晓航
刘月华　刘晓君　刘泓虎
刘　琳　华咏梅　许天民
邵　玶　吴建勇　张　丁
张　扬　张　佐　张晓蓉
张桂荣　张端强　李　东
李洪发　李巍然　杨四维
邹　敏　陆　苇　陈文静
陈　杰　陈莉莉　周彦恒
周　洪　周　嫣　房　兵
林久祥　林新平　罗倩云
段银钟　胡　敏　贺　红
赵志河　徐宝华　徐　娟
莫水学　钱玉芬　高雪梅
崔淑霞　曹宝成　梁甲兴
梁　斌　黄吉娜　韩光丽
赖文莉　雷勇华　缪耀强
蔡　斌　潘晓岗　戴红卫

秘　书　李巍然

**▲中华口腔医学会第 3 届口腔材料专业委员会委员名单**

顾　问　王鑫源　张彩霞　陈治清
郑增葵　赵　谌　徐恒昌

名誉主任委员　薛　森

主任委员　赵信义

副主任委员　孙　皎　郑　刚　李志安
李　伟

(以下按姓氏笔画为序)

常务委员　卞翠荣　吕晓迎　刘　丽
孙　皎　朱　松　李　伟
李志安　李振春　励永明
张祖太　郑　刚　赵信义
倪龙兴

委　员　卞翠荣　王少安　王婕蕊
白乐康　冯　青　石连水
吕晓迎　刘　丽　孙　皎
朱　松　何惠宇　励永明
张　敏　张小良　张玉梅
张祖太　李　伟　李石保
李志安　李振春　沈　曦
肖　群　陈　蕾　陈亚明

陈德敏　林　红　郑　刚
战德松　施　琥　赵　克
赵信义　骆小平　倪龙兴
奚廷斐　徐　普　黄　慧
龚　娟　傅柏平　程　辉
程汉亭
秘　书　李石保(兼)

**▲中华口腔医学会第 3 届口腔修复工艺学专业委员会委员名单**

顾　问　吴景轮　蒙　戈　韩　慕
名誉主任委员　马桂芳
主任委员　周　敏
副主任委员　阎春喜　徐　侃　潘新华
崔荣智　张春宝
(以下按姓氏笔画为序)
常务委员　于海洋　王宝成　李保泉
李靖桓　张春宝　周　敏
侯康林　徐　侃　崔荣智
阎春喜　潘新华
委　员　于文滔　于海洋　王　正
王宝成　刘忠林　刘越胜
齐若坤　许　胜　许德文
朱晓斌　李天侠　李可通
李保泉　李继义　李靖桓
汤学华　吴建忠　吴树洪
张宗珣　张荣寿　张春宝
张秋霞　张增瑞　帕拉提·牙生
岳　莉　周　敏　贺扬帆
贺燕平　侯康林　战德松
秦永生　徐　侃　袁　萍
崔荣智　矫　忻　麻晓虹
闫春喜　焦建平　景建龙
彭　东　雷序江　谭万德
潘新华　潘　瑾　戴文安
秘　书　于海洋(兼)

**▲中华口腔医学会第 3 届口腔颌面放射专业委员会委员名单**

顾　问　雷荀灌　孙大熙　史无例
吴运堂　魏民宪
名誉主任委员　马绪臣
主任委员　张祖燕
(以下按姓氏笔画为序)
副主任委员　王　虎　王松灵　余　强
程　勇
常务委员　王　虎　王世平　王松灵
王铁梅　余　强　张祖燕
孟庆江　范新东　郑广宁
柳登高　程　勇
委　员　王　昊　王　虎　王世平
王平仲　王松灵　王铁梅
王朝俭　王照五　古向生
叶　平　刘　鹏　孙　涛
孙　莉　余　强　张　伟
张　刚　张祖燕　李　刚
李天亮　李志民　李国菊
李宗山　肖　玲　陈　铀
孟庆江　范颖峰　范新东
郑广宁　金晓青　姚维群
柳登高　夏　冰　栗文成
郭　军　钱　敏　高之江
傅开元　普启宏　程　勇
韩文利
秘　书　李　刚

**▲中华口腔医学会第 2 届口腔医学教育专业委员会委员名单**

顾　问　张震康　邱蔚六　王大章
樊明文
名誉主任委员　王邦康
主任委员　王松灵
副主任委员　郭传瑸　石　冰　郭　莲
台保军　李　东　凌均棨
(以下按姓氏笔画为序)
常务委员　王佐林　王松灵　台保军
白玉兴　石　冰　李　东
杨丕山　谷志远　陈　力
陈　宁　周延民　周　洪
凌均棨　郭传瑸　郭　莲
章锦才　程　辉　路振富

委　　员　牛卫东　王予江　王文梅
王佐林　王松灵　王健平
邓芳成　邓嘉胤　卢　利
台保军　白玉兴　石　冰
刘宏伟　孙宏晨　何克新
余占海　宋宇峰　张连云
李　东　李　松　李翠英
杨丕山　杨佑成　谷志远
陈　力　陈　宁　周延民
周　洪　周　健　罗晓晋
郑家伟　侯铁舟　姚江武
姜巧玲　柳　茜　凌均棨
唐国瑶　唐　亮　徐　欣
郭传瑸　郭　莲　章锦才
黄永清　程　辉　路振富
阙国鹰　潘乙怀
青年委员　马　宁　史文峰　史金娜
刘进忠　刘　敏　李　谨
阎　英　黄　翠　谢志坚
戴红卫
秘　　书　白玉兴　李翠英

**▲中华口腔医学会口腔颌面外科专业委员会第3届正颌外科学组成员名单**

顾　　问　王　兴　林久祥
组　　长　胡　静
副 组 长　沈国芳　伊　彪　刘彦普
房　兵　杨学文
成　　员（按姓名汉语拼音字母顺序为序）
艾伟健　白　丁　陈　刚
高晓辉　李继华　李　智
李自力　林润台　卢　利
欧阳奇明　曲卫国　孙　健
唐恩溢　王　昊　王　涛
王旭东　谢志坚　杨小平
曾融生　赵晋龙　郑　杰
周　诺　周彦恒
秘　　书　李继华（兼）

**▲中华口腔医学会口腔医学计算机学组成员名单**

组　　长　吕培军
副 组 长　赵铱民　刘福祥　张修银
刘洪臣
成　　员（按姓氏笔画为序）
王　力　王　勇　王忠义
王海鹰　白玉兴　边　专
朱　敏　李锦标　罗　弈
周　诺　柯　杰　夏防汛
韩　科　魏世成
秘　　书　罗　弈（兼）

**▲中华口腔医学会口腔颌面外科专业委员会口腔颌面-头颈肿瘤内科协作组成员名单**

顾　　问　邱蔚六　王大章　刘宝林
张志愿　李金荣　俞光岩
组　　长　郭　伟
副 组 长　孙沫逸　李龙江　张建国
步荣发　冉　炜　叶茂昌
成　　员（按姓名汉语拼音字母顺序为序）
步荣发　陈万涛　郭　伟
黄绍辉　李　刚　李龙江
孟　箭　冉　炜　宋代辉
孙沫逸　唐瞻贵　吴煜农
叶茂昌　张建国　郑光勇
秘　　书　任国欣

# 四、地方口腔医学会和其他组织

**▲陕西省口腔医学会第1届理事会成员名单**
（2007年12月15日成立）

会　　长　赵铱民
副 会 长　周　洪　李　东　李晓红
董金凤　李树业　张　平
常务理事（按姓氏笔画为序）
卢小鹏　艾延安　乔　凯
刘建东　权对顺　何黎升
杨壮群　邹敬才　陈　曦
陈永进　曾敏利　薛荣奇
秘 书 长　陈永进（兼）

理　　事　37 名,名单略

医学会地址　陕西省西安市长乐西路 145 号　第四军医大学口腔医学院内

邮政编码　710032

▲中华口腔医学会民营口腔工作委员会委员名单

名誉主任委员　石四箴　高东华

主任委员　黄洪章

执行主任委员　刘泓虎

副主任委员　甘宝霞　卢海平　邱彬彬　钟红阳　颜培德

（以下按姓氏笔画为序）

常务委员　牛百平　甘宝霞　卢海平　刘泓虎　李祥庆　宋芝春　邱彬彬　郑光勇　钟红阳　徐孔礼　黄洪章　颜培德

委　　员　车道闯　牛百平　王剑虹　王晓敏　王维倩　冯天跃　甘宝霞　卢海平　田孟祥　刘江倩　刘泓虎　刘　雄　刘鹏飞　任　福　孙　莉　何宝杰　李万兆　李祥庆　邵永新　宋芝春　邱彬彬　汪晓华　张则军　张亚菲　张春鹿　范新芳　练荣蔚　杨　溢　郑光勇　周松丽　侯守虎　钟红阳　倪向明　徐孔礼　徐维宁　曹志毅　黄洪章　董根成　董　毅　熊中才　黎昌仁　颜培德

▲福建省口腔医学会第 1 届民营医疗机构专业委员会委员名单

主任委员　任　福

副主任委员　汪晓华　陈崇武　任祥保

常务委员　卢　伟　任祥保　任　福　李宝顺　汪明坤　汪晓华　张小毛　陈崇武　林连芳　林连桥　林国新　郑晓玲　高和闽　喻　宏　蔡君希　廖逢忠

委　　员　45 名,名单略

▲山东省医师协会口腔医师分会委员名单

名誉主任委员（按姓名笔画为序）

王文蕾　王佩玉　李宁毅　李武修　魏奉才

主任委员　杨丕山

（以下按姓氏笔画为序）

副主任委员　王　勇　王　鹏　王万春　王辉东　宋代辉　张东升　杨佑成　柳忠豪　徐　欣　贾暮云

常务委员　王　勇　王　鹏　王万春　王业岗　王明国　王春玲　王辉东　牛怀恩　牟月照　孔存英　边惠芝　孙亚夫　朱国雄　汲　平　宋代辉　张东升　张广耘　张书平　张国辉　赵华强　杨丕山　杨佑成　柳忠豪　徐　欣　贾暮云　诸葛春耕　戚向敏

委　　员　69 名,略

秘　　书　赵华强

更正:《中国口腔医学年鉴》2006 年卷刊登的辽宁省口腔医学会第 3 届理事会成员名单“常务理事”有误,更正如下。

常务理事　（按姓名汉语拼音顺序排序）

艾红军　陈小冬　邓春富　黄克强　李振春　刘永权　卢　利　路振富　马国武　马卫东　牛卫东　潘亚萍　曲晓娟　宋九余　孙晓菊　王　如　王绪凯　王玉新　王稚英　谢　洪　战志刚　张桂荣　张　力　张力平　张　扬　钟　鸣

# 记　事

## 2007年中国口腔医学大事记

**●中国医师协会口腔医师分会第2次全国会员代表大会在广州召开**

2007年4月13日，中国医师协会口腔医师分会第2次全国会员代表大会暨换届选举会议在广州召开。会议由广东省口腔医院承办，该次会议参会代表434人，分别来自全国31个省市、自治区的76所口腔医学院校、口腔专科医院、综合医院口腔科以及民营口腔医疗机构。中国医师协会会长殷大奎教授、中华口腔医学会名誉会长张震康教授和会长王兴教授莅临大会并致词，并对今后工作提出新的目标与期望。殷大奎会长和张震康教授分别就发扬人文医学精神，构建和谐医患关系和中国口腔专科医师制度的建立与发展为题进行专题学术讲座。

大会上，全体参会代表听取并通过了栾文民会长所做的口腔医师分会第1届委员会工作报告，沈曙铭副总干事关于口腔医师分会第2次全国会员代表大会筹备工作汇报以及王兴会长就第2届委员会换届选举及候选人情况报告。讨论通过《口腔医师分会工作条例(修订草案)》报告；听取并通过第1届中国杰出口腔医师奖获奖者的名单。

全体代表民主推选出中国医师协会口腔医师分会第2届委员会，栾文民当选为中国医师协会口腔医师分会会长。

**●中华人民共和国卫生部撤销全国牙病防治指导组**

2007年4月24日，中华人民共和国卫生部发布2007年11号公告(公告内容见本卷文献法规栏目)，决定撤销全国牙病防治指导组。卫生部同时宣布将在疾病预防控制局成立口腔卫生处，负责全国牙病防治管理工作，但不承担认证工作。

**●四川大学华西口腔医院百年庆典大会隆重举行**

2007年8月31日上午，四川大学华西口腔医院百年庆典大会在成都锦江大礼堂隆重举行。

大会特邀四川省人民政府副省长刘晓峰、四川省人大副主任李洪仁、成都市人民政府副市长曾万明、四川省卫生厅厅长沈骥、中国医师协会会长殷大奎教授、四川大学党委书记杨泉明教授、四川大学校长谢和平院士、中华口腔医学会会长王兴教授、中国医师协会口腔医师分会会长栾文民教授、加拿大多伦多大学牙学院院长David Mock教授、日本大阪齿科大学代校长川添尧彬教授等重要嘉宾出席大会。来自全国各地80所口腔医(学)院、系的院长、系主任、代表等100余人，海内外的校友1 400余人，口腔医疗器材公司和厂商200余家也参加了大会。国家卫生部部长陈竺院士、副部长马晓伟教授、中华医学会前常务副会长曹泽毅教授、中国预防医学会会长曹荣桂教授等分别发来贺电、贺信；各兄弟院校、海内外校友会、企业和公司也发来贺电、贺信。

华西口腔医院党委书记吴亚菲教授主持开幕式。四川大学华西口腔医院院长周学东教授向出席大会的来宾和校友表示热烈欢迎，并向长期以来关心、支持华西口腔的领导、兄弟单位和社会各界表示衷心感谢。她讲到，华西口腔百年华诞，是华西口腔发展史上的一件盛事，也是中国口腔医学事业的一件喜事，作为中国现代口腔医学的发源地，华西口腔走过了百年辉煌历程。讲话回顾了华西口腔百年发展的历程，展示了华西口腔今日铸就的辉煌。

庆祝大会上，四川大学校长谢和平院士代表学校发表讲话。他肯定了华西口腔对中国口腔医学的巨大贡献和突出地位。希望华西口腔能进一步传承川大精神，秉承口腔百年优秀传统，以勇于竞争、勇于开拓创新的胆识和魄力，在实现学校奋斗目标的进程中再谱华章，并为推动西南地区的医疗服务、促进口腔事业的长足发展做出更大贡献。

四川省人民政府副省长刘晓峰同志受省委书记杜青林、省长蒋巨峰委托代表省委、省人大、省政府、省政协向华西口腔百年华诞表示热烈祝贺。并希望华西口腔医院能坚定不移地坚持社会主义办学方向，继续加强自身学科建设、人才培养、科学研究等方面的建设，继续提高医院医疗水平和服务水平，使百年华诞成为华西口腔新的腾飞起点。

殷大奎会长和王兴会长分别发表了热情洋溢的讲话。上海交通大学口腔医学院名誉院长邱蔚六院士代表校友发言，向母校华西口腔百年华诞表示热烈祝贺。加拿大多伦多牙学院院长 David Mock 教授、日本大阪齿科大学代校长川添莞彬教授分别代表国外兄弟高校发表了热情洋溢的讲话，祝贺华西口腔百年华诞。

**●国际牙医师学院中国分部新院士授予仪式隆重举行**

2007 年 8 月 30 日，由四川大学华西口腔医学院主办的国际牙医师学院（ICD）中国分部新院士授予仪式在成都国际会议中心隆重举行。ICD 副主席 Dr. Manfred Seidemann，ICD 20 区议长 Yro Jin Fei 教授，ICD 中国分部议长、中华口腔医学会会长王兴教授，ICD 中国分部主席、四川大学华西口腔医学院院长周学东教授等出席了此次授予仪式。仪式由 ICD 中国分部秘书长、四川大学研究生院副院长陈谦明教授主持。

国际牙医师学院副主席 Dr. Manfred Seidemann 首先致辞，他回顾了国际牙医师学院的创办历史，介绍了 ICD 的组织构成，强调了 ICD 成员的社会责任，并表示将尽全力支持中国分部的工作，同时祝贺此次加入 ICD 的各位院士，希望他们能为口腔医学事业的发展做出更大贡献。随后，周学东教授讲话，她向新加入 ICD 的各位院士表示祝贺并宣布授予院士的名单。24 位全国知名口腔医学教授成为国际牙医师学院中国分部的新院士。

**●2007 年全国爱牙日暨口腔健康促进与口腔医学发展西部行活动正式启动**

2007 年 9 月 20 日上午 10 点，中华口腔医学会在北京长城饭店正式启动了 2007 年全国爱牙日暨口腔健康促进与口腔医学发展西部行活动。2007 年 9 月 20 日是第 19 个全国爱牙日。该次爱牙日活动的主题是：促进口腔健康——面向西部、面向儿童。

卫生部陈啸宏副部长，卫生部疾病控制局张立副巡视员，中华口腔医学会王兴会长、俞光岩、孙正副会长、王渤秘书长等参加了活动。内蒙古自治区卫生厅乌兰副厅长、内蒙古自治区口腔医学会屈志国会长专程赴京参加活动。在京各大医院口腔科主任和口腔专科医院院长以及新闻界、企业界代表 80 余人参加了活动。

陈部长在讲话中指出，在农村和边远地区，特别是西部地区，由于缺乏足够的口腔卫生资源以及群众对口腔卫生保健重要性认识不足等原因，口腔医疗保健工作还没有得到足够重视，仍存在着很多的问题，需要我们付出更大的努力。因此，继续加强口腔健康教育与促进工作，加强以儿童青少年为主要对象的口腔预防保健工作，特别是配合国家西部大开发的战略部署，进一步加强西部口腔医学人才的培养等是我们面临的重要工作。王兴会长在讲话中指出，在我国西部地区开展口腔健康促进与口腔医学发展西部行活动不仅可以通过宣传教育、健康促进改变当地人群的口腔健康意识，还可以通过专家培训、进修提高等形式，为当地培养一批口腔医疗骨干，进一步解决西部地区看牙难的实际问题。最终达到促进西部口腔医学发展，提高群众口腔健康水平的目的。

王渤秘书长介绍了口腔健康促进与口腔医学发展西部行活动的内容。陈部长等领导将西部行活动的旗帜授给西部行活动的第一站内蒙古卫生厅厅长塔娜和口腔医学会屈志国会长。全国爱牙日暨口腔健康促进与口腔医学发展西部行活动正式启动。

**●第4届中国医师协会中国医师奖颁奖大会在北京召开**

2007年11月16日，第4届中国医师协会中国医师奖颁奖大会在北京人民大会堂召开。全国政协副主席张梅颖，卫生部副部长、国家中医药管理局局长王国强，卫生部副部长刘谦，中国医师协会会长殷大奎等领导以及陈可冀、张金哲、胡亚美等院士专家出席会议，各地方医师协会负责人和来自各大医院的600余名医师代表参加了会议。

中国医师协会名誉会长、全国人大常委会副委员长韩启德发来贺信。全国政协副主席张梅颖在大会上讲话指出，评选出的这70名获奖医师是白求恩精神的实践者和传承者，授予他们中国医师奖的光荣称号不仅是对他们个人工作的肯定，也代表了千万患者和全国人民对我国医师队伍的感谢和赞誉；卫生部副部长王国强高度肯定了医师奖对于医师行业发展及医师队伍建设所起到的积极作用和产生的重大意义。

中国医师奖是2003年卫生部批准中国医师协会设立的行业最高奖。自2003年起开始了每年一次的医师奖评选工作，至今已经评选了4届。中国医师协会中国医师奖的设立旨在通过表彰奖励做出突出贡献的医师队伍的优秀代表，展示当代医师救死扶伤、爱岗敬业、乐于奉献、文明行医的精神风貌，弘扬我国医师开拓进取、刻苦钻研，在医学领域取得的优异成绩和对人类健康事业做出的贡献，促进我国医师队伍的行业建设和卫生事业的健康发展。

该届医师奖口腔医学界获奖医师有：北京大学口腔医院王兴教授，上海交通大学医学院附属第九人民医院张志愿教授，四川大学华西口腔医学院王翰章教授，解放军总装备部司令部黄寺门诊部彭勤建副主任医师。

**●科学技术部批准建设"口腔疾病国家重点实验室"**

中国首个口腔医学国家重点实验室"口腔疾病国家重点实验室"经科学技术部审查通过，决定批准建设。科学技术部已于2007年10月26日发文[国科发基字(2007)645号]，文件名为《关于批准建设油气资源与探测等26个国家重点实验室的通知》。

该实验室由四川大学承担建设，实验室主任由四川大学华西口腔医学院周学东教授担任。

**●中国学者荣获国际牙科威廉盖茨奖（年度最佳研究论文奖）和国际《牙科研究杂志》最佳封面论文大奖**

在2007年3月21日美国新奥尔良市举行的第85届国际及美国牙科研究协会(IADR)学术大会上，我国首都医科大学口腔医学院胡冰博士、王松灵教授等学者荣获国际牙科威廉盖茨奖（William J Gies Award）（年度最佳研究论文奖）及国际《牙科研究杂志》(*JDR*)最佳封面论文两项大奖。

该研究内容发表在2006年国际最权威的口腔医学杂志(*Journal of Dental Research*, *JDR*)上。该论文是一项以我国学者为主的多国合作研究成果报告，由中国、法国及西班牙等国学者完成（论文内容见本书论坛栏目）。

William J Gies Award 以国际牙科研究协会创始人 William J Gies 命名，颁发给上一年度国际《牙科研究杂志》上发表的最佳研究论文，评奖由国际口腔医学权威专家投票选出。获奖论文代表当今口腔医学研究的先进水平，这是我国内地学者首次荣获此两项国际口腔医学大奖。

**●两名口腔医学专家荣获 2007 年度国家杰出青年基金资助**

2007 年 7 月 8～9 日，2007 年度国家杰出青年基金评审会议在北京召开。会议评定了 2007 年度国家杰出青年基金、国家杰出青年基金(外籍)等资助人选。经同行评议、专业评审组评审、国家杰出青年基金评审委员会评定后，2007 年度国家杰出青年科学基金名单予以公布。口腔医学领域陈谦明教授(四川大学华西口腔医学院)和金岩教授(第四军医大学口腔医学院)荣获 2007 年度国家杰出青年科学基金资助。他们的研究成果简介见本栏目292页。

**●2007 年度国家级"新世纪百千万人才工程"名单公布**

"新世纪百千万人才工程"国家级人选评选活动是由人事部、科学技术部、教育部、财政部、国家发展和改革委员会、国家自然科学基金委员会、中国科学技术协会等七部委联合举办的，以努力造就世界一流科学家和科技领军人才，注重培养一线的创新人才为宗旨。2007 年度国家级"新世纪百千万人才工程"名单已公布，四川大学华西口腔医学院陈谦明教授和上海交通大学口腔医学院陈万涛教授入选 2007 年度"新世纪百千万人才工程"国家级人选。

**●2007 年全国优秀博士学位论文评选结果公布**

2007 年全国优秀博士学位论文评选结束，入选的 98 篇优秀博士学位论文名单由教育部学位管理与研究生教育司在《中国教育报》、《中国研究生》等媒体上予以公布。经过 60 天的公示期，教育部、国务院学位委员会已正式发文[教研(2007)3 号]公布 2007 年全国优秀博士学位论文评选结果，武汉大学口腔医学院叶晓茜的博士学位论文"一个新的遗传性牙龈纤维瘤病基因座的定位和关键区域分析"被评为 2007 年全国优秀博士学位论文，指导教师边专教授。

# 2007 年在中国召开的口腔医学学术会议

## 一、国际和全国性学术会议

**全国第 7 次牙体牙髓病学学术会议**

时间：2007 年 3 月 9～11 日

地点：上海市

主办、承办单位：中华口腔医学会牙体牙髓病学专业委员会主办，上海交通大学口腔医学院承办

参会代表人数：347 人

收到论文篇数：338 篇

会议内容提要：来自中国 28 个省、市、自治区以及加拿大和日本的同道们参加了会议。

大会特邀我国著名的牙体牙髓病学专家史俊南、岳松龄、樊明文、刘正等教授进行专题演讲。其范围涉及临床研究、龋病学研究以及临床治疗中出现的问题及其对策等。加拿大 British Columbia 大学的 Markus 教授也在大会上发言，探讨了根管治疗中根尖周骨组织病损愈合及根管预备方面的问题。会上，专家和代表们对近年来牙体牙髓病学领域的研究成果进行了广泛的学术交流，对龋病、牙体牙髓病和根尖周病病因、发病机制、病理改变、临床诊断及防治研究，牙体修复治疗，口腔组织工程等方面研究的最新进展，从基础研究和临床研究两方面进行专题演讲和

讨论。大会分 4 组进行论文交流，共有 71 人进行大会发言。

会议期间，进行了中华口腔医学会牙体牙髓病学专业委员会的换届选举，上海交通大学口腔医学院梁景平教授当选为中华口腔医学会第 3 届牙体牙髓病学专业委员会主任委员。

**●第 5 届国际“微笑列车”唇腭裂学术会议**

时间：2007 年 4 月 19～21 日

地点：海南省三亚市

主办单位：中华慈善总会主办

参会代表人数：600 人

会议内容提要：来自全国 34 个省、市、自治区慈善会项目负责人和 154 家项目定点医院的医护人员参加了会议。卫生部医政司高学成处长、中华口腔医学会王渤秘书长到会祝贺；“微笑列车”中国首席执行官薛榆代表美国“微笑列车”总裁在开幕式上致辞；卫生部原副部长、中华慈善总会副会长彭玉出席会议并讲话。她指出，自项目实施以来，通过全国 34 个省、市、自治区慈善机构和 154 家项目定点医院的共同努力，截至 2007 年 3 月底，已成功完成手术 104 526 例。由于项目管理和定点医院的配合，该项目还获得了民政部颁发的“中华慈善奖”。

学术会议采取大会授课、分会场交流等形式进行。会议期间，有关专家对定点医院的医护人员分别进行唇腭裂外科手术、麻醉、护理等培训。在闭幕式上，中华慈善总会、美国“微笑列车”对全国 20 家“微笑列车”项目实施先进医院进行了表彰。

**●第 3 次全国口腔颌面-头颈肿瘤综合治疗研讨会**

时间：2007 年 4 月 20～23 日

地点：江苏省徐州市

主办、承办单位：中华口腔医学会口腔颌面外科专业委员会口腔颌面-头颈肿瘤内科协作组主办，东南大学医学院附属徐州医院承办

参会代表人数：143 人

收到论文篇数：86 篇

会议内容提要：来自全国 31 个省、直辖市、自治区和香港地区的代表参加了会议。开幕式上，中华口腔医学会口腔颌面外科专业委员会主任委员张志愿教授宣布第 1 届口腔颌面-头颈肿瘤内科协作组成立。中国工程院院士邱蔚六教授、第四军医大学刘宝林教授等国内著名口腔颌面外科专家以及徐州市政府领导到会祝贺协作组的成立。中华口腔医学会会长王兴教授、四川大学王大章教授、温玉明教授发来贺信。

学术交流主题报告 16 个，大会发言 14 个。代表们就当今肿瘤综合序列治疗中的放疗、化疗、生物治疗、热疗、冷冻、术后修复重建、介入治疗、肿瘤基础研究等方面作了广泛、深入交流。另外，会议内容还涉及口腔黏膜黑色素瘤、老年肿瘤、恶性淋巴瘤等的规范诊断和治疗等。会议决定，全国第 4 次口腔颌面-头颈肿瘤综合治疗学术研讨会拟于 2008 年在广州召开。

**●全国第 5 届正颌外科学术会议**

时间：2007 年 4 月 27～30 日

地点：广西南宁市

主办、承办单位：中华口腔医学会口腔颌面外科专业委员会正颌外科学组主办，广西医科大学口腔医学院、上海交通大学医学院附属第九人民医院承办

参会代表人数：213 人

收到论文篇数：146 篇

会议内容提要：来自全国各地正颌外科学领域的代表出席了该次会议。广西医科大学口腔医学院院长周诺教授主持开幕式，正颌外科学组组长沈国芳教授致开幕词。中国工程院邱蔚六院士、中华口腔医学会会长王兴教授、口腔颌面外科专业委员会主任委员张志愿教授、口腔颌面外科著名专家王大章教授和口腔正畸专业委员会主任委员林久祥教授等出席了会议。会议特邀为正颌外科发

展做出杰出贡献的美国口腔颌面外科专家William H. Bell 教授进行专题演讲。

该次学术会议内容包括正颌外科-牵引成骨、口腔正畸学以及相关学科的基础与临床研究,46 篇论文作为大会发言交流。会议对颌骨牵引成骨技术的临床应用与基础研究、阻塞性睡眠呼吸暂停综合征的正颌外科治疗、正颌外科临床规范治疗以及不对称畸形的外科正畸联合矫治等方面进行了专题研讨和论文交流。研讨内容反映了我国近年来在正颌外科领域临床工作中取得的成就与进展,相关基础研究水平得到迅速提高。

**●第 16 届国际口腔颌面放射学大会**

时间:2007 年 6 月 25～30 日

地点:北京市

主办、承办单位:中华口腔医学会口腔颌面放射专业委员会主办,北京大学口腔医学院和中国科协国际科技会议中心承办

参会代表人数:400 余人

收到论文篇数:210 篇

会议内容提要:来自世界各地 40 多个国家的代表参加了此次盛会。卫生部副部长陈啸宏出席开幕式并进行重要讲话。大会组委会邀请了 15 名国际口腔放射学著名专家和 2 名国内口腔放射学专家在大会上作特邀讲演。大会报告论文 81 篇,墙报展示 112 篇,涉及口腔颌面部肿瘤、颞下颌关节疾病、涎腺疾病、牙种植放射学、放射生物学、数字化放射学等内容,集中反映了口腔颌面放射学多个研究领域的最新进展。会议代表对锥形束CT、功能性磁共振、数字放射学技术等进行了热烈讨论。会议期间,还进行了国际口腔颌面放射学会论文评奖。

第 6 届全国口腔颌面放射学大会同期召开,主任委员马绪臣教授在大会上回顾了国内口腔放射学事业的发展,并进行了卸任即席演讲。大会还进行了第 3 届中华口腔医学会口腔颌面放射专业委员会的换届改选,由北京大学口腔医学院张祖燕教授任第 3 届口腔颌面放射专业委员会主任委员。中华口腔医学会副会长俞光岩教授到会宣读了新一届专业委员会组成人员名单并讲话。

**●'2007 第 4 届全国口腔颌面部脉管性疾病学术研讨会**

时间:2007 年 7 月 20～22 日

地点:浙江省杭州市

主办、承办单位和主持人:中华口腔医学会口腔颌面外科专业委员会脉管性疾病学组主办,杭州市口腔医院承办,张志愿、郑家伟主持

参会代表人数:82 人

收到论文篇数:65 篇

会议内容提要:浙江省卫生厅领导、浙江大学口腔医学院和浙江省口腔医学会领导莅会祝贺,中华口腔医学会口腔颌面外科专业委员会主任委员、脉管性疾病学组组长张志愿教授代表学组在开幕式上致辞,对脉管性疾病学组的工作进行了回顾和总结。

会议主要涉及以下几个方面的议题:①脉管性疾病生物学分类的应用实践;②介入放射学技术在血管畸形治疗中的应用;③血管瘤干预治疗的时机选择;④有关治疗方法的应用及其安全性问题的探讨;⑤各种激光治疗的适应证选择;⑥血管内皮细胞培养及血管瘤动物模型建立。

会议特邀国际脉管性疾病研究学会主席、美国 Swedish 医学中心 Colorado 神经研究所 Wayne F. Yakes 教授做无水乙醇介入治疗动静脉畸形的报告。会议代表对许多大家共同关心的话题展开热烈讨论,从而使一些热点和难点问题在争鸣中达成共识。

**●第 6 次全国颞下颌关节病学及殆学研讨会**

时间:2007 年 8 月 15～19 日

地点:甘肃省兰州市

主办、承办单位和主持人:中华口腔医学会颞下颌关节病学及殆学专业委员会主办,兰州大学口腔医学院承办,马绪臣主持

参会代表人数:120 人

收到论文篇数:140篇

会议内容提要:来自全国高等院校口腔医学院、口腔医院、综合医院口腔科的代表参加了会议。兰州大学党委书记陈德文教授、兰州大学副校长何晓东教授和甘肃省卫生厅常继乐副厅长、甘肃省药品监督局粟振亚局长、甘肃省医学会秘书长黄慕陶及兰州大学口腔医学院领导出席开幕式并表示祝贺。

大会交流论文50余篇,马绪臣教授等11名专家受邀作继续教育专题讲演。会议内容涉及颞下颌关节紊乱病(TMD)的诊断与治疗、口颌面疼痛的临床与基础研究、颞下颌关节损伤的外科治疗、TMD咬合因素的研究、颞下颌关节适应性改建的理论研究以及颞下颌关节和咀嚼肌疾病的基础研究等。反映了目前我国对TMD诊断与治疗的共识和近年来我国学者在临床及基础研究方面所取得的成就。

会议选举产生了第2届中华口腔医学会颞下颌关节病学及殆学专业委员会委员、主任委员。

**●'2007全国口腔修复疑难问题及对策专题研讨会**

时间:2007年8月18～19日

地点:山东省青岛市

主办、承办单位:中华口腔医学会口腔修复学专业委员会主办,北京大学口腔医学院和青岛市口腔医院承办

参会代表人数:400余人

收到论文篇数:250余篇

会议内容提要:研讨会的召开旨在帮助广大修复医师解决临床中遇到的各种实际疑难问题,提高我国整体的口腔修复学临床水平。会议代表来自于全国各知名高等院校、公立医院、私人诊所及韩国高丽大学。中华口腔医学会王兴会长出席大会并致辞。

会议就口腔修复临床中的各种问题进行了广泛交流,包括咬合重建、疑难全口义齿、精密附着体、牙齿美学修复、粘接修复、颌面修复等专题。

会上进行了首届中华口腔医学会口腔修复学会青年修复医师奖的评选,第四军医大学口腔医学院、北京大学口腔医学院、首都医科大学口腔医学院、武汉大学口腔医学院、四川大学华西口腔医学院的青年修复医师分别获奖。

**●2007中国国际口腔修复与种植技术学术大会暨材料器械展览会**

时间:2007年8月30日～9月3日

地点:天津市

主办、承办单位:中华口腔医学会主办,中华口腔医学会口腔修复学专业委员会、中华口腔医学会口腔修复工艺学专业委员会、中华口腔医学会口腔种植专业委员会、天津市口腔医学会、中国国际科技会议中心承办

参会代表人数:3 000余人

会议内容提要:参加大会开幕式的领导有科技部副部长刘燕华,卫生部原副部长、中华慈善总会副会长彭玉,中国科学技术协会书记齐让,中国女科技工作者协会副会长、中国国际科技会议中心名誉主任吴甘美,中国科学技术协会学会部副部长朱雪芬,中国科学技术咨询中心主任盛小烈以及陈超英等天津市领导。中华口腔医学会名誉会长张震康、樊明文,中华口腔医学会王兴会长和7位副会长、秘书长以及口腔种植专业委员会主任委员林野、修复学专业委员会主任委员冯海兰、修复工艺学专业委员会主任委员周敏,天津市口腔医学会会长张连云,天津市口腔医院院长王建国,天津医科大学口腔医学院院长高平代表会议组织机构参加了开幕式。

大会开幕式由中华口腔医学会王渤秘书长主持,王兴会长致开幕词,天津市口腔医学会张连云会长致欢迎词。此次大会共举办了中华口腔医学会修复工艺学学术研讨会、华北5省口腔医学学术会议、中华口腔医学会民营工作委员会成立暨学术交流会等。大型行业、地区口腔工作会议、讲座、论坛、企业展

示、大众科普讲堂等学术交流活动共 30 余场，来自国外以及中国各地的 3 000 余名专业人员参加了学术交流活动。

**●'2007 国际暨第 9 届全国头颈肿瘤大会**

时间：2007 年 9 月 7～11 日

地点：新疆乌鲁木齐市

主办、承办单位：中国抗癌协会主办，新疆维吾尔自治区人民医院、香港中文大学、《中国耳鼻咽喉头颈外科》编辑部承办

参会代表人数：339 人

收到论文篇数：500 余篇

会议内容提要：大会邀请了上海第九人民医院邱慰六院士，首都医科大学附属北京同仁医院韩德民教授，中国医科院肿瘤医院唐平章教授以及国内外知名专家做头颈肿瘤治疗的专题报告。新疆维吾尔自治区副主席莅临大会并讲话。

来自意大利、西班牙、以色列、韩国、印度、新加坡等国家以及中国内地和中国香港的代表参加了会议。参会代表就头颈肿瘤外科学的发展现状、临床与基础研究等方面的新知识、新技术、新成果、新经验等进行了充分交流。会议期间进行了中国抗癌协会头颈肿瘤专业委员会的换届改选，中国医科院肿瘤医院唐平章教授任新一届头颈肿瘤专业委员会主任委员。

**●第 6 届全国口腔材料学术交流会**

时间：2007 年 9 月 9～11 日

地点：陕西省西安市

主办、承办单位：中华口腔医学会口腔材料专业委员会主办，第四军医大学口腔医学院承办

参会代表人数：90 人

收到论文篇数：122 余篇

会议内容提要：来自全国各大医学院校的研究人员、临床医师以及从事口腔材料研发的企业代表参加了会议。会议邀请了日本明海大学齿学部片山教授，日本明伦短期大学下河边教授出席会议。会上有 18 位专家作专题讲演，有 16 位代表进行了大会交流。

该次会议的基础研究议题主要集中在口腔种植材料和机体界面的力学及生物学研究以及口腔新技术与新进展等方面。应用研究方面，孙皎教授做了不同被黏结材料对 5 种水门汀黏结性能的影响报告以及赵信义教授关于复合树脂的分层、分区充填固化技术的报告。临床研究议题主要集中在口腔新材料的临床应用、修复技术与操作技巧、口腔临床疑难病的诊断和治疗以及口腔黏结学新材料与新技术等方面。与会代表围绕目前口腔新材料、新技术的临床应用、临床修复操作技巧、基础和临床应用研究中遇到的实际问题进行了相互交流。

会议期间，进行了中华口腔医学会口腔材料专业委员会换届改选，第四军医大学口腔医学院赵信义教授当选为新一届专业委员会主任委员。

**●IADR 中国分会第 8 届年会暨第 7 届全国中青年口腔医师学术研讨会**

时间：2007 年 9 月 11～14 日

地点：陕西省西安市

主办、承办单位：中华口腔医学会和 IADR中国分会主办，第四军医大学口腔医学院承办

参会代表人数：375 人

收到论文篇数：482 篇

会议内容提要：陕西省副省长罗振江、第四军医大学校长樊代明院士、中华口腔医学会会长王兴教授等领导和嘉宾出席 IADR 年会开幕式并分别致辞。会议论文内容涉及口腔医学和交叉学科的各个领域，反映了这些领域的最新研究成果和发展趋势。会议特邀国内外知名专家赵铱民、俞光岩、王松灵、边专等教授，Baylor 牙科学院秦春林、华盛顿大学牙科学校刘子军、Tufts 大学牙科学校陈锦坤和 Baylor 牙科学院 D'Souza Rena 教授做专题报告。会议期间同时举行 IADR 教育专场报告，邀请了 IADR 教育研究组组长 Helen

Best、执委 Elaine Romberg 和 Chooi Gait Toh 教授举办口腔医学教育专题讲座。

会议期间进行了 IADR Travel Award 演讲比赛,6 名代表获奖。

中华口腔医学会第 3 届理事会第 7 届全国中青年口腔医师学术研讨会同时举行,来自全国 50 多个口腔教学科研单位的科研骨干代表参加了该会。中华口腔医学会王兴会长、中国医师协会口腔医师分会栾文民会长到会并讲话。会议本着不断促进全国口腔医学界中青年医师科研创新和学术交流的宗旨,讨论并提出了中青年医师工作委员会委员的 5 项职责。

会议决定,第 8 届全国中青年口腔医师学术研讨会于 2008 年 11 月 1～3 日在北京举行,由首都医科大学口腔医学院承办。

**●中国和东南亚地区应用氟化物促进口腔健康研讨会**

时间:2007 年 9 月 17～18 日

地点:北京市

主办、协办单位:世界卫生组织、世界牙科联盟、国际牙科研究会主办,中华口腔医学会协办

参会代表人数:70 余人

会议内容提要:来自 12 个国家的 70 多名中国代表参加了该次研讨会,其中包括中国香港特别行政区在内的 40 多名代表参加了此次会议。卫生部疾病预防控制局孔灵芝副局长,世界卫生组织代表 R Baez 教授,世界牙科联盟主席 M Aerden 博士,国际牙科研究会代表 Bob Ten Cate 教授,中华口腔医学会会长王兴教授出席了大会并在开幕式上讲话。

国内外知名专家做了专题报告。报告内容为:龋病在全球的发展趋势;龋病在东南亚的发展趋势;龋病对全身健康及生活质量的影响;中国人饮食的改变对龋病和全身健康的影响;世界卫生组织、世界牙科联盟、国际牙科研究会关于全球应用氟化物的建议;含氟牙膏的作用;氟斑牙和含氟牙膏;氟化物的应用标准和牙膏的质量控制等。10 名中国专家在研讨会上报告了中国在口腔疾病预防和控制方面的经验,得到了各国代表的广泛关注和赞扬。与会专家在全面审核国内外相关科研成果的基础上达成共识,形成《中国和东南亚地区应用氟化物促进口腔健康北京宣言》。

**●第 7 届亚太牙周病学协会学术会议暨第 8 次全国牙周病学学术会议**

时间:2007 年 9 月 21～23 日

地点:北京市

主办、承办单位:亚太牙周病学协会、中华口腔医学会牙周病学专业委员会主办,北京大学口腔医学院、香港大学牙医学院承办

参会代表人数:355 人

收到论文篇数:196 篇

会议内容提要:约 100 余名国外代表和 250 名国内代表参加了该次大会。全国人大副委员长韩启德院士和卫生部陈啸宏副部长向大会发来贺信。北京大学医学部副主任方伟岗教授、中华口腔医学会会长王兴教授、北京大学口腔医学院院长俞光岩教授莅会并致词祝贺。

首次在中国举行的亚太牙周病学协会学术会议,主题是牙周医学。会议邀请了国内外牙周病学界和心血管及内分泌专业的知名专家进行了精彩演讲,并通过壁报展示了国内外牙周病学界的最新成果。此次会议的成功举办,对于推动牙周病学事业发展、加强中国牙周病学界和国际学术界的交流、提高人民口腔健康水平具有重要意义。

第 8 次全国牙周病学学术大会于 9 月 23 日召开,会上进行了中华口腔医学会牙周病学专业委员会换届选举,北京大学口腔医学院孟焕新教授当选为新一届牙周病学专业委员会主任委员。为期两天的会议,全国牙周病学界人士充分交流了各自在本专业领域的科研和临床工作成果,会议取得圆满成功。

**●第 6 届全国唇腭裂学术会议**

时间:2007 年 10 月 12～15 日

地点:广东省深圳市

主办、承办单位:中华口腔医学会口腔颌面外科专业委员会唇腭裂学组主办,深圳市第二人民医院承办

参会代表人数:140 余人

收到论文篇数:170 余篇

会议内容提要:来自全国各省、自治区、直辖市以及台湾省长庚医院颅颜中心的代表参加了会议。中华口腔医学会会长王兴教授、副会长黄洪章教授莅临会议并讲话。

该次会议收到的论文和摘要,研究领域涵盖唇腭裂病因和病理机制的研究、遗传学研究、临床治疗研究、治疗效果评价、语音治疗及评价、术前正畸、心理研究以及专科护理等唇腭裂序列治疗的各个方面。石冰教授、傅豫川教授、马莲教授、杨育生教授、黄永清教授等在专题发言中,全面回顾和总结了我国唇腭裂治疗与研究的最新成果。台湾长庚医院颅颜中心陈昱瑞医师、陈国鼎医师、刘人文医师分别做报告,他们系统地介绍了长庚颅颜中心唇腭裂序列治疗的经验和最新研究成果。

**●全国第 5 次口腔颌面创伤学术研讨会**

时间:2007 年 10 月 23～25 日

地点:湖北省武汉市

主办、承办单位:中华口腔医学会口腔颌面外科专业委员会创伤学组主办,武汉大学口腔医学院承办

参会代表人数:140 人

收到论文篇数:254 篇

会议内容提要:来自全国 28 个省市的各口腔院校以及基层医院口腔科的 140 多名代表参加了会议。开幕式上武汉大学校长助理蒋昌忠教授、武汉大学口腔医学院院长边专教授致欢迎词。邱蔚六院士专程发来贺信,口腔颌面外科专业委员会主任委员张志愿教授应邀出席会议并致贺词。

会议特邀中国数字人研究联络组长、南方医科大学临床解剖学研究所所长钟世镇院士举办数字化医学发展前景的专题讲座,同时邀请了神经外科专家、眼科专家举办专题讲座。会议收到论文内容涉及口腔颌面创伤与修复重建的基础及临床研究等多方面。15 位创伤学专家进行了专题演讲,33 篇论文进行大会发言交流。大会专题交流分为:下颌骨骨折与髁突骨折的诊治;关节创伤以及关节强直的诊治;面中部骨折的诊治;颌面外伤急诊急救,治疗技术和方法;颌面部创伤流行病学研究;颌面部修复与重建临床、创伤基础研究。并安排专题病例讨论。大会通过专题演讲和自由发言,较全面地反映了近年来我国口腔颌面创伤研究的最新成果。

会议期间召开的学组成员会议上,经学组成员一致推荐,选举武汉大学口腔医学院李祖兵教授担任下一届创伤学组组长。

**●全国第 8 届口腔正畸学学术研讨会**

时间:2007 年 10 月 28～30 日

地点:湖北省武汉市

主办、承办单位:中华口腔医学会口腔正畸专业委员会主办,武汉大学口腔医学院承办,华中科技大学协办

参会代表人数:1 300 人

收到论文篇数:830 篇

会议内容提要:来自中国、美国、荷兰、韩国和澳大利亚的口腔正畸专家到会进行学术交流。湖北省郭生练副省长、湖北省卫生厅朱忠华厅长、武汉大学校长刘经南院士、华中科技大学常务副书记冯友梅教授、中华口腔医学会刘洪臣副秘书长、中华口腔医学会口腔正畸专业委员会林久祥主任委员、武汉大学口腔医学院院长边专教授出席开幕式并先后致词。湖北省口腔医学会会长、武汉大学口腔医学院名誉院长樊明文教授、副院长陈智教授等出席了会议。

大会邀请了国内外著名口腔正畸专家进行学术报告和演讲,在为期 3 天的会议中,举

办了 300 多场专题学术讲座。会议发言 173 人,壁报展示 134 人,交流内容广泛。会议展示了口腔正畸学的最新临床技术和研究成果,国外口腔正畸的新技术基本上能在国内同步开展。在引进新技术的基础上,专家还根据我国的人种族特点开发了具有自主知识产权的托槽系列产品和技术。

该次会议还完成了口腔正畸专业委员会的换届选举工作,北京大学口腔医学院许天民教授当选为主任委员。

**●第 5 届全国口腔种植学术会议暨第 23 届亚洲口腔种植学术会议**

时间:2007 年 11 月 12～14 日

地点:海南省海口市

主办、承办单位:亚洲口腔种植学会、中华口腔医学会口腔种植专业委员会主办,海口市人民医院口腔医学中心承办

收到论文篇数:100 余篇

参会代表人数:300 余人

会议内容提要:来自我国内地、香港和台湾地区,日本、新加坡、澳大利亚、马来西亚等国家将近 300 余位代表参加了该次学术会议。中华口腔医学会名誉会长张震康、中华口腔医学会会长王兴,亚洲口腔种植学会会长、中华口腔医学会口腔种植专业委员会主任委员林野,亚洲口腔种植学会秘书长 Fukai 先生,海南省卫生厅隋枝叶副厅长,海口市韩美副市长,海口市卫生局温海鸿副局长以及海口市人民医院院长等出席大会。

会议内容涉及口腔种植基础研究,种植外科、种植修复、种植技工和护理等方面。在临床技术的研究方面,此次会议更多关注的是种植美学修复,全瓷材料的应用,种植即刻修复,无牙颌的种植修复等几个方面。林野教授在大会上做了学术报告,4 位外国专家进行特邀发言,报告了他们卓有成效的工作,来自不同国家的 90 余人进行了大会发言,报告了各自的研究成果和临床经验。

中华口腔医学会名誉会长张震康教授回顾了我国口腔种植专业的发展历程,勉励大家踏实工作,充分交流,促进我国口腔种植事业积极健康快速地发展。该次学术会议促进了口腔种植学界在全国和亚洲范围内的学术探讨及交流,对种植基础研究、种植外科、修复工艺和护理方面的工作起到积极的促进作用。

**●第 6 届全国口腔医学教育学术会议暨 2007 年国际口腔医学教育研讨会**

时间:2007 年 11 月 30 日～12 月 1 日

地点:广东省广州市

主办、承办单位和主持人:中华口腔医学会口腔医学教育专业委员会、全国高等医学教育学会口腔医学教育分会、中华医学会口腔医学教育学组主办,中山大学光华口腔医学院承办,王松灵主持

参会代表人数:223 人

收到论文篇数:146 篇

会议内容提要:来自全国各主要口腔医学院校的口腔医学教育工作者参加了会议。开幕式由王松灵教授主持,中华口腔医学会口腔医学教育委员会主任委员王邦康教授致开幕词,中山大学副校长汪建平教授、教育部高教司农林医药处王启明处长、中华口腔医学会王兴会长、中山大学光华口腔医学院凌均棨院长先后致辞。

国际牙科教育联盟主席、美国太平洋大学牙科学院院长 Patrick J. Ferrilo 教授,日本口腔医学会会长、东京医科齿科大学江藤一洋教授,国际牙科研究协会牙科教育委员会顾问 Best H 教授,泰国国立牙科学院 Prathip Phantumvanit 教授做了专题报告。报告内容涉及口腔医学教育理论研究、课程体系建设与改革、实验教学及临床前培训等。该次会议围绕中国口腔医学本科教育标准制定这一中心议题进行较详细研讨,王松灵教授做了关于中国口腔医学本科教育标准(讨论稿)的主题报告。代表们针对该报告进行了热烈而充分的讨论,提出了许多建设性和可操作性

意见。全国高等医学教育学会名誉会长王镭教授以规范口腔医学本科教育标准，提高人才培养质量为题重点介绍了口腔医学教育的成长与发展过程；全国高等医学教育学会副会长、首都医科大学校长吕兆丰，中华口腔医学会名誉会长、口腔医学教育专业委员会顾问张震康教授、王大章教授、樊明文教授分别做报告。首都医科大学、中山大学、北京大学、四川大学、上海交通大学、第四军医大学、武汉大学口腔医学院主管教学负责人分别就各校开展教学改革和教学实践的具体体会进行了经验交流。

会议期间，进行了中华口腔医学会口腔医学教育委员会换届改选，首都医科大学王松灵教授当选为新一届主任委员。

**●第 6 届全国口腔医学计算机应用研讨会**

时间:2007 年 12 月 7~9 日

地点:广西南宁市

主办、承办单位:中华口腔医学会口腔医学计算机学组主办，广西医科大学口腔医学院和北京大学口腔医学院口腔医学计算机应用中心承办

参会代表人数:近 70 名

会议内容提要:来自全国各地近 70 名代表参加了研讨会和学习班。会议由中华口腔医学会口腔医学计算机学组组长、北京大学口腔医学院吕培军教授主持。中华口腔医学会会长王兴教授、秘书长王渤应邀出席大会并讲话。会议邀请北京大学口腔医学院冯海兰、吕培军、许天民教授，王勇高级工程师，第四军医大学口腔医学院赵铱民教授，上海交通大学口腔医学院张富强教授，解放军总医院刘洪臣教授，首都医科大学口腔医学院白玉兴教授，四川大学华西口腔医学院刘福祥教授等 18 位专家做专题报告。

会议期间，进行了第 2 届中华口腔医学会口腔医学计算机学组成员的换届选举，期间还成立了口腔医学计算机应用专业委员会筹备组，并对相关政策以及申请程序、条件等进行了讨论。

**●全国第 6 次口腔颌面-头颈肿瘤外科学术研讨会**

时间:2007 年 12 月 29~30 日

地点:黑龙江省哈尔滨市

主办、承办单位和主持人:中华口腔医学会口腔颌面外科专业委员会口腔颌面-头颈肿瘤外科学组主办，哈尔滨医科大学口腔医学院承办，焦晓辉主持

参会代表人数:236 人

收到论文篇数:276 篇

会议内容提要:来自全国各省、自治区、直辖市以及日本新潟大学的代表参加了会议。中国工程院院士、上海交通大学附属第九人民医院邱蔚六教授，国际口腔颌面外科学会主席 Nabil Samman 教授，哈尔滨医科大学校长杨宝峰教授，黑龙江省口腔医学会会长王廼谦教授莅会并讲话。

大会收到的论文荟萃了口腔颌面-头颈肿瘤外科、缺损组织的修复重建、肿瘤内科、综合序列治疗以及基础研究等领域、学科的丰硕研究成果。邱蔚六教授做了题为建立中国口腔颌面-头颈肿瘤内科体系的思考的主题报告，大会还邀请国内神经外科、血管外科、整形外科专家做专题报告，62 位代表就肿瘤外科、修复重建、综合治疗、基础研究等 4 个专题进行报告，展示了各院校、各级医院的口腔颌面外科医师们所取得的成就。大会还组织了病例讨论，哈尔滨医科大学口腔医学院、四川大学华西口腔医学院、上海交通大学口腔医学院的代表分别进行疑难病例报告。经过主题、专题报告以及其后的热烈讨论，与会代表进行了广泛的交流，并就某些问题达成了共识。

## 二、省级和其他学术会议

**●第 2 届国际口腔医学生学术会议**

时间:2007 年 2 月 25~28 日

地点:北京市

主办单位:北京大学口腔医学院主办

参会代表人数:205人

收到论文篇数:49篇

会议内容提要:来自泰国清迈大学、美国加州大学洛杉矶分校、瑞典 Karolinska 学院、日本东京医科齿科大学、韩国 Chonnam 国立大学和中国香港大学、武汉大学、昆明医学院和北京大学共6个国家的9所大学口腔医学院(系)院长(系主任)、教师及医学生们进行了口腔医学学术和文化交流。

开幕式上,大会组委会主席俞光岩院长和学生执行主席柳大为分别发言。在学术交流中,俞光岩院长和泰国清迈大学口腔医学院院长分别报告了 Stomatological Education in China 和 The Education System of Faculty of Dentistry, Chiang Mai University。15名口腔医学生代表发言,内容涉及口腔材料学、口腔颌面外科学、口腔放射影像学、口腔生理学、口腔正畸学、牙周病学、口腔修复学等各学科的研究成果。

来自各院校的33位学生进行了壁报交流,展示了各学科学生的科研成果。

**●第9次四川省口腔医学学术会议**

时间:2007年3月1~3日

地点:四川省攀枝花市

主办、承办单位和主持人:四川省口腔医学会主办,攀枝花市医学会口腔医学专业委员会承办,周学东主持

参会代表人数:200余人

收到论文篇数:208篇

会议内容提要:会议邀请了四川大学华西口腔医学院9名专家进行专题演讲;会议还特邀高露洁公司、西诺德公司、GC而至公司,他们分别对全效牙膏新产品功效、口腔诊疗理念的变化、新材料的临床应用进行了介绍。

该次会议较全面地反映了近年来四川省在口腔医学基础研究和临床工作中取得的成就,展现了各方面研究的新进展。在口腔医学基础研究方面,已对基因、遗传、组织工程等方面进行了深入研究;口腔医学临床研究也有较大进步,应用新技术、新材料结合临床常见问题进行观察、记录、总结;四川省老年人口腔健康调查、四川省残疾人龋患状况调查等系列研究为四川省口腔流行病学提供了有用资料。会议还就口腔专科护士的规范化培训、教学改革、口腔门诊感染管理以及临床各科护理的配合、新技术、新方法的应用等进行了总结。大会决定,第10次四川省口腔医学学术会议将于2009年在四川南充市召开。

**●第9届东北三省口腔医学学术会议**

时间:2007年6月23~24日

地点:辽宁省沈阳市

主办、承办单位和主持人:辽宁省口腔医学会、黑龙江省口腔医学会、吉林省口腔医学专业委员会主办,中国医科大学口腔医学院承办,卢利主持

参会代表人数:230人

收到论文篇数:454篇

会议内容提要:会议邀请了北京大学口腔医学院俞光岩教授、第四军医大学口腔医院赵铱民教授、武汉大学口腔医学院边专教授、吉林大学口腔医学院周延民教授、中国医科大学口腔医学院王玉新和张扬教授6位专家举办专题讲座。讲座题目分别为:腮腺沃辛瘤的综合研究,颌面部缺损的赝复治疗,口腔遗传疾病概述及其研究进展,种植义齿的临床应用,面颌骨骨性畸形的整体修复技术,正畸治疗与口腔其他相关学科问题的处理。

大会发言16篇,分组发言57篇。会议交流的论文展现了较高的学术水平,对今后基础理论研究和临床实践经验总结都具有实际指导意义。此次会议对推动东北地区口腔医学事业的发展起到积极作用。

**●第7届中国西部口腔医学学术会议**

时间:2007年8月29日

地点:四川省成都市

主办、承办单位和主持人:四川大学华西

口腔医院医讯中心主办，华西口腔医院承办，吴亚菲主持

参会代表人数:320 人

收到论文篇数:86 篇

会议内容提要:该次会议是华西口腔百年庆典活动的重要组成部分。开幕式上，四川大学华西口腔医学院院长周学东教授首先致贺词。随后，口腔医学界的华西校友中国工程院院士邱蔚六教授、中华口腔医学会副会长樊明文教授以及著名专家第四军医大学口腔医学院院长赵铱民教授、华西口腔医学院陈扬熙教授分别就口腔医学各相关领域中的临床实用新技术和新进展做学术报告。

会议分为口腔内科、口腔颌面外科、口腔修复、口腔正畸 4 个学术专题，并采用互动形式，邀请专家对临床疑难病案会诊、解析点评、问题答疑。同时，与会代表还就口腔临床技术、管理、经营等各方面的问题进行交流和探讨。同期举办的第 7 届中国西部国际口腔设备及材料展览会，有日本松风齿科公司、3M 中国有限公司、日本可乐丽国际贸易有限公司等多家国际知名大型齿科企业参展，展出了口腔医疗上万种仪器设备。

**●第 10 届华北地区口腔医学学术交流会**

时间:2007 年 9 月 2 日

地点:天津市

主办、承办单位和主持人:北京市口腔医学会主办，天津市口腔医学会承办，白玉兴主持

参会代表人数:141 人

收到论文篇数:148 篇

会议内容提要:中华口腔医学会副会长孙正、中华口腔医学会秘书长王渤，天津市塘沽区卫生局副局长李长春，北京、天津、河北、内蒙古口腔医学会会长等出席会议。

大会特邀北京大学口腔医学院张益教授、胡文杰教授，北京口腔医院白玉兴教授、侯本祥教授做专题报告。来自华北 5 省市的 8 位代表在大会上发言。代表们就口腔医学学术问题提出自己的见解。

此次大会与 2007 年中国国际口腔修复与种植技术学术大会暨材料器械展览会同时在天津国际会展中心举行，增强了交流的范围和效果，增进了各省市口腔工作者的友谊，也对各省市的口腔学术交流产生了很大的促进作用。

**●国际种植联盟(ITI)中国研讨会**

时间:2007 年 9 月 7～9 日

地点:福建省福州市

主办、承办单位和主持人:福建省口腔医学会主办，福建医科大学口腔医学院承办，闫福华主持

参会代表人数:256 人

收到论文篇数:60 篇

会议内容提要:会议邀请瑞士伯尼尔大学 Niklaus P. Lang 教授、美国加州大学 John Beumer 教授、上海交通大学口腔医学院张志勇教授、北京大学口腔医学院林野教授、北京协和医院宿玉成教授、广东省口腔医院周磊教授、四川大学华西口腔医学院刘福祥教授、同济大学口腔医学院王佐林教授、福建医科大学口腔医学院陈江教授等国内外知名专家莅临授课。内容涉及口腔种植学科领域的新概念、新技术、新材料、新进展，为与会者提供了交流的机会和展示自己临床工作的平台。研讨会专题报告与现场实际案例讨论受到与会代表的一致好评和欢迎。

**●湖北省口腔医学会第 3 次会员代表大会**

时间:2007 年 9 月 18～21 日

地点:湖北省武汉市

主办、承办单位和主持人:湖北省口腔医学会主办，武汉大学口腔医学院承办，边专主持

参会代表人数:179 人

会议内容提要:中华口腔医学会秘书长王渤，湖北省卫生厅姚云副厅长、杨洁科长，湖北省民政厅民间组织管理局杨勇处长，湖北省医学会副秘书长潘旭初，湖南省口腔医

学专业委员会主任委员蓢新春教授等出席会议。来自全省各地、市、县的口腔医学界代表参加了大会。

大会由武汉大学口腔医学院院长边专教授主持,第 2 届常务理事会会长樊明文教授向大会做工作报告;第 2 届常务理事会秘书长陈智教授向大会作了关于学会章程修改的说明,与会代表一致通过"关于学会章程修改的若干意见"。全体代表选举产生了新一届学会领导,并一致通过筹备组建牙体牙髓学组、口腔外科学组、口腔修复学组、口腔种植学组、口腔正畸学组、口腔教育学组的决定。

**●湖南省第 9 届口腔医学学术年会**

时间:2007 年 9 月 20～24 日

地点:湖南省湘潭市

主办、承办单位和主持人:湖南省口腔医学专业委员会主办,湘潭市口腔医院承办,蓢新春主持

参会代表人数:231 人

收到论文篇数:168 篇

会议内容提要:该次会议是口腔专业委员会成立以来规模最大的一次。会议收到论文中,口腔颌面外科学 46 篇,口腔内科学 55 篇,口腔修复学 31 篇,口腔正畸学 28 篇,护理及医院管理 8 篇。大会发言论文 50 余篇,交流论文 100 余篇。与会代表就口腔医学领域的重点、热点问题进行了广泛探讨,会议气氛十分活跃。

会议期间还举办了湖南省口腔医学大型临床病例讨论会。此外,还邀请到武汉大学口腔医学院彭彬教授、南方医科大学附属口腔医院兰泽栋教授分别就根管治疗现代技术、口腔正畸新技术等进行大会专题讲演。

**●2007 年华东(含部分西南、东北)地区口腔医学院(系)教学研讨会**

时间:2007 年 11 月 5～7 日

地点:上海市

主办单位及主持人:同济大学口腔医学院主办,王佐林主持

会议代表人数:51 人

收到论文篇数:31 篇

内容提要:来自 18 所高等院校口腔医学院(系)的代表出席了该次会议。会议主题为如何提高口腔医学生整体素质;迎接本科教学评估,提高教学质量。中华口腔医学会会长王兴教授、上海交通大学口腔医学院院长张志愿教授出席了研讨会,并在开幕式上讲话。同济大学、山东大学、南京医科大学、福建医科大学、广西医科大学、泸州医学院、浙江大学口腔医学院等院校代表分别就口腔仿真实验室在口腔临床教学中的地位、口腔医学教学质量保证体系的建立、教学质量认证、口腔医学多媒体课件的建设、口腔临床实习模式改革、迎接教育部本科教学评估等方面的问题进行了大会交流。与会代表对口腔医学专业学生临床实习改革、医师法与学生临床实习的矛盾、口腔仿真实验室的应用、双语教学、精品课程、迎接教育部本科教学评估等相关问题进行了充分、热烈的讨论。

大会决定,第 21 届华东(含部分西南、东北地区)口腔医学院(系)教学研讨会将于 2008 年 5 月在福州举行。

# 短　讯

**▲山东省医师协会口腔医师分会成立**

2007 年 1 月 5 日,由山东大学口腔医学院主办的山东省医师协会口腔医师分会成立大会在济南市召开。

出席会议的领导有山东省卫生厅副厅长刘玉芹,省卫生厅医政处处长万书臻,中国医师协会口腔医师分会会长栾文民,山东省医师协会副秘书长宋良贞等。此外,出席会议

的还有首届山东省医师协会口腔医师分会委员会成员、全国各省市口腔专业的专家等。刘玉芹副厅长和栾文民会长在讲话中对山东省医师协会口腔医师分会的成立表示祝贺，杨丕山院长对到会专家和嘉宾表示感谢。大会选举产生了首届口腔医师分会，山东大学口腔医院院长杨丕山当选为主任委员。会议邀请第四军医大学口腔医院、北京大学口腔医院、武汉大学口腔医院的知名教授进行了学术讲演。

**▲2007 年两岸口腔医疗生态研讨会在台北举行**

2007 年 3 月 9～15 日，两岸口腔医疗生态研讨会在我国台湾省台北市国际会议中心举行，来自北京、四川、广东、江苏、辽宁、山东、湖南、河南、江西等省共 71 名内地口腔医学专家代表参加了该次会议。会议还邀请了香港和澳门牙医师学会的代表参加。

会议期间，两岸口腔医学界同行进行了广泛交流，在学术问题、行业管理、继续医学教育、牙科医生的生存状态与社会地位、两岸口腔医学交流前景等方面进行了深入探讨。北京大学林久祥教授做了大陆口腔正畸专科医师制度的实施的专题报告，中山大学光华口腔医院的张志光教授也做了基层口腔医疗服务在广州发展之现况的专题报告等。该次研讨会还就全口重建的课题进行了重点交流。两岸口腔医学界同行通过交流，加深了理解，建立了深厚的友谊。

在会议期间，代表们还参观了台北的牙科医疗器械展及两家牙科医疗中心。

**▲首届中国医师协会口腔医师会分“中国杰出口腔医师奖”颁奖仪式在广州举行**

2007 年 4 月 1～3 日，中国医师协会口腔医师分会第 2 次全国会员代表大会在广州召开。会上，进行了中国医师协会口腔医师分会“中国杰出口腔医师奖”颁奖，11 名口腔医师获此殊荣，被授予证书、奖杯和奖金。

首届获奖医师是：马轩祥、王兴、王翰章、刘洪臣、张志愿、李金荣、林野、赵士芳、凌均棨、高东华、章锦才。

**▲第 12 届华南国际口腔展和技术研讨会在广州举办**

2007 年 4 月 2～5 日，第 12 届华南国际口腔展在广州中国进出口商品交易会展馆隆重举行。展览会期间，中华口腔医学会常务理事会会议、中国医师协会口腔医师分会第 2 次全国代表大会和中华口腔医学会第 2 届预防口腔医学专业委员会会议同期召开。包括全国各地 100 多名口腔医院院长在内的 500 多名代表共聚广州，商议中国口腔医疗事业的发展。

展会期间举办了 57 场高水平的国际口腔技术研讨会，邀请到中国、美国、德国、新加坡等国家和地区的 56 名专家举办专场讲座，5 000 余名口腔专业人士参加了研讨会。该次展会展览面积达到 25 000 $m^2$，展位 1 300 个，来自德国、日本、韩国、意大利、美国、法国、奥地利、瑞士、列支敦士登、中国等 16 个国家 450 家参展商展示了最新的口腔医疗设备和技术。

**▲中华口腔医学会第 2 届预防口腔医学专业委员会会议在广州召开**

2007 年 4 月 2～3 日，中华口腔医学会第 2 届预防口腔医学专业委员会会议在广州召开。中华口腔医学会王渤秘书长和中华口腔医学会第 1 届预防口腔医学专业委员会主任委员卞金有教授出席了会议。会议由胡德渝教授主持，王渤秘书长宣读了中华口腔医学会“关于同意第 2 届预防口腔医学专业委员会组成的批复”，胡德渝教授任主任委员。

王渤秘书长代表中华口腔医学会对第 2 届预防口腔医学专业委员会提出了具体的要求，并对今后专业委员会的发展提出了建议。与会委员充分讨论了专业委员会今后的发展方向、工作内容、规划和下一年的学术活动。

会议期间冯希平教授和朱凌副教授分别汇报了第 3 次全国口腔健康流行病学调查的

初步描述性结果。

**▲全身健康，口腔先行——口腔健康与糖尿病、心血管疾病学术研讨会召开**

2007 年 4 月 26 日，由高露洁公司支持的全身健康，口腔先行——口腔健康与糖尿病、心血管疾病学术研讨会，通过卫星连线同时在北京、天津、广州、沈阳、上海、成都、重庆、武汉 8 个城市举办。广东省口腔医院章锦才教授担任广州主会场主席，全国近千名口腔医师参加了该次会议。中华口腔医学会王渤秘书长和高露洁公司市场总监 Natasha 女士分别致开幕词。胡德渝教授做第 3 次全国口腔健康流行病学调查结果总结报告，来自香港的金力坚教授介绍了糖尿病、心血管疾病在亚洲的现状及其对口腔治疗的影响，北京大学孟焕新教授就口腔健康与全身系统性疾病——糖尿病、心血管疾病的关系进行了演讲，高露洁公司的 Diane 博士向参会医生介绍了高露洁 360°牙刷和高露洁全效牙膏在维护口腔卫生，促进全身健康方面的功效。随后各会场参会医生对报告中所关心的问题和专家进行了交流探讨。

**▲2007 中国口腔医院管理与信息化研讨会在西安召开**

2007 年 4 月 27～29 日，由中华口腔医学会医院管理专业委员会信息学组主办，第四军医大学口腔医院承办的 2007 中国口腔医院管理与信息化研讨会在西安召开，中华口腔医学会医院管理专业委员会信息学组组长张刚主持会议。中华口腔医学会会长王兴、秘书长王渤出席会议并讲话。中华口腔医学会韩亮，卫生部计算机中心王勇等参加了会议。会议特别邀请了国外口腔医院信息化专家就数字化医院建设与发展进行特别演讲。

大会论文集收录论文 27 篇，参会代表共 65 人，国内 15 家口腔医院管理干部参加了会议。会议重点研讨了当前口腔医院信息化建设与发展的进程及面临的挑战，进一步加强各单位之间的资源共享和协作等。代表们交流了各自的成果与经验。会议期间，与会代表参观了兄弟院校的信息化建设成果展览。

**▲第 12 届中国国际口腔设备材料展览会暨技术交流会成功举办**

2007 年 6 月 6～9 日，由卫生部国际交流与合作中心和中华口腔医学会共同主办的第 12 届中国国际口腔设备材料展览会暨技术交流会（SINO-DENTAL 2007）在北京展览馆成功举办。该届展会展出总面积 28 000 $m^2$，展位 1 105 个。来自中国、德国、日本、韩国、美国、意大利等 20 个国家和地区的 500 多家企业参展，其中德国、日本、韩国、美国以国家展团的形式参展，吸引来自 60 多个国家和地区的近 3 万名专业观众，参观人次达到 10 万人次以上。

展会期间共组织学术、技术交流活动 28 场，涉及专题 56 个。展会期间还举办了“预防牙病、促进健康”科普知识大讲堂活动，邀请国内外著名专家向公众介绍口腔卫生保健知识，倡导正确护牙观念，提高普通民众的口腔疾病预防能力，保障身体健康。

第 13 届中国国际口腔设备材料展览会暨技术交流会（SINO-DENTAL 2008）将于 2008 年 6 月 5～8 日在北京展览馆举办。

**▲2007 年度国家精品课程评审推荐会在成都召开**

2007 年 6 月 9 日，教育部高等学校口腔医学专业教学指导委员会 2007 年度国家精品课程评审推荐会在成都四川大学华西口腔医学院召开。来自国内 9 所高等学校的口腔医学专业教学指导委员会委员和代表参加了会议，四川大学副校长孙卫国教授出席会议并讲话。

口腔医学专业教学指导委员会主任委员周学东教授在会上介绍了首届口腔教学指导委员会委员的组成情况和主要任务。该次会议的主题是评选推荐 2007 年度国家精品课程，会议由口腔医学专业教学指导委员会秘书长石冰教授主持。口腔医学共有 11 门课程申报国家精品课程，最终与会专家以无记名投票评审推荐出 5 门课程参加国家精品课程评审。

**▲全国口腔卫生工作研讨会在北京召开**

2007 年 6 月 13 日，由卫生部疾病控制局主办的全国口腔卫生工作研讨会在北京召开，参加大会人员有部分省（市、自治区）卫生厅有关负责人、部分口腔专家以及国家认证认可监督委员会负责人、部分驻京新闻记者。

会议由卫生部疾病控制局局长齐小秋主持。齐小秋局长对过去全国口腔卫生工作进行了总结，认为在过去的 20 年中，口腔疾病防治工作取得了长足发展和显著成绩。他还介绍，新近成立的口腔卫生处已经开始运作，现在口腔卫生处暂时由疾控局局长和主管副局长等负责。要求各地积极探索研究口腔疾病防治工作发展的新策略，将口腔卫生工作作为公共卫生的重要内容，争取经费纳入各级财政预算。今后口腔卫生工作的重点是：作为全社会公共卫生事业的一部分，建立完善全国口腔疾病监测体系，加强对口腔疾病防治工作的领导和财政投入，发展社区口腔卫生保健服务，探索中国特色的社区口腔保健模式，实现《中国口腔卫生保健工作规划（2004－2010 年）》目标。孔灵芝副局长介绍了口腔卫生管理办法（征求意见稿）的制定情况。张立副巡视员对口腔保健用品功效评价标准（征求意见稿）的主要内容进行说明。

会上，口腔预防专家纷纷发言，对有关问题进行了热烈讨论。

**▲口腔医院门诊护理“三基”培训及口腔护理发展趋势研讨会在长春召开**

2007 年 6 月 16～18 日，全国口腔护理专业学组在吉林省长春市召开口腔医院门诊护理“三基”培训及口腔护理发展趋势研讨会。会议讨论并通过了口腔门诊“三基”训练内容和评分标准，并举办了口腔专科医院护理人员梯队的培养、口腔专科护理的现状及发展趋势、口腔专科医院的质量控制管理等专题讲座，为规范口腔护理操作、提高口腔护理质量提供了有利的保障。

**▲中华口腔医学会专业委员会工作会议在南京召开**

2007 年 6 月 30 日，由中华口腔医学会主办，南京大学附属口腔医院承办的中华口腔医学会专业委员会工作会议在南京召开。南京市副市长许仲梓，江苏省医学会、医院协会会长唐维新，南京大学校长助理兼医学院院长谭仁祥教授，南京市卫生局陈天民局长，南京市口腔医院胡勤刚院长出席开幕式并分别代表东道主以及主办方讲话，对这次会议在南京召开表示欢迎并祝贺。中华口腔医学会会长王兴、副会长石四箴、边专、孙正、赵铱民、栾文民教授，秘书长王渤以及学会的 17 个专业委员会、两个直属学组的组长、副组长、秘书共 120 余人参加了会议。

该次会议主要议题是讨论和征求各专业委员会对《中华口腔医学会专业委员会（分会）管理办法（讨论稿）》、《中华口腔医学会学术会议管理办法（讨论稿）》、《中华口腔医学会会员管理办法（讨论稿）》的意见及建议。与会代表对相关管理办法进行了充分、深入、细致的讨论并形成了相关意见。部分专业委员会交流了各自的管理、开展活动情况等的经验。会议通报了学会 2007 年 9 月在天津召开学术大会和展会的情况以及 2008 年申报继续教育项目的相关办法。王兴会长最后做总结发言。

**▲2007 年全国爱牙日活动宣传提纲**

2007 年全国爱牙日主题：口腔健康促进——面向西部，面向儿童。宣传口号：健康的牙齿能伴随您终生；爱牙健齿强身；定期检查口腔，早期治疗口腔疾病；早晚刷牙，维护口腔健康；科学用氟，预防龋病；使用含氟牙膏刷牙有益口腔健康；坚持使用含氟牙膏，正确使用含氟牙膏；用保健牙刷和含氟牙膏刷牙。

**▲中华口腔医学会口腔黏膜病学专业委员会第 3 届第 4 次全委会暨专题讨论会在乌鲁木**

齐市召开

2007 年 7 月 26～28 日，由新疆医科大学口腔医学系承办的中华口腔医学会口腔黏膜病专业委员会第 3 届第 4 次全委会在新疆乌鲁木齐市召开。出席会议的有中华口腔医学会第 3 届口腔黏膜病专业委员会委员以及特邀代表共 59 人。新疆维吾尔自治区卫生厅副厅长朱新安、新疆医科大学校长买买提·牙森教授出席开幕式并表示祝贺。中华口腔医学会第 2 届口腔黏膜病专业委员会主任委员周曾同教授致开幕词。

在口腔癌前病变多学科联合专题讨论会上，北京大学高岩教授，上海交通大学李江教授、叶冬霞医师，北京大学华红教授，中南大学翦新春教授分别做专题报告。周曾同教授对口腔黏膜癌前病变的研究现状和思考进行总结发言。四川大学陈谦明教授就口腔白斑病的定义与分期标准进行主题发言，全体委员经过热烈讨论，达成了共识。

会议期间，召开了专业委员会工作会议。确定第 7 次全国口腔黏膜病学术会议于 2008 年 10 月在北京召开。

**▲江苏省口腔专科医院医疗质量管理研讨会在苏州召开**

2007 年 8 月 24～26 日，由江苏省医院协会口腔医院分会主办，江苏省口腔医院和苏州华夏口腔医院承办的江苏省口腔专科医院医疗质量管理研讨会在苏州召开。会议由杨建荣主持。42 位来自省内各口腔专科医院分管医疗院长、医务科长和护理部主任参加了该次研讨会。苏州卫生职业技术学院姜渭强院长，口腔医院分会主任委员、江苏省口腔医院王林院长及上海市口腔医学会会长、上海市口腔质控中心主任周曾同教授参加了研讨会。

周曾同教授和南京市鼓楼区法院陈正山法官分别就口腔科医疗质量控制、法官角度看待医疗纠纷与医疗质量管理做专题报告。会议还围绕口腔专科医院质量评价标准和如何强化法律意识，做好医疗质量管理专题进行了广泛研讨。

**▲《华西口腔百年史话》首发仪式隆重举行**

2007 年 8 月 27 日，记录华西口腔医院百年历程的图书《华西口腔百年史话》首发仪式在四川大学华西口腔医院举行。华西口腔医院院长周学东教授，《华西口腔百年史话》编委会成员，人民卫生出版社医药教育出版中心第 5 编辑部刘红霞主任及口腔医学院各级领导出席了首发仪式，仪式由口腔医学院副院长石冰教授主持。

《华西口腔百年史话》的成书耗时近两年，56 万字的文史资料和 200 多张珍贵图片真实而生动地记录了华西口腔医院的创立、发展、传承和创新。《华西口腔百年史话》主编王翰章教授首先致辞，他表示华西口腔作为中国现代口腔医学的发源地，其百年历史也是中国口腔医学的发展历程，因此该书具有珍贵的历史价值。刘红霞主任代表人民卫生出版社向《华西口腔百年史话》的发行表示祝贺，主编王翰章教授，副主编张举之、王大章和周学东教授及责任编辑刘红霞为《华西口腔百年史话》揭幕。

**▲第 13 届口腔医(学)院院长(系主任)联席会议在成都召开**

2007 年 8 月 30 日，由四川大学华西口腔医(学)院承办的第 13 届口腔医(学)院院长(系主任)联席会议在成都召开，来自全国各口腔医(学)院(系)的负责人出席了会议，会议由四川大学华西口腔医(学)院王晓毅副院长主持。会上，四川大学华西口腔医院院长周学东教授致欢迎词并号召大家共同贯彻落实党中央、卫生部的重要精神，为口腔医疗事业的发展、口腔医院环境的优化、口腔医疗质量的提高、口腔医患关系的和谐出谋划策，努力实现“构建平安医院，和谐医患关系”的目标。中华口腔医学会会长、北京大学口腔医学院王兴教授在讲话中提出全国口腔一家人，应当共同携手前进。

随后，温州医学院附属口腔医院麻健丰院长做了用公立医院的医疗质量和民营医院的服务质量构建和谐医患关系的报告；昆明医学院第一附属医院杨湛副院长就现代医院的管理问题发言。经过代表们讨论，决定口腔医(学)院院长(系主任)联席会议将由一年一届改为两年一次，下一次会议将在甘肃兰州召开。

**▲中华口腔医学会民营口腔工作委员会成立大会暨第 3 届中国民营口腔医疗机构可持续发展论坛在天津举行**

2007 年 9 月 1～2 日，由中华口腔医学会民营口腔工作委员会筹备组主办的中华口腔医学会民营口腔工作委员会成立大会暨第 3 届中国民营口腔医疗机构可持续发展论坛在天津滨海国际会展中心举行。中华口腔医学会名誉会长张震康，会长王兴，副会长石四箴、黄洪章，秘书长王渤以及天津市塘沽区卫生局李长春副局长等出席大会表示祝贺。来自全国各地的民营口腔医师代表以及部分公立医院口腔医师代表共 230 余人参加了该次会议。

杭州博凡口腔门诊部主任卢海平副主任委员主持开幕式。王兴会长宣布中华口腔医学会第 3 届理事会民营口腔工作委员会组成人员名单。黄洪章副会长代表中华口腔医学会对民营口腔工作委员会的成立表示祝贺并分析了目前我国民营口腔医疗机构的现状与前景。

随后举行了第 3 届中国民营口腔医疗机构可持续发展论坛，由张震康教授作口腔医师在诊治中应贯通人文精神的演讲，高雄 ABC 牙医联盟谢尚廷执行总裁、前台北市牙医师公会理事长葛建埔、美国西北牙周病和牙种植中心主任毛尔加博士以及卢海平博士分别进行演讲。大会闭幕式上，王渤秘书长代表中华口腔医学会就该次大会进行了总结发言。

**▲口腔医学国家重点实验室建设计划通过科技部论证**

2007 年 9 月 10 日，科技部基础研究司组织以杨胜利院士为组长，邱蔚六院士、樊明文、崔福斋、余绍明、董尔丹、朱大海、刘洪臣、李铁军教授为成员的专家组，在四川大学华西口腔医学院召开了口腔医学国家重点实验室(四川大学)建设计划任务可行性论证会议。专家组听取了实验室主任周学东教授所做的实验室建设计划报告，实地考察了实验室，与实验室的科研骨干进行了交流。专家组一致同意通过论证，并对实验室建设提出了宝贵的建设性意见。实验室将根据专家组的建议，修改完善计划任务，力争将实验室建成国际知名、国内一流的口腔医学科学研究基地。

**▲2007 首届华中口腔医学学术交流会暨口腔器材展览会在武汉举办**

2007 年 9 月 19 日，2007 首届华中口腔医学学术交流会暨口腔器材展览会在武汉国际会展中心隆重开幕。IADR 中国分会会长、湖北省口腔医学会会长樊明文教授，中华口腔医学会名誉会长张震康教授，中华口腔医学会会长王兴教授、秘书长王渤，华中 5 省口腔医学会会长以及华中地区各知名口腔医院的领导、专家出席了开幕式。

开幕式结束后，300 多位来自华中 5 省口腔医学会会员和口腔医院及高校口腔医师、学者参观了口腔器材展览。展会期间，同时举行了口腔医学学术交流会，中华口腔医学会名誉会长张震康教授进行了口腔医疗发展新趋势漫谈的专题讲演。北京大学口腔医学院傅民魁教授，广东省口腔医院章锦才教授、吴补领教授，中山大学光华口腔医学院院长凌均棨教授，杭州博凡齿科卢海平博士等进行专题讲演。

首届华中口腔器材展览共吸引华中地区 60 余家口腔专业医疗器材生产商参展，共设展位近百个。

**▲2007 年“日进杯”口腔工艺技术展评暨全国**

**口腔医学技术教育论坛在上海举办**

2007 年 9 月 22 日，由中华口腔医学会口腔修复工艺学专业委员会主办、上海医药高等专科学校承办、日进齿科材料（昆山）有限公司协办的 2007 年“日进杯”口腔工艺技术展评暨全国口腔医学技术教育论坛在上海医药高等专科学校举行。

出席该次会议有中华口腔医学会秘书长王渤，中华口腔医学会口腔医学教育专业委员会常委王松灵教授，口腔修复工艺学专业委员会主任委员、副主任委员等，现代牙科器材有限公司董事及行政总裁魏圣坚先生，日本口腔技工协会常务理事及日本爱齿技工专门学校校长桑田正博先生，以及来自全国相关专业的 38 所中高等院校的主管领导、教研室主任、师生代表和日进齿科材料（昆山）有限公司领导等，共计 200 余人。

会议特邀嘉宾和主办方进行了专题演讲，5 所学校的教师进行了教学论文交流，王松灵教授做了我国高等教育的现状与要求的报告。会上，姚江武教授就口腔医学技术教育工作组的筹备情况等做了介绍，最后王渤秘书长对口腔医学技术教育工作组的筹备与建立提出了要求与希望。

来自全国 30 多所院校的 58 名学生参加了牙体雕刻展评，47 名学生参加了全口义齿排列及牙龈雕刻展评，专家组成的评委会评分结果：上海医药高等专科学校获“日进杯”团体优胜奖，牙体雕刻和全口义齿个人项目的一等奖则分别由江苏泰州职业技术学院吕慧和开封卫生学校张功超获得。

**▲第四军医大学口腔医院院史馆正式开馆**

2007 年 10 月 8 日，国内首家口腔医学博物馆暨第四军医大学口腔医院院史馆正式开馆。第四军医大学校长樊代明少将、政委孙长新少将为新馆建成揭牌。中华口腔医学会王兴会长参观后题词：开拓创新，铸造辉煌——感谢第四军医大学口腔医学院为中国口腔医学事业做了一件功德无量的大好事。

口腔医学博物馆以年谱形式，记录了中国口腔医学和中国人民解放军口腔医学的发展历程和重要事件，并按照不同时期口腔医学的发展，陈列展示了口腔器械、器材、教具、教材等实物 400 余套件。院史馆分序厅、正厅 2 个部分。展馆面积 346 $m^2$，设计新颖，布局别致，光电色彩运用合理。共有展板 165 块，展出历史照片 735 张，展柜 42 个，展出历史实物 685 套件。第四军医大学口腔医院院史馆将成为口腔医学史教育、传统教育、艰苦奋斗精神教育的基地。

**▲福建省口腔医学会第 1 届民营口腔专业委员会成立大会暨首届福建省民营口腔医疗机构可持续发展论坛在福州举行**

2007 年 10 月 27～28 日，由福建省口腔医学会第 1 届民营医疗机构专业委员会筹备组承办的福建省口腔医学会第 1 届民营口腔专业委员会成立大会暨首届福建省民营口腔医疗机构可持续发展论坛在福州市福建医科大学召开。福建省卫生厅领导，中华口腔医学会民营口腔医疗机构专业委员会主任委员黄洪章教授、执行主任委员刘泓虎博士，中华口腔医学会副秘书长姜婷教授等到会并讲话。口腔医学领域的专家学者、基层的民营口腔医务人员 700 多人参加了会议。

会议选举并一致通过了由 45 名代表组成的福建省第 1 届民营口腔医疗机构专业委员会，任福当选为主任委员。至此，福建省口腔医学会第 1 届民营口腔专业委员会正式成立。会上确定了专业委员会的工作重点。

大会邀请瑞士义获嘉伟瓦登特首席执行官 Mr. Joerg Brenn、瑞尔集团董事长邹其芳等著名的口腔医学专家就口腔诊所的经营管理做专题报告，交流成功经验并确定民营口腔医疗机构今后的发展方向。

**▲第 11 届中国国际口腔器材展览会暨学术研讨会（DenTech China 2007）成功举办**

2007 年 11 月 7～10 日，第 11 届中国国际口腔器材展览会暨学术研讨会在上海圆满落下帷幕。会议由中国国际科技会议中心、上海交通大学医学院附属第九人民医院主办,上海交通大学口腔医学院、同济大学口腔医学院、上海市口腔病防治院和上海展星展览服务有限公司承办。展馆面积达 20 000 $m^2$,参展厂商近 496 家,设展台近 1 000 个。来自德国、加拿大、丹麦等 20 多个国家和地区的著名口腔器材制造商,展出了世界最先进的口腔医疗设备、器械和材料。展会同时开设了口腔保健品展区,并增设了义齿加工展区和高露洁工艺展区。据统计,该届展会总参观人数约 53 200 人次。

展会期间,举办了第 11 届中国国际口腔学术研讨会。共邀请著名口腔医学专家 41 名,分为综合报告、口腔修复、口腔内科、儿童口腔和口腔预防、口腔正畸、牙周病、口腔黏膜病、口腔颌面外科、口腔种植等专场进行。此外,对会议征文进行了评比,有 5 位论文作者获得优秀论文奖,近 40 位口腔医务工作者的论文在 DenTech China 2007 现场以壁报形式交流。

**▲《中国实用口腔科杂志》创刊发布会在沈阳举行**

2007 年 11 月 19 日,《中国实用口腔科杂志》创刊发布会在辽宁省沈阳市中国医科大学口腔医院举行。口腔医院和中国实用医学杂志社的相关领导出席会议,10 余家相关单位的代表参加了此次创刊发布会。

会议由中国医科大学口腔医院路振富院长主持,他首先介绍了《中国实用口腔科杂志》的筹办概况。《中国实用口腔科杂志》经中华人民共和国新闻出版总署批准,将于 2008 年 1 月创刊。该刊由卫生部主管,中国医师协会、中国实用医学杂志社、中国医科大学附属口腔医院联合主办,为口腔技术类科技期刊。中国实用医学杂志社社长详细介绍了《中国实用口腔科杂志》的办刊宗旨、办刊方针以及杂志的具体内容。

**▲江苏省抗癌协会头颈肿瘤外科专业委员会成立大会暨学术研讨会在南京召开**

2007 年 11 月 9～11 日,南京大学医学院附属口腔医院承办、胡勤刚教授主持的江苏省抗癌协会头颈肿瘤外科专业委员会成立大会暨学术研讨会在南京召开,参会代表 30 人。

江苏省抗癌协会头颈肿瘤外科专业委员会预备会议上,选举产生了第 1 届专业委员会主任委员、副主任委员。经代表一致推选,胡勤刚教授当选为主任委员。随后召开了江苏省抗癌协会头颈肿瘤外科专业委员会成立大会,上海交通大学附属第九人民医院邱蔚六院士、南京市卫生局副局长胡万进出席会议并表示祝贺。

学术研讨会上,由邱蔚六院士、王中和、胡勤刚、王秋萍教授就头颈部肿瘤治疗新进展作了专题演讲。

**▲江苏省医院协会第 2 届现代口腔医院管理论坛在宜兴市举办**

2007 年 12 月 8～9 日,江苏省医院协会第 2 届现代口腔医院管理论坛在宜兴市举办。会议由江苏省医院协会口腔医院分会主办,江苏省口腔医院、宜兴市口腔医院承办,省口腔医院王林院长主持。

来自江苏省各口腔医疗机构 142 名从事口腔医院管理的代表参加了论坛。中国医院协会副会长、江苏省医院协会唐维新会长、卢晓玲副会长,宜兴市洪雅副市长、宜兴市卫生局许国明书记等出席了会议。口腔医院分会 37 名委员参加了会议。唐维新会长在论坛上做了关注医疗卫生体制改革的专题报告。南通市口腔医院吴燕平院长、常州市口腔医院徐定南院长分别就医院人事制度改革的探索与体会和完善沟通渠道是构筑和谐医患关系的根本之举的专题进行了大会交流。

**▲广东省医院协会口腔医疗管理分会成立**

2007 年 12 月 13 日,广东省医院协会在广州市召开口腔医疗管理分会成立大会,来自全省各级口腔医院、综合医院口腔科和口腔诊所的代表200余人出席了大会。广东省卫生厅副巡视员吴少林,中国医院协会副会长、广东省医院协会会长张衍浩,广东省医学会会长、前卫生厅厅长黄庆道等领导到会并讲话。经过各单位推荐和大会选举,产生了首届口腔医疗管理分会委员会,广东省口腔医院院长章锦才教授当选为主任委员。

成立大会结束后,举行了首届口腔管理经验交流会。交流会共收到论文18篇,其中大会发言4篇,大会还特邀了中山大学岭南学院张建琦教授进行专题演讲。在第2次口腔医疗管理分会委员会全体会议上,讨论了2008年口腔医疗管理分会工作计划。

**▲陕西省口腔医学会在西安成立**

2007年12月15日,陕西省口腔医学会成立大会在西安第四军医大学口腔医院隆重召开。陕西省罗振江副省长出席会议并讲话,第四军医大学孙长新政委、中华口腔医学会名誉会长张震康教授、会长王兴教授等领导到会祝贺。来自陕西省各地市的300余名口腔医学工作者代表汇集西安,共同庆祝陕西省口腔医学会成立。

会上,罗振江副省长要求新一届学会领导能带领全省口腔医务工作者继承和发扬老一辈专家们"团结、奉献、敬业"的精神,为进一步发展陕西省口腔医学事业做出新的贡献。第四军医大学樊代明校长希望陕西省口腔医学界以此为契机,加快发展,将陕西省口腔医学会建设成为一个精品学会。

大会选举了会长、副会长和理事,第四军医大学口腔医院院长赵铱民担任陕西省口腔医学会首任会长,同期选举产生了第1届理事会、常务理事会。

**▲"微笑列车"中国项目指导小组首次会议在京举行**

2007年12月19日,由卫生部、中华慈善总会、中华口腔医学会、宋庆龄基金会和美国"微笑列车"基金会合作开展的"微笑列车"中国项目指导小组第一次全体会议在北京举行。卫生部副部长、指导小组组长黄洁夫出席会议并讲话。他感谢美国"微笑列车"基金会对我国唇腭裂患者的关心以及对我国卫生事业发展的支持。他表示,"微笑列车"唇腭裂修复慈善项目体现了利民为民的医疗卫生服务宗旨,卫生部将积极支持项目的实施。

中华慈善总会前会长阎明复、全国政协教科文卫体委员会副主任、宋庆龄基金会副会长张文康、中华慈善总会会长范宝俊、中华口腔医学会会长王兴、卫生部医政司司长王羽、国际司副司长任明辉以及美国"微笑列车"基金会副总裁青木女士作为项目指导小组成员参加了该次会议。会议肯定了"微笑列车"在华项目所取得的成绩,并讨论了今后的工作计划。会议强调,要加强各方的协调与沟通;要进一步扩大能够进行唇腭裂修复手术的项目合作医院的数量,提高手术的质量,并在全国范围内调查唇腭裂患者及新生的唇腭裂患儿的数量和分布;要加强唇腭裂治疗的学科建设,为相关的医务工作者提供学术交流与培训,努力把这个项目做好。

# 中国口腔医学院(系)和口腔医院科技成果获奖及获科研基金资助简况

本栏目收录范围为中华人民共和国各部委、省(自治区)、直辖市和中国人民解放军军级以上单位授予的口腔医学科技成果奖(表1)及资助的科研基金项目(表2),收录时限为2007年。

**表 1　2007 年度中国口腔医学院(系)和口腔医院科技成果获奖简表**

| 获奖项目名称 | 获奖单位 | 获奖人员 | 奖励名称与等级 | 授奖单位 |
|---|---|---|---|---|
| 口腔颌面部肿瘤根治术及术后形态修复与功能重建 | 上海交通大学口腔医学院 | 张志愿　邱蔚六　张陈平　孙　坚　郑家伟　竺涵光　张志勇等 | 国家科学技术进步奖二等奖 | 中国科技部 |
| 颅颌面牵张成骨的应用基础研究 | 四川大学华西口腔医学院 | 胡　静　王大章　李继华　邹淑娟　祝颂松等 | 高等学校科学技术进步奖一等奖 | 中国教育部 |
| 口腔癌发病及转移的相关分子机制和防治研究 | 四川大学华西口腔医学院 | 李龙江　陈谦明　李秉琦　温玉明　赵洪伟等 | 高等学校科学技术进步奖二等奖 | 中国教育部 |
| 牙用合金对核磁共振成像影响的研究 | 解放军 306 医院全军口腔疾病诊治中心 | 包　博　施生根　崔三哲　张建波　汤楚华 | 军队科学技术进步三等奖 | 解放军总后勤部卫生部 |
| 正常牙及松动牙动态殆力变化特征的研究 | 解放军总医院<br>第四军医大学口腔医学院 | 李鸿波　姚月玲　储冰峰　张文禹　徐明龙 | 军队医疗成果三等奖 | 解放军总后勤部卫生部 |
| 前哨淋巴结活检在早期口腔鳞癌颈部转移中的应用 | 解放军总医院 | 布静秋　刘洪臣　赵素炎　崔童科　于国梁　方　芬　张海钟 | 军队医疗成果三等奖 | 解放军总后勤部卫生部 |
| 牙髓根尖周病治疗的生物学基础及临床应用研究 | 中山大学光华口腔医学院 | 凌均棨　韦　曦　高　燕　林正梅　徐　琼　胡晓莉　欧阳勇等 | 中华医学科技进步奖二等奖 | 中华医学会 |
| 微创(内镜)诊治颞下颌关节纤维强直 | 上海交通大学口腔医学院 | 杨　驰　张善勇　王旭东　范新东　蔡协艺　陈敏洁　哈　琪　邱蔚六等 | 中华医学科技进步奖三等奖<br>上海医学科技进步奖三等奖 | 中华医学会<br>上海市医学会 |
| 组织工程技术构建口腔颌面部骨组织的研究 | 上海交通大学口腔医学院 | 蒋欣泉　何　悦　翁雨来　张志愿　陈建国　张秀丽　余优成等 | 上海市科学技术进步奖一等奖 | 上海市人民政府 |
| 釉基质蛋白促进牙周再生的应用基础研究 | 上海交通大学口腔医学院 | 束　蓉　程　岚　宋爱梅　宋忠臣　李超伦　刘晓峰　葛琳华等 | 上海市科学技术进步奖二等奖 | 上海市人民政府 |
| 牙髓根尖周病的基础和临床研究 | 四川大学华西口腔医学院 | 周学东　黄定明　叶　玲　尹仕海　李继遥　谭　红等 | 四川省科学技术进步奖二等奖 | 四川省人民政府 |
| 头颈恶性肿瘤信号传导通路的研究 | 中国医科大学口腔医学院 | 孙长伏　郭　澍　赵震锦 | 辽宁省科学技术进步奖二等奖 | 辽宁省人民政府 |
| 口腔癌中肿瘤血管生成机制的研究 | 贵阳医学院 | 宋宇峰　冯红超　马　洪等 | 贵州省科学技术进步奖二等奖 | 贵州省人民政府 |

续表1

| 获奖项目名称 | 获奖单位 | 获奖人员 | 奖励名称与等级 | 授奖单位 |
|---|---|---|---|---|
| 口腔颌面种植基础及临床研究 | 中国医学科学院<br>上海交通大学<br>解放军总医院<br>首都医科大学<br>吉林大学<br>山东大学 | 宿玉成　耿　威<br>赵　颖　戈　怡<br>张志勇　刘洪臣<br>谭包生　周延民<br>徐　欣等 | 北京市科学技术进步奖三等奖 | 北京市人民政府 |
| 牵张成骨整复腭裂及腭部软硬组织缺损的新途径 | 天津医科大学口腔医学院<br>四川大学华西口腔医学院 | 陈　刚　王大章<br>王之奇　廖运茂<br>申　岱 | 天津市科学技术进步奖三等奖 | 天津市人民政府 |
| 中西医结合治疗口腔黏膜癌前病变的基础与临床研究 | 上海交通大学口腔医学院 | 周曾同　沈雪敏<br>唐国瑶　周海文<br>周永梅　葛姝芸<br>王宇峰 | 上海市科学技术进步奖三等奖 | 上海市人民政府 |
| 流体剪切力作用下破骨细胞形态学及其信号转导机制的研究 | 四川大学华西口腔医学院<br>四川大学华西基础医学与法医学院 | 梁　星　陈槐卿<br>王　航　陈　明<br>孟艳华　张庆鸿等 | 四川省科学技术进步奖三等奖 | 四川省人民政府 |
| 血管瘤和脉管畸形的临床基础研究 | 中国医科大学口腔医学院 | 王绪凯　秦兴军<br>陈亚飞　邱　攀<br>王洪鹏　孙晓菊<br>陈　辉等 | 辽宁省科学技术进步奖三等奖 | 辽宁省人民政府 |
| 颌下腺脱细胞支架材料的制备及体外复合培养的研究 | 中国医科大学口腔医学院 | 邓春富　谭学新<br>黄绍辉　周　青<br>宫相芹　赵宝红<br>王玉新等 | 辽宁省科学技术进步奖三等奖 | 辽宁省人民政府 |
| mTOR、MPF在细胞及口腔肿瘤生长与增殖中的调控作用 | 中国医科大学口腔医学院 | 刘　奕　王宇明<br>王　雪　张　扬<br>张文君　郭亚峰<br>毕玮玮等 | 辽宁省科学技术进步奖三等奖 | 辽宁省人民政府 |
| TGF-β/Smads信号通路系统与口腔鳞癌及其转移关系的研究 | 哈尔滨医科大学附属第二医院 | 王秀梅 | 黑龙江省科学技术进步奖三等奖 | 黑龙江省人民政府 |
| 人咀嚼肌群的肌构筑及肌梭分布的研究 | 遵义医学院附属口腔医院 | 刘　静　张跃蓉 | 贵州省科学技术进步奖三等奖 | 贵州省人民政府 |
| 桂皮醛对牙髓根尖周病感染根管消毒作用的基础与临床研究 | 大连医科大学口腔医学院 | 李文颜　郝太国<br>章　蕾　费　涛<br>张春芳　阎建伟<br>谭亚南等 | 辽宁省科学技术进步成果奖 | 辽宁省人民政府 |
| 现代牙科全瓷材料、全瓷黏结技术及其临床应用的研究 | 第四军医大学口腔医院 | 陈吉华 | 陕西省科学技术进步奖一等奖 | 陕西省科技厅 |
| 热压铸造玻璃陶瓷临床应用的基础研究 | 南京市口腔医院 | 骆小平等 | 江苏省科学技术进步奖一等奖 | 江苏省科委 |
| 颌面部撞击损伤的临床和基础研究 | 第四军医大学口腔医院 | 薄　斌 | 陕西省科学技术进步奖二等奖 | 陕西省科技厅 |

续表 1

| 获奖项目名称 | 获奖单位 | 获奖人员 | 奖励名称与等级 | 授奖单位 |
| --- | --- | --- | --- | --- |
| 牙髓根尖周病临床治疗与生物学基础的系列研究 | 中山大学光华口腔医学院 | 凌均棨 韦 曦 高 燕 林正梅 徐 琼 胡晓莉 刘 沛等 | 广东省科学技术进步奖二等奖 | 广东省科技厅 |
| 脱细胞真皮基质用于修复全层皮肤缺损的实验研究 | 滨州医学院口腔医学系 | 左金华 杨佑成 | 山东省科学技术进步奖三等奖 | 山东省科技厅 |
| 肿瘤发展过程中相关信息通路的研究 | 哈尔滨医科大学附属第二医院 | 王秀梅 | 黑龙江省高校科学技术进步奖一等奖 | 黑龙江省教育厅 |
| CPI 探针在口腔健康流行病学调查中的应用 | 江苏省口腔医院 | 沈家平 王 林 陈 宁 | 江苏省卫生厅医学新技术引进二等奖 | 江苏省卫生厅 |
| 显微超声技术去除根管内折断器械的临床应用 | 江苏省口腔医院 | 吴友农 郭 威 朱庆萍 | 江苏省卫生厅医学新技术引进二等奖 | 江苏省卫生厅 |
| T-scanⅡ型咬合分析仪临床应用 | 江苏省口腔医院 | 张静露 王 琛 殷新民 | 江苏省卫生厅医学新技术引进二等奖 | 江苏省卫生厅 |
| 钛义齿在老年患者口腔修复中的应用 | 南京市口腔医院 | 张 洁等 | 江苏省卫生厅医学新技术引进二等奖 | 江苏省卫生厅 |
| 变形链球菌表面蛋白遗传多态性与龋病发生关系的研究 | 遵义医学院附属口腔医院 | 刘建国(1) 何奎芳(4) 杨德琴(5) | 贵州省医学会科学技术进步奖一等奖 | 贵州省医学会 |
| 涎腺肿瘤基因治疗的实验研究 | 河北医科大学口腔医学院 | 王 洁 董福生 王 旭 郑书深 闫炳智 | 河北省优秀医学成果一等奖 | 河北省医学会 |
| 瘢痕抑制膜的基础研究与开发 | 河北医科大学口腔医学院 | 董福生 任贵云 王 洁 李向军 赵 丽 | 河北省优秀医学成果一等奖 | 河北省医学会 |
| 不同烤瓷合金与种植用钛金属对龈下优势菌黏附的影响 | 河北医科大学口腔医学院 | 孟令强 李雅娟 平雅坤 董福生 焦建平 | 河北省优秀医学成果三等奖 | 河北省医学会 |
| 制作因素对烤瓷冠强度影响的临床实验研究 | 河北医科大学口腔医学院 | 李雅娟 孟令强 张 钊 齐艳云 陈树国 | 河北省优秀医学成果三等奖 | 河北省医学会 |
| 茶多酚对口腔主要致病菌临床分离株的抗菌活性研究 | 遵义医学院附属口腔医院 | 梁文红 刘建国 王 凯 杨德琴 吴家媛 | 贵州省医学会科技进步奖三等奖 | 贵州省医学会 |

**表 2　2007 年度中国口腔医学院(系)和口腔医院获科研基金资助简表**

| 项目名称 | 项目负责人 | 单位 | 基金名称及来源 | 批准号或编号 | 资助金额(万元) |
|---|---|---|---|---|---|
| 龋病高危人群风险因素分析及其控制研究 | 周学东 | 四川大学 | "十一五"国家科技支撑计划项目 | 2007BAI18B01 | 250.00 |
| 预防龋齿 DNA 疫苗的临床前研究 | 樊明文 | 武汉大学 | "十一五"国家科技支撑计划项目 | 2007BAI28B04 | 243.00 |
| 牙发生发育分子调控机理研究 | 王松灵 | 首都医科大学 | 科技部重大科学研究计划课题("973"子课题) | 2007CB947304 | 600.00 |
| 纳米材料在牙组织再生与修复中的机理研究 | 魏世成 | 北京大学 | 科技部重大科学研究计划课题("973"子课题) | 2007CB936103 | 258.95 |
| 颅颌面发育畸形的分子遗传机理和预防研究 | 边　专 | 武汉大学 | 科技部重大科学研究计划课题("973"前期研究专项) | 2007CB516707 | 89.13 |
| 军队医院口腔科交叉感染现状和控制方法研究 | 刘洪臣 | 解放军总医院 | 军队"十一五"科研基金重点项目 | 2007-57-07A | 100.00 |
| 龋病早期诊断及微创治疗新技术的临床研究 | 周学东 | 四川大学 | 卫生部临床学科重点项目 | 卫规财函[2007]353 号 | 240.00 |
| 颞下颌关节强直及其继发畸形的综合矫治与功能重建 | 胡　静 | 四川大学 | 卫生部临床学科重点项目 | 卫规财函[2007]353 号 | 220.00 |
| 牙体牙列缺损的数字化全瓷修复关键技术临床研究 | 朱智敏 | 四川大学 | 卫生部临床学科重点项目 | 卫规财函[2007]353 号 | 160.00 |
| 功能性颌骨重建的临床研究 | 林　野 | 北京大学 | 卫生部临床学科重点项目 | 卫规财函[2007]353 号 | 130.00 |
| 牙髓病根管治疗与直接粘接修复一体化治疗 | 高学军 | 北京大学 | 卫生部临床学科重点项目 | 卫规财函[2007]353 号 | 90.00 |
| 牙体牙髓序列治疗提高难治性根尖周病远期疗效的研究 | 凌均棨 | 中山大学 | 卫生部临床学科重点项目 | 卫规财函[2007]353 号 | 100.00 |
| 应用 CAD/CAM 修复下颌骨缺损和重建咬合功能 | 黄洪章 | 中山大学 | 卫生部临床学科重点项目 | 卫规财函[2007]353 号 | 80.00 |
| 口腔黏膜癌变的蛋白组学特征研究 | 陈谦明 | 四川大学 | 国家杰出青年科学基金项目 | 30725041 | 200.00 |
| 具备牙根发育能力的工程化牙齿的研制 | 金　岩 | 第四军医大学 | 国家杰出青年科学基金项目 | 30725042 | 200.00 |
| 正常及移植颌下腺分泌功能调控的研究 | 俞光岩 | 北京大学 | 国家自然科学基金重点项目 | 30730102 | 160.00 |
| 牙周膜干细胞在应力-缺氧微环境下的成骨效应及机制研究 | 赵志河 | 四川大学 | 国家自然科学基金自由申请项目 | 10772128 | 36.00 |
| 脂肪干细胞牙向分化的实验研究 | 刘　磊 | 四川大学 | 国家自然科学基金自由申请项目 | 30772422 | 28.00 |
| 无机磷酸盐及 ank 信号通路在牙骨质再生中的作用机制研究 | 汤　炜 | 四川大学 | 国家自然科学基金自由申请项目 | 30772423 | 29.00 |

续表 2

| 项目名称 | 项目负责人 | 单位 | 基金名称及来源 | 批准号或编号 | 资助金额（万元） |
|---|---|---|---|---|---|
| β-防御素与口腔黏膜角质形成细胞癌变及相关信息调节通路的研究 | 曾　昕 | 四川大学 | 国家自然科学基金自由申请项目 | 30772424 | 29.00 |
| 基因修饰雪旺细胞对牙种植体功能反射影响的研究 | 宫　苹 | 四川大学 | 国家自然科学基金自由申请项目 | 30772448 | 27.00 |
| 后牙触点区牙釉质的微动磨损机理研究 | 于海洋 | 四川大学 | 国家自然科学基金自由申请项目 | 30772449 | 28.00 |
| Ras/Raf/MEK/ERK 蛋白级联反应对骨缝牵张成骨的调控 | 邹淑娟 | 四川大学 | 国家自然科学基金自由申请项目 | 30772454 | 28.00 |
| 下颌骨牵张速率对骨微结构改建的力学调控机制 | 王　杭 | 四川大学 | 国家自然科学基金青年科学基金 | 10702046 | 23.00 |
| 局部骨吸收抑制对骨-磷灰石界面的影响和机制研究 | 罗　恩 | 四川大学 | 国家自然科学基金青年科学基金 | 30700950 | 18.00 |
| 表达可控、多基因增强的仿生组织工程修复下颌髁突骨软骨缺损的研究 | 祝颂松 | 四川大学 | 国家自然科学基金青年科学基金 | 30700951 | 19.00 |
| 低磷酸酯酶症患者的牙髓干细胞研究 | 刘　鹤 | 北京大学 | 国家自然科学基金自由申请项目 | 30772419 | 28.00 |
| 维生素 D 和维生素 D 受体基因多态性在牙周炎中的作用及机制的研究 | 孟焕新 | 北京大学 | 国家自然科学基金自由申请项目 | 30772420 | 28.00 |
| Wnt 信号转导途径在颞下颌关节骨关节炎发病机制中作用的研究 | 马绪臣 | 北京大学 | 国家自然科学基金自由申请项目 | 30772439 | 29.00 |
| 全数字化中性区全口义齿的基础理论与方法探讨 | 吕培军 | 北京大学 | 国家自然科学基金自由申请项目 | 30772446 | 27.00 |
| 微囊化成骨细胞/原位成型磷酸钙骨水泥材料的研究 | 谢秋菲 | 北京大学 | 国家自然科学基金自由申请项目 | 30772447 | 29.00 |
| 压应力作用下成骨细胞基因变化的高通量检测研究 | 曾祥龙 | 北京大学 | 国家自然科学基金自由申请项目 | 30772452 | 28.00 |
| 雌激素和核因子 kappa B 在实验性颞下颌关节炎中的相互作用 | 甘业华 | 北京大学 | 国家自然科学基金主任基金 | 30740046 | 10.00 |
| 用于直接修复后牙缺损的复合树脂的研究 | 董艳梅 | 北京大学 | 国家自然科学基金主任基金 | 30742009 | 9.00 |
| 唾液腺腺样囊性癌细胞中酸敏感离子通道的特性和功能研究 | 张陈平 | 上海交通大学 | 国家自然科学基金自由申请项目 | 30772430 | 29.00 |
| *nell*-1、*bmp*-2 共表达阳离子聚合物基因给药系统促进成骨的实验研究 | 蒋欣泉 | 上海交通大学 | 国家自然科学基金自由申请项目 | 30772431 | 29.00 |
| 多形性腺瘤 *plag*1 转基因小鼠肿瘤干细胞研究及发病机理探讨 | 杨雯君 | 上海交通大学 | 国家自然科学基金自由申请项目 | 30772432 | 27.00 |

续表 2

| 项目名称 | 项目负责人 | 单位 | 基金名称及来源 | 批准号或编号 | 资助金额（万元） |
|---|---|---|---|---|---|
| 口腔鳞癌干细胞亚群分子标志物的筛选和鉴定 | 张　萍 | 上海交通大学 | 国家自然科学基金自由申请项目 | 30772433 | 30.00 |
| 碳纳米管增强型复合材料神经导管促进周围神经再生研究 | 张志愿 | 上海交通大学 | 国家自然科学基金自由申请项目 | 30772434 | 29.00 |
| 三羧酸循环与口腔白斑癌变及绞股篮总甙癌化学预防关系的实验研究 | 葛姝云 | 上海交通大学 | 国家自然科学基金青年科学基金 | 30700944 | 16.00 |
| 古细菌群落在牙周病进程关系的初探 | 李超伦 | 上海交通大学 | 国家自然科学基金青年科学基金 | 30700945 | 16.00 |
| IGFBO3 及相关基因在口腔上皮细胞恶性转化中作用的研究 | 钟来平 | 上海交通大学 | 国家自然科学基金青年科学基金 | 30700953 | 17.00 |
| 调控牙本质涎磷蛋白基因细胞特异性表达的蛋白质组分析 | 余　擎 | 第四军医大学 | 国家自然科学基金自由申请项目 | 30772416 | 28.00 |
| 涎腺腺样囊性癌嗜神经侵袭模型的建立及相关研究 | 孙沫逸 | 第四军医大学 | 国家自然科学基金自由申请项目 | 30772428 | 30.00 |
| 成年大鼠咬合变化相关的颞下颌关节髁突软骨骨化特征 | 王美青 | 第四军医大学 | 国家自然科学基金自由申请项目 | 30772429 | 30.00 |
| 应力介导的 Caspase 家族依赖性细胞凋亡在翼外肌适应性改建中的作用及其调控机理研究 | 袁　晓 | 第四军医大学 | 国家自然科学基金自由申请项目 | 30770528 | 30.00 |
| 应用重组 PlnDI 构建自组装促血管发生材料 | 唐立辉 | 第四军医大学 | 国家自然科学基金自由申请项目 | 30770572 | 30.00 |
| 吸入麻醉药对痛觉上行传导通路抑制作用及相关机制的研究 | 徐礼鲜 | 第四军医大学 | 国家自然科学基金自由申请项目 | 30772073 | 28.00 |
| 季铵盐牙科抗菌高分子单体的设计、合成与性能研究 | 陈吉华 | 第四军医大学 | 国家自然科学基金自由申请项目 | 30772444 | 29.00 |
| 新型水凝胶生物支架复合 BMP、IGF 控释系统实现双因子协调释放的实验研究 | 陈发明 | 第四军医大学 | 国家自然科学基金青年科学基金 | 30700173 | 19.00 |
| 自体口腔黏膜来源干细胞在角膜缺损修复中应用的研究 | 刘　源 | 第四军医大学 | 国家自然科学基金青年科学基金 | 30700770 | 17.00 |
| 表皮干细胞对真皮纤维化的影响及其机理研究 | 王新文 | 第四军医大学 | 国家自然科学基金青年科学基金 | 30700870 | 18.00 |
| Cbf-α1 对牙齿矿化调控机理的研究 | 朱庆林 | 第四军医大学 | 国家自然科学基金青年科学基金 | 30700943 | 18.00 |
| 新的遗传性釉质发育不全基因的定位与克隆 | 宋亚玲 | 武汉大学 | 国家自然科学基金自由申请项目 | 30771186 | 30.00 |
| X 连锁遗传性非综合征缺牙致病基因的定位克隆 | 边　专 | 武汉大学 | 国家自然科学基金自由申请项目 | 30772417 | 32.00 |
| *LARGE* 基因对口腔癌细胞中 α-DG 糖基化及表达的分子调控 | 尚政军 | 武汉大学 | 国家自然科学基金自由申请项目 | 30772435 | 29.00 |

续表 2

| 项目名称 | 项目负责人 | 单位 | 基金名称及来源 | 批准号或编号 | 资助金额（万元） |
|---|---|---|---|---|---|
| 经基因修饰后的牙周韧带干细胞构建种植体同类牙周膜的研究 | 程祥荣 | 武汉大学 | 国家自然科学基金自由申请项目 | 30772445 | 28.00 |
| 可注射磷灰石/壳聚糖微球－海藻酸钠水凝胶骨组织工程支架的应用基础研究 | 王家伟 | 武汉大学 | 国家自然科学基金青年科学基金 | 30700176 | 20.00 |
| 口腔黏膜固有层前体细胞向成牙表型细胞的诱导分化 | 董　蕊 | 武汉大学 | 国家自然科学基金青年科学基金 | 30700946 | 17.00 |
| 神经嵴细胞的迁移与小鼠牙型决定的实验研究 | 张　露 | 武汉大学 | 国家自然科学基金青年科学基金 | 30700947 | 17.00 |
| 基因活化组织工程支架及其诱导牙周再生的基础研究 | 张玉峰 | 武汉大学 | 国家自然科学基金青年科学基金 | 30700948 | 16.00 |
| 牙骨质样组织在钛表面形成机制的研究 | 蒋　滔 | 武汉大学 | 国家自然科学基金主任基金 | 30740019 | 10.00 |
| 5-脂氧化酶信息通路在酒精相关性口腔黏膜癌变中的作用 | 孙　正 | 首都医科大学 | 国家自然科学基金自由申请项目 | 30772421 | 28.00 |
| 无托槽隐形矫治技术生物力学机制的研究 | 白玉兴 | 首都医科大学 | 国家自然科学基金自由申请项目 | 30772453 | 8.00 |
| 非综合征性唇腭裂遗传机制的研究 | 胡　颖 | 首都医科大学 | 国家自然科学基金青年科学基金 | 30700907 | 17.00 |
| 小型猪牙齿相关干细胞异体移植生物学及免疫学特性研究 | 刘　怡 | 首都医科大学 | 国家自然科学基金青年科学基金 | 30700941 | 18.00 |
| *PTCH2* 基因在口腔颌面部发育中的功能研究 | 杜　娟 | 首都医科大学 | 国家自然科学基金青年科学基金 | 30700962 | 16.00 |
| 磁性 $Fe_3O_4$ 纳米复合基因载体靶向治疗涎腺腺样囊性癌的研究 | 孙宏晨 | 吉林大学 | 国家自然科学基金自由申请项目 | 30672338 | 28.00 |
| 重组腺病毒逆转录病毒杂合载体介导 *mda-7/IL-24* 转基因治疗涎腺腺样囊性癌的研究 | 孙宏晨 | 吉林大学 | 国家自然科学基金对外交流与合作项目 | 30740420551 | 25.00 |
| Notch 通路调控舌鳞癌细胞侵袭、免疫逃逸的作用机制 | 廖贵清 | 中山大学 | 国家自然科学基金自由申请项目 | 30772442 | 29.00 |
| 口腔鳞癌发病相关非编码RNA时序表达调控及功能分析 | 刘习强 | 中山大学 | 国家自然科学基金青年科学基金 | 30700952 | 19.00 |
| 抑制葡聚糖介导变形链球菌黏附的 ssDNA 配基的筛选及其结构与功能研究 | 王成龙 | 解放军总医院 | 国家自然科学基金自由申请项目 | 30772426 | 29.00 |
| 反相结晶法构建胶原-羟基磷灰石骨修复材料的相关研究 | 胡　敏 | 解放军总医院 | 国家自然科学基金自由申请项目 | 30772443 | 29.00 |
| 口颌面部疼痛与相关脑区功能关系的研究 | 刘洪臣 | 解放军总医院 | 国家自然科学基金自由申请项目 | 30772450 | 29.00 |

续表 2

| 项目名称 | 项目负责人 | 单位 | 基金名称及来源 | 批准号或编号 | 资助金额（万元） |
|---|---|---|---|---|---|
| 通过相分离技术与反相结晶法构建自固化胶原-羟基磷灰石材料的相关研究 | 张立海 | 解放军总医院 | 国家自然科学基金青年科学基金 | 30700848 | 17.00 |
| 牙科全瓷修复体双层瓷结合界面的微观结构研究与设计 | 伊元夫 | 武装警察部队总医院 | 国家自然科学基金青年科学基金 | 30700961 | |
| CGRP 和 SP 递质共存对下颌骨骨折愈合影响及其信号传导机制的实验研究 | 谭颖徽 | 第三军医大学 | 国家自然科学基金自由申请项目 | 30772436 | 29.00 |
| 计算机辅助设计制作的个性化舌侧正畸矫治技术的设计与开发研究 | 徐宝华 | 中日友好医院 | 国家自然科学基金自由申请项目 | C03031104 | |
| 牙龈卟啉单胞菌致病岛基因的调控及蛋白表达研究 | 潘亚萍 | 中国医科大学 | 国家自然科学基金自由申请项目 | 30772427 | 27.00 |
| *cyclin* D1 基因多态性与涎腺肿瘤发生及预后的相关性研究 | 刘婷姣 | 大连医科大学 | 国家自然科学基金青年科学基金 | 30700955 | 8.00 |
| 牙生物性种植-天然牙牙周组织体外构建与植入 | 刘宏伟 | 同济大学 | 国家自然科学基金自由申请项目 | 30772418 | 28.00 |
| 舌鳞状细胞癌肿瘤干细胞的分离鉴定及相关生物学特性研究 | 康非吾 | 同济大学 | 国家自然科学基金青年科学基金 | 30700956 | 12.00 |
| 睡眠磨牙中的微觉醒机制与三叉神经运动系统兴奋性的研究 | 刘伟才 | 同济大学 | 国家自然科学基金青年科学基金 | 30700960 | 16.00 |
| 伴放线放线杆菌 CDT 亚基 CdtA、CdtC 功能研究 | 徐　艳 | 南京医科大学 | 国家自然科学基金青年科学基金 | 30700942 | 16.00 |
| 舌鳞癌 DC 疫苗联合 RNAI-VEGF 抗肿瘤效应的研究 | 胡勤刚 | 南京市口腔医院 | 国家自然科学基金自由申请项目 | 30772441 | 8.00 |
| Ⅲ类矫形力作用下髁突软骨细胞的差异磷酸化蛋白谱分析 | 李　煌 | 南京市口腔医院 | 国家自然科学基金青年科学基金 | 30700963 | 17.00 |
| 破骨/成骨细胞 ephrinB2/EphB4 信号耦联中 PDZ 结构域蛋白质的筛选及其作用研究 | 赵　鹏 | 浙江大学 | 国家自然科学基金青年科学基金 | 30700958 | 18.00 |
| 机械力信号在人牙周膜成纤维细胞中传导通路的研究 | 朱庆党 | 浙江大学 | 国家自然科基金青年科学基金 | 30700959 | 17.00 |
| 自组装仿生构建可降解缓释活性复合骨组织修复材料的研究 | 周　健 | 安徽医科大学 | 国家自然科学基金自由申请项目 | 30772440 | 29.00 |
| 炎性介质对牙周膜干细胞和骨髓基质细胞向成骨细胞分化的影响 | 杨丕山 | 山东大学 | 国家自然科学基金自由申请项目 | 30772425 | 28.00 |
| 基于低氧反应元件调控血管形成策略的复合细胞种植促进牵张成骨 | 魏奉才 | 山东大学 | 国家自然科学基金自由申请项目 | 30772269 | 28.00 |
| 靶向牙周炎 DNA 疫苗的研制和免疫机制研究 | 于　飞 | 华中科技大学 | 国家自然科学基金青年科学基金 | | 15.00 |
| 牙种植体-骨组织界面“黏合线”结构的分子模拟及应用基础研究 | 周　彬 | 华中科技大学 | 国家自然科学基金青年科学基金 | 30700957 | 18.00 |

续表 2

| 项目名称 | 项目负责人 | 单位 | 基金名称及来源 | 批准号或编号 | 资助金额（万元） |
|---|---|---|---|---|---|
| MICA-NKG2D 通路介导对口腔鳞癌免疫杀伤效应的实验研究 | 蒋灿华 | 中南大学 | 国家自然科学基金自由申请项目 | 30772437 | 29.00 |
| BMP-2 基因修饰自体 MSCs 移植促进兔下颌骨牵张成骨新骨形成的实验研究 | 周 诺 | 广西医科大学 | 国家自然科学基金地区科学基金 | 30760273 | 17.00 |
| 牙龈卟啉单胞菌在牙周炎与动脉粥样硬化相关性中作用机制的研究 | 葛 颂 | 遵义医学院 | 国家自然科学基金地区科学基金 | 30760271 | 18.00 |
| 肿瘤相关成纤维细胞对热诱导口腔鳞癌细胞凋亡的调节及机制研究 | 何永文 | 昆明医学院 | 国家自然科学基金地区科学基金 | 30760272 | 17.00 |
| 静磁场对面颌肌细胞钙离子浓度及其调控机制的影响 | 许艳华 | 昆明医学院 | 国家自然科学基金青年科学基金 | 30700964 | 16.00 |
| 脂质体鱼肝油酸钠诱导血管瘤内皮细胞凋亡的线粒体差异蛋白组学研究 | 屠军波 | 西安交通大学 | 国家自然科学基金青年科学基金 | 30700954 | 18.00 |
| 牙发生发育分子机理关键问题研究 | 刘 磊 | 四川大学 | 教育部新世纪优秀人才支持计划 | NCTE-07-0578 | 50.00 |
| 口腔黏膜癌前病变的防治研究 | 周红梅 | 四川大学 | 教育部新世纪优秀人才支持计划 | NCTE-07-0591 | 50.00 |
| 腺病毒相关病毒介导水通道基因转导治疗小型猪腮腺放射损伤研究 | 单兆臣 | 首都医科大学 | 全国优秀博士学位论文作者专项资金资助 | 200778 | 30.00 |
| 头颈部鳞状细胞癌生物标志物的研究 | 陈万涛 | 上海交通大学 | 教育部 | 教外司专［2007］364 | 2.95 |
| 人牙周膜干细胞 miRNA 表达谱的检测及其介导的基因表达调控研究 | 朱智敏 | 四川大学 | 高等学校博士学科点专项科研基金 | 20070610063 | 6.00 |
| 脂肪干细胞分离纯化及成脂分化机制研究 | 田卫东 | 四川大学 | 高等学校博士学科点专项科研基金 | 20070610064 | 6.00 |
| 不同菌毛 *fim*A 基因型牙龈卟啉单胞菌破坏牙龈上皮屏障的分子机理研究 | 吴亚菲 | 四川大学 | 高等学校博士学科点专项科研基金 | 20070610066 | 6.00 |
| 经 TβRⅡ基因修饰的肌成纤维细胞对口腔鳞癌细胞株的抑制作用 | 周红梅 | 四川大学 | 高等学校博士学科点专项科研基金 | 20070610067 | 6.00 |
| 釉原蛋白对羟基磷灰石晶体生长调控的研究 | 冯海兰 | 北京大学 | 高等学校博士学科点专项科研基金 | 20070001726 | 6.00 |
| 兔下颌骨压缩前后骨组织基因表达变化的高通量检测研究 | 曾祥龙 | 北京大学 | 高等学校博士学科点专项科研基金 | 20070001727 | 6.00 |
| 破骨细胞在乳牙牙根生理性及病理性吸收中的作用 | 葛立宏 | 北京大学 | 高等学校博士学科点专项科研基金 | 20070001729 | 6.00 |
| AIF-1/daintain 与血管瘤的发生发展 | 赵怡芳 | 武汉大学 | 高等学校博士学科点专项科研基金 | 20070486004 | 6.00 |
| Smad3/β-catenin 信号应答调控修复性牙本质形成的分子机制 | 王凤明 | 四川大学 | 高等学校博士学科点专项科研基金新教师基金 | 20070610056 | 3.60 |

续表 2

| 项目名称 | 项目负责人 | 单位 | 基金名称及来源 | 批准号或编号 | 资助金额（万元） |
|---|---|---|---|---|---|
| 仿真制作中应用光学参数的机理研究 | 熊　芳 | 四川大学 | 高等学校博士学科点专项科研基金新教师基金 | 20070610057 | 3.60 |
| 骨吸收抑制对羟基磷灰石生物骨结合界面的影响研究 | 罗　恩 | 四川大学 | 高等学校博士学科点专项科研基金新教师基金 | 20070610061 | 3.60 |
| 小鼠第一鳃弓外胚层间充质干细胞牙向分化基因的克隆和功能研究 | 林云锋 | 四川大学 | 高等学校博士学科点专项科研基金新教师基金 | 20070610062 | 3.60 |
| 表达可控、双基因修饰的 MSCs 治疗 TMJOA 的实验研究 | 祝颂松 | 四川大学 | 高等学校博士学科点专项科研基金新教师基金 | 20070610091 | 3.60 |
| 应力作用对成骨细胞 Wnt/β-catenin 信号通路的影响 | 班　宇 | 四川大学 | 高等学校博士学科点专项科研基金新教师基金 | 20070610122 | 3.60 |
| 不同密度感应系统对变形链球菌生物膜形成的协同调控作用 | 庄　姮 | 北京大学 | 高等学校博士学科点专项科研基金新教师基金 | 20070001792 | 3.60 |
| 口面部两种性质疼痛在中枢的功能定位及疼痛物质分析 | 李　健 | 北京大学 | 高等学校博士学科点专项科研基金新教师基金 | 20070001795 | 3.60 |
| 釉结细胞记忆性及其分子机制研究 | 张　露 | 武汉大学 | 高等学校博士学科点专项科研基金新教师基金 | 20070486009 | 3.60 |
| 家族性巨颌症相关基因突变和分子致病机制研究 | 汪昌宁 | 武汉大学 | 高等学校博士学科点专项科研基金新教师基金 | 20070486012 | 3.60 |
| 颞下颌关节腔内流体力学网络与滑液循环仿真的研究 | 许　跃 | 中山大学 | 高等学校博士学科点专项科研基金新教师基金 | 20070558203 | 3.60 |
| SDF-1 在牙髓组织中表达并趋化牙髓干细胞迁移 | 蒋宏伟 | 中山大学 | 高等学校博士学科点专项科研基金新教师基金 | 20070558205 | 3.60 |
| 阻断 Notch 抑制 CD133$^+$ 腺样囊性癌细胞血管生成的研究 | 陈绍维 | 中山大学 | 高等学校博士学科点专项科研基金新教师基金 | 20070558206 | 3.60 |
| 自体富血小板血浆启动生长因子信号转导对成骨细胞的效应及其机制 | 宋　扬 | 中山大学 | 高等学校博士学科点专项科研基金新教师基金 | 20070558268 | 3.60 |
| 自然头位下安氏Ⅲ类错𬌗颅面生长发育特征及错𬌗机制研究 | 江久汇 | 北京大学 | 教育部留学回国人员科研启动基金 | 教外司留[2007]1108 号 | 3.00 |
| 正畸治疗及保持阶段反映牙槽骨改建的三维影像学及生物学机制研究 | 刘　妍 | 北京大学 | 教育部留学回国人员科研启动基金 | 教外司留[2007]1108 号 | 3.00 |
| 安氏Ⅲ类错𬌗早期矫治疗效预测与必要性研究 | 谷　岩 | 北京大学 | 教育部留学回国人员科研启动基金 | 教外司留[2007]1108 号 | 3.00 |

续表 2

| 项目名称 | 项目负责人 | 单位 | 基金名称及来源 | 批准号或编号 | 资助金额（万元） |
|---|---|---|---|---|---|
| 糖尿病对牙周疾病进程影响的机制 | 栾庆先 | 北京大学 | 教育部留学回国人员科研启动基金 | 教外司留[2007]1108 号 | 3.00 |
| 高强度活性钙磷/壳聚糖复合涂层的体内应用基础研究 | 王家伟 | 武汉大学 | 教育部留学回国人员科研启动基金 | 教外司留[2007]1108 号 | 3.00 |
| 耳鼻咽喉(口腔黏膜白斑症) | 周曾同 | 上海交通大学 | 国家中医药管理局 | 09J1X1L420B222 | 50.00 |
| 基于纳米复合技术的口腔引导组织再生膜和颌骨修复材料 | 田卫东 | 四川大学 | 国家高技术研究发展项目计划(“863”计划子课题) | 2007AA03Z3287-66-1 | 60.00 |
| 活性多孔纳米复合生物材料 | 郑晓辉 | 四川大学 | “十一五”国家科技支撑计划分课题 | 2007BAE13B04-1 | 25.00 |
| 抗人 PD-L1 单链免疫毒素的制备及其在口腔癌中的应用研究 | 张　平 | 四川大学 | 四川省科技攻关重点项目 | – | 50.00 |
| 人类重大口腔疾病——龋病、牙周病与全身系统性疾病关系的研究 | 郝玉庆 | 四川大学 | 四川省科技攻关重点项目 | – | 50.00 |
| 牙齿发育过程中 WNT5a 的作用机制研究 | 叶　玲 | 四川大学 | 四川省杰出青年学科带头人培养基金 | 08ZQ026-032 | 10.00 |
| 羟基磷灰石/聚酰胺复合体为支架仿生构建组织工程骨整复颅面骨缺损 | 李继华 | 四川大学 | 四川省杰出青年基金前期资助 | 08ZQ026-070 | 3.00 |
| 应力-缺氧微环境下牙周膜干细胞生物学行为变化的研究 | 赵志河 | 四川大学 | 四川省杰出青年基金后续资助 | 08ZQ026-049 | 5.00 |
| HERT/LAMP-1 融和体 mRNA DC疫苗的构建及治疗口腔黏膜鳞癌的实验研究 | 王晓毅 | 四川大学 | 四川省科技支撑计划 | 07FG002-021 | 10.00 |
| 腭咽闭合不全程度的评价以及手术方法选择的相关性研究 | 郑广宁 | 四川大学 | 四川省科技支撑计划 | 07FG002-025 | 8.00 |
| 细胞因子与种植体稳定性的相关研究 | 林映荷 | 四川大学 | 四川省应用基础研究项目 | 07JY029-066 | 3.00 |
| 用代谢组学方法鉴定口腔细菌的初步研究 | 肖丽英 | 四川大学 | 四川省应用基础研究项目 | 07JY029-072 | 3.00 |
| 趋化因子生物学轴在涎腺腺样囊性癌肺转移中的作用及其机理 | 赵洪伟 | 四川大学 | 四川省应用基础研究项目 | 07JY029-074 | 3.00 |
| 牙周膜干细胞的诱导分化研究及其在 GTR 中的应用 | 杨　禾 | 四川大学 | 四川省应用基础研究项目 | 07JY029-106 | 4.00 |
| 固定修复中瓷材料混色规律的基础及临床研究 | 王　敏 | 四川大学 | 四川省应用基础研究项目 | 07JY029-107 | 3.00 |
| 牙颌面组织缺损的修复重建关键技术研究 | 田卫东 | 四川大学 | 四川省公益性研究项目 | 2007SGY016 | 10.00 |
| 中老年人口腔感染性疾病的综合防治及促进全身健康的研究 | 郭　斌 | 四川大学 | 四川省公益性研究项目 | 2007SGY024 | 25.00 |

续表 2

| 项目名称 | 项目负责人 | 单位 | 基金名称及来源 | 批准号或编号 | 资助金额（万元） |
|---|---|---|---|---|---|
| 固定修复中瓷材料混色规律的基础及临床研究 | 王 敏 | 四川大学 | 四川省公益性研究项目 | 2007SGY028 | 10.00 |
| 儿童龋病预防材料及临床应用研究 | 李少敏 | 四川大学 | 四川省公益性研究项目 | 2007SGY048 | 5.00 |
| 现代社区公立口腔诊所绩效考核体系的构建与评价研究 | 杜 莉 | 四川大学 | 四川省软科学研究项目 | 07ZR025-085 | 1.00 |
| 国家科技基础条件平台/临床医学科学数据中心/口腔修复学数据集的构建 | 王新知 | 北京大学 | 科技部其他项目 | 2005DKA32403-23 | 30.00 |
| 放射性骨骼肌挛缩的分子机制研究 | 马绪臣 | 北京大学 | 北京市自然科学基金 | 7072086 | 13.00 |
| 龋病、牙周病早期诊断及易感风险体系的建立与评估 | 梁景平<br>张富强 | 上海交通大学 | 上海市科委 | 074119513 | 90.00 |
| 颌面骨整形导航外科系统的研发 | 沈国芳 | 上海交通大学 | 上海市科委 | 074119511 | 50.00 |
| 功能性组织工程化颌骨的再生研究 | 张志愿<br>蒋欣泉 | 上海交通大学 | 上海市科委创新基金 | – | 70.00 |
| 口腔白斑症的抑癌基因启动子高甲基化研究 | 蒋伟文 | 上海交通大学 | 上海市浦江计划 | 07PJ14067 | 20.00 |
| 应用骨髓干细胞再生技术治疗颌骨放射性骨坏死 | 何 悦 | 上海交通大学 | 上海市科委启明星 | 07QA14039 | 13.00 |
| 口腔鳞癌干细胞亚群的筛选和鉴定 | 张 萍 | 上海交通大学 | 上海市科委启明星 | 07QA14038 | 13.00 |
| 牙槽突裂植骨术后正畸牙移动时机及对植入骨存活影响的研究 | 陈振琦<br>钱玉芬 | 上海交通大学 | 上海市科委医学引导科技项目 | 074119643 | 30.00 |
| 儿童龋齿风险临床研究与儿童OSDB患者颌面组织、骨牵引器及诊断治疗模拟系统的开发研究 | 汪 俊<br>卢晓峰 | 上海交通大学 | 上海市科委医学引导科技项目 | 074119644 | 30.00 |
| 机械应变对人牙周膜细胞间隙连接、整合素-细胞骨架影响的研究 | 胥 春 | 上海交通大学 | 上海市自然科学基金 | 07ZR14070 | 10.00 |
| 牙周基础治疗及清创术的推广应用 | 束 蓉 | 上海交通大学 | 上海市申康基金 | – | 30.00 |
| 牙科氧化锆-磷酸镧陶瓷新材料开发与应用研究 | 陈丽萍 | 上海交通大学 | 上海市经委 | – | 15.00 |
| 骨内种植体周围神经结构、功能及影响因素研究 | 赖红昌 | 上海交通大学 | 上海市教委重点项目 | 08ZZ57 | 15.00 |
| *nell*-1、*bmp*-2 共表达非病毒基因给药系统促进颌骨再生的研究 | 蒋欣泉 | 上海交通大学 | 上海市教委曙光计划 | – | 15.00 |

续表 2

| 项目名称 | 项目负责人 | 单位 | 基金名称及来源 | 批准号或编号 | 资助金额（万元） |
|---|---|---|---|---|---|
| 应用比较蛋白质组学筛选口腔黏膜上皮癌变相关蛋白的研究 | 钟来平 | 上海交通大学 | 上海市教委晨光计划 | 2007CG22 | 6.00 |
| 神经生长因子应用于下颌骨牵张成骨中的研究 | 雷德林 | 第四军医大学 | 陕西省自然科学基金 | 2007C207 | 3.00 |
| 新型根管冲洗液的应用基础研究 | 余　擎 | 第四军医大学 | 陕西省自然科学基金 | 2007C229 | 2.00 |
| Cuff 电极的构建及其应用基础研究 | 曹　军 | 第四军医大学 | 陕西省自然科学基金 | 2007C239 | 2.00 |
| 应激状态对口腔黏膜损伤的发病机制和影响因素研究 | 李　刚 | 第四军医大学 | 陕西省自然科学基金 | 2007C240 | 2.00 |
| 长期应激状态对大鼠颞下颌关节的影响 | 张云飞 | 第四军医大学 | 陕西省自然科学基金 | 2007C256 | 1.50 |
| 新型高强度可切削齿科云母玻璃陶瓷研究 | 吴　舜 | 第四军医大学 | 陕西省科技公关项目 | 2007K11-03(5) | 3.00 |
| 用重组诱导方法研究上皮根鞘的分化及其在生物牙根制备中的作用 | 金　岩 | 第四军医大学 | 陕西省科技攻关项目 | 2007K14-06(2) | 3.00 |
| 微小种植体支抗系统的研制与开发 | 刘　鑫 | 第四军医大学 | 陕西省科技攻关项目 | 2007K14-06(3) | 2.00 |
| ATF-2 控制下颌骨髁状突软骨钙化 | 马　秦 | 第四军医大学 | 陕西省科技攻关项目 | 2007K14-06(4) | 1.50 |
| 盐酸米诺环素微球相变缓释凝胶剂的研制 | 王晓娟 | 第四军医大学 | 陕西省科技攻关项目 | 2007K14-06(5) | 3.00 |
| 新型人工齿根钛涂层的应用研究 | 杨　帆 | 第四军医大学 | 陕西省科技攻关项目 | 2007K14-06(6) | 2.50 |
| 高精度数字恒牙及其应用研究 | 范　兵 | 武汉大学 | 湖北省科技攻关项目 | 2007AA302B06 | 50.00 |
| 仿生羟基磷灰石合成及其在牙本质过敏症的应用 | 王贻宁 | 武汉大学 | 湖北省科技攻关项目 | 2007AA301B28-1 | 3.00 |
| 牙髓冷敏感机制的研究及拮抗剂的应用 | 王　革 | 武汉大学 | 湖北省科技攻关项目 | 2007AA301B28-2 | 3.00 |
| 纳米囊增强复合树脂的研究 | 黄　翠 | 武汉大学 | 湖北省科技攻关项目 | 2007AA301B28-3 | 3.00 |
| 注射型羟基磷灰石/胶原复合材料联合 MTA 治疗根尖发育不全的无髓恒牙的实验研究 | 王　茜 | 武汉大学 | 湖北省科技攻关项目 | 2007AA301B28-4 | 3.00 |
| RNAi 沉默 *VEGF-A*/*VEGF-C* 基因抑制舌癌淋巴结转移的实验研究 | 赵怡芳 | 武汉大学 | 湖北省科技攻关项目 | 2007AA301B39-1 | 3.00 |
| 表面涂层镍钛合金根管器械的研发 | 彭　彬 | 武汉大学 | 湖北省科技攻关项目 | 2007AA301B39-2 | 3.00 |

续表 2

| 项目名称 | 项目负责人 | 单位 | 基金名称及来源 | 批准号或编号 | 资助金额（万元） |
|---|---|---|---|---|---|
| 一种新型种植体的研制与开发 | 施　斌 | 武汉大学 | 湖北省科技攻关项目 | 2007AA301C17 | 5.00 |
| 乳牙牙根吸收的机制与蛋白调控 | 宋光泰 | 武汉大学 | 湖北省科技攻关项目 | 2007AA402C77 | 2.00 |
| 牙本质涎磷蛋白(DSPP)在正畸牙根吸收中的作用机制研究 | 贺　红 | 武汉大学 | 湖北省自然科学基金 | 2007ABA103 | 2.00 |
| 钛种植材料表面特征对微血管内皮细胞生物学行为的影响研究 | 夏海斌 | 武汉大学 | 湖北省自然科学基金 | 2007ABA231 | 2.00 |
| 内皮祖细胞为载体的靶向抗腺样囊性癌血管形成基因治疗 | 赵怡芳 | 武汉大学 | 湖北省卫生厅项目 | JX3A19 | 4.00 |
| 口腔颌面部微循环与舌癌转移机理的研究 | 张　壁 | 武汉大学 | 湖北省卫生厅项目 | JX3B25 | 2.00 |
| 下颌升支牵引成骨术对颞下颌关节影响的实验研究 | 杨学文 | 武汉大学 | 湖北省卫生厅项目 | JX3B26 | 2.00 |
| MTA在牙周创伤修复过程中作用的实验研究 | 王　茜 | 武汉大学 | 湖北省卫生厅项目 | JX3B69 | 1.00 |
| 后牙复合树脂修复的临床评价 | 陈　智 | 武汉大学 | 湖北省卫生厅项目 | JX3B70 | 1.00 |
| 酪蛋白磷酸肽对固定正畸患者牙釉质脱矿的防治研究 | 蔡　萍 | 武汉大学 | 湖北省卫生厅项目 | JX3B71 | 1.00 |
| 非综合征性唇腭裂遗传机制的研究 | 胡　颖 | 首都医科大学 | 北京市自然科学基金 | 7082038 | 11.00 |
| 口腔黏膜白斑癌变进程中的蛋白组表达研究 | 黄　欣 | 首都医科大学 | 北京市自然科学基金 | 7082039 | 11.00 |
| 口腔正畸骨粘接支抗的研究 | 白玉兴 | 首都医科大学 | 北京市自然科学基金 | 7082040 | 11.00 |
| *Barx*1基因在牙齿形态发育中的作用研究 | 杨　凯 | 首都医科大学 | 北京市科技新星计划A类 | 2007A077 | 8.00 |
| 小型猪牙齿相关干细胞异体移植生物学及免疫学特性研究 | 黄　欣 | 首都医科大学 | 北京市科技新星计划B类 | 2007B066 | 30.00 |
| 热休克蛋白与舌癌淋巴结转移的相关性研究 | 刘　怡 | 首都医科大学 | 北京市科技新星计划B类 | 2007B067 | 30.00 |
| 改革与政策研究——北京市社区口腔医疗供需现状及社区口腔人才培养规划 | 孙　正 | 首都医科大学 | 北京市科委软科学 | Z07090801330715 | 20.00 |
| 国产无托槽正畸隐形矫治技术的研究与临床应用 | 白玉兴 | 首都医科大学 | 北京市科技计划项目 | Z07050700690703 | 40.00 |
| 溶胶-凝胶法钛表面 $SiO_2$ 涂层对钛瓷结合力的影响 | 任卫红 | 首都医科大学 | 北京市教委科技发展计划项目 | KM200810025010 | 13.00 |
| 口腔正畸氟释放托槽的研究 | 厉　松 | 首都医科大学 | 北京市卫生局青年科研资助项目 | QN2007-02 | 2.00 |

续表 2

| 项目名称 | 项目负责人 | 单位 | 基金名称及来源 | 批准号或编号 | 资助金额（万元） |
|---|---|---|---|---|---|
| Cerec瓷贴面内层染色的可行性研究 | 陈 溯 | 首都医科大学 | 北京市卫生局青年科研资助项目 | QN2007-01 | 2.00 |
| 姜黄素、乳香酸对口腔癌治疗作用的研究 | 孙 正 | 首都医科大学 | 北京市中医科技发展基金 | JJ 2007-020 | 5.00 |
| 防龋中药多指标筛选体系及其药效综合评价数学模型的建立 | 朱 昞 | 首都医科大学 | 北京市中医科技发展基金 | JJ 2007-019 | 5.00 |
| 口颌面肌源性疼痛中枢定位及调控研究 | 刘洪臣 | 解放军总医院 | 北京市自然科学基金 | 7082086 | 11.00 |
| 自固化反相结晶胶原-羟基磷灰石材料的相关研究 | 胡 敏 | 解放军总医院 | 北京市自然科学基金 | 7082090 | 11.00 |
| 壳聚糖-抗坏血酸盐促进颌骨骨折及缺损愈合的药物研究 | 张 伟 | 吉林大学 | 吉林省科技厅 | 20070926-05 | 5.00 |
| PRP/nHA/Co复合材料修复牙周组织缺损的应用研究 | 马 宁 | 吉林大学 | 吉林省科技厅 | 20070426-1 | 8.00 |
| 大鼠类风湿性关节炎骨保护素的基因表达研究 | 韩 冰 | 吉林大学 | 吉林省科技厅 | 20071101 | 5.00 |
| 齿科修复用钛-锆-铌-锡合金研制及临床应用研究 | 张连云 | 天津医科大学 | 天津市自然科学基金重点项目 | 07JCZDJC07100 | 30.00 |
| Keratin13 转基因动物模型的建立 | 高 平 | 天津医科大学 | 天津市自然科学基金面上项目 | 07JCYBJC08400 | 8.00 |
| 齿科新型 Ti 合金种植体材料活性及抗菌实验研究 | 邓嘉胤 | 天津医科大学 | 天津市高等学校科技发展基金 | 20060123 | 3.00 |
| PRP 技术在口腔种植学中的临床应用研究 | 张剑明 | 天津医科大学 | 天津市高等学校科技发展基金 | 20060113 | 1.50 |
| 抗菌硅橡胶义齿软衬材料的研制 | 隋 磊 | 天津医科大学 | 天津市高等学校科技发展基金 | 20070227 | 2.50 |
| 牙周病与冠心病的相互关系研究 | 张 一 | 重庆医科大学 | 重庆市教委科学技术研究项目 | KJ070316 | 2.00 |
| 天然蜂胶制剂在口腔疾病治疗方面的基础及临床研究 | 林居红 | 重庆医科大学 | 重庆市中医药局医学科研项目 | 07-2-50 | 2.00 |
| 国产蜂胶预防龋病的实验研究 | 林居红 | 重庆医科大学 | 重庆市科委自然科学基金 | CSTC-2007BB52-76 | 2.00 |
| 密度感应信号系统对变形链球菌致龋毒力因子影响的研究 | 周 智 | 重庆医科大学 | 重庆市科委自然科学基金 | CSTC-2007BB52-72 | 2.00 |
| 台式低强度超声波牙周病治疗仪技术开发项目 | 宋锦璘 | 重庆医科大学 | 重庆市发改委高技术产业重大产业技术开发项目 | 渝发改技[2007]1110 号 | 30.00 |
| 牙髓中基质金属蛋白酶在正畸力作用下的酶活性及表达 | 范小平 | 重庆医科大学 | 重庆市卫生局医学科研项目 | 07-2-175 | 3.00 |
| 功能性下颌偏斜早期生长机制的初步研究 | 张定铭 | 重庆医科大学 | 重庆市卫生局医学科研项目 | 07-2-177 | 1.50 |

续表 2

| 项目名称 | 项目负责人 | 单位 | 基金名称及来源 | 批准号或编号 | 资助金额（万元） |
|---|---|---|---|---|---|
| 人舌鳞癌 Tca8113 特异性肿瘤抗原肽的提取和鉴定 | 李 勇 | 重庆医科大学 | 重庆市卫生局医学科研项目 | 07-2-178 | 1.50 |
| 中药促进下颌骨牵张成骨机制的研究 | 董福生 | 河北医科大学 | 河北省自然科学基金 | C2007000814 | 7.50 |
| 口腔颌面颈部组织缺损游离组织瓣修复技术 | 董福生 | 河北医科大学 | 河北省医学适用技术跟踪项目 | GL200712 | 8.00 |
| 超声龈下刮治同步药物冲洗对牙周炎的治疗作用 | 李淑娟 | 河北医科大学 | 河北省科学技术研究与发展指导计划 | 07276101D-16 | 1.00 |
| 不同瓷粉及龈瓷烧结后对金属烤瓷冠颜色的影响 | 李雅娟 | 河北医科大学 | 河北省科学技术研究与发展指导计划 | 07276101D-69 | 1.00 |
| 牙槽骨牵张成骨与牙周膜牵张成骨快速牙齿移动的研究 | 马文盛 | 河北医科大学 | 河北省科学技术研究与发展指导计划 | 07276101D-148 | 1.00 |
| 口腔门诊交叉感染原因分析及预防对策 | 白九评 | 河北医科大学 | 河北省科学技术研究与发展指导计划 | 072761238 | 0.50 |
| *MDP*1 基因转染成纤维细胞在牙齿组织工程学中的应用研究 | 刘冬梅 | 河北医科大学 | 河北省科技攻关计划指导项目 | 072761239 | 0.50 |
| RNA 干扰技术抑制腺样囊性癌肿瘤性肌上皮细胞蛋白多糖分泌的研究 | 石 宏 | 河北医科大学 | 河北省科学技术研究与发展指导计划 | 072761240 | 0.50 |
| 超声波洁治后牙本质过敏的临床研究 | 黄香河 | 河北医科大学 | 河北省科学技术研究与发展指导计划 | 072761898 | 0.50 |
| 牙髓牙本质复合体对 Er:YAG 激光备洞的反应 | 李 涛 | 河北医科大学 | 河北省科学技术研究与发展指导计划 | 072761899 | 0.50 |
| 金属烤瓷冠内外染色技术的临床应用研究 | 焦建平 | 河北医科大学 | 河北省科学技术研究与发展指导计划 | 072761900 | 0.50 |
| 大黄素对实验性牙周炎大鼠牙龈组织及外周血中 NO 和 IL-6 的影响 | 刘 冰 | 河北医科大学 | 河北省科学技术研究与发展指导计划 | 07276457 | 0.50 |
| 补肾方剂对糖尿病大鼠纯钛种植体骨结合影响作用的研究 | 栗兴超 | 河北医科大学 | 河北省科学技术研究与发展指导计划 | 072761668 | 0.50 |
| 透明质酸和糖皮质激素对间接性颞下颌关节损伤治疗效果的实验研究 | 张旭东 | 河北医科大学 | 河北省科学技术研究与发展指导计划 | 072761670 | 0.50 |
| 口腔颊癌 *cyclin*D1 的基因扩增和蛋白表达与预后的关系 | 董玉英 | 河北医科大学 | 河北省教育厅科学研究计划项目 | 2007480 | 1.50 |
| 牙本质基质蛋白 1 基因转染猪成纤维细胞的实验研究 | 刘冬梅 | 河北医科大学 | 河北省卫生厅医学科学研究重点课题指令计划 | 07124 | 1.00 |
| 糖尿病大鼠牙周炎牙周组织形态结构及一氧化氮的变化 | 刘 莉 | 河北医科大学 | 河北省卫生厅医学科学研究重点课题指令计划 | 07125 | 0.80 |

续表 2

| 项目名称 | 项目负责人 | 单位 | 基金名称及来源 | 批准号或编号 | 资助金额（万元） |
|---|---|---|---|---|---|
| shRNA 抑制涎腺腺样囊性癌蛋白多糖分泌对肿瘤影响的研究 | 石　宏 | 河北医科大学 | 河北省卫生厅医学科学研究重点课题指令计划 | 07126 | 1.00 |
| 乳牙期安氏Ⅲ类错𬌗牙、颌、颅面组织特征的临床研究 | 胡骁颖 | 河北医科大学 | 河北省卫生厅医学科学研究重点课题指导计划 | 07136 | 0.50 |
| 牙槽骨牵张成骨与牙周膜牵张成骨快速牙齿移动的研究 | 马文盛 | 河北医科大学 | 河北省卫生厅医学科学研究重点课题指导计划 | 07137 | 0.50 |
| 脉冲 Nd: YAG 激光对树脂黏结力的影响 | 武明轩 | 河北医科大学 | 河北省卫生厅医学科学研究重点课题指导计划 | 07138 | 0.50 |
| 补肾方剂治疗糖尿病牙周炎的实验性研究 | 武明轩 | 河北医科大学 | 河北省卫生厅中医、中西医结合科研指导计划 | 2007121 | 0.50 |
| 补肾方剂对牙周病患者正畸牙齿移动影响的实验研究 | 胡骁颖 | 河北医科大学 | 河北省卫生厅中医、中西医结合科研指令计划 | 2007039 | 0.35 |
| 牙周病与全身疾病相关关系及相应治疗方案研究 | 潘亚萍 | 中国医科大学 | “十一五”国家科技支撑计划项目（一级协作） | 2007BAI18B02 | 15.00 |
| 颅颌面畸形的整体治疗 | 卢　利 | 中国医科大学 | “十一五”国家科技支撑计划项目（一级协作） | 2007BAI18B04 | 10.00 |
| 血管化自体颌下腺移植治疗重症角结膜干燥症的研究 | 王玉新 | 中国医科大学 | “十一五”国家科技支撑计划项目（一级协作） | 2007BAI18B11 | 10.00 |
| 牙周病与全身疾病相互关系及相应治疗方案研究 | 潘亚萍 | 中国医科大学 | 辽宁省科学技术计划项目 | 2007225007 | 15.00 |
| 减少烤瓷修复合金危害的关系技术开发 | 战德松 | 中国医科大学 | 辽宁省科学技术计划项目 | 2007225007 | 5.00 |
| 应用微创外科技术治疗颞下颌关节病的临床研究 | 周　青 | 中国医科大学 | 辽宁省自然科学基金项目计划 | 20072087 | 4.00 |
| 白屈菜活性成分对口腔致龋菌的作用机制与临床应用研究 | 陈　旭 | 中国医科大学 | 辽宁省自然科学基金项目计划 | 20072089 | 4.00 |
| 仿生纳米 $TiO_2$ 覆膜正畸镍钛丝性能及生物相容性研究 | 秦　科 | 中国医科大学 | 辽宁省自然科学基金项目计划 | 20072106 | 4.00 |
| 成人不同类型髁突骨折手术与非手术治疗后髁突形态及功能恢复的研究 | 卢　利 | 中国医科大学 | 辽宁省教育厅科学技术研究项目 | 20060921 | 3.00 |
| 辽宁省城乡中学生口腔健康状况及预防策略的研究 | 张　颖 | 中国医科大学 | 辽宁省教育厅科学技术研究项目 | 20060934 | 2.00 |
| 自体 PRP 诱导 hBMSCs 复合 nHAC/PLP 体外构建组织工程骨的实验研究 | 马红梅 | 中国医科大学 | 辽宁省教育厅科学技术研究项目 | 20060987 | 6.00 |

续表 2

| 项目名称 | 项目负责人 | 单位 | 基金名称及来源 | 批准号或编号 | 资助金额（万元） |
|---|---|---|---|---|---|
| 牙龈卟啉单胞菌的 *fim*A 基因型与其致病性相关性的体外研究 | 寇育荣 | 中国医科大学 | 辽宁省教育厅科学技术研究项目 | 20060993 | 6.00 |
| *Pg*0717 基因功能及其牙周炎相关性的研究 | 林　莉 | 中国医科大学 | 辽宁省教育厅科学技术研究项目 | 20061021 | 4.00 |
| 细胞周期素 D1 与涎腺多形性腺瘤发生及预后的相关性 | 刘婷姣 | 大连医科大学 | 辽宁省博士启动基金 | 20071080 | 3.00 |
| 乳黏素检测口腔癌细胞凋亡的实验研究 | 胡腾龙 | 哈尔滨医科大学 | 黑龙江省科技攻关 | GC07C35103 | 5.00 |
| *her*-2 基因在涎腺恶性肿瘤中表达及临床意义的研究 | 吕克文 | 哈尔滨医科大学 | 黑龙江省自然科学基金 | D2007-89 | 4.00 |
| *smad* 4 基因抑制口腔鳞癌发生及转移机制的研究 | 王秀梅 | 哈尔滨医科大学 | 黑龙江省自然科学基金 | D0326 | 3.00 |
| 细胞-支架材料复合物修复牙槽骨缺失基础研究 | 裴　路 | 哈尔滨医科大学 | 黑龙江省自然科学基金 | D0318 | 4.00 |
| 磨牙症信息检测的研究 | 毕良佳 | 哈尔滨医科大学 | 黑龙江省自然科学基金 | E2006-37 | 4.00 |
| 芦荟制剂对感染根管内细菌杀灭作用的体内研究 | 孟培松 | 哈尔滨医科大学 | 黑龙江省自然科学基金 | D2007-88 | 4.00 |
| 横断体层片在埋伏牙治疗中的应用 | 彭旭霞 | 哈尔滨医科大学 | 黑龙江省科委青年基金 | 2007Q0130-00 | 3.00 |
| 新型器官培养模型的研究——成人成牙本质细胞培养模型的建立 | 王晓春 | 哈尔滨医科大学 | 黑龙江省青年科学技术专项基金 | QC07C88 | 4.00 |
| 骨髓间充质干细胞介导壳聚糖修饰的 HA-TCP 修复牙槽骨缺损的实验研究 | 牛玉梅 | 哈尔滨医科大学 | 黑龙江省教育厅 | 11521109 | 1.00 |
| 人 PDL 细胞中 MMP-3 表达调节作用的研究 | 史金娜 | 哈尔滨医科大学 | 黑龙江省教育厅 | 11521110 | 1.00 |
| 单参酮对 DGO 结缔组织胶原酶活性的影响 | 马　肃 | 哈尔滨医科大学 | 黑龙江省教育厅 | 11521111 | 1.00 |
| 根管处理方法对冠方微渗漏的影响 | 陈　力 | 哈尔滨医科大学 | 黑龙江省教育厅 | 11521113 | 1.60 |
| 正常殆和骨性开殆人群后牙倾斜度的测量研究 | 张　晔 | 哈尔滨医科大学 | 黑龙江省教育厅科学技术项目 | 11521114 | 0.70 |
| 人乳恒牙替换过程中 C 型利钠利尿肽的表达研究 | 王　锐 | 哈尔滨医科大学 | 黑龙江省教育厅 | 11521115 | 0.70 |
| 自制芦荟膏对感染性拔牙创组织愈合的影响 | 孟培松 | 哈尔滨医科大学 | 黑龙江省教育厅科学技术项目 | 11521116 | 0.70 |
| 不同大小机械应力对牙周组织细胞外基质代谢调控机制的研究 | 唐　林 | 哈尔滨医科大学 | 黑龙江省教育厅科学技术项目 | 11521117 | 0.60 |

续表 2

| 项目名称 | 项目负责人 | 单位 | 基金名称及来源 | 批准号或编号 | 资助金额（万元） |
|---|---|---|---|---|---|
| IFN 诱生蛋白 IFIX 对腺样囊性癌抑癌作用的研究 | 尹晓东 | 哈尔滨医科大学 | 黑龙江省教育厅 | 11521187 | 0.80 |
| Nano-HAP/BME-10X 修复即刻牙种植周围骨缺损的实验研究 | 李善昌 | 佳木斯大学 | 黑龙江省教育厅 | 11521278 | 1.50 |
| 金银花对根管内生物膜作用的体外实验研究 | 许　颖 | 佳木斯大学 | 黑龙江省教育厅 | 11521279 | 1.50 |
| 胰岛素样生长因子-1 及受体在牙周炎正畸牙周组织中的生物学效应 | 吴立鹏 | 佳木斯大学 | 黑龙江省自然科学基金 | D2007-87 | 6.00 |
| 口腔菌斑性疾病的实验与临床研究 | 王小平<br>韩栋伟 | 同济大学 | 上海市科委重点项目 | 74119614 | 20.00 |
| 龋病牙周病致病微生物的生物群落的研究 | 苏俭生 | 同济大学 | 上海市科委重点项目 | 74119615 | 15.00 |
| 生物性种植-天然牙牙周组织体外构建与植入的研究 | 刘宏伟 | 同济大学 | 上海市科委 | 74119514 | 15.00 |
| 人类乳牙牙髓干细胞的体外分离、培养及鉴定 | 蒋备战 | 同济大学 | 上海市科委 | 072R14123 | 10.00 |
| 人牙咬痕的三维数字化分析 | 吴珺华 | 同济大学 | 上海市科委启明星科技培养人才计划 | 07QA14057 | 13.00 |
| 下颌前突畸形病基因的识别和功能的研究 | 陈凤山 | 同济大学 | 上海市浦江人才计划 | 07PJ14081 | 20.00 |
| 脐血干细胞修复由胶原酶破坏的种植牙牙槽骨的研究 | 马　健 | 同济大学 | 上海市浦江人才计划 | 07PJ00363 | 20.00 |
| DCR3 在破骨细胞中介的反向信号传导研究 | 张晓磊 | 同济大学 | 上海市卫生局 | 2007 | 1.50 |
| 旋转式磁性附着体在龈下残根牵引术中应用研究 | 陶建祥 | 同济大学 | 上海市卫生局 | 2007 | 3.00 |
| Tyrosol 在生物膜形成不同时期对白色念珠菌基因表达调控的研究 | 魏　昕 | 南京医科大学 | 江苏省教育厅 | 07KJD320148 | 2.00 |
| 先天性牙缺失患者 *PAX*9 基因的分子流行病学研究 | 马俊青 | 南京医科大学 | 江苏省教育厅 | 07KJD320149 | 2.00 |
| 新型口腔植入材料——镁合金的基础及临床应用研究 | 吴凤鸣 | 南京医科大学 | 江苏省教育厅 | BS2007059 | 6.00 |
| 骨髓间充质干细胞在涎腺放射损伤功能重建中的作用研究 | 杨建荣 | 南京医科大学 | 江苏省教育厅 | BK2007182 | 7.00 |
| 伴放线放线杆菌 CDT 亚基 CdtB 的功能研究 | 徐　艳 | 南京医科大学 | 江苏省教育厅 | 07KJB320076 | 3.00 |

续表 2

| 项目名称 | 项目负责人 | 单位 | 基金名称及来源 | 批准号或编号 | 资助金额（万元） |
|---|---|---|---|---|---|
| PRP 技术诱导牙周组织再生的研究 | 徐　艳 | 南京医科大学 | 江苏省卫生厅 | H200752 | 4.00 |
| 口腔黏膜鳞癌浸润区表型转化及其临床意义研究 | 刘来奎 | 南京医科大学 | 江苏省卫生厅 | H200753 | 4.00 |
| 南京地区非综合征性唇腭裂相关基因研究 | 赵计林 | 南京市口腔医院 | 江苏省自然科学基金 | BK2007008 | 7.50 |
| 口腔颌面部肿瘤的个体化序列治疗 | 胡勤刚 | 南京市口腔医院 | 南京市卫生局重大项目 | | 80.00 |
| 隐裂及纵折牙规范化防治的研究 | 王文梅 | 南京市口腔医院 | 江苏省卫生厅 | H200748 | 3.00 |
| 促骨再生多肽自组装水凝胶支架材料的研究与开发 | 谢志坚 | 浙江大学 | 浙江省科技厅基金 | 2007C23016 | 20.00 |
| 牙龈素对 HAEC 毒性作用研究及相关单克隆抗体制备 | 陈　晖 | 浙江大学 | 浙江省科技厅基金 | 2007C24010 | 20.00 |
| BMP-2/7 异二聚体加速种植体骨诱导的研究 | 谷志远 | 浙江大学 | Research Committee of the ITI Foundation | 547-2007 | 113.00 |
| 应力对炎症状态下成骨细胞参与骨改建平衡的影响 | 胡荣党 | 温州医学院 | 浙江省自然科学基金 | Y207360 | 4.00 |
| 变形链球菌表面蛋白可变区(extended-v)基因防龋疫苗的研究 | 何奎芳 | 温州医学院 | 浙江省卫生厅 | 2007A133 | 3.00 |
| 种植型控根矫治器的作用机制及应用研究 | 倪振宇 | 温州医学院 | 浙江省卫生厅 | 2007B135 | 自筹 |
| 转染干扰素-α 调控腭裂术后上颌骨继发机制研究 | 王元银 | 安徽医科大学 | 安徽省自然科学基金 | 70413105 | 5.00 |
| 新型牙周再生细胞传递载体的体外构建 | 张红艳 | 安徽医科大学 | 安徽省自然科学基金 | 70413141 | 5.00 |
| 构建适应牙周内环境引导组织再生的仿生生物材料 | 蒋　勇 | 安徽医科大学 | 安徽省自然科学基金 | 70413145 | 5.00 |
| *Fas* 基因转染联合应用顺铂对舌鳞癌细胞杀伤作用的研究 | 陈乔尔 | 安徽医科大学 | 安徽省教育厅基金 | KJ2007A026 | 4.00 |
| 新变链素的纯化和序列测定 | 李　颂 | 安徽医科大学 | 安徽省教育厅基金 | KJ2007A027 | 1.00 |
| 牙周膜干细胞和富血小板血浆在优化引导牙周组织再生术中的作用 | 徐　燕 | 安徽医科大学 | 安徽省教育厅基金 | KJ2007B144 | 1.00 |
| 基因工程技术实现牙周组织再生的实验研究 | 闫福华 | 福建医科大学 | 国家自然科学基金－福建省科技厅项目备案 | 30471892 | 10.00 |
| 牙龈卟啉单胞菌致动脉粥样硬化的机理研究 | 闫福华 | 福建医科大学 | 福建省科技厅重点项目 | 2007Y0016 | 10.00 |
| 非贵金属烤瓷合金废旧料回收再利用的研究 | 程　辉 | 福建医科大学 | 福建省科技厅项目 | 2007Y0061 | 10.00 |

续表 2

| 项目名称 | 项目负责人 | 单位 | 基金名称及来源 | 批准号或编号 | 资助金额（万元） |
|---|---|---|---|---|---|
| NOTCH 信号通路与涎腺腺样囊性癌转移的关系 | 卢友光 | 福建医科大学 | 福建省自然科学基金 | 2007J0081 | 4.00 |
| 牙周炎促进动脉粥样硬化的动物实验研究 | 詹　曨 | 福建医科大学 | 福建省自然科学基金 | 2007J0271 | 1.50 |
| 新型无机纳米填料牙本质黏结剂复合材料的制备与性能研究 | 郭永锦 | 福建医科大学 | 福建省科技厅青年人才项目 | 2007F3031 | 6.00 |
| 激光对根管治疗的疗效及其机制研究 | 林　实 | 福建医科大学 | 福建省科技厅青年人才项目 | 2007F3032 | 6.00 |
| 利用赤藓糖醇研制无摩擦剂口腔清洁剂的研究 | 姚　军 | 福建医科大学 | 福建省科技厅青年人才项目 | 2007F3033 | 6.00 |
| 白介素-10 对种植体周围骨组织影响的实验研究 | 陈　江 | 福建医科大学 | 福建省教育厅科技项目 | JA07098 | 1.00 |
| 正畸治疗对错殆患者咀嚼功能的影响 | 张端强 | 福建医科大学 | 福建省教育厅科技项目 | JA07099 | 0.50 |
| 选择性雌激素受体调节剂对牙周组织影响的实验研究 | 骆　凯 | 福建医科大学 | 福建省教育厅科技项目 | JA07104 | 0.50 |
| 微创外科对种植体周围组织影响的基础研究 | 陈　江 | 福建医科大学 | 福建省卫生厅医学创新课题 | 2007-CX-17 | 5.00 |
| 牙周疾病与早产及低体重儿关系的动物实验研究 | 陈小玲 | 福建医科大学 | 福建省卫生厅青年科研课题 | 2007-1-28 | 1.00 |
| 自酸蚀黏结系统与牙髓组织生物相容性的实验研究 | 张　明 | 福建医科大学 | 福建省卫生厅青年科研课题 | 2007-1-36 | 1.00 |
| 江西省医学领先学科建设项目 | 吴建勇 | 南昌大学 | 江西省卫生厅 | 2007-2009 | 14.00 |
| 纳米涂层磁力扩弓装置的临床应用研究 | 吴建勇 | 南昌大学 | 江西省卫生厅 | 20074008 | 4.00 |
| 谷氨酸受容体在白鼠足背末梢神经痛觉传递中的作用 | 金幼虹 | 南昌大学 | 江西省卫生厅 | 20071090 | 0.80 |
| SPEED 矫治器的临床应用研究 | 徐佩琼 | 南昌大学 | 江西省卫生厅 | 20071091 | 0.80 |
| 种植体修复下颌单个磨牙游离缺失的三维有限元分析 | 叶　平 | 南昌大学 | 江西省卫生厅 | 20071092 | 0.80 |
| 四种喷砂砂粒对牙体表面粗糙度影响的对比研究 | 叶　芳 | 南昌大学 | 江西省卫生厅 | 20071093 | 0.80 |
| 微波消毒义齿的研究 | 占莉琳 | 南昌大学 | 江西省卫生厅 | 20071094 | 0.80 |
| 种植体结合前牵引治疗骨性Ⅲ类错殆的临床应用研究 | 卢斌华 | 南昌大学 | 江西省卫生厅 | 20071095 | 0.80 |
| 肿瘤转移抑制基因 *BRMSI* 在口腔鳞癌转移过程中的作用与机理 | 王旭霞 | 山东大学 | 山东省科技攻关 | 2007GG20002005 | 10.00 |
| 微螺钉支抗种植体最优设计的三维有限元研究 | 刘东旭 | 山东大学 | 山东省科技攻关 | 2007GG30002027 | 6.00 |

续表 2

| 项目名称 | 项目负责人 | 单位 | 基金名称及来源 | 批准号或编号 | 资助金额（万元） |
|---|---|---|---|---|---|
| 机械牵张影响肌肉卫星细胞增殖分化作用机制的研究 | 郭　杰 | 山东大学 | 山东省科技攻关 | 2007GG30002035 | 6.00 |
| 小鼠无牙区牙胚凋亡机制研究 | 王志峰 | 山东大学 | 山东省科技攻关 | 2007GG3WZ020-43 | |
| 龈沟液中 MMPs 含量及变化与不同年龄组大鼠受正畸力后根吸收的研究 | 张　君 | 山东大学 | 山东省自然科学基金 | Y2007C023 | 5.00 |
| 釉原蛋白基因 *PsecTaq2-AMG* 转染后的小鼠牙囊细胞的生物学活性研究 | 杨丕山 | 山东大学 | 山东省自然科学基金 | Y2007C091 | 8.00 |
| 趋化因子 RANTES 及其受体与口腔扁平苔藓的关系 | 戚向敏 | 山东大学 | 山东省自然科学基金 | Y2007C095 | 7.00 |
| 从脂联素深入探讨骨质疏松发病机理 | 扈英伟 | 山东大学 | 山东省中青年科学家基金 | 2007BS03021 | 6.00 |
| 儿童睡眠呼吸紊乱与颅面形态相关性的研究 | 郭　泾 | 山东大学 | 山东省中青年科学家基金 | 2007BS03030 | 6.00 |
| 种植体牵张侧和压力侧骨质改建的差异显示及与天然牙的对比研究 | 蓝　菁 | 山东大学 | 山东省中青年科学家基金 | 2007BS03053 | 5.00 |
| 牙槽骨牵张成骨快速正畸牙移动的动物实验研究 | 吕　涛 | 山东大学 | 山东省中青年科学家基金 | 2007BS03062 | 5.00 |
| 海洋生物材料的研发及其治疗牙周病的实验研究 | 吉秋霞 | 青岛大学 | 山东省卫生厅青年基金 | - | 5.00 |
| 免疫抑制剂在同种异体牙移植中的应用 | 金光春 | 滨州医学院 | 山东省医药卫生科技发展计划 | 2007HZ042 | 1.56 |
| 异体脱细胞真皮基质的生物学转归实验研究 | 左金华 | 滨州医学院 | 山东省医药卫生科技发展计划 | 2007HW032 | 1.00 |
| 具有控释性能的可注射牙槽骨修复材料的研制 | 毛　靖 | 华中科技大学 | 国家“863”计划子项目 | 2006AA03Z0443 | 20.00 |
| 唇腭裂上颌骨有限元模型的构建及生物力学分析研究 | 雷勇华 | 中南大学 | 湖南省发改委 | 湘发高改技[2007]896 号 | 5.00 |
| 上颌前牵引对唇腭裂术后上颌骨发育的生物力学研究 | 雷勇华 | 中南大学 | 湖南省科技厅 | 07FJ3059 | 2.00 |
| 口腔疣状癌细胞系建立及生物特征研究 | 唐瞻贵 | 中南大学 | 湖南省科技厅 | 07FJ4185 | 4.00 |
| 丹参阻断口腔黏膜下纤维化相关蛋白的筛选 | 吴颖芳 | 中南大学 | 湖南省科技厅 | 07SK3054 | 2.00 |
| 纳米 HA 和 TGF-β1 控释微囊复合涂层的多孔钛种植体研究 | 陈良建 | 中南大学 | 湖南省科技厅 | 2007GK3100 | 3.00 |
| 生物固定型钛种植体的研究 | 陈良建 | 中南大学 | 湖南省科技厅 | 2007JT2011 | 3.00 |
| 计算机辅助下颌骨个体化植骨的临床与实验研究 | 郭　峰 | 中南大学 | 湖南省卫生厅 | B2007031 | 0.80 |

续表 2

| 项目名称 | 项目负责人 | 单位 | 基金名称及来源 | 批准号或编号 | 资助金额（万元） |
|---|---|---|---|---|---|
| 原癌基因 *c-myc* 和 *survivin* 在口腔黏膜下纤维性变癌变中的作用研究 | 高义军 | 中南大学 | 湖南省卫生厅 | B2007050 | 0.80 |
| XIAP 在人舌癌细胞中的功能和作用机制研究 | 张　胜 | 中南大学 | 湖南省卫生厅 | B2007052 | 0.80 |
| 充气式硅橡胶假体即刻修复上颌骨术后缺损的研究 | 陈良建 | 中南大学 | 湖南省卫生厅 | C2007-01 | 0.80 |
| 基于实验和有限元模拟的牙科全瓷冠优化和疲劳寿命预测 | 赵　克 | 中山大学 | 广东省自然科学基金 | 7001542 | 5.00 |
| 白色念珠菌疫苗的基础研究 | 胡　雁 | 中山大学 | 广东省自然科学基金 | 7001543 | 3.00 |
| 微型支抗种植体真性压低前牙改善露龈笑的研究 | 艾　虹 | 中山大学 | 广东省自然科学基金 | 7001570 | 3.00 |
| 舌鳞癌特定 MicroRNA 的鉴定及其相关功能分析 | 李劲松 | 中山大学 | 广东省自然科学基金 | 7001593 | 5.00 |
| 载 RNAi 免疫纳米微球粒制备及抗舌鳞癌作用的研究 | 潘朝斌 | 中山大学 | 广东省自然科学基金 | 7001594 | 5.00 |
| 赤藓糖醇防龋机制的研究 | 简裕涛 | 中山大学 | 广东省自然科学基金博士启动项目 | 7301109 | 3.00 |
| 年轻恒牙血管化牙髓组织再生的实验研究 | 欧阳勇 | 中山大学 | 广东省科技计划项目 | 2007B031302006 | 3.00 |
| 放射诱导启动子介导水通道基因预防放射性口干的实验研究 | 余东升 | 中山大学 | 广东省科技计划项目 | 2007B031505007 | 4.00 |
| 鼠颊黏膜干细胞永生化系的建立及诱导突变 | 陶　谦 | 中山大学 | 广东省科技计划项目 | 2007B031514003 | 3.00 |
| 可注射基因修饰生物活性骨修复材料 | 滕　伟 | 中山大学 | 广东省科技计划项目 | 2007B010600050 | 5.00 |
| 羟基磷灰石溶解度体外测试系统的建立 | 陈卓凡 | 中山大学 | 广东省科技计划项目 | 2007B031003004 | 3.00 |
| 重组腺相关病毒介导 *bmp*-7 基因在保髓治疗中的应用研究 | 林正梅 | 中山大学 | 广东省科技计划项目 | 2007B031000002 | 15.00 |
| 保存牙周膜自体牙移植的实验研究 | 陈卓辉 | 中山大学 | 广东省科技计划项目 | 2007B031505005 | 4.00 |
| 颞下颌关节腔内流体力学网络与滑液循环仿真的系列研究 | 张志光 | 中山大学 | 广东省科技计划项目 | 2007B031505006 | 4.00 |
| 变链菌 *srt*A 基因多态性与酶活性及黏附作用关系 | 林焕彩 | 中山大学 | 广东省科技计划项目 | 2007B060401026 | 3.00 |
| 实时定量 PCR 检测金属固定修复体对龈下微生态的影响 | 覃　峰 | 中山大学 | 广东省科技计划项目 | 2007B060401008 | 3.00 |
| 脐血间充质干细胞诱导为牙周韧带样细胞的实验研究 | 付　云 | 中山大学 | 广东省科技计划项目 | 2007B060401074 | 5.00 |

续表 2

| 项目名称 | 项目负责人 | 单位 | 基金名称及来源 | 批准号或编号 | 资助金额（万元） |
|---|---|---|---|---|---|
| *barxl* 基因在小型猪牙胚的时空表达研究 | 李容林 | 中山大学 | 广东省科技计划项目 | 2007B060401079 | 10.00 |
| hTERT 反义 Tat-PNA 抑制人舌鳞癌 Tca8113 细胞的实验研究 | 丁学强 | 中山大学 | 广东省科技计划项目 | 2007B031500005 | 10.00 |
| 眶部缺损种植外科计算机辅助系统的建立及应用研究 | 陈松龄 | 中山大学 | 广东省科技计划项目 | 2007A050100028 | 15.00 |
| 种植体与天然牙联合支持固定桥的生物力学实验 | 张春元 | 中山大学 | 广东省科技计划项目 | 2007B080701029 | 10.00 |
| 基于 64 层螺旋 CT 技术的唇腭裂术后上颌骨生长发育的三维研究 | 常少海 | 中山大学 | 广东省科技计划项目 | 2007B031500008 | 10.00 |
| 应用脱细胞异体真皮基质移植治疗口腔扁平苔藓的临床机理研究 | 蔡华雄 | 中山大学 | 广东省科技计划项目 | 2007B031000001 | 8.00 |
| siRNA 干扰技术沉默 iNOS 和 *cox*-2 基因对舌鳞状细胞的作用 | 陈伟良 | 中山大学 | 广州市科技计划项目 | 2007Z3-E0211 | 10.00 |
| 表面改性 PHBV 膜的生物活性及其在牙周组织再生中的应用 | 唐　倩 | 中山大学 | 广东省科技计划项目 | 2007B031500016 | 3.00 |
| 高结合率压低等离子喷涂即刻种植体的研制 | 蒋立坚 | 中山大学 | 广东省科技计划项目 | 2007B031003003 | 3.00 |
| 破骨细胞钠钙交换体亚细胞定位的研究 | 李京平 | 中山大学 | 广东省卫生厅医学科学基金 | B2007076 | 1.00 |
| 转化生长因子 β3 对乳牙干细胞分化和形成牙本质的研究 | 简裕涛 | 中山大学 | 广东省卫生厅医学科学基金 | B2007075 | 1.00 |
| 镍铬合金表面纯金镀膜的制备及金瓷结合界面的研究 | 朱文军 | 中山大学 | 广东省卫生厅医学科学基金 | B2007078 | 0.50 |
| 笑气吸入镇静应用于儿童牙科焦虑症患者辅助治疗的研究 | 赵　玮 | 中山大学 | 广东省卫生厅医学科学基金 | A2007224 | 0.50 |
| TB 矫治成人Ⅱ类错㖩的肌肉和 TMJ 变化的研究 | 王大为 | 中山大学 | 广东省卫生厅医学科学基金 | A2007223 | 0.50 |
| 口腔黏膜炎的标记保持细胞损伤与修复研究 | 黄伟安 | 中山大学 | 广东省卫生厅医学科学基金 | A2007170 | 0.50 |
| 葛根素对 AGEs 诱导 HGF 氧化应激的影响 | 付　云 | 中山大学 | 广东省中医药局 | 2007100 | 0.80 |
| 疱疹病毒在牙周炎发生发展中的作用研究 | 章锦才 | 广东省口腔医院 | 广东省自然科学基金 | 7003472 | 5.00 |
| 关于优化发展环境建设——广东牙科器材产业强省的研究 | 欧　尧 | 广东省口腔医院 | 广东省科技计划项目 | 2007B070900072 | 5.00 |
| 下颌第二磨牙 C 形根管系统治疗的实验研究 | 张　梅 | 广东省口腔医院 | 广东省科技厅 | – | 自筹 |

续表 2

| 项目名称 | 项目负责人 | 单位 | 基金名称及来源 | 批准号或编号 | 资助金额（万元） |
|---|---|---|---|---|---|
| 锥形束 CT 在磨牙及颌骨三维重建中的临床应用研究 | 张治勇 | 广东省口腔医院 | 广东省卫生厅医学科学基金 | A2007111 | 1.00 |
| 应用原子显微镜检测口腔白斑衍进中白色念珠菌黏附力改变 | 罗 刚 | 广东省口腔医院 | 广东省卫生厅医学科学基金 | B2007025 | 1.00 |
| 牙髓-牙本质复合体界面形成修复性牙本质的机理研究 | 刘长虹 | 广东省口腔医院 | 广东省卫生厅医学科学基金 | A2007098 | 1.00 |
| Simvastatin 缓释系统对成骨细胞生长因子基因表达的影响 | 王春先 | 广东省口腔医院 | 广东省卫生厅医学科学基金 | A2007102 | 1.00 |
| $CD4^+$ $CD25^+$ T 细胞与牙周炎活动性的相关性研究 | 徐琛蓉 | 广东省口腔医院 | 广东省卫生厅医学科学基金 | A2007105 | 1.00 |
| 植物异黄酮对骨质疏松状态下种植体-骨整合作用的研究 | 刘卫平 | 广东省口腔医院 | 广东省卫生厅医学科学基金 | A2007101 | 自筹 |
| 头颈鳞癌肿瘤干细胞筛选与鉴定 | 曾曙光 | 广东省口腔医院 | 广东省卫生厅医学科学基金 | A2007109 | 自筹 |
| 半导体量子点在各期舌鳞癌细胞中 Survivin 的示踪研究 | 王治平 | 广东省口腔医院 | 广东省卫生厅医学科学基金 | A2007103 | 自筹 |
| 伴放线放线杆菌与 *timp*-1 基因甲基化对侵袭性牙周炎的协同促进 | 赵红宇 | 广东省口腔医院 | 广东省卫生厅医学科学基金 | A2007112 | 自筹 |
| 镍钛超声波根管治疗机的研究与开发 | 张 杨 | 广东省口腔医院 | 广东省卫生厅医学科学基金 | A2007110 | 自筹 |
| 天然中草药物治疗难治性慢性根尖周炎的基础和临床研究 | 叶小雅 | 广东省口腔医院 | 广东省中医药局 | – | 0.80 |
| 低功率激光促进种植骨性结合的实验研究 | 徐世同 | 广东省口腔医院 | 广州市海珠区科技局 | 2007-Y-005 | 20.00 |
| 口腔扁平苔藓病变组织 T 淋巴细胞中 GTF-β1 的研究 | 雷 蕾 | 暨南大学 | 广东省卫生厅医学科研基金 | A2007323 | 自筹 |
| 牙周可疑致病微生物与种植体周病变的相关性研究 | 谢 黎 | 暨南大学 | 广东省卫生厅医学科研基金 | A2007340 | 自筹 |
| 各类颜面畸形的综合矫治及功能重建的研究 | 周 诺 | 广西医科大学 | “十一五”国家科技支撑计划重点项目子项目 | – | 10.00 |
| 口腔颌面部鳞癌个体化综合序列治疗多中心前瞻性研究 | 周 诺 | 广西医科大学 | “十一五”国家科技支撑计划重点项目子项目 | – | 5.00 |
| 重组人 *BMP*2 基因转染加速牵张成骨在放疗后颌骨缺损重建中的实验研究 | 周 诺 | 广西医科大学 | 广西壮族自治区科技攻关与新产品试制 | 桂科攻 0719006-2-6 | 4.00 |
| 不同硬度食物影响大鼠颞下颌关节发育的机理研究 | 于大海 | 广西医科大学 | 广西壮族自治区科学基金 | 桂科回 0731017 | 3.00 |
| 口腔颌面部缺损修复供受区组织感觉小体形态学比较 | 庞芳河 | 广西医科大学 | 广西壮族自治区科学基金 | 桂科自 0728127 | 3.00 |

续表 2

| 项目名称 | 项目负责人 | 单位 | 基金名称及来源 | 批准号或编号 | 资助金额（万元） |
|---|---|---|---|---|---|
| 广西南宁市海洛因依赖者中抗-HIV 抗体阳性人群口腔疾病及其相关性研究 | 梁登忠 | 广西医科大学 | 广西壮族自治区科学基金 | 桂科自 0728142 | 4.00 |
| 广西南宁市儿童氟化牛奶防龋可行性研究 | 黄　华 | 广西医科大学 | 广西壮族自治区科学基金 | 桂科自 0728163 | 3.00 |
| FM-SRP 与 Q-SRP 两种龈下刮治术的疗效与微生物学研究 | 牙祖科 | 广西医科大学 | 广西壮族自治区科学基金 | 桂科青 0728068 | 3.00 |
| 牙胶充盈率测定与热牙胶连续波法根充技术改良研究 | 谢方方 | 广西医科大学 | 广西壮族自治区科学基金 | 桂科青 0728055 | 3.00 |
| 正畸牙移动不同阶段牙龈改建的研究 | 莫水学 | 广西医科大学 | 广西壮族自治区技术研究与开发项目 | 桂科基 0779028 | 4.00 |
| 牙周膜牵张快速牙移动过程中牙根吸收的研究 | 康　娜 | 广西医科大学 | 广西壮族自治区技术研究与开发项目 | 桂科基 0779030 | 4.00 |
| 自酸蚀型和全酸蚀型两种纤维桩黏结系统的性能比较研究 | 邓华颉 | 广西医科大学 | 广西壮族自治区教育厅 | 200710MS015 | 2.00 |
| 头颈部放疗患者口腔微生态环境变化与猛性龋的相关性研究 | 刘鸿雁 | 广西医科大学 | 广西壮族自治区教育厅 | 200710LX001 | 自筹 |
| 异氟醚预处理对肌皮瓣缺血-再灌注损伤保护作用的临床研究 | 毛新俊 | 广西医科大学 | 广西壮族自治区教育厅 | 200710LX002 | 自筹 |
| 瑞芬太尼在小儿控制性降压的研究 | 王　维 | 广西医科大学 | 广西壮族自治区教育厅 | 200710LX003 | 自筹 |
| 唾液抗菌肽水平与青少年龋易感性的前瞻性相关研究 | 陶人川 | 广西医科大学 | 广西壮族自治区医疗卫生重点科研课题 | 桂卫重 200735 | 4.00 |
| 全身麻醉配合治疗小儿牙病的研究 | 沈浩林 | 广西医科大学 | 广西壮族自治区卫生厅 | 桂卫 Z2007099 | 自筹 |
| PICC 在口腔颌面外科手术中测量中心静脉压与身高的相关性研究 | 毛新俊 | 广西医科大学 | 广西壮族自治区卫生厅 | 桂卫 Z2007100 | 自筹 |
| 细胞角蛋白在口腔扁平苔藓中的变化和作用研究 | 聂敏海 | 泸州医学院 | 四川省教育厅 | 2006B104 | 2.00 |
| 雌激素受体-A 基因和维生素 D 受体基因多态性对牙周膜成纤维细胞表达 RANKL 和 OPG 的影响 | 蒋俊强 | 泸州医学院 | 四川省卫生厅 | 070230 | 1.00 |
| 复合树脂收缩应力对牙体修复黏结强度的影响 | 梁　艳 | 贵阳医学院 | 贵州省优秀科技教育人才省长专项基金 | – | 2.00 |
| 同种异体脱细胞真皮基质用于牙周组织的再生修复 | 王金生 | 贵阳医学院 | 贵州省优秀科技教育人才省长专项基金 | – | 6.00 |

续表 2

| 项目名称 | 项目负责人 | 单位 | 基金名称及来源 | 批准号或编号 | 资助金额(万元) |
|---|---|---|---|---|---|
| 流体切应力对破骨细胞力学信号转导的影响和效应 | 董　强 | 贵阳医学院 | 贵州省优秀科技教育人才省长专项基金 | — | 2.00 |
| 拟血管生成在口腔癌生长和转移中的意义 | 冯红超 | 贵阳医学院 | 贵州省优秀科技教育人才省长专项基金 | — | 2.00 |
| 中国人口出生缺陷的遗传与环境可控性研究——出生缺陷监测和出生缺陷家系库建立 | 蒋　练 | 遵义医学院 | 国家“863”计划重点项目子课题 | 03-783 | 5.00 |
| 牙菌斑微生物种群连续流动态变化与龋病发生的关系研究 | 杨德琴 | 遵义医学院 | 贵州省科技厅攻关项目 | 黔科合 S 字[2007] | 8.00 |
| 氟斑牙发病相关基因的差异表达研究 | 陈　舟 | 遵义医学院 | 贵州省科技厅 | 黔科合 J 字[2007]2224 | 3.00 |
| 牙龈卟啉单胞菌在牙周炎与动脉粥样硬化关系的研究 | 葛　颂 | 遵义医学院 | 贵州省科技厅 | 黔科合 J 字[2007]2225 | 3.00 |
| 贵州省口腔医学本科生就业现状对在校学生学习态度的影响 | 罗思阳 | 遵义医学院 | 贵州省教育厅 | 黔教社发[2007]331 | 0.60 |
| FlexMaster 镍钛系统根管预备效果研究 | 王　凯 | 遵义医学院 | 贵州省教育厅 | 黔教高发[2007]321 | 3.00 |
| 内源性生长因子与牙本质牙髓复合体原位形成的相关性研究 | 陈　舟 | 遵义医学院 | 贵州省卫生厅优秀人才基金 | 黔卫发[2007]119 | 0.50 |
| 学校口腔保健体系构建研究 | 张绍伟 | 遵义医学院 | 贵州省卫生厅 | 黔卫发[2007]119 | 0.40 |
| 三种牙科合金在不同溶液中的腐蚀性能研究 | 张　君 | 遵义医学院 | 贵州省卫生厅 | 黔卫发[2007]119 | 0.40 |
| 冻存骨髓基质细胞在诱导条件下成骨潜能的实验研究 | 李厚轩 | 遵义医学院 | 贵州省卫生厅 | 黔卫发[2007]119 | 0.50 |
| 茶多酚对口腔腺样囊性癌细胞株转移性的影响 | 李　萍 | 遵义医学院 | 贵州省卫生厅 | 黔卫发[2007]119 | 0.40 |
| 多媒体观摩在唇腭裂手术心理护理中的作用 | 张　霞 | 遵义医学院 | 贵州省卫生厅 | 黔卫发[2007]119 | 立项 |
| 富血小板血浆促进种植体周骨缺损修复及骨整合的动物实验研究 | 韦纪英 | 遵义医学院 | 贵州省卫生厅 | 黔卫发[2007]119 | 0.50 |
| 熊果酸对人舌鳞状细胞癌 Tca8113 系作用的初步研究 | 向小波 | 遵义医学院 | 贵州省卫生厅 | 黔卫发[2007]119 | 0.30 |
| 长托宁与老年患者术后谵妄发生的相关性研究 | 李　科 | 遵义医学院 | 贵州省卫生厅 | 黔卫发[2007]119 | 0.30 |
| 蜂胶缓释治疗牙周病的关键技术研究及应用释放 | 丁仲鹏 | 昆明医学院 | 云南省重点攻关项目 | — | 80.00 |
| 改变龈下微生态环境治疗牙种植体周围炎的研究 | 谢志刚 | 昆明医学院 | 云南省应用基础研究基金 | 2007C073M | 7.50 |

续表 2

| 项目名称 | 项目负责人 | 单位 | 基金名称及来源 | 批准号或编号 | 资助金额（万元） |
|---|---|---|---|---|---|
| 云南白药对实验性糖尿病牙周炎代谢物指纹分析 | 和红兵 | 昆明医学院 | 云南省应用基础研究基金 | 2007C218M | 5.00 |
| CTGF 预防正畸牙移动所致根尖吸收的分子机制 | 胡江天 | 昆明医学院 | 云南省应用基础研究基金 | 2007C0028R | 10.00 |
| 种植体支抗后牵引上颌骨矫形作用的实验研究 | 张晓蓉 | 昆明医学院 | 云南省应用基础研究基金 | 2007C0029R | 10.00 |
| 雌激素对涎腺恶性肿瘤生物学行为影响的实验研究 | 王卫红 | 昆明医学院 | 云南省应用基础研究基金 | 2007C0030R | 10.00 |
| 仿胞外基质、复层纳米纤维组织工程支架的应用基础研究 | 李　昱 | 昆明医学院 | 云南省应用基础研究基金 | 2007C0031R | 10.00 |
| 微弧氧化钛种植体表面对成骨细胞生物性能影响的研究 | 张立亚 | 昆明医学院 | 云南省应用基础研究基金 | 2007C0032R | 10.00 |
| 唾液及龈沟液 HIV 抗体椅旁检测的应用基础研究 | 朱　红 | 昆明医学院 | 云南省教育厅 | – | 1.10 |
| 碱热处理钛片表面对成骨细胞 vinculin 蛋白影响的体外研究 | 牛　涛 | 昆明医学院 | 云南省教育厅 | – | 1.10 |
| CTGF 预防正畸牙移动所致根尖吸收的分子机制 | 胡江天 | 昆明医学院 | 云南省教育厅 | – | 0.40 |
| 生物矿化模板构建人体硬组织替代材料的研究 | 李　昱 | 昆明医学院 | 云南省教育厅 | 07y40823 | 0.70 |
| 圆锥型套筒冠在牙列末端游离缺损的应用研究 | 林云红 | 昆明医学院 | 云南省教育厅 | – | 自筹 |
| 云南白药对 PRP 促骨髓干细胞增殖分化影响的研究 | 雷雅燕 | 昆明医学院 | 云南省教育厅 | – | 自筹 |
| 种植钉支抗后牵引上颌骨矫形作用的实验研究 | 张晓蓉 | 昆明医学院 | 云南省教育厅 | – | 自筹 |
| 陕西省部分地区口腔医生预防艾滋病健康教育干预 | 黄瑞哲 | 西安交通大学 | 全球基金陕西省艾滋病项目 | 16 | 3.00 |
| 脐血来源种子细胞经 RNAi 抑制 aggrecanaes 表达后组织工程软骨构建 | 杨壮群 | 西安交通大学 | 陕西省国际科技合作计划项目 | 2007KW-07 | 5.00 |
| RNA 介导 Survivin 基因沉默治疗涎腺黏液表皮样癌的研究 | 齐　红 | 西安交通大学 | 陕西省自然科学基础研究计划项目 | 2007C209 | 3.00 |
| 牙病防治研究(1)口腔正畸加力和去除加力后机械感受器形态和分布的研究 | 邹　敏 | 西安交通大学 | 陕西省科技计划项目 | 2007K14-03(1) | 2.00 |
| 牙病防治研究(2)牙周膜牵张成骨牙齿快速移动的应用研究 | 周　洪 | 西安交通大学 | 陕西省科技计划项目 | 2007K14-03(2) | 3.00 |
| 牙病防治研究(3)氟牙症发生的分子生物学基础——氟牙症发病相关基因的筛选研究 | 阮建平 | 西安交通大学 | 陕西省科技计划项目 | 2007K14-03(3) | 4.00 |
| 口腔颌面疾病研究(7)中药厚朴用于防治龋病的实验研究 | 张建国 | 西安交通大学 | 陕西省科技计划项目 | 2007K14-06(7) | 1.50 |

续表 2

| 项目名称 | 项目负责人 | 单位 | 基金名称及来源 | 批准号或编号 | 资助金额（万元） |
|---|---|---|---|---|---|
| 口腔颌面疾病研究(8)不同固定方法治疗颏部斜行劈开型骨折的生物力学研究 | 谭卫明 | 西安交通大学 | 陕西省科技计划项目 | 2007K14-06(8) | 2.00 |
| 医疗器械研究(4)改良式 FRⅢ型矫治器的研制与应用研究 | 李湘琳 | 西安交通大学 | 陕西省科技计划项目 | 2007K11-03(4) | 3.00 |
| 减阻牵张法快速移动正畸牙的实验研究 | 葛振林 | 兰州大学 | 甘肃省自然科学研究基金计划 | 0710RJZA029 | 2.00 |
| 抗癌表观基因候选药物检测方法研究 | 赵望泓 | 兰州大学 | 甘肃省自然科学研究基金计划 | 0708NKCA109 | 5.00 |
| 念珠菌基因分型芯片的研发及其对母婴念珠菌定植的同源性研究 | 何祥一 | 兰州大学 | 甘肃省自然科学研究基金计划 | 0709TCYA053 | 2.00 |
| 药物在口腔治疗中的作用研究 | 余占海 | 兰州大学 | 甘肃省中医药管理局 | – | 0.50 |
| 牙周炎与冠心病动物模型的建立及抗炎干预治疗的研究 | 张源明<br>钟良军 | 新疆医科大学 | 新疆维吾尔自治区科研基金 | 200733146-3 | 30.00 |
| 直视下行髁状突骨折手术入路的研究 | 黄永清 | 宁夏医学院 | 宁夏卫生厅重点项目 | w200726 | 1.00 |
| 脂肪干细胞在牙体组织再生中的应用研究 | 邓蔓菁 | 第三军医大学 | 重庆市科委自然科学基金 | CSTC2007BB50-75 | 2.00 |
| *Deltal-BMP*4 联合用于牙髓损伤修复的基因治疗的实验研究 | 何　飞 | 第三军医大学 | 重庆市科委自然科学基金 | CTSC2007BB50-16 | 2.00 |

# 2007 年度中国口腔医学院校科技成果获奖项目和科技创新人才简介

## 一、科技成果获奖项目

### (一)国家科学技术进步奖二等奖

由上海交通大学口腔医学院张志愿教授主持完成的研究成果“口腔颌面部肿瘤根治术及术后形态修复与功能重建”获得 2007 年度国家科学技术进步奖二等奖。

张志愿教授等研究人员将显微外科技术用于口腔颌面部缺损重建，完成血管化游离组织瓣移植 2 514 例，成功率达 98.7%；应用多块血管化游离组织瓣串联修复大面积、洞穿性缺损，使患者术后面形、呼吸、吞咽及言语功能得到最大限度的恢复。课题组还将 CAD/CAM 技术、牙种植体和颧种植体技术、计算机辅助导航技术用于颌骨重建，实现了个体化功能性重建的目标，解决了患者咀嚼效能低下的难题。同时，建立腓骨瓣牙种植牵引技术，使颌骨重建、牵引成骨和牙种植同期完成，治疗周期显著缩短，术后外形和功能得到最大限度的恢复。

课题组开展难度极大的高位颈动脉重建术，为挽救和延长高位颈动脉受累患者的生命开辟了新的途径；建立颅颌面联合根治术治疗晚期口腔颌面部恶性肿瘤，采用血管化组织瓣一期整复颅内外缺损，使患者的 5 年、10 年生存率分别达到 37.5%和 20.0%；开展全舌、全口底及全喉切除与重建术，使会厌、喉受累的晚期口腔颌面部肿瘤患者 3 年生存率达 35.0%。

该研究成果获专利 1 项，发表论文 119 篇，SCI 收录 9 篇，编写专著 18 部。在全国地市级以上 20 余家医院临床应用 2 000 余例，不仅打破了某些手术禁区，明显提高了口腔颌面部晚期恶性肿瘤患者的生存率和生存质量，而且还显著提高了中国口腔颌面外科的综合诊治水平。

**（二）2007 年度教育部高等学校科学技术进步奖一等奖**

由四川大学华西口腔医学院胡静、王大章教授主持完成的科研项目“颅颌面牵张成骨的应用基础研究”获 2007 年度教育部高等学校科学技术进步奖一等奖。

在国家自然科学基金和教育部科研课题经费资助下，课题组通过建立 5 种动物模型与体外细胞加载实验，对颅颌面牵张成骨的间充质干细胞移植与基因治疗、骨与血管生长因子对成骨的分子调控、颏部与颞下颌关节再造、颅骨与腭裂骨缺损整复、成骨细胞及骨缝牵张等方面进行了专题研究，取得了一系列研究成果。

1. 研究不同牵张速率对颞下颌关节和下牙槽神经的影响，其结果提示快速牵张可能对关节软骨与神经组织造成较严重损伤。

2. 研发用于整复腭部裂隙的输送盘牵张装置，并成功整复了实验动物腭部的软硬组织缺损。

3. 自行研制开发出 3 种骨牵张装置，并获得国家专利。其中，多向可调式三焦点牵张装置首次成功整复了灵长类动物的颏部缺损。

4. 将 *bmp*-7 基因在体外转染干细胞，再将携带有基因片段的骨髓基质干细胞导入牵张区，使局部细胞持续分泌骨形态发生蛋白，促进骨再生。该策略为临床上一些成骨不良的患者寻找合理方法、促进牵张成骨的新骨再生探索了一条新的可能途径。

该研究成果共发表论文 64 篇，其中 15 篇被 SCI 收录。以上研究成果不仅丰富了颅颌面牵张成骨的相关生物学基础理论，而且对临床正确有效地应用牵张成骨有实际指导意义。

**（三）2007 年度上海市科学技术进步奖一等奖**

由上海交通大学口腔医学院蒋欣泉博士领衔的研究小组完成的科研成果“组织工程技术构建口腔颌面部骨组织的研究”获 2007 年度上海市科学技术进步奖一等奖。

蒋欣泉课题组采用组织工程技术，针对大块节段性下颌骨缺损进行了系列的基础和应用研究，利用 CAD/CAM 技术制作组织工程支架，构建个体化组织工程骨，成功修复了犬下颌骨 3 cm 大小的节段性缺损，并将组织工程技术与基因治疗相结合，构建多种成骨基因修饰的组织工程化颌骨，取得了阶段性成果。该项目的成功实施，为口腔颌面部骨组织的功能性再生与应用提供了新的途径。可望在不远的将来使颌面部骨组织缺损不能镶牙的患者，经组织工程方法重建后又重新拥有一副好牙。

该项成果已申请国家发明专利 3 项，发表论文 42 篇，其中 SCI-E 收录 11 篇。该成果还分别在全国 14 家医学院校或科研机构中应用，显示了良好的应用前景。

**（四）陕西省科学技术进步奖一等奖**

由第四军医大学口腔医学院陈吉华教授主持的科研项目“现代牙科全瓷材料、全瓷黏结技术及其临床应用的研究”获 2007 年度陕西省科学技术进步奖一等奖。

该课题经费来源于国家自然科学基金、“211”专项基金和国际合作研究项目资助。

主要研究成果如下。

1.黏结机制的研究 提出光固化黏结剂与复合树脂同时固化可以有效减少树脂聚合中的氧化阻聚层，提高黏结剂的单体转化率，进而增强黏结强度，革新了传统黏结修复的操作程序。

2.瓷黏结技术研究 提出氢氟酸酸蚀长石质瓷的最佳处理时间；证明偶联剂处理可以显著增强陶瓷表面的润湿性；提出了全瓷酸蚀和偶联处理之间存在着显著协同现象。

3.陶瓷黏结相关材料开发 开发了 Ce-Y-Mg 三元复合稳定 TZP 陶瓷，为氧化锆陶瓷在修复学领域的应用奠定了基础；采用离子交换法显著提高了热压铸陶瓷的机械强度；研制了弯曲状的纤维增强复合树脂桩钉，改善了全瓷修复体的美学效果。

4.临床应用及相关研究 对全瓷修复体的美容修复效果进行了长期的临床应用研究；率先对影响全瓷修复体美学效果的因素进行了系统的研究。

该研究成果在国内外发表学术论著 150 余篇，被 SCI 收录 5 篇；获国家发明专利 2 项。培养博士、硕士研究生 20 余名，在全国各地举办专题技术讲座 30 余次，对全瓷黏结修复技术在我国的普及和推广发挥了重要作用。

## 二、科技创新人才

1.陈谦明，四川大学华西口腔医学院教授，博士研究生导师，2007 年度国家杰出青年科学基金获得者，2007 年度“新世纪百千万人才工程”国家级人选。为教育部“新世纪优秀人才支持计划”，“长江学者与创新团队发展计划”创新团队带头人。国家牙医师学院院士及中国分部秘书长。兼任中华口腔医学会口腔黏膜病专业委员会副主任委员。主攻口腔黏膜病的发病机制与防治及口腔生物学，在口腔黏膜癌变分子机制与分子标志物的研究、促进口腔黏膜细胞癌变因素的研究、新型的口腔癌前损害与口腔癌模型研究等方面进行了开拓性的工作。近 5 年，主持与参加了 18 项国家、部省级及美国 NIH 等资助的课题研究；在国内外专业学术期刊发表论文 55 篇，其中英文论文与摘要 22 篇，17 篇被 SCI 收录；主编或参编学术专著 10 余部。多项成果获部、省级奖励。相关成果在人才培养、引领相关领域的学科发展、丰富口腔癌前病变与口腔癌研究的理论、指导临床诊治中都产生了积极作用。

2.金岩，第四军医大学口腔医学院教授，主任医师，博士研究生导师。2007 年度国家杰出青年科学基金获得者，2007 年度教育部“长江学者”特聘教授。担任第四军医大学口腔医学院口腔组织病理学教研室主任，兼任校、院两级组织工程中心主任。主要研究方向为口腔再生医学与组织工程学。长期从事牙齿再生与组织工程皮肤方面的研究，在牙齿发育再生相关基因调控、干细胞分化以及工程化牙齿与牙周组织的构建等方面做出了较突出的成绩，特别是在新的 *mcpr*-1 基因的发现、外胚间充质干细胞的鉴定、牙根发育的调控以及成体干细胞在工程化牙体牙周组织中的应用等方面有新的见解。制定了我国首个组织工程领域的标准，研制成功的组织工程皮肤产品于 2007 年 11 月获得我国第一个组织工程产品的注册证书。

3.陈万涛，上海交通大学口腔医学院教授，博士研究生导师，2007 年度“新世纪百千万人才工程”国家级人选，上海市口腔医学重点实验室常务副主任。主要研究方向是口腔颌面部肿瘤发生、转移、化疗耐药等分子机制和应用基础的研究。近年来主持国家自然科学基金重点项目、国家和上海市重点项目 8 项，发表代表性论文 31 篇，其中在 SCI 期刊发表 16 篇，已被 SCI 收录 13 篇；主编、参编专著 6 部，已授权及公示国家发明专利 11 项，获得部省级科技成果奖 3 项。其研究成果对提高肿瘤诊治水平具有重要意义，获得了国内外口腔医学界的公认。

# 出版动态

本栏目收录的图书目录为我国(不含港、澳、台)口腔医学或相关学科教师、医师所编(著、译)并公开出版发行的口腔医学专业图书和视听教材,时限自 2007 年 1－12 月。按书名的首字汉语拼音字母顺序为序。

**◆2007 耳鼻咽喉头颈外科学新进展**

主　　编　韩德民
出　　版　人民卫生出版社
出版日期　2007 年 4 月
开　　本　大 32 开
字　　数　400 千字
页　　数　463 页
定　　价　29.00 元

**◆2007 口腔医师考试全真模拟及精解**(第 3 版)(国家执业医师资格考试丛书)

主　　编　北京大学医学部专家组
出　　版　北京大学医学出版社
出版日期　2007 年 1 月
开　　本　16 开
字　　数　562 千字
页　　数　359 页
定　　价　38.80 元

**◆2007 口腔执业医师(助理医师)通关宝典——考点提要与习题精选**

主　　编　卢利
出　　版　人民军医出版社
出版日期　2007 年 4 月
开　　本　16 开
页　　数　352 页
定　　价　59.00 元

**◆2007 口腔执业医师资格考试考题分级实战模拟**(轻松过关考试丛书)

主　　编　邵龙泉　李鸿波
出　　版　人民军医出版社
出版日期　2007 年 3 月
开　　本　16 开
字　　数　336 千字
页　　数　222 页
定　　价　45.00 元

**◆2007 口腔执业医师资格考试历年考点分级精解**(轻松过关考试丛书)

主　　编　李文颜
出　　版　人民军医出版社
出版日期　2007 年 3 月
开　　本　16 开
字　　数　683 千字
页　　数　431 页
定　　价　79.00 元

**◆2007 口腔执业助理医师资格考试考题分级实战模拟**(轻松过关参参谋丛书)

主　　编　邵龙泉　李鸿波
出　　版　人民军医出版社
出版日期　2007 年 3 月
开　　本　16 开
字　　数　289 千字
页　　数　189 页
定　　价　37.00 元

**◆2007 口腔执业助理医师资格考试历年考点分级精解**(轻松过关考试丛书)

主　　编　刘婷姣
出　　版　人民军医出版社
出版日期　2007 年 3 月
开　　本　16 开
字　　数　604 千字
页　　数　382 页
定　　价　73.00 元

**◆2007 口腔助理医师考试全真模拟及精解**

(第 3 版)(国家执业医师资格考试丛书)
主　　编　北京大学医学部专家组
出　　版　北京大学医学出版社
出版日期　2007 年 1 月
开　　本　16 开
字　　数　271 千字
页　　数　173 页
定　　价　20.00 元

**◆2007 口腔助理医师资格考试历年真题解析**(国家执业医师资格考试历年真题解析丛书)
主　　编　顾恒
出　　版　第四军医大学出版社
出版日期　2007 年 3 月
开　　本　16 开
字　　数　270 千字
页　　数　231 页
定　　价　28.00 元

**◆2007 年版国家医师资格考试口腔医师实践技能复习应试全书**
主　　编　专家编写组
出　　版　北京科学技术出版社
出版日期　2007 年 5 月
开　　本　16 开
页　　数　188 页
定　　价　27.00 元

**◆2007 年版国家执业医师资格考试/口腔医师应试指导**(上下册)
主　　编　《国家执业医师资格考试应试指导》专家组
出　　版　中国协和医科大学出版社
出版日期　2007 年 1 月
开　　本　16 开
页　　数　1 276 页
定　　价　126.00 元

**◆爱丁堡皇家外科学院口腔正畸专业考试病例精选**
主　　编　曾祥龙
出　　版　北京大学医学出版社
出版日期　2007 年 10 月
开　　本　16 开
页　　数　350 页
定　　价　288.00 元

**◆补牙技巧**
主　　编　杨运田　杨冬茹
出　　版　河北科学技术出版社
出版日期　2007 年 7 月
开　　本　32 开
字　　数　192 千字
页　　数　242 页
定　　价　16.00 元

**◆唇裂与腭裂**
主　　编　袁奎封　来庆国
出　　版　山东科学技术出版社
出版日期　2007 年 11 月
开　　本　16 开
页　　数　175 页
定　　价　21.00 元

**◆磁性附着体覆盖义齿的临床术式**
原　　著(日)水谷紘　中尾勝彦
主　　译　杨亚冬　佟岱
出　　版　人民军医出版社
出版日期　2007 年 3 月
开　　本　16 开
字　　数　109 千字
页　　数　62 页
定　　价　98.00 元

**◆错𬌗畸形的正畸治疗(DVD)**(卫生部医学视听教材)
制作单位　南京医科大学
出　　版　人民卫生电子音像出版社
出版日期　2007 年 1 月
定　　价　48.00 元

**◆当代口腔正畸学**(世界经典口腔名著系列)(第 3 版)
原　　著　(美)William R. Proffit
　　　　　Henry W. Fields
主　　译　傅民魁　贾绮林　胡炜
出　　版　人民军医出版社

出版日期　2007 年 5 月
开　　本　16 开
页　　数　697 页
定　　价　288.00 元

**◆腭裂术后语音训练实用手册**

主　　编　黄迪炎　朱国雄
出　　版　人民军医出版社
出版日期　2007 年 6 月
开　　本　小 16 开
字　　数　115 千字
页　　数　126 页
定　　价　19.00 元

**◆耳鼻咽喉:头颈外科学及口腔科学见习指导**(全国医学院校临床课程见习指导丛书)

主　　编　张先锋　唐西清　石大志
出　　版　科学出版社
出版日期　2007 年 8 月
开　　本　32 开
字　　数　112 千字
页　　数　130 页
定　　价　12.00 元

**◆复杂牙拔除技术**(口腔科实用技术丛书)

主　　编　吴煜农
出　　版　江苏科学技术出版社
出版日期　2007 年 2 月
开　　本　16 开
字　　数　290 千字
页　　数　237 页
定　　价　29.00 元

**◆功能性矫治技术**(口腔科实用技术丛书)

主　　编　陈文静
出　　版　江苏科学技术出版社
出版日期　2007 年 2 月
开　　本　16 开
字　　数　180 千字
页　　数　145 页
定　　价　20.00 元

**◆国家医师资格考试口腔执业助理医师复习应试全书基础医学综合分册**(2007 年新版)

主　　编　顾方舟
出　　版　北京科学技术出版社
出版日期　2007 年 1 月
开　　本　16 开
页　　数　852 页
定　　价　82.00 元

**◆国家执业医师资格考试口腔医师考题解析(含口腔助理医师)**(2007 年版)

主　　编　《口腔医师考题解析》专家组
出　　版　人民卫生出版社
出版日期　2007 年 1 月
开　　本　16 开
页　　数　202 页
定　　价　24.00 元

**◆国家执业医师资格考试口腔助理医师应试习题集**(2007 版)

主　　编　杜德顺　牛光良
出　　版　中国协和医科大学出版社
出版日期　2007 年 1 月
开　　本　16 开
页　　数　451 页
定　　价　48.00 元

**◆机器人化全口义齿排牙技术**

著　　者　张永德
出　　版　哈尔滨工业大学出版社
出版日期　2007 年 4 月
开　　本　16 开
页　　数　172 页
定　　价　28.00 元

**◆金属烤瓷全冠的临床设计与制作(DVD)**(卫生部医学视听教材)

制作单位　西安交通大学
出　　版　人民卫生电子音像出版社
出版日期　2007 年 9 月
定　　价　48.00 元

**◆口腔保健常识图解**

主　　编　谭冠柳
出　　版　第四军医大学出版社
出版日期　2007 年 9 月

开 本 16 开
页 数 113 页
定 价 35.00 元

**◆口腔保健 9 讲：牙博士教你做口腔保健**
主 编 楚德国
出 版 人民军医出版社
出版日期 2007 年 3 月
开 本 32 开
字 数 105 千字
页 数 154 页
定 价 12.00 元

**◆口腔保健一本通**
主 编 王志洁
出 版 化学工业出版社
出版日期 2007 年 7 月
开 本 24 开
字 数 106 千字
页 数 140 页
定 价 15.00 元

**◆口腔病名家医案·妙方解析**(中医临床案例教学系列丛书)
主 编 李元聪
出 版 人民军医出版社
出版日期 2007 年 1 月
开 本 32 开
字 数 177 千字
页 数 208 页
定 价 16.00 元

**◆口腔材料学**(第 4 版)
主 编 陈治清
出 版 人民卫生出版社
出版日期 2007 年 12 月
开 本 16 开
字 数 243 千字
页 数 318 页
定 价 33.00 元

**◆口腔常见错㖞畸形的预防与矫治**(口腔执业医师临床培训丛书)
主 编 王小琴
出 版 人民军医出版社
出版日期 2007 年 7 月
开 本 16 开
字 数 234 千字
页 数 157 页
定 价 56.00 元

**◆口腔工艺技术专业教学计划和教学大纲**
主 编 卫生职业教育教学指导委员会
出 版 人民卫生出版社
出版日期 2007 年 1 月
开 本 16 开
字 数 134 千字
页 数 78 页
定 价 12.00 元

**◆口腔颌面外科学**(普通高等教育“十一五”国家级规划教材)(口腔医学长学制教材)
主 编 张震康 俞光岩
出 版 北京大学医学出版社
出版日期 2007 年 5 月
开 本 16 开
页 数 629 页
定 价 69.00 元

**◆口腔颌面外科学学习指南**(卫生部高等口腔医学院校规划教材配套丛书)
主 编 赵华强
出 版 山东大学出版社
出版日期 2007 年 1 月
开 本 16 开
页 数 271 页
定 价 35.00 元

**◆口腔及颌面部疾病**
主 编 李慧 孙昊量
出 版 黑龙江朝鲜民族出版社
出版日期 2007 年 11 月
开 本 16 开
定 价 80.00 元

**◆口腔疾病误诊误治与防范**(临床思维指南)
主 编 王松灵
出 版 科学技术文献出版社

出版日期　2007 年 5 月
开　　本　16 开
页　　数　359 页
定　　价　40.00 元

◆**口腔疾病诊疗常规**(临床医学诊疗常规丛书)
主　　编　张汉东
出　　版　湖北科学技术出版社
出版日期　2007 年 8 月
开　　本　32 开
页　　数　441 页
定　　价　28.00 元

◆**口腔检查与口腔卫生保健(DVD)**(卫生部医学视听教材)
制作单位　西安交通大学
出　　版　人民卫生电子音像出版社
出版日期　2007 年 1 月
定　　价　48.00 元

◆**口腔局部麻醉手册**(第 5 版)
原　　著　(美)Stanley F. Malamed
主　　译　刘克英
出　　版　人民卫生出版社
出版日期　2007 年 7 月
开　　本　16 开
字　　数　749 千字
页　　数　461 页
定　　价　166.00 元

◆**口腔科疾病**(新编临床诊疗丛书)
主　　编　许彦枝
出　　版　中国医药科技出版社
出版日期　2007 年 1 月
开　　本　32 开
字　　数　573 千字
页　　数　704 页
定　　价　45.00 元

◆**口腔科手术详解(DVD)**(卫生部医学视听教材)
出　　版　人民卫生电子音像出版社
出版日期　2007 年 3 月
定　　价　698.00 元

◆**口腔科学全真模拟试卷**(主治医师考试冲关捷径丛书)
主　　编　卫生专业技术资格考试专家委员会
出　　版　人民军医出版社
出版日期　2007 年 3 月
开　　本　16 开
字　　数　696 千字
页　　数　334 页
定　　价　59.00 元

◆**口腔科学试题库**(附光盘)(临床医学试题库系列丛书)
主　　编　朱洪水　邱嘉旋　王予江　刘路平
出　　版　人民卫生出版社
出版日期　2006 年 11 月
开　　本　16 开
字　　数　569 千字
页　　数　376 页
定　　价　44.00 元

◆**口腔临床英语会话集**(英汉对照,附光盘)
主　　编　余立江
出　　版　中国协和医科大学出版社
出版日期　2007 年 1 月
开　　本　32 开
页　　数　148 页
定　　价　18.00 元

◆**口腔美学修复临床实战**
主　　编　刘峰
出　　版　人民卫生出版社
出版日期　2007 年 8 月
开　　本　16 开
字　　数　597 千字
页　　数　297 页
定　　价　188.00 元

◆**口腔、皮肤科疾病诊断标准**(第 2 版)(现代临床医学诊断标准丛书)
主　　编　贝政平　苏剑生　周长江　姚志荣

出　　版　科学出版社
出版日期　2007 年 2 月
开　　本　16 开
字　　数　1 176 千字
页　　数　556 页
定　　价　148.00 元

◆**口腔全科诊疗要点手册**(临床医师案头锦囊丛书)
主　　编　周宇翔　叶文忠
出　　版　人民军医出版社
出版日期　2007 年 11 月
开　　本　小 16 开
字　　数　445 千字
页　　数　363 页
定　　价　50.00 元

◆**口腔生物学**(第 3 版)(全国高等学校口腔医学专业卫生部规划教材)
主　　编　刘正
出　　版　人民卫生出版社
出版日期　2007 年 7 月
开　　本　16 开
字　　数　400 千字
页　　数　217 页
定　　价　22.00 元

◆**口腔实习进修医师临床指南**
主　　编　吴子忠
出　　版　山东科学技术出版社
出版日期　2007 年 10 月
开　　本　小 16 开
页　　数　352 页
定　　价　18.00 元

◆**口腔修复工**(卫生行业职业技能培训系列教材)
主　　编　于海洋
出　　版　人民军医出版社
出版日期　2007 年 6 月
开　　本　16 开
字　　数　535 千字
页　　数　351 页
定　　价　55.00 元

◆**口腔修复学学习指南**(卫生部高等口腔医学院校规划教材配套丛书)
主　　编　兰　晶
出　　版　山东大学出版社
出版日期　2007 年 11 月
开　　本　16 开
页　　数　252 页
定　　价　30.00 元

◆**口腔修复专业护理教程**
主　　编　徐军
出　　版　人民卫生出版社
出版日期　2007 年 11 月
开　　本　大 32 开
字　　数　10 千字
页　　数　126 页
定　　价　42.00 元

◆**口腔医师实践技能应试指导**(含口腔助理医师 2007 版)(国家执业医师资格考试)
主　　编《口腔医师实践技能应试指导》专家编写组
出　　版　中国协和医科大学出版社
出版日期　2007 年 1 月
开　　本　16 开
页　　数　86 页
定　　价　20.00 元

◆**口腔医师执业资格考试一本通**
主　　编　毛　钊
出　　版　化学工业出版社
出版日期　2007 年 1 月
开　　本　16 开
页　　数　744 页
定　　价　96.00 元

◆**口腔医学技术**(2007 年全国卫生专业技术资格考试指导)
主　　编　全国卫生专业技术资格考试专家委员会
出　　版　人民卫生出版社
出版日期　2007 年 1 月
开　　本　16 开

字　　数　728 千字
页　　数　460 页
定　　价　58.00 元

◆**口腔医学科研设计与统计分析**
主　　编　胡良平
出　　版　人民军医出版社
出版日期　2007 年 8 月
开　　本　16 开
字　　数　540 千字
页　　数　342 页
定　　价　65.00 元

◆**口腔医学实验教程**(第 3 版)
主　　编　王嘉德
出　　版　人民卫生出版社
出版日期　2007 年 12 月
开　　本　16 开
页　　数　360 页
定　　价　38.00 元

◆**口腔医学实验教程附册**(第 3 版)
主　　编　王嘉德
出　　版　人民卫生出版社
出版日期　2007 年 12 月
开　　本　16 开
页　　数　200 页
定　　价　22.00 元

◆**口腔医学英文论文写作**
主　　编　何祥一　李志强
出　　版　第四军医大学出版社
出版日期　2007 年 9 月
开　　本　32 开
字　　数　140 千字
定　　价　21.00 元

◆**口腔粘接修复技术(DVD)**(卫生部医学视听教材)
制作单位　华中科技大学同济医学院
出　　版　人民卫生电子音像出版社
出版日期　2007 年 3 月
定　　价　48.00 元

◆**口腔正畸矫治器制作技术**(口腔科实用技术丛书)
主　　编　赵春洋
出　　版　江苏科学技术出版社
出版日期　2007 年 9 月
开　　本　16 开
字　　数　340 千字
页　　数　334 页
定　　价　43.00 元

◆**口腔正畸学学习指南**(卫生部高等口腔医学院校规划教材配套丛书)
主　　编　郭泾　张凡
出　　版　山东大学出版社
出版日期　2007 年 6 月
开　　本　16 开
字　　数　245 千字
页　　数　165 页
定　　价　24.00 元

◆**口腔正畸疑难病例解析**
主　　编　张丁
出　　版　人民卫生出版社
出版日期　2007 年 10 月
开　　本　大 16 开
字　　数　600 千字
页　　数　380 页
定　　价　158.00 元

◆**口腔正畸专科教程**
主　　编　傅民魁
出　　版　人民卫生出版社
出版日期　2007 年 10 月
开　　本　16 开
字　　数　1 422 千字
页　　数　721 页
定　　价　298.00 元

◆**口腔种植技术**(口腔科实用技术丛书)
主　　编　陈宁
出　　版　江苏科学技术出版社
出版日期　2007 年 2 月
开　　本　16 开
字　　数　230 千字

页　　数　190 页
定　　价　25.00 元

◆**口腔种植学临床技术图谱**
主　　编　黄建生
出　　版　广东科学技术出版社
出版日期　2007 年 11 月
开　　本　16 开
页　　数　276 页
定　　价　198.00 元

◆**口腔助理医师资格考试历年考题纵览(2007)**(医师资格考试历年考题纵览丛书)
主　　编　段少宇
出　　版　军事医学科学出版社
出版日期　2007 年 4 月
开　　本　16 开
页　　数　227 页
定　　价　27.00 元

◆**老年口腔病防治与保健**
主　　编　杨群超　张金廷
出　　版　河北科学技术出版社
出版日期　2007 年 4 月
开　　本　32 开
页　　数　156 页
定　　价　10.00 元

◆**McCracken 可摘局部义齿修复学**(第 11 版)
原　　著　(美)Alan B. Carr
　　　　　Glen P. McGivney
　　　　　David T. Brown
主　　译　张富强
出　　版　人民军医出版社
出版日期　2007 年 5 月
开　　本　16 开
字　　数　637 千字
页　　数　366 页
定　　价　198.00 元

◆**美,从牙开始**
主　　编　刘峰　李颖
出　　版　人民军医出版社
出版日期　2007 年 9 月
开　　本　16 开
字　　数　169 千字
页　　数　109 页
定　　价　39.80 元

◆**面部外伤、炎症、肿瘤:直面拔牙、外伤,还有可怕的肿瘤**(健齿美容系列丛书)
编　　著　陈渝斌　何海涛
出　　版　重庆出版社
出版日期　2007 年 8 月
开　　本　32 开
页　　数　164 页
定　　价　14.80 元

◆**乳牙牙髓病和根尖周病(DVD)**(卫生部医学视听教材)
制作单位　河北医科大学
出　　版　人民卫生电子音像出版社
出版日期　2007 年 6 月
定　　价　48.00 元

◆**实用口腔颌面外科:查房·会诊**(实用西医查房·中医会诊丛书)
主　　编　丁桂聪　刘学
出　　版　化学工业出版社
出版日期　2007 年 9 月
开　　本　32 开
页　　数　269 页
定　　价　28.00 元

◆**实用口腔临床诊断技术**
主　　编　张勇　肖水清　杜毅
出　　版　山东科学技术出版社
出版日期　2007 年 12 月
开　　本　小 16 开
页　　数　320 页
定　　价　15.00 元

◆**实用临床口腔颌面外科诊疗技术操作规范与手术常规及手术图谱**
主　　编　本书编委会
出　　版　中国科技文化出版社
出版日期　2007 年 11 月
开　　本　16 开

定　　价　998.00元(全四卷)

◆**塑造甜美笑容的艺术——口腔多学科综合美学治疗**(国际经典口腔美容系列)

原　　著　(英)Rafi Romano

主　　译　邓辉

出　　版　人民军医出版社

出版日期　2007年10月

开　　本　16开

字　　数　698千字

页　　数　698页

定　　价　328.00元

◆**贴心牙医:口腔保健手册**

编　　著　刘楠　孙玉娟

出　　版　中国妇女出版社

出版日期　2007年9月

开　　本　16开

页　　数　225页

定　　价　24.80元

◆**头颈部血管瘤与脉管畸形**

主　　编　张志愿　赵怡芳

出　　版　世界图书出版上海公司

出版日期　2007年5月

开　　本　16开

字　　数　300千字

页　　数　179页

定　　价　160.00元

◆**图解牙周美容外科实用技术**(口腔执业医师临床培训丛书)

主　　编　段建民

出　　版　人民军医出版社

出版日期　2007年11月

开　　本　16开

字　　数　160千字

页　　数　166页

定　　价　95.00元

◆**现代固定修复学**(口腔精品专著系列)

主　　编　赵云凤

出　　版　人民军医出版社

出版日期　2007年8月

开　　本　16开

字　　数　826千字

页　　数　446页

定　　价　200.00元

◆**现代口腔疾病诊疗操作技术要点与护理修复工艺技术手册**

主　　编　范敏文

出　　版　科技文化出版社

出版日期　2007年11月

开　　本　16开

定　　价　780.00元(全三卷)

◆**现代牙科技师手册**

主　　编　于海洋

出　　版　科学技术文献出版社

出版日期　2007年8月

开　　本　16开

字　　数　427千字

页　　数　365页

定　　价　68.00元

◆**镶牙与正牙**

主　　编　张元坚

出　　版　人民军医出版社

出版日期　2007年3月

开　　本　32开

页　　数　145页

定　　价　16.00元

◆**镶牙、种植牙、特殊镶牙:完美地修复我们的牙**(健齿美容系列丛书)

编　　著　岳玲　张莉

出　　版　重庆出版社

出版日期　2007年8月

开　　本　32开

页　　数　198页

定　　价　15.80元

◆**修复前外科与义齿和义颌修复**

主　　编　胡敏　丁仲鹃　田慧颖

出　　版　科学出版社

出版日期　2007年6月

开　　本　16开

页 数 233 页
定 价 78.00 元

**◆牙拔除术(CD-ROM)**
制作单位 第四军医大学口腔医学院
出 版 解放军卫生音像出版社
出版日期 2007 年 11 月
定 价 45.00 元

**◆牙病、牙周病、口腔黏膜病:全面呵护我们的口腔**(健齿美容系列丛书)
编 著 唐祯龙 唐群
出 版 重庆出版社
出版日期 2007 年 10 月
开 本 32 开
页 数 228 页
定 价 16.80 元

**◆牙齿的矫正:让我们的笑容更美丽**(健齿美容系列丛书)
编 著 章玫 温秀杰
出 版 重庆出版社
出版日期 2007 年 8 月
开 本 32 开
页 数 146 页
定 价 14.80 元

**◆牙颌畸形的正畸早期矫治**(口腔开业医师临床指导丛书)
原 著 (法)Antonio Patti
Guy Perrie′ D′Are
主 译 周洪
出 版 人民军医出版社
出版日期 2007 年 11 月
开 本 16 开
字 数 162 千字
页 数 112 页
定 价 88.00 元

**◆牙科全瓷修复技术**(口腔科实用技术丛书)
主 编 章非敏
出 版 江苏科学技术出版社
出版日期 2007 年 2 月
开 本 16 开
字 数 240 千字
页 数 198 页
定 价 26.00 元

**◆牙体修复的临床决策**(口腔临床要点快速掌握系列)(中英文对照)
原 著 (英)Brunton P.A
主 译 李继遥 肖瑾 谢倩
出 版 人民军医出版社
出版日期 2007 年 2 月
开 本 大 32 开
字 数 183 千字
页 数 151 页
定 价 68.00 元

**◆牙体修复学**(第 3 版)
主 编 王光华 彭式韫
出 版 人民卫生出版社
出版日期 2007 年 6 月
开 本 16 开
字 数 400 千字
页 数 398 页
定 价 59.00 元

**◆牙髓病的临床表现及诊断(DVD)**(卫生部医学视听教材)
制作单位 南京医科大学
出 版 人民卫生电子音像出版社
出版日期 2007 年 1 月
定 价 48.00 元

**◆牙髓病治疗技术图解**
原 著 (美)比尔 鲍曼 基尔巴萨
主 译 潘亚萍
出 版 辽宁科学技术出版社
出版日期 2007 年 8 月
开 本 32 开
字 数 100 千字
页 数 230 页
定 价 59.00 元

**◆牙外伤的治疗设计**(提高口腔医师临床技能系列)
原 著 (日)月星光博

主　　译　吴国锋
出　　版　人民军医出版社
出版日期　2007年3月
开　　本　16开
页　　数　115页
定　　价　146.00元

◆**牙周病临床评估和诊断程序**(口腔临床要点快速掌握系列)(中英文对照)
原　　著　Lain LC Chapple
　　　　　Angela D Gilbert
主　　译　黄海云
出　　版　人民军医出版社
出版日期　2007年3月
开　　本　大32开
字　　数　290千字
页　　数　239页
定　　价　68.00元

◆**牙周非手术治疗**(口腔临术要点快速掌握系列)(中英文对照)
原　　著　(英)Peter A Heasman 等
主　　译　闫福华
出　　版　人民军医出版社
出版日期　2007年3月
开　　本　大32开
字　　数　221千字
页　　数　182页
定　　价　68.00元

◆**牙周基础治疗技术**(口腔科实用技术丛书)
主　　编　孙卫斌
出　　版　江苏科学技术出版社
出版日期　2007年2月
开　　本　16开
字　　数　190千字
页　　数　160页
定　　价　22.00元

◆**眼耳鼻咽喉口腔科护理学**(高等医学教育中专起点专科教材)
主　　编　黄玮
出　　版　郑州大学出版社
出版日期　2007年9月
开　　本　16开
字　　数　242千字
定　　价　24.00元

◆**眼耳鼻咽喉口腔科护理学**(全国高等医学院校规划教材)(供高职高专护理助产等专业用)
主　　编　蒋双庆
出　　版　人民军医出版社
出版日期　2007年7月
开　　本　16开
字　　数　315千字
页　　数　198页
定　　价　21.00元

◆**眼耳鼻咽喉口腔科护理学**(全国医学高职高专护理专业规划教材)
主　　编　迟立萍
出　　版　第四军医大学出版社
出版日期　2007年10月
开　　本　16开
字　　数　407千字
定　　价　25.00元

◆**眼耳鼻口腔科护理学要点提示与习题**(全国高等医学院校配套教材)
主　　编　孔慧
出　　版　人民军医出版社
出版日期　2007年7月
开　　本　16开
页　　数　126页
定　　价　16.00元

◆**眼耳鼻咽喉与口腔科常见疾病诊治**(社区医师培训丛书)
主　　编　李娜
出　　版　人民军医出版社
出版日期　2007年6月
开　　本　小16开
字　　数　346千字
页　　数　282页
定　　价　39.00元

◆**咬合诱导(DVD)**(卫生部医学视听教材)

制作单位 哈尔滨医科大学
出 版 人民卫生电子音像出版社
出版日期 2007 年 6 月
定 价 48.00 元

**◆医学临床口腔科医师“三基”训练与口腔科疾病诊疗技术操作规范实务全书**

主 编 本书编委会
出 版 中国卫生科技出版社
出版日期 2007 年 12 月
开 本 16 开
定 价 998.00 元(全四卷)

**◆医学专家解答:口腔病**

主 编 高平
出 版 四川科学技术出版社
出版日期 2007 年 1 月
开 本 32 开
页 数 170 页
定 价 15.00 元

**◆孕妇和婴幼儿口腔保健手册**

主 编 欧尧
出 版 广东科学技术出版社
出版日期 2007 年 4 月
开 本 大 32 开
页 数 94 页
定 价 25.00 元

**◆正畸微种植体支抗临床应用指南**

原 著 (日)林 治幸
主 译 刘建林 戴娟
出 版 世界图书出版公司
出版日期 2007 年 10 月
开 本 16 开
字 数 95 千字
页 数 66 页
定 价 55.00 元

**◆中国口腔医学年鉴(2006 年卷)**

主 编 周学东
出 版 四川科学技术出版社
出版日期 2007 年 8 月
开 本 16 开
字 数 577 千字
页 数 386 页
定 价 70.00 元

**◆住院病人口腔护理**

编 著 李刚
出 版 世界图书出版公司
出版日期 2007 年 2 月
开 本 16 开
页 数 198 页
定 价 38.00 元

**◆最新临床疾病诊断标准大全——800 个口腔科疾病诊断标准**

主 编 本书编委会
出 版 中国科学技术出版社
出版日期 2007 年 9 月
开 本 16 开
定 价 168.00 元

**◆最新医院口腔科特色治疗技术大典**

主 编 马世宗
出 版 中国卫生科技出版社
出版日期 2007 年 3 月
开 本 16 开
定 价 798.00 元(全三册 +1CD)

(薛玉萍)

## 文献法规

本栏目收录了 2007 年中华人民共和国教育部和卫生部发布的有关通知、文件、公告等以及中华口腔医学会口腔医学教育专业委员会、全国高等医学教育学会口腔医学教育分会等制定的中国口腔医学本科教育标准(讨论稿)。

# 教育部关于成立 2007—2010 年教育部高等学校医药学科(专业)教学指导委员会的通知

教高函〔2007〕2 号

有关高等学校,有关单位:

为了进一步深化高等教育教学改革,提高高等教育质量,加强教育行政部门对高等学校医药学科(专业)教学工作的宏观调控,推进宏观决策的科学化和民主化,充分发挥专家学者对高等医药教育教学改革与建设的研究和指导作用,我部决定组建 2007－2010 年教育部高等学校医药学科(专业)教学指导委员会(以下简称教学指导委员会)。现将有关事项通知如下:

一、教学指导委员会是教育部领导的专家组织,具有非常设学术机构的性质,接受教育部的委托,开展高等学校医药学科(专业)本科教学的研究、咨询、指导、评估、服务等工作。

二、教学指导委员会委员是根据政治立场坚定、热心人才培养工作、学术水平比较高、教学经验比较丰富、思想活跃、组织协调能力较强、作风正派、老中青三结合等原则,经学校和有关单位申报,在广泛征求意见的基础上选聘的。委员包括高等学校从事本科教学工作、行业部门熟悉行业发展和人才需求并关心人才培养工作等方面的专家。

各教学指导委员会委员由我部颁发聘书聘任,任期从 2007 年 3 月起至 2010 年 12 月止。此次成立医药公共基础课程教学指导委员会等 10 个教学指导委员会,部分学科教学指导委员会下设若干个分委员会(名单见附件)。根据工作需要,报经我部同意后,教学指导委员会可下设教学指导组。

三、教学指导委员会(含分委员会)设主任委员 1 人、副主任委员若干人、秘书长 1 人。教学指导委员会的工作由主任委员主持、副主任委员协助、秘书长协助主任、副主任委员处理日常工作。秘书长原则上在主任委员所在高校聘请。为了加强教学指导委员会的工作力量和方便工作,各教学指导委员会可以聘请顾问,从主任、副主任委员所在单位聘请秘书。

四、教学指导委员会的主要任务

1.组织开展医药学科(专业)教学领域的理论与实践研究;

2.指导高等学校医药学科专业建设、教材建设、教学改革、实践基地建设、实验室建设等工作;

3.研究制定专业规范或教学质量标准;

4.接受委托参加专业评估任务;

5.接受委托承担本科专业设置的论证任务;

6.组织师资培训、教学研讨和信息交流

等工作；

7.完成教育部委托的其他任务。

五、各高等学校和有关单位要积极支持教学指导委员会的工作，委员所在的学校和单位要在工作量、活动经费等方面给予必要的支持。

教育部

二〇〇七年三月一日

# 教育部 财政部关于批准 2007 年度国家精品课程建设项目的通知

教高函〔2007〕20 号

各省、自治区、直辖市教育厅(教委)、财政厅(局)，新疆生产建设兵团教育局、财务局，有关部门(单位)教育司(局)，解放军总参谋部，部属各高等学校：

为贯彻落实《教育部 财政部关于实施高等学校本科教学质量与教学改革工程的意见》(教高〔2007〕1 号)、《教育部关于进一步深化本科教学改革全面提高教学质量的若干意见》(教高〔2007〕2 号)和《教育部关于全面提高高等职业教育教学质量的若干意见》(教高〔2006〕16 号)精神，根据《教育部办公厅关于 2007 年度国家精品课程申报工作的通知》(教高厅函〔2007〕25 号)，经过网络评审、专家会评以及上网公示，决定批准 2007 年度国家精品课程 660 门，其中普通高等学校本科课程 411 门，高职高专课程 172 门，网络教育课程 49 门，军队(含武警)院校课程 28 门。现予公布(名单见附件)。

一、国家精品课程荣誉称号有效期 5 年。期间，课程内容要按照规定上网，并取消所有登录用户名和密码，向全国免费开放。用户可登录高等学校本科教学质量和教学改革工程 http://www.zlgc.org，点击“国家精品课程建设”，或直接点击 http://www.jpkcnet.com 进入浏览国家精品课程内容和了解全国精品课程建设工作的相关信息。根据解放军总参谋部规定(〔2005〕参训兵字第 1178 号)，军队院校的国家精品课程要免费为全军院校使用，秘密(含)以下等级的课程必须在军事训练信息网上开放。可以公开的要向全国高校免费开放。军队院校的国家精品课程由总参谋部负责管理。

二、有关高等学校要按照《教育部办公厅关于印发〈国家精品课程建设工作实施办法〉的通知》(教高厅〔2003〕3 号)和《教育部办公厅关于〈国家精品课程建设工作实施办法〉补充规定的通知》(教高厅〔2004〕13 号)要求，进一步加强课程建设，不断改善网络条件，更新和完善课程网上教学资源；统计课程网站的点击率，及时了解掌握课程教学内容的辐射效果，收集分析用户的反馈意见；在有效期内，接受教育部组织的年度检查。

三、各级教育行政部门和高等学校要切实落实质量工程，进一步巩固教学工作的中心地位，继续加大经费投入并给予政策支持，推进优质资源的建设与共享。高等学校要充分利用国家精品课程的优质资源和建设经验，推进本校课程改革，不断提高教学质量。有关高等学校要保证国家精品课程免费开放，并不断改善网络条件和推进网上资源内容完善更新。未经著作权人许可，任何人不得将国家精品课程内容用作商业目的活动。

附件：2007 年度国家精品课程名单(编者按：见本卷教育栏目)

教育部 财政部

二〇〇七年十一月二十七日

# 教育部 财政部关于批准 2007 年国家级实验教学示范中心建设

2007 年 11 月 27 日

教高函〔2007〕21 号

各省、自治区、直辖市教育厅(教委)、财政厅(局),新疆生产建设兵团教育局、财务局,有关部门(单位)教育司(局)、财务司(局),教育部直属各高等学校:

按照《教育部关于开展高等学校实验教学示范中心建设和评审工作的补充通知》(教高〔2007〕10 号)和 2007 年国家级实验教学示范中心申报评审的要求,有关专家对 31 个省、自治区、直辖市教育行政部门报送的物理、化学化工、生物、电子电气信息、力学、机械、计算机、材料、地学、植物、动物、医学基础、药学、经济管理、传媒、综合性工程训练中心等 16 个学科类别的实验教学中心进行了评审。经过网上初评、终审评议和网上公示等程序,经研究,现批准中南大学物理实验教学中心等 135 个实验教学中心为 2007 年度国家级实验教学示范中心建设单位(名单见附件)。

国家级实验教学示范中心建设单位要进一步加强建设,加大经费投入,完善运行管理机制,加快实验教学改革,探索创新性实验教学模式,凝练优质实验教学资源,开展培训、交流和合作,增强示范辐射能力,不断开拓创新,为全国高等学校实验教学提供示范。建设过程中要按照《高等学校本科教学质量与教学改革工程项目管理暂行办法》(教高〔2007〕14 号)执行。

各省、自治区、直辖市教育行政部门和有关主管部门要继续推进国家级、省级两级实验教学示范体系建设,加大投入,制定配套政策,积极组织本地区、本部门高等学校与国家级、省级实验教学示范中心的交流与合作,充分发挥实验教学示范体系的示范辐射作用。

(编者按:以下名单为附件中部分内容,仅摘录名单中医学基础类)

附件:2007 年度国家级实验教学示范中心建设单位名单

医学基础类:

四川大学华西口腔医学基础实验教学中心

北京协和医学院基础医学实验教学中心

华中科技大学基础医学实验教学中心

天津医科大学基础医学实验教学中心

哈尔滨医科大学基础医学实验教学中心

青岛大学基础医学实验教学中心

# 关于印发《2007 年“以病人为中心,以提高医疗服务质量为主题”的医院管理年活动方案》的通知

中华人民共和国卫生部卫医发〔2007〕84 号

各省、自治区、直辖市卫生厅局、中医药管理局,新疆生产建设兵团卫生局,卫生部有关直属单位,卫生部部属部管医院,国家中医药管理局有关直属单位,国家中医药管理局直属

(管)医院:

为贯彻党的十六届六中全会和胡锦涛总书记在中央政治局第 35 次集体学习时的重要讲话精神,落实 2007 年全国卫生工作会议的部署,卫生部和国家中医药管理局决定,2007 年继续深入开展"以病人为中心,以提高医疗服务质量为主题"的医院管理年活动。现将《2007 年"以病人为中心,以提高医疗服务质量为主题"的医院管理年活动方案》印发给你们,请认真组织实施。

卫生部

国家中医药管理局

# 2007 年"以病人为中心,以提高医疗服务质量为主题"的医院管理年活动方案

"以病人为中心,以提高医疗服务质量为主题"的医院管理年活动(以下简称医院管理年活动)自 2005 年在全国开展以来,对促进医院端正办院方向,坚持"以病人为中心",规范医疗行为,改善服务态度,提高医疗质量,降低医疗费用,缓解群众"看病难、看病贵"发挥了重要作用。加强医院管理,提高服务质量,是不断提高人民群众健康水平,促进社会和谐的重要保证,需要巩固成果,持续推进。卫生部和国家中医药管理局决定,2007 年继续深入开展医院管理年活动。

## 一、指导思想

坚持以科学发展观为指导,以病人为中心,以提高医疗服务质量为主题,把维护群众利益,保证医疗质量和医疗安全,构建和谐医患关系,优化执业环境作为主要内容。针对医院管理和发展中存在的问题,落实院长责任,提高医疗质量,降低医药费用,改进服务作风。通过深入开展医院管理年活动,逐步建立科学、规范的公立医院管理制度,促进社会主义和谐社会建设。

## 二、活动范围

2007 年医院管理年活动范围为全国各级各类医院,重点是公立医院。

## 三、工作目标和重点要求

(一)提高医疗质量,保障医疗安全,巩固基础医疗和护理质量,保证医疗服务的安全性和有效性。重点要求:

1.严格贯彻执行医疗卫生管理法律、法规、规章和诊疗护理规范、常规,做到依法执业,行为规范。依法查处违反《执业医师法》、《医疗机构管理条例》、《医师外出会诊管理暂行规定》的行为并予以公示。

2.加大医院院长管理责任。明确院长是医院质量管理第一责任人,坚持科学发展观和正确的政绩观。医院院长减少临床专业技术服务,以主要精力加强和改善医院管理、维护公益性质。医院领导定期专题研究提高医疗质量、保证医疗安全的工作,确立质量与安全工作的重点目标,组织开展经常性监督检查,针对存在问题落实持续改进措施。

3.全面推行医院院务公开制度,向社会公开相关信息,接受群众监督,听取群众意见;结合医师定期考核,建立医院及其医务人员违法违规行为公示制度。

4.健全医院规章制度和人员岗位责任制度,严格落实医疗质量和医疗安全制度。做到人人知晓,落实到位。其中,对病历的管理,要重点加强运行病历的实时监控与管理。

5.根据医院的功能任务,合理配备医务人员。加强医院管理人员法律法规和管理知识培训,对医师按照《医师定期考核管理办法》严格考核,强化医务人员“三基三严”训练。

6.坚持公立医院公益性质,坚持合理检查、合理用药、因病施治。严格控制、规范使用高值耗材和贵重药品,继续实行三级医院同类医学检验、医学影像检查结果互认。

7.执行《处方管理办法》,加强处方规范化管理,实行按药品通用名处方,开展处方点评工作,登记并通报不合理处方。

严格执行《抗菌药物临床应用指导原则》,开展抗菌药物临床应用和细菌耐药监测,提高抗菌药物临床合理应用水平。

培养临床药师,实施临床用药监控,加强药品不良反应与药害事故的监测与报告。

8.在临床护理工作中贯穿“以病人为中心”的服务理念,正确实施治疗和护理措施,密切观察患者病情变化,为患者提供基本生活护理服务,提供康复和健康指导,保障患者安全和护理工作质量。

9.加强医疗技术和人员资格准入,维护患者安全。严格对大型医用设备、器官移植技术、介入技术、人工关节等高新技术的准入和临床应用管理。

10.加强对急危重症患者的管理,提高急危重症患者抢救成功率。落实首诊负责制,提高急诊科(室)能力,做到专业设置、人员配备合理,抢救设备设施齐备、完好;医务人员相对固定,值班医师胜任急诊抢救工作;急诊会诊迅速到位;急诊科(室)、入院、手术“绿色通道”畅通。加强对重症监护病房(ICU)的管理,人员、设备、设施配备与其功能、任务相适应,科学、合理、规范救治。

11.加强临床检验、医学影像、病理和临床用血管理,提高质量。

12.加强医院感染管理工作,提高医院感染诊断水平,有效预防和控制医院感染;按规定做好传染病报告工作。

(二)改进服务流程,改善就诊环境,方便病人就医。重点要求:

13.优化流程,简化环节,合理科室布局;加强挂号管理,创新挂号便民方式,提高预约挂号比例;采取措施提高工作效率,缩短患者各种等候时间。

14.科室、服务标识规范、清楚、醒目、易懂。

15.为患者提供清洁、舒适、温馨、私密性良好的诊疗环境和便民服务措施,门诊提供导诊咨询服务,有候诊椅、饮水、轮椅、电话等设施。

(三)提高服务意识,改善服务态度,转变服务作风,注重诚信服务,增进医患沟通,优化医疗执业环境,构建和谐的医患关系。重点要求:

16.维护患者合法权益,充分尊重患者知情同意权和选择权。

17.服务态度良好,语言文明礼貌,杜绝生、冷、硬、顶、推现象。

18.建立医患沟通制度,增强医患感情交流。规范医患沟通内容、形式,交流用语通俗、易懂,增强沟通效果。

19.完善患者投诉处理制度,公布投诉电话、信箱,及时受理、处置患者投诉。采取多种方式,收集患者意见,及时改进工作。

20.创建平安医院,优化医疗执业环境。

(四)加强财务管理,规范收支管理,完善分配办法,控制医药费用。重点要求:

21.坚持“统一领导、集中管理”的财务管理原则,医院一切财务收支必须纳入财务部门统一管理,严禁医院、部门、科室设立账外账和“小金库”。

22.建立科学决策机制,提高医院经济管理水平,加强财务监督分析,实行重大经济事项领导负责制和责任追究制,重大项目必须经集体讨论并按规定程序报批。实行分级负责,责任到人。

23.加强药品、材料、设备等物资的管理，严格实行医院成本核算制度。加强管理、堵塞漏洞，降低医疗服务成本和药品、材料消耗。

24.加强综合绩效考核，突出服务质量、数量和职业道德，建立科学的激励约束机制。建立按岗取酬、按工作量取酬、按服务质量和工作绩效取酬的分配机制。严禁科室承包，严禁将医务人员收入分配与医疗服务收入直接挂钩。

25.落实各项惠民措施，努力缓解看病贵。

(五)严格医药费用管理，杜绝不合理收费。重点要求：

26.严格执行国家有关药品、医用耗材集中招标采购的制度和规定，将应招标药品、医用耗材全部纳入集中招标采购，做到公开、透明、公正。严禁擅自采购应招标药品、医用耗材。

27.严格执行国家药品、医用耗材价格政策和医疗服务项目价格。禁止在国家规定之外擅自设立收费项目，严禁分解项目、比照项目收费和重复收费。

28.向社会公开收费项目和标准。在显著位置通过多种方式，如电子触摸屏、电子显示屏、公示栏、价目表等，公示医疗服务价格、常用药品和主要医用耗材的价格。

29.严格执行住院患者费用一日清制度，将药品、医用耗材和医疗服务名称、数量、单价、金额等通过适当方式告知患者。患者出院时，提供详细的总费用清单。

30.接受患者价格咨询和费用查询，如实提供价格或费用信息，及时处理患者对违规收费的投诉。

31.完善医疗服务项目的病历记录和费用核查制度，定期对患者费用进行核查，病历没有记录的医疗服务项目不得收取费用。

(六)加强思想道德教育，树立社会主义荣辱观，加强医院文化建设，推进精神文明建设，纠正损害群众利益的不正之风。重点要求：

32.加强医院文化建设，强调忠诚的服务精神和人道的服务文化。

33.认真组织开展以“八荣八耻”为主要内容的社会主义荣辱观教育，开展精神文明创建活动，宣传先进典型事迹，弘扬正气，树立新风。

34.继续认真扎实做好自查自纠、查办案件和建立治理医药购销领域商业贿赂的长效机制等各项工作。

35.执行医德考评制度，加强医德医风教育、纪律教育和法制教育；认真处理群众投诉、举报，严肃查处损害群众利益的行为。

36.严禁医务人员索要患者及其家属的财物；严禁医务人员接受医疗设备、医疗器械、药品、试剂等生产、销售企业或个人给予的回扣、提成和其他不正当利益。严禁药品处方、检验检查等“开单提成”，严禁医院向科室或个人下达创收指标。

37.严禁医院利用回扣、提成及其他不正当手段从其他医疗机构招揽患者。

38.严格执行《医疗广告管理办法》，严禁发布违法医疗广告误导患者，欺骗群众。

39.加强纠风工作，落实纠风工作责任制，强化医院院长管理责任。

## 四、实施步骤

(一)准备和部署(2007 年 3 月)

1.下发通知，对 2007 年医院管理年活动进行全面部署。

2.召开医院管理年工作会议，总结前两年医院管理年活动效果，部署 2007 年工作目标和任务。

3.各地根据本通知部署本辖区医院管理年活动。

(二)组织实施(2007 年 4 月－2008 年 4 月)

1.贯彻落实　针对医院工作和管理中存

在的问题认真整改；按照 2007 年医院管理年工作目标和重点要求，制定实施方案和工作措施，自查自纠，狠抓落实。

2. 检查指导　卫生行政、中医药管理部门按照职能，进行督查、评价、检查和指导，确保实施效果。

3. 督促检查　卫生部、国家中医药管理局围绕医院管理年活动工作目标和重点要求，重点对三级医院开展督促检查。

（三）总结表彰（2008 年 5 月）

认真总结连续三年各地开展医院管理年活动的经验及成效，交流各地加强医院管理，提高医疗质量，改进医疗服务的有效措施。表扬、宣传管理好、服务好、社会反映好的先进典型。同时，研究加强医院管理与评价的长效机制。

## 五、工作要求

（一）克服松懈心理，切实加强领导

连续三年开展的医院管理年活动，是医疗卫生系统坚持以人为本，贯彻科学发展观，促进医疗卫生事业健康发展，解决群众反映的突出问题，构建和谐社会的一项重大举措。全面实现医院管理年活动的目标和要求需要不懈努力，各级卫生行政、中医药管理部门和各级各类医院要不断总结经验，克服松懈和厌倦情绪，切实提高对医院管理年活动的领导，做好再宣传、再发动，采取有效措施，确保医院管理年活动各项目标的实现。

（二）突出管理重点，带动整体工作

2007 年的医院管理年活动以落实院长责任、加强医疗技术准入和临床用药管理为重点。各级卫生行政、中医药管理部门和各级各类医院要围绕工作重点制定具体措施，确保重点工作目标实现。同时也要以点带面，全面改进医院管理。

（三）做好总结交流，表彰宣传先进

连续三年的医院管理年活动，很多地方和医院创造了很多好作法、好经验。各级卫生行政、中医药管理部门要及时总结经验，采取多种方式推广交流。对于扎实工作，成效显著的要予以表彰。

（四）建立长效机制，逐步转入常态

加强和改善医院管理，是一项长期任务。连续三年的医院管理年活动结束后，各地要对照目标、任务和要求，探索建立医院管理评价制度和长效机制，逐步转入医院的常态管理，不断提高医疗服务的水平和质量。

附有关指标：

2007 年医院管理年活动后，要总结 2004－2007连续四年的下列数据：

1. 医疗纠纷、重大医疗过失行为和医疗事故报告率

2. 医疗事故发生件数、等级、责任程度、赔偿金额

3. 院内急会诊到位时间

4. 急诊留观时间

5. 急救物品完好率

6. 急危重症抢救成功率

7. 危重症病人护理合格率

8. 成分输血率、合理用血率

9. 临床检验室内质量控制、室间质量评价项目及结果

10. 医疗器械消毒灭菌合格率

11. 预约挂号占挂号总量比例

12. 挂号、划价、收费、取药、采血等服务窗口等候时间

13. 辅助检查自预约到出具检查结果时间

14. 检验、心电图、超声、影像常规检验检查项目自开始检查到出具结果时间

15. 术中冰冻病理自送检到出具结果时间

16. 平均住院日

17. 门诊病人人均医疗费用中药费所占比例

18. 出院病人人均医疗费用中药费所占比例

19.药品收入占业务收入比例

20.每 100 张处方中使用抗菌药物的处方比例

21.患者和社会对医疗服务满意度

22.总收入下降程度

23.人均门诊费用

24.人均住院费用

25.年门诊、出院和手术人次数

26.急性心肌梗塞介入治疗、原发肝癌(未转移)根治术、胃大部切除术等的平均住院日和平均诊疗费用

二〇〇七年三月二日

# 中华人民共和国卫生部公告

2007 年 11 号

全国牙病防治指导组(以下简称牙防组)是1988 年经卫生部批准成立的牙病防治组织。牙防组自成立以来,在大众口腔健康促进、提高群众自我口腔保健水平、基层专业人员培训,以及协助卫生部制定我国口腔卫生保健工作规划、监测口腔疾病发展、建立覆盖全国的牙病防治组织体系等方面都发挥了积极作用。但随着近年来政府公共服务职能的不断强化和行业民间组织的快速发展,牙防组已难以适应卫生事业发展的要求,卫生部决定予以撤销。

牙防组撤销后,原承担的工作由卫生部统一安排,群众性牙病预防保健技术工作和有关事务性管理工作,将以委托形式交专业社团或机构承担。同时,卫生部在疾病预防控制局成立口腔卫生处,负责全国牙病防治管理工作。

特此公告。

二〇〇七年四月二十四日

# 卫生部办公厅关于加强口腔卫生工作的通知

卫办疾发〔2007〕196 号

各省、自治区、直辖市卫生厅局,新疆生产建设兵团卫生局:

口腔疾病是影响我国居民健康的常见病、多发病。多年来,在各级卫生行政部门和广大口腔卫生工作者的共同努力下,口腔卫生工作坚持"预防为主,防治结合"的方针,积极探索,统筹规划,合理安排,认真落实各项防治措施,各项工作取得了积极进展。但是,我国口腔卫生工作面临的形势依然严峻,各类口腔疾病患病率仍然较高,口腔疾病防治任务十分艰巨,口腔卫生人力资源明显不足,城乡卫生服务水平尚不能满足人民群众日益增长的口腔卫生服务需求。为推动口腔卫生工作的进一步开展,加快实现人人享有初级口腔卫生保健的目标,现将有关要求通知如下:

## 一、明确口腔卫生工作发展思路

要以"科学发展观"重要思想为指导,坚持"预防为主、防治结合、政府主导、社会参与"的原则,积极探索符合我国国情的口腔卫生工作道路,依托公共卫生服务和医疗服务

体系，加强口腔疾病防治网络建设，实施综合防治策略，把口腔卫生工作重点放到农村地区和儿童及老年人群，提高基层专业队伍服务能力，开展常见口腔疾病监测和基本信息收集工作，加强全民口腔健康教育，预防和减少口腔疾病的发生，不断满足人民群众的口腔卫生服务需求。

## 二、确定口腔卫生工作目标任务

根据我部 2004 年发布的《中国口腔卫生保健工作规划(2004－2010 年)》确定的目标，逐步提高口腔疾病预防控制水平。力争到 2010 年，中小学生口腔保健知识知晓率农村达到 70%，城市达到 90%；有效刷牙率农村达到 60%，城市达到 80%；含氟牙膏使用率农村达到 70%，城市达到 90%；龋失补充填比率农村达到 15%，城市达到 30%；15 岁青少年牙周健康人数百分比农村达到 30%，城市达到 50%；12 岁儿童恒牙龋均达到 1.1 以下。

## 三、突出口腔卫生工作重点

按照预防为主、防治结合的原则，结合口腔疾病及不同地区人群特点，以龋齿和牙周疾病为防治重点，采取多种方式开展综合防治工作。

(一)各级卫生行政部门要组织开展多种形式的口腔卫生宣传教育，会同有关部门重点做好每年 9 月 20 日“全国爱牙日”活动，普及口腔保健知识，逐步提高群众口腔自我保健意识。倡导健康文明的生活方式，提倡正确的刷牙方法，引导群众改变不良卫生习惯。把口腔卫生知识教育纳入公共卫生健康教育体系，推动全社会，尤其是家庭和学校的广泛参与。从事口腔疾病防治的各级各类医疗卫生机构在开展口腔疾病防治过程中，也要积极做好口腔疾病预防的宣传教育工作。

(二)承担口腔疾病防治任务的医疗卫生机构要向当地居民提供口腔健康检查、龋病的早期充填、洁治等服务工作。要会同教育部门重点加强儿童、青少年等重点人群防治工作。提倡对儿童、青少年开展每年一次的口腔健康检查。

(三)各地要根据本地区社会经济发展状况和口腔疾病流行特点，因地制宜地积极推广窝沟封闭、非创伤性修复治疗等口腔疾病防治适宜技术和措施，并严把质量关。根据“兴氟利、除氟害”的原则，认真落实饮水、牙膏、食盐和牛奶氟化等防治措施，积极开展综合防治试点工作。按照有关方案要求，加强科学管理，认真组织实施氟化物预防龋病等项目，总结经验并逐步推广。

## 四、加强口腔卫生服务网络和能力建设

地方各级卫生行政部门要根据全国口腔卫生保健工作规划要求，结合本地区实际，统筹规划、有效整合、充分利用当地各种医疗卫生资源，逐步建立起适合本地区防治工作需要的口腔卫生服务网络。要开展各类技术培训，重点开展口腔专业人员的公共卫生能力、适宜技术推广能力、专业防治能力培训，逐步提高口腔疾病防治队伍的整体素质。

## 五、加强口腔疾病防治宣传、培训

要充分发挥学术团体和社会团体在口腔疾病防治工作中的宣传教育、人员培训、技术指导等方面的重要作用，组织志愿者开展宣传教育等防治活动。积极开展多种形式的口腔卫生双边与多边国际交流与合作，借鉴国外的成功经验，推动我国口腔卫生工作不断发展。

二〇〇七年十一月十五日

# 卫生部疾病预防控制局关于下发全国口腔卫生工作研讨会暨窝沟封闭现场经验交流会议纪要的通知

各省、自治区、直辖市卫生厅局疾病预防控制处，新疆生产建设兵团卫生局疾病预防控制处：

为推动口腔卫生工作广泛持续地开展，我局于 2007 年 12 月在北京召开了"全国口腔卫生工作研讨会暨窝沟封闭现场经验交流会议"。现将此次会议纪要发给你们，请各地结合实际情况参照执行。

附件：全国口腔卫生工作研讨会暨窝沟封闭现场经验交流会议纪要

二〇〇八年一月二日

# 全国口腔卫生工作研讨会暨窝沟封闭现场经验交流会议纪要

为贯彻落实《卫生部办公厅关于加强口腔卫生工作的通知》(卫办疾发〔2007〕196 号)(以下简称《通知》)精神，推动口腔卫生工作广泛持续地开展，卫生部疾病预防控制局于 2007 年 12 月在北京召开了"全国口腔卫生工作研讨会暨窝沟封闭现场经验交流会议"。各省、自治区、直辖市卫生厅局疾控处，疾控中心有关负责人，有关口腔专业机构、学会和基金会的部分专家，共 100 余人参加了会议。会议期间，总结交流了部分省、自治区、直辖市口腔卫生工作的经验，参观了北京市开展窝沟封闭防龋工作现场，共同研讨了 2008 年口腔卫生工作。代表们认为，这是口腔卫生处成立以来组织的第一次全国性会议，对于指导今后口腔卫生工作的开展具有重要意义。

代表们回顾了近 20 年来我国口腔卫生工作取得的突出成绩。在各级卫生行政部门的领导和重视下，一大批口腔医学专家和广大口腔医务工作者艰苦奋斗、无私奉献，倾注大量心血，初步建立了从省、市到基层的口腔疾病防治网络；培养了一支比较健全的口腔疾病防治骨干队伍；广泛深入地开展大众口腔健康促进活动，并调动全社会积极参与；组织了三次全国口腔健康流行病学调查；积极推广口腔疾病防治适宜技术，为提高全民口腔卫生和健康水平，推动我国口腔事业的发展做出了积极贡献。

随着我国经济社会的快速发展，各类口腔疾病患病率仍然较高，口腔疾病防治任务十分艰巨，城乡卫生服务水平尚不能满足人民群众日益增长的口腔卫生服务需求。面对口腔卫生工作的机遇和挑战，与会代表从政策、组织和技术层面，就如何实行职能转变，进一步做好口腔卫生工作展开了热烈的讨论，并提出：要继续坚持"预防为主，防治结合，政府主导，社会参与"的原则，实施综合防治策略，积极推进口腔疾病防治工作的改革和发展，使我国口腔卫生工作进入一个新的发展阶段。会议要求各地要加强对口腔卫生工作的组织领导，根据实际情况建立起能担负起本省口腔技术指导工作的专业机构，继续做好口腔卫生各项工作。经会议讨论，明确了 2008 年要重点做好以下几方面的工作：

一、认真贯彻落实《通知》精神，理顺关系，强化政府职能，加强对口腔卫生工作的领导和管理。制定口腔疾病防治计划，创造条件，逐步争取将口腔卫生工作纳入公共卫生财政预算，努力保证口腔卫生工作顺利开展。

二、开展专门调研工作。一方面，从技术层面入手，就口腔卫生工作的内容、重点人群和适合基层的适宜技术进行积极探索。另一方面，从政策和组织层面入手，着力研究疾控中心系统与口腔专业技术机构相结合的防治模式和组织形式。

三、加强社区口腔卫生服务能力建设，发展社区口腔卫生服务。进一步总结推广全国口腔卫生服务示范点的工作，不断探索社区防治模式，组织口腔疾病防治进社区活动和窝沟封闭防龋项目。制定社区口腔疾病防治规范和技术指南，加强对基层人员口腔疾病防治的技术指导、培训和信息资料管理工作，逐步提高社区开展口腔卫生工作的水平。

四、开展口腔卫生宣传教育。2008 年是第 20 个全国爱牙日，主题定为“中老年人口腔健康”。围绕爱牙日的主题、中心口号和宣传提纲，将统一印发宣传材料，在“9.20”期间开展大型宣传活动，重点在社区开展口腔卫生知识教育并为老年人现场提供口腔卫生服务。

继续开展“口腔健康促进与口腔医学发展西部行”活动，在今年内蒙古自治区试点的基础上，逐步扩大到 2～3 个省(自治区、直辖市)，积极开展对口支援、能力建设、人员培训和宣传教育等工作。

五、编印出版《第三次全国口腔健康流行病学调查》报告，根据调查情况，制定《全国口腔疾病监测方案》，在部分地区确立口腔监测点，编制口腔卫生服务管理软件，收集整理有关监测数据。

利用《第三次全国口腔健康流行病学调查》结果，在各地总结经验、查找问题的基础上，加强口腔卫生工作的专题调研，积极探索如何利用全国健全的防治网络与口腔专业技术相结合开展口腔卫生工作的模式，并在适当时候召开现场会。

六、积极推广适宜技术，加强综合防治。借鉴北京等省市的成功经验，把窝沟封闭作为防治龋齿的重要公共卫生措施来抓。组织制定窝沟封闭预防龋齿工作方案，在全国有条件的地区开展窝沟封闭试点工作，同时加强对窝沟封闭项目的监测评估工作。

七、制定相关规范和标准，加强口腔卫生工作管理。出台《口腔保健用品功效评价标准》，组织制定《窝沟封闭技术规范》、《氟防龋防治规范》等规范。加强对口腔疾病诊疗活动中执行有关适应证，消毒等规定的督导检查工作。

八、充分发挥全国口腔专业机构、中华口腔医学会和中国牙病防治基金会等专业优势，积极开展学术交流和人员培训。举办“社区口腔卫生服务培训”等培训班。组织参加第 8 届亚洲口腔预防医学大会，继续开展与世界卫生组织和泰国等国家政府间的合作，掌握国内外最新发展动态，不断提高我国口腔卫生专业人员的理论和专业水平。

# 中国口腔医学本科教育标准

（讨论稿）

说明：经过多方艰苦努力，《中国口腔医学本科教育标准(讨论稿)》终于完成，现予公布，向全国广大口腔医学教育工作者广泛征求意见，使之趋于完善。欢迎提出宝贵修改意见或建议，来函请联系：Licuiying-67@163.com。

口腔医学教育是培养从事口腔医疗卫生保健的专门人才的教育，规范的培养过程是培养合格口腔医学人才的重要保证，加强质量监管是保证教育质量的关键。因此，为保证国内口腔医学人才培养质量，规范国内院校口腔医学教育标准，参考中国医学教育标准，结合国际医学教育标准和国内医学教育认证标准，特制定中国口腔医学本科教育标准。

口腔医学本科教育是整个口腔医学教育体系中的第一阶段，其根本任务是为口腔卫生保健机构培养人才，培养具有初步口腔临床能力、终身学习能力和良好职业素质的初级口腔医生；为学生毕业后继续深造和在各类口腔卫生医疗保健机构执业奠定必要的基础，使其具备将来胜任口腔临床工作的专业能力、继续口腔医学教育、继续职业发展和持续医疗实践的自觉再提高能力。本标准以五年制口腔医学本科教育为主要适用对象，针对我国本科口腔医学教育的基本方面提出最低要求。长学制教育可以参考此标准，适当提高要求。本标准既通用于全国各口腔医学院校（系、专业），也承认不同地区和各个学校（系、专业）之间的差异，尊重各口腔医学院校（系、专业）依法自主办学的权利，不提出具体教学计划、教学方法等方面的强制性规定，以利于各校的个性发展，为发展办学特色留下充分的发展空间。

本标准尽量反映我国口腔医学教育面对的国际趋势、国内环境和社会期待方面的要求，是各个院校制定教育计划和规范教学管理的必要基础，是本科口腔医学院校（系或专业）质量保证体系的重要参照标准，必将对口腔医学教育改革与发展起重要作用。本标准也将用于我国口腔医学教育的评价与认证，并希望通过广泛研讨不断修改，通过评估与认证实践不断得以检验和完善。

## 一、口腔医学本科教育办学标准

### 1 宗旨及目标

1.1 宗旨及目标

口腔医学院校（系、专业）必须明确办学宗旨和目标，包括院校定位、办学理念、发展规划、培养目标和质量标准等。口腔医学院校（系、专业）的办学宗旨和目标的确定，必须通过各利益方的认真讨论，得到上级主管部门（所属教育部门、卫生部门）的批准，使全校（系、专业）师生周知。

1.2 学术自治与学科融合

独立的或综合大学中的口腔医学院必须根据各自的规划要求，依据法律所赋予的权力，自主制定课程计划及其实施方案，自主决定人员的任用和自主分配的学术支持，同时努力加强与大学各综合学科和医学学科之间的沟通及融合。

1.3 教育结果

口腔医学院校（系、专业）必须根据学生毕业时应达到的基本要求，制定合适的教育目标，培养学生成为符合要求的口腔医生。

### 2 教育计划

2.1 课程计划

（1）口腔医学院校（系、专业）必须依据医疗卫生服务的需要、医学和口腔医学科学进步和口腔医学教育模式的转变，制定符合本院校（系、专业）实际的课程计划。

（2）口腔医学院校（系、专业）制定的课程计划，必须明确课程设置及基本要求。

（3）口腔医学院校（系、专业）应积极开展课程体系改革，根据社会需求和口腔医学的发展变化，合理设置课程教学内容。课程计划必须体现加强基础、强化能力、注重素质和发展个性的原则，课程设置内容应包括必修课程和选修课程两部分，两者之间的比例可由学校或口腔医学院（系、专业）根据实际合理设定。

2.2　教学方法

口腔医学院校(系、专业)必须积极开展以学生为学习主体,提倡自主学习、创造性思维、积极参与实践和师生互动等教学方法的改革,注重科学思维、自学能力和实践能力的培养。

〔注释〕教学方法包括教与学的方法,可广泛应用引导式、问题式、交互式、讨论式等模式。

2.3　科学素质培养

口腔医学院校(系、专业)必须在整个教学期间,实施科学方法及循证医学原理的教育,使学生学会批判性思维,了解一定的研究方法。

2.4　课程设置

2.4.1　思想道德修养课程

口腔医学院校(系、专业)必须在课程计划中安排一定学时的思想道德课程。

2.4.2　自然科学课程

口腔医学院校(系、专业)必须在课程计划中安排自然科学课程,为口腔医学生学习医学科学的基础理论、基本知识、基本技能打下基础。

2.4.3　生物医学课程

口腔医学院校(系、专业)必须在课程计划中安排适量的生物医学课程,为其学习临床专业课、口腔医学专业课程打下基础,以适应医学科学的发展以及社会对口腔医疗服务的需求。

〔注释〕生物医学课程通常包括人体解剖学、组织学与胚胎学、生物化学、生理学、分子生物学、细胞生物学、病原生物学、医学遗传学、医学免疫学、药理学、病理学、病理生理学等,还包括体现这些生物医学内容的其他整合课程。

2.4.4　行为科学、人文社会科学以及医学伦理学课程

(1)口腔医学院校(系、专业)必须在课程计划中适当安排行为科学、社会科学和医学伦理学课程,以适应医学科学的发展和日益变化的人口、文化背景以及社会对口腔医疗卫生的服务需求。

(2)口腔医学院校(系、专业)必须在课程计划中适当安排人文素质教育课程。

〔注释〕行为、社会科学课程通常包括心理学、社会医学、医学社会学、卫生经济学、卫生法学、卫生事业管理、医学伦理学等,人文素质教育课程通常包括艺术类、文学类、医学史、口腔医学史和医德修养、医患沟通技巧等。

2.4.5　预防医学课程

口腔医学院校(系、专业)必须在课程计划中安排预防医学课程,培养学生的大预防战略和大公共卫生意识,使其掌握群体保健的基本知识和技能,为更好地掌握口腔预防医学知识奠定基础,以适应医学科学的发展,适应口腔预防医学开展的需要,适应社会对口腔医疗卫生服务的需求。

〔注释〕预防医学课程涵盖流行病学、劳动卫生与职业病学、卫生毒理学、环境卫生学、营养与食品卫生学、儿少卫生学、妇幼保健学、卫生统计学以及初级卫生保健的有关内容等。

2.4.6　临床医学课程

口腔医学院校(系、专业)必须在课程计划中安排一定学时的临床医学课程及临床实践教学或临床实践教学见习,提倡适当早期接触临床,确保学生充分接触病人,获得一定的一般临床知识与技能,为将来口腔临床技能学习和口腔相关临床医学诊治技能的掌握奠定基础。

〔注释〕临床医学课程通常包括诊断学、影像诊断学、内科学、外科学、妇产科学、儿科学、传染病学、神经病学、眼科学、耳鼻咽喉科学、皮肤性病学、精神病与精神卫生学、麻醉学、急诊医学、康复医学、老年医学、中医学等。临床能力包括病史采集、体格检查、辅助

检查、诊断与鉴别诊断、制定和执行诊疗计划、临床操作、临床思维和急诊处理等。

2.4.7 口腔医学课程

口腔医学院校(系、专业)必须在课程计划中安排基本的口腔课程理论和一定比例的口腔临床实践教学,提倡在充分完成口腔临床前期训练的基础上早期接触口腔临床,确保学生充分了解临床和接触病人,获得足够的口腔临床知识和技能训练时间,使口腔医学生尽快掌握扎实的口腔医学基本理论和口腔临床一般操作技能,具备初步的临床诊断和治疗方案确定能力。

〔注释〕口腔基础医学课程包括口腔组织病理学、口腔解剖生理学、口腔生物学、口腔材料学、口腔药物学、口腔设备学、口腔专业外语、医学论文写作、循证口腔医学等。

口腔临床医学包括口腔颌面外科学、口腔修复学、牙体牙髓病学、牙周病学、口腔种植学、口腔黏膜病学、口腔正畸学、儿童口腔病学、预防口腔医学、口腔急诊学、口腔颌面影像诊断学、老年口腔医学等。

口腔临床技能主要包括口腔颌面部疾病病史采集、全身和局部体格检查、辅助检查、病历书写,口腔各科常见疾病的诊断与鉴别诊断、诊疗方案的设计与制定(包括牙列缺损的修复设计、牙颌畸形矫治设计)、执行诊疗操作、印模采集、牙周病的洁治与刮治、牙拔除术、牙体缺损的窝洞制备技术、根管治疗术等操作,此外还有口腔临床思维和口腔颌面部疾病的急诊处理等。

2.4.8 教材

口腔医学院校(系、专业)必须使用最新版的全国高等医药院校本科统编教材进行授课,以保证知识的准确性和各院校之间的可比性。口腔专业外语教材,以引进原版教材为基本教材。

2.5 课程计划管理

(1)口腔医学院校(系、专业)必须有专门的职能机构负责课程计划管理,该职能机构必须在口腔医学院校(系、专业)的领导下规划并实施课程计划,以保证教育目标的实现。

(2)课程计划管理必须尊重教师、学生和其他利益方代表的意见。

2.6 与毕业后和继续医学教育的联系

口腔医学院校(系、专业)的教育计划必须考虑到与毕业后继续医学教育和职业发展建立起行之有效的制度性衔接。

## 3 学生成绩评定

3.1 成绩评定体系

口腔医学院校(系、专业)必须建立学生毕业成绩全过程评定体系,必须进行考试方法的研究,推广各种先进的考试方法如客观结构化临床考试、计算机模拟考试等。对学生考核类型及成绩评定方法有明确的规定和说明,以便全面评价学生的知识、技能、行为、态度,分析与解决问题的能力、临床思维能力及人际交流能力和团队合作意识等。

〔注释〕评定体系包括形成性和终结性评定体系,形成性评定包括测验、实验操作和观察记录、实习手册、讨论与辩论、研究论文等;终结性评定体系包括课程结束考试及毕业综合考试。

3.2 考试和学习之间的关系

口腔医学院校(系、专业)的评价活动必须确保并强化培养目标和课程的目的与要求,有利于促进学生的学习。应该进行综合考试,以鼓励学生融会贯通地学习,提倡学生自我评估,以促进学生主动学习能力的提高。

〔注释〕考试数量和性质的确定,应注意发挥考试对学习的导向作用,避免负面作用。

3.3 考试结果分析与反馈口腔医学院校(系、专业)在所有考试完成后必须进行考试分析,分析结果必须以适当方式反馈给有关学生、教师和教学管理人员,并将其用于改进教与学。

〔注释〕考试分析可以包括整体结果、考试信度和效度、试题难度和区分度,以及专业内容分析。

3.4　考试管理

管理部门必须制定有关考试的具体管理规章制度，建立专门的组织机构，规定相应的人员配备等。口腔医学院校（系、专业）应对教师开展考试理论的培训，以提高命题和考试质量。

## 4　学生

4.1　招生政策

（1）口腔医学院校（系、专业）必须根据教育主管部门的招生政策，制定本校招生的具体规定。

（2）口腔医学院校（系或专业）的招生章程必须向社会公布，包括院校简介、招生计划、专业设置、收费标准、奖学金、申诉机制等。

〔注释〕我国高等学校招生工作在国家招生计划调控下，在当地教育行政主管部门的领导下进行。招生数应参照教学条件确定，原则上，招生人数应做到仿真头模生均 0.5 台，实习椅位生均 0.5 台，能满足收治常见病种，完成实习大纲要求；口腔专业课教师数与在校学生数之比≥1:6，专业课教师总数不得少于 30 人。

4.2　新生录取

（1）口腔医学院校（系、专业）必须依据自身的办学条件、社会对人才的需求，科学地确定招生计划和录取标准。

（2）口腔医学院校（系、专业）在录取过程中，必须严格贯彻执行国家的招生政策。

4.3　学生支持与咨询

口腔医学院校（系、专业）必须建立相应机构，配备专门人员，对学生提供必需的支持服务。口腔医学院校（系、专业）必须提供咨询服务，对学生在学习、心理、就业、生活等方面予以指导。

〔注释〕学生支持服务包括医疗卫生，就业指导，为残障学生提供合理的住宿，建立奖学金、贷款、助学金、困难补助、减免学费等制度。

4.4　学生代表

（1）口腔医学院校（系、专业）必须吸收和鼓励学生代表参与学校管理、教学改革、课程计划的制定和评估以及其他与学生有关的事务。

（2）口腔医学院校（系、专业）必须支持学生依法成立学生组织，明确主管部门，指导、鼓励学生开展社团活动，并为之提供相应的设备和场所。

〔注释〕学生组织包括学生自我管理、自我教育、自我服务的相关团体。

## 5　教师

5.1　聘任政策

口腔医学院校（系、专业）必须实施教师资格认定制度和教师聘任制度。根据各校情况，必须配备足够数量的本科以上的基础和专业教师，保证合理的教师队伍结构，适应教学、科研、服务的需求；必须明确规定教师职责；明确被聘任教师必须具有良好的职业道德及与其学术等级相称的学术水平和教学能力，承担相应的课程和规定的教学任务；必须定期对教师的绩效责任进行评估检查。

〔注释〕足够数量的教师指医学院校配置的教师数量必须符合学校的办学规模和目标定位，符合医学教育规律，生师比应达到国家有关规定的要求。教师队伍结构包括口腔医学专业教学人员与非口腔医学专业教学人员、全职与兼职教师以及职称、学位比例。

5.2　师资政策及师资培养

口腔医学院校（系、专业）必须保障教师的合法权利和义务，有明确的师资政策并能有效执行，保证教学、科研、服务职能的平衡，认可和支持有价值的业务活动，确保人才培养的中心地位；必须建立教师直接参加与教育计划等有关决策的机制；必须制定教师队伍建设计划，保证教师的培养、考核和交流，为教师提供专业发展机会。

〔注释〕服务职能包括卫生保健系统中的口腔临床服务、行政管理及领导工作。对有价值的业务活动的认可,应通过奖励晋升或酬金等方式来实现。师资交流应包括教师在本学科领域内、学科领域间以及校际、国际交流,特别强调医学院校内口腔医学与其他医学专业教师间的交流等。

## 6 教育资源

### 6.1 教育预算与资源配置

(1)口腔医学院校(系、专业)必须创造条件,提供可供学生实习用的充足的口腔常见病患者资源;必须有足够的经济支持,有可靠的经费筹措渠道。随着口腔医学教育的发展,经费投入应逐年增加,以保证教学计划的有效完成。

(2)口腔医学院校(系、专业)对于教育预算和资源配置必须有明确的责任与权利,依法建立健全财务管理制度,严格管理教育经费,提高教育投资效益。

〔注释〕口腔医学院校(系、专业)应有足够的自主权,并以适当的方式管理和筹资,以实现院校的整体目标。院校收取的学费,应按国家有关规定管理和使用。教育经费预算视各口腔医学院校(系、专业)或区域的预算惯例而定。其年增长速度应与经济增长相适应,以保证教育事业的稳步发展。

### 6.2 基础设施

(1)口腔医学院校(系、专业)必须有足够的基础设施供师生教学活动使用,对基础设施定期进行更新及添加,确保教学计划得以完成。

(2)口腔医学院校(系、专业)必须使用先进的现代化科学仪器装备实验室,保证医学实验教育的完成。

〔注释〕基础设施应包括各类教室及多媒体设备、演播室、基础实验室和实验设备、口腔临床示教室和包括仿真头模实习设备在内的口腔临床前教学设备、口腔临床技能实验室、图书馆、信息技术设施、文体活动场所以及学生公寓等。

### 6.3 口腔临床教学基地

(1)口腔医学院校(系、专业)必须建立稳定的口腔临床教学基地管理与建设体系,确保有足够的口腔临床教学基地,满足口腔临床教学所需;口腔临床教学基地必须实施认证制度,获得省级认证。

(2)口腔临床教学基地必须成立专门机构,配备专职人员,负责口腔临床教学的领导与管理工作,建立完善的口腔临床教学管理制度和教学档案,加强教学质量督导工作,特别是加强对临床能力考试的管理。口腔临床教学基地拥有的牙椅数必须满足口腔临床教学需要(达到招生人数的生均 0.5 台以上)。口腔临床医学类专业学生总数与附属医院牙椅总数的比例必须达到国家有关规定,其中,直属、非直属医院的牙椅数应超过总实习牙椅数的 50%。

(3)口腔医学院校(系、专业)必须加强对口腔临床教学基地的教学基础设施的建设,以满足口腔临床教学的需要。

(4)口腔临床教学必须保证前期实习室教学(仿真头模实习、离体牙实习等);并且学生毕业前,口腔临床实习不少于 45 周,接诊患者应涵盖口腔临床常见病,完成教学大纲要求。

(5)口腔医学院校(系、专业)必须与城市社区卫生服务中心、农村卫生保健院、疾病预防与控制机构建立良好稳定的业务关系,为口腔预防医学教学提供稳定的基地。

〔注释〕口腔临床教学基地按与高等院校的关系及所承担的任务,基本上分为附属医院(含非直属附属医院)、教学医院和实习医院三类。其中,非直属附属医院必须符合下列条件:有政府认定为医学院校附属口腔医院的批件;学校和医院双方有书面协议;医院应按协议内容,承担口腔临床阶段的教学任务；教学组织机构及管理制度健全；医院承担教学的带教教师经过上级口腔医学院校（系、专业）负责进行资格认证和专门培训。

6.4　图书及信息服务

口腔医学院校（系、专业）必须拥有并维护良好的图书馆和网络信息设施，必须建立相应的政策和制度，使现代信息和通讯技术能有效地用于教学，使学生能够利用信息和通讯技术进行自学、获得信息、治疗管理病人及开展口腔卫生保健工作。

〔注释〕学校必须高度重视图书馆的建设和投入，每年图书文献资料购置经费及其占学校当年教育事业费拨款的比例，必须达到国家有关规定的要求。

6.5　教育专家

(1)口腔医学院校（系、专业）必须有相关教育专家参与口腔医学教育的决策。

(2)口腔医学院校（系、专业）必须建立与教育专家联系的有效途径，使教育专家在师资培养和口腔医学教育中发挥积极作用。

〔注释〕教育专家是医学院校处理医学教育问题、过程和实践的专门人才，包括具有口腔医院教育研究经历的教师、管理专家、教育学家、心理学家和社会学家等。

6.6　教育交流

(1)口腔医学院校（系、专业）应与其他教育机构建立合作，建立学分互认机制。

(2)口腔医学院校（系、专业）必须提供适当资源，促进教师和学生进行地区及国家间的交流。

〔注释〕学分互认机制可通过口腔医学院校（系、专业）之间认可课程来实现。其他教育机构包括其他口腔医学院校（系、专业）或其他卫生和卫生相关行业的教育机构等。

## 7　教学评价与督导

7.1　教学评价机制

(1)口腔医学院校（系、专业）必须建立教学评价与督导体系，领导、教师和学生能够积极参与教学评价活动，形成有效的教学质量保证运行机制，以确保课程计划的实施及各个教学环节的正常运行，并能及时发现问题和解决问题。

(2)口腔医学院校（系、专业）的教学评价必须覆盖各个教学环节，其重点是对课程计划、教学过程及教育结果进行定期检查和评价。

7.2　教师和学生的反馈

口腔医学院校（系、专业）必须建立相应机构，系统搜集和分析教师与学生的反馈意见，以获得有效的教学管理信息，为改进教学工作提供决策依据。

7.3　利益方的参与

(1)口腔医学院校（系、专业）的领导、行政管理人员、教职人员和学生必须参与教学评价。

(2)口腔医学院校（系、专业）的教育评价必须有政府主管部门、用人单位、毕业后教育机构的积极参与，并考虑他们对教育计划提出的改进意见，让他们获知教学评价结果。

7.4　毕业生质量

(1)口腔医学院校（系、专业）必须建立毕业生质量调查制度，从口腔医学毕业生工作环境中搜集教育质量反馈信息。

(2)口腔医学院校（系、专业）必须将毕业生的工作表现、业务能力、职业素质及就业情况等有关信息，作为调整教学计划和改进教学工作的主要依据。

〔注释〕教学督导是学校或教学主管部门委派专门人员对下属教学单位或教学个体的教学工作进行监督与指导的一种形式，是教学管理的一种特殊手段。教学督导的任务是在学校或教学主管部门的领导下，按照国家的教育方针、高等教育规律、教学要求以及一定的标准，对基层教学系统进行检查、观察、了解、分析、评议。一方面，对被督导对象提出改进意见；另一方面，对在实际中了解的教与学情况及时向学校领导或教学主管部门反映，提供信息和决策依据，从而达到提高教学质量的目的。

教学督导员的条件：具有丰富的教学工作经验、比较广博的专业和相关知识、通晓和掌握高等教育规律、年长资深的教师，或长期从事教学组织工作的有关领导、高等教育研究专家；熟悉本单位情况，具有一定的政策水平，工作作风踏实、平易近人、能联系群众、责任心强、善于归纳总结、热心教育事业等。

## 8 科学研究

8.1 教学与科研的关系

(1)口腔医学院校(系、专业)必须明确科学研究是学校的主要功能之一，设立相应管理体系，制定积极的科研政策、发展规划和管理办法。

(2)口腔医学院校(系、专业)必须为教师提供基本的科学研究条件，营造浓厚的学术氛围，提供创新和批判性思维、促进教学与科研相结合的学术环境。

(3)口腔医学院校(系、专业)必须提倡教师将科研活动、科研成果引入教学过程，通过科学研究，培养学生的科学思维、科学方法及科学精神。

(4)口腔医学院校(系或专业)必须加强对口腔医学教育及管理的研究，为教学改革与发展提供理论依据。

8.2 教师科研

口腔医学院校(系、专业)的教师应当具备相应的科学研究能力，承担相应的科研项目，取得相应的科研成果。

〔注释〕科研项目、科研成果：包括国家级、省部级、地市级以及校级科研项目和教学项目。

8.3 学生科研

口腔医学院校(系、专业)必须将科学研究活动作为培养学生科研素养和创新思维的重要途径，采取积极、有效的措施，为学生创造参与科学研究的机会与条件。在课程计划中，安排适当的综合性、设计性实验，为学生开设学术讲座、组织科研小组等有利于培养学生科研能力的活动。

## 9 管理和行政

9.1 管理

(1)口腔医学院校(系、专业)必须建立口腔医学教育管理机构，明确其职能及在学校中的地位。

(2)口腔医学院校(系、专业)必须建立科学的管理制度及其操作程序。

(3)口腔医学院校(系或专业)必须设立学术委员会、学位委员会、教学委员会等组织，审议教学、科研等重要事项。

9.2 口腔医学院校(系、专业)领导

口腔医学院校(系或专业)必须明确主管教学的领导在制定和实施教育计划、合理调配教育资源方面的权利。

9.3 行政管理人员

口腔医学院校(系、专业)必须建立结构合理的行政管理队伍，行政管理人员必须承担相应的岗位职责，执行相应的管理制度，确保教学计划及其他教学活动的顺利实施。

9.4 与卫生及教育部门的相互作用

口腔医学院校(系、专业)必须与社会及政府的卫生及教育相关部门形成良好的建设性的关系。

〔注释〕卫生及教育相关部门包括卫生与教育行政管理及学术机构中保健服务体系、医学研究机构、健康促进和疾病预防和控制机构及协调机构等。

## 10 改革与发展

口腔医学院校(系、专业)必须定期回顾和检查自身发展规划，不断进行教学、科研和医疗服务的改革，以适应社会不断发展变化的需要。

(1)改革与创新是发展不竭的动力。口腔医学院校(系、专业)必须随着社会的发展、科学的进步和文化的繁荣，在总结和分析的基础上，定期审查和修订学校既定的政策、制度、规划等，不断完善学校管理体制，以不断提高口腔医学院校（系、专业）的教学水平，满足社会发展及人民卫生服务的需求。

（2）口腔医学院校（系、专业）必须定期调整培养目标、教育计划、课程结构、教学内容和方法，完善考核方法，以适应不断变化的社会需求。

（3）口腔医学院校（系、专业）必须定期调整招生规模、教师数量和结构、经费投入、教学设施等教育资源。

## 二、毕业生应达到的基本要求

毕业生的质量是衡量任何医学院校教育质量的最终标准。口腔医学毕业生作为未来的口腔医学从业人员，能否在日新月异的医学进步环境中保持其口腔医学业务水平的持续更新，取决于口腔医学毕业生在校期间是否掌握了科学的方法、是否获得了终生学习的能力。

口腔医学教育的目的是培养具有良好职业素质的未来的口腔医生，学生毕业时能够在上级医师的指导与监督下，从事安全有效的口腔医疗实践；具有终生学习和进一步深造的扎实基础；具有良好的团队合作意识。

### 1　思想道德与职业素质

（1）树立科学的世界观、人生观和价值观，具有爱国主义、集体主义精神，忠于人民，愿为祖国卫生事业的发展和人类身心健康奋斗终生。

（2）关爱病人，将预防疾病、驱除病痛作为自己的终身责任，将提供临终关怀作为自己的道德责任，将维护民众的健康利益作为自己的职业责任。

（3）具有与病人及其家属进行交流、沟通的意识，使他们充分参与和配合治疗计划。

（4）在职业活动中坚持原则，树立成本效益观念，使促进健康、防治疾病的工作成本低、效果好，发挥可用卫生资源的最大效益。

（5）树立终身学习观念，认识到持续自我完善的重要性，不断追求卓越。

（6）尊重每一个人，尊重个人信仰，理解其人文背景及文化价值。

（7）具有实事求是的科学态度，对于自己不能胜任和安全处理的医疗问题，主动寻求其他医师的帮助。

（8）具有创新意识，为新知识的产生、新技能的发现做出贡献。

（9）尊重同事和其他卫生保健专业人员，具有团队合作精神。

（10）树立依法行医的法律观念，学会用法律保护病人和自身的权益。

（11）在应用各种可能的技术去追求准确的诊断或改变疾病的进程时，应考虑到病人及其家属的利益。

（12）具有分析批判精神，具有科学态度。

### 2　知识目标

（1）掌握与口腔医学相关的数学、物理学、化学、生命科学、行为科学和社会科学等基础知识和科学方法，并能用于指导未来的学习和医学实践。

（2）能够概述生命各阶段的人体的正常结构和功能，正常的心理状态；在此基础上，能够说明生命各阶段各种常见病、多发病的发病原因，认识到环境因素、社会因素及行为心理因素对疾病形成与发展的影响，认识到预防疾病的重要性；能够说明生命各阶段各种常见病、多发病的发病机制、临床表现、诊断及防治基本原则；能够说明基本的药理知识及主要的口腔常用药物的临床合理用药原则；能够了解健康教育、疾病预防和筛查的基本原则；能够说明临床流行病学的有关知识与方法，理解科学实验在医学研究中的重要作用；能够了解中国传统医学的基本特点、辨证施治原则及其在口腔医学中的应用；能够说明传染病的发生、发展以及传播的基本规律,了解常见传染病的防治原则。

(3)能够概述口腔基础医学的基本理论和口腔颌面部疾病发生的基本知识。

(4)能够概述口腔临床医学的各种理论和口腔常见疾病的临床表现和发病机制,了解其诊治原则,包括牙体牙髓病、牙周病、口腔黏膜病、儿童口腔疾病、牙列缺失与缺损、牙颌面畸形、肿瘤、外伤、感染及颅颌面发育异常等。

## 3 医学技能目标

(1)全面、系统、正确地采集全身病史的能力。

(2)系统、规范地进行体格检查和专科检查的能力,规范书写病历的能力。

(3)较强的临床思维和表达能力,并学会运用循证医学的原理进行医学实践,完善诊治方法。

(4)内科、外科、儿科等常见病、多发病的一般诊断能力;一般急症的诊断、简单处理能力;临床常见疾病的辅助检查方法和主要结果判断能力。

(5)具有与病人及其家属进行有效交流的能力和与医生、护士及其他医疗卫生从业人员交流沟通的能力。

(6)结合临床实际,能够独立利用图书馆和现代信息技术,研究医学问题及获取新知识与相关信息,能用一门外语阅读医学文献。

(7)能够对病人和公众进行有关健康生活方式、疾病预防等方面知识的宣传教育。

(8)具有自主学习和终身学习的能力。

## 4 口腔医学技能目标

(1)口腔专业应具备的基本技能 ①病历书写与分析:包括问诊、病史采集、正确选择辅助检查方法和诊断、鉴别诊断与治疗原则等。②基本操作技能:包括无菌操作、龋洞充填术或开髓术、洁治术、传导麻醉和牙列印模制取等。③辅助检查结果判读 :牙髓活力测定结果、X线片和检验结果阅读等。

(2)口腔专业技能和临床思辨能力 ①常见病症的诊断、鉴别诊断及治疗原则:包括龋病、牙髓病、根尖周病、牙周炎、常见口腔黏膜病、牙外伤、智牙冠周炎、下颌骨骨髓炎及牙列缺损、缺失等。②其他:包括拔牙适应证和禁忌证、乳牙替换的年龄和顺序、“牙痛”的鉴别诊断等。

中华口腔医学会口腔医学教育专业委员会
全国高等医学教育学会口腔医学教育分会
中华医学会口腔医学教育学组

# 索　引

## A



## B



## C



## D



## E



## F